PFANNEBERG

W0465209

# EINFACH KOCH(EN) LERNEN – FACHPRAKTIKER KÜCHE

Angelika Kettmann
Martin Koch

1. Auflage

Fachbuchverlag Pfanneberg GmbH & Co. KG
Düsselberger Str. 23
42781 Haan-Gruiten
**Bestell-Nr.: 07152**

## Autoren
**Angelika Kettmann,** Bielefeld
**Martin Koch,** Bielefeld

## Verlagslektorat
**Benno Buir**

## Bildbearbeitung
**Verlag Europa-Lehrmittel,** Abteilung Bildbearbeitung, 73760 Ostfildern
**PER MEDIEN + MARKETING GmbH,** 38102 Braunschweig

1. Auflage 2019

Druck 5 4 3 2 1
Alle Drucke derselben Auflage sind parallel einsetzbar, da sie bis auf die Behebung von Druckfehlern untereinander unverändert sind.

ISBN 978-3-8057-0715-2

Alle Rechte vorbehalten. Das Werk ist urheberrechtlich geschützt. Jede Verwertung außerhalb der gesetzlich geregelten Fälle muss vom Verlag genehmigt werden.

© 2019 by Fachbuchverlag Pfanneberg GmbH & Co. KG, 42781 Haan-Gruiten
http://www.pfanneberg.de

Umschlag: braunwerbeagentur, 42477 Radevormwald, unter Verwendung eines Fotos von © Teubner Foodfoto, Berlin
Layout und Satz: PER MEDIEN + MARKETING GmbH, 38102 Braunschweig
Druck: Printer Trento s. r. l., 38121 Trento, Italy

# Vorwort

***„Endlich ein Buch für die Beiköche!"*** **– „Einfach Koch(en) lernen – Fachpraktiker Küche"** ist das erste Lehrwerk für die **Ausbildung zum Fachpraktiker/zur Fachpraktikerin Küche,** abgestimmt auf die Lehrpläne der Bundesländer. Die Gliederung orientiert sich auch an unserem Standardwerk „Der junge Koch", was einen parallelen Einsatz beider Lehrwerke erleichtert.

Die besonderen Herausforderungen für diese Hauptzielgruppe erforderten ein **besonderes Buch**:

- **Einfache Sprache**
  Aufgrund der unterschiedlichen Schwierigkeiten und Einschränkungen der Auszubildenden galt es, Texte zu entwickeln, die für die Schülerinnen und Schüler verständlich sind und deren Aussagen schnell wahrgenommen werden können. Unterstützt wird dies u. a. durch kurze Hauptsätze, Verzicht auf Trennungen und regen Bindestrich-Gebrauch bei zusammengesetzten Hauptwörtern.
- **Einfaches Layout, klare Strukturen**
  Auch in die Gestaltung floss die jahrzehntelange Unterrichtserfahrung der Autoren ein: Eine abgestimmte Auswahl von Schriftart, Schriftgröße, Zeilenlänge und Zeilenabstand oder Seitengröße lässt die Leserinnen und Leser den Inhalt gut und nachhaltig aufnehmen, die Einspaltigkeit, wenige definierte Bildgrößen, eine Bildplatzierung immer direkt am zugehörigen Text und immer an ähnlichen Stellen unterstützt eine gute Orientierung und reduziert Ablenkung – ähnlich wie auch der zurückhaltende Farbeinsatz.
- **Angepasste Darstellung und Inhalte**
  Reduzierte Aufmerksamkeits-Spannen und Konzentrationsschwierigkeiten wurden berücksichtigt: Es gibt kurze Texte, zwischendurch Aufzählungen, Bilder und Grafiken, viele Tabellen. Die Praxis wird begründet dargestellt: Schritt-für-Schritt-Anleitungen, auch bebildert, zeigen detailliert auf, was getan werden muss – und auch warum.

Um die Komplexität der Inhalte nicht auszuweiten, wurde im Buch bewusst auf Rezepte/Rezepturen verzichtet. Diese wird es in den geplanten **Zusatzmaterialien und weiteren Produkten rund um das Fachbuch** geben: „Einfach Koch(en) lernen" ist der Beginn einer **Reihe von Print- und digitalen Materialien** – nicht nur für die Fachpraktiker/-innen Küche.

**Das Konzept des Buches ist auch für den Einsatz in weiteren Zielgruppen geeignet:**

- Ergänzendes Lehrmittel für **Auszubildende zum Koch/zur Köchin mit Lern- oder Sprachschwierigkeiten,** auch parallel zum vorhandenen Lehrbuch
- Unterstützung für **Auszubildende mit Migrationshintergrund,** für **Flüchtlings- und Migrantenklassen**
- **Berufsvorbereitung, Umschulungs- und Qualifizierungsmaßnahmen, Stützkurse** usw. in den Fachbereichen **Gastgewerbe, Ernährung und Hauswirtschaft**
- Berufsbegleitend für u. a. fachfremdes/anzulernendes **Personal mit geringen Deutschkenntnissen**

Wir freuen uns auf Feedback, Unterstützung durch Anregungen und Kritik! Schreiben Sie uns an **lektorat@europa-lehrmittel.de.**

Im Sommer 2019 — Autoren und Verlag

# Inhaltsverzeichnis

# 1 Geschichte des Gastgewerbes

history of the hotel and restaurant business
développement historique de l'hôtellerie

In alter Zeit hatten Menschen auf „Reisen" oft kaum Geld. Außerdem hatten sie als Fremde keinen Schutz. Deshalb gaben ihnen Menschen unterwegs in Dörfern und Städten umsonst einen Platz zum Schlafen und etwas zu essen und zu trinken. Im Laufe der Zeit gab es immer mehr Reisende. Dadurch kamen Menschen auf die Idee, daraus ein Geschäft zu machen und einfache Unterkünfte mit Verpflegung gegen Geld anzubieten. Dies war der Anfang des Gastgewerbes.

Heute unterscheidet man zwischen **Beherbergung (Hotel)** und **Bewirtung (Restaurant).**

## 1.1 Beherbergungs-Betriebe

tourist accommodation
hébergements touristique

Beherbergungs-Betriebe sind z. B.: Hotels, Hotels garni, Hostels, Bed & Breakfast, Pensionen, Gasthöfe, Jugendherbergen, Kurkliniken, Boardinghouses, Ferienwohnungen, Privatzimmer.

**Hotel garni**

Ein Hotel garni ist ein Hotel, in dem es als Bewirtung nur **Frühstück** und kleine Speisen gibt.

**Hostel**

Dies ist ein sehr **preisgünstiges, einfaches Hotel**. Neben ein paar Doppelzimmern haben Hostels viele **Mehrbett-Zimmer**.

**Pension**

Das Angebot an **Dienstleistungen ist nicht so umfangreich** wie im Hotel. Mahlzeiten gibt es nur für Hausgäste. Meistens sind das Urlauber.

A

**Gasthof**

Man findet einen Gasthof in **ländlichen Gebieten**. Es werden hauptsächlich Speisen und Getränke angeboten und nur wenige Zimmer vermietet.

**Bed & Breakfast**

Der Name kommt aus dem Englischen und heißt: **Bett und Frühstück**. Der Gast übernachtet in einer mehr privaten Atmosphäre in einem Privatzimmer, in einer Pension oder in einem kleinen Hotel.

**Boardinghouse**

Es werden Zimmer oder Appartements mit Leistungen wie in Pensionen oder in Hotels angeboten. Die Gäste sind meistens **Mitarbeiter von Firmen**, die für **längere Zeit** in anderen Städten arbeiten.

### System-Hotellerie

Hotels der System-Hotellerie werden unter einem Marken-Namen geführt. Sie haben einen **einheitlichen Standard**, d. h., sie sind gleich, z. B. in der Ausstattung der Zimmer oder beim Einkaufen von Waren. Der Gast weiß, was ihn erwartet, wenn er ein Zimmer in einem solchen Hotel bucht.

## 1.2 Bewirtungs-Betriebe

hospitality business
entreprises (f) de l'hospitalité (f)

Bewirtungs-Betriebe bieten den Gästen:
- Speisen
- Geränke

Bewirtungs-Betriebe sind z. B.: Restaurants, Imbisse, Bistros, Cafés, Eisdielen, Bars.

**Restaurant**

In einem Restaurant werden **Speisen und Getränke** angeboten. Der **Gast wählt** sie **aus einer Karte** aus. Die Speisen und Getränke werden ihm serviert. Es gibt eine Vielzahl an Restaurants verschiedener Nationalitäten.

A

**Imbiss**

Im Imbiss werden kleine Speisen vor den Augen des Gastes zubereitet und **über einen Verkaufstresen verkauft**. Getränke können auch gekauft werden.

**Bistro**

Das Bistro ist ein kleines Lokal mit einfacher Ausstattung. Im Bistro kann man in **lockerer Atmosphäre** vom Frühstück bis zum Abend verschiedene Kleinigkeiten essen und trinken.

**Café**

Im Café werden in gemütlicher Atmosphäre **Kuchen**, Torten, anderes Gebäck oder kleine Speisen und **Heißgetränke und Kaltgetränke** angeboten.

**Bar**

Bars bieten Getränke zum Verzehr an Ort und Stelle an. Manchmal gibt es auch ein begleitendes Unterhaltungsprogramm.

## System-Gastronomie

Zur System-Gastronomie gehören jeweils Betriebe in vielen Städten. Sie haben ein **einheitliches Konzept** und ähneln sich in der Einrichtung, in der Bekleidung für ihre Mitarbeiter und in ihrem Angebot an Speisen und Getränken. Die Qualität der Produkte hat einen einheitlichen Standard. Bekannt sind z. B. Alex, Cafe & Bar Celona, Hermsburger, KFC, McDonalds, Starbucks, Subway.

**Egal, ob ein Gast bewirtet oder beherbergt wird, es gilt immer: „Der Gast ist König!" Er soll sich rundum wohlfühlen und Mitarbeiter im Gastgewerbe sorgen dafür, dass seine Wünsche erfüllt werden.**

!

A

# 2 Ausbildung

vocational training
formation professionnelle

Im Gastgewerbe gibt es sechs anerkannte Ausbildungsberufe:
- Koch/Köchin
- Fachkraft im Gastgewerbe
- Hotelfachmann/Hotelfachfrau
- Restaurantfachmann/Restaurantfachfrau
- Hotelkaufmann/Hotelkauffrau
- Fachmann/Fachfrau für System-Gastronomie

Für Menschen mit Beeinträchtigung gibt es nach § 66 BBiG sondergeregelte Ausbildungsberufe. Im Gastgewerbe gibt es zwei solcher Ausbildungsberufe. Diese heißen:
- **Fachpraktiker/Fachpraktikerin Küche**
- Fachpraktiker/Fachpraktikerin im Gastgewerbe

Alle acht Ausbildungsberufe sind in **Prüfungsordnungen** geregelt. Die Inhalte der Ausbildungen sind in **Ausbildungsrahmenplänen** festgelegt.

Das sind die **Ausbildungsinhalte** für den Ausbildungsberuf Fachpraktiker/Fachpraktikerin Küche:

| 1. Ausbildungsjahr, z. B. | 2. Ausbildungsjahr, z. B. | 3. Ausbildungsjahr, z. B. |
|---|---|---|
| • Umgang mit Gästen<br>• Einsetzen von Geräten und Maschinen<br>• Hygiene<br>• Warenannahme, Warenlagerung, Warenpflege<br>• Garverfahren anwenden<br>• Gemüse und Kartoffeln vorbereiten und zubereiten<br>• Salate vorbereiten und zubereiten<br>• Aufschnitt-Platten legen<br>• Eierspeisen zubereiten | • Kommunikation mit Gästen<br>• Hülsenfrüchte vorbereiten und zubereiten<br>• Reis und Getreide zubereiten<br>• Einfache Vorspeisen zubereiten und anrichten<br>• Suppen und Grundsaucen herstellen<br>• Desserts zubereiten<br>• Convenience-Produkte verarbeiten | • Gäste über Produkte informieren<br>• Warenbedarf für einfache Speisen ermitteln<br>• Speisen nach Rezepten zubereiten und anrichten<br>• Fleisch, Fisch und Geflügel verarbeiten<br>• Eis-Speisen anrichten<br>• Convenience-Produkte verarbeiten und anrichten |

Man kann **nach** der **Abschlussprüfung** als Fachpraktiker/Fachpraktikerin Küche eine **Ausbildung** im anerkannten Ausbildungsberuf **Koch/Köchin** machen. Der Ausbildungsbetrieb kann dann einen Teil der Ausbildungs-Zeit zum Fachpraktiker/zur Fachpraktikerin Küche anerkennen.

Man lernt in der **Ausbildung** zum **Koch**/zur **Köchin zusätzlich**:

| **Fachliche Inhalte, z. B.** | **Planen und organisieren, z. B.** |
|---|---|
| • Schalentiere und Krustentiere vorbereiten und zubereiten<br>• Wild und Wildgeflügel vorbereiten und zubereiten<br>• Teige und Massen herstellen und verarbeiten<br>• Umgang mit Gästen, Beratung und Verkauf | • Büro-Organisation<br>• Büro-Kommunikation<br>• Kosten und Erträge berechnen<br>• Preise kalkulieren<br>• Aktionen planen<br>• Angebote erstellen<br>• Bestellungen einleiten<br>• Inventuren durchführen |

Man kann als Fachpraktiker/Fachpraktikerin Küche und als Koch/Köchin in unterschiedlichen Betrieben arbeiten, z. B.:

*Gemeinschafts-Verpflegung*

*À-la-Carte-Küche*

*Kreuzfahrt-Schiff*

**!**

**Fachpraktiker/Fachpraktikerinnen Küche und Köche/Köchinnen haben sehr gute Beschäftigungs-Chancen – weltweit!**

# 3 Informationen beschaffen

obtaining information
collecter des informations (w)

Man muss nicht alles wissen, aber man muss wissen, wo man die Informationen bekommt.

## 3.1 Fachbuch

Im **Inhaltsverzeichnis** steht der Aufbau eines Buches. Es gibt eine Übersicht und es steht meistens am Anfang eines Buches. Wenn man nicht genau weiß, in welchem Kapitel ein Fachbegriff beschrieben ist, sucht man ihn im Stichwortverzeichnis.

Das **Stichwortverzeichnis** ist alphabetisch sortiert und steht am Ende eines Buches.

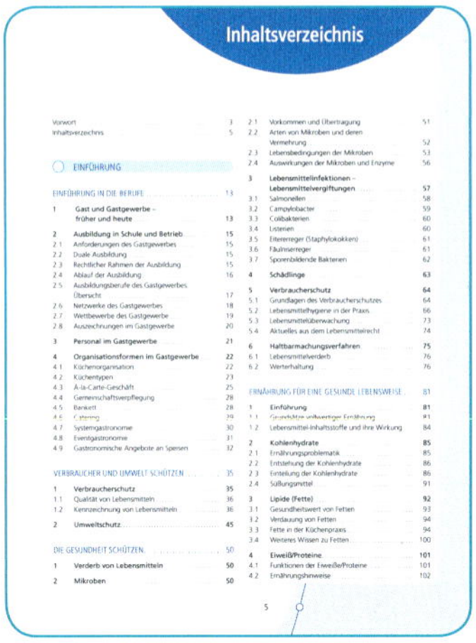


*Beispiel eines Inhaltsverzeichnisses*

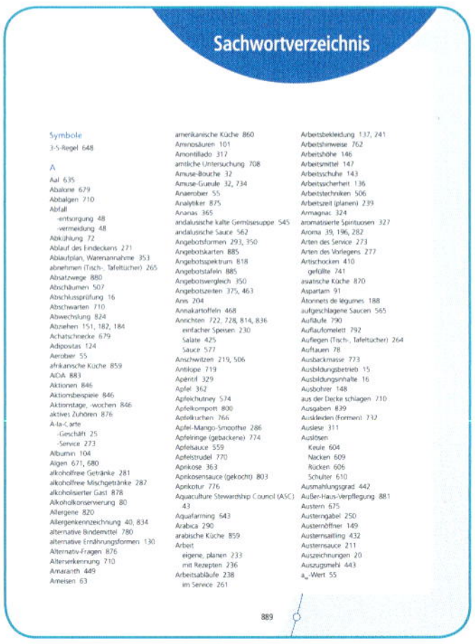


*Beispiel eines Stichwortverzeichnisses*

## 3.2 Digitale Medien

### Internet

Das Internet bietet eine große Menge an Informationen, an die man aber nicht unbedingt sofort kommt. Das Internet hat keine Ordnung, wie sie das Fachbuch bietet. Man erhält z.T. Inhalte, die man nicht braucht.

Im Internet stehen auch Informationen von Menschen, die keine Fachleute sind. Wenn man unsicher ist, ob eine Information gut ist, sollte man eine Person fragen, die einem helfen kann.

Im Idealfall **kennt** man die **Internet-Adresse** oder den **Link** der gesuchten Unterseite. Man gibt diese in die **Adresszeile eines Browsers** ein. Dabei muss man auf die **genaue Schreibweise** mit allen Buchstaben und Zeichen achten. Man gelangt direkt zur gewünschten Internetseite.

*Adresszeile Browser*

Meistens ist die **Internet-Adresse nicht bekannt**. Dann nutzt man eine **Suchmaschine**. Es gibt verschiedene Suchmaschinen, die ähnlich aufgebaut sind.

Man öffnet die Seite und gibt **ein Stichwort** ein. Man muss genau überlegen, welche Information man haben möchte. Wenn man **das Suchwort** möglichst genau überlegt hat, bekommt man die besten Ergebnisse als erste vorgeschlagen.

Es gibt sehr viele **Internetseiten mit Rezepten**. Die Rezepte, die man dort findet, lassen sich nicht ohne Weiteres in der Gemeinschafts-Verpflegung oder in Küchen der Gastronomie umsetzen. Wichtig ist es, sie **kritisch** zu **überprüfen** und erst **auszuprobieren**.

## Mobile Kommunikationsgeräte

Man kann an fast jedem Ort der Welt Informationen beschaffen. Dafür gibt es weit verbreitete **mobile Kommunikationsgeräte**, z. B. Smartphones und Tablets. Mit diesen Geräten kann man **Informationen** aus dem Internet **bekommen**, aber auch mit Personen **fachliche Inhalte austauschen**. Man kann auch interessante Informationen mit dem Smartphone oder dem Tablet fotografieren (z. B. Anrichteweise eines Desserts) oder als Notiz abspeichern.

*QR-Code*

Mehr und mehr werden **QR-Codes** auf Werbeplakaten, in Zeitungen und in Zeitschriften verwendet. Damit kann man komplizierte Internet-Adressen leichter aufrufen.

**Wenn man Informationen nutzt, die von Personen oder Firmen stammen, muss man die Urheberrechte beachten.**

# 3.3 Prospekte

Prospekte sind **Werbemittel**. Man bekommt sie zugeschickt, wenn man Firmen kontaktiert (Anruf, E-Mail, Brief). Firmen verschicken ihre Prospekte auch, wenn sie Betriebe als neue Kunden gewinnen möchten oder neue Produkte bewerben möchten.

# 3.4 Fachzeitschriften und Fachzeitungen

Fachzeitschriften und Fachzeitungen erscheinen regelmäßig und behandeln aktuelle Themen und neue Trends. Sie liegen in vielen Betrieben für alle Mitarbeiter aus.

A

# 4 Küchenorganisation

kitchen organisation
organisation de la cuisine

Man kann in der Küche am besten arbeiten, wenn alle Mitarbeiter

- ihre **Aufgaben genau kennen**,
- wissen, in welcher **Reihenfolge** sie die Aufgaben erledigen müssen,
- gut **im Team** zusammenarbeiten.

Man nennt alle Mitarbeiter in der Küche zusammen die **Küchenbrigade**.

## 4.1 Postenküche

Jeder Mitarbeiter in der Küche arbeitet in einem **bestimmten Aufgabenbereich**. Man nennt jeden Aufgabenbereich **Küchen-Posten**.

Eine **kleine Küche** hat nur **zwei** Küchen-Posten:

- die warme Küche
- die kalte Küche

In **größeren Küchen** werden die **Aufgabenbereiche unterteilt**. Die Köche **spezialisieren** sich auf kleinere Aufgabenbereiche.

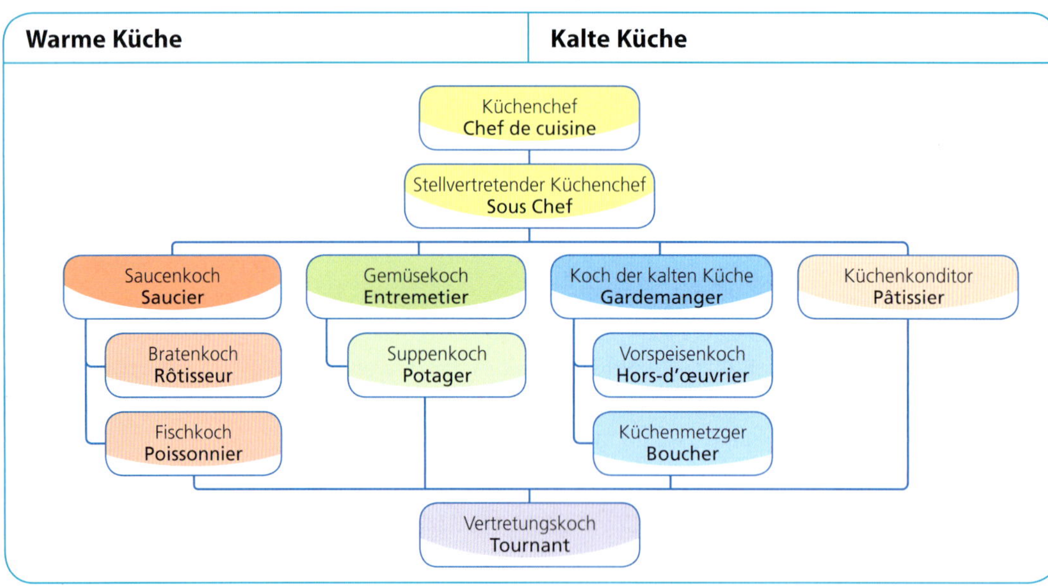

| | | |
|---|---|---|
| **Küchenchef**<br>Chef de cuisine | • Küchenleitung<br>• Waren einkaufen<br>• Menüs planen<br>• Dienstpläne schreiben |  |
| **Braten- und Saucenkoch**<br>Saucier | • Fleisch, Fisch, Geflügel und Wild zubereiten<br>• Saucen zubereiten |  |
| In größeren Küchen gibt es zusätzlich: | | |
| **Bratenkoch**<br>Rôtisseur | • Kurzbratstücke, Pfannengerichte, große Braten zubereiten<br>• Speisen frittieren |  |
| **Fischkoch**<br>Poissonier | • Fisch, Krustentiere, Schalentiere, Weichtiere zubereiten<br>• Zugehörige Saucen zubereiten |  |
| **Gemüse- und Beilagenkoch**<br>Entremetier | • Gemüse zubereiten<br>• Kartoffeln, Reis und Teigwaren zubereiten<br>• Eierspeisen zubereiten<br>• Suppen zubereiten |  |
| In größeren Küchen gibt es zusätzlich: | | |
| **Suppenkoch**<br>Potager | • Suppen und Eintöpfe zubereiten |  |
| **Koch der kalten Küche**<br>Gardemanger | • Fleisch, Fisch, Geflügel und Wild vorbereiten<br>• Kalte Vorspeisen, kalte Platten, kalte Saucen zubereiten<br>• Salate und Dressings zubereiten |  |

In größeren Küchen gibt es zusätzlich:

| | | |
|---|---|---|
| **Vorspeisenkoch**<br>Hors d'œuvrier | • Kalte Vorspeisen zubereiten |  |
| **Küchenmetzger**<br>Boucher | • Schlacht-Fleisch zerlegen, ausbeinen, parieren und portionieren<br>• Klärfleisch herstellen | 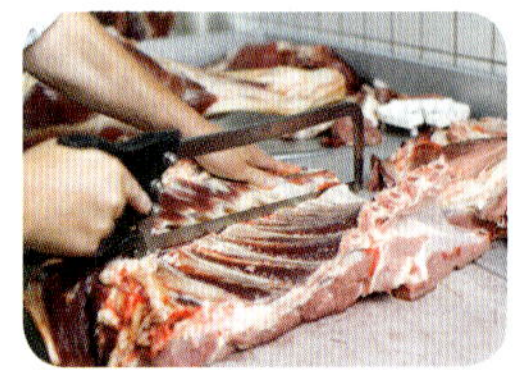 |

| | | |
|---|---|---|
| **Küchenkonditor**<br>Pâtissier | • Kuchen, Gebäck und Pasteten zubereiten<br>• Aufläufe, Eis und Puddings zubereiten |  |

| | | |
|---|---|---|
| **Vertretungskoch**<br>Tournant | • Jeden Küchen-Posten bei Abwesenheit vertreten |  |

## 4.2 À-la-Carte-Geschäft

**À-la-Carte** kommt aus dem Französischen. Es bedeutet **„nach der Karte"**.

Der Gast kann im À-la-Carte-Restaurant Gerichte aus der Speisekarte wählen. Er kann sich seine eigene Speisenfolge zusammenstellen. Die Köche bereiten die Speisen **nach der Bestellung** zu. Das nennt man **à la minute**.

Alle Speisen eines Gerichts und **alle Gerichte** einer Bestellung müssen **gleichzeitig fertig** sein. Darum muss jeder Küchen-Posten seine Aufgaben genau kennen.

Für einen reibungslosen Ablauf muss jeder Küchen-Posten seinen Arbeitsplatz gut vorbereiten. Man nennt das **Vorbereiten des Arbeitsplatzes „Mise-en-Place"**. Dazu gehören z. B.:
- der Saucier: Fleisch parieren, Fleisch portionieren
- der Entremetier: Gemüse schneiden, Gemüse blanchieren, Brühen kochen, Kartoffeln vorbereiten
- der Gardemanger: Salate vorbereiten, Salatsaucen zubereiten

*Mise-en-Place in der kalten Küche*

## Ablauf im À-la-Carte-Geschäft

- Der Gast **wählt** sein **Gericht** aus der Speisekarte **aus.**
- Der Gast **bestellt** sein Gericht beim Service-Personal.
- Das **Service-Personal** tippt die Bestellung in die Kasse ein. Man nennt das „die **Bestellung bonieren**".

- Der Bon mit der Bestellung wird in der Küche ausgedruckt.
- Der Koch kündigt die neue Bestellung an: „Bon neu".
- Er **liest** die **Bestellung vor**. Man nennt das „die **Bestellung annoncieren**".

- Jeder Küchen-Posten beginnt mit seiner Arbeit.
- Die Köche **bereiten ihre Speisen** für die bestellten Gerichte **zu**, z. B. der Saucier das Fleisch, der Entremetier die Beilagen.

- Der zuständige Koch **ruft** die **weiteren Komponenten ab**, wenn die **Haupt-Komponente fertig** ist.
- Die Köche **richten** das Gericht **an**.
- Das Gericht wird **am Küchen-Pass ausgegeben**. Der Küchen-Pass ist die Stelle zwischen Küchen-Bereich und Service-Bereich. Am Küchen-Pass werden unter einer Wärmebrücke die Speisen bis zum Servieren kurz warm gehalten.

- Das Service-Personal bringt die Gerichte zum Gast. Das Service-Personal **serviert** die **Gerichte**.

Die Köche im À-la-Carte-Geschäft haben einen **hohen Aufwand**.

- Die Köche müssen **mehr Zutaten einkaufen**. Sie wissen nicht genau, wie viele Gäste kommen und welche Gerichte die Gäste bestellen.
- Die Köche können **nicht genau planen**, weil die Gäste aus vielen Gerichten auswählen können.
- Die Köche bereiten die Gerichte à la minute zu. Alle Speisen eines Gerichts und alle **Gerichte einer Bestellung** müssen **gleichzeitig fertig** sein.

## 4.3 Gemeinschafts-Verpflegung

Man nennt die Gemeinschafts-Verpflegung (GV) auch die Gemeinschafts-Gastronomie.

Die Gemeinschafts-Verpflegung **versorgt** jeweils **große Gruppen von Menschen**. Dazu gehört z. B.:

- die Verpflegung in einer **Kantine** und in einer **Mensa**
- die Verpflegung in **Krankenhäusern**, in **Altersheimen** und in **Pflegeheimen**
- die Verpflegung in **Ganztagsschulen** und in **Kindergärten**

Jeder Betrieb oder jede Einrichtung **kann in** einer **eigenen Küche eigenes Personal** für die Gemeinschafts-Verpflegung beschäftigen. Es gibt aber **auch Catering-Unternehmen**, die diese **Verpflegung** übernehmen.

Betriebe der Gemeinschafts-Verpflegung können unterschiedlich organisiert sein. Diese **Organisationsformen** sind:

### Einzel-Küche

Einzel-Küchen arbeiten nicht mit anderen Küchen zusammen.

| Vorteile | Nachteile |
|---|---|
| • Eigene Speisenplanung<br>• Kurze Warmhaltezeiten | • Hohe Kosten für Geräte und Personal |

### Zentral-Küche mit Relais-Küchen

Die Zentral-Küche bereitet Speisen vor, z. B. Gemüse. Sie bereitet unempfindliche Speisen zu, z. B. Suppen und Saucen. Diese Speisen werden zu den Relais-Küchen transportiert und dort aufgewärmt (regeneriert).

Die Relais-Küchen bereiten empfindliche Speisen zu, z. B. Kurzgebratenes, Kartoffeln, Blattsalate.

| Vorteile | Nachteile |
|---|---|
| • Empfindliche Speisen behalten ihren Geschmack und ihre Nährstoffe | • Hohe Kosten für Geräte und Personal<br>• Warm gehaltene Speisen verlieren Geschmack und Nährstoffe |

A

| **Zentral-Küche mit Verteilerküchen** | |
|---|---|
| Die Zentral-Küche bereitet alle Speisen vor und bereitet sie zu. Die warmen Speisen werden meistens heiß in Thermophoren (isolierte Behälter oder beheizbare Behälter) abgefüllt. Die Speisen werden zu den Verteilerküchen transportiert.<br><br>Das Personal in den Verteilerküchen portioniert die Speisen. Das Personal gibt die Speisen aus. | |
| **Vorteile**<br>• Kosten für teure Geräte entstehen nur in der Zentral-Küche | **Nachteile**<br>• Speisen verlieren Geschmack und Nährstoffe<br>• Abhängigkeit vom Transport-Unternehmen<br>• Wünsche der Essens-Teilnehmer können nicht erfüllt werden |

Für das **Zubereiten und** das **Weiterverarbeiten** von Speisen nutzt man **verschiedene Möglichkeiten**. Man nennt diese verschiedenen Möglichkeiten **Speisen-Produktions-Systeme**.

| | |
|---|---|
| **Cook & Serve**<br>Frischküche | Man bereitet die Speisen zu und **serviert** sie **sofort**. |
| **Cook & Hold**<br>Kochen und Warmhalten | Man bereitet die Speisen zu und **hält** sie **bis zum Anrichten warm**. Dieses System eignet sich nur für bestimmte Speisen, z. B. für Schmorgerichte wie Rouladen und große Braten. |
| **Cook & Chill**<br>Kochen und Kühlen | Man **bereitet** die **Speisen zu**. Innerhalb einer kurzen Zeit **kühlt** man die Speisen auf +3 °C **ab**. Danach **portioniert** man sie. Diese Speisen können ohne Unterbrechung der Kühlkette unter +4 °C bis zu 4 Tagen gelagert werden. Kurz vor dem Anrichten **erwärmt** man die Speisen **auf Verzehr-Temperatur (regenerieren)**. |
| **Cook & Freeze**<br>Kochen und Tiefkühlen | Man bereitet die **Speisen** zu. Sie werden dann **schockgefrostet**. Die Speisen **lagert** man **bei –18 °C**. Man kann sie ungefähr 6 Monate lagern. |
| **Sous-Vide-System**<br>Vakuum-Garen | Man **bereitet** die Lebensmittel **vor**. Dann **portioniert** man sie. Danach **füllt** man die Lebensmittel **in spezielle Plastik-Beutel** und **vakuumiert** die Beutel. Man **gart** die Lebensmittel bei Temperaturen **unter 100 °C**. Nach dem Garen **kühlt** man die Speisen **sofort ab**. Man **lagert** die Speisen **bei 0 °C bis +3 °C**. |

A

## 4.4 Bankett

Ein Bankett ist ein **Fest-Essen**. Man veranstaltet ein Bankett bei **besonderen Anlässen**, z. B.

- Hochzeiten
- Firmenjubiläen
- Geburtstagsfeiern

Zu einem Bankett kommen nur **eingeladene Gäste**.

Der Gastgeber und der Gastronom müssen ein Bankett **gut planen**.

***Fest-Saal***

Sie müssen Folgendes bedenken:

| | | |
|---|---|---|
| • Anlass  | • Gästekreis  | • Personenzahl (pax)  |
| • Datum   | • Uhrzeit  | • Tafelform 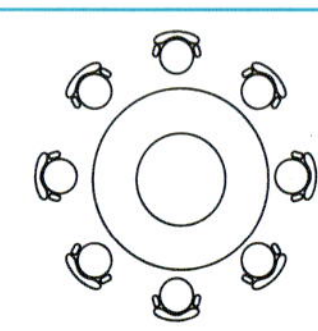 |
| • Speisen  | • Getränke  | • Preis  |

Der **Gastgeber wählt** die Speisen für das **Menü** aus. Der **Küchenchef berät** ihn dabei. Der Küchenchef **achtet** dabei **auf**:

| | |
|---|---|
| **Anlass** | Man wählt für verschiedene Anlässe unterschiedliche Speisen aus. |
| **Gästekreis** | Man achtet bei der Auswahl der Speisen auf z. B. Kinder, Senioren, Vegetarier, Alkoholkranke, Lebensmittel-Allergiker. |
| **Saisonale und regionale Produkte** | Man wählt möglichst saisonale und regionale Produkte aus. |
| **Einkauf der Produkte** | Man muss die Produkte rechtzeitig beschaffen können. |
| **Technische Möglichkeiten** | Die Küche muss so ausgestattet sein, dass die Köche die Speisen zubereiten können. |
| **Möglichkeiten im Service** | Der Service muss den Service-Ablauf leisten können. |

A

## Bankett-Vereinbarung (function sheet)

In einer Bankett-Vereinbarung stehen alle wichtigen Absprachen.

### Büfett-Vereinbarung/Veranstaltungs-Auftrag *Beispiel*

| | | | |
|---|---|---|---|
| Veranstalter: *Herr Klaus Mustermann*<br>Bestellt durch: *Frau Amy Mustermann*<br>Kontaktperson: *dito*<br><br>Telefon: *0713 45678999*<br>Lokaltermin bei Außer-Haus: *24.09.05* | Veranstaltungsbeginn<br>Datum Uhrzeit<br>*12.10.2005* | Veranstaltungsende<br>Datum Uhrzeit<br>*12.10.2005* | Personenzahl<br>*60* |
| | Rechnungsanschrift: *Herr Klaus Mustermann, Kastanienallee 13, 10101 Musterstadt* | | |

| Preis pro Person | Anlass | Veranstaltungsraum | Raummiete | Ausschilderung |
|---|---|---|---|---|
| *79,00 Euro ohne Getränke* | *Geburtstagsfeier* | *im Hause Mustermann* | *keine* | *nicht nötig* |

Anschrift bei Lieferung außer Haus: *Kastanienallee 13*
*101 Musterstadt*

Lieferung am: *12.10.2005* Abholung: *Lieferung durch uns* Beginn und Aufbau: *ab 16.00 Uhr*

| | |
|---|---|
| Tisch- oder Tafelform: | *6 runde Tische à 10 Personen* |
| Tischtextilien: | *weiße Damasttischtücher und gelbe Servietten* |
| Tafelplan/Tischkärtchen: | *Fam. Mustermann schreibt Kärtchen und teilt die Gäste tischweise ein.* |
| Büfett-Tafelform: | *Als Blocktafel im kleinen Festsaal der Villa Mustermann* |
| Dekoration: | *3 herbstliche Blumengestecke für Büfett; silberne Platzteller* |
| Blumenschmuck: | *6 herbstliche Blumengestecke für Tische* |
| Speisekarte: | *60 Speisekärtchen auf gestanztem Papier in Ahornblattform* |
| Technik: Musik/Beamer etc. | *Tafelmusik durch privat engagierte Musiker* |
| Personal-Bereitstellung: | Büfett: *2 Köche* Service: *4 Restaurantfachleute* |
| Tischreden: | *Zu Beginn des Essens durch Herrn Mustermann* |
| Porzellan, Gläser, Bestecke | *siehe separate Checkliste* |

| Getränke | Speisen |
|---|---|
| Aperitifgetränke:<br>*Cocktail mit und ohne Alkohol*<br>*Sekt mit Holunderblütensirup*<br>*Campari Orange*<br>Zum Büfett: *Weißwein und Rotwein aus hauseigenem Keller von H. Mustermann, Weine werden noch festgelegt*<br>Nach dem Essen:<br>*Kaffeeangebot*<br>*Digestifgetränke vom Wagen* | Beginn:<br>*nach Rede Herr Mustermann gegen 18.20 Uhr*<br>*Fingerfood zum Aperitif*<br>Art des Büfetts: *Klassisches Kaltes Büfett; siehe separate Notizen*<br>Dessertpräsentation: *Einmarsch mit Wunderkerze*<br>Nachtservice: *Zu später Stunde (23.00 Uhr); Fasanenkraftbrühe mit Pistazienklößchen* |

| | |
|---|---|
| Bestellung angenommen durch: | *Conrad Küchenmeister* am: *12. September 2005* |
| Anzahlung: | *keine* |
| Unterschrift des Bestellers: | *Amy Mustermann* |

Verteiler mit Kopien an:

| | | | | | | | |
|---|---|---|---|---|---|---|---|
| Besteller: ☑ | Küche: ☑ | Service: ☑ | Magazin: ☑ | Stewarding: ☑ | Büro: ☑ | Rezeption: ☑ | Technik: ☑ |

Bitte geben Sie uns die genaue Personenanzahl spätestens 4 Werktage vor der Veranstaltung an.
Mit Ihrer Unterschrift geben Sie eine Einverständniserklärung für die Veranstaltung ab.

Die Köche bereiten das Menü für die vorgegebene Gästezahl zu. Das **Menü** muss zu der **festgelegten Zeit fertig** sein.

Die kalte Küche bereitet die **kalten Speisen** zu. Sie **richtet** die kalten Speisen **u. U. im Voraus an**. Die angerichteten Teller stellt man bis zum Servieren ins Kühlhaus.

Die Posten der warmen Küche bereiten die **warmen Speisen** zu. Erst **bei Abruf richten** die Köche die warmen Speisen **an**.

Die Köche müssen beim Anrichten der Speisen darauf achten, dass **alle Teller gleich aussehen**.

## 4.5 Catering

Das Wort „Catering" kommt aus dem Englischen. Es bedeutet **„Lebensmittel liefern"**, „jemanden verpflegen". Man sagt häufig auch **Party-Service**.

Catering-Unternehmen liefern je nach Bestellung für eine Veranstaltung:
- Speisen
- Getränke
- Mobiliar
- Technik
- Geschirr, Besteck, Tischwäsche
- Personal
- usw.

*Catering für eine Hochzeitsfeier*

Auch Bäckereien, Fleischereien und Fischgeschäfte bieten **in kleinerem Umfang** Catering an, z. B. belegte Brötchen, Fleischgerichte mit Beilagen und Fischplatten.

Es gibt Catering-Unternehmen, die Kantinen, Kindergärten und Schulen beliefern.

Man unterscheidet verschiedene **Arten des Caterings**:

| | | |
|---|---|---|
| **Event-Catering** | Event-Catering-Unternehmen liefern Speisen, Getränke und Ausstattung für **besondere Veranstaltungen** wie z. B.:<br>• Firmenfeiern<br>• Hochzeiten<br>• Messe-Veranstaltungen<br>• Sport-Veranstaltungen<br>Die Unternehmen organisieren zusätzlich z. B. Zelte, Kühlwagen, Küchenzelte, Toiletten-Wagen. |  |

A

| | | |
|---|---|---|
| **Care-Catering** | Care-Catering-Unternehmen, meistens Großküchen, beliefern **Einrichtungen im Gesundheitswesen** mit Essen, z. B. Krankenhäuser, Altenheime und Pflegeheime. |  |
| **Non-Food-Catering** | Catering-Unternehmen liefern beim Non-Food-Catering **keine Speisen** und **keine Getränke**. Sie **liefern nur** z. B.:<br>• Zelte, Tische, Stühle<br>• Geschirr, Gläser, Besteck<br>• Küchen-Zelte mit mobiler Küche<br>• Technische Ausstattung |  |

## 4.6 System-Gastronomie

Zu Unternehmen der System-Gastronomie gehören jeweils Betriebe in vielen Städten. Sie haben ein **einheitliches Konzept** und ähneln sich in der Einrichtung, in der Bekleidung für ihre Mitarbeiter und in ihrem Angebot an Speisen und Getränken. Die **Qualität der Produkte** hat einen **einheitlichen Standard**. Bekannt sind z. B. Alex, Cafe & Bar Celona, Hermsburger, KFC, McDonalds, Starbucks, Subway.

Es gibt verschiedene Arten von Betrieben:

| | |
|---|---|
| **Quick-Service-System-Gastronomie** | Man bezeichnet diese Art der System-Gastronomie auch als **Fast-Food-Gastronomie**. Zu diesen Unternehmen gehören z. B. Burger King, KFC, McDonalds und Subway. |
| **Full-Service-System-Gastronomie** | Diese Unternehmen **unterscheiden** sich **kaum von** der **traditionellen Gastronomie**. Die Verwaltung, die Küche und der Service sind ähnlich aufgebaut. Diese Unternehmen haben mehrere Filialen an verschiedenen Standorten. Dazu gehören z. B. Block House, Maredo und Mövenpick. |
| **Freizeit-Gastronomie** | Mit Freizeit-Gastronomie (**„getränkebetonte System-Gastronomie“**) meint man einen bestimmten Teil der System-Gastronomie. Hier steht der **Verzehr von Getränken** im Vordergrund. Dazu gehört z. B. Balzac Coffee, Cup&Cino, Starbucks. |

A

### Franchise-System

Man führt Betriebe der **System-Gastronomie oft** als **Franchise-Unternehmen**.

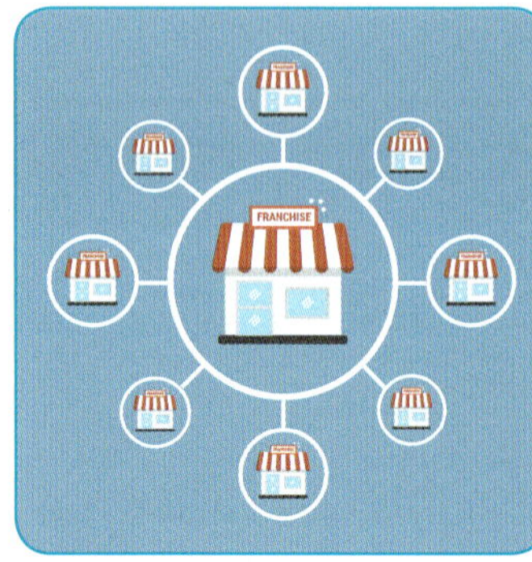

Beim Franchise-System übernimmt der Franchise-Nehmer ein **erprobtes, bekanntes Geschäfts-Modell**, z. B. Alex, Back Factory.

- Der Franchise-Nehmer **darf** unter dem Namen der Franchise-Kette **Produkte** und **Dienstleistungen verkaufen**. Dafür **bezahlt** der Franchise-Nehmer eine **Gebühr** und eine **Umsatz-Beteiligung**.
- Der **Franchise-Nehmer** ist mit seinem Unternehmen **selbstständig**.
- Der Franchise-Nehmer **muss** das **Geschäfts-Modell** (Konzept) **einhalten**.

| | **Vorteile, z. B.** | **Nachteile, z. B.** |
|---|---|---|
| **Franchise-Geber** | • Die Marke wird durch Filialen an verschiedenen Standorten bekannter.<br>• Man muss nicht für Personal-Kosten aufkommen. | • Man muss die Franchise-Nehmer regelmäßig kontrollieren.<br>• Franchise-Nehmer können den guten Ruf einer Marke schädigen. |
| **Franchise-Nehmer** | • Man führt seinen Betrieb unter einem bekannten Namen.<br>• Man hat bessere Einkaufs-Bedingungen. | • Der Franchise-Vertrag hat oft eine lange Laufzeit.<br>• Die Gestaltungs-Möglichkeiten sind eingeschränkt. |

## 4.7 Event-Gastronomie

Man nennt Event-Gastronomie auch **Erlebnis-Gastronomie**.

Die Event-Gastronomie **bietet** dem Gast **neben** den **Speisen und** den **Getränken** ein **besonderes Erlebnis**, z. B.:

- Zirkus-Vorstellung, Comedy-Show, Krimi-Dinner, Samba-Show, Musikprogramm
- Restaurant mit außergewöhnlicher Aussicht
- Dunkel-Restaurant
- Restaurant, in dem die Speisen mit einer Achterbahn zum Gast gebracht werden
- Speisen oder Getränke selbst mit zubereiten, z. B. Bier brauen

*Mittelalterliches Essen*

# 1 Hygiene

🇬🇧 hygiene
🇫🇷 hygiène

Hygiene ist die **Lehre von der Gesunderhaltung des Menschen**. Allgemein ist mit Hygiene Sauberkeit gemeint. Hygienisch bedeutet sauber, unhygienisch bedeutet unsauber.
Man verbindet unsauber in erster Linie mit Schmutz. Unsauber sind aber auch Gegenstände, Lebensmittel, Körperteile usw., wenn sie mit Mikroorganismen belastet sind.

## 1.1 Hygienebereiche

In der Küche unterscheidet man drei Hygienebereiche:

| **Personalhygiene** | **Lebensmittelhygiene** | **Betriebshygiene** |
|---|---|---|
| 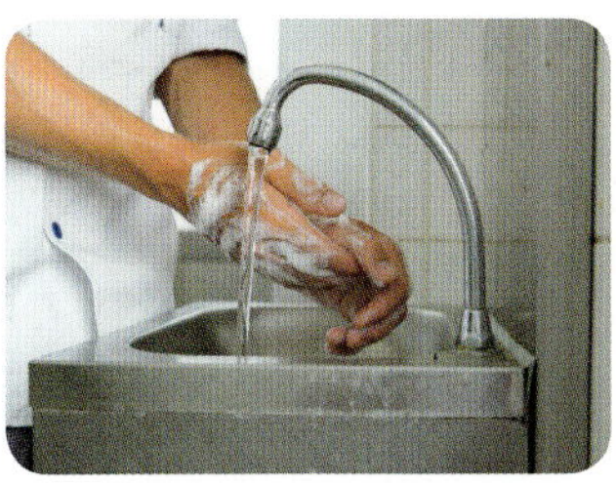 |  |  |

Für diese Bereiche gibt es unterschiedliche Verantwortlichkeiten. Arbeitgeber und Arbeitnehmer sollten sich aber gegenseitig bei der Einhaltung der Regeln unterstützen.

## Personalhygiene

🇬🇧 **personal hygiene**
🇫🇷 **hygiène corporelle (w)**

Die **Personalhygiene** bezieht sich auf die **Sauberkeit jedes einzelnen Mitarbeiters**.

Die Personalhygiene ist besonders wichtig, weil der Mensch Mikroorganismen überträgt und in der Küche mit Lebensmitteln und Arbeitsgeräten in Berührung kommt.

Alle Mitarbeiter müssen vor Beginn ihrer Tätigkeit in einem Betrieb, der mit Lebensmitteln arbeitet, an einer **Belehrung durch das Gesundheitsamt teilnehmen**. Einmal im Jahr ist der Arbeitgeber verpflichtet, für seine Mitarbeiter eine Wiederholungs-Belehrung durchzuführen.

Regeln der **Personalhygiene** sind:

*Körper sauber halten.*

*Bei der Küchenarbeit immer eine Kopfbedeckung tragen.*

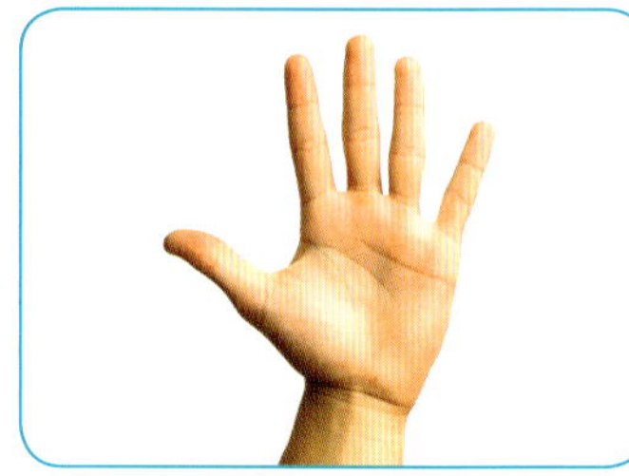

*Fingernägel sauber halten und kurz schneiden! Schmuck ablegen.*

*Jeden Tag frische Arbeitskleidung anziehen.*

*Nicht auf Lebensmittel, Speisen und Arbeitsgeräte niesen oder husten.*

*In der Küche nicht rauchen.*

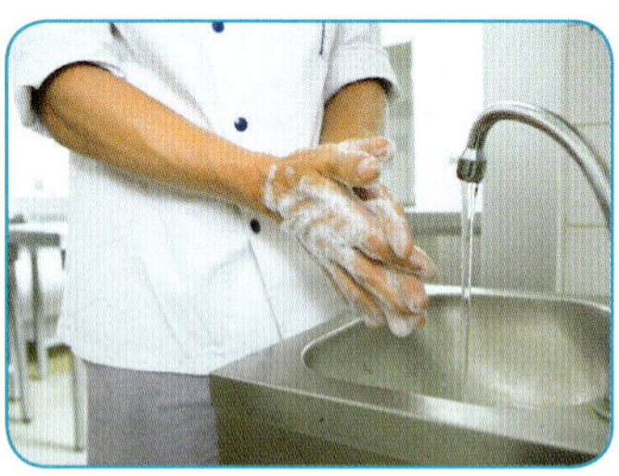

*Vor Arbeitsbeginn, nach jedem Toilettengang, nach dem Rauchen und immer wieder zwischendurch die Hände mit warmem Wasser und Seife gründlich waschen.*

*Übertragbare Krankheiten (z. B. Durchfall, Erbrechen, Grippe) dem Küchenleiter melden.*

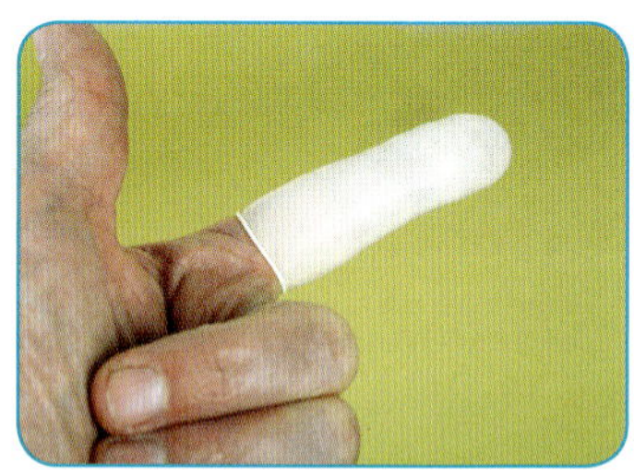

*Wunden mit wasserdichtem Pflaster oder durch Verband und Fingerling abdecken! Eventuell Gummihandschuhe anziehen.*

## Lebensmittelhygiene

**food hygiene**
**hygiène alimentaire**

Man nennt **Lebensmittelhygiene** auch **Produkthygiene**.

Man muss Lebensmittelhygiene beachten, damit die Lebensmittel möglichst frei von Mikroorganismen sind. Dies dient zum Schutz des Gastes!

Regeln der **Lebensmittelhygiene** sind:

*Wareneingangskontrolle: Nur Lebensmittel von einwandfreier Qualität annehmen.*

*Reine und unreine Arbeiten trennen.*

*Speisen nur kurze Zeit und nicht unter 65 °C warm halten.*

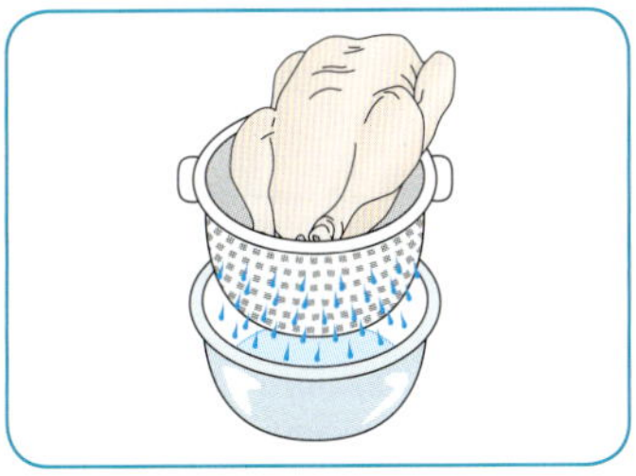

*Tiefgekühlte Ware richtig auftauen.*

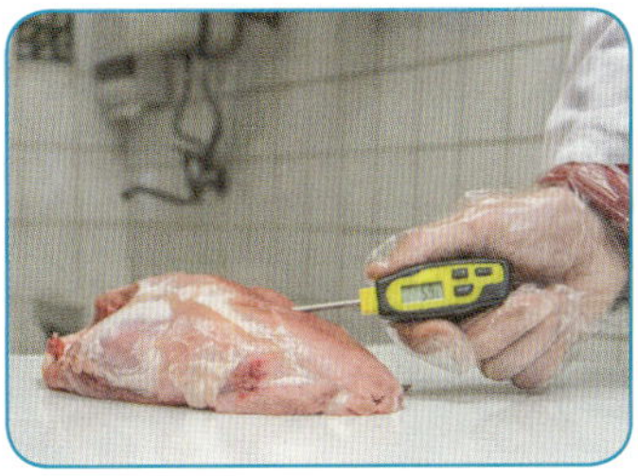

*Die Kühlkette einhalten.*

*Lebensmittel vor Schädlingen schützen.*

*Richtig abschmecken.*

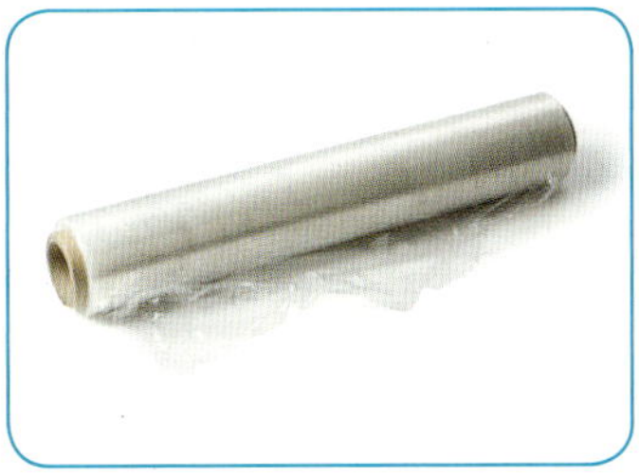

*Speisen immer abdecken.*

*Speisen beim Garen auf eine Kerntemperatur von mindestens 70 °C erhitzen.*

B

## Betriebshygiene

Kitchen hygiene
hygiène en cuisine

**Betriebshygiene** ist die Sauberkeit des Betriebs mit allen Einrichtungsgegenständen und Arbeitsgeräten. Sie wird auch **Küchenhygiene** oder **Arbeitsplatzhygiene** genannt.

Regeln der **Betriebshygiene** sind:

*Küche, Lagerräume und Arbeitsgeräte sauber halten.*

*Arbeitsplatz nach jedem Arbeitsgang reinigen.*

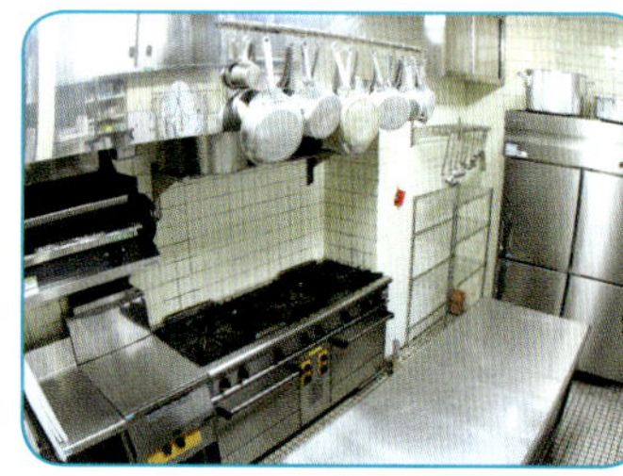

*In der Küche Ordnung halten.*

*Spülmaschinen-Programme nicht verstellen!*

*In die Kühlräume nicht zu viel Ware lagern!*

*Reinigungs-Mittel und Desinfektions-Mittel nicht in der Küche lagern!*

## 1.2 Mikroorganismen

microorganisms
micro-organismes

**Mikroorganismen**, auch **Mikroben** genannt, sind **Kleinstlebewesen**. Man kann sie nur mit dem Mikroskop sehen. Sie kommen überall vor.

Wenn man das Wort „Keime" benutzt, meint man Mikroorganismen, die Krankheiten verursachen.

Mikroorganismen können positive und negative Wirkungen haben.

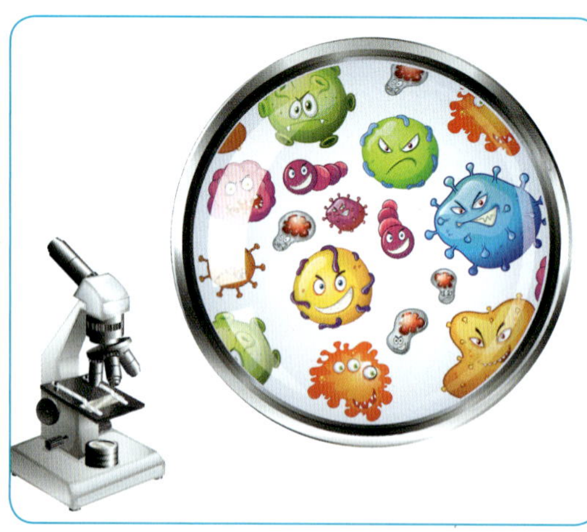

B

| | |
|---|---|
| **Positive Wirkungen** | Mikroorganismen werden bewusst eingesetzt, um Lebensmittel herzustellen und zu verändern.<br>• **Herstellungs-Verfahren**, z. B. bei Bier, für Brot, Käse, Joghurt<br>• **Veredelungs-Verfahren**, z. B. Nutzung von Edelschimmel bei der Herstellung von Käse und Salami<br>• **Konservierungs-Verfahren**, z. B. zur Herstellung von Sauerkraut |
| | Mikroorganismen werden bewusst eingesetzt, um eine gesunde Umwelt zu fördern.<br>• Abbau von nicht zubereiteten pflanzlichen Abfällen zu Kompost, z. B. Salat-Blätter |
| **Negative Wirkungen** | Mikroorganismen verändern Lebensmittel unerwünscht.<br>• **Lebensmittel-Verderb**, z. B. Schimmelbildung bei Brot, unerwünschte Gärung bei Saft, Ranzigwerden von Butter<br>• **Lebensmittel-Vergiftung** durch Ausscheidungen der Gift bildenden Mikroorganismen, z. B. Eiter-Erreger<br>• **Lebensmittel-Infektionen** durch Übertragung von krank machenden Bakterien, z. B. Salmonellen |

## Arten und Vermehrung

Im Zusammenhang mit Lebensmitteln unterscheidet man zwei Arten von Mikroorganismen:

| | | |
|---|---|---|
| **Pilze** | Zu den Pilzen gehören **Hefen** und **Schimmelpilze**.<br>**Hefen** sind **Einzeller**, die sich meistens durch Zucker ernähren. Sie vermehren sich durch **Sprossung**. | 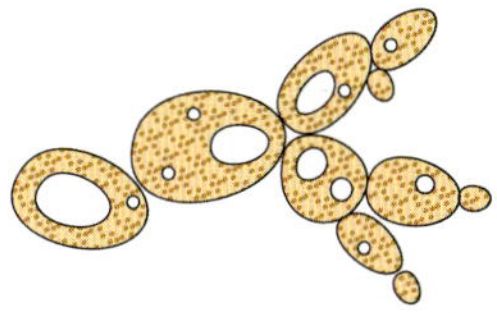<br>*Hefen vermehren sich durch Sprossung* |
| | **Schimmelpilze** sind **Mehrzeller**, die alle Lebensmittel befallen können.<br>Sie vermehren sich über ein Wurzelgeflecht und können bei schlechten Lebens-Bedingungen **Sporen** bilden. | 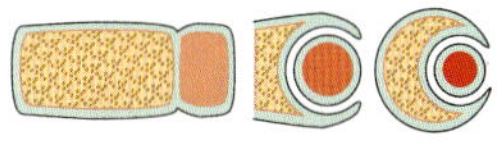<br>*Schimmelpilze bilden Sporen* |
| **Bakterien** | **Bakterien** sind Einzeller, die sich durch Zell-Teilung (Abb. 1) vermehren. Zu den Bakterien gehören u. a. **Salmonellen**, **Eiter-Erreger**, **Boden-Bakterien**, **Fäulnis-Erreger**. | 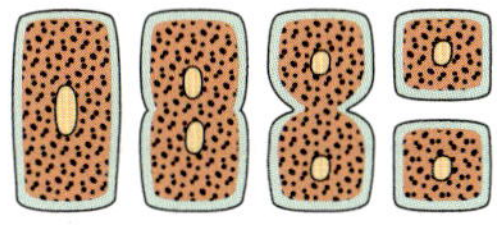<br>*Bakterien vermehren sich durch Teilung* |

B

## Lebensbedingungen der Mikroorganismen

Mikroorganismen brauchen wie alle Lebewesen bestimmte Lebensbedingungen, damit sie sich vermehren können.

Wenn die Lebensbedingungen gut sind, teilen sich Mikroorganismen alle 30 Minuten

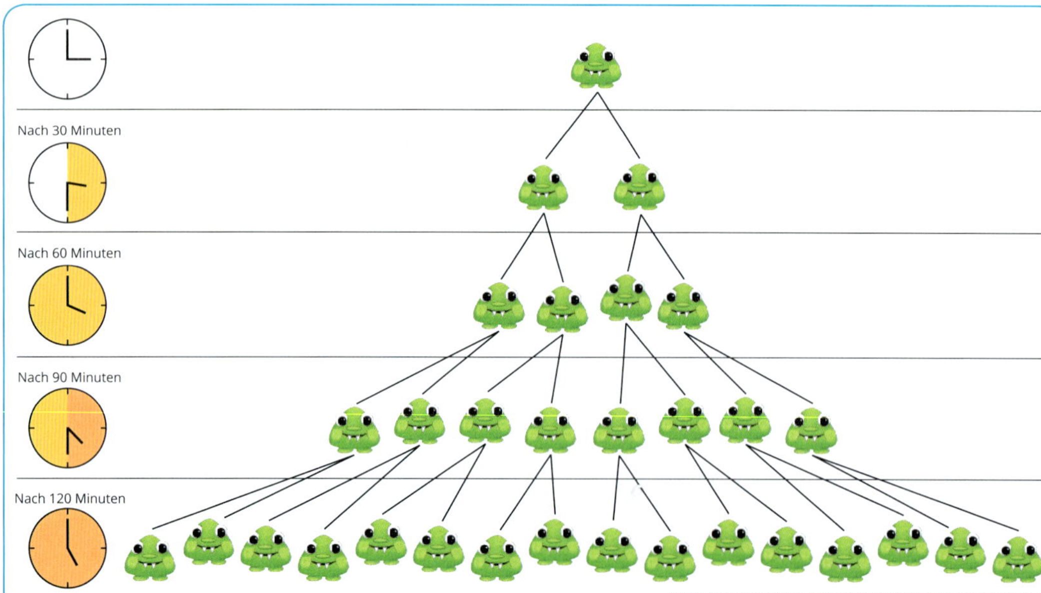


© BLE, Illustration: Arnout van Son in 1323/2014 aid Küchenhygiene, S. 10

**aus 10 000** Mikroorganismen **werden**:

- in 30 Minuten: 20 000 Mikroorganismen
- in 1 Stunde: 40 000 Mikroorganismen
- in 1,5 Stunden: 80 000 Mikroorganismen
- in 2 Stunden: 160 000 Mikroorganismen
- in 2,5 Stunden: 320 000 Mikroorganismen
- in 3 Stunden: 640 000 Mikroorganismen
- **in 4 Stunden: 2 560 000 Mikroorganismen**

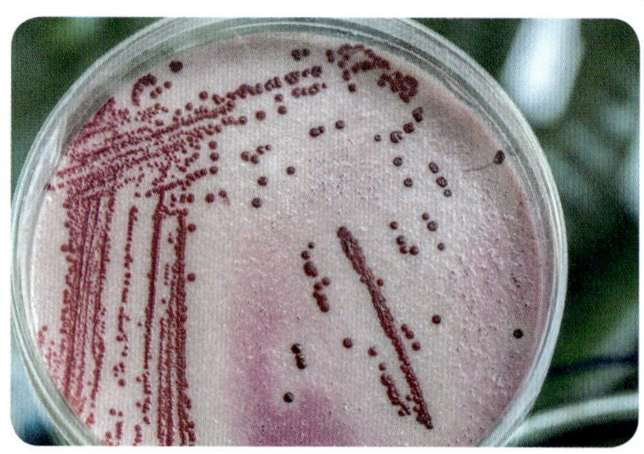

**Mikroorganismen sterben ab, wenn die Lebensbedingungen sehr schlecht sind.** !

| Mikroorganismen brauchen zum Leben ... | | | | |
|---|---|---|---|---|
| **Nahrung** | **Sauerstoff** | **Temperatur** | **Umgebung** (pH-Wert) | **Feuchtigkeit** ($a_w$-Wert) |

## Nahrung

Die meisten Mikroorganismen bevorzugen die Nährstoffe **Eiweiß**, **Kohlenhydrate** oder **Fett**. Deswegen findet man in unterschiedlichen Lebensmitteln verschiedene Mikroorganismen.

| Befallene Lebensmittel | Mikroorganismen | Nährstoff |
|---|---|---|
| **Fleisch, Geflügel, Eier, Wurst, Hackfleisch, Fisch** | Salmonellen | **Eiweiß** |
| **Milch, Frischkäse, Creme-Speisen** | Fäulnis-Bakterien | |
| **Fleischsalat, Geflügelsalat, Cremes, Tortenfüllungen** | Eiter-Erreger | |
| **süße Früchte, Frucht-Saft, Kompott, Desserts** | Hefen | **Kohlenhydrate** |
| **Butter, Margarine, Speck** | Schimmelpilze | **Fett** |

## Sauerstoff

Die meisten Mikroorganismen brauchen, wie auch der Mensch, **Sauerstoff zum Leben**.
Einige kommen aber auch ohne Sauerstoff aus.
Eine dritte Art kann mit und ohne Sauerstoff existieren.

| | Lebensbedingungen | Mikroorganismen |
|---|---|---|
| **Aerobier** | • Brauchen Sauerstoff<br>• Leben auf und in Lebensmitteln | • Schimmelpilze<br>• Fäulnis-Erreger<br>• Salmonellen<br>• Eiter-Erreger |
| **Anaerobier** | • Leben ohne Sauerstoff<br>• Leben in Lebensmitteln, in Konservendosen, in vakuumverpackten Lebensmitteln | • Botulinus-Bakterien |
| **Fakultative Anaerobier** | • Leben mit und ohne Sauerstoff | • Hefen<br>• Milchsäure-Bakterien |

## Temperatur

Mikroorganismen mögen warme Temperaturen. Es gibt auch Mikroorganismen, die Kälte oder auch Hitze bevorzugen. Man unterscheidet drei Gruppen:

| | Temperatur-Bereich |
|---|---|
| • Mikroorganismen, die **niedrige Temperaturen** bevorzugen. Man nennt sie auch „**Kühlschrank-Bakterien**". | −5 °C bis +20 °C |
| • Mikroorganismen, die **mittlere Temperaturen** mögen. | +20 °C bis +45 °C |
| • Mikroorganismen, die **höhere Temperaturen** lieben. | +45 °C bis +80 °C |

***Zwischen + 6 °C und 60 °C vermehren sich die meisten Mikroorganismen.***
**Dieser kritische Temperaturbereich kommt überall in der Küche bei der Lagerung, bei der Zubereitung und beim Warmhalten vor. Deswegen ist die Einhaltung der Hygieneregeln besonders wichtig!**

Wenn die Temperaturen höher als +80 °C sind, gibt es Mikroorganismen, die Sporen bilden, um sich zu schützen. Sporen sind vermehrungsfähige Zellen mit einer widerstandsfähigen Schutzhülle. Sie überleben hohe Temperaturen. Aus ihnen entwickeln sich dann wieder neue Mikroorganismen.

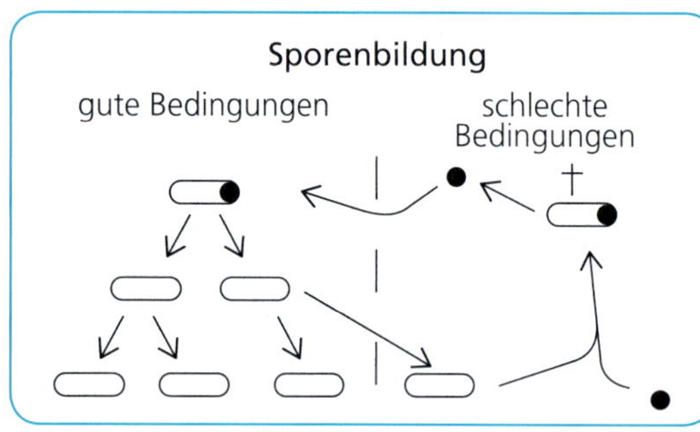


## Milieu (pH-Wert)

Das Milieu ist die **Umgebung** für die Mikroorganismen. Es wird durch den pH-Wert bestimmt. Der pH-Wert wird von 0–14 angegeben. Wasser ist neutral und hat den mittleren pH-Wert von 7. Bei diesem pH-Wert vermehren sich die Mikroorganismen am besten.

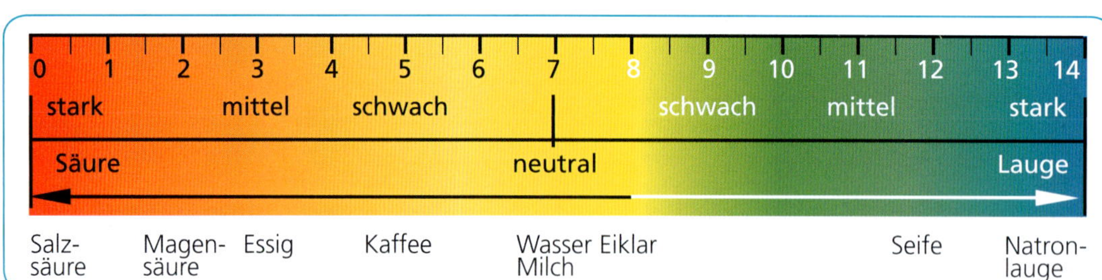


*pH-Wert mit Beispielen*

Liegt der **pH-Wert unter 7**, handelt es sich um eine **Säure**. Bei einem pH-Wert **über 7** spricht man von einer **Lauge** (ähnlich wie Seife).

Bei einem **pH-Wert**, der **niedriger** ist **als 4**, können sich die meisten **Bakterien nicht mehr vermehren**. Deshalb sind saure Lebensmittel für Bakterien kaum anfällig, z. B.:

- Rollmops
- Heringe
- Gewürz-Gurke
- Sauerkraut
- Joghurt

*Rollmops*

*Gewürz-Gurke*

*Sauerkraut*

Schimmelpilze und Hefen vermehren sich auch noch bei pH-Werten, bei denen andere Mikroorganismen nicht mehr leben können.

## Feuchtigkeit ($a_w$-Wert)

Mikroorganismen brauchen **Wasser**

- **als Baustoff**.
- **als Lösungs-Mittel:** Die Nährstoffe Kohlenhydrate, Fett und Eiweiß werden aus der Nahrung gelöst.
- **als Transportmittel:** Die Bausteine der Nährstoffe werden im Mikroorganismus transportiert.

Wasser muss für die Mikroorganismen frei verfügbar sein. Es darf nicht an Zucker oder Salz gebunden sein. Diese freie Verfügbarkeit wird mit dem **$a_w$-Wert (activity of water)** angegeben.

Hat ein Lebensmittel viel Wasser, geht der $a_w$-Wert gegen 1.

| **0,2** | **0,5** | **0,65** | **0,78** | **0,97** | **1** |
|---|---|---|---|---|---|
| Cornflakes | Nudeln | Mehl | Salami | Obst<br>Gemüse | Wasser |

Entzieht man den Lebensmitteln Wasser, verschlechtern sich die Lebensbedingungen der Mikroorganismen und sie können sich nicht mehr so gut vermehren.

Das geschieht durch:

| Verfahren | Was geschieht? | Beispiele | |
|---|---|---|---|
| **Trocknen** | Wasser verdunstet. |  *Trockenobst* |  *Teigwaren als Convenienceprodukte* |
| **Salz-Zugabe (Salzen)** | Wasser wird an das Salz gebunden. |  *Pökelware, z. B. Kassler* | |
| **Zucker-Zugabe (Zuckern)** | Wasser wird an den Zucker gebunden. |  *Konfitüre* |  *kandierte Früchte* |
| **Tiefgefrieren** | Wasser wird zu festem Eis. |  *Lachs, tiefgefroren* | |

## Lebensmittel-Vergiftungen – Lebensmittel-Infektionen

🇬🇧 food poisoning – foodborne infection
🇫🇷 intoxication alimentaire – infection d'origine alimentaire

Krankheiten, die durch den Verzehr von verdorbenen Lebensmitteln hervorgerufen werden, unterteilt man in **Lebensmittel-Vergiftungen** und **Lebensmittel-Infektionen**.

Im alltäglichen Sprachgebrauch werden alle Krankheiten, die man mit Lebensmitteln in Verbindung bringt, als „Lebensmittel-Vergiftung" bezeichnet. Das ist aber falsch.

- **Lebensmittel-Vergiftungen** entstehen durch Gifte (Toxine). Diese gelangen über giftbildende Mikroorganismen wie z. B. Botulinus-Bakterien oder bestimmte Schimmelpilze in die Lebensmittel.
- **Lebensmittel-Infektionen** werden von krankmachenden Mikroorganismen verursacht, z. B. von Salmonellen. Diese sind in den Lebensmitteln vorhanden. Sie werden beim Essen aufgenommen und vermehren sich im menschlichen Körper.

Lebensmittel-Vergiftungen und Lebensmittel-Infektionen führen fast immer zu Übelkeit, Erbrechen, Durchfall, Fieber und Kopfschmerzen. Im schlimmsten Falle führen sie zum Tod. Im Krankheitsfall muss ein Arzt herausfinden, woher der Krankheits-Erreger stammt, damit es nicht zu weiteren Infektionen oder Vergiftungen bei anderen Menschen kommt.

Mikroorganismen, die Lebensmittel verderben, sind u. a.:
- Salmonellen
- Eiter-Erreger
- Boden-Bakterien
- Fäulnis-Erreger
- Schimmelpilze

## Salmonellen

Salmonellen leben im **Darm von Tieren**, z. B. von Hühnern, Schweinen und Rindern. Nach dem Schlachten der Tiere können Salmonellen das Fleisch infizieren. Bei kranken oder gestressten Tieren gelangen die Salmonellen durch die Darmwand in das Muskelgewebe. Bei Geflügel werden auch die Eier befallen.

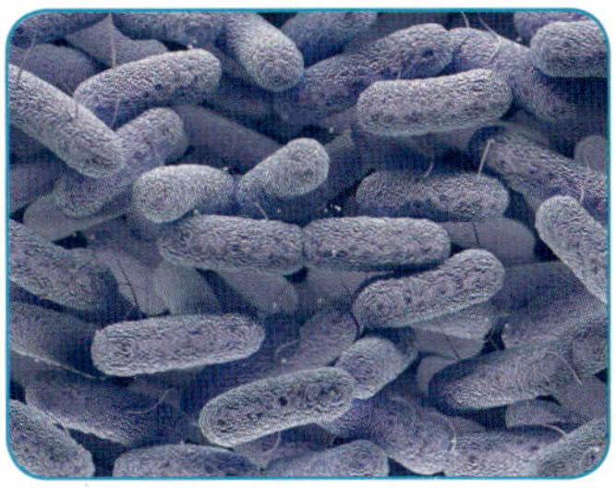

*Salmonellen, unter Mikroskop*

Salmonellen kommen vor allem in tierischen Lebensmitteln wie **Geflügel**, **Hackfleisch** und **Eiern** vor. Befallen werden auch Produkte aus diesen Rohstoffen, z. B. **Geflügelsalat**, **Mayonnaise** und **Cremes aus rohen Eiern**.

Bei unhygienischer Arbeitsweise können Salmonellen auch von einem Lebensmittel durch den Gebrauch von verunreinigten Arbeitsgeräten auf ein anderes Lebensmittel übertragen werden. Die Krankheit, die durch Salmonellen hervorgerufen wird, heißt **Salmonellose**.

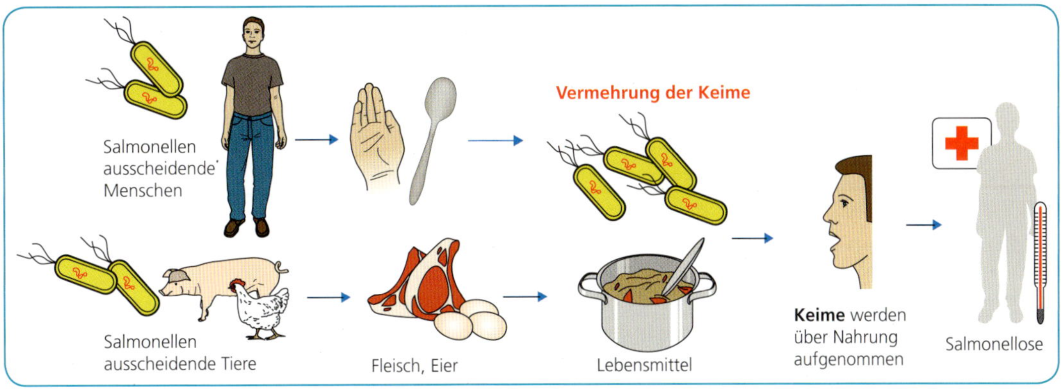


*Lebensmittel-Infektion durch Salmonellen*

B

Es gibt Salmonellen, die nach Abklingen der Krankheit im Darm des Menschen bleiben. Diese Menschen scheiden ihr Leben lang Salmonellen aus – sie sind **Dauer-Ausscheider**. Zum Schutz ihrer Mitmenschen dürfen Dauer-Ausscheider nicht in Lebensmittel-Betrieben arbeiten. **Salmonellen sterben beim Erhitzen über 80 °C ab.** Darum enthalten pasteurisierte und sterilisierte Lebensmittel keine Salmonellen. Aus diesem Grund verwendet man in der Küche z. B. pasteurisiertes Voll-Ei statt rohen Eiern.

*Rohes Ei*

*Pasteurisiertes Voll-Ei*

## Eiter-Erreger (Staphylokokken)

Eiter-Erreger sind Bakterien, die vor allem in **eitrigen Wunden**, **entzündeten Schleimhäuten** und bei Erkältungen im **Nasen- und Rachenraum** vorkommen.

Wenn Menschen mit Eiter-Erregern Lebensmittel verarbeiten und die Hygieneregeln nicht einhalten, sind **eiweißhaltige**, **feuchte Speisen** wie z. B. **Eiersalat** und **Geflügelsalat** besonders gefährdet. Eiter-Erreger bilden ein Gift, das Lebensmittel vergiftet und vom Menschen aufgenommen wird und ihn krank macht.

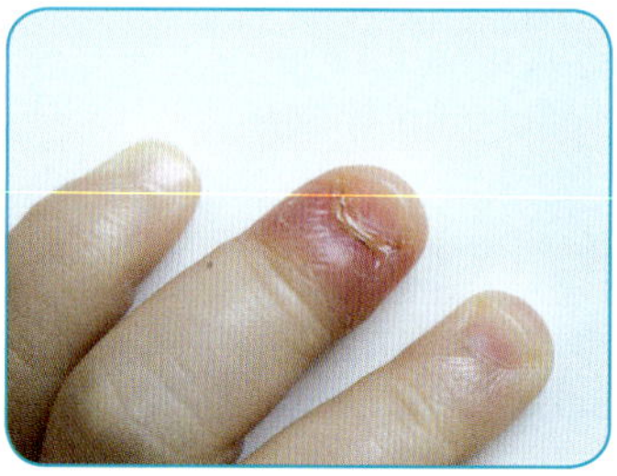

*Nagelbettinfektion*

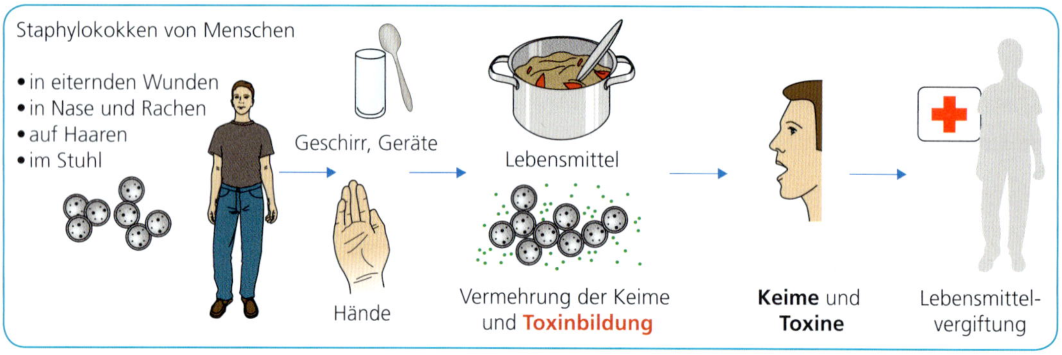


*Lebensmittel-Infektion durch Eiter-Erreger*

Die Eiter-Erreger sterben bei Temperaturen über 80 °C ab. Das Gift dieser Bakterie ist hitzebeständig. Also bleibt es wirksam.

## Boden-Bakterien (Botulinus-Bakterien)

Boden-Bakterien leben in der Erde und gehen dort auf Pflanzen über. Boden-Bakterien sind **Anaerobier**. Deshalb brauchen sie **keinen Sauerstoff** zum Leben. Sie vermehren sich in Waren, in denen kein Sauerstoff ist, z. B. in **Dosen**, in **Gläsern** und in **vakuumverpackten Lebensmitteln**.

Lebensmittel, die durch Boden-Bakterien verdorben sind, erkennt man an einem schlechten Geruch, an trüber Flüssigkeit in Konserven und an aufgeblähten Konserven. Man muss solche Konserven sofort wegwerfen.

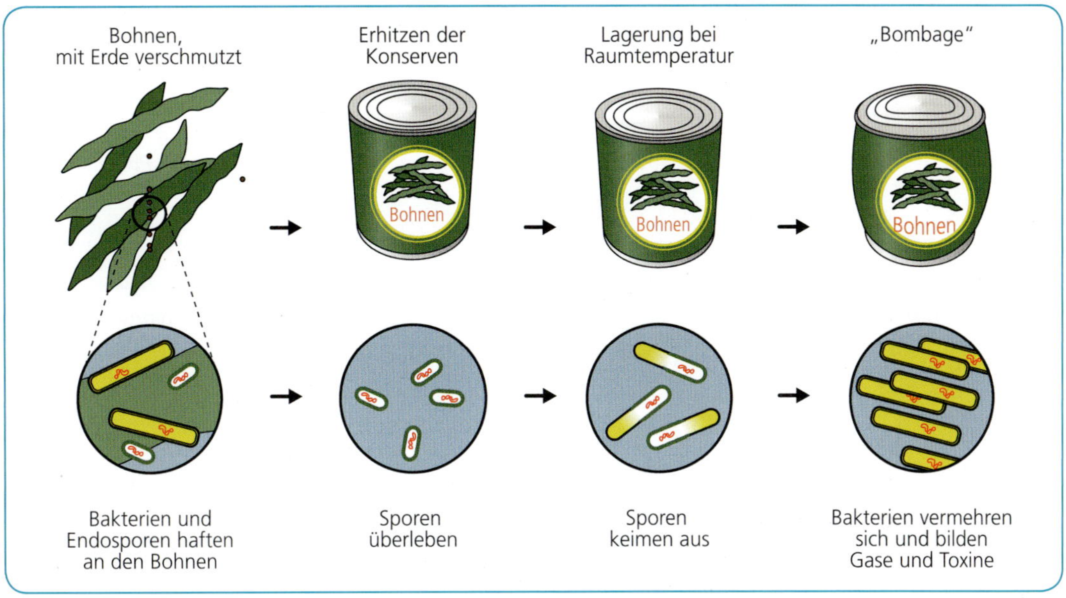


***Lebensmittel-Vergiftung durch Boden-Bakterien***

Boden-Bakterien bilden ein **Nervengift**, das zu einer Lebensmittel-Vergiftung führt, wenn man es zu sich nimmt. Diese Vergiftung heißt **Botulismus**. Es kommt zu Übelkeit und Erbrechen. Das Gift kann auch zu Lähmungserscheinungen führen. Die Lähmung der Atemmuskulatur führt schließlich zum Tod.

Sporen der Boden-Bakterien sterben beim Kochen nicht ab. Das Gift bleibt wirksam. Deshalb dürfen befallene Lebensmittel nicht verzehrt werden.

## Fäulnis-Erreger

Fäulnis-Erreger sind Bakterien, die überall vorkommen.

Sie kommen durch unhygienische Arbeitsweise und Insekten an Lebensmittel.

Sie entwickeln sich besonders bei Wärme und können mit und ohne Sauerstoff leben.

Fleisch und Wurstwaren werden durch Fäulnis-Erreger an der Oberfläche schmierig.

B

## Schimmelpilze

Manche Schimmelpilze können **Lebensmittel veredeln**, z. B. Blauschimmelkäse, Camembert, Edelsalami.

*Danablu*

*Camembert*

*Edelsalami*

Unerwünschter Schimmel kommt über die Luft durch Sporen auf Lebensmittel.

Zur Erinnerung: Sporen sind vermehrungsfähige Zellen mit einer dicken widerstandsfähigen Schutzhülle.

Schimmelpilze befallen alle Nahrungsmittel.

*Schimmeliges Brot*

*Schimmelige Konfitüre*

*Schimmelige Tomate*

*Schimmeliger Joghurt*

Schimmelpilze sind nur an der Oberfläche als **Pilz-Rasen** sichtbar.
Der Schimmelpilz durchzieht aber mit einem **Wurzel-Geflecht (Myzel)** das ganze Lebensmittel.

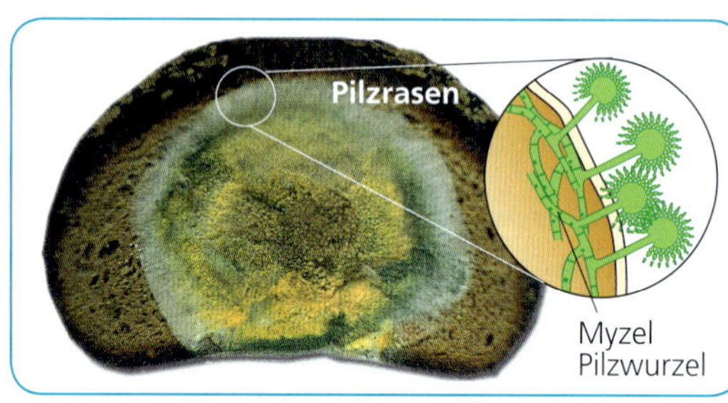


Schimmelpilze bilden Gifte. Sie schädigen die Leber. Darum muss man verschimmelte Lebensmittel wegwerfen.

Schimmelpilze stellen kaum Ansprüche an ihre Lebensbedingungen. Sie vermehren sich auch, wenn Lebensmittel
- einen niedrigen $a_w$-Wert haben,
- gekühlt werden,
- einen niedrigen pH-Wert haben (sauer sind).

## 1.3 Schädlinge

vermins
ravageurs

Schädlinge sind Tiere, die Lebensmittel schädigen. Durch Schädlinge kommt es zu

- Fraß-Schäden
- Verschmutzungen durch Kot
- Übertragung von Mikroorganismen.

Zu den Schädlingen gehören:

### Nagetiere

*Maus*

*Ratte*

**Schädigung**

- Fraß-Schäden
- Verschmutzungen durch Kot

**Schädlings-Vorbeugung** und **Schädlings-Bekämpfung**

- Gitter an Kellerfenster hängen
- Fallen aufstellen
- Berührungsgifte auslegen

### Fliegen

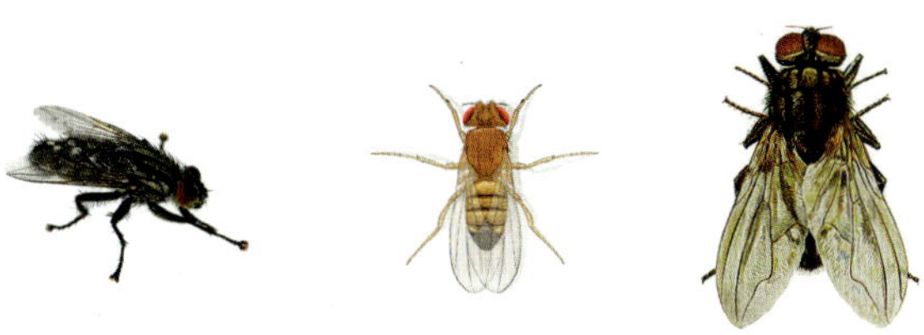

*Stubenfliege, Fruchtfliege, Schmeißfliege*

**Schädigung**

- Übertragung von Mikroorganismen und Krankheits-Erregern

**Schädlings-Vorbeugung** und **Schädlings-Bekämpfung**

- Fliegengitter an Fenstern hängen
- Lebensmittel abdecken
- Abfallbehälter gut verschließen
- Abfallbehälter regelmäßig reinigen
- Klebefallen aufhängen
- elektrische Fallen aufstellen

B

## Insekten

*Schabe (Kakerlake)*

**Schädigung**
- Fraß-Schäden
- Übertragung von Mikroorganismen und Krankheits-Erregern

**Schädlings-Vorbeugung** und **Schädlings-Bekämpfung**
- Fugen abdichten
- keine Essensreste oder Abfälle offen stehen oder auf dem Boden liegen lassen
- Köderdosen mit Lockstoffen aufstellen
- professionelle Schädlings-Bekämpfung („Kammerjäger") beauftragen

*Mehlmotte*

**Schädigung**
- Fraß-Schäden durch die Raupen
- Verschmutzungen durch Kot der Raupen
- Verschmutzung durch Spinnfäden der Raupen

**Schädlings-Vorbeugung** und **Schädlings-Bekämpfung**
- Vorräte dicht verschließen
- befallene Lebensmittel wegwerfen
- befallene Schränke gründlich reinigen
- Fallen mit Lockstoffen aufstellen
- unbedenkliche Bekämpfungsmittel einsetzen

*Brotkäfer*

**Schädigung**
- Fraß-Schäden
- Verschmutzung durch Larvenhäute

**Schädlings-Vorbeugung** und **Schädlings-Bekämpfung**
- Vorräte dicht verschließen
- befallene Lebensmittel wegwerfen
- befallene Schränke gründlich reinigen
- Fallen mit Lockstoffen aufstellen
- unbedenkliche Bekämpfungsmittel einsetzen

*Ameise*

**Schädigung**
- Übertragung von Mikroorganismen

**Schädlings-Vorbeugung** und **Schädlings-Bekämpfung**
- Vorräte dicht verschließen
- Köderdosen aufstellen
- unbedenkliche Bekämpfungsmittel einsetzen

B

**Gegen Schädlinge in der Küche ist Vorbeugung wichtig!** !

Beim Einsatz von Schädlings-Bekämpfungsmitteln muss man beachten:
- Lebensmittel dürfen nicht mit den Schädlings-Bekämpfungsmitteln in Berührung kommen.
- Die Schädlings-Bekämpfungsmittel müssen so eingesetzt werden, wie es die Anleitung auf der Verpackung vorschreibt.
- Man muss die Schädlings-Bekämpfungsmittel in den Original-Verpackungen außerhalb der Küche lagern.

## 1.4 Reinigen und Desinfizieren

clean anddisinfect
nettoyer et désinfecter

Während eines Arbeitstages und am Ende eines Arbeitstages in der Küche ist das Reinigen für die Hygiene im Betrieb besonders wichtig. Die Küche mit allen Maschinen und Arbeitsgeräten ist gereinigt, wenn mit bloßem Auge kein Schmutz, keine Speise-Reste und kein Fettfilm mehr zu sehen sind. Damit haben die Mikroorganismen und Schädlinge keine Nahrung mehr.

### Reinigen

Reinigen ist das Entfernen von Schmutz.

Beim Reinigen übernimmt Wasser die wichtigste Rolle. Das Wasser zum Reinigen muss Trinkwasser-Qualität haben.

**Wasser**
- löst Schmutz,
- lässt den Schmutz aufquellen,
- trägt den Schmutz ab.

B

Beim Reinigen sollte Wasser eine Temperatur von 50–60 °C haben. Bei einer höheren Temperatur gerinnen Eiweiß-Stoffe und sie sind schwer zu lösen.

**Reinigungs-Mittel** unterstützen das Reinigen, da sie besondere Wirk-Stoffe enthalten. Diese Wirk-Stoffe setzen die Oberflächen-Spannung des Wassers herab. Dadurch kann sich das Wasser besser unter die Schmutzteilchen schieben und die Teilchen wegspülen.

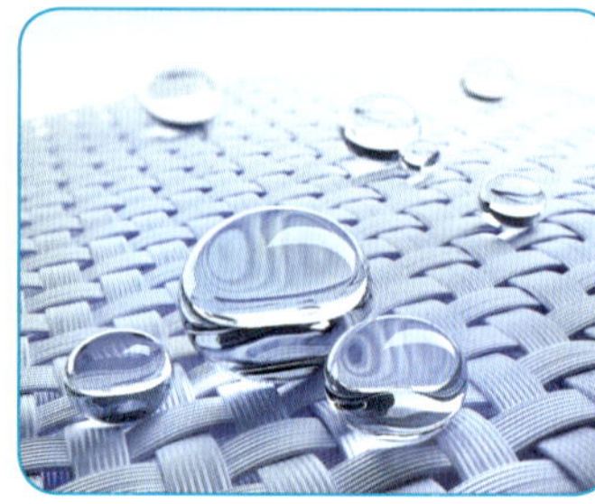

*Oberflächen-Spannung Wasser*

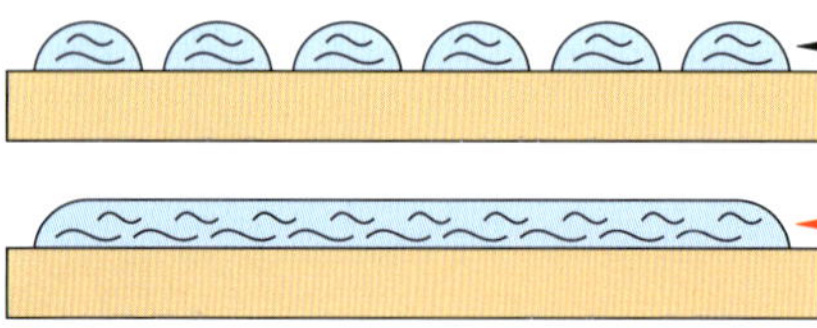


Diese Wirk-Stoffe haben einen fettliebenden Teil und einen wasserliebenden Teil.

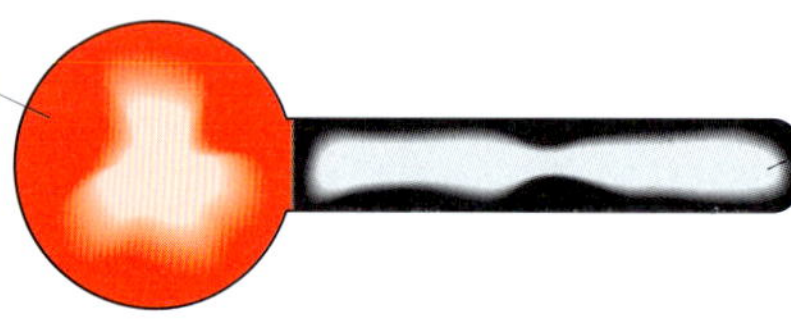


Dadurch können sich die Wirk-Stoffe zwischen den fetthaltigen Schmutz und die Oberfläche des Gegenstandes schieben. So heben die Wirk-Stoffe den Schmutz ab.

Außerdem legen sich die Wirk-Stoffe um fetthaltige Schmutzteilchen und halten sie in der Schwebe.

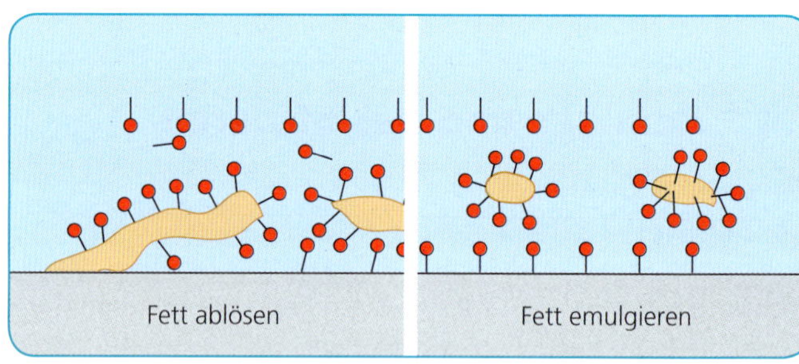


Die Schmutzteilchen können so nicht mehr an den zu reinigenden Gegenständen anhaften.

| **Hilfsmittel** beim Reinigen sind: | | Die **Spülmaschine** arbeitet mit: | |
|---|---|---|---|
| • Spül-Lappen<br>• Bürsten<br>• Schwämme<br>• Spülbürste usw. |  | • Heißem Wasser<br>• Reinigungs-Mittel<br>• Wasserdruck |  |

**Für die Hygiene in der Küche ist *gründliches* Reinigen wichtig.** !

## Desinfizieren

Mit dem Desinfizieren will man **Mikroorganismen abtöten**. Damit soll verhindert werden, dass sich Krankheits-Erreger im Betrieb ausbreiten können.

Damit die Mikroorganismen sicher abgetötet werden, muss man das Desinfektions-Mittel in der **richtigen Konzentration** verwenden. Außerdem muss man die **Einwirkdauer** genau einhalten.

**Das Desinfizieren wird immer nach der Reinigung durchgeführt.** Sonst bleiben Mikroorganismen unter Fett und Eiweißresten und überleben die Desinfektion.

*Gebots-Zeichen Hände desinfizieren*

In Küchen sollte man Arbeitsbereiche, Arbeitsgeräte und Maschinen vor allem nach dem Verarbeiten von Geflügel und Hackfleisch desinfizieren. Sinnvoll ist auch das Desinfizieren bei Abfalleimern und Bürsten.

> **Achtung im Umgang mit Desinfektions-Mitteln!**
> **Sie dürfen nicht direkt mit Lebensmitteln in Berührung kommen.**
> **Sie sind in der Regel ätzend und können zu Hautreizungen führen.**
> **Sie belasten die Umwelt und sollten nur so viel wie unbedingt nötig eingesetzt werden.**

## Reinigen und Desinfizieren von Händen (Handhygiene)

Hände sind die häufigsten Überträger von Mikroorganismen. Darum muss man sie auch gründlich reinigen und bei Bedarf desinfizieren.

**Anleitung für das Händewaschen**

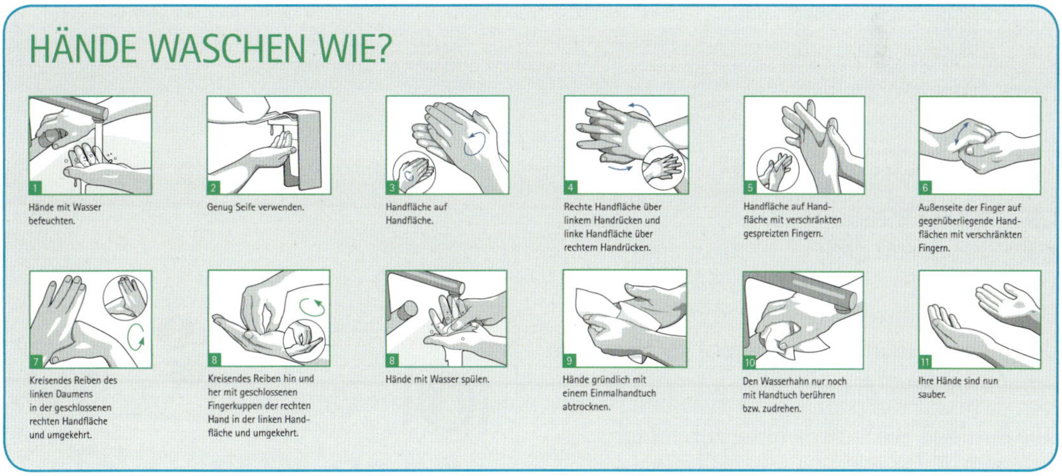


© B. Braun Melsungen AG

Man desinfiziert bei Bedarf die Hände nach dem Reinigen. Dafür müssen die Hände unbedingt trocken sein. Das Desinfektions-Mittel muss mindestens 30 Sekunden einwirken.

**Anleitung für das Desinfizieren der Hände**

© B. Braun Melsungen AG

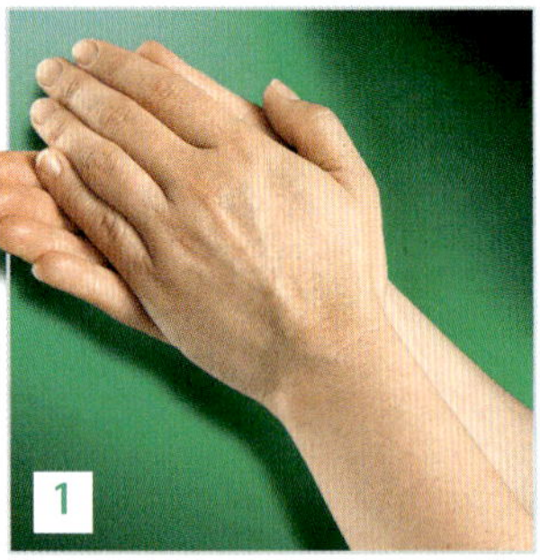

Handfläche auf Handfläche.

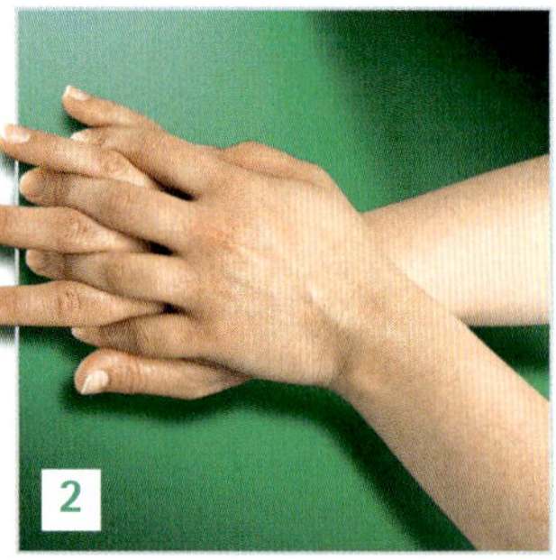

Rechte Handfläche über linkem Handrücken und linke Handfläche über rechtem Handrücken.

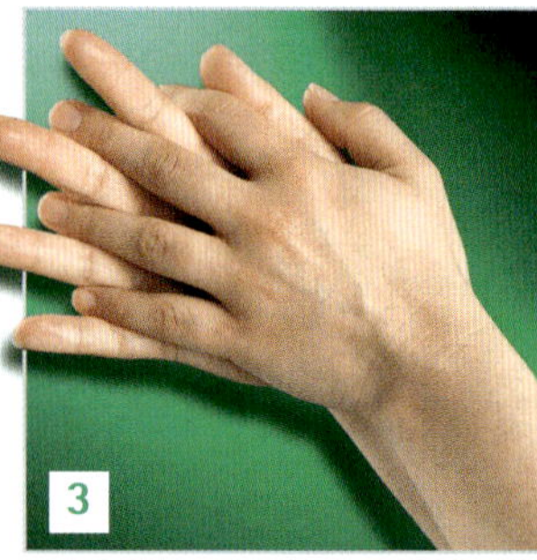

Handfläche auf Handfläche mit verschränkten gespreizten Fingern.

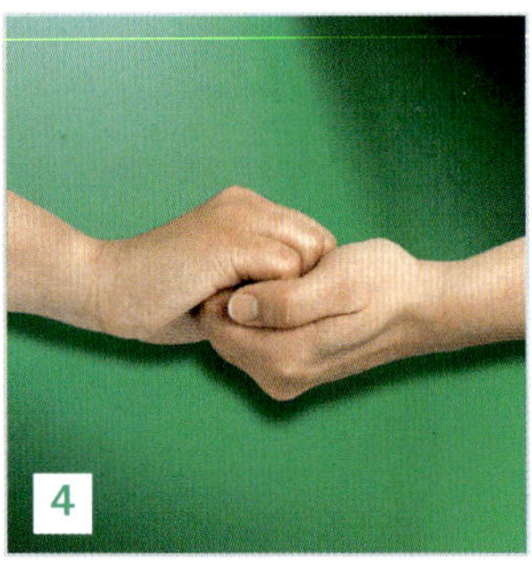

Außenseite der Finger auf gegenüberliegende Handflächen mit verschränkten Fingern.

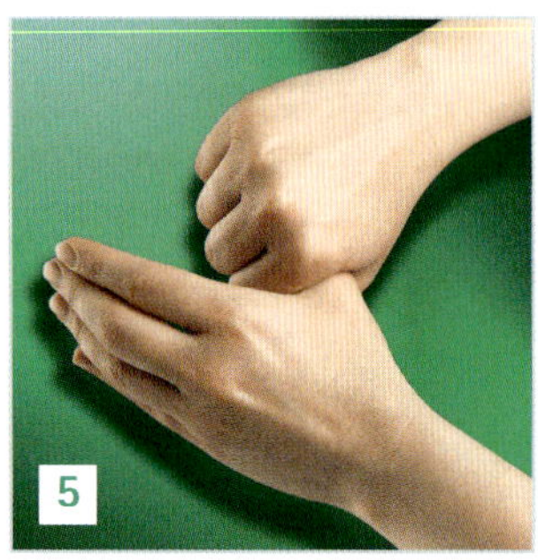

Kreisendes Reiben des linken Daumens in der geschlossenen rechten Handfläche und umgekehrt.

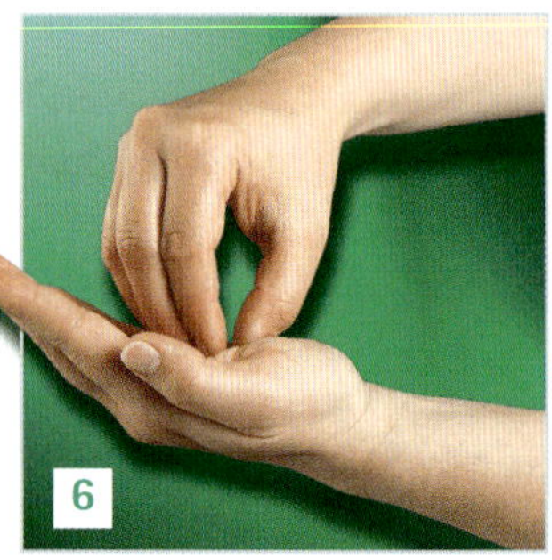

Kreisendes Reiben hin und her mit geschlossenen Fingerkuppen der rechten Hand in der linken Handfläche und umgekehrt.

## 1.5 HACCP-Konzept

🇬🇧 HACCP concept
🇫🇷 concept HACCP

Das HACCP-Konzept ist eine Verordnung, die in der EU (Europäische Union) verpflichtend umgesetzt werden muss.

Alle Betriebe, die Lebensmittel zubereiten, verarbeiten, herstellen, verpacken, lagern, befördern, verteilen, behandeln und verkaufen, müssen das HACCP-Konzept einhalten.

Wenn man nach dem HACCP-Konzept arbeitet, kann man gesundheitliche Gefahren beim Verarbeiten von Lebensmitteln vermeiden.

B

In Deutschland ist das HACCP-Konzept ein Teil der Lebensmittelhygiene-Verordnung (Verordnung über Anforderungen an die Hygiene beim Herstellen, Behandeln und Inverkehrbringen von Lebensmitteln).

**Was bedeutet HACCP?**

| H | A | C | C | P |
|---|---|---|---|---|
| **h**azard | **a**nalysis | **c**ritical | **c**ontrol | **p**oints |
| Gefahr | Analyse | kritisch | Kontrolle | Punkte |

**Gefahren-Analyse und kritische Kontrollpunkte**

Beim HACCP-Konzept geht es darum, dass lebensmittelverarbeitende Betriebe sich selbst kontrollieren, um hygienisch einwandfreie Produkte herzustellen und zu verkaufen.

**Das HACCP-Konzept wird in 7 Schritten abgearbeitet.**

| | | **Beispiel 1:** **Anlieferung von Hackfleisch** | **Beispiel 2:** **Trennung von Obst/ Gemüse und Fleisch** |
|---|---|---|---|
| 1 | **Gefahren werden erkannt.** | Anlieferung: Ist das Hackfleisch frisch? | Wird Fleisch durch gemeinsame Lagerung mit Obst/Gemüse verunreinigt? |
| 2 | **Gefahren werden bewertet.** | Hackfleisch, das nicht frisch ist, kann mit Mikroorganismen belastet sein und die Gesundheit des Menschen schädigen. | Von Obst/Gemüse können Mikroorganismen auf Fleisch übertragen werden und sich vermehren. |
| 3 | **Grenzwerte und Merkmale für die Überwachung werden festgelegt.** | Beträgt die Temperatur bei der Anlieferung 4 °C? | Gibt es ein Obst- und Gemüse-Kühlhaus und ein Fleisch-Kühlhaus? |
| 4 | **Maßnahmen zur Überwachung werden festgelegt.** | Ist die Temperatur bei der Anlieferung gemessen worden? | Wird Obst/Gemüse im Obst- und Gemüse-Kühlhaus und Fleisch im Fleisch-Kühlhaus gelagert? |
| 5 | **Maßnahmen zur Fehler-Korrektur werden festgelegt.** | Ist die Temperatur höher als 4 °C, darf das Hackfleisch nicht angenommen werden. | Falsch gelagerte Waren müssen sofort in das richtige Kühlhaus gebracht werden. |

B

| | | | |
|---|---|---|---|
| 6 | **Einhaltung des Konzepts durch Mitarbeiter wird überprüft.** | Werden Mitarbeiter bei der Annahme von Ware stichprobenartig kontrolliert? | Werden die Waren in den Kühlhäusern regelmäßig kontrolliert? |
| 7 | **Dokumentation des HACCP-Konzepts** | Steht die Temperatur-Kontrolle bei der Annahme von Hackfleisch als Maßnahme im HACCP-Ordner? | Steht die Kontrolle der richtigen Warenlagerung als Maßnahme im HACCP-Ordner? |

**In jedem Betrieb, der Lebensmittel verarbeitet, ist Hygiene besonders wichtig. Die hergestellten Lebensmittel dürfen keine Gesundheits-Gefahr für den Verbraucher sein.** !

## 1.6 Lebensmittel-Überwachung

food inspection
inspection des aliments

Vorschriften müssen kontrolliert werden!

Darum überprüfen **Lebensmittel-Kontrolleure** alle Betriebe, in denen Lebensmittel hergestellt, verarbeitet oder verkauft werden. Die Betriebe werden zufällig ausgewählt. Wenn Verbraucher oder Gäste sich bei der Kontroll-Behörde beschweren, wird die Kontrolle des Betriebs angeordnet.

Bei den Kontrollen dürfen die Kontrolleure während der Geschäftszeiten
- Räume und Einrichtungen auf die Einhaltung der Hygiene-Vorschriften überprüfen,
- Rohstoffe und Produkte auf Hygiene und die Einhaltung lebensmittelrechtlicher Vorschriften überprüfen,
- Proben nehmen und diese untersuchen lassen. Der Betriebsinhaber hat das Recht, Gegenproben zu nehmen und auf eigene Kosten untersuchen zu lassen.

Betriebsinhaber und die Mitarbeiter
- sind verpflichtet, die Kontrolleure in alle Räume gehen zu lassen,
- dürfen die Kontrolleure bei ihrer Arbeit nicht behindern,
- müssen Fragen zu den verwendeten Rohstoffen und zu den Herstellungs-Verfahren beantworten.

# 2 Unfallverhütung

accident prevention
la prévention des accidents

Im Küchenbereich von Hotel- und Gaststättenbetrieben gibt es viele Unfallgefahren für die Arbeitskräfte. Diese können zu Unfällen führen. Die **häufigsten Unfälle und Verletzungen** sind:

- Schnitt-Verletzungen, Stich-Verletzungen
- Rutsch-Unfälle, Sturz-Unfälle
- Verbrennungen, Verbrühungen
- Verätzungen durch Desinfektions-Mittel
- Quetschungen und Prellungen
- Unfälle durch Stromschlag

## 2.1 Schnitt-Verletzungen, Stich-Verletzungen

cut injuries, stick injuries
lacérations, blessure à la piqûre

**Schnitt-Verletzungen und Stich-Verletzungen entstehen durch:**
- Messer und andere Schneid-Geräte
- Aufschnitt-Maschinen
- Küchenmaschinen mit Schneid-Aufsätzen
- Zerbrochenes Glas und Porzellan

**Ursachen sind:**
- Schlechte Konzentration
- Fehlende Schutz-Ausrüstung
- Nicht richtig genutzte oder defekte Schutz-Einrichtung bei Maschinen

**Schnitt-Verletzungen und Stich-Verletzungen können Sie vermeiden:**
- Verwenden Sie Messer und Schneid-Geräte richtig.
- Tragen Sie **Schutz-Ausrüstung**, z. B. beim Zerlegen von Fleisch.
- Beseitigen Sie Glas-Scherben und Porzellan-Scherben **vorsichtig** und **gründlich**.
- Verwenden Sie für Zettel und Bons Vorrichtungen, an denen Sie sich nicht verletzen können. Gut sind: Spießer aus biegsamem Kunststoff oder Klemmschienen.
- Greifen Sie **NIE** in laufende Maschinen.
- Ziehen Sie den Netz-Stecker, **bevor** Sie eine Maschine reinigen.
- Verwenden Sie für Fleisch Haken (S-Haken), die nur an einem Ende spitz sind. Alle anderen Haken, die nicht zum Aufspießen von Fleisch dienen, müssen stumpf sein.

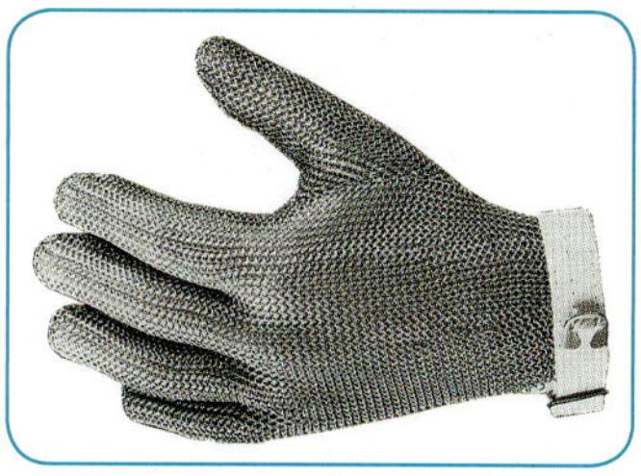

*Stechschutz-Handschuh*

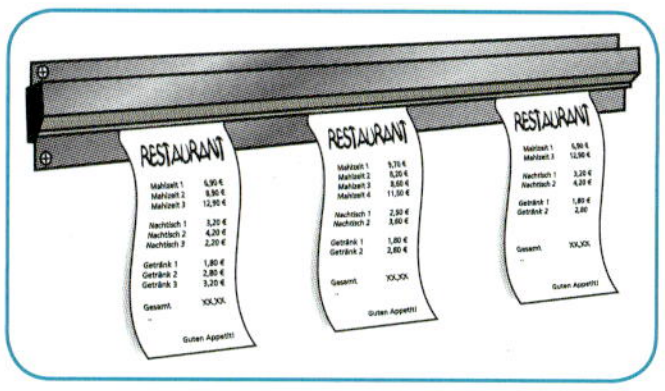


*Klemmschiene für Bons*

B

## 2.2 Rutsch-Unfälle, Sturz-Unfälle

slip accidents
les accidents de glissement

Im Hotel- und Gaststättengewerbe gehören 30 % (also 30 von 100) zu den Rutsch-Unfällen und Sturz-Unfällen. Von den schweren Unfällen gehören sogar 70 % (also 70 von 100) zu diesen Unfällen.

| Rutsch-Unfälle und Sturz-Unfälle entstehen durch: | Ursachen sind: |
|---|---|
| • Fehlende Aufmerksamkeit<br>• Hektisches Arbeiten | • Glatte, glitschige, verunreinigte Fußböden<br>• Herumstehende Gegenstände<br>• Herausgenommene Abflussgitter<br>• Nicht aufgeräumte Verkehrswege<br>• Ungeeignete Schuhe |

**Rutsch-Unfälle und Sturz-Unfälle können Sie vermeiden:**

- Rutsch-hemmender Fußbodenbelag in allen Arbeitsbereichen muss vorhanden sein.
- Reinigen Sie bei stärkerer Verschmutzung sofort den Fußboden.
- Stellen Sie nach dem Wischen ein Hinweisschild auf.
- Halten Sie Ordnung auf den Verkehrswegen.
- Tragen Sie rutschfeste Arbeitsschuhe.

## 2.3 Verbrennungen und Verbrühungen

burns
brûlures

| Verbrennungen und Verbrühungen entstehen: | Ursachen sind meist: |
|---|---|
| • Durch heißes Wasser oder Öl<br>• Durch heiße Dämpfe<br>• Beim Transport von heißen Töpfen, Behältern und Gefäßen | • Fehlende Vorsicht<br>• Nicht benutzte Hilfsmittel |

**Verbrennungen und Verbrühungen können Sie vermeiden:**

- Seien Sie vorsichtig, wenn Sie Herd, Ofen und Fritteuse benutzen.
- Gießen Sie **NIEMALS** Wasser in heißes Fett.
- Gehen Sie vorsichtig, wenn Sie heiße Töpfe, Behälter und Gefäße transportieren.
- Achten Sie darauf, dass heiße Flüssigkeiten nicht überschwappen.
- Benutzen Sie **Torchons** zum Schutz.

B

## 2.4 Verätzungen durch Reinigungs-Mittel und Desinfektions-Mittel

burns caused by cleaning agents and disinfectants
brûlures causées par des agents de nettoyage et de désinfection

Reinigungs-Arbeiten und Desinfektions-Arbeiten sind für die Hygiene im Betrieb wichtig. Sie bringen für die Mitarbeiter aber auch Gefahren mit sich.

**Ursachen für Verätzungen:**
In Desinfektions-Mitteln und bestimmten Reinigungs-Mitteln (z. B. Reiniger für Konvektomaten) sind oft gesundheitsschädigende Inhalts-Stoffe.
Sie wirken **ätzend** oder **reizend**
- auf die Augen
- auf die Haut
- auf die Schleimhäute.

*Warnzeichen: Hautätzend*

**Verätzungen können Sie vermeiden:**
- Kennzeichnen Sie die Behälter mit den Desinfektions-Mitteln gut sichtbar.
- Bewahren Sie Desinfektions-Mittel nur in **EINDEUTIG GEKENNZEICHNETEN** Behältern auf, damit die Behälter nicht mit Lebensmitteln verwechselt werden können.
- Lassen Sie sich von Ihren Ausbildern genau erklären, wie Sie mit den Mitteln umgehen müssen und welche **Schutz-Maßnahmen** Sie beachten müssen.
- Lesen Sie die **Gebrauchsanleitung** genau.
- Benutzen Sie **Schutz-Ausrüstungen** so, wie es Ihnen gezeigt wird: Schutz-Brille, Schutz-Handschuhe, Gummi-Schürze, Schutz-Stiefel.

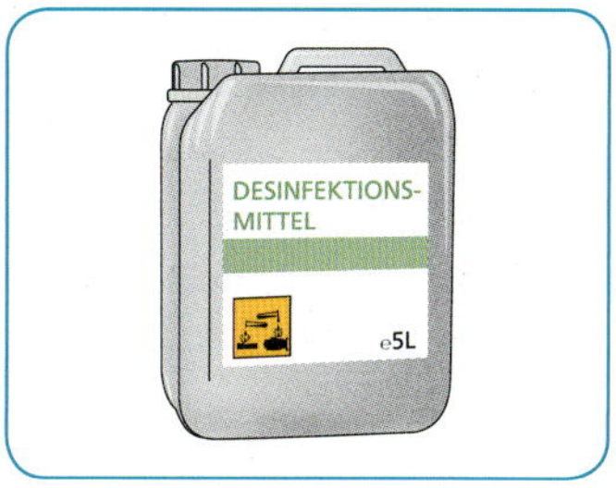


*Desinfektions-Mittel*

*Schutz-Brille*

*Schutz-Handschuhe*

*Schutz-Schürze*

*Schutz-Stiefel*

B

## 2.5 Quetschungen und Prellungen

contusions and bruises
meurtrissure et contusions

| **Quetschungen und Prellungen gibt es durch:** | **Ursachen von Quetschungen und Prellungen sind meist:** |
| --- | --- |
| • Umstürzende Regale<br>• Sackkarren, Handkarren, Servierwagen, die nicht richtig benutzt werden<br>• Unvorsichtiger Transport von sperrigen Gegenständen | • Unaufmerksamkeit<br>• Fehlende Kenntnisse über Hilfsgeräte |

**Quetschungen und Prellungen können Sie vermeiden:**

- Achten Sie darauf, dass Regale möglichst an der Wand **verankert** auf ebenem Boden stehen.
- Achten Sie darauf, dass die **Gänge** zwischen den Regalen **mindestens 75 cm** breit sind.
- Überladen Sie die Regale nicht.
- Benutzen Sie Sackkarren, Handkarren und Servierwagen vorsichtig.
- Benutzen Sie geeignete **Transportwagen** für sperrige Gegenstände.

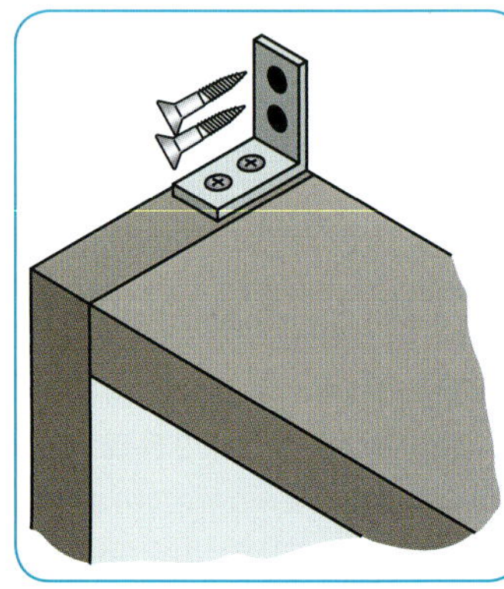

## 2.6 Unfälle mit elektrischem Strom

accidents with electricity
accidents avec électricité

| **Unfälle durch Stromschlag entstehen durch:** | **Die Ursache für Unfälle durch Stromschlag** ist meist nicht fachmännischer Umgang mit elektrischen Anlagen und mit elektrischen Geräten oder Maschinen. |
| --- | --- |
| • Falsches Verlegen von Kabeln<br>• Benutzen fehlerhafter Geräte<br>• Reparaturen an Elektrogeräten und Maschinen von Laien | |

**Unfälle durch Stromschlag können Sie vermeiden:**

- Sie müssen dafür sorgen, dass die **Kabel nicht** durch mechanische Einwirkung **zerstört** werden können!
- Sie müssen **Stromkabel** verwenden, die für die Küche geeignet sind: Die Kabel müssen Nässe, Wärme und chemische Einflüsse aushalten.

*NIEMALS!*

- Seien Sie vorsichtig mit **Wasser** und **nassen Händen** in der Nähe von **Steckdosen**!
- Sie müssen elektrische Geräte und elektrische Anlagen **regelmäßig überprüfen**.
- Lassen Sie elektrische Geräte und elektrische Anlagen **nur** von Fachleuten reparieren.

**Kennzeichen und Prüfzeichen an elektrischen Geräten und Maschinen:**

| | |
|---|---|
|  | Tropfwassergeschützt |
|  | Regengeschützt |
|  | Spritzwassergeschützt |
|  | Strahlwassergeschützt |
|  | Hochspannungsteil eines Gerätes |
|  | Anschlussstelle für Betriebserdung |
|  | Schutzklasse I: Schutz-Maßnahme mit Schutzleiter |
|  | Schutzklasse II: Schutzisolierung |

# 3 Sicherheits-Zeichen

safety signs
signes de sécurité

B

Sicherheits-Zeichen sind **wie Verkehrsschilder**.

Sie **informieren über Gefahren** und geben **Anleitung zum Verhalten** im Betrieb.

Es gibt:

| **Gefahrenzeichen** | | | |
|---|---|---|---|
|  |  |  |  |
| *Achtung* | *Achtung Gewässer gefährdend* | *Achtung Gase unter Druck* | *Achtung Entzündend wirkende Stoffe* |
|  |  |  |  |
| *Gefahr Hautätzend* | *Gefahr Akute Toxizität* | *Gefahr Entzündbare Stoffe* | *Gefahr Explosive Stoffe* |

| **Gebotszeichen** | | | |
|---|---|---|---|
|  |  |  |  |
| *Gehörschutz benutzen* | *Augenschutz benutzen* | *Handschutz benutzen* | *Fußschutz benutzen* |

## Verbotszeichen

| | | | |
|---|---|---|---|
|  |  |  |  |
| *Mit Wasser löschen verboten* | *Feuer, offenes Licht und Rauchen verboten* | *Rauchen verboten* | *Kein Trinkwasser* |

## Rettungszeichen

| | | | |
|---|---|---|---|
|  |  |  |  |
| *Fluchtweg* | *Rettungsweg* | *Notausgang* | *Erste Hilfe* |
|  |  | 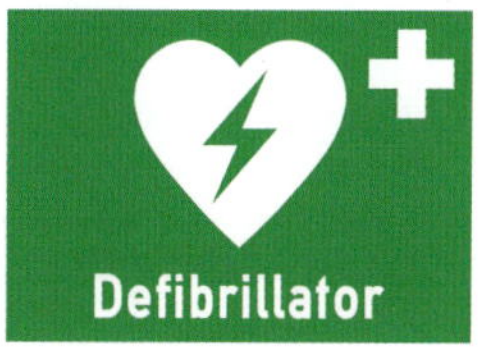  |  |
| *Richtungsangabe für Erste Hilfe* | *Krankentrage* | *Defibrillator* | *Sammelstelle* |

## Brandschutz-Zeichen

| | | | |
|---|---|---|---|
|  |  |  |  |
| *Feuerlöscher* | *Löschschlauch* | *Brandmelder* | *Feuerleiter* |

B

# 4 Brandschutz

fire protection
protectioncontre les incendies

Feuer entsteht, wenn sich ein **brennbarer Stoff** durch **große Hitze** entzündet. Zusätzlich ist **Sauerstoff** notwendig.

Für das Entzünden eines Feuers braucht man nicht unbedingt die Flamme eines Streichholzes, eines Feuerzeugs oder einer Kerze. Die Hitze auf einer Herdplatte, in einer heißen Pfanne, im Backofen oder im Konvektomaten reicht schon aus.

*So entsteht ein Feuer.*

Das Feuer brennt so lange, bis **kein brennbarer Stoff** oder **keine Hitze** oder **kein Sauerstoff** mehr da ist.

Am einfachsten löscht man ein Feuer, wenn man den **Sauerstoff entzieht**. Dies ist nicht immer möglich, weil man sich verbrennen kann oder kein geeigneter Gegenstand (z. B. Löschdecke) da ist. Dann muss man ein Feuer löschen.

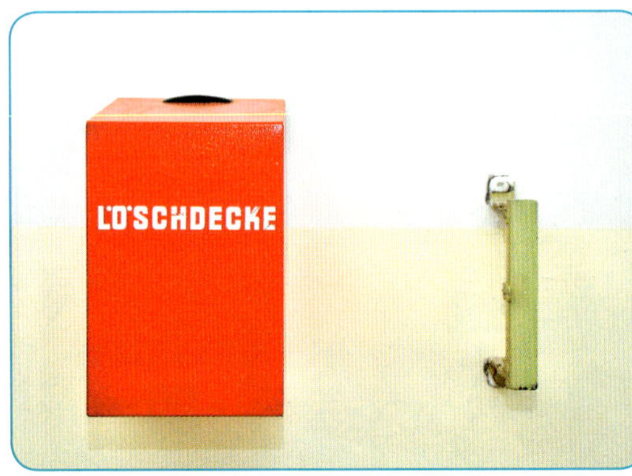


Wie man das Feuer löscht, hängt vom brennbaren Stoff ab.

| Brennbarer Stoff | Brand-Bekämpfung | |
|---|---|---|
| **Papier, Pappe, Kohle, Holz** | • Wasser<br>• Löschen mit dem Feuerlöscher | 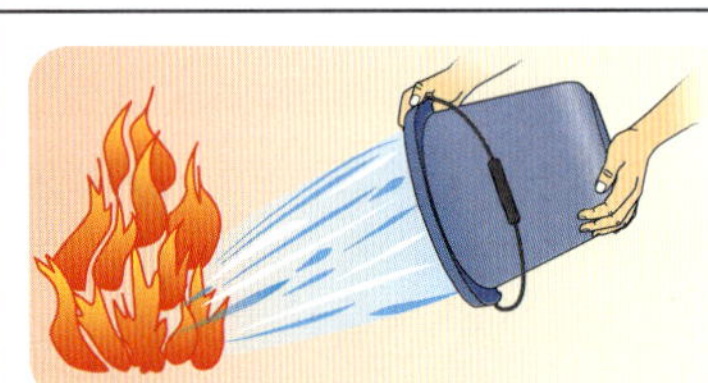 |
| **Alkohol, Wachs, viele Kunststoffe** | • Löschen mit dem Feuerlöscher | 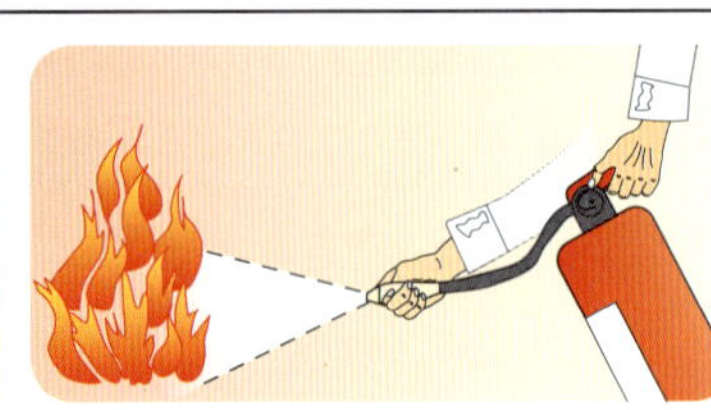 |
| **Propangas** (für den Gas-Grill) | • Löschen mit dem Feuerlöscher | |

| Brennbarer Stoff | Brand-Bekämpfung | |
|---|---|---|
| **Speiseöl, Speisefett** | **Brennendes Speiseöl oder Speisefett darf niemals mit Wasser gelöscht werden!** |  |
| | • Abdecken mit passendem Topfdeckel oder Löschdecke<br>• Fett-Brand-Löscher (zur Verseifung) | 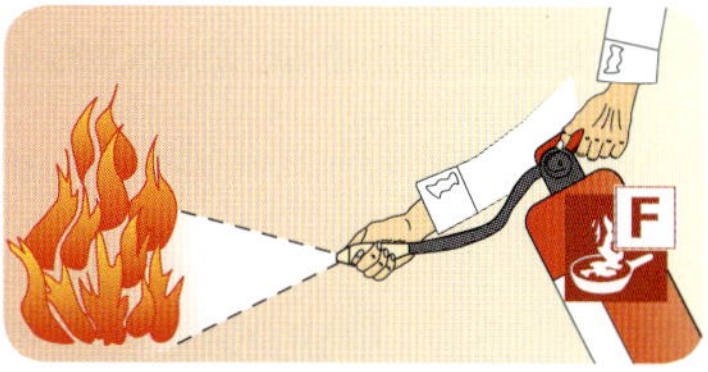<br> |

**Das Feuer wird immer von unten gelöscht. Dadurch kann kein Sauerstoff mehr in die Flamme kommen. Das Feuer erstickt.** !

Beim Kauf von Feuerlöschern soll man sich von einem **Fachmann beraten** lassen. Dieser weiß genau, welches Löschmittel notwendig ist.

Hand-Feuerlöscher sollten so aufgehängt werden, dass man sie **schnell erreichen** und **abnehmen** kann.

Die Stelle wird durch das **Brandschutz-Zeichen** für den **Feuerlöscher** gekennzeichnet.

# 5 Erste Hilfe

first aid
premiers secours

Erste Hilfe leistet man bei Unfällen und plötzlichen gesundheitlichen Problemen. Unter Umständen muss man professionelle Hilfe (z. B. Rettungsdienst oder Notarzt) rufen.

Die Notrufnummer ist **112**! Mit der **112** erreicht man in ganz Europa die nächste Rettungs-Leitstelle. Der Anruf ist kostenlos aus dem Festnetz und aus allen Mobilfunknetzen.

Wenn man einen Notruf absetzt, muss man den Notfall mit wenigen, aber mit genauen Worten beschreiben.

Dabei helfen die folgenden **W-Fragen**:
- **Wer** meldet sich?
- **Wo** ist der Notfall passiert?
- **Was** ist passiert?
- **Wie viele** Personen sind betroffen?
- **Welche** Art von Verletzungen gibt es?
- **Warten** auf Rückfragen!

## 5.1 Schnitt-Wunden und Stich-Wunden

cut injuries, stick injuries
coupes, coupes de couteau

Wer mit Messern und Schneid-Geräten arbeitet, kann sich damit verletzen.

**Wichtig!**
- Wunden nicht auswaschen.
- Keine Desinfektions-Mittel benutzen.

### Was muss man tun?

Oberflächliche Schnitt-Wunden deckt man mit einem Pflaster ab.

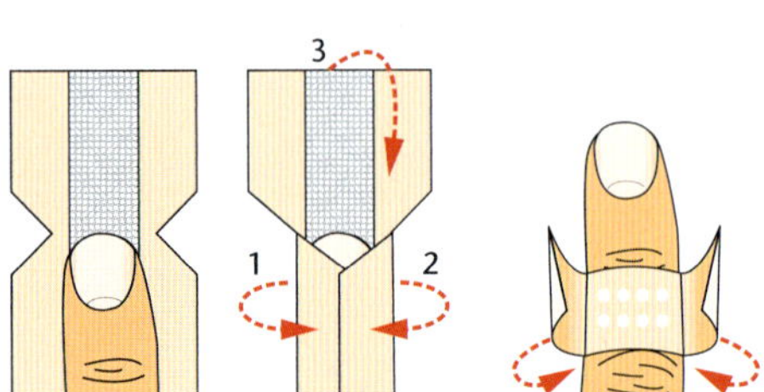


*Fingerkuppen-Verband Wundschnell-Verband*

Aus hygienischen Gründen zieht man danach einen **Fingerling** oder einen **Einmal-Handschuh** an, damit kein Blut an die Lebensmittel oder Speisen kommt.

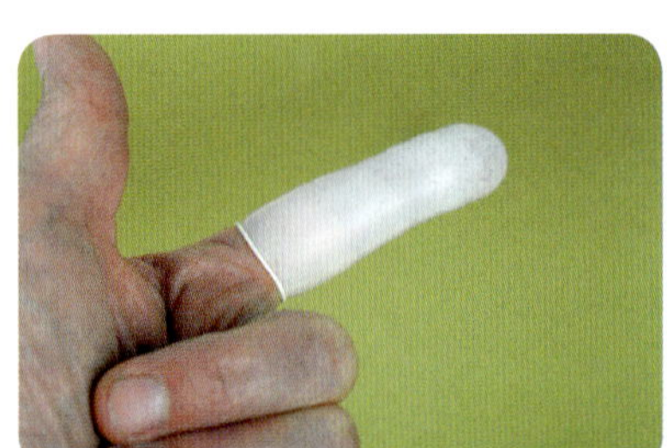

*Fingerling*

B

Tiefe Schnitt-Wunden und Stich-Wunden deckt man mit einer **keimfreien Kompresse** ab.

Das verletzte Körperteil legt man hoch. Dadurch lässt die Blutung nach.

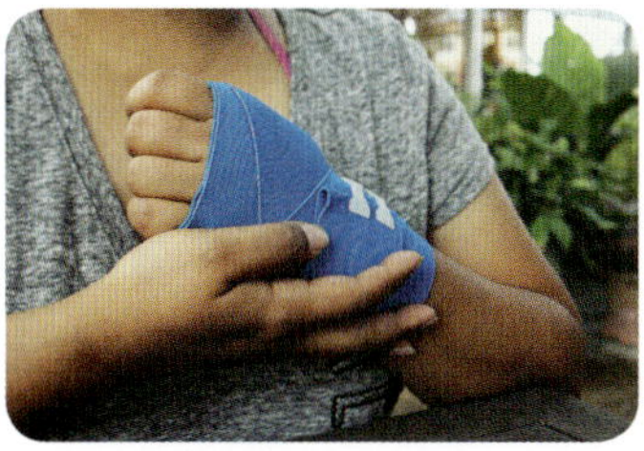

*Hochgelegter Arm*

Blutet die Wunde sehr stark, stoppt man die Blutung durch Druck mit einer keimfreien Kompresse oder mit einem **Druckverband**.

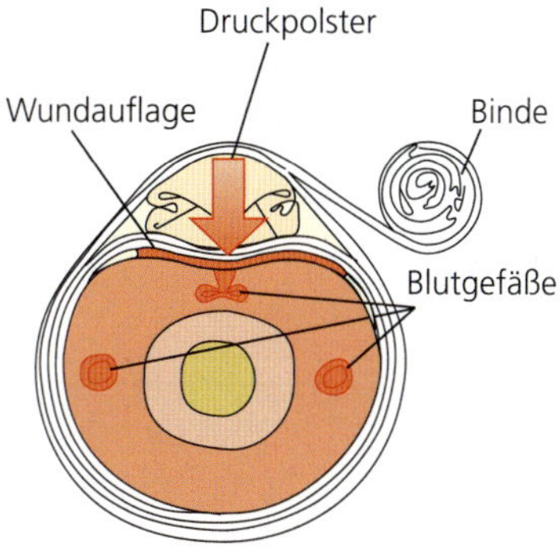


*Druckverband*

## 5.2 Verbrennungen und Verbrühungen

burns and scalds
les brûlures

In der Küche kommt es häufig zu Verbrennungen oder Verbrühungen.

Wie schlimm diese sind, unterscheidet man so:

| Verbrennungsgrad | Beschreibung | Ursachen |
|---|---|---|
| **Verbrennungen 1. Grades** | • Die Haut ist gerötet.<br>• Die Haut ist geschwollen.<br>• Die Haut tut weh. | • Zu lange Sonnen-Einstrahlung (Folge: Sonnenbrand)<br>• Heißes Wasser |
| **Verbrennungen 2. Grades** | • Die Haut ist gerötet.<br>• Es entstehen Brandblasen.<br>• Die Haut tut sehr weh. | • Sehr heißes Waser<br>• Heißes Back-Blech<br>• Heiße Töpfe oder Pfannen |
| **Verbrennungen 3. Grades** | • Die Haut ist zerstört.<br>• Man hat keine oder nur wenig Schmerzen, weil die Nerven zerstört sind. | • Kochendes Wasser<br>• Heißes Fett<br>• Feuer, z. B. beim Grillen |

B

### Was muss man tun?

Bei Verbrühung mit heißen Flüssigkeiten oder Dampf entfernt man zuerst die Kleidung schnell, aber vorsichtig. Auf keinen Fall darf man die Kleidung vom Körper reißen, weil dann die Haut vom Körper gerissen wird.

Kleinere Verbrennungen kühlt man sofort mit kaltem Wasser. Dies macht man für einige Minuten, bis der Schmerz aufhört. Anschließend verbindet man die Brandwunde mit einem keimfreien Verbandtuch.

*Verbrennung mit kaltem Wasser kühlen*

**Brandblasen darf man nicht anstechen oder öffnen!** !

Bei großflächigen Verbrennungen deckt man die verletzte Person mit einer Rettungsdecke zu und lagert sie flach auf dem Boden. Bei Verbrennungen im Gesicht kann man zum Kühlen ein feuchtes Tuch auflegen. Dabei ist es wichtig, die Atemwege freizuhalten.

## 5.3 Verätzungen und Vergiftungen durch Reinigungs-Mittel und Desinfektions-Mittel

Bei Verätzungen werden die Augen oder Schleimhäute im Mund, in der Speiseröhre, im Magen oder die Haut durch chemische Substanzen verletzt.

### Wie erkennt man Verätzungen?

| | |
|---|---|
| **Verätzungen im Bereich der Augen** | • Krampfartiges Zukneifen der Augenlider<br>• Starke Schmerzen im verätzten Auge<br>• Schock |
| **Verätzungen der Haut** | • Stärker werdende Schmerzen<br>• Flüssigkeitsverlust<br>• Schock |
| **Verätzungen der Schleimhäute**<br>(Mund, Speiseröhre, Magen) | • Starke Schmerzen<br>• Probleme beim Schlucken<br>• Deutlich mehr Speichel-Fluss<br>• Beläge auf den Schleimhäuten<br>• Schock |

### Was muss man tun?

- Man legt die verletzte Person auf den Boden.
- Man dreht den Kopf zur Seite des verätzten Auges.
- Man spült das betroffene Auge lange und mit viel Wasser. Dabei gießt man das Wasser aus ca. 10 cm Höhe in den inneren Augenwinkel. Das Wasser soll über den Augapfel und den äußeren Augenwinkel nach außen fließen.

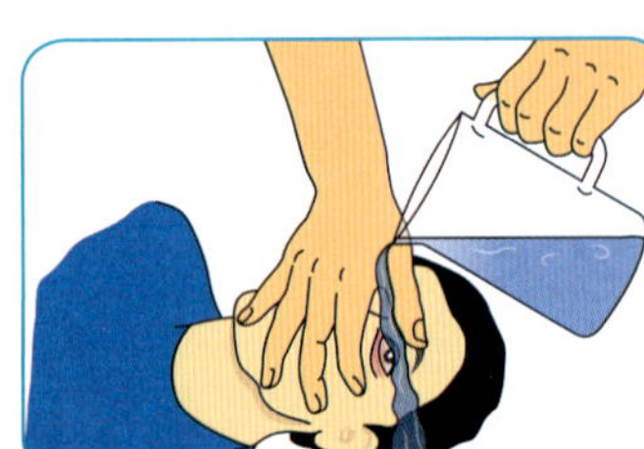

B

## 5.4 Ohnmacht und Bewusstlosigkeit

Eine **Ohnmacht** ist eine plötzlich einsetzende, kurze Bewusstlosigkeit, die etwa 1–2 Minuten dauert. Die Person hat dann keine Macht über sich selbst. Die Ohnmacht hört ohne besondere Behandlung von selbst wieder auf.

Eine **Bewusstlosigkeit** dauert viel länger. Natürliche Schluckreflexe und natürliche Hustenreflexe funktionieren nicht mehr. Flüssigkeiten wie z. B. Erbrochenes oder Blut können in die Atemwege gelangen. Außerdem sind die Muskeln schlaff und dadurch kann die Zunge die Atemwege verschließen.

**Die Person kann ersticken! Es besteht akute Lebensgefahr!** !

Bewusstlose Personen sind nicht ansprechbar und reagieren nicht auf Rütteln.

### Was muss man tun?

- Man setzt einen Notruf (112) ab.
- Man überprüft die Atmung und den Puls.
- Wenn die Person nicht atmet, beginnt man mit Wiederbelebungs-Maßnahmen.
- Wenn die Person atmet, legt man sie in die stabile Seitenlage.
- Man überprüft regelmäßig die Atmung und den Puls, bis der Rettungsdienst kommt.

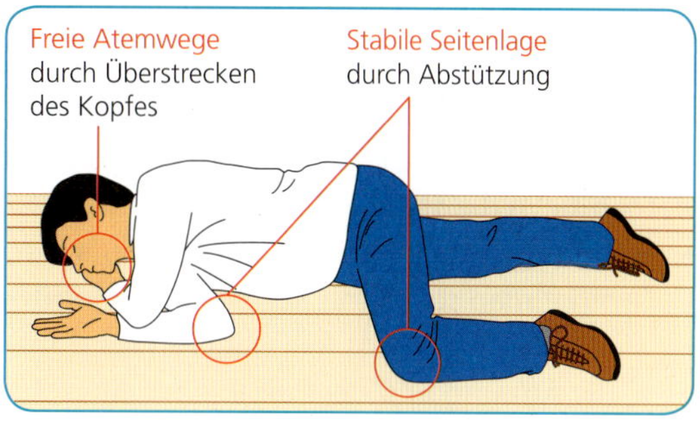


*Stabile Seitenlage*

## 5.5 Fremdkörper im Auge

Beim Arbeiten in der Küche kann es passieren, dass man kleine Teilchen wie z. B. Knochensplitter und Lebensmittelstücke in das Auge bekommt.

### Was muss man tun?

Wenn ein Fremdkörper **unter dem Unterlid** ist, muss die Person **nach oben** schauen. Das **Unterlid** zieht man nach **unten**. Man wischt mit einem sauberen Tuch, z. B. mit einem Taschentuch, das Auge vorsichtig zur Nase hin aus.

Wenn ein Fremdkörper **unter dem Oberlid** ist, muss die Person **nach unten** schauen. Man zieht das **Oberlid über** das **Unterlid**. Wenn man das Oberlid loslässt, gleitet es zurück und der Fremdkörper bleibt an den Wimpern des Unterlids hängen.

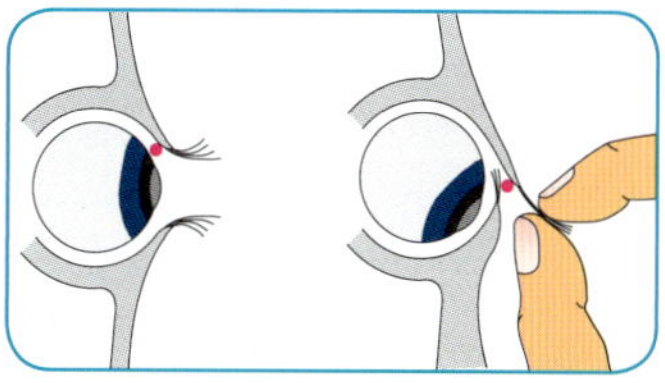

*Fremdkörper unter dem Oberlid*

**Man darf einen Fremdkörper auf keinen Fall aus dem Augapfel ziehen!**
**Niemals den Augapfel berühren.** !

B

## 5.6 Unfälle mit elektrischem Strom

### Was muss man tun?

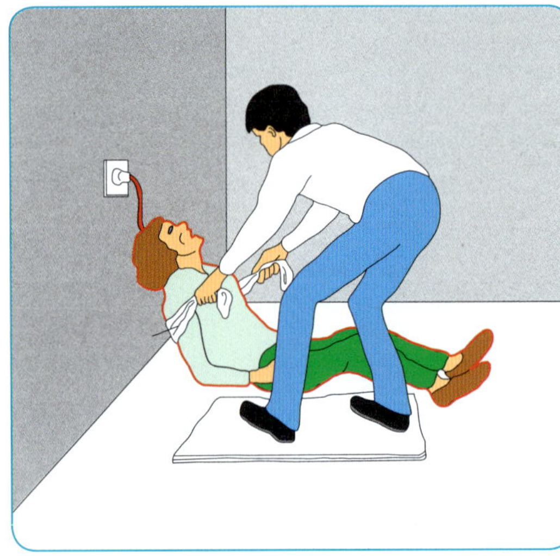

*Rettung bei einem Stromunfall*

- Zuerst **unterbricht** man **den Strom**, der durch den Menschen fließt. Dazu schaltet man das Gerät ab, zieht den Netz-Stecker oder nimmt die Sicherung heraus.
- Wenn man den Stromkreis nicht unterbrechen kann, trennt man die verletzte Person von den Teilen, die unter Spannung stehen. Dazu nimmt man einen **nicht leitenden, trockenen Gegenstand**, z. B. eine Holzlatte, einen Besen-Stiel aus Holz oder ein Küchentuch.
- Man stellt sich auf eine **nicht leitende Fläche**. Dafür nimmt man Küchentücher oder eine Pappe.
- Wenn die verletze Person bewusstlos ist, legt man sie in die **stabile Seitenlage**.
- Wenn die verletzte Person nicht mehr atmet, beginnt man sofort mit der **Wiederbelebung**.
- Die Wiederbelebungs-Maßnahmen führt man so lange durch, bis
  - die Atmung und der Puls wieder einsetzen,
  - der Rettungsdienst oder der Notarzt kommt und die Versorgung übernimmt.

**Nach einem Unfall mit elektrischem Strom muss die verletzte Person unbedingt zum Arzt. Stromschläge können zu Herz-Rhythmus-Störungen führen.** !

# 6 Umweltschutz

environment protection
protection de l'environnement (w)

B

## Umweltschutz betrifft jeden!

Die Erde ist durch uns Menschen belastet. Wir müssen alle versuchen, mit der Natur so sorgfältig wie möglich umzugehen und die Umwelt zu schützen. Wenn das nicht gelingt, hat das für spätere Generationen weitreichende Folgen.

## 6.1 Energie

### Das Problem

Wir verbrauchen zu viel Energie.

Damit sind **Erdöl**, **Erdgas** und **Strom** gemeint. Diese Energien braucht man für die Herstellung, für den Transport und für die Nutzung von immer neuen Geräten und Maschinen. Auch für die Produktion und für die Verarbeitung von Lebensmitteln wird Energie gebraucht. Außerdem leben immer mehr Menschen auf der Erde, die für ihr Leben Energie brauchen.

Die Energie-Reserven der Erde sind aber endlich.

**Das kann man in der Küche tun:**

- Sparsame Elektrogeräte kaufen.
- Energie-Sparlampen benutzen.
- Regionale und saisonale Produkte kaufen.
- Raumtemperatur absenken.
- Richtig lüften (Stoßlüften).

## 6.2 Abfälle

### Das Problem

Wir produzieren zu viele Abfälle.

Ein großer Teil der Abfälle besteht aus Kunststoffen, die unsere Umwelt besonders belasten:

- Bei der Herstellung von Kunststoffen braucht man viel Energie.
- Viele Kunststoffe werden aus Erdöl und Erdgas hergestellt.
- Nicht fachgerecht entsorgter Abfall belastet die Umwelt.

**Das kann man in der Küche tun:**

- Abfälle **vermeiden**.
- Möglichst wenig Verpackungsmaterial verwenden.
- Obst und Gemüse in **Mehrwegbehältern** kaufen.
- Auf **Portionspackungen** für Zucker, Butter, Senf, Ketchup usw. **verzichten**.
- **Nachfüllpackungen** bei Reinigungs-Mitteln nutzen.
- **Großgebinde** (z. B. 50-kg-Sack Zucker) verwenden.
- **Mehrwegflaschen** kaufen.
- Abfälle **sorgfältig** trennen.

## Abfalltrennung

| Tonne | Was gehört hinein? | Unbedingt beachten! |
|---|---|---|
|   | • Rohe Obst- und Gemüsereste<br>• Kaffeefilter<br>• Papierhandtücher<br>• Küchentücher<br>• Schnittblumen | • Ohne Plastikverpackungen<br>• Keine tierischen Produkte<br>• **Keine zubereiteten Speisen** |
|   | • Speise-Reste<br>• Fleisch, Knochen, Wurst<br>• Fischabfälle<br>• Eier<br>• Milch, Milchprodukte | |
|   | • Frittier-Fett<br>• Speisefette<br>• Speiseöle | • Frei von Verunreinigungen (gefiltert) |
|   | • Papier<br>• Kartons<br>• Prospekte<br>• Zeitungen<br>• Zeitschriften | • Sauber und flach zerlegt<br>• Keine Kassenbons |

| Tonne | Was gehört hinein? | Unbedingt beachten! |
|---|---|---|
|  | • Alu-Folie<br>• Konservendosen<br>• Metall-Verschlüsse | • Sauber |
|  | z. B.<br>• Einweg-Flaschen<br>• Trinkgläser<br>• Glaskonserven<br>• Bruchglas | • Weißglas und Buntglas trennen<br>• Keine Spiegel<br>• Keine Metall-Verschlüsse<br>• **Kein Porzellan** |
|  | z. B.<br>• Kunststoff-Flaschen<br>• Milchtüten, Saft-Tüten<br>• Tetra-Packs<br>• Styropor | • Sauber<br>• Leer |
|  | z. B.<br>• Glühbirnen<br>• Hygiene-Artikel<br>• Staubsauger-Beutel<br>• Zigaretten | • Keinen Sondermüll einfüllen |
|  | z. B.<br>• Desinfektions-Mittel<br>• Batterien<br>• Farben & Lacke<br>• Energie-Sparlampen | • Zum **Schadstoff-Mobil** oder zum **Wertstoff-Hof** bringen |

Manche Abfälle wie Altglas, Altpapier, Altmetall und Verpackungs-Abfälle können wiederverwertet werden.

Man nennt Wiederverwertung **Recycling** (**re** = zurück, **cycle** = Kreislauf).

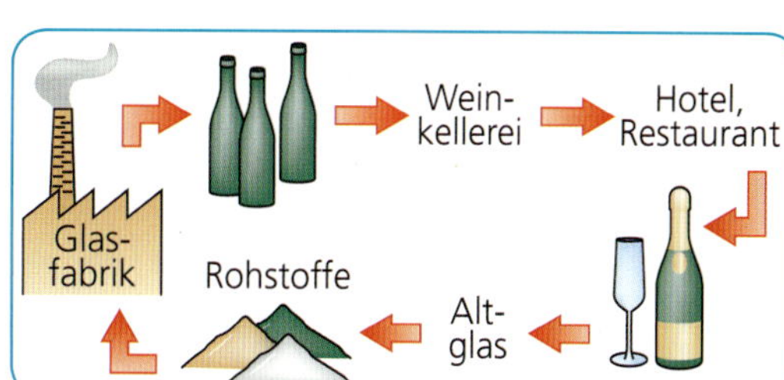

B

## 6.3 Wasser

### Das Problem

Wir verbrauchen viel Wasser.

Wasser ist neben Luft unsere wichtigste **Lebensgrundlage**.
Trinkwasser-Vorräte gibt es nicht unbegrenzt.

Außerdem muss verbrauchtes Wasser in Klär-Anlagen aufbereitet werden.

**Das kann man in der Küche tun:**

- So viel Wasser verwenden wie nötig und so wenig Wasser wie möglich verbrauchen
- Wasserhahn so schnell wie möglich zudrehen
- Wasserspar-Aufsätze an Wasserhähnen anbringen
- Spülmaschine nur voll bestückt anschalten
- Wassersparende Geräte kaufen

In der Küche ist es wichtig, das Abwasser **vor zusätzlichen Belastungen** zu **schützen**.

Das geschieht durch:

- **Fett-Abscheider**
  Fett-Abscheider verhindern, dass sich Fettreste an den Abwasser-Rohren festsetzen und sie verstopfen.

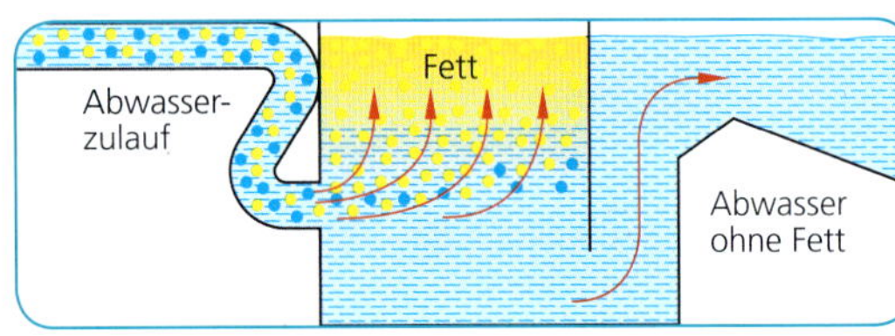


*Fett-Abscheider*

- **Stärke-Abscheider**
  Stärke-Abscheider verhindern, dass sich Stärke und Wasser zu einer klebrigen Masse verbinden, die an Abwasser-Rohren festkleben würde.
  Stärke-Abscheider werden in Betrieben eingesetzt, die große Mengen Kartoffeln verarbeiten.

**Reinigungs-Mittel und Desinfektions-Mittel richtig dosieren.** !

# 7 Lebensmittel und ihre Inhalts-Stoffe

foods and their components
aliments et leurs ingrédients

Der Mensch muss jeden Tag essen und trinken, damit er leben kann.

Der Mensch kann für seine Ernährung aus sehr vielen Lebensmitteln auswählen.

Als „Lebensmittel" bezeichnet man alles, was der Mensch essen, kauen und trinken kann (vgl. Artikel 2 EU-Verordnung 178/2002).

Lebensmittel haben verschiedene Inhalts-Stoffe.

| | | | |
|---|---|---|---|
| **Nährstoffe** | **Ballast-Stoffe** | **Sekundäre Pflanzen-Stoffe** | **Enzyme** |

## 7.1 Nährstoffe

nutrient
nutriments

Es gibt **sechs Nährstoffe**.

Diese Nährstoffe sind die **Grund-Bestandteile** aller **Lebensmittel**. Der Mensch braucht sie für seinen Körper.

Die Nährstoffe haben **verschiedene, ganz spezielle Aufgaben** im menschlichen Körper. Wenn der Mensch nicht von jedem einzelnen Nährstoff genug bekommt, wird er krank.

Die Aufgaben der Nährstoffe:

| | | |
|---|---|---|
| Einige Nährstoffe **liefern Energie**. Man braucht die Energie für die Atmung, für die Arbeit der Organe, für die Muskel-Arbeit und für den Wärme-Haushalt. | **Energie-Lieferanten (Brennstoffe)** | • Kohlenhydrate<br>• Fette |
| Der Körper braucht einige Nährstoffe für den **Aufbau von Zellen**. Zellen bauen das Skelett, die Organe und das Gewebe auf. | **Baustoffe** | • Proteine (Eiweiß-Stoffe)<br>• Wasser<br>• Mineralstoffe |
| Einige Nährstoffe **regeln** verschiedene **Abläufe im Körper**. Sie **schützen vor Krankheiten**. | **Regler-Stoffe** | • Mineralstoffe<br>• Vitamine |

B

# Kohlenhydrate

carbohydrates
hydrates de carbone

Kohlenhydrate nennt man auch Zucker-Stoffe. **Pflanzen bilden Kohlenhydrate durch Fotosynthese**.

Pflanzen nehmen aus dem Boden Wasser auf. Aus der Luft nehmen Pflanzen Kohlendioxid auf. Die Pflanzen bauen im Blattgrün (Chlorophyll) mit der Sonnenwärme Zucker auf. Bei der Bildung von Zucker entsteht Sauerstoff. Die Pflanze gibt Sauerstoff an die Luft ab.

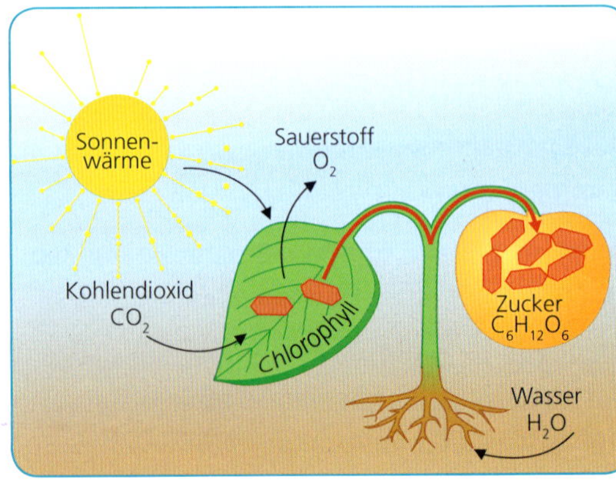


## Aufbau und Arten der Kohlenhydrate

Kohlenhydrate bestehen aus den Elementen Kohlenstoff (C), Wasserstoff (H) und Sauerstoff (O). Diese Elemente verbinden sich zu Bausteinen. Der Aufbau der Bausteine ist nicht immer gleich.

Je nach Anzahl und Aufbau der Bausteine unterscheidet man:

| Kohlenhydrat-Gruppe | Kohlenhydrat | Lebensmittel |
|---|---|---|
| **Einfach-Zucker**<br>1 Baustein<br>6x Kohlenstoff C, 12x Wasserstoff H, 6x Sauerstoff O → $C_6H_{12}O_6$ | Traubenzucker | • Honig<br>• Obst |
| | Fruchtzucker | • Honig<br>• Obst |
| | Schleimzucker | • Milch |
| **Doppel-Zucker**<br>2 Bausteine | Rohr-Zucker/Rüben-Zucker | • Zucker-Rohr<br>• Zuckerrübe |
| | Malzzucker | • Bier<br>• Malz |
| | Milchzucker | • Milch<br>• Milchprodukte |
| **Vielfach-Zucker**<br>5 bis 5000 Bausteine | Stärke | • Getreide<br>• Kartoffeln |
| | Dextrin | • Mehl-Schwitze |
| | Zellulose | • Alle pflanzlichen Lebensmittel |

B

## Bedeutung der Kohlenhydrate für den menschlichen Körper

Kohlenhydrate sind **Energie-Lieferanten** für den menschlichen Körper.

**1 g Kohlenhydrate liefert 17 Kilojoule (kJ). Das entspricht etwa 4,1 Kilokalorien (kcal).** !

Während der Verdauung werden alle Kohlenhydrate in Einfach-Zucker zerlegt. Die Einfach-Zucker kommen in das Blut. Der Blutzucker-Spiegel steigt an. Das Hormon Insulin bringt Traubenzucker aus dem Blut in die Körperzellen. Wenn man zu viele Kohlenhydrate aufnimmt, **wandelt** der Körper **Traubenzucker in Glykogen um. Der Körper speichert** Glykogen in der Leber und in der Muskulatur. Bei Bedarf, z. B. beim Sport, wird Glykogen wieder zu Traubenzucker umgewandelt. Traubenzucker liefert die notwendige Energie.

Wenn man immer **zu viele Kohlenhydrate** aufnimmt, **speichert** der Körper die überschüssigen Kohlenhydrate **als Fett**.
Man nimmt an Gewicht zu. Man kann **Übergewicht** bekommen.

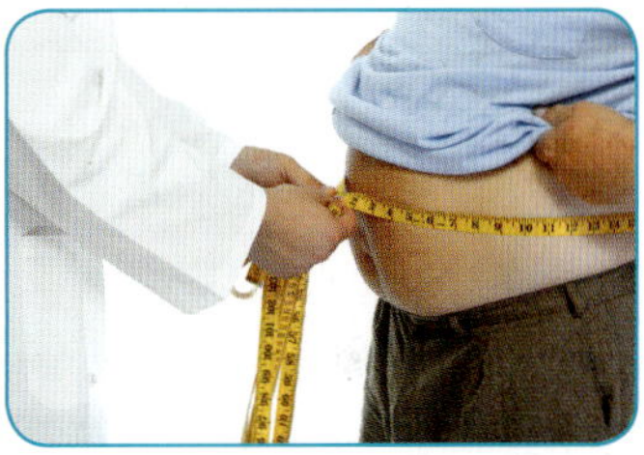

**Ballast-Stoffe**, z. B. Zellulose, sind Vielfach-Zucker. Der Körper kann Ballast-Stoffe nicht verdauen. Sie liefern **keine Energie**. Ballast-Stoffe sind aber **wichtig für** die **Verdauung**.

## Eigenschaften der Kohlenhydrate in der Küche nutzen

Man kann bestimmte Eigenschaften der Kohlenhydrate in der Küche nutzen.

**Zucker** (Rohr-Zucker oder Rüben-Zucker)

- Zucker **löst sich** gut **in Wasser**. Zucker löst sich besser in warmem Wasser als in kaltem Wasser.
- Zucker **schmilzt**, wenn man ihn **erhitzt**. Er wird erst gelb, dann goldbraun, später dunkelbraun. Es entsteht **Karamell**. Karamell wird hart, wenn er kalt wird. Achtung! Sehr dunkler Karamell schmeckt bitter. Karamell verwendet man z. B. für Karamell-Creme und Crème brûlée. Man kann gehackte Nüsse karamellisieren. Dann erhält man Krokant.
- Zucker **zieht Wasser an**. Er wirkt hygroskopisch. Darum **klumpt** Zucker **in feuchten Räumen**. Fruchtzucker und Traubenzucker sind besonders hygroskopisch. Man verwendet sie für Gebäck, das feucht bleiben soll.
- Zucker **wirkt konservierend**. Es entzieht Mikroorganismen das Wasser. Der $a_W$-Wert wird gesenkt.

*Crème brûlée*

**Stärke**

- Mit Stärke **bindet** man **Flüssigkeiten**.
  Stärke besteht aus Stärke-Körnern. Die Hülle der Stärke-Körner ist wasserundurchlässig. Darum löst sie sich nicht in kalter Flüssigkeit (Abb. 1). Beim Erhitzen wird die Hülle der Stärke-Körner wasserdurchlässig. Die Stärke-Körner nehmen Flüssigkeit auf. Sie quellen (Abb. 2). Ab einer Temperatur von etwa 65 °C platzen die Stärke-Körner. Die Stärke verkleistert. Es entsteht Stärke-Kleister (Abb. 3). Die Flüssigkeit ist im Stärke-Kleister gebunden. Stärke-Kleister ist abgekühlt fester als in warmem Zustand. Nach einiger Zeit lässt die Bindung des Stärke-Kleisters nach. Flüssigkeit wird wieder abgegeben.

Man **muss** Stärke **mit kalter Flüssigkeit verrühren**. **Wenn** man Stärke **direkt in heiße zu bindende Flüssigkeit** gibt, **klumpt** sie.
Mit Stärke bindet man z. B. gekochte Crèmes, Flammeris oder Pudding. Mit Mehl-Schwitze bindet man z. B. Suppen und Saucen.

B

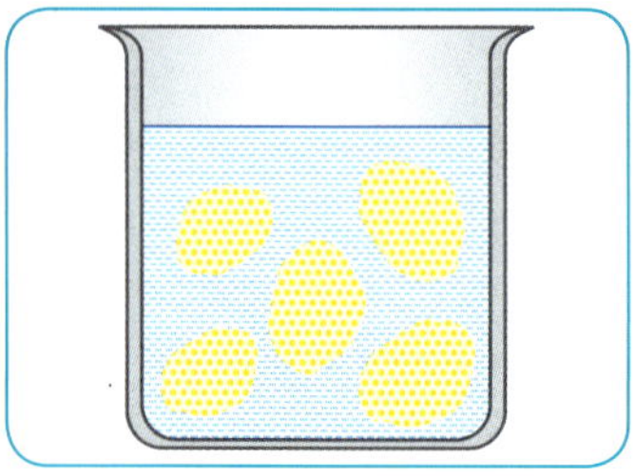

*Abb. 1: Stärke löst sich nicht in kaltem Wasser*

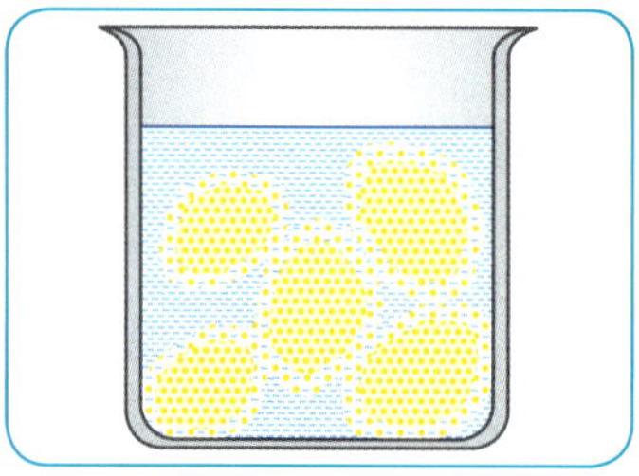

*Abb. 2: Stärke-Körner quellen in warmem Wasser.*

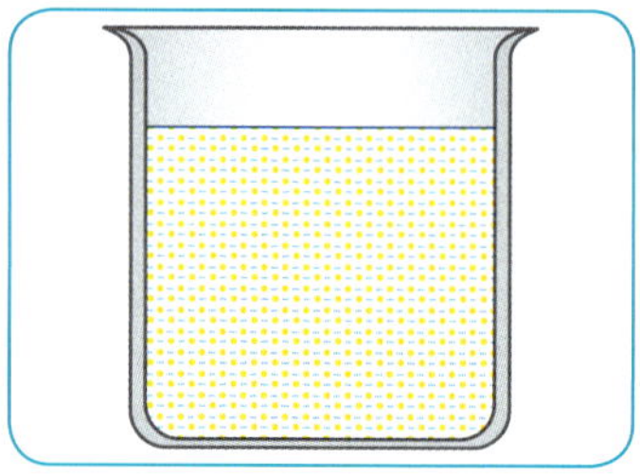

*Abb. 3: Stärke-Kleister*

- Stärke-Kleister bildet eine Schutzschicht zwischen Eiweiß-Molekülen. So kann man z. B. die Gerinnung von Eiweiß bei der Bindung von Saucen verhindern.

### Dextrine

Dextrine **entstehen**, wenn man **Stärke trocken erhitzt**. Dextrine schmecken süßlich.
- Dextrine geben der **Kruste von Back-Waren** die Farbe und den typischen Geschmack.
- Bei der Herstellung einer Mehl-Schwitze (Roux) wird die Stärke des Mehls zu Dextrin. Die Mehl-Schwitze verliert den mehligen Geschmack.
  Wenn man eine Flüssigkeit mit Mehl-Schwitze bindet, ist die Bindung nicht so stark.

### Zellulose

Pflanzliche Zellwände bestehen hauptsächlich aus Zellulose. Zellulose ist **hart**. Sie kann **nicht verdaut** werden.
- Hitze bricht die Zellwände auf. **Beim Garen** wird **Gemüse weicher**. Man kann gegartes Gemüse besser verdauen.

## Fette

🇬🇧 fats
🇫🇷 graisses

Fette kommen in sehr vielen Lebensmitteln vor. In vielen Lebensmitteln **sieht** man sie **sofort**, z. B. in Plattenfett, in Speiseöl, in Butter. Man spricht von **sichtbaren Fetten**. Es gibt Lebensmittel, in denen man die **Fette nicht sieht**, z. B. in Eiern, in Leberwurst, in Käse. Diese Fette nennt man **versteckte Fette**.

### Aufbau und Arten der Fette

Fette bestehen, genau wie Kohlenhydrate, aus den Elementen Kohlenstoff (C), Wasserstoff (H) und Sauerstoff (O). Diese Elemente verbinden sich bei den Fetten aber ganz anders als bei den Kohlenhydraten. Darum sehen Fette anders aus als Kohlenhydrate. Sie haben andere Eigenschaften.

Fett entsteht aus **Glyzerin** und **Fettsäuren**. Drei Fettsäuren lagern sich an ein Glyzerin-Molekül an.

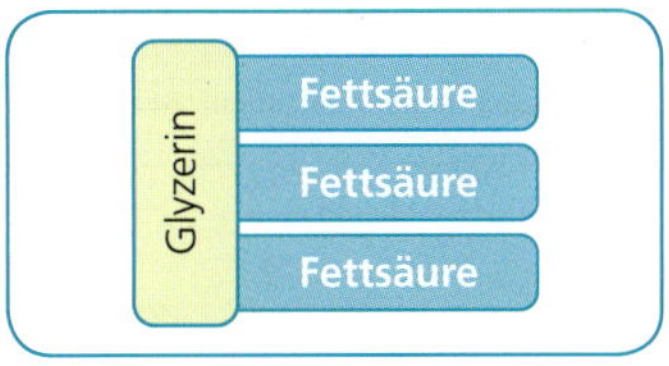


Es gibt viele verschiedene Fettsäuren. Die Fettsäuren unterscheiden sich durch verschiedene Bindungen zwischen den Kohlenstoff-Atomen.

Man unterscheidet:

**Gesättigte Fettsäuren**

Die **Bindungen** zwischen den Kohlenstoff-Atomen sind alle **einfach (Einfach-Bindung)**.

Gesättigte Fettsäuren kommen in **tierischen Lebensmitteln** und in **festen pflanzlichen Fetten** vor, z. B. in Kokosfett.

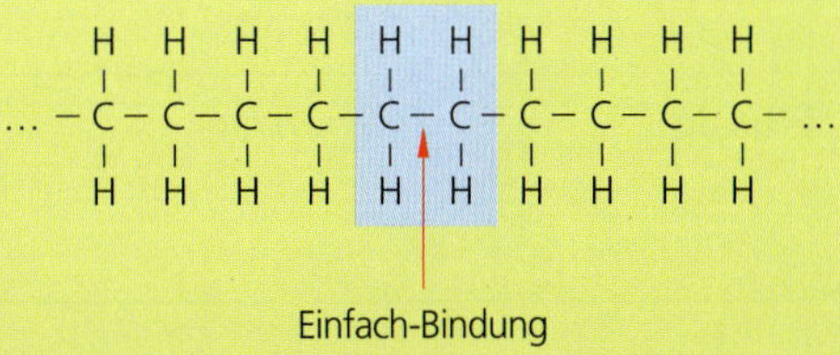


**Beispiele**
- Palmitinsäure
- Stearinsäure

**Ungesättigte Fettsäuren**

Eine **Bindung** zwischen zwei Kohlenstoff-Atomen ist eine **Doppel-Bindung**.

Solche Doppel-Bindungen können an **einer Stelle**, an **zwei Stellen** oder an **drei Stellen** vorkommen.

Ungesättigte Fettsäuren kommen in **Pflanzen-Ölen** vor, z. B. in Rapsöl, und in **Fett von Fischen**, z. B. in Lachs, in Makrele, in Hering.

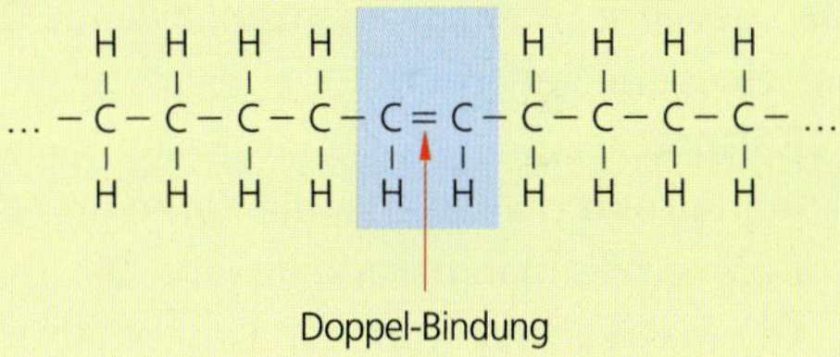


**Beispiele**
- Linolensäure
- Linolsäure
- Ölsäure

Die Fettsäuren bestimmen die Eigenschaften der Fette.

| | **Beschaffenheit** | **Lagerfähigkeit** | **Wert für die Ernährung** | **Veränderungen durch Sauerstoff und Wärme** |
|---|---|---|---|---|
| **Fette mit gesättigten Fettsäuren** | Fest | Lange lagerfähig | Weniger wertvoll | Geringe Veränderungen |
| **Fette mit ungesättigten Fettsäuren** | Flüssig | Nicht so lange lagerfähig | Wertvoll | Starke Veränderungen |

B

Es gibt tierische und pflanzliche Fette. Sie sind aus verschiedenen Fettsäuren aufgebaut. Tierische Fette und pflanzliche Fette können fest, streichfest oder flüssig sein.

| Tierische Fette | | Pflanzliche Fette | |
|---|---|---|---|
| **Fest** | • Talg<br>• Butterschmalz | **Fest** | • Kokosfett |
| **Streichfest** | • Butter<br>• Schmalz | **Streichfest** | • Pflanzen-Margarine |
| **Flüssig** | • Lebertran | **Flüssig** | • Erdnuss-Öl<br>• Maiskeim-Öl<br>• Sonnenblumen-Öl |

## Bearbeitung der Fette

### Raffination

Man gewinnt Fette aus Pflanzen, z. B. aus Oliven, durch zwei verschiedene Verfahren:

- **Kaltpressen**
  Man **presst** die Früchte, die Kerne und die Samen **kalt aus**. Dann erhält man naturbelassene Öle. Diese **kaltgepressten Öle (native Öle)** enthalten Geschmacksstoffe, Vitamine und mehrfach ungesättigte Fettsäuren. Man kann kaltgepresste Öle **nicht so hoch erhitzen**.

- **Warmpressen**
  Man **zerkleinert** und **erhitzt** die Früchte, die Kerne und die Samen. Dann **presst** man die warmen Früchte, Kerne und Samen **aus**. Aus dem Rest (**Presskuchen**) löst man mit einem Lösungs-Mittel das restliche Öl.
  Man gewinnt mit dem **Warmpressen mehr Öl** als mit dem Kaltpressen. Man bekommt aber **unerwünschte Bestandteile**. Man muss die Öle **raffinieren**. Bei der Raffination **beseitigt** man die **unerwünschten Bestandteile**. Man zerstört dabei die Vitamine, die ungesättigten Fettsäuren und das Aroma.
  Man kann raffinierte Öle höher erhitzen.

### Härtung

**Doppel-Bindungen** zwischen den Kohlenstoff-Atomen der Fettsäuren werden so **aufgelöst**:
An die Kohlenstoff-Atome werden **Wasserstoff-Atome angelagert**. Durch Härtung **wird** das **Öl halbfest** oder **fest**. Dieses Verfahren wendet man z. B. bei der Herstellung von Margarine an.

B

## Bedeutung der Fette für den menschlichen Körper

Fette sind **Energie-Lieferanten** für den menschlichen Körper.

**1 g Fett liefert 37 Kilojoule (kJ). Das entspricht etwa 9 Kilokalorien (kcal).** !

Fette **liefern lebensnotwendige (essenzielle) Fettsäuren**. Der menschliche Körper kann diese Fettsäuren nicht selbst bilden. Man muss sie mit der Nahrung aufnehmen. Alle **essenziellen Fettsäuren** sind **ungesättigte Fettsäuren**.

Die **fettlöslichen Vitamine A, D** und **E** kann der Körper **nur verwerten**, wenn man **Fett mit aufnimmt**. Man sollte z. B. Möhren-Sticks mit Quark-Dipp essen.

Der Körper **speichert überschüssiges Fett** als Energie-Reserve **im Unterhaut-Fettgewebe** (Depot-Fett). Der Körper nutzt dieses Fett bei Bedarf zur Energie-Gewinnung.

Der Mensch nimmt heutzutage **zu viel Fett** auf. Das **Fett** wird **nicht verbraucht**, weil der Mensch sich **nicht** mehr so **viel bewegt**. Es kommt zu einer Über-Versorgung. Der Mensch **nimmt** an **Gewicht zu**. Man kann Übergewicht bekommen.
Man isst am besten möglichst wenig Fett:

- Man verwendet **nur wenig Butter**, **Margarine** oder **anderes Streichfett**.
- Man verwendet nur **wenig Fett zum Garen**.
- Man isst **weniger Speisen**, die **fettreich gegart** werden, z. B. Pommes frites oder Bratkartoffeln.
- Man isst **weniger Lebensmittel** mit **versteckten Fetten**, z. B. Chips, Croissants, Doppelrahm-Frischkäse, Erdnuss-Flips, Fertigpizza, Leberwurst, Schokolade, Teewurst.

## Eigenschaften der Fette in der Küche nutzen

Fette haben bestimmte Eigenschaften. Einige Eigenschaften kann man in der Küche nutzen.

### Fette haben unterschiedliche Schmelzbereiche.

Fette schmelzen nicht bei einer bestimmten Temperatur. Sie haben keinen Schmelzpunkt.
Fette schmelzen in einem Temperatur-Bereich.
Die Zusammensetzung des Fettes bestimmt den Schmelzbereich:

| Fett-Art, z. B. | Schmelzbereich | Anteil an Fettsäuren | |
|---|---|---|---|
| | | gesättigte | ungesättigte |
| **Sonnenblumen-Öl** | −18 °C bis −16 °C | 10 % | 90 % |
| **Butter** | 30 °C bis 35 °C | 50 % | 50 % |
| **Kokosfett** | 40 °C bis 50 °C | 90 % | 10 % |

B

Man verwendet die Fette nach ihrem Schmelzbereich:
- **Flüssige Fette** (Öle) verwendet man **für Salate** und **Mayonnaise**.
- **Streichfeste Fette** wie Butter und Pflanzen-Margarine nutzt man als **Streichfett** oder als **Fett für Teige und Massen**.
- **Feste Fette** wie Kokosfett oder Butterschmalz zersetzten sich erst bei hohen Temperaturen. Man verwendet sie als **Bratfett** oder **Frittier-Fett**.

### Fette sind unterschiedlich hoch erhitzbar.

Man kann Fette **höher erhitzen als 100 °C**. Darum kann man sie für trockene Garverfahren einsetzen. Man verwendet Fette zum **Braten** und **Frittieren**.

| Fett-Art, z. B. | Rauch-Punkt |
|---|---|
| Rapsöl, raffiniert | ca. 220 °C |
| Kokosfett | 185 ° bis 205 °C |
| Butter | ca. 175 °C |

Alle Fette zersetzen sich, wenn man sie zu hoch erhitzt. Die **zu hohe Temperatur zersetzt** das **Fett**. Es entsteht Rauch. Man nennt diese Temperatur **Rauch-Punkt oder Zersetzungs-Punkt**.
Jedes Fett hat einen bestimmten Rauch-Punkt oder Zersetzungs-Punkt.

**Wenn man Fette höher als ihren Rauch-Punkt erhitzt, bildet sich gesundheitsschädliches Acrolein.** !

### Fett ist „leichter" als Wasser.

Fette und Öle haben eine geringere Dichte als Wasser.
Sie **„schwimmen" auf** der **Flüssigkeit**. Man sieht „Fett-Augen".

*Fett-Augen*

Man kann Fett leicht von Flüssigkeiten trennen. Bei kalten Flüssigkeiten kann man das festgewordene Fett einfach abnehmen. Das **Entfernen von Fett** auf einer Flüssigkeit nennt man **Degraissieren**.

### Man kann flüssige Fette dauerhaft mit einer anderen Flüssigkeit vermischen.

Man nennt das eine **Emulsion**.

Man braucht einen **Emulgator**, um eine Emulsion herzustellen. Ein Emulgator hat einen **wasserliebenden Teil** und einen **fettliebenden Teil**. Der fettliebende Teil verbindet sich mit dem Fett-Tröpfchen. Der wasserliebende Teil verbindet sich mit der Flüssigkeit. So wird das Fett-Tröpfchen in der Schwebe gehalten.

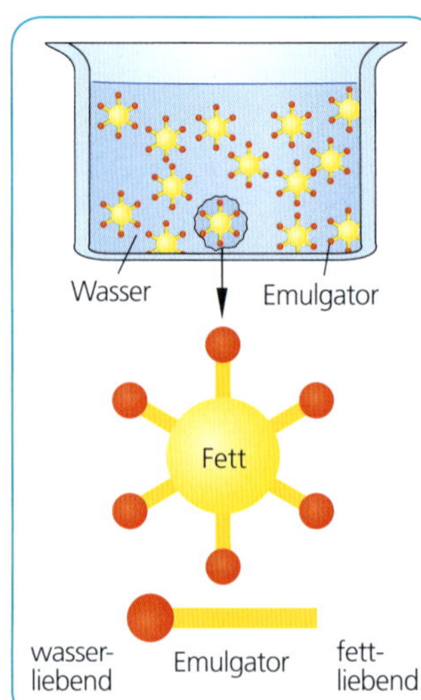


Man benutzt in der Küche **Ei-Gelb als Emulgator**.

Bekannte Emulsionen sind:
- Butter
- Buttercreme
- Leberwurst
- Mayonnaise
- Sahne
- Sauce Hollandaise

### Fette bilden Trenn-Schichten.

Fette **trennen** z. B. die **Schichten in Blätterteig**. Man schichtet für Blätterteig **Teigblätter** und **hauchdünne Fett-Schichten abwechselnd übereinander**. Beim Backen entsteht in den Teig-Schichten Wasserdampf. Der Wasserdampf hebt die einzelnen Teig-Schichten.
Die **Fett-Schichten verhindern** das **Zusammenkleben** der Teig-Schichten.
Das Gebäck wird splittrig und locker.

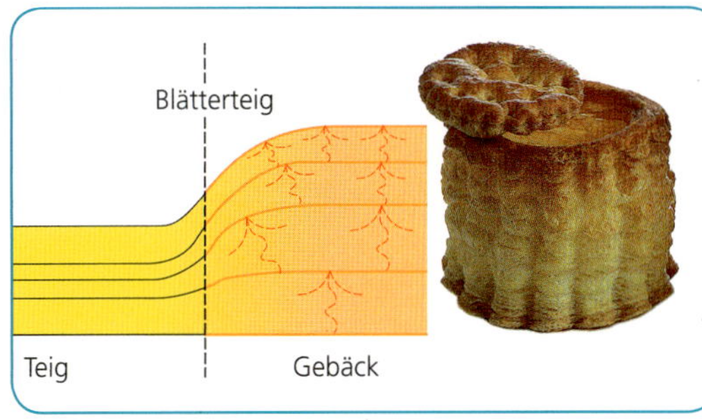


Man benutzt Fette auch zum **Einstreichen von Back-Blechen**, **Kuchenformen** und **Auflaufformen**. Fette **verhindern**, dass Teige, Massen oder Füllungen an der Form **festkleben**.

## Proteine (Eiweiß-Stoffe)

proteins
protéines

Proteine (Eiweiß-Stoffe) kommen hauptsächlich in tierischen Produkten vor, z. B. in Fleisch, in Fisch und in Milchprodukten. Proteine sind aber auch z. B. in Hülsenfrüchten, in Nüssen und in Tofu enthalten.

### Aufbau

Proteine bestehen, genau wie Kohlenhydrate und Fette, aus den Elementen Kohlenstoff (C), Wasserstoff (H) und Sauerstoff (O). Proteine enthalten zusätzlich immer auch Stickstoff (N). In manchen Proteinen sind auch Schwefel (S) oder Phosphor (P) enthalten.

Diese **Elemente verbinden sich zu Aminosäuren**. Aminosäuren sind die **kleinsten Bausteine** der Proteine.
Es gibt 20 Aminosäuren, die Proteine bilden. Diese Aminosäuren **unterscheiden** sich in **ihrer Zusammensetzung**.

Die Aminosäuren verbinden sich miteinander. Es entstehen Proteine.

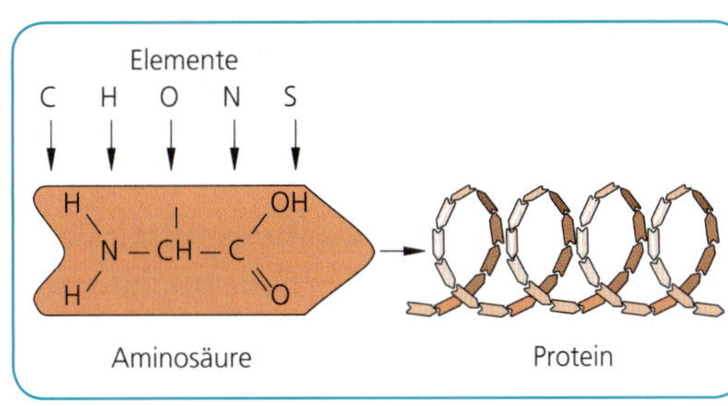


### Arten

Proteine bestehen aus **unterschiedlichen Aminosäuren**. Sie haben **unterschiedliche Formen**.

Es gibt Proteine, die sich **zu langen Fasern verbinden**. Man nennt sie **faserförmige Proteine** oder **fibrilläre Proteine**.

Faserförmige Proteine geben einem Gewebe **Festigkeit**.

Zu den faserförmigen Proteinen gehört **Kollagen**. Kollagen ist in Bindegewebe enthalten. Aus Kollagen stellt man Gelatine her.

B

Es gibt auch kugelige Proteine. Man nennt sie **kugelförmige Proteine** oder **globuläre Proteine**.

Zu den kugelförmigen Proteinen gehören.

| Protein | Vorkommen |
|---|---|
| • **Albumin** | • Eier, Fisch, Fleisch, Kartoffeln, Milch |
| • **Globulin** | • Fisch, Fleisch, Hülsenfrüchte |
| • **Hämoglobin** | • Blut, Fleisch |
| • **Kasein** | • Milch, Milchprodukte |
| • **Kleber** | • Getreide |
| • **Myoglobin** | • Blut, Fleisch |

## Bedeutung für den menschlichen Körper

Bei der **Verdauung** werden **Proteine in** ihre kleinsten Bausteine **zerlegt**. Das sind die **Aminosäuren.** Die Aminosäuren werden dann nach bestimmten Bau-Plänen zu körpereigenen Proteinen zusammengesetzt. Diese Proteine sind **Baustoffe für** alle **Zellen**, z.B. in Muskeln, in Organen, im Blut, in Enzymen oder in Hormonen.

- **Kinder und Jugendliche** brauchen Proteine für den **Aufbau** von **Körperzellen**.
- **Erwachsene** brauchen Proteine für den **Ersatz** von **verbrauchten Körperzellen**.

Der menschliche Körper kann von den 20 Aminosäuren, die Proteine bilden können, **8 Aminosäuren nicht selbst herstellen**. Diese Aminosäuren sind **essenziell**, d.h., sie sind lebensnotwendig. Der Mensch **muss** sie mit der Nahrung **aufnehmen**.

In Lebensmitteln ist nicht nur der Protein-Gehalt wichtig.
Auch die **biologische Wertigkeit** der Proteine ist wichtig.
Die biologische Wertigkeit gibt an, in welchem Maß der menschliche Körper ein Lebensmittel-Protein in körpereigenes Protein umwandeln kann.
**Tierische Lebensmittel** haben eine **höhere** biologische Wertigkeit **als pflanzliche Lebensmittel**. **Verschiedene** Lebensmittel können **sich ergänzen** und so zusammen eine **höhere biologische Wertigkeit** haben. Gute Kombinationen sind z.B.

- Kartoffeln mit Kräuterquark
- Kartoffeln mit Ei.

Wenn der Körper mehr Proteine bekommt, als er braucht, nutzt er die Proteine für die Energie-Gewinnung. **1 g Proteine** liefert **17 Kilojoule** (kJ). Das entspricht **etwa 4,1 Kilokalorien** (kcal).

## Eigenschaften der Proteine in der Küche nutzen

Man kann bestimmte Eigenschaften der Proteine in der Küche nutzen.

### Albumin zieht in Flüssigkeiten Trüb-Stoffe an und gerinnt bei 70 °C.

Beim Kochen von Fleisch, geschälten Kartoffeln und Linsen bindet das geronnene Albumin Trüb-Stoffe. Es entsteht weißgrauer Schaum. Diesen Schaum kann man abschöpfen. So wird die Flüssigkeit nicht trüb.

Man nutzt diese Eigenschaft, wenn man eine klare Flüssigkeit haben möchte.

Beispiele
- Klären von Brühen
- Herstellen von Aspik
- Zubereitung von Weingelee

### Albumin bindet beim Erwärmen Flüssigkeit.

Man nutzt diese Eigenschaft beim Einsatz von Eiern:
- bei der Zubereitung von Eierstich
- bei der Zubereitung pochierter Cremes, z. B. Crème brûlée
- beim Legieren von Suppen und Saucen

Man darf die Flüssigkeit nicht zu hoch erhitzen. Die Bindung wird zerstört. Die Ei-Teile gerinnen und schwimmen in der Flüssigkeit.

*Eierstich*

### Globulin löst sich in salzigen Flüssigkeiten und gerinnt bei etwa 70 °C.

Man nutzt diese Eigenschaft bei der **Herstellung von Wurst** und bei der **Herstellung von Farcen** für Pasteten oder Terrinen.

*Farce*

*Reh-Terrine*

Das Muskel-Eiweiß Globulin wird durch das Zerkleinern von Fleisch im Kutter freigelegt.
Wenn man Salz und Eis mit in den Kutter gibt, löst sich das Globulin und lagert Wasser an. Es entsteht eine **breiartige Masse**. Diese Masse nennt man **Brät** oder **Farce**. Man füllt das Brät in Därme oder Formen. Beim Erhitzen **gerinnt** das Globulin.
Die **Masse** wird **fest**.

### Kollagen bildet Gelee.

**Bindegewebe enthält Kollagen**. Bindegewebe ist u. a. Bestandteil von Sehnen, Häuten, Knorpel und Knochen. Kollagen wird durch Kochen aus dem Bindegewebe gelöst. Es geht in die Flüssigkeit über. Wenn die Flüssigkeit abkühlt, bindet das gelöste Kollagen Wasser. Es entsteht eine Gallerte. Die Gallerte ähnelt einem Gelee.

*Blatt-Gelatine und Gelatine-Pulver*

**Gelatine** ist gereinigtes und getrocknetes Kollagen. Es gibt Gelatine als **Pulver** oder als **Blatt-Gelatine**.

Wenn man mit Gelatine bindet, lässt man die Gelatine zuerst in Flüssigkeit quellen. Dann löst man die Gelatine in der warmen zu bindenden Flüssigkeit auf. Beim Abkühlen entsteht die Bindung. Es bildet sich ein Gelee.

In der Küche verwendet man Gelatine z. B. zum Herstellen von:

- Sülze
- Terrinen
- Creme-Speisen

*Gemüsesülze*

Die Bindung durch Kollagen ist nicht temperaturbeständig. Wenn man das Gelee erwärmt, wird es wieder flüssig.

### Bindegewebe verkürzt sich beim Erhitzen.

**links**: *vor dem Plattieren*
**rechts**: *nach dem Plattieren*

Fleisch besteht aus vielen Fleischfasern. Bindegewebe **umschließt** die **Fleischfasern**. Bindegewebe **zieht** sich beim Erhitzen **zusammen**. Dabei drückt es den Fleischsaft aus dem Fleisch. Das **Fleisch** wird **trocken**.

Darum **plattiert** man die Fleischteile vor dem Braten. Die Fleischfasern werden durch das Plattieren **zusammengedrückt**. Das **Bindegewebe**, das die Fleischfasern umgibt, wird **zerrissen**. Wenn man das Fleisch erhitzt, **verkürzt** sich das Bindegewebe nur noch **wenig**. Das Bindegewebe presst keinen Fleischsaft mehr aus dem Fleisch. Das **Fleisch** bleibt **saftiger**.

Bei **Fleisch** mit einem Rand aus **Bindegewebe schneidet** man zusätzlich den **Rand ein**. Das Bindegewebe kann sich nicht zusammenziehen. Das **Fleischteil** bleibt **flach**.

### Kasein gerinnt durch Säure und Lab.

*Dickgelegte Milch*

Kasein nennt man auch Caseinogen. Kasein ist in **Milch** enthalten. An Kasein ist Kalzium gebunden. Darum ist Kasein hitzebeständig und gerinnt erst bei ca. 120 °C.

Kasein **gerinnt**, wenn man **Säure** in die Milch gibt. Diese Eigenschaft nutzt man, um z. B. Buttermilch, Crème fraîche, Dickmilch, Joghurt, Kefir, Sauermilch, Saure Sahne und Schmand herzustellen.

Bei der Käse-Herstellung **gerinnt** Kasein **durch** die Zugabe von **Lab** (Enzym aus dem Magen von Kälbern). Man sagt, die Milch wird dickgelegt.

### Kleber-Eiweiß (Gluten) bildet das Gerüst im Brot.

Kleber-Eiweiß entsteht aus den Eiweißarten Gliadin und Glutenin. Gliadin und Glutenin kommen in Weizenmehl vor. Wenn man **Weizenmehl** mit **Wasser mischt**, nehmen die beiden Eiweißarten Wasser auf. Sie quellen und verbinden sich zu **Kleber-Eiweiß**. Kleber-Eiweiß ist dehnbar und elastisch.

Bei der Teig-Herstellung entsteht durch das Kneten das **Kleber-Gerüst**.

Durch Hefe oder Backpulver entwickelt sich das GasKohlendioxid. Das **Kohlendioxid** wird vom Kleber **gehalten**. Der Teig geht auf und wird locker.

Beim Backen **gerinnt** das **Kleber-Gerüst**. Er bildet zusammen mit der Stärke des Mehls die Krume. Die Krume ist das Innere eines Brotes.

*Brot-Krume*

**Proteine im Ei-Klar halten Luft.**

Ei-Klar enthält neben Wasser auch Proteine. Diese Proteine lagern sich in der Grenzschicht zwischen Luft und Wasser an.

Wenn man **Ei-Klar** mit einem Schneebesen **aufschlägt**, **schlägt** man **Luft hinein**. Die Proteine **umschließen** die **Luftbläschen**. Sie festigen sie und verteilen sie im Wasser vom Ei-Klar. Dadurch entsteht **Ei-Schnee**.

Wenn man **Ei-Schnee erhitzt**, **gerinnt** das Protein.
Der Ei-Schnee wird fest. So stellt man Baiser (Meringe) und Kokosmakronen her.

## Vitamine

vitamins
vitamines

Vitamine sind anorganische Verbindungen. Der Mensch braucht Vitamine für **lebenswichtige Funktionen**. Der menschliche Körper kann Vitamine nur in geringem Maße selbst herstellen. Vitamine müssen mit der Nahrung aufgenommen werden. Sie sind **essenziell (lebensnotwendig)**.

### Arten

Es gibt zwei Gruppen von Vitaminen.

| **Fettlösliche Vitamine** | | | | |
|---|---|---|---|---|
| **Vitamin** | **A** | **D** | **E** | **K** |
| **Enthalten in** | • Butter<br>• Ei-Gelb<br>• Grünkohl<br>• Haferflocken<br>• Möhren | • Butter<br>• Eier<br>• Fettfische<br>• Käse<br>• Pilze | • Müsli<br>• Nüsse<br>• Pflanzen-Öle<br>• Sojabohnen | • Brokkoli<br>• Grünkohl<br>• Petersilie<br>• Rucola<br>• Spinat |

B

| Wasserlösliche Vitamine | | | | |
|---|---|---|---|---|
| **Vitamin** | **B1** | **B2** | **C** | **Folsäure** |
| **Enthalten in** | • Ei<br>• Fleisch<br>• Fisch<br>• Kartoffeln<br>• Vollmilch | • Camembert<br>• Fettfische<br>• Fleisch<br>• Pilze<br>• Sojabohnen | • Brokkoli<br>• Grünkohl<br>• Kartoffeln<br>• Orangen<br>• Paprika | • Erdbeeren<br>• Grünkohl<br>• Haferflocken<br>• Linsen<br>• Walnüsse |

## Bedeutung für den menschlichen Körper

Der Mensch braucht eine ausgewogene gesunde Ernährung. Dann nimmt er alle Vitamine auf.

Der Mensch bekommt **zu wenige Vitamine**:
- Durch **falsche Ernährung**, z. B. durch übermäßiges Fastfood, durch übermäßigen Genuss von Knabbergebäck und Süßigkeiten, durch Diäten, durch Ess-Brech-Sucht (Bulimie)
- Durch **falschen Umgang mit Lebensmitteln**, z. B. durch falsche Lagerung
- Durch **erhöhten Bedarf an Vitaminen**, z. B. bei Sportlern, Rauchern, in der Schwangerschaft und während der Stillzeit

Wenn man **zu wenige Vitamine** zu sich nimmt, führt das zu einer **Unterversorgung (Hypo-Vitaminose)**.
Der Mensch fühlt sich unwohl und schlapp. Durch eine Unterversorgung von Vitaminen können ernsthafte Krankheiten auftreten. Diese nennt man **Mangel-Krankheiten**.

### Mangel-Krankheiten bei fettlöslichen Vitaminen

| | |
|---|---|
| **A** | Entzündungen der Haut und der Schleimhäute, Nachtblindheit, sinkende Widerstandskraft gegen Infektions-Krankheiten |
| **D** | Knochen-Erweichung, Rachitis, Wachstums-Störungen |
| **E** | Störungen im Nervensystem, z. B. ungewolltes Zittern, Koordinations-Probleme, schlechte Reflexe<br>Erkrankungen der Netzhaut des Auges |
| **K** | Schlechte Blut-Gerinnung |

B

**Mangel-Krankheiten bei wasserlöslichen Vitaminen**

| | |
|---|---|
| **B1** | Beri-Beri, Nervosität, schnelle Ermüdung, Verdauungsstörungen |
| **B2** | Nervosität, Schlaflosigkeit |
| **C** | Ermüdung, sinkende Widerstandskraft gegen Infektions-Krankheiten, Skorbut, Zahnfleisch-Erkrankungen |
| **Folsäure** | Schlechtere Leistungsfähigkeit, Müdigkeit, schlechte Wundheilung |

Der Handel bietet viele Vitamin-Präparate an. Manche Menschen glauben, sie tun ihrem Körper etwas Gutes, wenn sie diese in großen Mengen zu sich nehmen. Dazu sollte man wissen:

- **Überschüssige wasserlösliche Vitamine scheidet** der Körper über die Niere **mit** dem **Harn aus**.
- **Überschüssige fettlösliche Vitamine speichert** der Körper. Das kann zu Erkrankungen führen. Diese nennt man Hyper-Vitaminose.

## Vitamin-Verluste bei der Vorbereitung und Zubereitung vermeiden

Vitamine werden durch Licht, Luft, Wasser und Wärme zerstört.

Man beachtet:

- Gemüse und Obst **lagert** man **kühl** und **dunkel**.
- Gemüse und Obst **wäscht** man **kurz** und **unzerkleinert**.
- Geschälte Kartoffeln **verarbeitet** man möglichst **schnell**.
- Geputztes Gemüse legt man **nicht in Wasser**. Man **deckt** es mit Folie **ab**.
- Man **dämpft** oder **dünstet** Gemüse und Kartoffeln.

# Mineralstoffe

mineralelements
élémentsminéreaux

Mineralstoffe sind **anorganische Stoffe** in Lebensmitteln. Der Körper kann Mineralstoffe **nicht selbst herstellen**. Man muss Mineralstoffe mit der Nahrung aufnehmen. Mineralstoffe sind **essenziell (lebensnotwendig)**.

Mineralstoffe übernehmen wichtige Aufgaben im menschlichen Körper. Einige Mineralstoffe sind Baustoffe für den Körper. Andere Mineralstoffe regeln Stoffwechsel-Vorgänge.

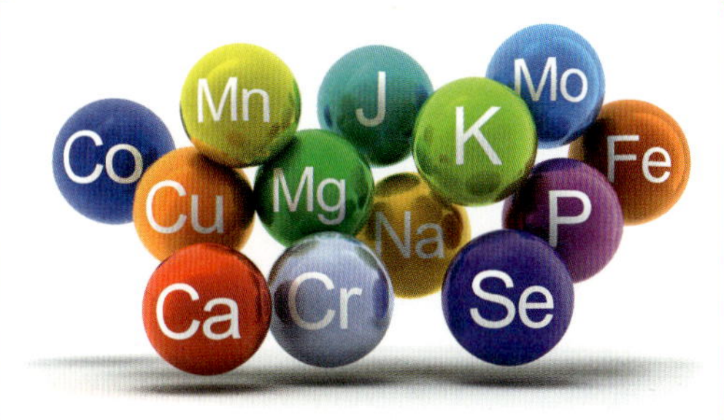


*Symbole verschiedener Mineralstoffe*

B

## Arten

Mineralstoffe teilt man nach dem Tagesbedarf in zwei Gruppen ein:

- Unser Körper benötigt am Tag vergleichsweise größere Mengen von den **Mengen-Elementen**, z. B.:

| Mengen-Elemente | Kalium (Ka) | Kalzium (Calcium) (Ca) | Magnesium (Mg) | Natrium (Na) |
|---|---|---|---|---|
| **Enthalten in** | • Bananen<br>• Kartoffeln<br>• Nüsse<br>• Salat<br>• Vollkorn | • Brokkoli<br>• Milch<br>• Milchprodukte<br>• Mineralwasser<br>• Porree | • Bananen<br>• Gemüse<br>• Kartoffeln<br>• Linsen<br>• Nüsse | • Käse<br>• Kochsalz<br>• Schinken<br>• Wurst |

- Unser Körper benötigt am Tag vergleichsweise kleine Mengen von den **Spuren-Elementen**, z. B.:

| Spuren-Elemente | Eisen (Fe) | Jod (J) | Zink (Zn) |
|---|---|---|---|
| **Enthalten in** | • Brokkoli<br>• Haferflocken<br>• Leber<br>• Tofu<br>• Vollkorn-Produkte | • Jod-Salz<br>• Meeres-Tiere<br>• Seefische | • Austern<br>• Eier<br>• Käse<br>• Rindfleisch<br>• Seefische |

## Bedeutung für den menschlichen Körper

Die Mineralstoffe haben verschiedene Aufgaben im menschlichen Körper.

Einige Mineralstoffe sind **Baustoffe**, z. B.:

| Mineralstoff | Aufgaben im menschlichen Körper | |
|---|---|---|
| **Eisen** | Eisen **bildet** den **roten Blutfarbstoff** (Hämoglobin). Der rote Blutfarbstoff transportiert Sauerstoff.<br>Eisen **bildet** den **roten Muskelfarbstoff** (Myoglobin). | 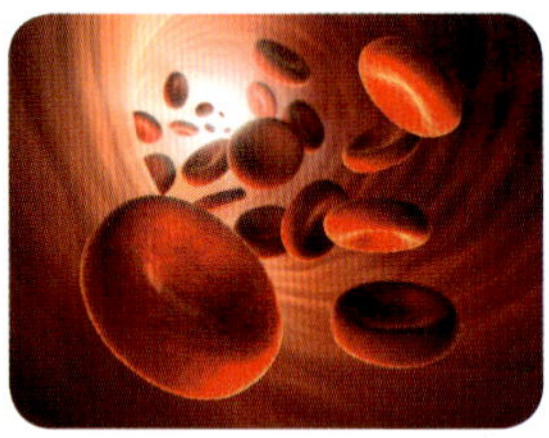<br>*Rote Blut-Körperchen* |
| **Kalzium (Calcium)** | Kalzium **baut Knochen** und **Zähne auf**. Zähne und Knochen werden durch Kalzium fest.<br>Kalzium-Mangel führt zu Osteoporose. Osteoporose ist eine Krankheit: Die Knochen sind nicht mehr fest und brechen leicht. | 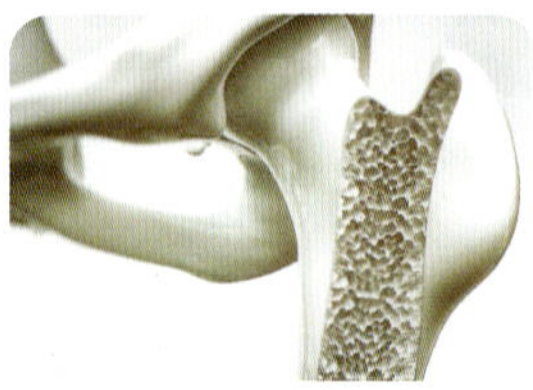<br>*Instabiler Knochen* |

Andere Mineralstoffe sind **Regler-Stoffe**, z. B.:

| Mineralstoff | Aufgaben im menschlichen Körper | |
|---|---|---|
| **Jod** | Jod ist **Bestandteil** der **Schilddrüsen-Hormone**. Diese Hormone braucht der Körper für den Energie-Stoffwechsel, für den Wasser-Haushalt und für eine gleichmäßige Körpertemperatur.<br>Jod ist auch für das **Wachstum von Zellen** und für die **Entwicklung** des **Gehirns** notwendig. | 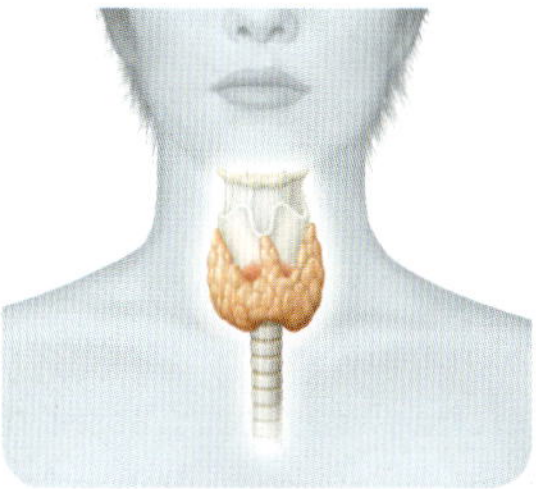<br>*Schilddrüse* |
| **Magnesium** | Der menschliche Körper braucht Magnesium für die **Muskel-Tätigkeit**. Bei Magnesium-Mangel kommt es zu Muskelkrämpfen.<br>Der Körper braucht Magnesium für den Stoffwechsel von Kohlenhydraten, Fetten und Proteinen. | <br>*Wadenkrampf* |

Der Mensch hat einen erhöhten Bedarf an Mineralstoffen
- bei starker körperlicher Belastung im Beruf oder beim Sport,
- als Säugling und als älterer Mensch,
- während der Schwangerschaft und während der Still-Zeit.

Man muss bei erhöhtem Bedarf unbedingt ausreichend Mineralstoffe aufnehmen.

### Mineralstoff-Verluste bei der Vorbereitung und bei der Zubereitung vermeiden

*Kicher-Erbsen mit Einweich-Wasser*

Mineralstoffe sind wasserlöslich.

Darum sollte man beachten:
- Man wäscht Gemüse kurz und unzerkleinert.
- Man legt geputztes Gemüse nicht für längere Zeit in Wasser.
- Man verwendet Einweich-Wasser und Koch-Wasser weiter.

## Wasser

🇬🇧 water
🇫🇷 eau

**Reines Wasser ($H_2O$)** besteht aus **Wasserstoff (H)** und **Sauerstoff (O)**.

Wasser kommt natürlicherweise nicht rein vor.

Regen fällt auf die Erde. Das Wasser dringt durch die verschiedenen Erdschichten. Dabei wird das Wasser **durch** das **Gestein gefiltert**. Es **nimmt Mineralstoffe auf**.

Die Menge der aufgenommenen Kalzium-Salze und Magnesium-Salze bestimmt die **Wasserhärte**.

Wasser mit einer **geringen Menge** an Kalzium-Salzen und Magnesium-Salzen bezeichnet man als **weiches Wasser**. Wasser mit einer **großen Menge** an Kalzium-Salzen und Magnesium-Salzen bezeichnet man als **hartes Wasser**. Hartes Wasser führt zu **Kalk-Ablagerungen**, z. B. in Töpfen, in Rohren und an Heiz-Schlangen in Spülmaschinen und in Waschmaschinen.

Die Wasserhärte gibt man in Millimol pro Liter Wasser (mmol/l) an.

## Bedeutung für den menschlichen Körper

Wasser hat verschiedene Aufgaben im menschlichen Körper.

Der Körper besteht zwischen 50 % und 75 % aus Wasser. Wasser ist Bestandteil der Zellen. Auch die Körperflüssigkeiten wie z. B. Blut, Lymphe und Speichel bestehen aus Wasser. Das Wasser ist deshalb **Baustoff** für den Körper.

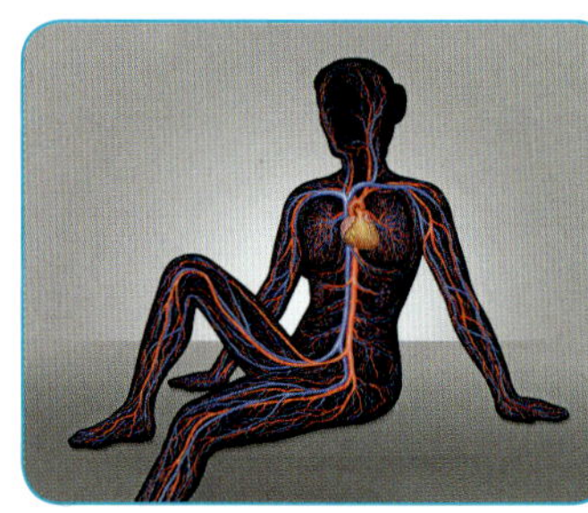

*Blutgefäße im Körper*

Wasser löst die Bausteine von Kohlenhydraten, Fetten, Proteinen und die Vitamine und die Mineralstoffe aus den Speisen. Die gelösten Nährstoffe gelangen bei der Verdauung durch die Darmwand in das Blut. Wasser ist ein **Lösungs-Mittel**.

Wasser transportiert die gelösten Nährstoffe und Stoffwechsel-Produkte über das Blut und die Lymphe im Körper. Wasser dient als **Transportmittel**.

Wenn sich der Mensch anstrengt, steigt die Körpertemperatur an. Der Körper gibt dann zum Schutz Schweiß ab. Der Schweiß verdunstet und kühlt den Körper ab. So reguliert der Körper die Körpertemperatur. Wasser unterstützt den **Wärme-Ausgleich**.

Der Körper braucht jeden Tag 2 bis 2,5 Liter Wasser. Ein Teil kommt aus den Lebensmitteln. Der Mensch sollte aber ungefähr **1,5 Liter** durch **Getränke** zu sich nehmen. Man sollte Mineralwasser, Trinkwasser, ungesüßten Früchtetee oder ungesüßten Kräutertee und Fruchtsaft-Schorlen trinken. Kaffee und Alkohol sind keine Durstlöscher.

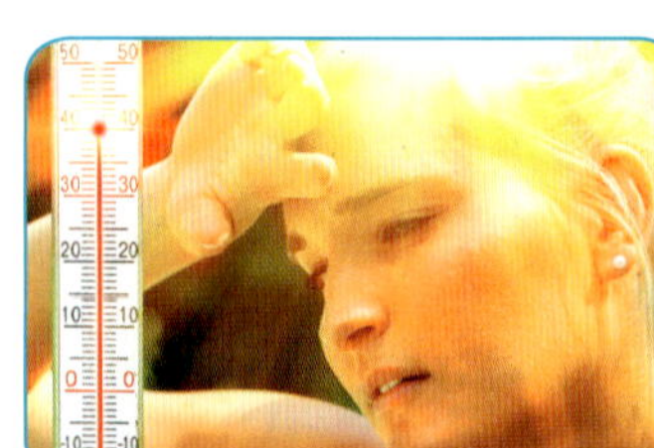

Der Wasserbedarf erhöht sich
- bei trockenem und heißem Wetter,
- bei extremer Kälte,
- bei körperlicher Anstrengung,
- bei Krankheiten mit Fieber und Durchfall,
- durch den Verzehr von kräftig gesalzenen und/oder scharfen Speisen.

Wenn ein Mensch zu wenig Flüssigkeit zu sich nimmt, kommt es zu Kreislaufproblemen, zu trockener Haut, zu trockenen Schleimhäuten und zu Verwirrtheit.

## Eigenschaften von Wasser in der Küche nutzen

Man kann bestimmte Eigenschaften von Wasser in der Küche nutzen.

*Instant-Brühe*

### Wasser löst.

Salz und Zucker, aber auch Instant-Produkte wie z. B. gekörnte Brühe lösen sich in Wasser auf.

### Wasser laugt aus.

Man kann mit Wasser Stoffe, z. B. Geschmacks-Stoffe, aus Lebensmitteln auslaugen.

| | |
|---|---|
| **Erwünschte Wirkung** | • Beim Zubereiten einer Brühe werden Geschmacks-Stoffe aus dem Grund-Stoff ausgelaugt, z. B.<br>  • Fleisch- und Knochenbrühe<br>• Bei der Zubereitung von Kaffee und Tee werden Geschmacks-Stoffe und Farbstoffe ausgelaugt.<br>• Man kann Lebensmittel wässern. Dadurch werden unerwünschte Stoffe aus den Lebensmitteln ausgelaugt, z. B.:<br>  • Bitter-Stoffe bei Radicchio und Chicorée<br>  • Salz bei Matjesheringen<br>  • Blut bei Kalbsbries oder Hirn |
| **Unerwünschte Wirkung** | • Vitamine und Mineralstoffe werden durch Wasser ausgelaugt. So entstehen Vitamin-Verluste und Mineralstoff-Verluste. |

### Wasser lässt Lebensmittel quellen.

Lebensmittel können Wasser einlagern. Die Lebensmittel quellen auf. Das Volumen der Lebensmittel vergrößert sich.
- Man weicht Trockenobst, Hülsenfrüchte und Gelatine ein.
- Kollagen lagert beim Garen Wasser an und wird weich.
- Man weicht Gelatine vor der Verarbeitung in Wasser ein.
- Stärke in Kartoffeln, Nudeln, Reis und Teigen lagert Wasser an. Beim Erhitzen platzen die Stärke-Körner auf. Die Stärke verkleistert (vgl. S. 74).

*Trockenobst einweichen*

### Mit Wasser gart man Lebensmittel.

Beim Dämpfen, Dünsten, Kochen, Pochieren und Schmoren überträgt das Wasser oder der Wasserdampf die Wärme auf die Lebensmittel.

Wenn man mit Wasser gart, ist die Gar-Temperatur auf maximal 100 °C beschränkt.

Man kann die Gar-Zeit verkürzen. Dafür braucht man eine höhere Temperatur. Diese erreicht man, indem man im Gar-Gerät einen Überdruck erzeugt (vgl. S. 125).

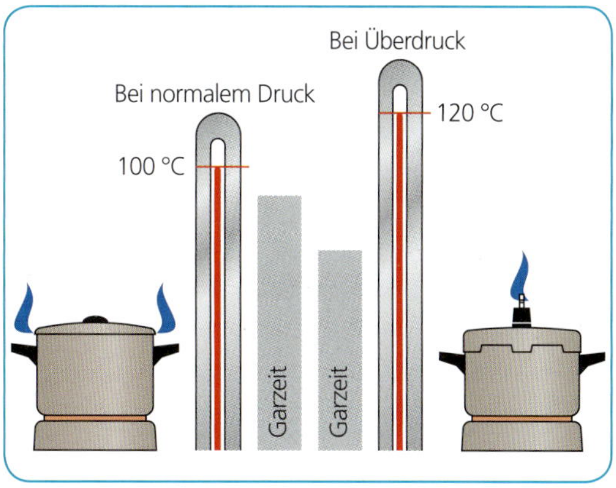

B

## 7.2 Ballast-Stoffe

dietary fibres
fibresalimentaires

Ballast-Stoffe sind **Stütz-Gewebe von Pflanzen**. Sie kommen in Obst, Gemüse und Getreide vor. Wichtige Ballast-Stoffe sind **Zellulose** und Pektin.

*Lebensmittel mit vielen Ballast-Stoffen*

Vom Lebensmittel, vom Reifezustand des Lebensmittels und von der Verarbeitung des Lebensmittels hängt ab, wie viel Ballast-Stoffe in einem Lebensmittel enthalten sind.

Ballast-Stoffe werden **nicht verdaut**. Sie sind aber trotzdem **wichtig für** den **menschlichen Körper**.
- Ballast-Stoffe **regen** die **Darmtätigkeit an** und **verhindern Verstopfung**.
- Ballast-Stoffe binden Flüssigkeit und quellen auf. Dadurch **vergrößert** sich die **Darmfüllung**.
- Ballast-Stoffe sind **gut für** die **Darmflora**.
- Gifte und andere schädliche Stoffe kommen mit der Nahrung in den Darm. Ballast-Stoffe binden diese Gifte und Stoffe.

Ein Erwachsener sollte **am Tag 30 – 40 g Ballast-Stoffe** zu sich nehmen. Dies erreicht man durch einen Speiseplan mit **reichlich Obst, Gemüse** und **Getreideprodukten**.

| Lebensmittel mit vielen Ballast-Stoffen | Lebensmittel mit wenig Ballast-Stoffen |
| --- | --- |
| • Vollkorn-Brötchen, Vollkorn-Brot<br>• Vollkorn-Kekse, Vollkorn-Zwieback<br>• Grünkern, Hirse, Vollkorn-Teigwaren<br>• Naturreis<br>• Haferflocken, Müsli<br>• Obst, Trockenfrüchte | • Brötchen, Croissants, Toastbrot, Weißbrot<br>• Kekse, Kuchen, Torten, Waffeln, Zwieback<br>• Teigwaren<br>• Polierter Reis<br>• Cornflakes<br>• Pudding, Creme-Speisen, Eis |

## 7.3 Sekundäre Pflanzen-Stoffe

phytochemicals
phytochimiques

**S**ekundäre **P**flanzen-**S**toffe **(SPS)** sind eine Gruppe von chemisch sehr unterschiedlichen Stoffen. Diese kommen **nur in Pflanzen** vor.

**S**ekundäre **P**flanzen-**S**toffe dienen den Pflanzen als Selbstschutz gegen Krankheiten und Schädlinge. Sekundäre Pflanzen-Stoffe sind für den Menschen **gesundheitsfördernd**.
- SPS stärken das Immun-System.
- SPS wirken gegen Krebs.
- SPS schützen vor Infektionen.
- SPS senken den Blutdruck.

B

## 7.4 Enzyme

enzymes
enzymes

Enzyme sind Proteine. Sie **ermöglichen** oder **beschleunigen chemische Reaktionen** in einem Organismus. Sie nehmen aber nicht selbst an der Reaktion teil, d. h. sie verbrauchen sich nicht.

Beispiele für Reaktionen, an denen Enzyme beteiligt sind:

### Im menschlichen Körper

- Kohlenhydrate, Fette und Proteine werden bei der **Verdauung** in ihre Bausteine zerlegt.
- Das **Heilen von Wunden** wird gefördert.
- Enzyme unterstützen den **Energie-Stoffwechsel** in den Muskelzellen.

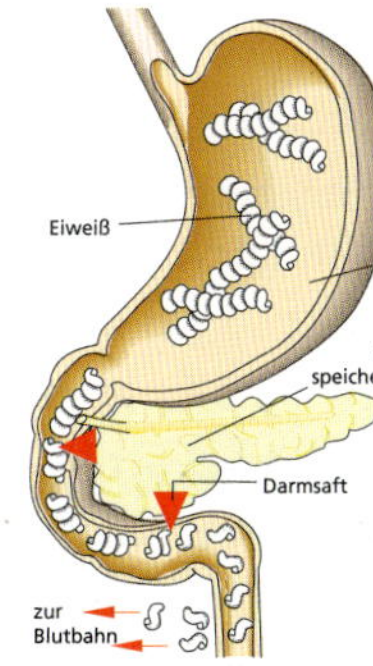


*Verdauung von Proteinen*

### In pflanzlichen Lebensmitteln

- **Äpfel, Birnen** und **Sellerie** werden nach dem **Anschneiden braun**.
- Wenn man **Zwiebeln schneidet**, entsteht ein reizender Stoff. Der Stoff gelangt als Gas in die Augen. Man muss **„weinen".**
- Doppel-Zucker und Vielfach-Zucker werden in Pflanzen aus Einfach-Zuckern aufgebaut.

### In tierischen Lebensmitteln

- Enzyme zerlegen bei der **Fleisch-Reifung** Proteine in ihre Bausteine. Das Fleisch wird genussfähig.
- **Fette** werden bei falscher Lagerung **ranzig.**
- **Milchprodukte gerinnen**, wenn man sie mit frischer Ananas, frischer Kiwi, frischer Mango oder frischer Papaya vermengt.
- **Gelatine** wird **nicht fest**, wenn man sie mit frischer Ananas, frischer Kiwi, frischer Mango oder frischer Papaya verarbeitet.

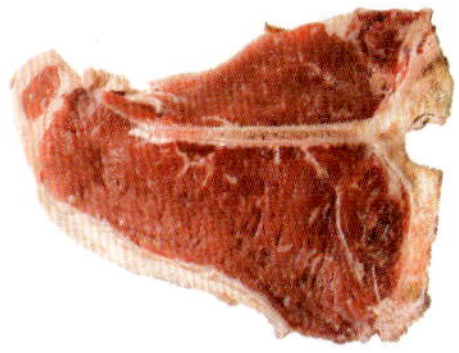

*T-Bone-Steak, gereift*

Enzyme setzt man gezielt in der **Lebensmittel-Industrie** ein.

- Enzyme **verbessern** die **Teig-Eigenschaften** bei der Herstellung von Brot und von Brötchen.
- Enzyme **bauen** die **festen Bestandteile von Obst ab**. So kann man **mehr Saft** aus den Früchten **pressen**.
- Enzyme **wandeln** pflanzliche **Stärke in Glukose-Sirup** um. Glukose-Sirup verwendet man u.a. in Dressings, Süßspeisen und Süßwaren.
- Das Enzym Lab setzt man bei der **Herstellung von Käse** ein.
- Mit Hilfe von Enzymen stellt man Aromen aus pflanzlichem oder tierischem Eiweiß her.

Enzyme wirken:

- **stoffspezifisch** (substratspezifisch), d.h. ein Enzym kann nur einen ganz bestimmten Stoff verändern. Das Enzym ist so geformt, dass es genau zu einem Stoff passt. Man spricht vom Schlüssel-Schloss-Prinzip.
- **wirkungsspezifisch**, d.h. ein Enzym kann nur eine bestimmte Reaktion beschleunigen.

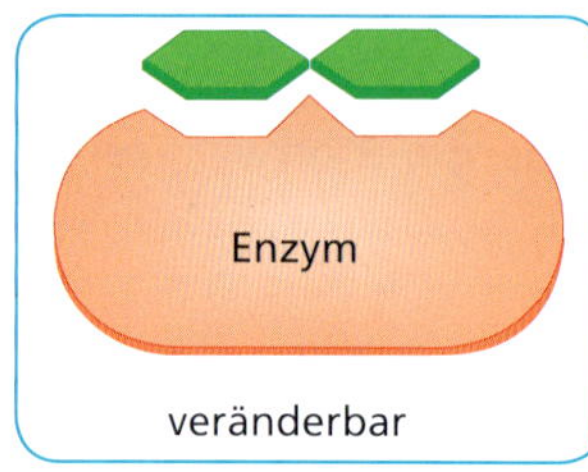


***Der Stoff passt und wird verändert.***

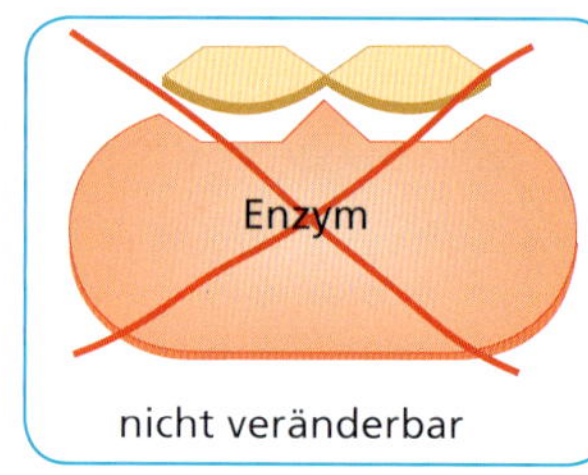


***Der Stoff passt nicht. Er wird nicht verändert.***

Enzyme sind Proteine. Sie **gerinnen bei höheren Temperaturen**. Die Enzyme **wirken nicht mehr**. Wenn man z.B. frische Ananas oder frische Kiwi erhitzt, gerinnen die Enzyme in diesen Früchten. Man kann die erhitzten Früchte dann mit Gelatine oder Milchprodukten zusammen verarbeiten.

## 7.5 Verdauung und Stoffwechsel

digestion and metabolism

digestion et métabolisme

In unserer Nahrung sind alle Nährstoffe, die der Körper braucht. Der Körper kann die **Nährstoffe** aber **nicht direkt nutzen**. Der Körper muss die Nahrung verdauen. Bei der **Verdauung** werden Kohlenhydrate, Fette und Proteine in ihre **kleinsten Bausteine zerlegt**. Diese Bausteine, Vitamine und Mineralstoffe gelangen in das Blut. Das **Blut transportiert** die Bausteine, Vitamine und Mineralstoffe **zu** den **Zellen**, in denen sie gebraucht werden.

In den Zellen werden die **Nährstoffe verarbeitet**. Die Nährstoffe werden

- umgebaut,
- zu neuen Stoffen aufgebaut oder
- abgebaut.

Diese Vorgänge nennt man **Stoffwechsel**.

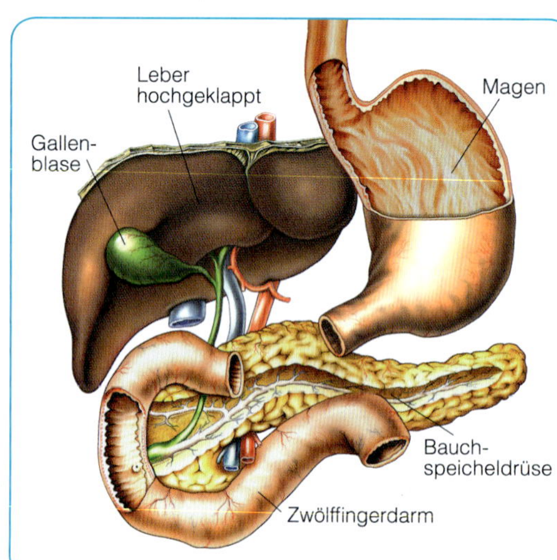


***Verdauungs-Organe***

Die Verdauung beginnt im **Mund**. Die Zähne zerkleinern die Nahrung. Der Mundspeichel macht die zerkleinerte Nahrung gleitfähig.

Die Nahrung gelangt vom Mund durch die **Speiseröhre** in den **Magen**. Im Magen wird die Nahrung zu einem Speisebrei gemischt. Im Magensaft ist Salzsäure. Die Salzsäure tötet Bakterien ab. Der Magensaft beginnt die Nahrung aufzulösen.

Der Magen gibt den Speisebrei in Portionen in den **Zwölffinger-Darm** ab. Im Zwölffinger-Darm kommen Gallensaft aus der Gallenblase und Bauchspeichel aus der Bauchspeicheldrüse zum Speisebrei.

Im **Dünndarm** werden die Nährstoffe in ihre Bausteine zerlegt:
- Kohlenhydrate zu **Einfach-Zuckern**
- Fette zu **Glyzerin** und zu **Fettsäuren**
- Proteine zu **Aminosäuren**

Der Körper nimmt diese Bausteine und auch Vitamine und Mineralstoffe durch die Dünndarm-Wand auf. Sie gelangen in die Blutbahn. Diesen Vorgang nennt man **Resorption**.

Ballast-Stoffe passen nicht durch die Dünndarm-Wand. Sie werden weiter zum Dickdarm geleitet.

Wasser wird im **Dickdarm** aus der restlichen Nahrung entzogen. Das Wasser gelangt in die Niere. Es wird als **Harn** ausgeschieden.

Die unverdaulichen Bestandteile der Nahrung werden in Kot umgewandelt. Der **Kot** wird über den **After** ausgeschieden.

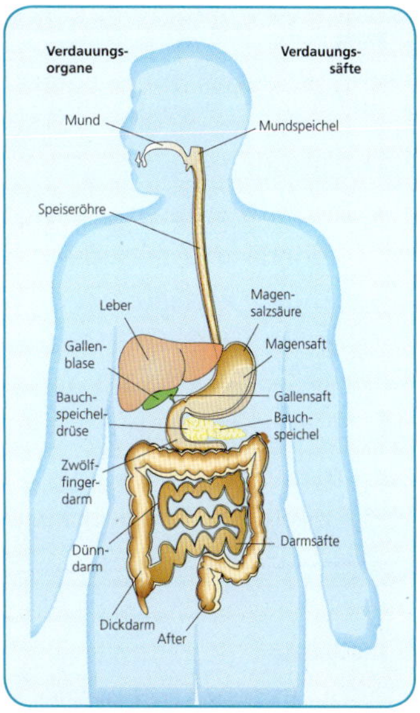

*Dünndarm von innen*

## Die Verdauung und der Stoffwechsel von Kohlenhydraten, Fett und Proteinen

**Kohlenhydrate**
- Enzyme im Mundspeichel teilen die Stärke.
- Verschiedene Enzyme im Bauchspeichel zerlegen die Kohlenhydrate zu Doppel-Zuckern.
- Verschiedene Enzyme im Darmsaft spalten die Doppel-Zucker in Einfach-Zucker.
- Die Einfach-Zucker gelangen im Dünndarm in das Blut.
- Das Blut transportiert die Einfach-Zucker zuerst in die Leber.
- Ein Teil der Einfach-Zucker wird in der Leber als Glykogen gespeichert.
- Das Blut transportiert den größten Teil der Einfach-Zucker zu den Körperzellen.
- In den Körperzellen wird aus den Einfach-Zuckern **Energie gewonnen**.

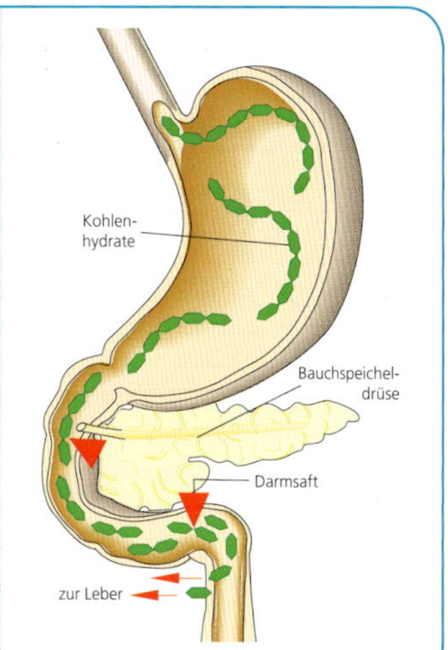

B

**Fett**

- Der Gallensaft emulgiert Fette zu feinsten Tröpfchen.
- Ein Enzym im Bauchspeichel spaltet Fett in Glyzerin und Fettsäuren.
- Kurze Fettsäuren und Glyzerin gelangen durch die Dünndarm-Wand in das Blut.
- Längere Fettsäuren und nicht vollständig zerlegte Fette werden in der Dünndarm-Wand wieder zu Fett aufgebaut. Dieses Fett gelangt in die Lymphbahn.
- Von der Lymphbahn kommt dieses Fett in den Blutkreislauf.
- In den Körperzellen wird aus Fett **Energie gewonnen**. Außerdem wird Fett **als Depot-Fett gespeichert**.

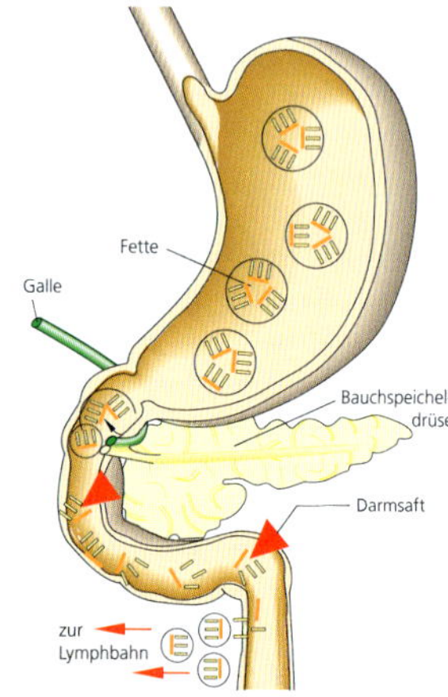


**Proteine**

- Die Proteine quellen im Magen. Außerdem gerinnen die Proteine. Dadurch werden sie zu langen Protein-Ketten.
- Enzyme im Magensaft spalten die langen Protein-Ketten in kürzere Protein-Ketten.
- Enzyme im Bauchspeichel zerlegen die kürzeren Protein-Ketten in Aminosäuren.
- Die Aminosäuren gelangen durch die Dünndarm-Wand in das Blut.
- Das Blut transportiert die Aminosäuren zuerst zur Leber.
- Die Aminosäuren kommen von der Leber aus im Blut zu den Körperzellen.
- In den Körperzellen werden die Aminosäuren nach bestimmten Bau-Plänen zu körpereigenen Proteinen aufgebaut. Diese Proteine dienen dem menschlichen Körper als **Baustoffe**.

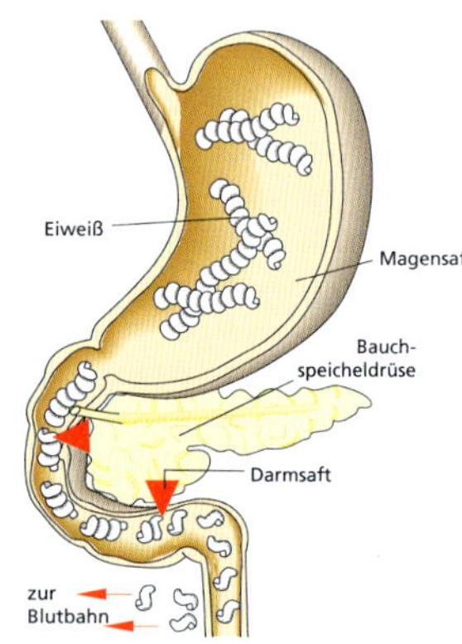

# 8 Ernährungsformen

forms of nutrition
formes nutritionelles

B

Jeder Mensch **braucht Energie** zum Leben. Die **Energie** bekommt er **mit** der **Nahrung**. Darum muss der Mensch essen und trinken.

Der Mensch braucht die **Energie für** alle **Körperfunktionen** und für die **Bewegung**. Man teilt die notwenige Energie ein in:

| Grund-Umsatz | Leistungs-Umsatz |
|---|---|
| Der Grund-Umsatz ist die **Energie**, die der Mensch **sogar im Schlaf** braucht:<br>• Für die **Atmung**<br>• Für die Arbeit aller **Organe**<br>• Für die **Verdauung**<br>• Für den **Stoffwechsel**<br><br>Der **Grund-Umsatz** ist **abhängig**:<br>• Von dem **Alter**: Ältere Menschen haben einen niedrigeren Grund-Umsatz.<br>• Von dem **Geschlecht**: Frauen haben einen niedrigeren Grund-Umsatz.<br>• Von dem **Gewicht**: Menschen mit weniger Gewicht haben einen niedrigeren Grund-Umsatz. | Der Leistungs-Umsatz ist die **Energie**, die der Mensch **für Bewegung** braucht.<br><br>Der Leistungs-Umsatz ist abhängig:<br>• Von der **Art der Bewegung**: Der Mensch braucht beim Laufen mehr Energie als beim Gehen.<br>• Von der **Intensität der Bewegung**: Der schnelle Läufer braucht mehr Energie als der langsame Läufer.<br>• Von der **Dauer der Bewegung**: Der Läufer braucht für 10 km mehr Energie als für 5 km. |

**Grund-Umsatz (Durchschnittswerte)**

| Alter | männlich | | weiblich | |
|---|---|---|---|---|
| | kJ | kcal | kJ | kcal |
| **25** | 7.300 | 1.750 | 6.000 | 1.440 |
| **45** | 6.800 | 1.630 | 5.600 | 1.340 |
| **65** | 6.200 | 1.490 | 5.200 | 1.250 |

**Leistungs-Umsatz**

| Art der Arbeit | Leistungs-Umsatz je Tag in kJ | |
|---|---|---|
| | Mann (70 kg) | Frau (60 kg) |
| leicht | 2.100–2.500 | 1.700–2.100 |
| mittelschwer | 2.500–4.200 | 2.100–3.400 |
| schwer | 4.200–6.700 | über 3.400 |

| | |
|---|---|
| | **Grund-Umsatz** |
| + | **Leistungs-Umsatz** |
| = | **Gesamtumsatz** |

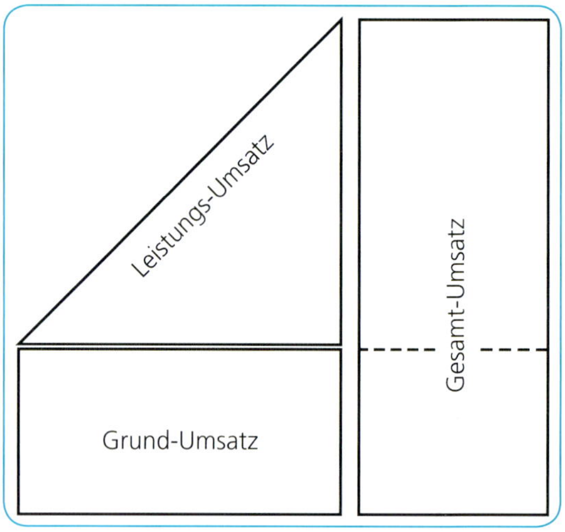


Wenn man **nicht zunehmen** möchte, darf man nicht mehr essen, als man verbraucht. Man muss sich mehr bewegen, wenn man mehr isst.

Wenn man **abnehmen** möchte, muss man weniger essen, als man verbraucht. Man muss sich mehr bewegen, wenn man nicht weniger isst.

## Körpergewicht

Man kann mit dem **Body-Mass-Index (BMI)** bestimmen, ob man **Untergewicht**, **Normalgewicht** oder **Übergewicht** hat.

So berechnet man den BMI:

**Körpergewicht in kg ÷ (Körpergröße in m × Körpergröße in m)**

Man wertet den ausgerechneten BMI-Wert nach dem Alter aus.

**Auswertung des BMI-Wertes**

| | **Untergewicht** | **Normalgewicht** | **Übergewicht** |
|---|---|---|---|
| **Alter** | | **BMI-Wert** | |
| | **weniger als** | **zwischen** | **größer als** |
| **19 bis 24 Jahre** | 19 | 19 und 24 | 24 |
| **25 bis 34 Jahre** | 20 | 20 und 25 | 25 |
| **35 bis 44 Jahre** | 21 | 21 und 26 | 26 |

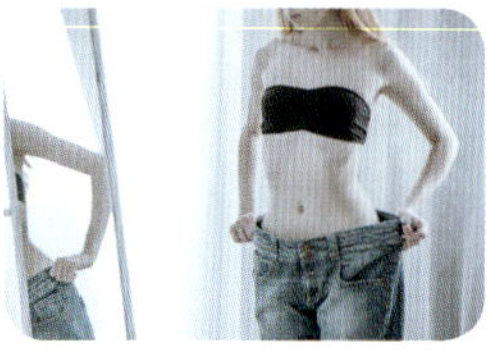  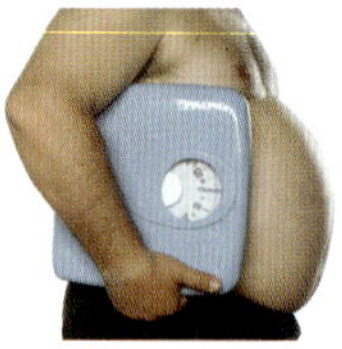

## 8.1 Vollwertige Ernährung

full value nutrition

régime alimentaire complet

Man **versorgt** den **Körper** durch eine vollwertige Ernährung **optimal mit allen Nährstoffen** wie

- Eiweiß,
- Fett,
- Kohlenhydrate,
- Vitamine,
- Mineralstoffe,
- Wasser und
- zusätzlich mit Ballast-Stoffen und sekundären Pflanzen-Stoffen.

**Ziele** einer vollwertigen Ernährung sind:

- Man ist **körperlich** und **geistig fit**.
- Man bildet **Abwehrkräfte gegen Krankheiten** und bleibt gesund.
- Man hat eine **geregelte Verdauung**.

## 10 Regeln der DGE

Die **Deutsche Gesellschaft für Ernährung (DGE)** nennt 10 Regeln für eine vollwertige Ernährung.

### 1. Lebensmittel-Vielfalt genießen

Man sollte **abwechslungsreich** essen. Es ist gut, möglichst **viele verschiedene Lebensmittel** auszuwählen. Man sollte **vor allem pflanzliche Lebensmittel** zu sich nehmen.

Kein Lebensmittel enthält alle Nährstoffe. Durch abwechslungsreiches Essen bekommt man alle Nährstoffe. Man ernährt sich gesund.

### 2. Gemüse und Obst – nimm „5 am Tag“

Man sollte jeden Tag mindestens **2 Portionen Obst** und **3 Portionen Gemüse** essen. Man kann auch Hülsenfrüchte essen, z. B. Linsen, Kicher-Erbsen, Bohnen.

Man bekommt mit Obst und Gemüse viele Nährstoffe, viele Ballast-Stoffe und viele sekundäre Pflanzen-Stoffe. Obst und Gemüse machen satt.

### 3. Vollkorn wählen

Man sollte **Vollkorn-Brot, Vollkorn-Mehl, Vollkorn-Nudeln und Vollkorn-Reis** essen.

Lebensmittel aus Vollkorn machen länger satt. Sie enthalten viele Nährstoffe und viele Ballast-Stoffe.

B

## 4. Mit tierischen Lebensmitteln die Auswahl ergänzen

- Man sollte **jeden Tag Milch und Milchprodukte** zu sich nehmen, z. B. Käse und Joghurt.
- Man sollte an **einem** oder **an zwei Tagen in der Woche** auch **Fisch** essen.
- Man sollte in jeder Woche nicht mehr als 600 g **Fleisch** essen.

## 5. Gesundheitsfördernde Fette nutzen

- Man sollte **pflanzliche Öle verwenden**, z. B. Rapsöl oder Sonnenblumenöl. Pflanzliche Öle liefern lebensnotwendige Fettsäuren und Vitamin E.
- Man sollte **auf versteckte Fette achten**. Versteckte Fette sind oft in verarbeiteten Lebensmitteln, z. B. Fast-Food, Fertigprodukte, Gebäck, Süßigkeiten und Wurstwaren.

## 6. Zucker und Salz einsparen

- Man sollte möglichst **wenig Zucker** verwenden. Man sollte auch **wenig gesüßte Lebensmittel** und **gesüßte Getränke** zu sich nehmen, z. B. Limonade, Nuss-Nougat-Creme, Pralinen.
- Man sollte **wenig Salz** verwenden. Man kann auch mit Gewürzen und Kräutern würzen. Man sollte **salzreiche Lebensmittel** nur **wenig** zu sich nehmen.

## 7. Am besten Wasser trinken

Man sollte **am Tag ungefähr 1,5 Liter** trinken. Man trinkt möglichst Wasser oder andere kalorienfreie Getränke, z. B. ungesüßten Tee. Man kann auch Fruchtsaft-Schorlen trinken.

Man sollte möglichst wenig alkoholische Getränke zu sich nehmen. Alkohol hat viele Kilokalorien und ist für den menschlichen Körper nicht gut.

## 8. Schonend zubereiten

Man **gart** Lebensmittel **so lange wie nötig** und **so kurz wie möglich**. Man gart Lebensmittel mit **wenig Wasser** und **wenig Fett**. Schonende Garverfahren sind Dünsten und Dämpfen.

Durch schonende Zubereitung werden die Nährstoffe geschont. Der natürliche Geschmack bleibt erhalten.

## 9. Achtsam essen und genießen

Man sollte sich beim Essen **Zeit lassen**. Dann genießt man das Essen. Man ist außerdem schneller satt und bleibt länger satt.

### 10. Auf das Gewicht achten und in Bewegung bleiben

Man sollte sich vollwertig ernähren und **körperlich aktiv** sein.
Man kann im Alltag körperlich aktiv sein, z. B.:

- Treppen steigen statt mit der Rolltreppe zu fahren
- zu Fuß gehen oder mit dem Fahrrad fahren statt mit dem Auto zu fahren

Man kann zusätzlich regelmäßig Sport treiben.

Bewegung fördert die Gesundheit und hilft, das Gewicht zu regulieren.

B

## Ernährungs-Pyramide

Die Ernährungs-Pyramide der DGE hilft, die richtigen Lebensmittel für eine vollwertige Ernährung auszuwählen.

Die Ernährungs-Pyramide zeigt:

**Man darf alles essen. Dabei sollte man aber unbedingt darauf achten, wie viel man von welchen Lebensmitteln isst.** !

Die Farben bei den Texten bedeuten:

| | |
|---|---|
| Grün | reichlich verzehren |
| Gelb | nicht so oft verzehren |
| Rot | wenig verzehren |

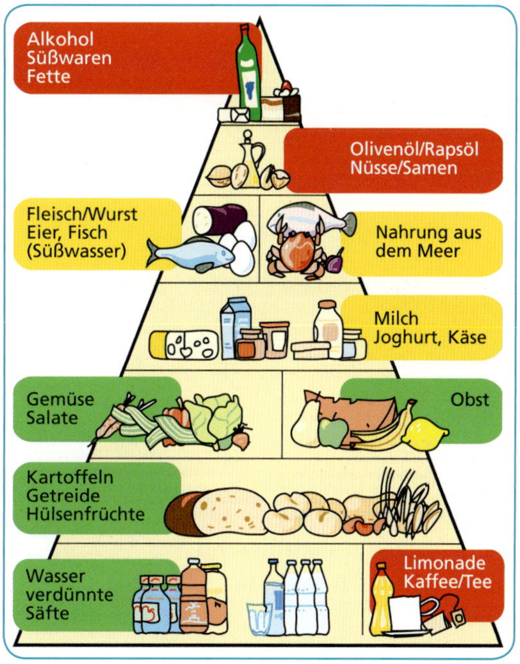


## Verteilung der Mahlzeiten am Tag

Man sollte seine Mahlzeiten am Tag so verteilen, dass der Körper möglichst leistungsfähig ist.

- Man sollte besser **fünf kleine Mahlzeiten** als drei große Mahlzeiten essen: Frühstück, Zwischen-Mahlzeit, Mittagsessen, Zwischen-Mahlzeit, Abendessen.
- Ein **vollwertiges Frühstück** liefert die Energie, die man nach dem Schlafen braucht.
- Das **Mittagessen** ist **meistens** die **Haupt-Mahlzeit**.
- Das **Abendessen** sollte **nicht zu reichhaltig** sein.
- Die zwei **Zwischen-Mahlzeiten** sollte man **zwischen** den drei **Haupt-Mahlzeiten** essen:
  1. Zwischen-Mahlzeit: zwischen 9 Uhr und 10 Uhr als 2. Frühstück
  2. Zwischen-Mahlzeit: zwischen 15 Uhr und 16.00 Uhr

*Vollwertiges Frühstück*

## 8.2 Vegetarische Ernährung

vegetarian diet
régime végétarien

Vegetarier essen **hauptsächlich pflanzliche Lebensmittel**. Sie essen **auch** Produkte, die **von lebenden Tieren** stammen.

Vegetarier ernähren sich nach verschiedenen Regeln.

Es gibt **drei Hauptformen** der vegetarischen Ernährung:

| | **... verzehren** | **... essen nicht** |
|---|---|---|
| **Ovo-Lakto-Vegetarier** | • Eier<br>• Milch<br>• Milchprodukte | • Fleisch<br>• Fisch |
| **Lakto-Vegetarier** | • Milch<br>• Milchprodukte | • Fleisch<br>• Fisch<br>• Eier |
| **Veganer** | Alle pflanzlichen Lebensmittel | Alle Lebensmittel, die vom Tier stammen |

Immer mehr Menschen ernähren sich vegetarisch. Es ist wichtig, dass die **Gastronomie** und die **Gemeinschafts-Verpflegung** entsprechende **Angebote machen**.

*Gemüse-Puffer*

*Veggie-Burger*

## 8.3 Kostformen

diets
régimes

**Kostformen** sind auch **Ernährungsformen**. Man setzt sie vor allem **bei gesundheitlichen Problemen** ein.

### Vollkost

**Vollkost** ist der Begriff für eine **vollwertige Ernährung**.
- Alle wichtigen Inhalts-Stoffe sind ausreichend enthalten.
- Der Energie-Bedarf wird vollständig gedeckt.

## Leichte Vollkost

Die leichte Vollkost **entlastet** die **Verdauungsorgane** und den gesamte **Stoffwechsel**. Sie **enthält** alle **wichtigen Inhalts-Stoffe** und **deckt** den **Energie-Bedarf**.

Man **verzichtet** bei einer leichten Vollkost **auf** alle **Lebensmittel**, Speisen, Getränke und Garverfahren, die **Unverträglichkeiten auslösen**.

Es gibt **Empfehlungen** für die leichte Vollkost:

- Man verzichtet auf fettreiche und zuckerreiche Lebensmittel.
- Man verzichtet auf blähende Speisen, z. B. Kohl und Zwiebeln.
- Man vermeidet scharfe Gewürze und zu viel Salz.
- Man isst mehrere kleine Portionen am Tag.
- Man nimmt sich beim Essen Zeit. Man kaut lange und gründlich.
- Man trinkt keine alkoholischen Getränke, keine koffeinhaltigen Getränke und keine Getränke mit Kohlensäure.
- Man wählt Garverfahren aus, die keine Röst-Stoffe bilden und wenig Fett brauchen, z. B. Dünsten, Dämpfen, Pochieren, Kochen und Garen in der Folie.

## Reduktionskost

Reduktion kommt von dem lateinischen Wort „reducere".
Es bedeutet zurückführen. Man wendet Reduktionskost **bei Übergewicht** an. Man will das Übergewicht **auf Normalgewicht zurückführen**.

Man nimmt bei der Reduktionskost weniger Kilojoule zu sich. Man sagt: „Man isst weniger Kalorien". Man achtet darauf, dass der Körper trotzdem alle wichtigen Inhalts-Stoffe bekommt.

Für eine Reduktionskost gilt:
- Man verzichtet auf fettreiche und zuckerreiche Lebensmittel. Man trinkt keinen Alkohol.
- Man isst viel Gemüse und viele Vollkorn-Produkte.
- Man wählt fettarme Garverfahren wie Kochen, Dämpfen, Dünsten und Grillen.

## Ernährung bei Diabetes

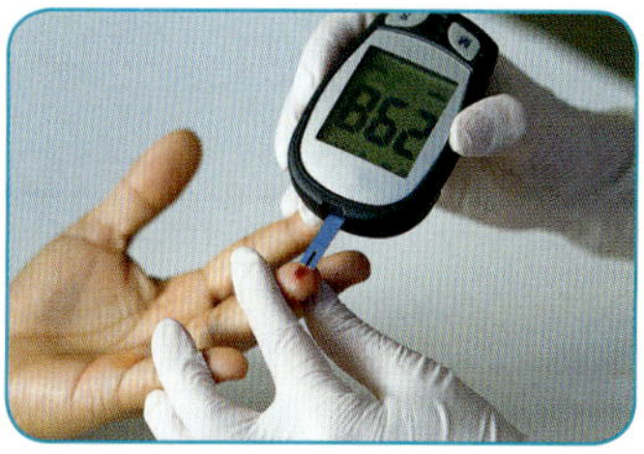

Diabetes nennt man auch Zuckerkrankheit.

Ein gesunder Mensch **produziert** in der Bauchspeicheldrüse das **Hormon Insulin**. Insulin sorgt dafür, dass die **Kohlenhydrate vom Blut in die Zellen** kommen. Die Kohlenhydrate geben in den Zellen Energie frei.

**Ohne Insulin bleiben** die **Kohlenhydrate im Blut**.
Der **Blutzucker-Spiegel steigt an**.
Man fühlt sich schlapp, man hat viel Durst und man nimmt immer mehr ab.

B

Es gibt **zwei Arten** von Diabetes:

| Diabetes Typ 1: „Jugend-Diabetes" | Diabetes Typ 2: „Alters-Diabetes" |
|---|---|
| Der Körper kann das Hormon **Insulin nicht selbst produzieren**. Die Patienten müssen sich **Insulin zuführen**.<br>Die Patienten müssen **regelmäßig** ihren **Blutzucker-Spiegel messen**. Er darf nicht zu hoch und er darf nicht zu niedrig sein. | Die Körper-Zellen reagieren **nicht mehr ausreichend auf Insulin**.<br>Sie sind insulin-resistent.<br>Die Patienten sind oft älter und sie haben Übergewicht. |
| Diabetiker müssen auf ihre **Ernährung** und auf ihre **Lebensweise** achten. | |
| Diabetiker Typ 1sollen folgende Regeln beachten:<br>• Sie sollen sich **vollwertig ernähren**.<br>• Sie sollen **Kohlenhydrate** zu sich nehmen, die **langsam vom Körper aufgenommen** werden, z. B. in Gemüse, in Kartoffeln und in Vollkorn-Produkten.<br>• Sie sollen **mehrere Mahlzeiten am Tag** essen.<br>• Sie sollen zum Süßen **Süßstoffe** verwenden. | Diabetiker Typ 2 sollen folgende Regeln beachten:<br>• Sie sollen **abnehmen**.<br>• Sie sollen sich **vollwertig ernähren**.<br>• Sie sollen **Kohlenhydrate** zu sich nehmen, die **langsam vom Körper aufgenommen** werden, z. B. in Gemüse, in Kartoffeln und in Vollkorn-Produkten.<br>• Sie sollen **mehrere Mahlzeiten am Tag** essen.<br>• Sie sollen sich **viel bewegen**. |

## 8.4 Ernährung bei Lebensmittel-Unverträglichkeiten

diet with food intolerance

régime avec intolérance alimentaire

Es gibt Lebensmittel-Allergien und Lebensmittel-Unverträglichkeiten.

| Lebensmittel-Allergie | Lebensmittel-Unverträglichkeit (Lebensmittel-Intoleranz) |
|---|---|
| • Ein Inhalts-Stoff wird vom **Immun-System** als **Feind** erkannt. Der Körper reagiert mit einer **Abwehr-Reaktion**, z. B. Beschwerden im Magen-Darm-Trakt, Juckreiz, Atem-Not, allergischer Schock.<br>• Schon **kleinste Mengen** lösen die Abwehr-Reaktion aus. | • Ein Inhalts-Stoff kann im **Stoffwechsel nicht richtig verarbeitet** werden.<br>• Der Körper reagiert z. B. mit Bauchschmerzen, Blähungen, Durchfall, Kopfschmerzen, Nervosität, Reizbarkeit, Sodbrennen.<br>• Der Körper verträgt **kleine Mengen**. |

## Milchzucker-Unverträglichkeit (Laktose-Intoleranz)

Einige Menschen **vertragen nur kleine Mengen Milchzucker (Laktose)**.

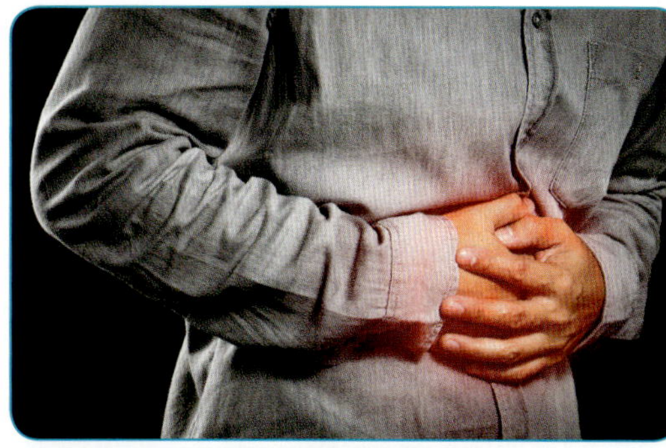

Milchzucker muss im Dünndarm aufgespalten werden, damit er verdaut werden kann. Dafür gibt es das **Enzym Laktase**. Der Milchzucker kann nicht aufgespalten werden, wenn der Körper zu wenig Laktase bildet oder wenn Laktase nicht ausreichend wirkt. Der Milchzucker kommt dann in den Dickdarm. Er wird dort von Darmbakterien gespalten. Dabei bilden sich Gase. Man kann **Blähungen**, **Durchfall** und **Bauchschmerzen** bekommen.

Ein Mensch mit einer Milchzucker-Unverträglichkeit darf nur **wenig Milchzucker (Laktose) verzehren**.

Viel Milchzucker ist z. B. in Milch, Quark, Sahne, Frischkäse und Vollmilch-Schokolade.

Der Handel bietet laktosefreie Produkte an. Laktosefrei heißt:

- Die Produkte sind ohne Milch hergestellt oder
- die Laktose ist schon aufgespalten.

## Fruchtzucker-Unverträglichkeit (Fruktose-Intoleranz)

Einige Menschen **vertragen nur kleine Mengen Fruchtzucker (Fruktose)**. Fruchtzucker macht Obst süß.

Ein bestimmtes Protein schleust Fruchtzucker aus dem Dünndarm ins Blut. Wenn diese Schleuse nicht richtig funktioniert, kommt der Fruchtzucker in den Dickdarm.

Bakterien im Dickdarm bauen den Fruchtzucker ab. Dabei bilden sich Wasserstoff, Kohlendioxid und kurz-kettige Fettsäuren.

Typische Folgen sind **Bauchschmerzen**, **Blähungen** und **Durchfall**.

Diese **Lebensmittel** werden bei einer Fruchtzucker-Unverträglichkeit häufig **nicht vertragen**:

- Obst, Fruchtsäfte
- Trockenobst wie z. B. Rosinen, Feigen, Datteln, Aprikosen, Pflaumen
- Honig, Marmelade, Kompott, Konfitüre,
- Kohlgemüse, Zwiebeln, Lauchgemüse, Sauerkraut, Bohnen
- Bier

B

## Gluten-Unverträglichkeit (Zöliakie)

Einige Menschen **vertragen kein Gluten**.

Gluten ist ein **Protein**. Es kommt vor:

- In verschiedenen **Getreidesorten**, z. B. in Weizen, Dinkel, Roggen, Gerste, Hafer, Bulgur, Couscous
- In **Lebensmitteln**, die **aus** den **genannten Getreidesorten** hergestellt werden, z. B. Brot, Brötchen, Kuchen, Torten, paniertes Fleisch, panierter Fisch, Knödel, Bier

Bei Menschen mit einer Gluten-Unverträglichkeit ist die **Dünndarm-Schleimhaut immer entzündet**. Die Darm-Zotten der Dünndarm-Schleimhaut bilden sich zurück. Nährstoffe und Wirk-Stoffe werden nur noch schlecht aufgenommen. Diese Menschen haben einen **Mangel an bestimmten Nährstoffen**.

Es gibt **keine typischen Symptome** (Anzeichen) für eine Gluten-Unverträglichkeit. Die Anzeichen sind bei jedem Menschen verschieden. Sie können unterschiedlich stark sein.
**Anzeichen** können z. B. sein:

- Bauchschmerzen, Blähungen, Durchfall, Erbrechen
- Kopfschmerzen, Lustlosigkeit, Müdigkeit, Reizbarkeit
- Gelenkschmerzen, Knochen-Schmerzen, Taubheits-Gefühl in Armen und Beinen
- Eiweißmangel, Vitaminmangel, Eisenmangel

**Menschen mit einer Gluten-Unverträglichkeit dürfen keine glutenhaltige Nahrung essen.** !

Sie **müssen** ihre **Ernährung umstellen**.

Gluten ist **in Getreide** und in **Getreide-Produkten** enthalten. Gluten wird außerdem **in Zusatz-Stoffen** eingesetzt, z. B. in Aromastoffen, in Stärke, in Vanille-Extrakt. Darum **müssen** Menschen mit einer Gluten-Unverträglichkeit die **Lebensmittel-Etiketten sorgfältig lesen**.

Der Handel bietet glutenfreie Lebensmittel an. Glutenfrei bedeutet: Lebensmittel enthalten höchstens 20 Milligramm Gluten pro Kilogramm Lebensmittel.

*Glutenfrei, Deutsche Zöliakie Gesellschaft e. V.*

# 9 Arbeitsmittel

equipment identification
outils de travail

B

In der Küche muss man ganz unterschiedliche Arbeiten machen. Darum braucht man **viele verschiedene Arbeitsmittel**. Nur wenn man weiß, wie man die Arbeitsmittel richtig benutzt, kann man ein wirklich gutes Ergebnis erzielen.

## 9.1 Küchen-Messer

kitchen knives
couteaux de cuisine

Die wichtigsten Arbeitsmittel in der Küche sind die Küchen-Messer.

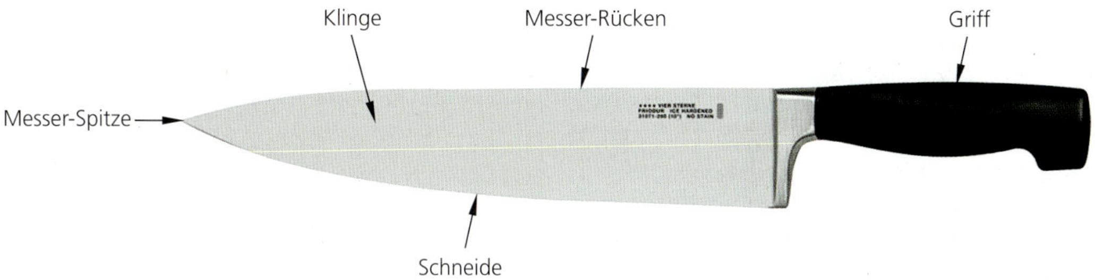


Für die **verschiedenen Einsatz-Gebiete** gibt es **unterschiedliche Küchen-Messer**.

Sie unterscheiden sich nach
- ihrer **Form**,
- ihrer **Größe** und
- ihrer **Klinge**.

Für alle Küchen-Messer gilt:
- Ein Messer muss gut in der Hand liegen. Darum darf es **nicht zu leicht** sein.
- Die **Klinge** muss **hart** sein.
- Ein Messer muss einen **geeigneten Griff** haben. Solch ein Griff schützt vor Unfällen.
  - Die **Oberfläche** des Griffs sollte **rau** sein, damit man nicht so leicht abrutscht.
  - Der Griff sollte einen **Fingerschutz** haben, damit man nicht auf die Schneide rutscht.
  - Der Griff sollte einen Knauf haben, damit es gut in der Hand liegt.

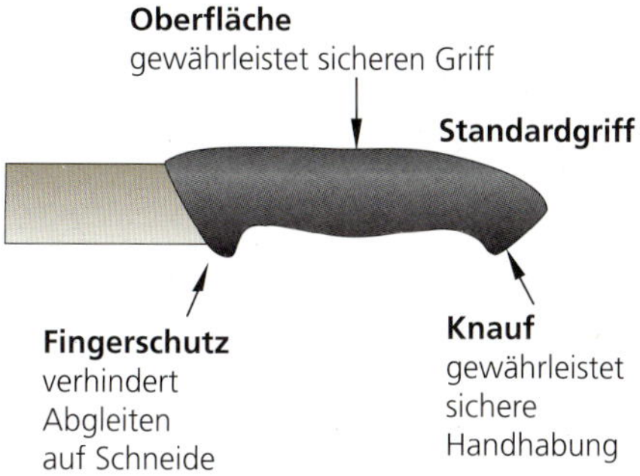


*Standardgriff*

Neben den Küchen-Messern gibt es **weitere Arbeitsmittel**, die man zum Vorbereiten und Verarbeiten von Lebensmitteln einsetzt. Diese werden an dieser Stelle zusammen mit den Küchen-Messern genannt und ihre Verwendung wird erklärt.

## Grundausstattung

| | |
|---|---|
|  *Küchen-Messer, mittelgroß* | Mit dem mittelgroßen Küchen-Messer schneidet man Kartoffeln, Gemüse, Obst, Fleisch und Fisch. |
|  *Gemüse-Messer/Office-Messer* | Mit dem Gemüse-Messer putzt und schneidet man Gemüse, Obst, Pilze und Salate. |
|  *Tournier-Messer* | Mit dem Tournier-Messer formt man Kartoffeln, Gemüse und Obst. |
| 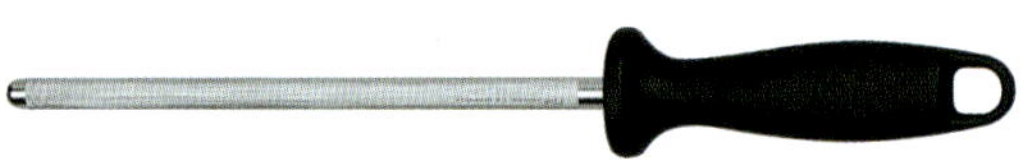 *Wetz-Stahl* | Mit dem Wetz-Stahl schärft man Messer. |
|  *Buntschneide-Messer* | Mit dem Buntschneide-Messer schneidet man gekochtes Gemüse, z.B. Kohlrabi oder Sellerie und rohes Gemüse, z.B. Möhren und Gurken. Man bekommt Scheiben mit einer geriffelten Oberfläche. |
| 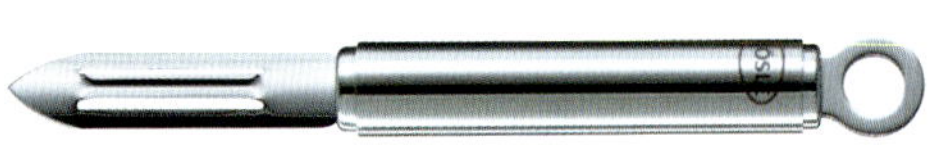 *Sparschäler* | Mit dem Sparschäler schält man Gemüse und Obst gleichmäßig dünn. |

# Ergänzungen

## Vorwiegend für Gemüse

*Gemüse-Hobel/Mandoline*

Mit dem Gemüse-Hobel schneidet man Gemüse und Kartoffeln. Die Dicke der Scheiben kann man einstellen.

Man kann Klingen mit unterschiedlichen Schneiden einsetzten. So bekommt man glatte oder geriffelte Scheiben.

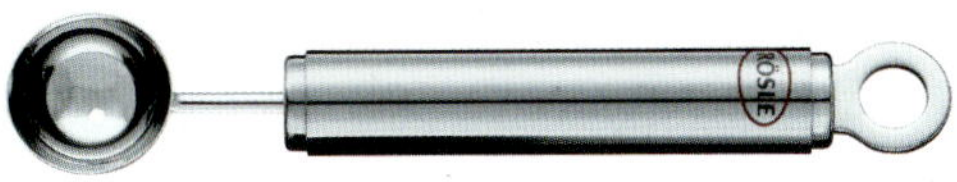

*Ausbohrer*

Mit dem Ausbohrer bohrt man verschiedene Formen aus Obst und Gemüse. Man bekommt Kugeln oder ovale Formen.

Man höhlt Gemüse und Früchte aus und entfernt Kerngehäuse.

## Vorwiegend für Fleisch

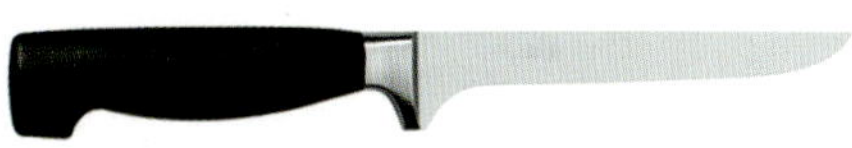

*Ausbein-Messer/Ausbeiner*

Mit dem Ausbein-Messer löst man Knochen aus Fleisch-Stücken oder zieht Haut ab.

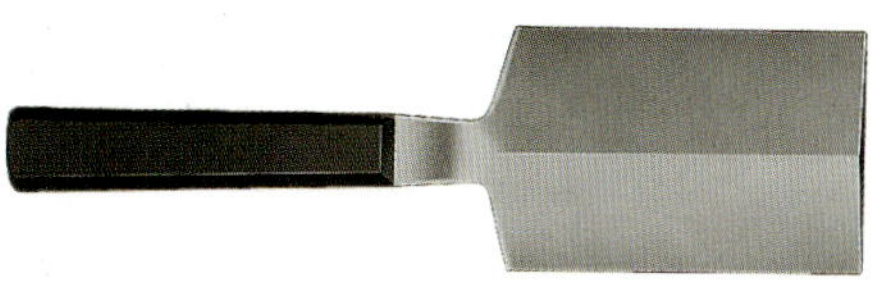

*Plattier-Eisen*

Mit dem Plattier-Eisen plattiert man rohes Fleisch. Das Bindegewebe zerreißt und zieht sich beim Erhitzen nicht zusammen.
Das Fleisch bleibt saftiger.

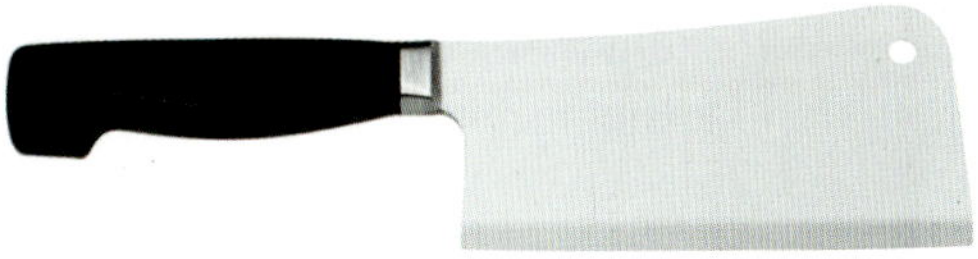

*Hackbeil*

Mit dem Hackbeil schlägt man Knochen vom Fleisch ab oder schlägt Knochen durch.

Achtung: Schutz-Brille tragen!

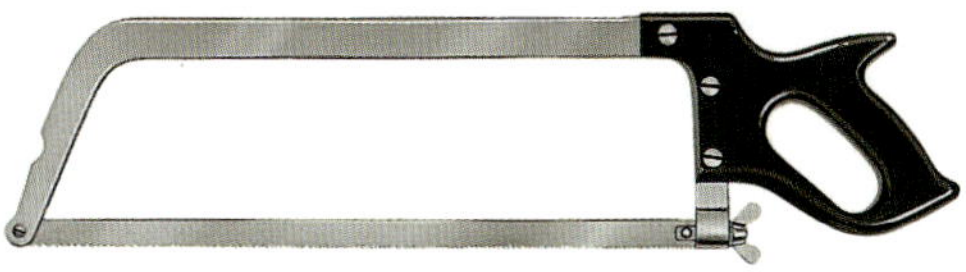

*Knochensäge*

Mit der Knochensäge sägt man dicke Knochen, z. B. Haxen, durch.

| | |
|---|---|
|   *Binde-Nadel/Bridier-Nadel* | Mit der Binde-Nadel bindet man rohes Geflügel zusammen, damit es die Form behält. |
|  *Spick-Nadel* | Mit der Spick-Nadel zieht man feine Speckstreifen durch Fleisch-Stücke, z. B. Wildfleisch, damit das Fleisch saftig bleibt. |

## Vorwiegend in der kalten Küche

| | |
|---|---|
| 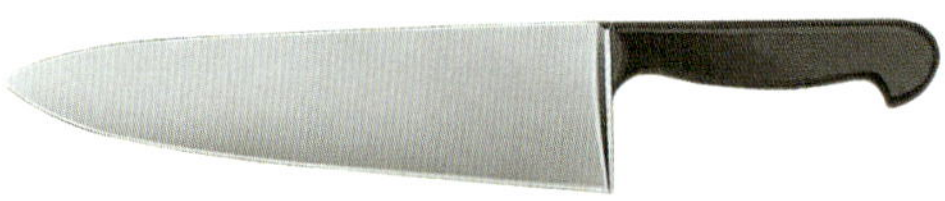 *Schlag-Messer* | Mit dem Schlag-Messer schlägt man größeres Geflügel durch oder man schlägt Rückenteile ab.<br>Man schlägt gekochte Hummer und Langusten auf. |
|  *Kuhlen-Messer* | Mit dem Kuhlen-Messer portioniert man zarte Speisen, z. B. Pasteten, Terrinen und Galantinen. |
| 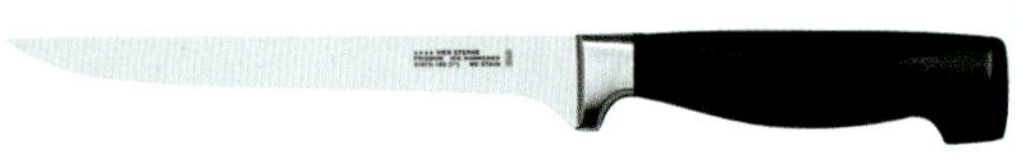 *Tranchier-Messer* | Mit dem Tranchier-Messer schneidet man Braten, Fleischwaren und Wurstwaren in Scheiben (= Tranchen). |
|  *Lachs-Messer* | Mit dem Lachs-Messer schneidet man dünne Scheiben von Räucherlachs und von mariniertem Lachs. |
|  *Filetier-Messer* | Mit dem Filetier-Messer filetiert man Fische, besonders Plattfische. |
|  *Tiefkühl-Messer* | Mit dem Tiefkühl-Messer schneidet man tiefgefrorene Lebensmittel. |
|  *Käse-Messer, für Hartkäse und Schnittkäse* | Mit diesem Käse-Messer schneidet man z. B. Parmesan, Gouda oder Edamer. |

| | |
|---|---|
| <br>*Käse-Messer, für Weichkäse* | Mit diesem Käse-Messer schneidet man z. B. Brie oder Camembert. |
| <br>*Flossen-Schere/Fisch-Schere* | Mit der Flossen-Schere schneidet man Flossen von allen Fischen oder Köpfe kleinerer Plattfische ab. |
| <br>*Zesten-Messer* | Mit dem Zesten-Messer schneidet man feine Streifen von den Schalen der Zitrus-Früchte (= Zesten). |
| <br>*Kannelier-Messer* | Mit dem Kannelier-Messer verziert man Gemüse und Früchte.<br>Wenn man mit dem Kannelier-Messer die Schalen von Zitrus-Früchten einschneidet, kann man sie leichter schälen. |
| 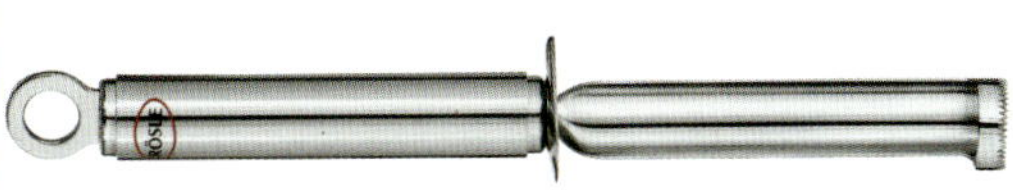<br>*Apfel-Ausstecher* | Mit einem Apfel-Ausstecher sticht man das Kerngehäuse aus Äpfeln. |

## Vorwiegend in der Küchenkonditorei

| | |
|---|---|
| 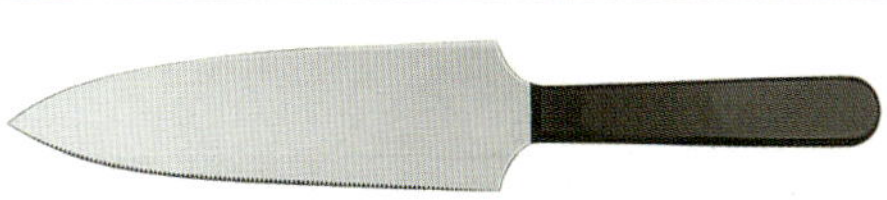<br>*Torten-Messer* | Mit dem Torten-Messer schneidet man Torten in Stücke und richtet die Kuchenstücke an. |
| 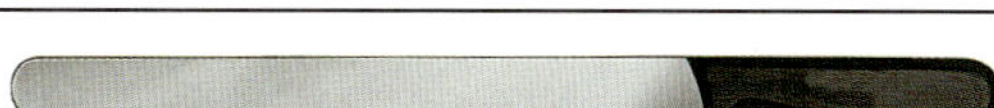<br>*Konditor-Messer* | Mit dem Konditor-Messer schneidet man Back-Waren wie Brot, Brötchen und Kuchen. Tortenböden schneidet man quer durch. |

B

| | |
|---|---|
| 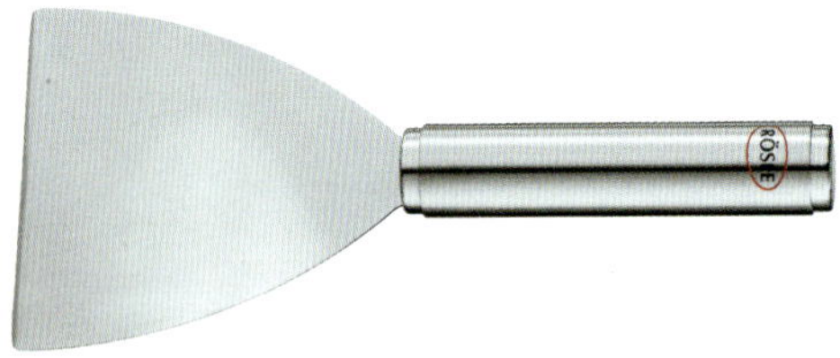<br>*Spachtel* | Mit dem Spachtel kratzt man Reste von Bratplatten, von Back-Blechen und von Arbeitsflächen. |
| <br>*Palette* | Mit der Palette verteilt man z. B. Cremes, Glasuren, Füllungen, Schlagsahne und streicht sie glatt. Man hebt Gebäckstücke an und richtet sie an.<br>In der warmen Küche wendet man mit der Palette Bratgut oder formt Omelettes. |
| <br>*Winkel-Palette* | Mit der Winkel-Palette streicht man Teige oder Massen auf einem Back-Blech aus. |
| 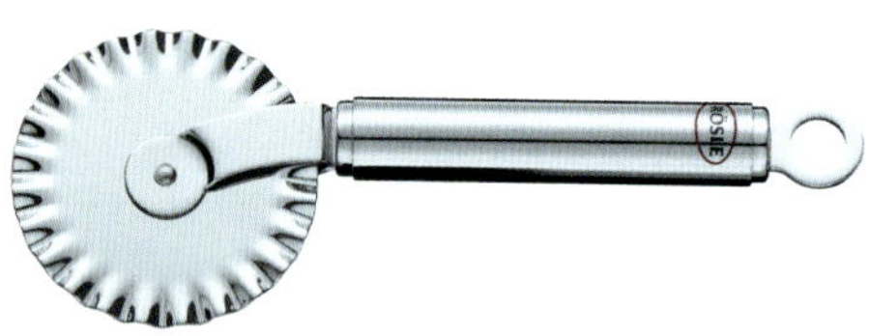<br>*Teig-Rädchen* | Mit dem Teig-Rädchen schneidet man ausgerollte Teige in Stücke. |
| 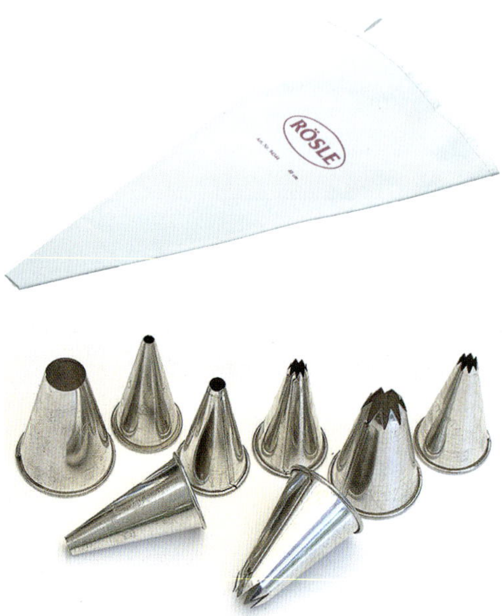<br>*Spritz-Beutel mit Spritz-Tüllen* | Mit dem Spritz-Beutel formt man spritzfähige<br>• Teige,<br>• Massen und<br>• Crèmes.<br>Je nach Produkt nimmt man unterschiedliche Spritz-Tüllen, z. B. Loch-Tülle oder Stern-Tülle. |

B

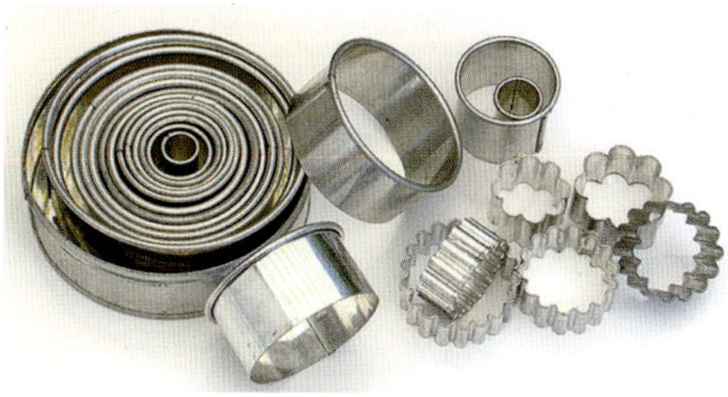

*Ausstecher*

Mit Ausstechern sticht man
- rohe Teige,
- gebackene Massen,
- Marzipan oder
- Früchte (z. B. Ananas oder Melone) aus.

*Sahne-Siphon*

Mit dem Sahne-Siphon spritzt man Sahne auf Speisen.

Man stellt mit dem Sahne-Siphon auch Espuma (aufgeschäumte Flüssigkeit) her.

## Vorwiegend in der System-Gastronomie

*Tomaten-Schneider*

Mit dem Tomaten-Schneider schneidet man Tomaten in genau gleich dicke Scheiben. Je nach Größe der Tomaten schneidet man 8 bis 12 Scheiben gleichzeitig.

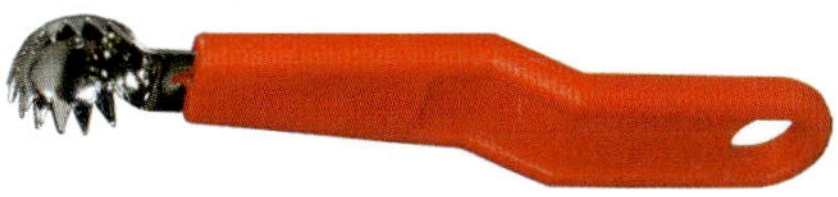

*Tomaten-Entstieler*

Mit dem Tomaten-Entstieler entfernt man den Rest des Stiels, bevor man die Tomate schneidet.

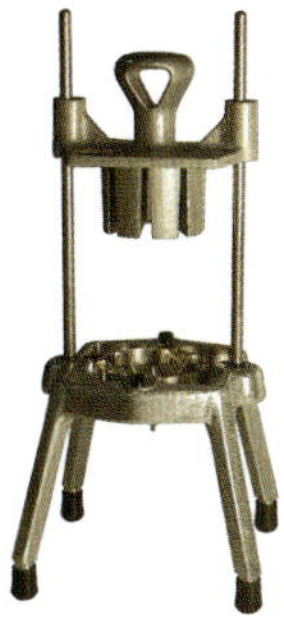

*Obst-Teiler*

Mit dem Obst-Teiler teilt man Obst in sechs genau gleichgroße Ecken.

B

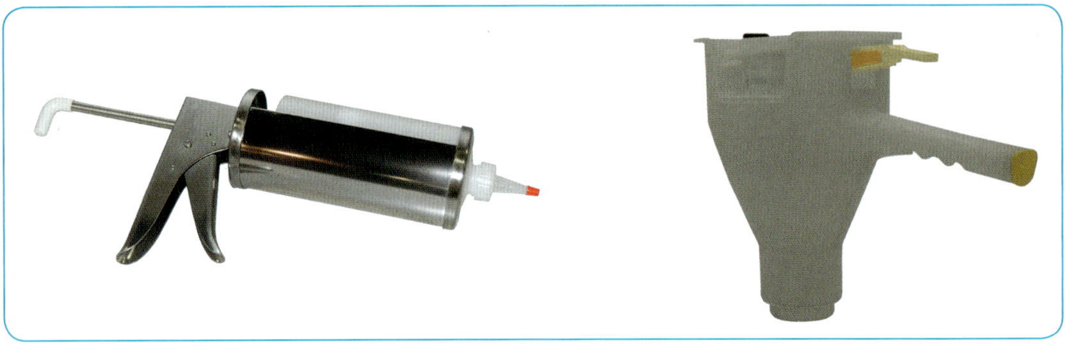

*Mit dem Saucen-Dispenser und dem Senf-Dispenser gibt man eine genau festgelegte Menge von Sauce oder Senf auf einen Teller oder eine Speise.*

## Pflege der Messer

**Messer** müssen scharf sein, damit man gut schneiden kann. Darum muss man sie **regelmäßig schärfen**.

*Wetz-Stahl*

Dafür nimmt man einen **Wetz-Stahl**.

Das **Schärfen** mit einem Wetz-Stahl **nennt man Abziehen**. Dabei muss man unbedingt den richtigen Winkel von Messer zu Wetz-Stahl einhalten.

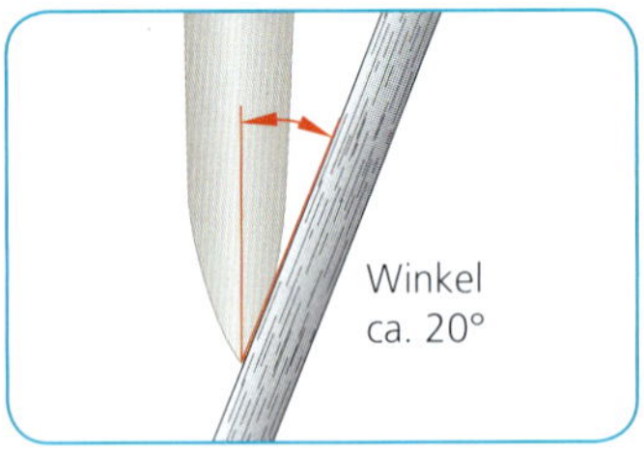


*Das Messer wird scharf.*

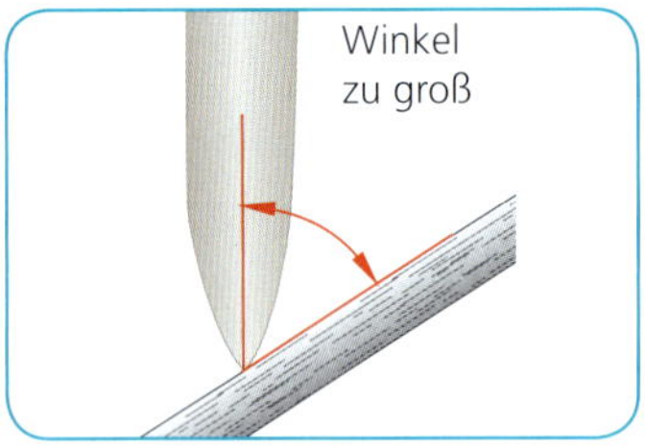


*Das Messer wird nach kurzer Zeit wieder stumpf.*

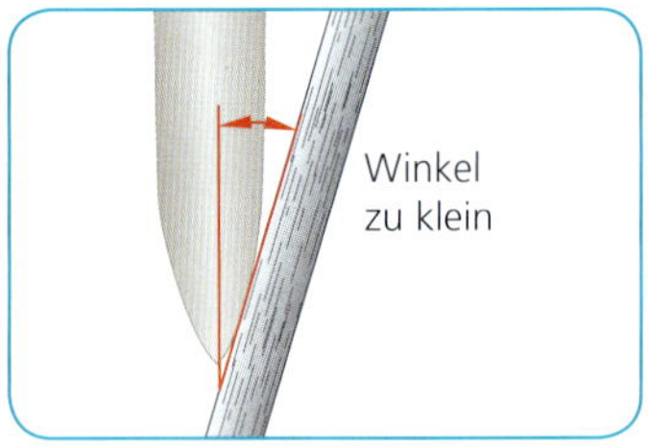


*Das Messer wird nicht geschärft.*

Für das Abziehen des Messers legt man das Ende der Messerklinge an die Spitze des Wetz-Stahls. Dann **zieht** man das Messer **mit leichtem Druck** so, dass die Messerspitze in der Nähe des Griffs vom Wetz-Stahl endet.

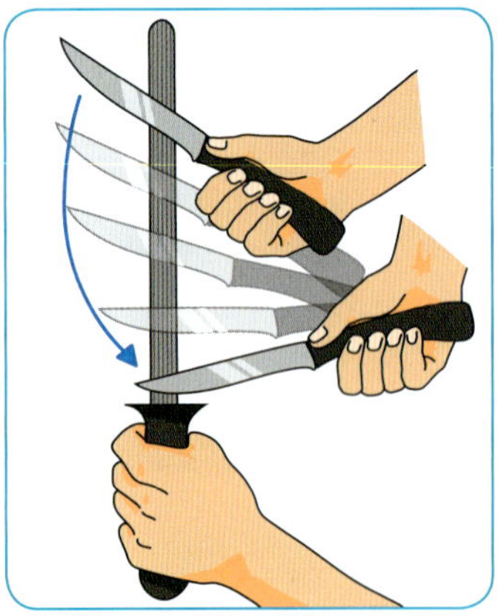

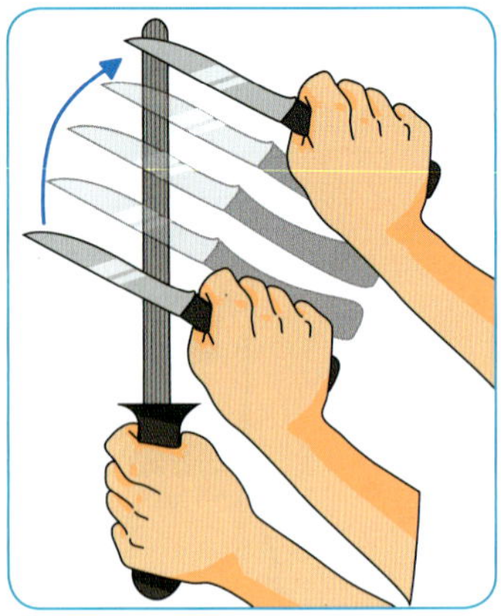

Man zieht **beide Messerseiten abwechselnd** (einmal links, einmal rechts) an dem Wetz-Stahl entlang. Wenn man das Messer mehrmals nur an einer Seite abzieht, bleibt ein Grat an der Schneide.

Wenn man ein Messer nicht mehr durch das Abziehen schärfen kann, muss man es schleifen.

Das **Schneiden** ist eine der **häufigsten Unfallursachen** in der Küche.
Deshalb muss man Folgendes beachten:

- Beim Schneiden wendet man den **Krallengriff** (Tigerkralle) an.
- Messer müssen scharf sein.
- Man führt das Messer beim Schneiden **vom Körper weg**.
- Die **Hände** und der **Griff** müssen **trocken** sein.
- Wenn ein Messer herunter fällt, darf man es **auf keinen Fall auffangen**.
- Wenn man mit dem Messer geht, muss man die **Messerspitze nach unten halten**.
- Nicht benötigte **Messer** muss man **wegräumen**.
- Messer müssen ganz auf der Arbeitsfläche liegen.
- Messer darf man nie in ein Spülbecken legen, in dem Wasser ist.

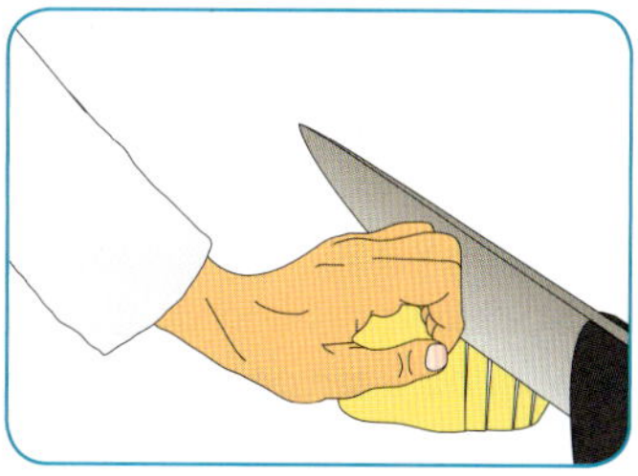

*Krallengriff*

Messer müssen hygienisch sein und lange halten. Darum sollte man beim Reinigen beachten:

- Messer **reinigt** man **sofort nach** dem **Gebrauch**.
- Messer reinigt man in **warmem Wasser mit wenig Spülmittel**. Dabei benutzt man einen sauberen Wisch-Lappen.
- Messer trocknet man nach dem Reinigen sorgfältig ab.

Messer reinigt man **nicht in der Spülmaschine**.

- Das **Spülmaschinen-Salz** macht das **Messer stumpf**.
- Messer können gegen andere Bestecke schlagen. Dadurch kann die Klinge beschädigt werden.

## 9.2 Kochgeschirr

🇬🇧 cookware/cooking utensils
🇫🇷 batterie de cuisine

### Werkstoffe für Kochgeschirr und Behälter

Kochgeschirr und Behälter wie z. B. Schüsseln, Siebe, Einsätze müssen

- dem **Lebensmittel-Recht entsprechen** und dürfen **Speisen nicht negativ beeinflussen**,
- den ständigen Gebrauch in der Küche aushalten,
- gut zu reinigen sein.

Werkstoffe für Kochgeschirr und Behälter sind:

| | | | | |
|---|---|---|---|---|
| **Edelstahl** | **Emaillierter Stahl** | **Guss-Eisen** | **Stahl** | **Kunstoffe** |

B

## Edelstahl

Edelstahl ist ein Material aus Stahl und aus anderen Metallen.

- Er ist **rostfrei** und **säurefest**.
- Edelstahl ist ein **guter Wärmeleiter**, d.h., man kann mit weniger Strom in kürzerer Zeit kochen.
- Kochgeschirr und Behälter aus Edelstahl kann man in der Küche vielseitig verwenden.
- Kochgeschirr und Behälter aus Edelstahl sind teuer. Sie haben aber eine **lange Haltbarkeit** und müssen nicht so oft neu gekauft werden.
- Die Oberflächen von Kochgeschirr und Behältern aus Edelstahl sind so behandelt, dass sich keine Speise-Reste festsetzen können. Dadurch kann man sie **leichter reinigen**.
- Kochgeschirr und Behälter aus Edelstahl können mit allen Reinigungs-Mitteln gereinigt werden. Durch gründliches Nachspülen kann man einen bläulichen Schimmer von Spülmittelrückständen entfernen. Weißlich-matte Rückstände sind Kalk-Ablagerungen. Man kann sie mit Säure, z.B. Essig, lösen.

*Kalk-Ablagerung*

## Emaillierter Stahl

Bei Kochgeschirr aus emailliertem Stahl wird der Stahl mit einer Emaille-Schicht überzogen.

- Das Kochgeschirr ist **gegen Rost geschützt** und **geschmacksneutral**.
- Die Emaille-Schicht ist glatt und **leicht zu reinigen**.
- Die Emaille-Schicht ist **empfindlich gegen Schläge** und platzt ab.
- Bei schnellen Temperatur-Wechseln bekommt die Emaille-Schicht Risse. Darum soll man dieses Kochgeschirr nicht mit kaltem Wasser abschrecken. Es ist besser, sie langsam abkühlen zu lassen.
- Kochgeschirr aus emailliertem Stahl kann man mit allen Reinigungs-Mitteln reinigen. **Speise-Reste** darf man **nicht mit harten Gegenständen abkratzen.**

## Guss-Eisen

Guss-Eisen verwendet man für Pfannen, Kochtöpfe und Bräter.

- Kochgeschirr aus Guss-Eisen ist **hart**, **stabil** und **hitzefest**.
- Guss-Eisen **leitet** die **Wärme sehr gut**.
- Speisen kann man nicht in Kochgeschirr aus Guss-Eisen aufbewahren, weil sie den **Eisengeschmack** annehmen.
- Kochgeschirr aus Guss-Eisen ist **schwer**.
- Nach dem Reinigen fettet man das Kochgeschirr leicht ein. Damit schützt man es so vor Rost.

B

### Stahl

Kochgeschirr aus Stahl hat die gleichen Eigenschaften wie Kochgeschirr aus Guss-Eisen. Die Oberfläche ist aber viel glatter und lässt sich leichter reinigen. In erster Linie gibt es Pfannen aus Stahl.

### Kunststoffe

Kunststoffe verwendet man nur für Behälter, z. B. Salatschüsseln und Vorratsbehälter, weil sie **nicht hitzefest** sind. Sie sind nicht für Kochgeschirr geeignet. Man unterscheidet:

- **Thermoplaste:** Sie sind bis etwa 80 °C temperaturbeständig.
- **Duroplaste:** Man kann sie bis 100 °C erhitzen.

Behälter aus Kunststoff haben eine **weiche Oberfläche**. Man darf sie nicht mit einem Topf-Reiber oder mit Scheuer-Pulver reinigen.

### Antihaft-Beschichtung

Eine Antihaft-Beschichtung ist eine Schicht **aus Kunststoff**. Sie wird auf die Innenseite von **Pfannen** und **Backformen** aufgetragen. Die Beschichtung verhindert das Ansetzen von Speisen, auch wenn man nur wenig Fett oder gar kein Fett verwendet. Pfannen mit Antihaft-Beschichtung darf man **nicht überhitzen**, weil sie **giftige Dämpfe** abgeben. Beim Reinigen muss man vorsichtig sein, weil beschichtete Flächen **empfindlich gegen Kratzen** sind.

## Geschirr-Arten

*Kochtopf*
*Marmite*

*Stiel-Kasserolle, hoch*
*Casserole*

*Stiel-Kasserolle, flach*
*Sautoir*

*Schwenk-Kasserolle*
*Sauteuse*

B

Der Unterschied zwischen Sautoir und Sauteuse:

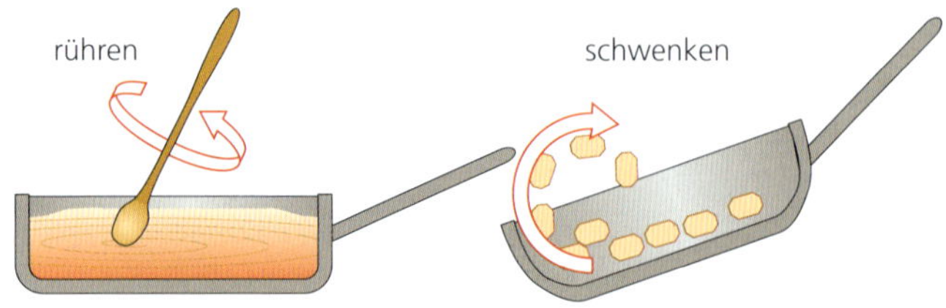


*Sautoir*

*Sauteuse*

*Stiel-Bratpfanne*
*Poêlelyonnaise*

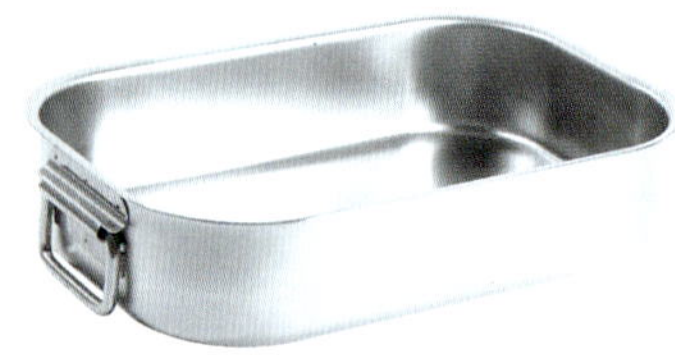

*Bratenpfanne*
*Rôtissoire*

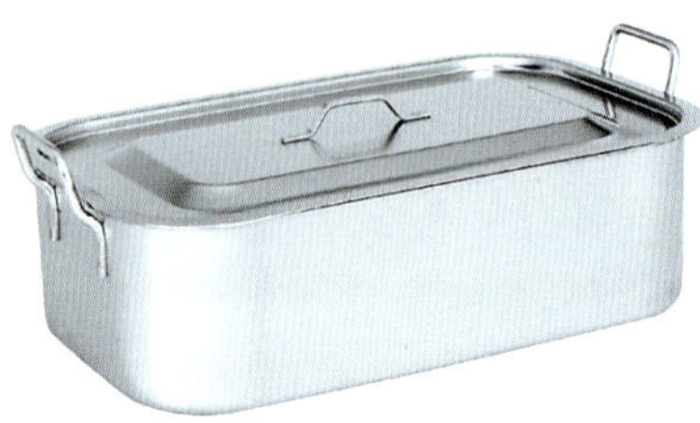

*Schmorpfanne*
*Braisière*

*Fischkessel mit Einsatz*
*Poissonnière*

## Zubehör

*Saucensieb/Saucenseiher*
*Passe-sauce*

*Spitzsieb*
*Chinois*

*Abtropfschüssel (Durchschlag)*
*Egouttoir*

*Farbige Arbeits-Bretter zur Umsetzung des HACCP*

## Gastro-Norm-System

Gastro-Norm ist ein **System für Behälter**, das weltweit in Gastronomie-Küchen und in Großküchen verwendet wird. Die Behälter haben **aufeinander abgestimmte Größen**, so dass man sie so ähnlich wie bei einem Puzzle zusammensetzen kann.

Das Gastro-Norm-System nutzt man u. a. für:

- **Warmwasserbad (Bain-Marie)**
- Speisenausgaben
- Heiße Theken
- Konvektomaten und Kochkessel
- Kühlschränke und Tiefkühlgeräte

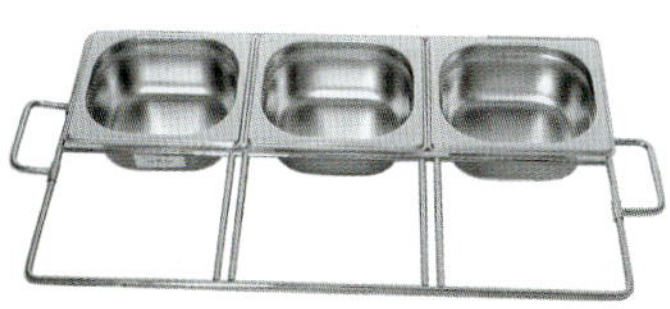

*System-Teiler*

*GN-Schale aus Poly-Propylen mit Deckel*

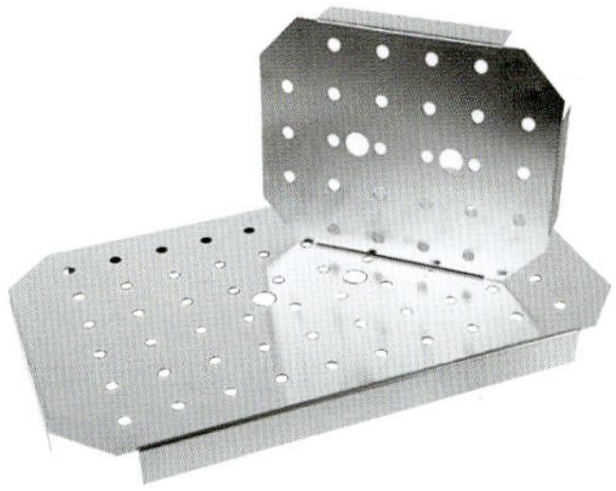

*GN-Einlege-Böden, z. B. zum Auftauen*

Die Behälter sind aus unterschiedlichem Material und können am Boden gelocht sein. Sie haben **verschiedene Tiefen** und können einen Deckel haben.

Gastro-Norm-Behälter kann man **ineinander stapeln**. Sie sind **spülmaschinenfest** und sie sind so **robust**, dass sie in einer Küche auch bei täglicher intensiver Benutzung lange halten.

*System-Geschirr*

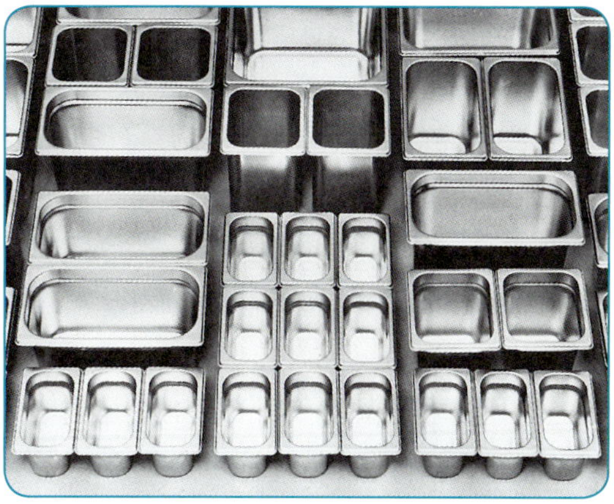

*Möglichkeiten im Gastro-Norm-System*

Vorteile des Systems:

- Die Behälter **passen** von den Maßen **zueinander**.
- Sie passen in alle Geräte des Systems.
- Man **spart Zeit**, weil man Lebensmittel nicht mehr umfüllen muss. Man kann die vorbereiteten Lebensmittel in einem Behälter aufbewahren, garen und zur Ausgabe bringen.

## 9.3 Maschinen und Geräte

kitchen machines and utensils
matériel électro-mécanique

B

In der Gastronomie, in der Gemeinschafts-Verpflegung und in der System-Gastronomie verwendet man in der Küche verschiedene Maschinen und Geräte. Man benötigt sie bei der **Vorbereitung von Lebensmitteln** und bei der **Zubereitung von Speisen**.

**Man braucht Wissen über den Umgang mit den Maschinen und Geräten. Nur so kann man Lebensmittel richtig verarbeiten und Unfallgefahren ausschließen.** !

### Fleischwolf

meat mincer
hachoir à viande

Mit dem **Fleischwolf**, auch Wolf genannt, zerkleinert man Fleisch, Fisch und Gemüse.

*Elektrischer Fleischwolf*

#### Funktionsweise

Das Schneidgut füllt man oben in die Einfüllöffnung. Eine Transportschnecke schiebt das Schneidgut zu den Messern. Das Schneidgut wird zwischen Messer und Lochscheibe zerschnitten. Die Größe der Löcher in der Lochscheibe bestimmt den Zerkleinerungsgrad.

*Messer-Satz mit kleiner Lochscheibe*

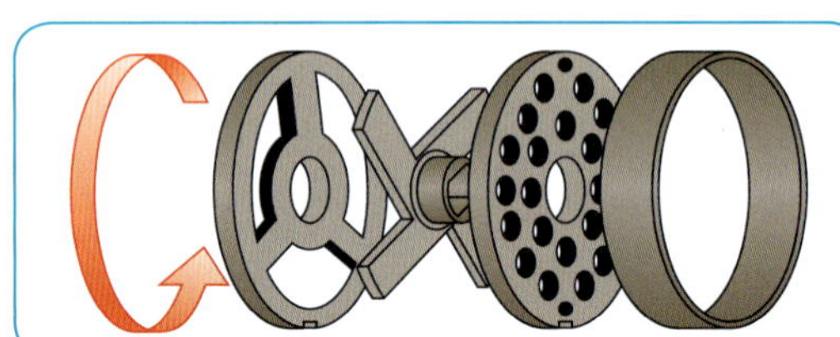

*Messer-Satz mit großer Lochscheibe*

#### Hinweise zur Benutzung

| Hinweis | Begründung |
|---|---|
| Die Messer müssen scharf sein. | • Das Schneidgut wird sonst gequetscht. Es ist grau und fettig-schmierig. |
| Der Fleischwolf darf nicht ungefüllt laufen. | • Messer und Lochscheiben reiben aneinander. Sie werden stumpf. |

| Hinweis | Begründung |
|---|---|
| Man muss den Verschluss-Ring fest aufschrauben. | • Man schraubt den Verschluss-Ring **zu fest**: Messer und Lochscheiben reiben aneinander. Metallabrieb kommt in das Fleisch.<br>• Man schraubt den Verschluss-Ring **nicht fest genug**: Bindegewebe wird nicht zerschnitten. Es wickelt sich um die Messer. |
| Man muss das Fleisch gleichmäßig und locker in die Einfüllöffnung geben. | • Man presst das Fleisch zu fest: Die Messer schneiden das Fleisch nicht richtig. Das Fleisch wird warm und schmiert. |

B

### Unfallverhütung

- Die Transport-Schnecke darf man mit der Hand nicht erreichen können. Darum sind der Durchmesser und die Höhe der Einfüllöffnung bei kleineren Geräten vorgeschrieben. Größere Geräte haben einen Schutz, den man nicht entfernen kann.
- Man soll einen Stopfen verwenden, um das Schneidgut nach unten zu drücken.

## Kutter

cutter
coupeur

Mit einem Kutter zerkleinert man Fleisch und Fisch. Das Gerät schneidet und mischt das Schneidgut gleichzeitig zu einer breiartigen Masse. Diese Massen braucht man für **Farcen (Brät).**

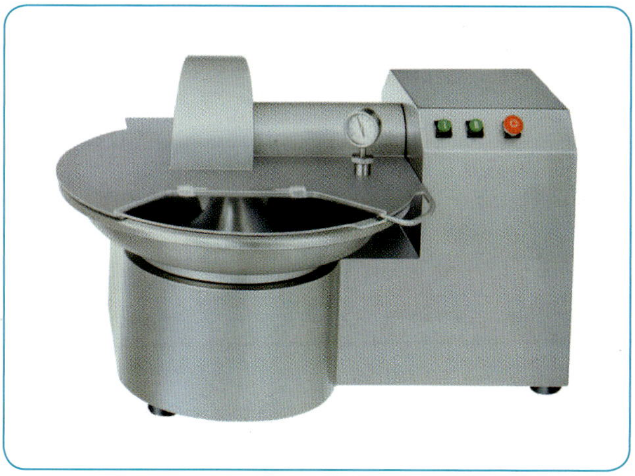

*Kutter*

*Rotierendes Messer im Kutter*

### Hinweise zur Benutzung

| Hinweis | Begründung |
|---|---|
| Der Abstand zwischen Messer und Schüssel muss passend gewählt sein. | • Bei zu großem Abstand wird das Schneidgut unvollständig zerkleinert. |
| Die Halteschraube der Messer muss man fest anziehen. | • Die Messer drehen sich mit ca. 3 000 Umdrehungen pro Minute.<br>Die Halteschraube darf sich nicht lösen. |
| Das Schneidgut muss gut gekühlt sein. | • Die drehenden Messer erzeugen Reibungs-Wärme. Dadurch gerinnen Eiweiß-Stoffe im Schneidgut. |

### Unfallverhütung

- Der Deckel des Kutters muss die Messer abdecken. Die Messer drehen sich so schnell, dass man sie nicht erkennen kann.
- Der Kutter muss für den Deckel eine Sperrschaltung haben. Dadurch kann man den Deckel erst öffnen, wenn sich die Messer nicht mehr drehen.

## Stabmixer

jugs juice
jus cruches

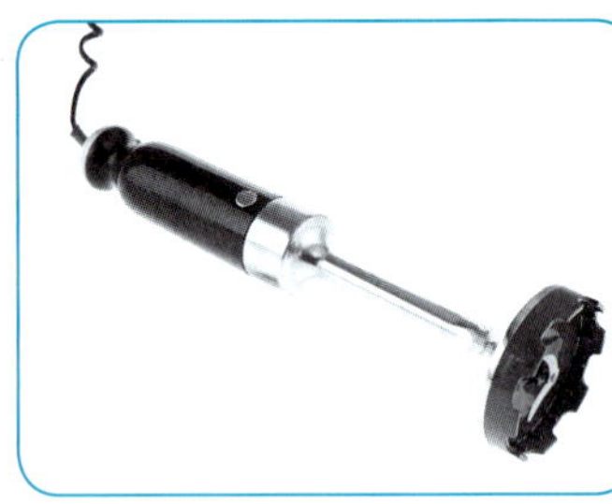

Mit einem **Stabmixer püriert** man Obst und Gemüse, **mixt** Flüssigkeiten und **zerkleinert** Speisen für seniorengerechtes Essen.
Der Stabmixer arbeitet wie der Kutter durch schnell drehende Messer.

### Hinweise zur Benutzung

| Hinweis | Begründung |
|---|---|
| Man hält den Stabmixer senkrecht. | • Das zerkleinerte Lebensmittel spritzt nicht aus dem Gefäß. |
| Man schaltet den Stabmixer aus, bevor man ihn aus der Masse hebt. | |
| Man bewegt den Stabmixer auf und ab. | • Die Lebensmittel werden gleichmäßig zerkleinert und gemischt. |

B

### Unfallverhütung

- Man darf den Stabmixer nur reinigen, wenn man den Netz-Stecker gezogen hat.
- Man darf das Gerät nur einschalten, wenn man es senkrecht hält.
- Man muss große Stabmixer mit beiden Händen festhalten. Die Kraft ist so groß, dass der Stabmixer die Richtung verliert.

## Heißluftdämpfer/Kombidämpfer

combi-steamer
four à air chaud

Für die verschiedenen Garverfahren braucht man
- unterschiedliche Gargeräte, z. B. Fritteuse, Backofen
- unterschiedliche Kochgeschirre, z. B. Bratpfanne, Schmorpfanne.

In einem **Heißluftdämpfer** kann man **verschiedene Garverfahren im selben Gerät** anwenden. Man hat die Möglichkeit:
- feucht oder trocken zu garen
- Strahlungs-Hitze oder Wärme-Übertragung durch Umluft einzusetzen
- sehr heiß anzugaren und bei sich verändernder Temperatur weiterzugaren
- mit abfallender Temperatur zu garen

*Heißluftdämpfer*

Im Heißluftdämpfer gibt es ein Regelungs-System. Dieses Regelungs-System sorgt dafür, dass der Dampf und die Heiß-Luft genau aufeinander abgestimmt sind. Wichtig für das Regelungs-System sind Informationen aus dem Innen-Raum. Klima-Sensoren liefern diese Informationen die ganze Gar-Zeit über.
- Das Gar-Gut wird nicht zu nass.
- Das Gar-Gut trocknet nicht zu stark ab und das Gar-Gut trocknet nicht zu sehr aus.

Heißluftdämpfer kann man programmieren. So kann man für die Zubereitung bestimmter Speisen ideale Abläufe festlegen. Dadurch werden die Speisen immer wieder in der gleichen Qualität zubereitet.

### Unfallverhütung

- Man muss die Tür des Heißluftdämpfers vorsichtig öffnen. Durch die heiße Luft oder den heißen Wasserdampf kann man sich verbrennen bzw. verbrühen.

B

## Fritteuse

deep-fryer
friteuse

Mit einer **Fritteuse** gart man Lebensmittel durch **heißes Fett**. Man bekommt eine **schmackhafte Kruste** und eine **gleichmäßig braune Oberfläche** durch das Frittieren.

*Fritteuse*

In einer Fritteuse wird das Fett durch Heiz-Schlangen erhitzt. Die Heiz-Schlangen befinden sich in einem bestimmten Abstand über dem Boden der Fritteuse. Durch Wärme-Strömung zirkuliert das heiße Fett. Unter den Heiz-Schlangen liegt die sogenannte Kalt-Zone. Dort ist das Fett nicht so heiß. Das Fett in der Kalt-Zone ist nicht an der Bewegung beteiligt. Frittier-Rückstände, die zwischen die Heiz-Schlangen nach unten fallen, bleiben am Boden liegen. Sie gelangen nicht wieder nach oben. In der Kalt-Zone verbrennen die Frittier-Rückstände nicht. Das Fett wird weniger belastet. Es kann länger verwendet werden.

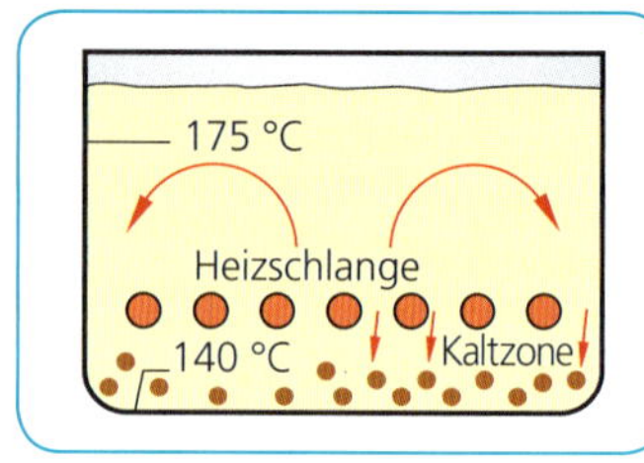


*Fritteuse mit Kalt-Zone*

### Hinweise zur Benutzung

| Hinweis | Begründung |
|---|---|
| Hitzebeständiges Fett verwenden. | • Das Fett verdirbt langsamer. |
| Feste Fette müssen vor dem Einfüllen in einer Kasserolle geschmolzen werden. | • Heiz-Schlangen müssen vollständig von flüssigem Fett umgeben sein. Sonst entstehen an den Heiz-Schlangen sehr hohe Temperaturen. Dadurch werden die Heiz-Schlangen und das Fett geschädigt. |
| Erkaltetes Fett in der Fritteuse muss erst mit etwa 70 °C erhitzt werden. | • Festes Fett wird an zu heißen Heiz-Schlangen geschädigt. |
| Nur flüssiges Fett darf auf Gar-Temperatur erhitzt werden. | • Das flüssige Fett kann zirkulieren. Es kommt an den Heiz-Schlangen nicht zu Überhitzung. |
| Frittier-Temperatur nicht höher als 175 °C einstellen. | • Bei Temperaturen über 175 °C entsteht Acryl-Amid. Acryl-Amid ist krebserregend. |
| Verbrauchtes Fett nicht mit frischem Fett auffüllen sondern vollständig auswechseln. | • Verbrauchtes Fett verdirbt frisches Fett schnell. |

| Hinweis | Begründung |
|---|---|
| Frittier-Fett regelmäßig mit Teststreifen testen. 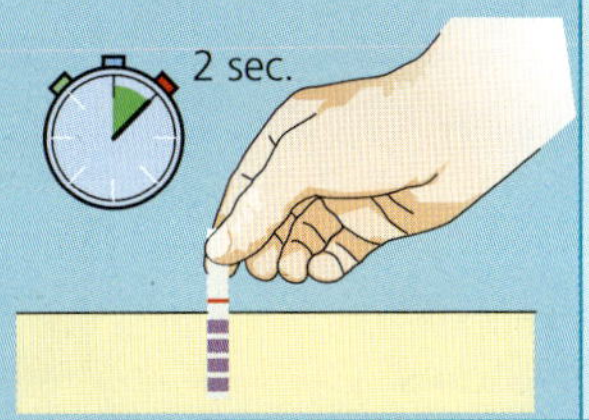  | • Die Fettqualität wird überprüft. Nach dem Lebensmittel-Recht gilt verbrauchtes Fett als verdorben. Das gilt auch für Speisen, die in verbrauchtem Fett frittiert werden. |
| Frittier-Rückstände möglichst jeden Tag entfernen. | • Frittier-Rückstände verbrennen nicht. Das Fett wird weniger belastet. Es kann länger verwendet werden. |

## Unfallverhütung

- Fett in der Fritteuse oder in der Pfanne kann sich bei Überhitzung selbst entzünden. Brennendes Fett deckt man mit einem passenden Deckel ab. Damit entzieht man dem Feuer den Sauerstoff.
- Größere Fett-Brände löscht man mit einem Fett-Brand-Löscher (vgl. S. 61).

**Brennendes Fett darf NIEMALS mit Wasser gelöscht werden. Das Wasser wird durch die Hitze sofort zu Wasserdampf. Der Wasserdampf reißt das Fett mit sich. Der Brand wird explosionsartig riesengroß.** !

*Fett-Brand*

*Nicht mit Wasser löschen*

## Reinigung

- Man lässt das abgekühlte Fett aus dem Ablass-Hahn durch ein Sieb in einen Auffang-Behälter laufen.
- Dann nimmt man die Heiz-Schlangen heraus und entfernt die Frittier-Rückstände.
- Danach reinigt man die Fritteuse und die Heiz-Schlangen gründlich mit warmem Wasser und Spülmittel.
- Als letztes spült man das Frittier-Gerät und die Heiz-Schlangen gründlich mit klarem Wasser.

## Umweltschutz

**Verbrauchtes Fett** muss in Behälter gefüllt und **als Altfett über Entsorgungs-Betriebe entsorgt werden**. Wenn ein Betrieb sein Altfett falsch entsorgt, z. B. in der Bio-Tonne oder über den Restmüll, muss er Bußgeld bezahlen. Wenn man Altfett in den Ausguss schüttet, verstopfen die Rohre.

B

## Druckfritteuse

pressure fryer
friteuse à pression

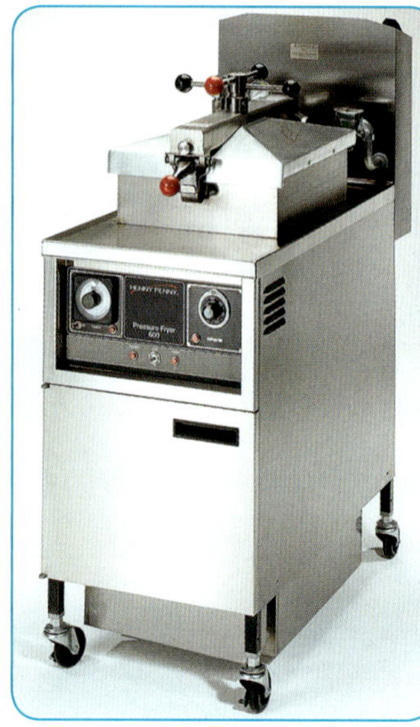

Man frittiert mit einer **Druckfritteuse** meistens Fleisch, z.B. Chicken Wings oder Schnitzel.

Beim Frittieren wird das Frittier-Becken mit einem Deckel verschlossen. Die Hitze gelangt nicht nach außen und es entsteht ein höherer Druck im Inneren.

Vorteile einer Druckfritteuse:
- Man spart Zeit und Energie.
- Das Frittier-Fett hält länger.
- Das Frittiergut nimmt weniger Fett auf.
- Vitamine und Mineralstoffe bleiben besser erhalten.

## Kippbratpfanne

tilt frypan
poêle à frire basculante

Die **Kippbratpfanne**, kurz Kipper genannt, hat einen Boden aus Metall. Dieser **Boden** wird **mit Gas oder Strom direkt beheizt**. Mit der Kippbratpfanne gart man große Mengen Lebensmittel mit hoher Temperatur.

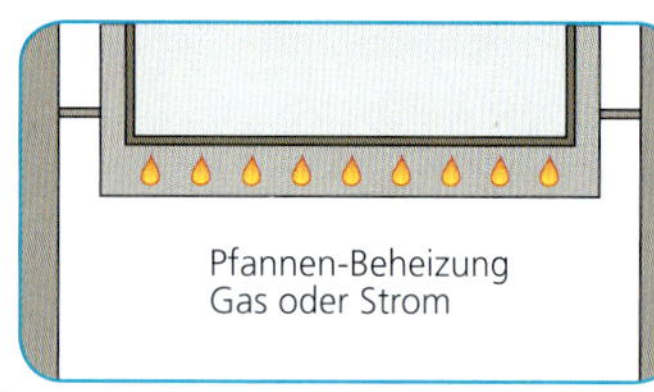


*Schnitt durch Kippbratpfanne*

Die Kippbratpfanne eignet sich auch zum Dünsten von Lebensmitteln.

Die Kippbratpfanne kann man per Hand oder elektrisch kippen. Man entleert die Kippbratpfanne über den Ausguss des Gerätes.

### Hinweise zur Benutzung

| Hinweis | Begründung |
|---|---|
| Zum Anbraten von Fleisch heizt man das Gerät kräftig vor. | • Die Fett-Temperatur sinkt nicht zu stark beim Einlegen von Fleisch: **Die Poren des Fleisches verschließen sich sofort.** Es tritt kein Wasser aus dem Fleisch aus. |
| Entleerte Geräte muss man sofort mit heißem Wasser auffüllen. | • Speise-Reste brennen nicht am Boden fest.<br>• Bei kaltem Wasser kann durch den hohen Temperatur-Unterschied der Pfannen-Boden reißen. |

### Unfallverhütung

- Man kippt die Kippbratpfanne zum Entleeren vorsichtig. Die heiße Flüssigkeit schwappt nicht über den Rand. So schützt man sich vor Verbrühungen.

*Kippbratpfanne*

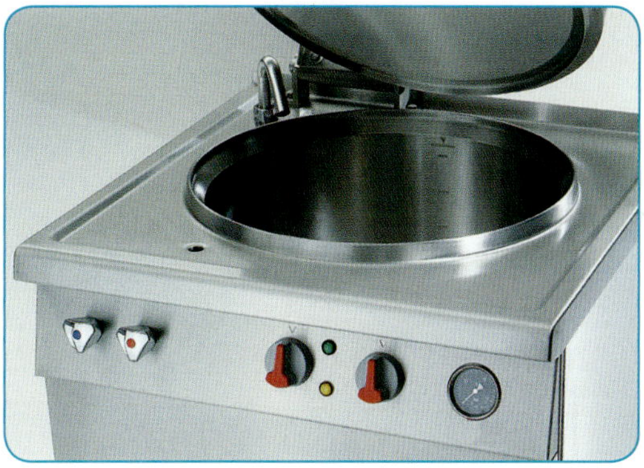

*Kochkessel*

## Kochkessel

cooking kettle
bouilloire

Mit einem **Kochkessel** gart man meistens große Mengen Lebensmittel, die **in Flüssigkeit gekocht** werden, z. B. Kartoffeln oder Reis. Der Kochkessel eignet sich auch zum Kochen von Suppen oder Saucen. Er hat normalerweise ein **Fassungsvermögen zwischen 60 Litern und 100 Litern**. Den Kochkessel gibt es auch als Kippkochkessel.

Der Kochkessel wird über Wasserdampf beheizt. Kochkessel haben eine Doppelwand. In den Zwischenraum der Doppelwand wird heißer Dampf geleitet. Der Wasserdampf entsteht durch Wasser, das erhitzt wird. Das Wasser befindet sich unten im Gerät. Der abgekühlte Wasserdampf fließt als Wassertropfen nach unten. Dort wird das Wasser wieder erhitzt. So entsteht ein in sich geschlossenes Heizsystem.

In einem Kochkessel wird die Wärme nicht nur vom Boden sondern auch über die Seitenwände auf das Gar-Gut übertragen. Darum wird der Kesselinhalt viel schneller erhitzt.

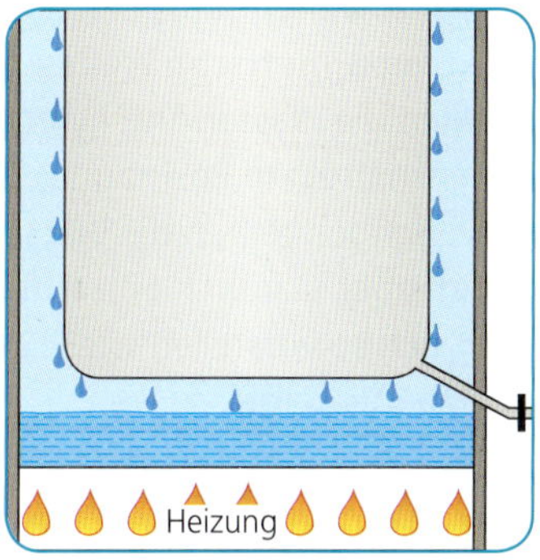


*Schnitt durch einen Kochkessel*

Den Kochkessel gibt es auch als **Dampf-Druck-Kochkessel**.
Bei diesem Gerät wird der Deckel fest verschraubt. Über dem Gar-Gut entsteht Wasserdampf, der nicht entweichen kann. Es entsteht ein Überdruck im Inneren des Kessels. Ein Sicherheits-Ventil reguliert den Druck. Vorteil des Dampf-Druck-Kochkessels: Bei Überdruck kocht Wasser bei mehr als 100 °C. Die höhere Temperatur verkürzt die Gar-Zeit.

B

## Hinweise zur Benutzung

| Hinweis | Begründung |
|---|---|
| Nur beim Ankochen der Flüssigkeit braucht man eine hohe Temperatur. Nach dem Aufkochen verringert man die Temperatur. | • Das Gar-Gut wird nicht nur von unten sondern auch über die Seitenwände erhitzt. |
| Die Mehl-Schwitze (roux) für Suppen oder Saucen bereitet man z. B. in einer Kippbratpfanne zu. | • Die Temperatur im Kessel ist zu niedrig, um eine Mehl-Schwitze (roux) anzuschwitzen. |
| Wenn man Teigwaren kocht, muss man ausreichend Wasser in den Kochkessel füllen. | • Die oberen Teigwaren sind nicht mit Wasser bedeckt und bleiben trocken. |
| Wenn man Salzkartoffeln kocht, verwendet man Siebeinsätze. | • Die unteren Kartoffeln werden nicht zerquetscht. |
| Vor der Auslauf-Öffnung sollte ein Sieb sein. | • Kleine Lebensmittel-Stückchen gelangen nicht in den Abfluss. |

## Unfallverhütung

- Wenn man heißes Wasser ablässt, muss man vorsichtig sein. Man kann sich verbrühen.
- Man darf das Sicherheits-Ventil bei Druck-Kesseln auf keinen Fall verändern. Es sollte regelmäßig überprüft werden.

# Mikrowellengerät

microwave oven
four à micro-ondes

Im **Mikrowellengerät** erzeugt das Magnetron **elektromagnetische Wellen**. Diese Wellen bringen die Wasser-Anteile in den Lebensmitteln in Bewegung. Durch diese Bewegungen reiben die Wasser-Anteile aneinander. Dadurch entsteht Wärme. Das kann man sich so vorstellen wie Hände, die man aneinander reibt.

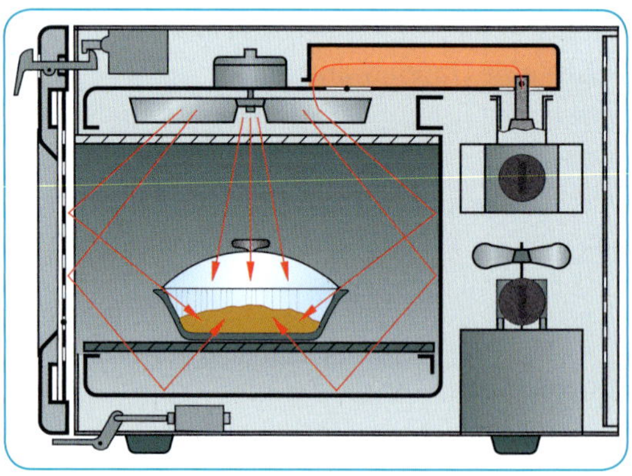

Im Mikrowellengerät wird die Wärme in den Lebensmitteln und Speisen überall gleichzeitig erzeugt. Deshalb dauert die Erwärmung viel kürzere Zeit als bei allen anderen Verfahren.
Bei den anderen Verfahren dringt die Wärme von außen nach innen.

## Hinweise zur Benutzung

| Hinweis | Begründung | |
|---|---|---|
| Geschirr aus Metall eignet sich nicht. | • Die Mikrowellen dringen nicht durch das Metall. Sie werden reflektiert (zurückgeworfen). | 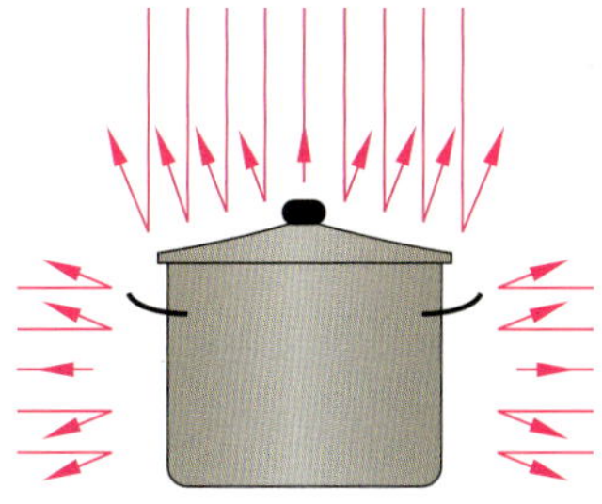 |
| Behälter aus Glas, Porzellan und Kunststoff eignen sich für die Benutzung. | • Das Material ist für die Mikrowellen durchlässig. | 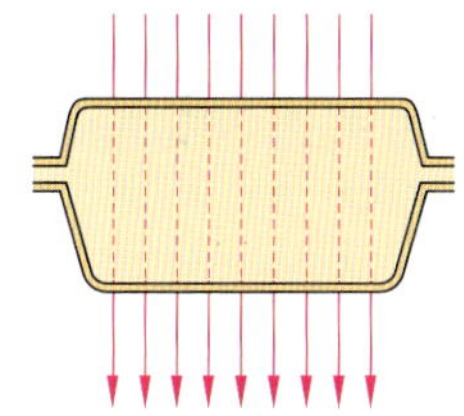 |

| Hinweis | Begründung |
|---|---|
| Bei der Benutzung des Mikrowellengeräts beachtet man die Zeit-Angaben in der Gebrauchsanleitung. | • Es geschieht genau das, was man möchte. |
| Beim Antauen und Auftauen verwendet man die **Schaltstufe „Auftauen"**. | • Die Wärme kann sich gleichmäßig verteilen. Es entstehen **keine überhitzten Stellen (Hotspots)**. Die Lebensmittel verbrennen nicht. |
| Im Mikrowellengerät kann man **nicht braten**. | • Durch elektromagnetische Strahlen entstehen **keine Röst-Stoffe**. |
| Man braucht zum Reinigen nur warmes Wasser und einen Spül-Lappen. | • Es gibt keine angebrannten Speise-Reste. |

## Unfallverhütung

Wenn man die Tür des Mikrowellengeräts öffnet, wird der Stromkreis unterbrochen. Das Magnetron arbeitet nicht. Wenn man bei laufendem Betrieb in das Mikrowellengerät greifen könnte, würden die Mikrowellen das Blut in den Blutgefäßen gerinnen lassen.

B

# Grill

🇬🇧 grill
🇫🇷 gril

Ein **Grill** gart ein Lebensmittel durch **Strahlungs-Hitze oder Kontakt-Hitze**. Die hohe Temperatur beim Grillen führt zu kurzen Gar-Zeiten. Es gibt verschiedene Grill-Geräte.

## Dreh-Grill

Das Fleisch wird bei einem Dreh-Grill auf einen Spieß gesteckt.

Bei einem **Hähnchen-Grill** oder bei einem Spanferkel-Grill wird der Spieß waagerecht gedreht.

Bei einem **Döner-Grill** wird der Spieß senkrecht gedreht. Die Strahlungs-Hitze gart das Grill-Gut gleichmäßig von allen Seiten.

*Hähnchen-Grill*

### Hinweise zur Benutzung

| Hinweis | Begründung |
|---|---|
| Man muss die Hitze-Zufuhr an den Abstand vom Grill-Gut zur Hitze-Quelle anpassen. | • Große Fleisch-Stücke verbrennen. Kleine Fleisch-Stücke haben eine sehr lange Gar-Zeit. |

*Döner-Grill*

## Flach-Grill

Die Hitze wird beim Flach-Grill **durch Kontakt-Wärme** auf das Grill-Gut **übertragen**.

Der Flach-Grill hat eine **Grill-Platte**. Auf diese Platte legt man das Grill-Gut. Man muss das Grill-Gut während des Grillens von Hand wenden.

Der Flach-Grill wird in Imbiss-Betrieben oder in Barbecue-Restaurants eingesetzt.

## Kontakt-Grill

Die Hitze wird beim Kontakt-Grill **durch Kontakt-Wärme übertragen**. Die meisten Geräte haben eine stufenlose Temperatur-Wahl von 50 °C–300 °C.

Der Kontakt-Grill hat eine **untere Heiz-Platte** und eine **obere Heiz-Platte**. Die **obere Heiz-Platte** kann man als **„Deckel" schließen**. Das Gar-Gut wird gleichzeitig **von oben und unten gegart**. Die Heiz-Platten können glatt sein und/oder Rillen haben.

Die **obere Heiz-Platte** ist **schwer**. Sie **drückt** das **Gar-Gut zusammen**. Dadurch **tritt** die **Feuchtigkeit oder** der **Fleisch-Saft** aus dem Gar-Gut **aus**.

### Clamshell-Grill

Der **Clamshell-Grill** ist ebenfalls ein **Kontakt-Grill**.

Mit dem Clamshell-Grill grillt man Hackfleischscheiben (Patties) von beiden Seiten gleichzeitig. Die obere Grillplatte senkt sich automatisch nach dem Auflegen der Patties. Sie öffnet sich, wenn die programmierte Grillzeit beendet ist. Die Temperatur der oberen Grillplatte und der unteren Grillplatte kann getrennt eingestellt werden. Moderne Geräte erkennen das Produkt. Sie passen Anpressdruck, Gar-Zeit und Gar-Temperatur selbständig an.

*Clamshell-Grill*

### Durchlauf-Grill

Patties kann man auch mit einem **Durchlauf-Grill** garen. Die gefrorenen Patties steckt man in den Grill. Dort werden sie an einer **Flamme** vorbei transportiert. Diese Flamme erhitzt das Fleisch und grillt es. Nach ca. 2 Minuten ist das Fleisch gar und verlässt den Grill.

## Herd mit Backofen

**stove with baking oven**
**cuisinière avec four**

Auf dem Herd kann man fast alle Garverfahren anwenden. Die Wärme wird direkt auf das Kochgeschirr übertragen. Es gibt **Gasherde**, **Elektroherde** und **Herde mit Induktions-Technik**.

### Induktions-Technik

**induction technology**
**technique à l'induction**

Bei der **Induktions-Technik** wird das **Kochfeld nicht erhitzt**. Unter dem Kochfeld liegt eine Induktions-Spule. Durch elektrische Energie erzeugt diese Spule ein Magnetfeld. Wenn man Kochgeschirr aus Guss-Eisen oder Kochgeschirr mit einem eisenhaltigen Boden auf das Kochfeld stellt, erzeugt dieses Magnetfeld im Boden des Kochgeschirrs Wärme.

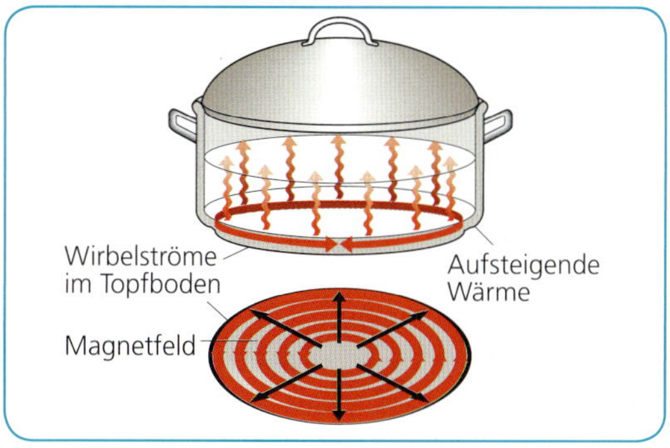


*Ein Magnetfeld erzeugt Wärme*

*Wärme entsteht nur im Metall der Pfanne*

Vorteile der Induktions-Technik:
- Die Kochstelle wird nicht heiß.
- Der Energie-Verbrauch ist geringer.

B

### Backofen

🇬🇧 oven
🇫🇷 four

Im **Backofen** wird die **Wärme durch heiße Luft** auf das Gar-Gut übertragen.

Das geschieht durch:
- Oberhitze und Unterhitze
- Unterhitze
- Umluft
- eine Kombination aus Oberhitze/Unterhitze und Umluft

### Backofen mit Umluft

🇬🇧 convection oven
🇫🇷 four à chaleur

Im **Backofen mit Umluft** wird die **heiße Luft** durch einen Ventilator **gleichmäßig verteilt**.

### Hinweise zur Benutzung

| Hinweis | Begründung |
|---|---|
| Die Gar-Temperatur wird niedriger eingestellt. | • Die Wärme verteilt sich gleichmäßig im Backofen. |
| Man kann auf mehreren Back-Blechen oder Back-Gittern übereinander backen. | • Die heiße Luft wird durch den Ventilator im gesamten Backofen gleichmäßig verteilt. |

## Durchlauf-Ofen

🇬🇧 continuous-flow oven
🇫🇷 four avec acheminement continuel

Beim **Durchlauf-Ofen** werden Pizzas auf einer Art Förderband an der Strahlungs-Wärme vorbeigeführt. Die **Temperatur** im Durchlauf-Ofen beträgt **bis zu 400 °C**. Man kann ständig frische Pizzas in den Durchlauf-Ofen nachlegen. So kann man eine große Anzahl gleichzeitig backen.

*Durchlauf-Ofen*

## Brötchen-Toaster (Bun-Toaster)

Der **Brötchen-Toaster** wird in Schnell-Restaurants für **Burger-Brötchen (engl. buns)** eingesetzt. Die Brötchen werden geschnitten geliefert.

Mit dem Bun-Toaster toastet man die Innenseiten der Brötchenhälften. Dabei wird das Brötchen erwärmt. Die Oberfläche karamellisiert und „versiegelt". Das Brötchen kann Saucen, z. B. Ketchup, nicht mehr aufsaugen.

Es gibt zwei Arten von Bun-Toastern.

| | | |
|---|---|---|
| **Vertikaler (senkrechter) Bun-Toaster** |  | Die Brötchenhälften werden oben in den Toaster gesteckt. Beim Durchlaufen von oben nach unten werden sie getoastet.<br>Es können mehr als 1000 Brötchenhälften in einer Stunde getoastet werden.<br>Dieser Bun-Toaster wird beim Made-for-you-Konzept eingesetzt. |
| **Horizontaler (waagerechter) Bun-Toaster** |  | Mit diesem Brötchen-Toaster kann man höchstens 12 Brötchenhälften zur gleichen Zeit toasten. Nach dem Herunterklappen des Deckels toastet man die Brötchenhälften ca. 40–50 Sekunden. |

## Garen unter Dampf-Druck

🇬🇧 cooking with steam pressure
🇫🇷 cuire à la vapeur

Normaler Luftdruck um uns herum hat 1 bar. Unter diesem Luftdruck kocht Wasser bei 100 °C. Wenn der Luftdruck steigt, entsteht Überdruck. Dann wird Wasser heißer als 100 °C.

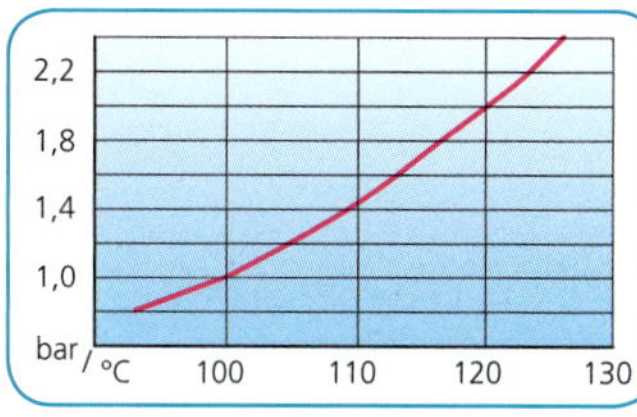


*Der Siedepunkt ist druckabhängig.*

**Je höher der Luftdruck ist, desto heißer wird das Wasser. Je höher die Temperatur ist, desto kürzer ist die Gar-Zeit.** !

Für die Küche braucht man ein Gerät, um einen höheren Luftdruck zu erhalten.

Zwei verschiedene Geräte verwendet man in der Küche.

**Dampf-Drucktopf**

Er wird auch Schnell-Kochtopf oder Schnell-Gargerät genannt.
Beim Dampf-Drucktopf verschließt man den Deckel so fest, dass kein Dampf entweichen kann. Im Topf entsteht ein Überdruck. Ein Ventil verhindert, dass der Dampf-Druck zu hoch wird.

**Dampf-Schnell-Gargerät/Steamer**

Beim Dampf-Schnell-Gargerät gibt es einen Dampf-Bereiter und einen Gar-Raum. Im Dampf-Bereiter wird Wasserdampf erzeugt. Der Wasserdampf wird in den Gar-Raum geleitet.

## Hinweise zur Benutzung

| Hinweis | Begründung |
|---|---|
| Die Bedienungs-Vorschriften muss man unbedingt einhalten. | • Bei falscher Bedienung besteht Unfallgefahr. |
| Die angegebenen Gar-Zeiten muss man einhalten. | • Die Lebensmittel verkochen bei zu langer Gar-Zeit. |
| Man muss genau nach Rezept arbeiten. | • Man kann die Lebensmittel zwischendurch nicht überprüfen. |

## Salamander

Der **Salamander** in der Küche ist ein **Ofen mit sehr starker Oberhitze**. Man überbackt, glasiert oder karamellisiert mit dem Salamander Speisen. Außerdem kann man mit dem Gerät Speisen auch kurz warmhalten.

*Salamander*

### Unfallverhütung

Man muss vorsichtig sein, wenn man Behälter in den Salamander stellt. Es besteht Verbrennungs-Gefahr.

## Schutzzeichen und Prüfzeichen für Geräte und Maschinen

Der Betriebsinhaber muss dafür sorgen, dass die Geräte und Maschinen **unfallsicher** sind. Da er nicht alle Vorschriften für technische Sicherheits-Standards kennen kann, gibt es Zeichen, an denen er sich orientieren kann.

Hersteller von Maschinen und Geräten können ihre Produkte von einem Prüfinstitut testen lassen. Die bekanntesten Schutzzeichen und Prüfzeichen sind:

| **Zeichen** | **Bedeutung** |
|---|---|
| **VDE-Zeichen**<br>DVE | Das VDE-Zeichen ist ein nationales Sicherheits-Zeichen für elektrische Betriebs-Mittel. Zuständig für die Prüfung ist das Prüf- und Zertifizierungs-Institut des VDE (Verband Deutscher Elektrotechniker e.V.). Dieses Institut testet besonders gewissenhaft. |
| **GS-Zeichen**<br>BERUFSGENOSSENSCHAFT GS geprüfte Sicherheit | Bei dem GS-Zeichen handelt es sich um ein deutsches Prüfzeichen. Es wird von anerkannten Prüfstellen (z. B. VDE oder TÜV) für technische Arbeitsmittel vergeben. Die getesteten Arbeitsmittel erfüllen die Anforderungen des Geräte-Sicherheits-Gesetzes. |

# 10 Arbeitsplanung

work planning
planification du travail

B

In vielen Küchen ist der Platz begrenzt. Der Zeitdruck ist hoch. Darum muss man die Arbeiten in der Küche sehr gut planen, um zu einer vorgegebenen Zeit ein gutes Produkt herzustellen.

## 10.1 Arbeitsplatz vorbereiten (Mise-en-Place)

Man muss seinen **Arbeitsplatz** in der Küche **vorbereiten**. Das nennt man **Mise-en-Place**. Je sorgfältiger man den Arbeitsplatz vorbereitet, desto besser und schneller kann man arbeiten.

Jeder Küchenposten hat seine speziellen Aufgaben. Darum macht jeder Küchenposten ein anderes Mise-en-Place.

Man legt beim Mise-en-Place die notwendigen Lebensmittel, die Arbeitsgeräte und die Küchen-Messer bereit. Man legt alles so zurecht, dass man jedes Teil gut erreichen kann.

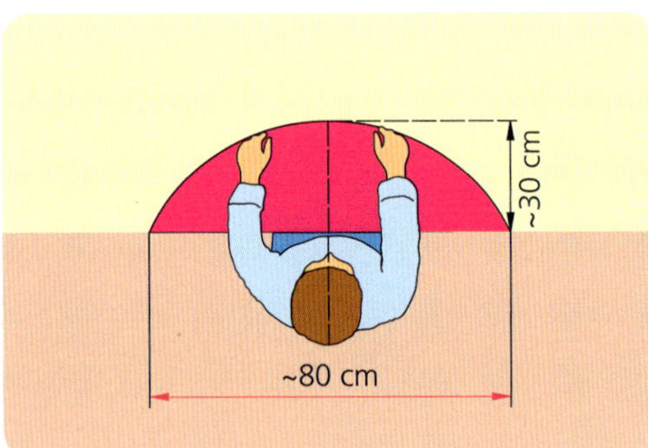


**Innerer Greifraum**

Man stellt die Arbeitsgeräte, die man oft braucht, in den inneren Greifraum.

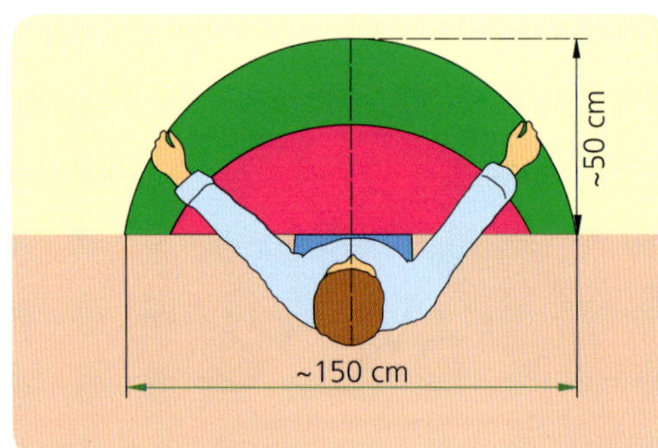


**Äußerer Greifraum**

Man stellt die Arbeitsgeräte, die man seltener braucht, in den äußeren Greifraum.

Rechtshänder und Linkshänder arbeiten in unterschiedlichen Richtungen.

Ein **Rechtshänder** arbeitet **von links nach rechts**.

Ein **Linkshänder** arbeitet **von rechts nach links**.

**Man arbeitet *nicht über Kreuz*. Dadurch arbeitet man flüssiger und verletzt sich nicht so leicht.** !

*Arbeitsplatz für einen Rechtshänder*

## 10.2 Abläufe planen

🇬🇧 plan processes
🇫🇷 planifier des processus

Wer **rationell arbeiten** will, muss die einzelnen **Arbeitsschritte** in einer sinnvollen Reihenfolge erledigen. Er muss den zeitlichen Ablauf planen. Dabei sind in der Küche z. B. Gar-Zeiten zu berücksichtigen oder Zeiten, in denen eine Speise stocken muss, z. B. Crème.

Die folgenden Ablaufpläne zeigen die Reihenfolge bei der Zubereitung einfacher Menüs mit zwei Gängen.

| **Menü** | Geschmortes Rindergulasch mit Paprikagemüse und frischen Bandnudeln<br>Quark-Speise mit frischen Früchten | | | | | | | | | | | | | | | | | |
|---|---|---|---|---|---|---|---|---|---|---|---|---|---|---|---|---|---|---|
| **Gerichte** | 08:00 | 08:15 | 08:30 | 08:45 | 09:00 | 09:15 | 09:30 | 09:45 | 10:00 | 10:15 | 10:30 | 10:45 | 11:00 | 11:15 | 11:30 | 11:45 | 12:00 | |
| Rindergulasch | | | | | | | | ■ | Ansatz Rindergulasch – garen | | | | | | | | ■ | fertig-stellen |
| Paprikagemüse | | | | ■ | ■ | | | | | | | | | | | ■ | ■ | garen |
| Bandnudeln | | | | | | | | | | | | | | | | ■ | ■ | kochen |
| Quark-Speise mit frischen Früchten | | | | | | | ■ | ■ | Quark zubereiten | | | | ■ | ■ | Obst schneiden, anrichten | | | |
| | | | | | | | | | | | | | | | | | | |
| | | | | | | | | | | | | | | | | | | |

| **Menü** | Paniertes Schweineschnitzel mit Champignonrahmsoße, Mandelbrokkoli und Herzoginkartoffeln; Obstsalat mit Vanillecreme (Conv.) | | | | | | | | | | | | | | | | | |
|---|---|---|---|---|---|---|---|---|---|---|---|---|---|---|---|---|---|---|
| **Gerichte** | 08:00 | 08:15 | 08:30 | 08:45 | 09:00 | 09:15 | 09:30 | 09:45 | 10:00 | 10:15 | 10:30 | 10:45 | 11:00 | 11:15 | 11:30 | 11:45 | 12:00 | |
| Schnitzel | | | | | | | | | | | ■ | Vorbereiten | | | | | ■ | braten |
| Champignonrahmsoße | | | | | | | | ■ | Champignons vorbereiten | | | | | ■ | | | | |
| Brokkoli | | | | | | ■ | Brokkoli putzen | | | | | | | | | | ■ | garen |
| Mandelbutter | | | | | ■ | Mandel-Blättchen in Butter bräunen | | | | | | | | | | | | |
| Herzoginkartoffeln | | | ■ | ■ | Kartoffeln kochen, Masse herstellen und spritzen | | | | | | | | | | | | ■ | i. Ofen garen |
| Obstsalat | | | | | | | | | ■ | ■ | Obst vorbereiten | | | | ■ | Obstsalat fertigstellen | | |
| Vanillecreme (Conv.) | | ■ | Vanillecreme herstellen | | | | | | | | | | | | ■ | Dessert anrichten | | |

## Arbeitsabläufe mit einem Schema darstellen

Die DIN 66001 ist eine Norm (Vorgabe). Man kann mit dieser Norm **Abläufe in einem Schema darstellen**. Viele Betriebe legen mit DIN 66001 **wiederkehrende Arbeitsabläufe einheitlich fest**.

Mit den **Symbolen** können alle Mitarbeiter die Arbeitsabläufe schnell verstehen und umzusetzen. Auch Mitarbeiter mit unterschiedlichen Muttersprachen verstehen diese Darstellungen.

Die Tabelle zeigt die wichtigsten Symbole in Arbeitsabläufen:

| **Symbol**<br>**Offizielle Bezeichnung** | **Beschreibung** |
|---|---|
| Anfang/Ende<br>**Grenz-Punkt** | Ein **abgerundetes Rechteck** steht am Anfang und am Ende.<br>Das abgerundete Rechteck am Anfang ist die Überschrift. |
| Handlung<br>**Operation** | Ein **beschriftetes Rechteck** zeigt eine einzelne Handlung.<br>Wenn man ähnliche Handlungen ausführt, z. B. „mit Salz und Pfeffer würzen", dann darf man sie in einem Rechteck zusammenfassen. |
| **Fluss-Linie** | **Linien** verbinden die Handlungen. Linien mit Pfeilspitzen geben die Richtung an.<br>Linien verlaufen nur senkrecht oder waagerecht. |
| Frage? ja nein<br>**Verzweigung** | Eine **Raute** steht für eine Verzweigung, z. B. für eine Variation.<br>An der Verzweigung beantwortet man eine Frage nur mit „ja" oder „nein". |
| Information<br>**Daten** | Ein **Parallelogramm** steht für eine weiterführende Information.<br>Diese Information kann z. B. ein Rezept oder eine Checkliste sein. |

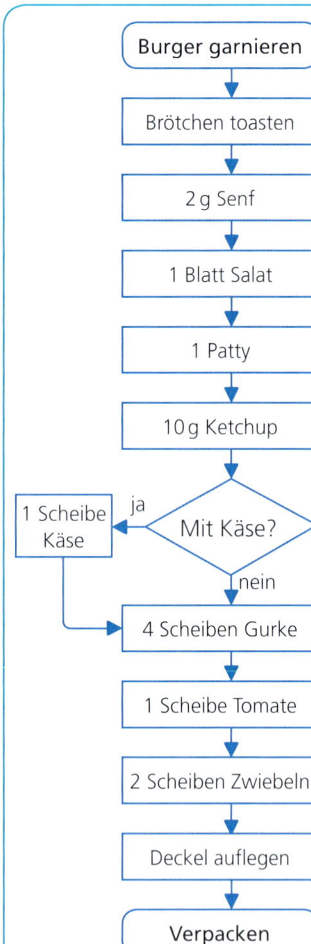


*Beispiel für eine Garnier-Anleitung: Hamburger/Cheeseburger nach DIN 66001*

B

## 10.3 Rezepte

recipes

recettes

Ein Rezept ist eine **Arbeits-Anweisung**. Der Koch bereitet nach einem Rezept Speisen zu. Man findet Rezepte z. B. in Apps, im Internet, in Kochbüchern oder in Fachzeitschriften.

Ein Rezept besteht mindestens aus zwei Teilen:

| | |
|---|---|
| **Zutaten mit Mengenangaben** | • Die Mengenangaben stehen links.<br>• Die Zutaten stehen rechts.<br>• Die Zutaten sind nach den Bestandteilen der Speise getrennt aufgeschrieben, z. B. Fleisch und Sauce. |
| **Arbeitsanleitung** | • Die Arbeitsschritte stehen in der richtigen Reihenfolge.<br>• Es gibt Hinweise auf mögliche Schwierigkeiten mit Lösungsmöglichkeiten, z. B. „Langsam erhitzen, damit sich das Eiweiß lösen kann (klären)." |

Lammkeule im Kräutermantel

Zutaten:

| | |
|---|---|
| 1 | Lammkeule (750 – 1.250 g) |
| 3 – 5 | Knoblauchzehen |
| | Thymian, Rosmarin, Oregano, Olivenöl |

Für die Sauce:

| | |
|---|---|
| 500 g | Kalbsknochen |
| | Suppengemüse, Salz, Pfeffer |
| 250 ml | Trockener Sherry |
| 1 EL | Creme double |

Zubereitung Keule:
Lammkeule waschen und trocken tupfen. Knoblauchzehen schälen und in feine Stifte schneiden. Mit einem schmalen Messer ca. 1,5 cm tiefe Taschen in die Lammkeule schneiden. Knoblauchstifte in diese Taschen stecken …

Rezepte können erweitert sein:
- Durch **Hygiene-Anweisungen**, z. B. „noch am gleichen Tag verarbeiten" oder „nur kurz warmhalten"
- Durch **Hinweise zum Anrichten** durch ein Bild, eine Skizze oder durch eine Beschreibung

## Rezepte verwalten

Man kann die Rezepte auf verschiedene Arten verwalten.
- **Rezeptbuch**
  Das Schreiben in einem Buch ist **einfach**. Man kann die Rezepte aber **nicht austauschen**. Außerdem hat ein Buch nur eine **begrenzte Seitenzahl**.
- **Rezeptordner**
  Man steckt die Rezepte in eine Sichthülle und heftet sie in einen Ordner. Man sollte sich für die Ablage eine **Gliederung** überlegen. Dann kann man die **Rezepte schneller finden**. Sinnvoll ist eine **Gliederung nach der Speisenfolge**.

- Man kann Rezepte in einem Rezeptordner **einfach an eine andere Stelle heften** oder **neue Rezepte hinzufügen**.
- Wenn man ein Rezept braucht, kann man es aus dem Ordner nehmen und mit an seinen Arbeitsplatz nehmen.

B

- **Computer-Datei**
  Man kann Rezepte als Dateien auf dem Computer abspeichern. Dabei ist ein Ordner-System sehr wichtig. Man verliert sonst den Überblick. Sinnvoll ist ein **Ordner-System nach der Speisenfolge**. Man kann Rezepte ausdrucken, wenn man sie braucht.
- **Rezept-Datenbank**
  Eine Datenbank ist ein **System zur elektronischen Daten-Verwaltung**. Man kann Rezepte **in beliebiger Reihenfolge** in die Datenbank **eingeben**. Man kann Rezepte nach **unterschiedlichen Stichwörtern suchen** lassen. In einer Datenbank kann man **Mengenangaben** einfach **umrechnen** lassen.

## Rezepte umrechnen

In Rezepten stehen alle Zutaten, die man für die Zubereitung einer Speise braucht. Das Rezept wird immer für eine **bestimmte Anzahl von Portionen** angegeben. Die Mengen-Angaben für die Zutaten nennt man **Rezept-Menge.**

Wenn man die Speise für eine andere Portionen-Zahl zubereiten möchte, muss man die Mengen-Angaben umrechnen.
Diese Mengen-Angaben nennt man **Herstell-Menge** oder **Produktions-Menge.**

Man kann Rezepte auf zwei Wegen umrechnen:

### Umrechnen mit dem Dreisatz

Man berechnet zuerst die **Menge**, die man für **1 Portion** braucht. Dafür **teilt** (dividiert) man die **Rezept-Menge durch** die angegebene **Portionen-Zahl**.

Dann **multipliziert** (malnehmen) man die **Menge für 1 Portion mit** der **gewünschten Portionen-Zahl.**

**Beispiel – Kartoffelsalat**

Im Rezept sind **für 4 Portionen** Kartoffelsalat **0,4 kg Kartoffeln** vorgesehen.

4 Portionen ≙ 0,4 kg Kartoffeln

1 Portion ≙ 0,4 kg ÷ 4 Portionen = 0,1 kg Kartoffeln

85 Portionen ≙ 0,1 kg x 85 Portionen = 8,5 kg Kartoffeln

Man braucht für **85 Portionen** Kartoffelsalat **8,5 kg Kartoffeln**.

### Umrechnen mit der Umrechnungs-Zahl oder Schlüsselzahl

Die Umrechnungs-Zahl ist das Vielfache oder ein Teil der Rezept-Menge im Verhältnis zur Produktions-Menge.

So berechnet man die **Umrechnungs-Zahl:**

Man **teilt** die **Produktions-Menge durch** die Rezept-Menge. **Mit** dieser **Umrechnungs-Zahl multipliziert** man dann alle **Mengen-Angaben**, die umgerechnet werden müssen.

**Beispiel – Kartoffelsalat**

Im Rezept sind **für 4 Portionen** Kartoffelsalat **0,4 kg Kartoffeln** vorgesehen. Man braucht Kartoffelsalat für 85 Portionen.

85 Portionen ÷ 4 Portionen = 21,25 (**Umrechnungs-Zahl**)

0,4 kg Kartoffeln × 21,25 = 8,5 kg Kartoffeln

Man braucht für **85 Portionen** Kartoffelsalat **8,5 kg Kartoffeln**.

# 11 Verbraucherschutz

consumer protection
protection du consommateur

Der Verbraucher soll beim Einkaufen sicher sein, für sein Geld das zu bekommen, was er kaufen möchte. Darum gibt es **Rechts-Normen**: Gesetze, Verordnungen, Richtlinien und Leitsätze.

Das Lebensmittel-Recht soll
- den Verbraucher **vor Gesundheits-Gefahren schützen**,
- den Verbraucher **vor Täuschung schützen**,
- dem Verbraucher **sachgerechte Informationen geben**.

Das Lebensmittel-Recht gilt für alle Unternehmen, die
- **Lebensmittel produzieren**,
- **Lebensmittel verarbeiten** oder
- **Lebensmittel verkaufen**.

Hierzu gehören in der Gastronomie und in der Gemeinschafts-Verpflegung z. B. Betriebskantinen, Bistros, Cafés, Ganztags-Schulen mit Verpflegungs-Angebot, Imbiss-Betriebe, Kindertagesstätten, Krankenhäuser, Restaurants oder Senioren-Heime.

## 11.1 Rechtliche Grundlagen

legal basis
base juridique

Es gibt in der Europäischen Union (EU) mehr als 200 nationale und europäische Rechts-Normen für Lebensmittel.

Die **Lebensmittel-Informations-Verordnung (LMIV)** regelt die Kennzeichnung von Lebensmitteln im **klassischen Handel**, z. B. im Supermarkt, an der Tankstelle, aber auch im **Versand-Handel** und im **Online-Handel**.

Man muss u. U. neben der LMIV weitere Kennzeichnungs-Vorschriften beachten:
- Verordnung über nährwert- und gesundheitsbezogene Angaben (Health Claims-Verordnung)
- Zusatzstoff-Zulassungs-Verordnung (ZZulV)
- Verordnung zum Ökologischen Landbau
- Verordnungen über genetisch veränderte Organismen und daraus hergestellte Lebensmittel und Futtermittel (= durch Gentechnik verändert)
- Lebensmittelbestrahlungs-Verordnung (LMBestrV)
- Eich-Gesetz (EichG) und Fertigpackungs-Verordnung (Fertig-PackV)
- Preisangaben-Verordnung (PAngV)
- produktspezifische Verordnungen, z. B. Fleisch-Verordnung (FlV), Käse-Verordnung (KäseV)

# 11.2 Kennzeichnung von Lebensmitteln

labeling of foods
étiquetage des aliments

Die Lebensmittel-Informations-Verordnung regelt, wie **Lebensmittel gekennzeichnet** werden müssen. Das Etikett informiert den Verbraucher darüber, was er kauft.

## Kennzeichnung von vorverpackten Lebensmitteln

Alle Angaben müssen **deutlich** und **gut lesbar** auf der Verpackung oder auf einem Etikett stehen. Die folgenden Angaben sind Pflicht:

- **Bezeichnung** (1)
- **Zutaten-Verzeichnis** (2)
- **Mindesthaltbarkeits-Datum** (3)
- **Füllmenge** (4)
- **Nährwerttabelle** (5)
- **Hersteller** (6)

### Bezeichnung (Name des Lebensmittels)

Die Bezeichnung gibt an, welches **Lebensmittel in der Verpackung** ist.

### Zutaten-Verzeichnis

Im Zutaten-Verzeichnis müssen **alle Zutaten** stehen, die bei der Herstellung des Lebensmittels verwendet wurden. Die Zutaten müssen in der **Reihenfolge ihres Gewichtsanteils** im Produkt stehen. Also steht die Zutat mit dem höchsten Gewichtsanteil an erster Stelle, die Zutat mit dem kleinsten Gewichtsanteil steht an letzter Stelle.
**Zusammengesetzte Zutaten**, z. B. Rindfleischfüllung, müssen **mit** ihren **einzelnen Zutaten aufgelistet** werden.

ZUTATEN: Vollkorn-**Hafer**flocken (38 %), Vollkorn-**Weizen**flocken (23 %), Zucker, **Weizen**mehl, pflanzliches Öl (ungehärtet), Glukose-Fruktose-Sirup, Traubenzucker, **Hafer**-Vollkornmehl (3 %), Mager**milch**joghurtpulver, gefriergetrocknete Himbeeren, Himbeersaftkonzentrat, Fruktose, Invertzuckersirup, **Gerste**nmalzextrakt, Glukosesirup, modifizierte Stärke, Speisesalz, Aroma

Diese 14 Lebensmittel lösen am häufigsten Lebensmittel-Allergien und Unverträglichkeiten aus **(Haupt-Allergene)**. Sie müssen im Zutaten-Verzeichnis **deutlich hervorgehoben** werden.

Nach der Lebensmittel-Informations-Verordnung müssen gekennzeichnet werden:

| | |
|---|---|
| • glutenhaltiges Getreide, z. B. Weizen, Roggen, Gerste, und daraus hergestellte Erzeugnisse<br>• Krebstiere und Krebstier-Erzeugnisse | • Eier und Eier-Erzeugnisse<br>• Fisch und Fisch-Erzeugnisse<br>• Erdnüsse und Erdnuss-Erzeugnisse<br>• Soja und Soja-Erzeugnisse |

| | |
|---|---|
| • Milch und Milch-Erzeugnisse (einschließlich Laktose)<br>• Schalenfrüchte, z. B. Mandeln, Haselnüsse, Walnüsse, und daraus hergestellte Erzeugnisse<br>• Sellerie und Sellerie-Erzeugnisse<br>• Senf und Senf-Erzeugnisse | • Sesam und Sesam-Erzeugnisse<br>• Schwefeldioxid und Sulfite ab 10 Milligramm (mg) pro Kilogramm (kg) oder pro Liter (l) Lebensmittel<br>• Lupinen und Lupinen-Erzeugnisse<br>• Weichtiere, z. B. Schnecken, Muscheln, und daraus hergestellte Erzeugnisse |

**Zusatzstoffe** müssen gekennzeichnet werden:

- mit dem **Klassen-Namen**, z. B. Konservierungsstoff
- mit dem **Namen des Zusatzstoffes**, z. B. Benzoesäure **oder**
- mit der **E-Nummer**, z. B. E 201

Bekannte Zusatzstoffe sind z. B.:

| **Klassen-Name** | | |
|---|---|---|
| • Antioxidations-Mittel | • Gelier-Mittel | • Säuerungs-Mittel |
| • Emulgator | • Geschmacks-Verstärker | • Süßungs-Mittel |
| • Farbstoffe | • Konservierungsstoffe | • Verdickungs-Mittel |

Einige Beispiele für die Wirkung von Zusatzstoffen:

| Klassen-Name | Wirkung | Beispiele | Anwendung, z. B. |
|---|---|---|---|
| **Emulgatoren** | Fett und Wasser bleiben stabil zusammen. | • Guarkern-Mehl<br>• Lezithin | • Margarine<br>• Schokolade, Speise-Eis |
| **Farbstoffe** | Zubereitungen bekommen eine appetitliche Farbe. | • Beta-Carotin<br>• Curcumin | • Limonade<br>• Margarine, Senf |
| **Geschmacks-Verstärker** | Zubereitungen bekommen einen intensiveren Geschmack. | • Glutamat | • Würz-Mittel, Chips, Erdnuss-Flips, Fertig-Suppen |
| **Konservierungsstoffe** | Zubereitungen sind länger haltbar. | • Benzoesäure<br>• Sorbinsäure | • Feinkost-Produkte |

Wenn eine **Zutat** auf dem Etikett **besonders hervorgehoben** wird, muss der **Mengen-Anteil genau angegeben** werden, z. B. der Erdbeer-Anteil bei einem Erdbeerjoghurt.

## Mindesthaltbarkeits-Datum/Verbrauchs-Datum

Das **Mindesthaltbarkeits-Datum (MHD)** wird mit **„mindestens haltbar bis …"** angegeben.

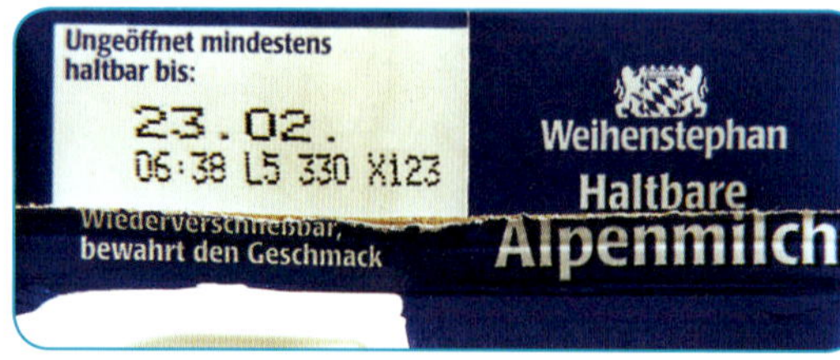


Das Lebensmittel behält bis zu dem Mindesthaltbarkeits-Datum

- seinen Geschmack,
- seinen Geruch,
- sein Aussehen,
- seinen Nährwert.

Auf der Verpackung **steht ausdrücklich**, wenn man **bestimmte Lager-Bedingungen einhalten** muss, z. B. „Kühl und trocken lagern".

Das Mindesthaltbarkeits-Datum steht z. B. auf der Rückseite, auf dem Deckel, auf dem Deckel-Rand, auf der Unterseite der Verpackung.

Das Mindesthaltbarkeits-Datum wird verschieden angegeben:

| Haltbarkeit | Angabe | Beispiele |
|---|---|---|
| jede | mindestens haltbar bis …<br>(Tag, Monat, Jahr) | für alle Lebensmittel möglich |
| bis 3 Monate | mindestens haltbar bis …<br>(Tag/Monat) | Milchprodukte, Back-Waren |
| 3 Monate bis 18 Monate | mindestens haltbar bis Ende …<br>(Monat, Jahr) | Getreide, Nudeln, Bier, Säfte, Tiefkühl-Produkte |
| mehr als 18 Monate | mindestens haltbar bis Ende …<br>(Jahr) | Konserven, Mineralwasser, Konfitüre |

Leicht verderbliche Lebensmittel, z. B. Hackfleisch, haben ein **Verbrauchs-Datum**. Das Verbrauchs-Datum wird mit **„zu verbrauchen bis …"** angegeben.

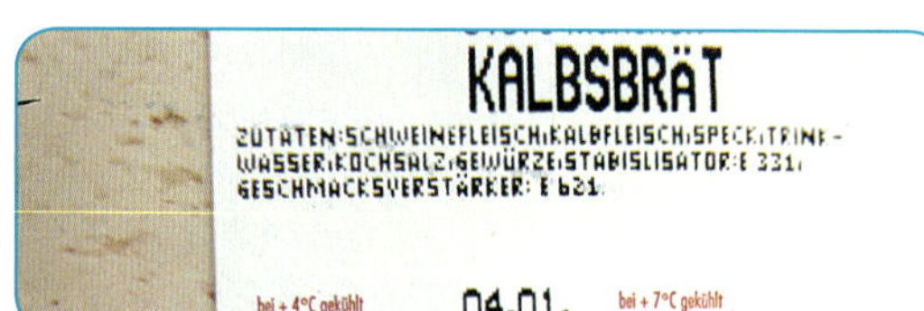


**Man darf das Lebensmittel nach Ablauf des Verbrauchs-Datums nicht mehr verwenden.** !

## Füllmenge

Die Füllmenge gibt an:
- das **Gewicht** in Gramm (g) oder in Kilogramm (kg)
- das **Volumen** von flüssigen Lebensmitteln in Millilitern (ml), in Zentilitern (cl) oder in Litern (l)
- die **Stückzahl**

Bei Lebensmitteln in einer Aufguss-Flüssigkeit, z. B. Champignon-Scheiben in Dosen, stehen auf der Verpackung die Füllmenge und das Abtropf-Gewicht.

Die Füllmenge ist das Gesamtgewicht des Inhalts. Sie beträgt z. B. 2650 Gramm.

Man bekommt das Abtropf-Gewicht, wenn man die Flüssigkeit abgießt. Das Abtropf-Gewicht beträgt z. B. 2550 Gramm.

Bei konzentrierten Produkten, z. B. Instant-Suppen, steht außerdem, wie viel Liter (l) oder Milliliter (ml) man nach der Zubereitung erhält.

## Nährwert-Kennzeichnung

Die Nährwerte der Lebensmittel müssen in einer Tabelle aufgelistet werden. Es gibt **sieben Pflicht-Angaben**. Diese beziehen sich immer auf 100 Gramm oder auf 100 Milliliter des Lebensmittels.
- **Energie-Gehalt**
- **Fett**
- **gesättigte Fettsäuren**
- **Kohlenhydrate**
- **Zucker**
- **Eiweiß**
- **Salz**

Andere Inhalts-Stoffe können zusätzlich angegeben werden, z. B. Ballast-Stoffe, Mineralstoffe, Vitamine.

## Hersteller-Angaben

Auf jeder Verpackung müssen **Angaben über** den **Hersteller** stehen. So kann der Verbraucher mit dem Hersteller Kontakt aufnehmen, z. B. bei Reklamationen. Auf der Verpackung müssen genaue Angaben stehen:
- **der Name oder die Firma des Herstellers oder des Verpackers**
- **die Anschrift**

Auf **tierischen Lebensmitteln** befindet sich zusätzlich ein **Identitäts-Zeichen**.
Daran sieht der Verbraucher:
- Der Betrieb ist zugelassen.
- In dem Betrieb gelten **einheitliche Hygiene-Standards der EU**.
- Der Betrieb wird nach einheitlichen Hygiene-Standards der EU überwacht.

Das **Identitäts-Zeichen** ist oval und enthält folgende Abkürzungen:

- den Namen oder Kenn-Buchstaben für das **Land**, z. B. DE für Deutschland ①
- die **Zulassungs-Nummer** ② **des Betriebs** mit **Bundesland** ③
- die **Abkürzung** EG für die **Europäische Union** ④; in anderen Ländern stehen für die Europäische Union andere Abkürzungen, z. B. CE in Frankreich

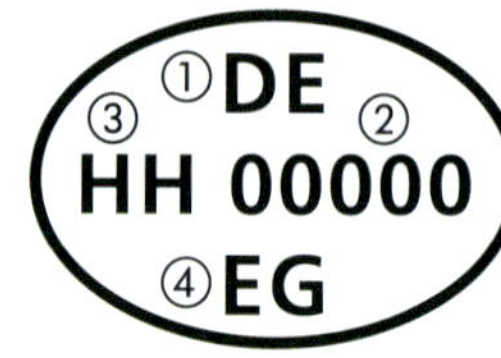


## Kennzeichnung von unverpackten Lebensmitteln

Die Händler müssen **auch unverpackte Lebensmittel kennzeichnen**. Dabei sind die Vorschriften nicht so streng, weil der Verbraucher Informationen beim Verkäufer bekommen kann. Alle Angaben müssen **gut lesbar** sein. Der **Verbraucher darf** durch die Angaben **nicht getäuscht** werden. Folgende Angaben sind Pflicht:

- Der Händler muss den **Preis** als Grundpreis für 1 Kilogramm (kg), für 1 Liter (l) oder als Stück-Preis angeben.
- Der Händler muss die **Lebensmittel-Zusatzstoffe** und die **Allergene** angeben.

## 11.3 Siegel auf Lebensmitteln

seal for food
label pour la nourriture

Man sieht auf vielen Lebensmitteln Siegel, Symbole, Prüfzeichen, Qualitäts-Labels oder besondere Schriftzüge. Der Verbraucher soll das Gefühl haben, dass er ein besonderes Lebensmittel kauft. Die Hersteller setzten viele dieser Zeichen zu Marketing-Zwecken ein. Besonders anerkannte Siegel sind z. B.:

| | | | |
|---|---|---|---|
| | **Stiftung Warentest** testet und vergleicht verschiedene Produkte. | | **ÖKO-TEST** achtet bei Tests besonders auf Schadstoff-Belastung und mikrobiologische Qualität. |
| | **Deutsches Bio-Siegel** Die Kriterien für das Bio-Siegel müssen eingehalten werden. Mindestens 95 % der landwirtschaftlichen Zutaten müssen aus ökologischem Landbau kommen. | © European Union, 2018 | **EU-Bio-Logo** Alle vorverpackten Bio-Lebensmittel, die einen Verarbeitungs-Schritt in der EU erfahren, müssen das EU-Bio-Logo haben. Mindestens 95 % der landwirtschaftlichen Zutaten müssen aus ökologischem Landbau kommen. |

| | | | |
|---|---|---|---|
| ZERTIFIZIERTE NACHHALTIGE FISCHEREI MSC www.msc.org/de | **MSC-Siegel**<br>steht für nachhaltigen Fischfang: Es darf nur so viel Fisch gefischt werden, wie nachwächst. | FAIRTRADE | **Fairer Handel**<br>achtet auf faire Arbeits-Bedingungen und fairen Lohn in den Erzeuger-Ländern. |

B

## 11.4 Kennzeichnung auf der Speisekarte

marking on the menu

marquer sur le menu

Man muss in der **Gastronomie** und in der **Gemeinschafts-Verpflegung** Speisen **nicht so umfangreich kennzeichnen** wie vorverpackte Lebensmittel. Das Service-Personal kann Fragen von Gästen direkt beantworten.

Kennzeichnungspflichtig sind:

| | |
|---|---|
| **Haupt-Allergene** | Vgl. Kapitel 11.2, Zutaten-Verzeichnis |
| **Zusatzstoffe** | Z. B. Farbstoffe, Konservierungsstoffe, Antioxidations-Mittel, Geschmacks-Verstärker, Süßungs-Mittel |
| **Spezielle Zutaten bei Fleisch-Erzeugnissen** | Z. B. „mit Milchpulver", „mit Molken-Eiweiß", „mit Milch-Eiweiß", „mit Ei-Klar" |
| **Durch Gentechnik veränderte Lebensmittel** | Z. B. Öl aus gen-technisch verändertem Soja oder Raps, Stärke aus gen-technisch verändertem Mais, Aromen aus gen-technisch verändertem Soja-Eiweiß |
| **Bestrahlte Lebensmittel** | „[…] bestrahlt" oder „[…] mit ionisierenden Strahlen behandelt" |
| **Qualitäts-Begriffe** | Z. B. Formfleisch-Erzeugnisse, Surimi, Lachs-Ersatz, kakaohaltige Fett-Glasur bei Back-Waren |
| **Koffeinhaltige Erfrischungs-Getränke** | Z. B. Cola-Getränk (koffeinhaltig), Energy-Drink (erhöhter Koffein-Gehalt, 33 mg Koffein/100 ml) |
| **Preis** | Endpreis (inkl. Umsatzsteuer) |

Die Angaben müssen nach den Vorgaben der Lebensmittel-Informations-Verordnung

- **gut sichtbar** sein,
- **leicht lesbar** sein,
- **unverwischbar** sein und
- der **Speise eindeutig zugeordnet** sein.

In der **Gastronomie** dürfen die Angaben **nur** auf der **Speisekarte und** auf der **Getränkekarte** stehen.
In der **Gemeinschafts-Verpflegung** können die Angaben **zusätzlich in Preis-Verzeichnissen oder auf Wochenplänen** stehen. Wenn es keine Preis-Verzeichnisse oder Wochenpläne gibt, darf man in der Gemeinschafts-Verpflegung auch mit Aushängen oder mit anderen schriftlichen Mitteilungen informieren.

Bei der Abgabe von **loser Ware** (z. B. Selbstbedienung im Free Flow, Salatbüfett) muss die **Kennzeichnung auf** einem **Schild** stehen. Dieses Schild muss man **auf oder neben** dem **Lebensmittel** anbringen.

*Kennzeichnung am Salatbüfett*

Man darf **über Allergene** auch **mündlich informieren**. Dann muss man an einer gut sichtbaren Stelle **auf** diese **Informations-Möglichkeit hinweisen**. Außerdem muss eine **schriftliche Dokumentation**, z. B. in einem Ordner, auf Nachfrage leicht **zugänglich** sein.

Angaben zu Zusatzstoffen, Allergenen, durch Gentechnik veränderten Lebensmitteln und zu bestrahlten Lebensmitteln dürfen durch Fußnoten gekennzeichnet werden. Für spezielle Zutaten in Fleisch-Erzeugnissen ist das nicht erlaubt. Man muss diese direkt unter das Erzeugnis schreiben.

**Salatkarte**

| | |
|---|---|
| Großer Salat mit Gouda-Käse[2,3] | 6,90 € |
| Salat Tomate-Mozarella[3] | 8,50 € |

1 = mit Antioxidationsmittel
2 = mit Farbstoff
3 = mit Konservierungsstoff
4 = mit Geschmacksverstärker

***Beispiel für die Kennzeichnung von Zusatzstoffen***

**Frühstückskarte**

| | |
|---|---|
| Vollkornbrötchen mit Schinkenwurst (mit Milcheiweiß) | 3,50 € |

***Beispiel für die Kennzeichnung von speziellen Zutaten***

# 12 Grundtechniken in der Küche

## 12.1 Vorbereitende Arbeiten

preparatory work
travaux prèparatoires

Lebensmittel muss man vorbereiten, bevor man sie in der Küche verarbeiten kann.
Die vorbereitenden Arbeiten sind:

| | Erklärung | Zu beachten |
|---|---|---|
| **Putzen**<br> | Man entfernt schadhafte und nicht verwertbare Teile, z. B. bei Kopfsalat äußere welke Blätter. | • Gründlich putzen<br>• Nicht zu großzügig putzen |
| **Waschen**<br> | Man spült das Lebensmittel mit Wasser ab. Dabei entfernt man Schmutz, Mikroorganismen und u. U. Reste von Pflanzenschutz-Mitteln. | • Empfindliche Lebensmittel wie z. B. Salat wäscht man in stehendem Wasser.<br>• Festere Lebensmittel spült man mit fließendem Wasser ab.<br>• Lebensmittel wäscht man möglichst im Ganzen. So hat man weniger Nährstoff-Verluste. |
| **Wässern**<br> | Man legt Lebensmittel für eine längere Zeit in ein Gefäß mit Wasser. Dabei werden unerwünschte Stoffe wie z. B. Bitter-Stoffe und Blutreste entfernt. | • Kartoffeln, Sellerie und Äpfel wässert man zur kurzen Lagerung nicht. Man deckt sie mit einer Folie oder mit einem feuchten Tuch ab. |

B

| | Erklärung | Zu beachten |
|---|---|---|
| **Schälen** 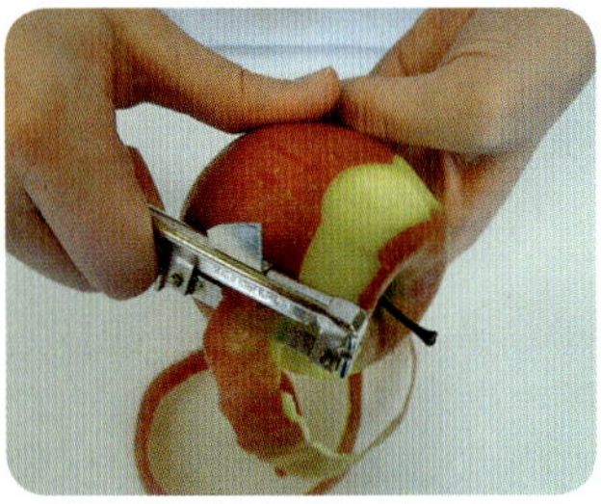 | Man entfernt mit einem Messer die Rand-Schichten von Obst und Gemüse. | • Man benutzt das richtige Messer, z. B. ein Gemüse-Messer, ein Tournier-Messer oder einen Sparschäler.<br>• Nicht zu großzügig schälen |
| **Pellen**<br>**Haut abziehen** 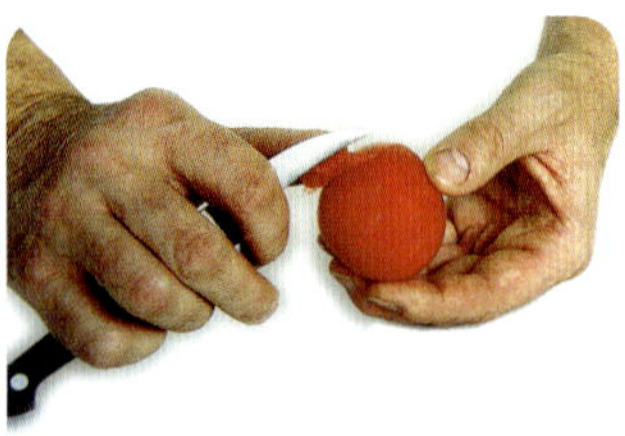 | Man entfernt bei gebrühten oder gegarten Lebensmitteln, z. B. bei gekochten Kartoffeln oder bei gebrühten Tomaten, die Schale. | • Die Schale hält man zwischen Messer und Daumen fest. |
| **Schaben**  | Man kratzt (schabt) bei Wurzelgemüse, z. B. Möhren oder Rettich, nur eine dünne Schicht ab. | • Man setzt das Messer fast rechtwinklig zur Oberfläche auf. |

## 12.2 Zerkleinern von Lebensmitteln

to crush food
pilage (m) des comestibles (f)

Man zerkleinert Lebensmittel oft, bevor man sie weiterverarbeitet. Dies macht man mit verschiedenen Messern oder Zerkleinerungsgeräten.

Ziele des Zerkleinerns sind:
- verzehrfertige Stücke, z. B. gebratenes Fleisch, Brotscheiben
- Gar-Zeit verkürzen, z. B. Kartoffel-Stücke, Brokkoli-Röschen, Möhren-Scheiben
- Oberfläche vergrößern, z. B. Röstgemüse (Mirepoix)
- verschiedene Schnittformen, z. B. Gemüse als Rohkost
- streufähige Lebensmittel, z. B. Parmesan
- Lebensmittel stark zerkleinern, z. B. Fleisch zu Hackfleisch
- Lebensmittel sehr fein zerkleinern, z. B. Haselnüsse, Mandeln, Getreide

### Schneiden

Lebensmittel schneidet man mit einem **Messer** in Stücke.

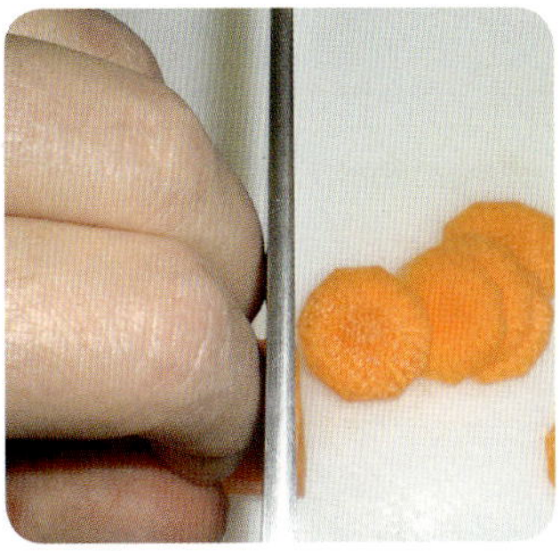

### Hobeln

Gemüse und Pilze schneidet man mit einem **Gemüse-Hobel** in verschieden dicke Scheiben.

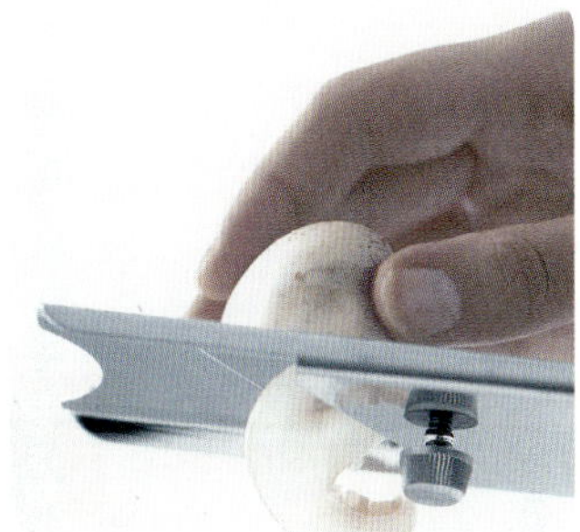

### Raspeln

Gemüse und Obst zerkleinert man mit einer **gelochten Reibefläche**.

### Reiben

Lebensmittel, z. B. Käse, zerkleinert man mit einer **feinen, rauen Reibefläche**.

### Wolfen

Lebensmittel, z. B. Fleisch, zerkleinert man mit einem **Fleischwolf**.

### Mahlen

Lebensmittel, z. B. Nüsse oder Getreide, zerkleinert man mit einer **Mühle**.

Beim **Zerkleinern** setzt man **Druck** und **Bewegung** ein. Dabei gilt:

- Je **schärfer** die Schneide ist, desto **weniger Druck** braucht man beim Zerkleinern.
- Je **größer** die **Schneide-Bewegung** ist, desto **weniger Druck** muss man einsetzen.
- Beispiel: Bei einer **Aufschnittmaschine** macht die Messerscheibe eine **große Schneide-Bewegung**.
  Darum braucht man **wenig Druck**, um den Schlitten zu schieben und das Lebensmittel zu schneiden.

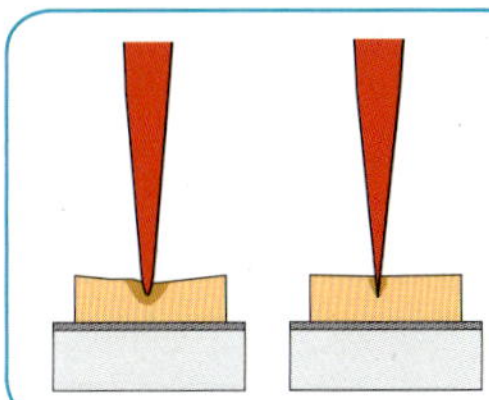

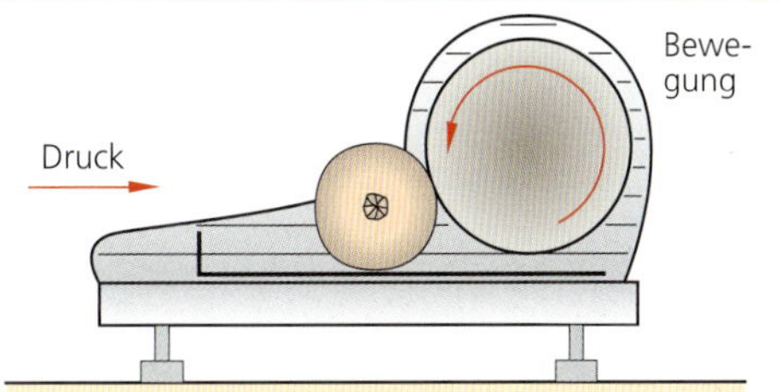

B

Mit einem Küchen-Messer schneidet man mit dem **Wiegeschnitt**. Dabei verbindet man den Druck und die wiegende Bewegung.

Beim Schneiden unterstützt die Haltehand das Führen des Messers. Dabei arbeitet man mit dem **Krallengriff**.

Beim Krallengriff gleitet die Klinge an den **gekrümmten Fingern der Haltehand** entlang. Während des Schneidens zieht man die Finger der Haltehand langsam zur Seite. So gibt man den Abstand für den nächsten Schnitt frei.

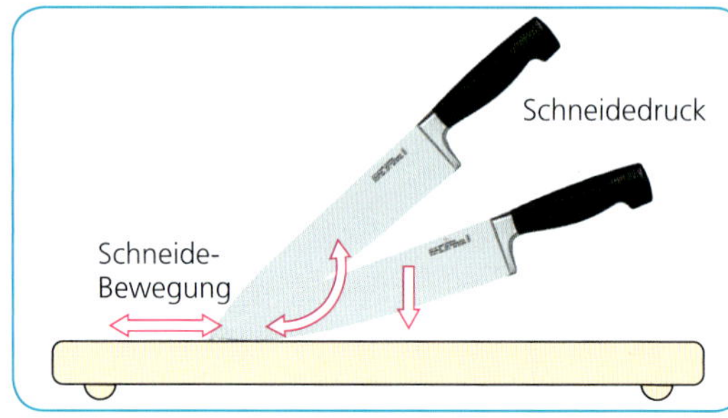


*Wiegeschnitt*

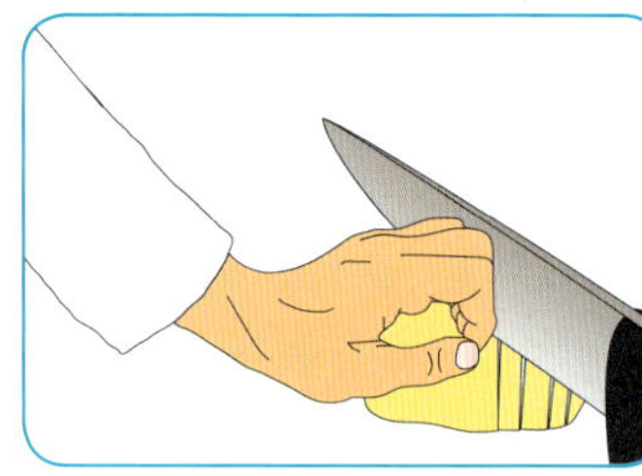

*Krallengriff*

**Zusätzlich schützt man sich vor Schnitt-Verletzungen.** !

## 12.3 Blanchieren

🇬🇧 to blanch
🇫🇷 blanchir

Beim Blanchieren gibt man Lebensmittel **kurz in siedendes Wasser** oder in den Dampfgarer.

**Beim Sieden erhitzt man die Flüssigkeit nur so weit, dass keine Blasen entstehen. Die Flüssigkeit bewegt sich nur leicht.** !

Wenn man die Lebensmittel nicht sofort weiterverarbeitet, **schreckt** man sie nach dem Blanchieren **in sehr kaltem Wasser** (Eis-Wasser) **ab**.

Dadurch **garen** sie **nicht weiter** und der **Biss** bleibt **erhalten**. Mikroorganismen vermehren sich nicht.

| | |
|---|---|
| **Vorteile** des Blanchierens | • Die Struktur des Lebensmittels wird gelockert, z. B. Kohl für Kohl-Roulade.<br>• Lebensmittel verfärben sich nicht, weil die Enzyme zerstört werden.<br>• Mikroorganismen werden abgetötet. |
| **Nachteile** des Blanchierens | • Wasserlösliche Inhalts-Stoffe, z. B. Vitamine und Mineralstoffe, werden ausgelaugt.<br>• Hitzeempfindliche Vitamine, z. B. Vitamin C, werden zerstört. |

**Blanchieren ist eine Vorbereitungs-Arbeit. Es gehört nicht zu den Garverfahren.** !

## 12.4 Lebensmittel haltbar machen

methods of food preservation

méthodes de conversation des aliments

Lebensmittel sind meistens **direkt nach der Ernte oder nach der Herstellung** am **schmackhaftesten** und am **wertvollsten**. Verbraucher bevorzugen z. B. frische Erdbeeren, fangfrische Forellen und ofenfrische Brötchen.

Manche Lebensmittel müssen **reifen**, damit die **Qualität hochwertig** ist, z. B. grüne Bananen, Rinderfilet und Weinbrand. Verbraucher sind nur zufrieden, wenn der Reife-Grad der Lebensmittel ihren Vorstellungen entspricht.

Alle Lebensmittel **verändern sich**. Die Geschwindigkeit der Veränderungen ist bei Lebensmitteln ganz unterschiedlich.

**Gewünschte** Veränderungen **verbessern** die Qualität und oft den Geschmack.

*Edelschimmelkäse*

**Unerwünschte** Veränderungen lassen die Lebensmittel **verderben**.

*Verschimmeltes Brot*

*Verschimmelter Parmesan*

Man unterscheidet:

**Leicht verderbliche** Lebensmittel

- Sie haben einen **hohen Wasser-Gehalt** oder einen **hohen Eiweißgehalt**.
- **Mikroorganismen** haben gute Lebensbedingungen und **verderben** das Lebensmittel.
- Beispiele: Fisch, Hackfleisch, Milch und Milchprodukte
- Die Lager-Temperaturen sind vorgeschrieben.
- Man darf das Lebensmittel **nach Ablauf des Verbrauchs-Datums nicht mehr verwenden**.

**Verderbliche** Lebensmittel

- Sie enthalten Wasser.
- Mikroorganismen verderben diese Lebensmittel.
- Sie sind bei **richtigen Lager-Bedingungen länger haltbar**. Beispiele: Kartoffeln, Möhren, Pflanzenfett

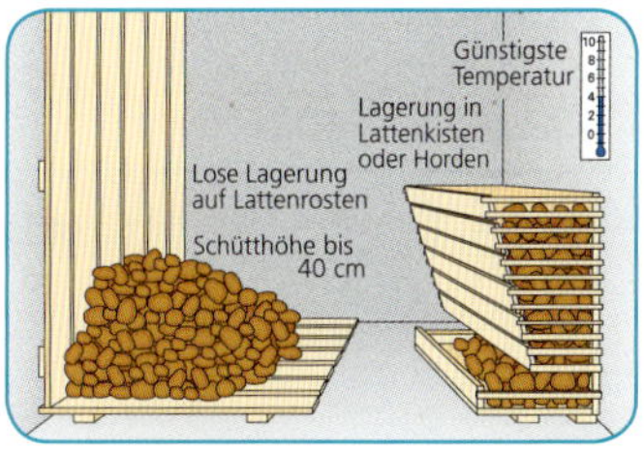


*Kartoffel-Lagerung*

**Haltbare** Lebensmittel

- Sie enthalten **wenig Wasser**.
- Wenn man diese Lebensmittel richtig lagert, **verderben** sie **nur sehr langsam oder** sie verderben **gar nicht**.
  Beispiele: Müsli, Mehl, Zucker, Hülsenfrüchte

*Hülsenfrüchte*

## Ursachen des Verderbs

Der Verderb von Lebensmitteln hat mehrere Ursachen, die häufig zusammenwirken.

Die Ursachen können sein:

- **Physikalische Veränderungen**
  - Gefrierbrand
  - Lebensmittel trocknen aus.
  - Lebensmittel verlieren durch Verdunstung an Aroma.
  - Zellwände von Obst und Gemüse platzen bei Frost.
- **Biochemische Veränderungen**
  - Enzyme wirken in den Lebensmitteln, z. B. die Schnittfläche eines Apfels wird braun, Fett wird ranzig.
- **Veränderungen durch Mikroorganismen**
  - Brot verschimmelt.
  - Frucht-Saft gärt.
  - Fleisch wird an der Oberfläche schmierig.

*Gefrierbrand*

Die häufigste Ursache für den Verderb von Lebensmitteln sind Mikroorganismen. Darum verändert man durch Haltbarmachungs-Verfahren (Konservierungs-Verfahren) die Lebensbedingungen für Mikroorganismen. Dadurch sind die Lebensmittel möglichst lange haltbar.

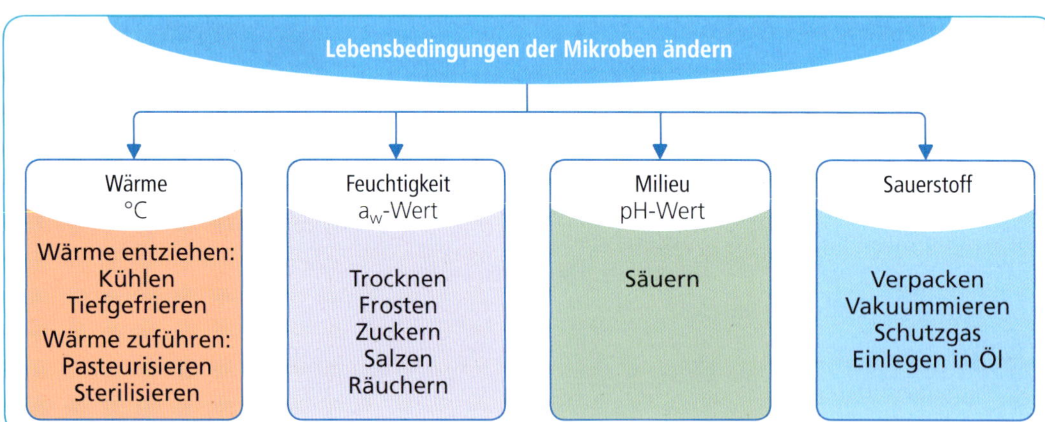


*Möglichkeiten, Lebensmittel haltbarer zu machen*

## Kühlen

Beim **Kühlen** lagert man Lebensmittel für eine **kurze Zeit** bei niedrigen Temperaturen.

- Frischer Fisch: 0 °C, in gestoßenem Eis
- Fleisch und Fleischwaren: +2 °C bis +4 °C
- Gemüse und Obst: +6 °C bis +8 °C
- Milch und Milchprodukte: ca. +8 °C

**Je niedriger die Lager-Temperatur ist, desto langsamer verdirbt das Lebensmittel. Diese Grundregel gilt bis zu einer Temperatur von ungefähr +6 °C.** **!**

**Regeln**

- Die Kühlkette darf man nicht unterbrechen.
- Die vorgeschriebene Lager-Temperatur muss man einhalten.
- Kühlräume darf man nicht überfüllen.
- Lebensmittel muss man mit Folie abdecken oder verpacken.
- In Fleisch-Kühlräumen darf man nur Fleisch und Fleischwaren lagern.
- Kühlräume muss man regelmäßig reinigen.

B

## Tiefgefrieren – Frosten

Beim **Tiefgefrieren** lagert man Lebensmittel für eine **längere Zeit**.
Der Tiefkühl-Raum muss eine Temperatur von **mindestens – 18 °C** haben.

Auch beim Tiefgefrieren haben Lebensmittel nur eine **begrenzte Haltbarkeit**.

**Mikroorganismen sterben nicht ab, sie vermehren sich langsamer.** !

### Regeln

- Die Tiefkühl-Kette darf man nicht unterbrechen.
- Zum Tiefgefrieren müssen Lebensmittel frisch sein und eine einwandfreie Qualität haben.
- Die Verpackungen der Lebensmittel dürfen nicht defekt sein. An diesen Stellen verdunstet Wasser. Es entsteht Gefrierbrand.
- Man muss die Verpackungen genau beschriften. Auch durch Plastik-Beutel kann man gefrorene Lebensmittel nicht sicher erkennen.
- Warme Speisen stellt man nicht zum Abkühlen in den Tiefkühl-Raum. Dadurch schwankt die Temperatur im Tiefkühl-Raum. Die Rand-Schichten der gelagerten Lebensmittel tauen an. Wasser verdunstet. Es bildet sich „Schnee".

## Einfrieren

Beim Einfrieren von Lebensmitteln muss man sehr schnell eine Temperatur von – 5 °C erreichen. Dieses **schnelle Einfrieren** geschieht bei einer Temperatur von **– 35 °C**. Man nennt dieses Verfahren **Schockfrosten**.

Bei **– 35 °C** bilden sich schnell nur **kleine Eiskristalle**. Sie **beschädigen** die **Zellwände nicht**. Wenn man schockgefrostete Lebensmittel auftaut, läuft der Zellsaft nicht aus den Zellen. Vitamine und Mineralstoffe bleiben erhalten.

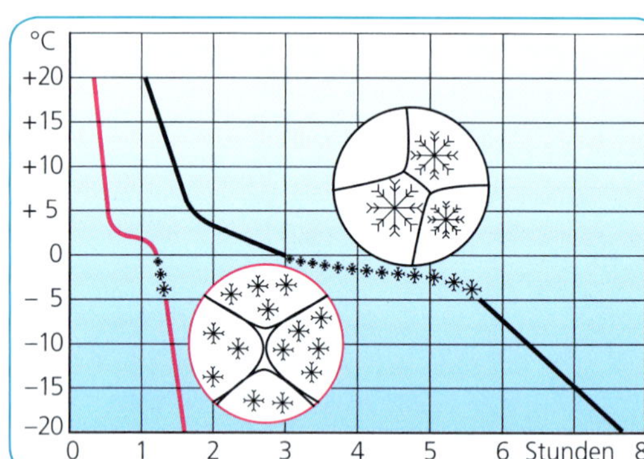


*Schockfrosten und Einfrieren*

Beim **langsamen Einfrieren** (bei **–18 °C**) bilden sich über eine längere Zeit **große Eiskristalle**. Diese **zerstören** die **Zellwände**. Wenn man diese eingefrorenen Lebensmittel auftaut, läuft der Zellsaft aus den Zellen. Es kommt zu Vitamin-Verlusten und Mineralstoff-Verlusten.

**Regeln**

- Gemüse vor dem Einfrieren blanchieren und sofort abschrecken. Enzyme werden zerstört.
- Die Lebensmittel möglichst breit auslegen. Die Kälte dringt schneller ein.
- Hackfleisch und rohe Zubereitungen daraus darf man nicht einfrieren. Die vorgeschriebene Gefrier-Geschwindigkeit kann man nur mit Schockfrosten erreichen.

### Richtiges Auftauen tiefgefrorener Lebensmittel

- **Große Stücke**, z. B. Suppenhühner, **langsam auftauen** lassen. Das macht man am besten im Kühlraum. Dazu legt man sie in ein Lochsieb und fängt die Auftauflüssigkeit auf.
- **Kleine Stücke**, z. B. portionierte Stücke von Fleisch oder von Fisch, **taut** man **nur an**. Dann **gart** man sie **sofort**. So verliert das Lebensmittel am wenigsten Zellsaft, weil die Wärme schnell bis zum Inneren eindringt.
- **Blockware**, z. B. pürierten Spinat, legt man in ein Gefäß mit **wenig Wasser** und **erhitzt** sie.

## Pasteurisieren

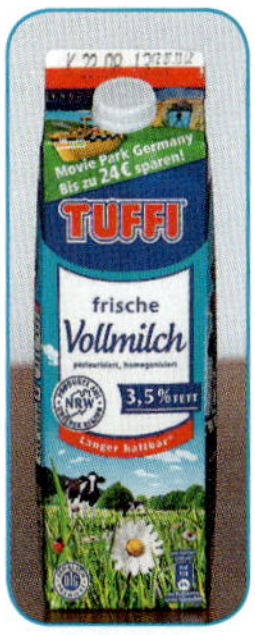


Beim **Pasteurisieren** werden die Lebensmittel nur **kurz** auf Temperaturen **um 70 °C erhitzt** und schnell wieder abgekühlt. **Mikroorganismen werden abgetötet**.

Der Geschmack verändert sich nur wenig.

Die Haltbarkeit von pasteurisierten Lebensmitteln ist auch bei Lagerung im Kühlraum begrenzt.

Beispiele: Frischmilch, Sahne, pasteurisiertes Voll-Ei, Frucht-Saft, Bier

## Sterilisieren

Beim Sterilisieren muss man Lebensmittel **unter Druck auf ca. 120 °C mindestens 15 Minuten erhitzen**. Bei dieser Temperatur werden auch **hitzebeständige Sporen zerstört**.

Beim Sterilisieren verändern sich der Geschmack und die Farbe des Lebensmittels. Es kommt zu hohen Nährstoff-Verlusten.

Die Haltbarkeit beträgt auch ohne Kühlung mehrere Jahre.

Beispiele: Obst-Konserven, Apfelmus in Gläsern, Steril-Milch

## Zuckern

Zucker bindet Wasser und **senkt** so den **$a_w$-Wert**. Mikroorganismen haben **kein freies Wasser** mehr zur Verfügung.

Beispiele: Marmelade, kandierte Früchte (z. B. Cocktail-Kirschen)

Die **Haltbarkeit** beträgt **mindestens ein Jahr**.

*Kandierte Früchte*

B

## Trocknen

Beim Trocknen **entzieht** man dem Lebensmittel **Wasser** und **senkt** so den **$a_w$-Wert**. Mikroorganismen haben kein freies Wasser mehr zur Verfügung.

Beim **Gefriertrocknen** gefriert man die Lebensmittel bei – 30 °C. Durch Unterdruck verdampft das Wasser sofort, ohne flüssig zu werden. Dieses Verfahren ist **nährstoffschonend**.

Die Haltbarkeit von getrockneten Lebensmitteln beträgt mehrere Jahre. Man muss sie trocken lagern.

Beispiele: Kartoffelpüree als Convenience-Produkt, Trockenobst, getrocknete Pilze

*Trockenobst*

## Salzen/Pökeln

**Salz entzieht** dem Lebensmittel **Wasser** und **senkt** so den **aW-Wert**. Mikroorganismen haben kein freies Wasser mehr zur Verfügung.

Lebensmittel können in einer Kochsalzlösung eingelegt werden (Nass-Salzung) oder mit Salz eingerieben werden (Trocken-Salzung).

*Roher Schinken*

Beim Salzen kommt es zu **Geschmacks-Veränderungen** und **Farb-Veränderungen**.

Beispiele: Salzgurken, gesalzener Fisch, roher Schinken

**Pökeln** ist eine besondere Art des Salzens. Man verwendet statt Kochsalz **Nitrit-Pökelsalz**. Nitrit wird zu Stickstoffoxid umgebaut. Dies wirkt konservierend.

Man unterscheidet Nasspökeln, Trockenpökeln und Spritzpökeln.

Das gepökelte Lebensmittel bekommt eine **rötliche Farbe** und behält nach dem Garen diese Farbe.

*Kassler*

Beispiele: Kassler, gekochter Schinken

Die Haltbarkeit von gesalzenen oder gepökelten Lebensmitteln ist unterschiedlich. Roher Schinken ist z. B. ohne Kühlung längere Zeit haltbar. Kochschinken muss im Kühlhaus gelagert werden und ist nur ein paar Tage haltbar.

## Räuchern

Beim Räuchern verglimmen Späne oder Hölzer. Die Lebensmittel hängen in diesem Rauch. Dadurch wird den Lebensmitteln Wasser entzogen. Der **$a_w$-Wert** wird **gesenkt**.
Im Rauch sind **chemische Verbindungen**. Diese **töten** einige **Mikroorganismen ab**. Das Räuchern härtet die Oberfläche des Räucherguts. Mikroorganismen und Kleintiere können nicht in das Räuchergut eindringen.

Man unterscheidet:

- **Heiß-Räuchern** bei mehr als 75 °C, z. B. Aale, Makrelen, Lachs (Stremellachs)
- **Warm-Räuchern** bei etwa 40 °C, z. B. Frankfurter Würstchen
- **Kalt-Räuchern** bei etwa 20 °C, z. B. Mettwurst, Cervelatwurst

Beim Räuchern entwickeln sich **spezielle Aromastoffe** und die Farbe des Lebensmittels verändert sich.

Die Haltbarkeit geräucherter Lebensmittel ist unterschiedlich. Sie kann bis zu mehreren Monaten reichen.

## Säuern

Beim Säuern **senkt** man durch die **Zugabe von Säure** (z. B. Essigsäure oder Zitronensäure) oder die Bildung von Säure im Lebensmittel (z. B. Milchsäure im Sauerkraut) den **pH-Wert**. Das **hemmt** die Vermehrung von **Mikroorganismen**.

Beispiele: Sauerkraut, Essig-Gurken, Bismarck-Heringe

Die Haltbarkeit ist begrenzt. Man kann sie durch das Sterilisieren der Lebensmittel verlängern.

## Vakuumieren

Beim Vakuumieren oder auch Vakuum-Verpacken schweißt man Lebensmittel in eine Folie und **saugt die Luft heraus**. Dadurch **entzieht** man aeroben Mikroorganismen den **Sauerstoff**. Sie vermehren sich nur langsam.

Beim Vakuumieren verwendet man z. T. zusätzlich ein Schutzgas wie Kohlenstoffdioxid oder Stickstoff.

Man kann alle lagerfähigen Lebensmittel vakuumieren. Dadurch verlängert man zusätzlich die Haltbarkeit.

## Einlegen

Durch das **Einlegen in Alkohol sterben Mikroorganismen ab**. Zusätzlich wird dem Lebensmittel Wasser entzogen. Die Farbe, der Geschmack und die Konsistenz (Beschaffenheit) verändern sich. Wichtig: Diese Lebensmittel sind für Gästegruppen wie Kinder oder kranke Menschen nicht geeignet.

Beispiel: Rum-Früchte

Beim **Einlegen in Öl** werden die Lebensmittel **luftdicht** eingeschlossen. Dadurch vermehren sich Mikroorganismen nicht so schnell. Einlegen in Öl wird oft **mit** einer **Hitze-Behandlung kombiniert**. Dadurch verlängert sich die Haltbarkeit.

Beispiele: Oliven, getrocknete Tomaten, Schafskäsewürfel

*Rum-Pflaumen*

B

## Chemische Konservierungsstoffe

Konservierungsstoffe gibt man Lebensmitteln hinzu. Sie verzögern oder hemmen das Wachstum der Mikroorganismen.

Konservierungsstoffe müssen gesundheitlich unbedenklich sein. Man darf sie nur bestimmten Lebensmitteln zugeben. Die Höchstmengen sind begrenzt. Ihr Einsatz wird genau in der Zusatzstoff-Zulassungsverordnung geregelt.

Auf den Lebensmittel-Verpackungen müssen die Konservierungsstoffe gekennzeichnet sein.

| Konservierungsmittel | E-Nummer | Lebensmittel |
|---|---|---|
| **Sorbinsäure** | E 200 | z. B. Gelee, Flüssig-Ei, Back-Waren |
| **Benzoesäure** | E 210 | z. B. Ketchup, Fischkonserven, Aspik |
| **Schwefeldioxid** | E 220 | z. B. Trockenobst, Nüsse, getrocknetes Gemüse |

## Hürden-Effekt

Jedes Haltbarmachungs-Verfahren verändert Lebensmittel. Der Geschmack, das Aussehen und die Konsistenz können betroffen sein. Meistens kommt es zu Nährstoff-Verlusten.

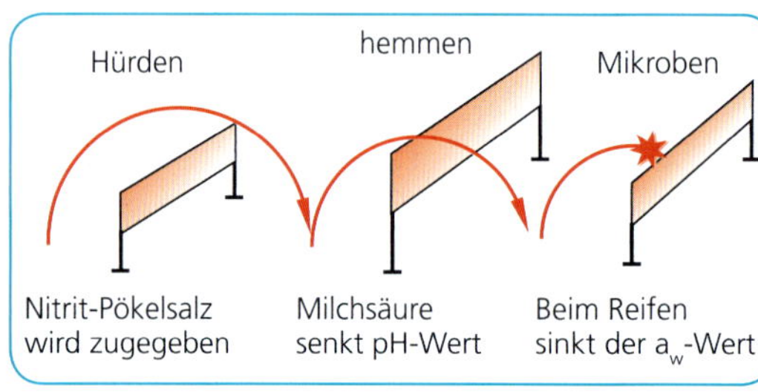


***Hürden-Effekt am Beispiel Rohwurst***

Man kann Haltbarmachungs-Verfahren kombinieren. Dadurch verändert man verschiedene Lebensbedingungen der Mikroorganismen. Ihnen stehen sozusagen mehrere „Hürden" im Weg. Dadurch wird das Lebensmittel haltbar gemacht und es verändert sich nur wenig.

# 13 Lebensmittel garen

Lebensmittel gart man, damit man sie verzehren kann.

Die **Wärme** beim Garen
- **lockert** das **Lebensmittel**. Dadurch können die Nährstoffe **leichter verdaut** werden.
- lässt **Eiweiß gerinnen**.
- **verkleistert Stärke**. Dadurch kann der menschliche Körper sie besser verwerten.
- **verändert** oder **verbessert** den **Geschmack** des Lebensmittels.
- **tötet Mikroorganismen** ab.

Man wählt je nach Lebensmittel das passende Garverfahren aus, um das Lebensmittel genussfähig zu machen.

Beim Garen wird die Wärme auf die Lebensmittel übertragen.

Es gibt drei Arten der Wärme-Übertragung:

**Strömung**
Konvektion

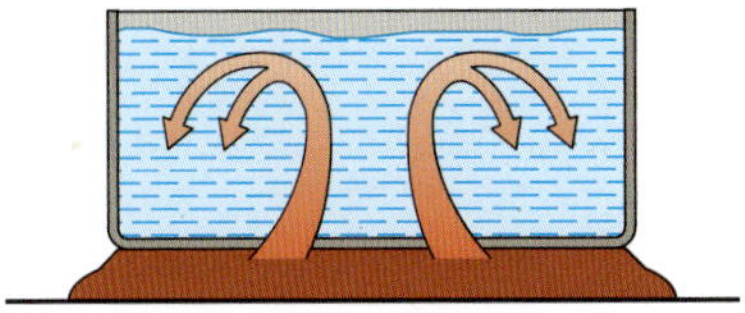

**Erwärmte Teilchen** steigen in Flüssigkeiten und in Luft **nach oben**. **Kältere Teilchen** sinken in Flüssigkeiten **nach unten**. Dadurch entsteht ein **Kreislauf**.

**Strahlung**
Radiation

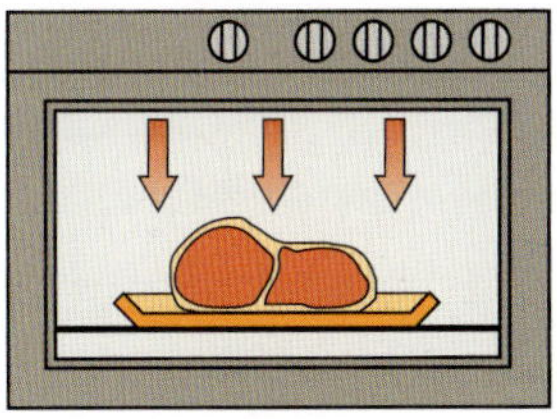

Jede **Wärmequelle** gibt **Strahlen** ab. Diese Strahlen dringen in das Lebensmittel. Dadurch erwärmen sie das Lebensmittel.

**Kontakt**
Leitung

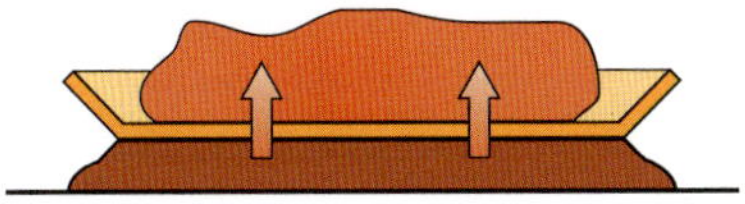

In einer Pfanne oder in einem Topf ohne Flüssigkeit hat das Lebensmittel **direkten Kontakt zur Wärmequelle**. So wird die Wärme am schnellsten übertragen.

Beim Garen in **Wasser** ist die Gar-Temperatur **höchstens 100 °C**. Beim Garen im **Drucktopf** ist die Gar-Temperatur **ca. 120 °C**.

Beim Garen in **Luft** oder **Fett** kann die Gar-Temperatur **höher als 120 °C** sein.

Die Veränderungen der Lebensmittel beim Garen hängen von der Temperatur ab.

B

Man unterscheidet die Garverfahren in:

| | |
|---|---|
| **Garen mit feuchter Wärme** | Bei diesen Garverfahren ist **Feuchtigkeit** vorhanden. Dabei werden die Lebensmittel **nicht gebräunt**.<br>• Kochen<br>• Dämpfen<br>• Dünsten<br>• Garziehen |
| **Garen mit trockener Wärme** | Bei diesen Garverfahren ist **kein Wasser** vorhanden. Dabei werden die Lebensmittel **gebräunt**.<br>• Braten<br>• Grillen<br>• Frittieren<br>• Backen |

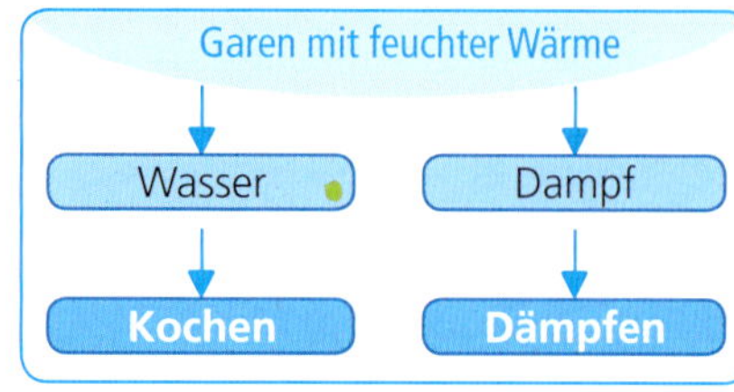


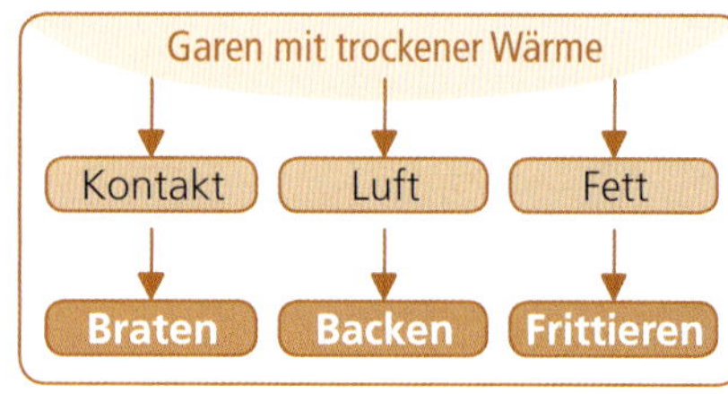


## 13.1 Garen mit feuchter Wärme

moist heat cookery methods

faire cuire à la chaleur humide

Garen mit feuchter Wärme unterscheidet man nach der Höhe der Gar-Temperatur:

| Temperatur | Garverfahren |
|---|---|
| • **über 100 °C** | Druckgaren |
| • **100 °C** | Kochen, Dämpfen, Dünsten |
| • **unter 100 °C** | Garziehen (Pochieren) |

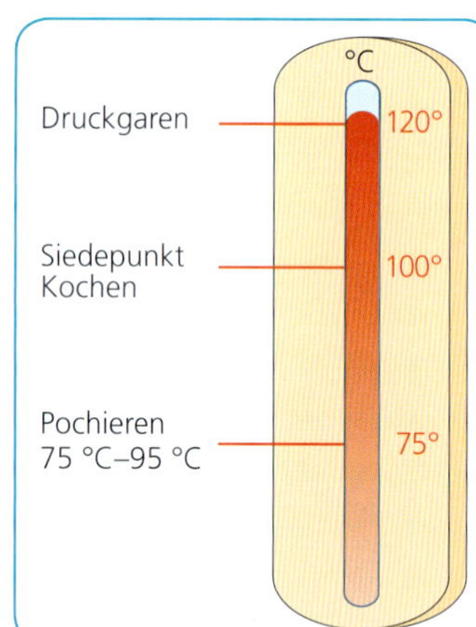


### Kochen

to boil

bouillir

Kochen ist Garen in **viel Flüssigkeit** bei **100 °C**.

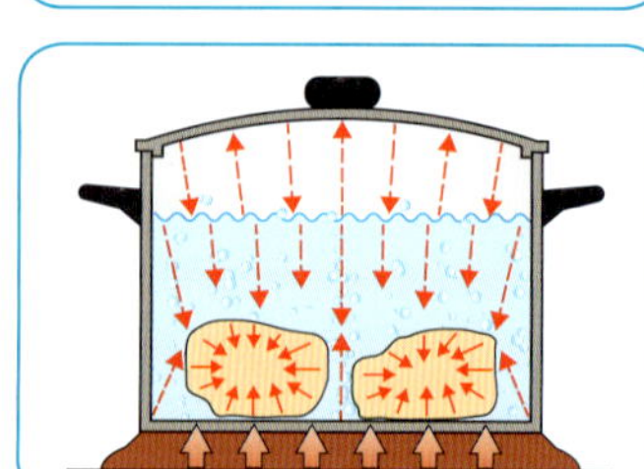

Man kocht z. B.:
- Teigwaren
- Eier
- Suppenhühner
- Rinderbrust
- Brühe

Beim Kochen verändern sich die Inhalts-Stoffe der Lebensmittel:
- **Stärke** nimmt Wasser auf und **verkleistert**, z. B. bei Kartoffeln und bei Teigwaren.
- **Eiweiß gerinnt**. Fleischfasern werden locker. Dadurch kann man sie besser kauen.
- **Bindegewebe** in Fleisch lagert Wasser an. Dadurch wird das Bindegewebe **in Gelatine umgewandelt**. Man kann das Fleisch besser kauen, z. B. Tafelspitz.
- **Vitamine** und **Mineralstoffe** gehen **in** die **Gar-Flüssigkeit** über.

*Tafelspitz*

Man beachtet:
- Beim Kochen deckt man das Kochgeschirr **mit** einem **Deckel** ab. Ohne Deckel entweicht die Wärme. Man benötigt eine höhere Energie-Zufuhr.
- Wenn das Wasser kocht, verringert man die Energie-Zufuhr. Bei höherer Energie-Zufuhr wird das Wasser nicht heißer.
- Vitamine und Mineralstoffe gehen in die Gar-Flüssigkeit über. Deshalb wird sie nach Möglichkeit mit verarbeitet.

## Garziehen (Pochieren)

🇬🇧 to poach
🇫🇷 pocher

Garziehen (Pochieren) ist Garen in **viel Flüssigkeit** bei **80–95 °C**.

Man pochiert Lebensmittel mit einer lockeren Struktur, z. B. Fisch, Klöße und Eier.

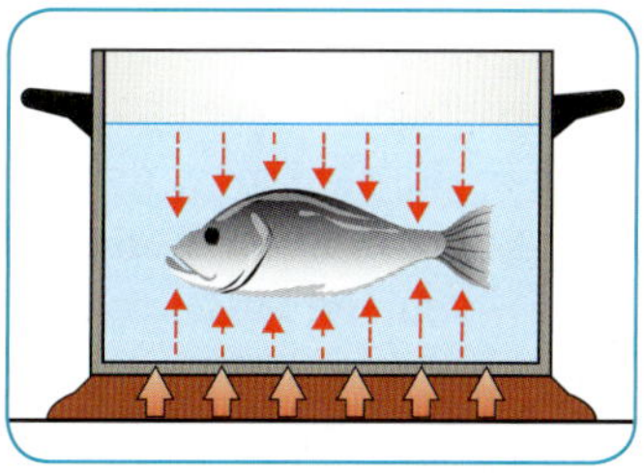

**Wenn man diese Lebensmittel kocht, zerfallen sie.** !

Beim Garziehen kommt es zu **hohen Verlusten** an **Vitaminen** und **Mineralstoffen**.

Man beachtet:
- Beim Garziehen (Pochieren) deckt man das Kochgeschirr **nicht mit** einem **Deckel** ab. Mit Deckel entsteht ein Überdruck. Das Wasser fängt an zu kochen.

## Dämpfen

🇬🇧 to steam
🇫🇷 étuver

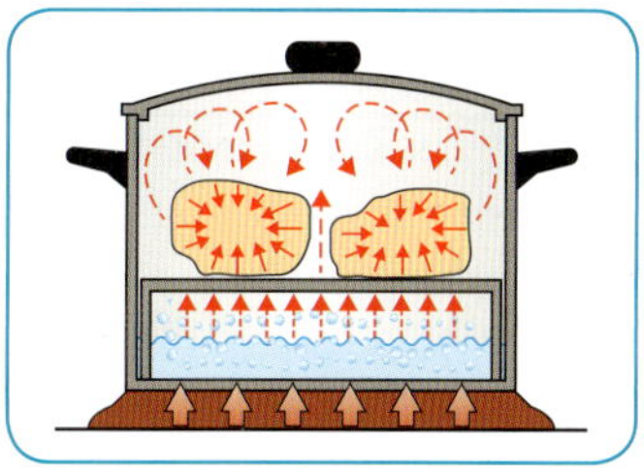

Dämpfen ist Garen in **Wasserdampf** bei **100 °C**.

Man dämpft z. B. Kartoffeln, Gemüse und Fisch.

Beim Dämpfen hat man **geringe Verluste** an **Nährstoffen**.

B

Man beachtet:
- Beim Dämpfen bedeckt man nur den **Boden** des Kochgeschirrs mit **wenig Wasser**.
- Beim Dämpfen legt man das Lebensmittel im Kochgeschirr in einen **Sieb-Einsatz**. Das Lebensmittel kommt **nicht direkt mit Wasser in Berührung**.
- Beim Dämpfen deckt man das Kochgeschirr **mit** einem **Deckel** ab. Ohne Deckel verdampft das Wasser und entweicht.

## Dünsten

to stew
cuire à l'étuvée

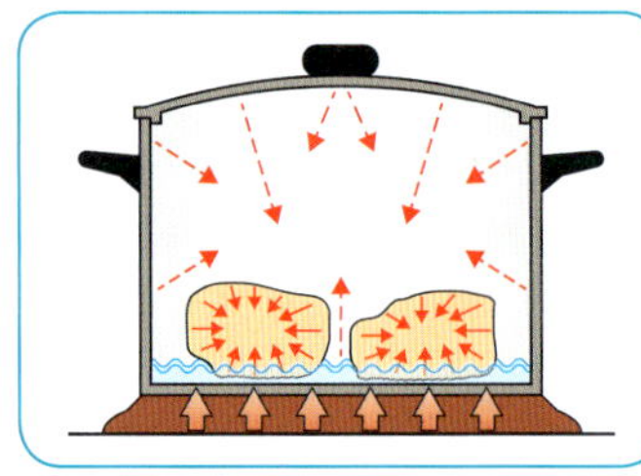

Dünsten ist Garen in **wenig Flüssigkeit** bei **100 °C**.
Meistens verwendet man **etwas Fett.**

Man dünstet z. B. Gemüse, Fisch und Obst.

Beim Dünsten hat man **geringe Verluste** an **Nährstoffen**.

**Wasserreiche Lebensmittel** geben durch Wärme viel Flüssigkeit ab. Darum muss man keine Flüssigkeit zugeben. Man nennt dies **Garen im eigenen Saft**.

Man beachtet:
- Beim Dünsten deckt man das Kochgeschirr **mit** einem **Deckel** ab. Ohne Deckel verdampft das Wasser und entweicht. Das Lebensmittel brennt an.
- Beim Dünsten muss man darauf achten, dass die Flüssigkeitsmenge passend bleibt.
  - Bei **zu wenig Flüssigkeit** wird das Dünsten zu **Braten**. Das **Lebensmittel brennt an**.
  - Bei **zu viel Flüssigkeit** wird das Dünsten zu **Kochen**.

## Glasieren

to glaze
glacer

Durch das Glasieren gibt man Lebensmitteln eine **glänzende Oberfläche**.

Beim Dünsten geben zuckerhaltige Lebensmittel, z. B. Möhren oder kleine Zwiebeln, **Zuckerstoffe** an die Flüssigkeit ab. Am Ende der Gar-Zeit nimmt man den Deckel vom Kochgeschirr ab. Die **Flüssigkeit verdampft** und wird zu einer **sirupähnlichen Glasur**. Zusätzlich gibt man etwas Zucker und etwas Butter dazu. Man schwenkt das Gemüse in dieser Glasur. Es wird gleichmäßig glasiert.

*Glasierte Möhren*

## Druckgaren

pressure cooking
cuisson sous pression

Druckgaren ist Kochen oder Dämpfen **mit Überdruck** bei **etwa 120 °C**.

Durch Druckgaren gart man z. B. Eintöpfe, Gulasch, Rouladen und Suppen.

Das Kochgeschirr wird mit einem Deckel fest verschlossen. Der Wasserdampf kann beim Kochen nicht entweichen. Es entsteht ein Überdruck. Die Gar-Temperatur steigt auf etwa 120 ° C an. Ein Ventil im Deckel reguliert den Druck im Kochgeschirr.

*Dampf-Drucktopf*

**Die höhere Gar-Temperatur lässt die Lebensmittel schneller garen. Man spart nicht nur Zeit sondern auch Energie.** !

## Gratinieren (Überbacken)

to brown
gratiner

Gratinieren ist **kein Garverfahren**.

Durch das Gratinieren verändert man das Aussehen und den Geschmack von Lebensmitteln, die **schon gegart** sind.
Die Lebensmittel werden mit **starker Oberhitze** überbacken, z. B. im Salamander. Es bildet sich eine **schmackhafte goldgelbe bis braune Kruste**.

Zum Gratinieren bedeckt man die Lebensmittel mit geriebenem Käse und Butterflocken oder mit Mornaysauce.

## 13.2 Garen mit trockener Wärme

dry heat cookery methods
faire cuire à la chaleur sèche

Garen mit trockener Wärme bedeutet: **Garen ohne Wasser**.
Dabei **bräunt** man das Lebensmittel und es entstehen **Röst-Stoffe**.

Es gibt vier Möglichkeiten, die Wärme auf das Lebensmittel zu übertragen.

| Wärme-Übertragung | Gargerät |
|---|---|
| • **direkter Kontakt** | Pfanne, Grillplatte |
| • **Strahlung** | Grill, Salamander |

*Hacksteaks braten*

| Wärme-Übertragung | Gargerät |
|---|---|
| • **heißes Fett** | Fritteuse |
| • **heiße Luft** | Backofen |

B

## Braten

to roast
rôtir

Braten ist Garen **in der Pfanne** oder **in dem Ofen** bei Temperaturen **zwischen 120 °C und 200 °C**. Man brät **mit** oder **ohne Fett**.

### Braten in der Pfanne

to pan-fry
rôtir

Braten in der Pfanne nennt man auch **Kurzbraten**.

In der Pfanne brät man z. B. Steaks, Bratkartoffeln, Fischfilets und Eier.

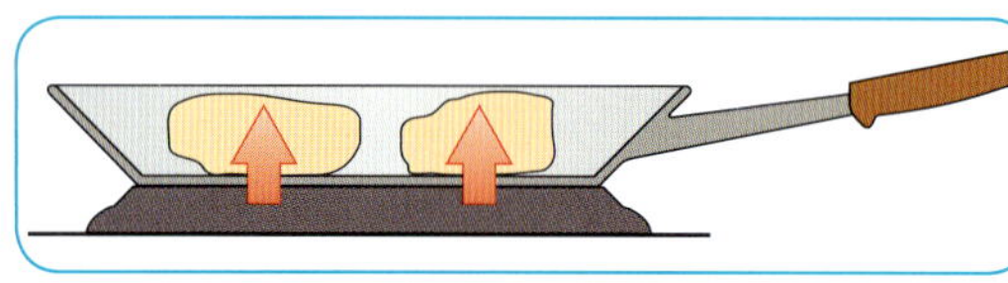

Man beachtet:
- Man verwendet zum Braten **wasserfreie Fette**, z. B. Pflanzenfett. Fette mit hohem Wasser-Anteil spritzen.
- Man brät **nicht mit Butter**. Sie verbrennt bei hohen Temperaturen. Man kann **Butter am Ende** des Bratens **als Geschmacks-Träger** dazugeben.
- Die Lebensmittel muss man wenden. Die Wärme kommt nur von unten und die Lebensmittel bräunen sonst nur an der unteren Seite.

### Sautieren (Schwenken)

to sauté
sauter

Sautieren (**Schwenken**) ist Kurzbraten von kleinen Lebensmittel-Stückchen, z. B. Geschnetzeltes. Man sautiert mit hoher Wärme-Zufuhr. Dafür verwendet man eine **Sauteuse**. Diese hat einen abgerundeten Pfannen-Boden.

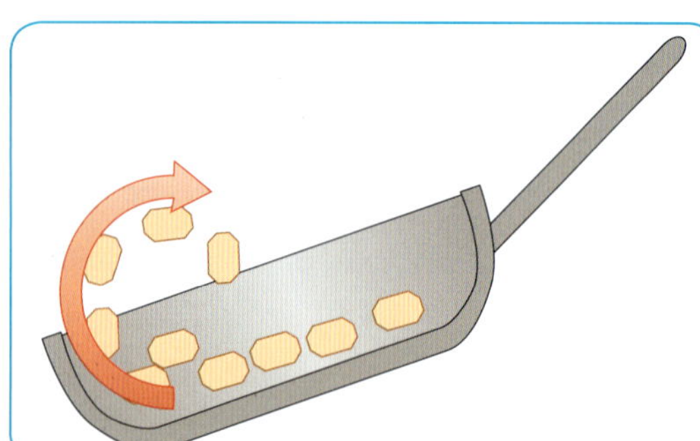

Man beachtet:
- Das **Gar-Gut** darf **nicht übereinander** liegen. So kann es die Wärme schnell aufnehmen.
- Man schwenkt die Pfanne. So wendet man das Gar-Gut.

B

## Braten im Ofen

to roast
rôtir

Braten im Ofen nennt man auch **Langzeitbraten**.

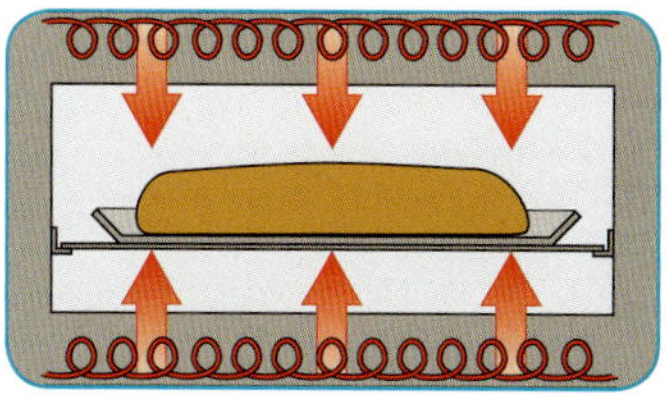

Im Ofen brät man z. B. Geflügel, Roastbeef und Schweine-Rücken.

Beim Langzeitbraten gibt es zwei Stufen:
- Anbraten bei hoher Temperatur im Ofen
- Weiterbraten bei ca. 140 °C

## Garen bei Niedrigtemperatur

Man gart nur bei **ca. 80 °C** langsam im Ofen. Die **Gar-Zeit** kann **bis zu 10 Stunden** dauern. So **verliert** das Gar-Gut **wenig Flüssigkeit** und bleibt saftig. Dabei bildet sich aber **keine Kruste** und damit auch kein typisches Brat-Aroma. Wenn man eine Kruste haben möchte, brät man das Lebensmittel vorher bei hoher Temperatur an.

Man gart bei Niedrigtemperatur z. B. Roastbeef, Rinderfilet und Geflügel.

# Grillen

to grill
griller

Grillen ist Garen mit **Strahlungs-Wärme** oder **Kontakt-Wärme** bei Temperaturen von **200 °C** bis **250 °C**.

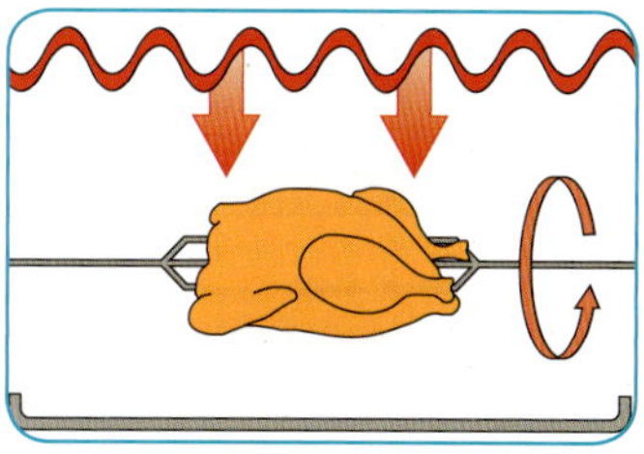

*Grillen mit Strahlungs-Wärme*

Man grillt z. B. Steaks, Geflügel, Hackfleisch und Gemüse.

Durch die trockene Wärme-Zufuhr bildet sich schnell eine Kruste.

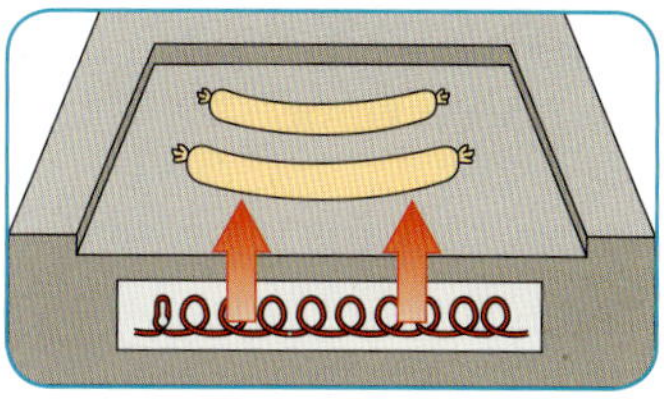

*Grillen mit Kontakt-Wärme*

Man beachtet:
- Man darf **gepökeltes Fleisch**, z. B. Kassler, **nicht grillen**. Es bilden sich krebserregende Nitros-Amine.
- Man bestreicht das Gar-Gut mit Öl oder Fett oder mariniert es. Dadurch trocknet es nicht aus.

# Frittieren

deep frying
frire

Frittieren ist Garen in viel **heißem Fett** bei Temperaturen zwischen **150 °C** und **175 °C**.

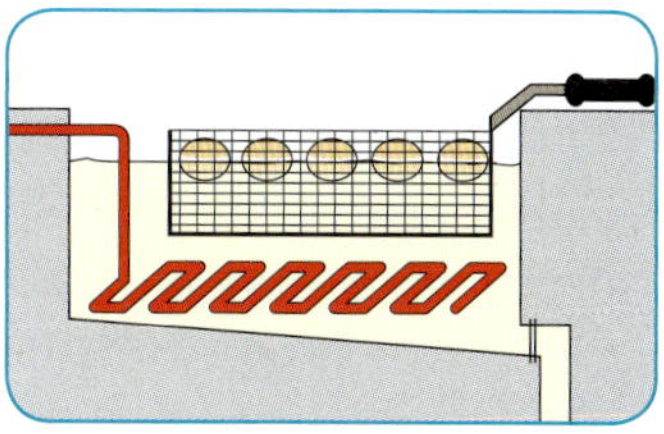

Das Gar-Gut **schwimmt im heißen Fett**. So überträgt sich die Wärme sehr schnell. Das führt zu einer kurzen Gar-Zeit.

Man frittiert z. B. Kartoffel-Erzeugnisse, Fisch, Fleisch und Gebäck aus Brand-Masse.

Man beachtet:
- Man verwendet **hitzebeständige Spezialfette** mit einem **hohen Rauchpunkt**. Diese Fette zersetzen sich bei diesen hohen Temperaturen nicht so schnell und sind länger haltbar.
- Man frittiert **nur bis max. 175 °C**. Sonst bildet sich gesundheitsgefährdendes **Acryl-Amid**.

B

## Schmoren

to braise
braiser

Schmoren ist ein **kombiniertes Garverfahren**. Zuerst **brät** man das Lebensmittel bei **ca. 180 °C an**. Dann gießt man **Flüssigkeit** an und gart bei **100 °C** weiter.

Durch das Anbraten entstehen für Schmorgerichte typische Farbstoffe und Aromastoffe.

Man schmort z. B. Gulasch, Rouladen, Lammkeule und Gemüse.

Man schmort das Lebensmittel in drei Schritten:

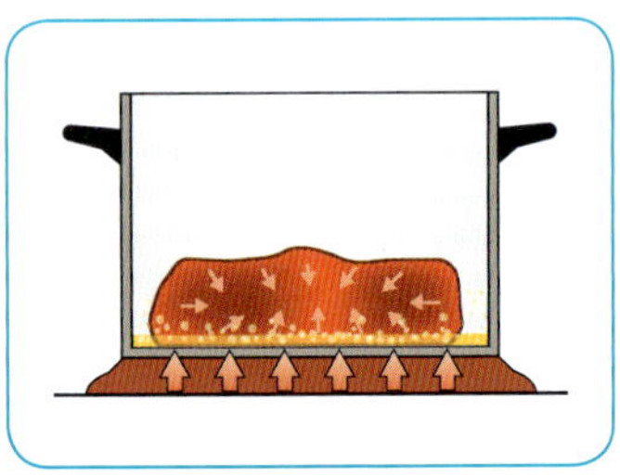

*Anbraten*

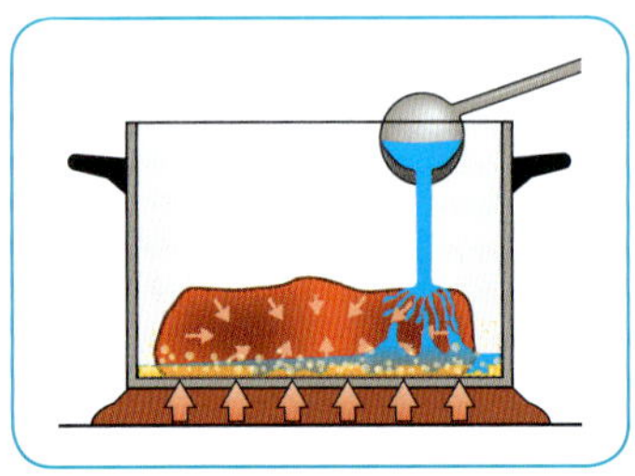

*Angießen*

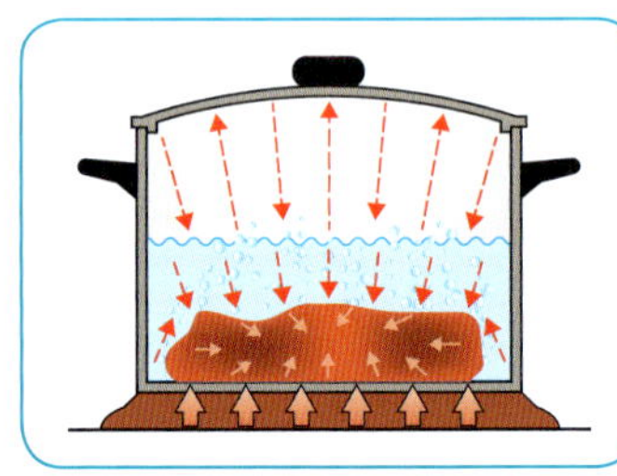

*Garen in siedender Flüssigkeit*

## Backen

baking
cuire au four

Backen ist Garen in **heißer Luft** bei Temperaturen zwischen **150 °C** und **250 °C** im Backofen.

Man kann am Backofen einstellen:
- Oberhitze und Unterhitze
- Unterhitze
- Umluft
- eine Kombination aus Oberhitze/Unterhitze und Umluft

Durch die hohe Temperatur bildet sich eine Kruste. Die Kruste hat durch aromatische Röst-Stoffe einen besonderen Geschmack.

Man backt z. B. Kuchen, Brot, Aufläufe und Soufflés.

Man beachtet:
- Man passt die Temperatur dem Volumen des Gar-Guts an. Wenn die Temperatur bei großem Volumen, z. B. bei einem Brot, zu hoch ist, bildet sich außen eine dunkle Kruste. Das Innere des Gar-Guts ist aber nicht durchgebacken.

B

## 13.3 Speisenvariationen durch Garverfahren

food variations by cooking methods

variations alimentaires par méthodes de cuisson

Ein Lebensmittel kann man durch verschiedene Garverfahren zu unterschiedlichen Speisen zubereiten.

### Hackfleisch

| Garverfahren | Speise | Zubereitung |
|---|---|---|
| **Garziehen** | **Königsberger Klopse**  | Man formt die Hackfleisch-Masse zu Kugeln (Klopse). Für eine Person nimmt man 2 Klopse à 60 g. Man legt sie in heiße Fleisch-Brühe und gart sie. Man bereitet eine helle Grundsauce zu. Diese schmeckt man mit Sauerrahm, Senf und Kapern ab. Die Klopse legt man in die Sauce. |
| **Schmoren** | **Kohl-Roulade**  | Man blanchiert Weißkohlblätter. Danach legt man sie flach aus und würzt sie mit Salz und Pfeffer. Man gibt die Hackfleisch-Masse auf die Weißkohlblätter. Dann rollt man die Blätter mit der Masse zusammen auf. Die Kohl-Rouladen brät man bei ca. 180 °C an. Danach füllt man mit Brühe auf. Man lässt die Kohl-Rouladen 45 bis 60 Minuten kochen. |
| **Braten in der Pfanne** | **Frikadellen**  | Man formt die Hackfleisch-Masse zu Frikadellen. Für eine Portion nimmt man 120 g. Man erhitzt Fett in einer Pfanne und legt die Frikadellen in die Pfanne. Man brät sie von beiden Seiten gleichmäßig braun. Frikadellen müssen durchgebraten sein, aber auch saftig. |
| **Braten im Ofen** | **Hackbraten**  | Man formt die Hackfleisch-Masse wie ein Brot. Die geformte Masse wälzt man in Semmelbröseln und legt sie in ein gefettetes Bratgeschirr. Man gart den Hackbraten im Ofen bei mittlerer Wärme etwa eine Stunde. Zwischendurch übergießt man den Hackbraten mit Fleisch-Brühe. |

B

## Geflügel

| Garverfahren | Speise | Zubereitung |
|---|---|---|
| **Kochen** | **Blankett vom Huhn**  | Man kocht ein Masthuhn (Poularde) in gesalzenem Wasser mit Gemüsebündel. Nach dem Kochen nimmt man es aus der Brühe und lässt es abkühlen. Man trennt das Fleisch von den Knochen und zerkleinert es. Aus der Brühe bereitet man eine Sauce zu. Die Fleisch-Stückchen gibt man in die Sauce. |
| **Dünsten** | **Hühnerfrikassee**  | Man schneidet das Fleisch einer Poularde in Stückchen und blanchiert sie. Dann zerlässt man Butter und schwitzt Zwiebelwürfel an. Danach schwitzt man die Geflügel-Stückchen mit. Dann bestäubt man mit Mehl und füllt mit Geflügelbrühe auf. Man dünstet die Geflügel-Stückchen in der Sauce. |
| **Schmoren** | **Coq au vin**  | Man würzt Geflügel-Teile und wälzt sie in Mehl (mehlieren). Man brät sie von beiden Seiten in Fett an. Für den Geschmack und für die Farbe röstet man Röstgemüse (Mirepoix) und Tomatenmark mit an. Man bestäubt mit Mehl und füllt mit Rotwein auf. Die Geflügel-Teile gart man, bis sie verzehrfertig sind. |
| **Braten in der Pfanne** | **Gebratene Hähnchenbrust**  | Man salzt die Hähnchenbrust und bestreut sie mit Paprika-Gewürz. Danach paniert man sie. In einer Pfanne erhitzt man Butter und legt die panierte Hähnchenbrust hinein. Man brät die Hähnchenbrust bei mittlerer Wärme von beiden Seiten gleichmäßig braun. |
| **Braten im Ofen** | **Gebratene Poularde**  | Man salzt und würzt die Poularde. Die Poularde brät man im Ofen bei etwa 220 °C auf der Seite liegend beidseitig an. Bei 180 °C brät man sie 50 bis 55 Minuten. Dabei wendet man sie mehrmals und begießt sie immer wieder mit Bratfett. |

| Garverfahren | Speise | Zubereitung |
| --- | --- | --- |
| **Frittieren** | **Wiener Backhähnchen**  | Man salzt und würzt vorbereitete Hähnchenteile, z. B. Keulen oder Flügel. Danach wendet man sie in Mehl, Ei und geriebener Weißbrot-Krume (Mie de pain). Bei ca. 160 °C frittiert man sie. |
| **Grillen** | **Gegrillte Hähnchenbrust**  | Man mariniert die Hähnchenbrust. Die marinierte Hähnchenbrust legt man auf den heißen, geölten Grillrost. Während des Grillens bestreicht man sie immer wieder mit Marinade. Man wendet die Hähnchenbrust mehrmals und dreht sie dabei jeweils um 90 Grad. So entsteht das Grillkaro. |

## Fisch

| Garverfahren | Speise | Zubereitung |
| --- | --- | --- |
| **Blaukochen** | **Forelle blau**  | Man pochiert die ganze Forelle bei einer Temperatur von 60 °C bis 85 °C in einer säurehaltigen Flüssigkeit.<br>Die Schleim-Haut der Forelle wird durch die Säure blau. |
| **Dünsten** | **Gedünstete Forelle**  | Man streicht den Topf-Boden mit Butter ein. Dann legt man nach Wahl Schalotten-Würfel oder Wurzelgemüse-Streifen in den Topf. Man gießt wenig Fisch-Brühe dazu und dünstet das Gemüse. Auf das Gemüse legt man die Forelle und dünstet sie. |
| **Braten** | **Forelle Müllerin-Art**  | Man wendet die ganze Forelle in Mehl. Dann brät man die Forelle in der Pfanne. Zwischendurch wendet man die Forellen vorsichtig.<br>Man gibt gehackte Petersilie, Zitronen-Saft und braune, schaumige Butter über die Forelle. |

B

## Gemüse

| Garverfahren | Speise | Zubereitung |
|---|---|---|
| **Kochen** | **Zucchini-Cremesuppe**  | Man wäscht, putzt und schneidet Zucchini. Kartoffeln (für die Bindung) schält, wäscht und schneidet man. Man brät Kartoffeln und Zucchini im Topf an und löscht mit Gemüsebrühe ab. Dann köchelt man alles ca. 20 Minuten. Abschließend püriert man die Suppe. Sahne gibt man zum Verfeinern dazu. |
| **Dünsten** | **Zucchini-Nudeln**  | Man wäscht und putzt Zucchini. Dann schneidet man sie mit einem Hobel oder mit einem speziellen Schneidaufsatz in Nudelform. Man zerlässt in einer Pfanne Butter. Dann gibt man die Zucchini-Nudeln in die Butter, schwitzt sie an und dünstet sie, bis sie bissfest sind. |
| **Grillen** | **Gegrillte Zucchini-Scheiben**  | Man wäscht und putzt Zucchini. Dann schneidet man sie in Scheiben. Man salzt die Zucchini-Scheiben und tupft sie nach einigen Minuten trocken. Anschließend streicht man sie mit Olivenöl ein und grillt sie von beiden Seiten. |
| **Braten** | **Zucchini-Puffer**  | Man wäscht, putzt und raspelt Zucchini. Dann mischt man die Stückchen mit Salz und lässt sie durchziehen. Anschließend drückt man sie gut aus. Die Stückchen vermischt man mit Eiern, Mehl und weiteren Zutaten nach Wahl. Man gibt jeweils einen Esslöffel von der Zucchini-Masse in eine Pfanne und brät sie von beiden Seiten. |
| **Frittieren** | **Frittierte Zucchini-Scheiben**  | Man wäscht und putzt Zucchini. Dann schneidet man sie in Scheiben. Man bereitet einen Ausbackteig zu. Die Zucchini-Scheiben taucht man in den Ausbackteig und frittiert sie in heißem Fett. Man lässt sie auf Küchenpapier abtropfen. |

## 13.4 Speisen-Produktions-Systeme

food production systems
systèmes de production des repas

*Speisen regenerieren*

In Restaurants bestellt der Gast sein Essen nach der Karte (À-la-Carte). Die gewünschten **Speisen** werden **direkt** – à la minute – **zubereitet** und **sofort servieren.** Dieses Verfahren nennt man Kochen und Servieren oder **Cook & Serve**.

In gewerblichen Küchen haben die Mitarbeiter meist eine hohe Arbeitsbelastung. Deswegen kann man dort nicht immer alle Speisen frisch zubereiten.

Es gibt zwei verschiedene Systeme, Speisen im voraus zuzubereiten und bei Abruf anzurichten.

| | |
|---|---|
| **Cook & Hold**<br>Kochen und Warmhalten | Man bereitet die Speisen zu und **hält** sie **bis zum Anrichten warm**. Dieses System eignet sich nur für bestimmte Speisen, z. B. für Schmorgerichte wie Rouladen und große Braten. |
| **Cook & Chill**<br>Kochen und Kühlen | Man **bereitet** die **Speisen im voraus zu**. Innerhalb einer kurzen Zeit **kühlt** man die Speisen auf +3 °C **ab**. Danach **portioniert** man sie. Diese Speisen können ohne Unterbrechung der Kühlkette unter +4 °C bis zu 4 Tagen gelagert werden. Kurz vor dem Anrichten **erwärmt** man sie **auf Verzehr-Temperatur (regenerieren)**.<br><br>Dieses System setzt man für die Zubereitung der Bord-Verpflegung von Flugzeugen ein. Mehr und mehr arbeiten Küchen, die für große Bankett-Veranstaltungen kochen, und auch Catering-Unternehmen mit diesem System. |

| Kochen und Servieren | Kochen und Warmhalten | Kochen und Kühlen |
|---|---|---|
| Cook & Serve | Cook & Hold | Cook & Chill |
| Zubereiten | Zubereiten | Zubereiten |
| Anrichten | Warmhalten | Abkühlen |
| | Anrichten | Kühl lagern |
| | | Regenerieren |
| | | Anrichten |

B

# 14 Convenience-Produkte

convenience food
aliments prétraités

*Tiefkühl-Gemüse*

**Convenience-Produkte** sind vorverarbeitete Lebensmittel. Der Begriff stammt aus dem Englischen. **Convenience** bedeutet **„Bequemlichkeit"**. Convenience-Produkte machen die Arbeit in der Küche bequemer.

## 14.1 Einsatz von Convenience-Produkten

use of convenience food
utilisation de aliments prétraités

In der **klassischen Küche** erfolgten **alle Arbeitsschritte** von der Rohware bis zum fertigen Gericht **in der Küche selbst**.

*Frischware*

*Convenience-Produkt*

Die **Lebensmittel-Industrie** bietet zunehmend vorverarbeitete Lebensmittel an. Diese **Convenience-Produkte** werden heute in fast jeder Küche eingesetzt.

### Vorteile und Nachteile von Convenience-Produkten

Es gibt **Argumente für** den Einsatz von Convenience-Produkten in der Küche. Es gibt aber auch **Argumente gegen** den Einsatz von Convenience-Produkten. Jeder Betrieb muss für sich entscheiden, ob der Einsatz von Convenience-Produkten sinnvoll ist.

**Vorteile von Convenience-Produkten**

- Man **spart Zeit**, weil Arbeitsschritte wegfallen. Darum braucht man **weniger Personal**.
- Convenience-Produkte kann man **saisonunabhängig** einkaufen.
- Man kann Speisen **schnell nachproduzieren**.
- Es gibt ein **vielfältiges Angebot** an Convenience-Produkten.
- Man kann den **Einkauf genauer planen**.
- Man bekommt eine **gleichbleibende Qualität**.
- Convenience-Produkte sind **länger haltbar**.
- Die **Zubereitung** von Speisen mit Convenience-Produkten ist **einfach**. Man kann weniger Fehler machen.
- Man kann **Personal ohne gastronomische Ausbildung einsetzen**. Damit **spart** man **Lohnkosten**.

### Nachteile von Convenience-Produkten

- Die Zubereitung von Speisen ist **nicht** mehr **individuell**. **Abwechslung** und **Kreativität** gehen **verloren**.
- Man hat nur **wenig Einfluss auf** die **Zubereitung**.
- Man **verlernt** die **Arbeitsweise** mit unverarbeiteten Lebensmitteln.
- Convenience-Produkte haben häufig einen **höheren Energie-Gehalt** (mehr Kilojoule/ mehr Kilokalorien). Durch die industrielle Zubereitung entstehen **Vitamin-Verluste und Mineralstoff-Verluste**.
- Man kann nur **wenige saisonale** und **regionale Lebensmittel** einsetzen.
- Convenience-Produkte sind oft **teurer** als unverarbeitete Lebensmittel. Je mehr ein Lebensmittel vorgefertigt ist, desto höher ist der Preis.
- Man hat **viel Verpackungs-Müll**.

## Arbeiten mit Convenience-Produkten

Convenience-Produkte erleichtern die Arbeit in der Küche. Dabei sollte man bedenken:

- Convenience-Produkte können die Grundlage für Speisen bilden. Man kann Convenience-Produkte **individuell verändern, verfeinern** und **abschmecken**. Zum Beispiel
  - kann man frisches Gemüse als Suppen-Einlage in die Fertig-Suppe geben,
  - kann man frisches Obst zum Fertig-Dessert dazugeben,
  - kann man Tiefkühl-Gemüse durch frische Kräuter verfeinern.
- Man sollte **hochwertige Convenience-Produkte einkaufen**.
- Man sollte Produkte **von verschiedenen Anbietern ausprobieren** und die Produkte miteinander **vergleichen**.
- Man muss die **Rezepturen einhalten**. Die Zutaten sind aufeinander abgestimmt und erprobt.
- Man muss sich **an** die **Arbeits-Anweisungen halten**.
- Man muss die **Gar-Zeiten beachten**.

## 14.2 Fertigungs-Stufen bei Convenience-Produkten

production stages
stades de la production

**Je mehr** der Hersteller eines Convenience-Produktes ein **Lebensmittel bearbeitet**, **desto höher** ist die **Fertigungs-Stufe** dieses Convenience-Produktes.

**Je höher** die **Fertigungs-Stufe** eines Convenience-Produktes ist, **desto weniger** muss der Koch **Arbeit investieren**.

Es gibt verschiedene Fertigungs-Stufen:

### Küchenfertige Produkte

Man muss küchenfertige Produkte, z. B. rohes Schnitzel, ausgenommene Forelle, gewaschenes Gemüse, **noch vorbereiten**.

Weitere Beispiele für küchenfertige Produkte sind:

*T-Bone-Steak*

*Karbonade vom Lachs*

*Hähnchen-Flügel*

### Garfertige Produkte

Man muss garfertige Produkte, z. B. geschnittenes Gemüse, Reis, paniertes Fischfilet, **noch garen**.

Weitere Beispiele für garfertige Produkte sind:

*TK-Schnitzel, paniert*

*Nudel-Sorten*

*Kartoffeln, geschält*

### Mischfertige Produkte

Man muss mischfertige Produkte, z. B. Instant-Suppen, Dessert-Saucen-Pulver, Pudding-Pulver, **noch mit weiteren Lebensmitteln mischen**.

Weitere Beispiele für mischfertige Produkte sind:

*Creme-Pulver*

*Instant-Nudelgericht*

*Kartoffel-Flocken*

B

## Regenerierfertige Produkte

Man muss regenerierfertige Produkte, z. B. Tiefkühl-Gemüsepfannen, Tiefkühl-Nudelgerichte, Eintopf-Gerichte als Konserve, **nur noch erhitzen**.

Weitere Beispiele für regenerierfertige Produkte sind:

*Tiefkühl-Pizza*

*Bohnensuppe, Konserve*

*Fischgericht, tiefgekühlt*

## Verzehrfertige Produkte

Man nennt verzehrfertige Produkte auch tischfertige Produkte oder servierfertige Produkte. Man kann verzehrfertige Produkte, z. B. Quark-Speisen, Fisch-Dauerwaren, Feinkost-Salate, Chips, **ohne weitere Zubereitung verzehren**.

Weitere Beispiele für verzehrfertige Produkte sind:

*Feinkost-Salat, z. B. Fleischsalat*

*Fisch-Dauerware, z. B. Brathering*

*Joghurt*

C

# 1 Unser Gast

our guest
notre hôte

Der Gast ist die wichtigste Person in der Gastronomie und in der Gemeinschafts-Verpflegung. Ohne Gäste haben wir in der Küche keine Arbeit.

Man kommt auch als Koch mit Gästen zusammen, z. B.:

- bei der Betreuung am Frühstücksbüfett, am Lunchbüfett, am Büfett bei Veranstaltungen
- bei der Essens-Ausgabe in der Gemeinschafts-Verpflegung
- bei der Versorgung von Free-flow-Theken

Für den Koch und für das Service-Personal gelten die gleichen Verhaltens-Regeln.
Das **Ziel** für alle Mitarbeiter im Betrieb ist ein **zufriedener Gast**, der sich wohlfühlt.

- Man bedient den Gast **freundlich** und **zuvorkommend**.
- Man **konzentriert sich** auf den Gast und auf die **Wünsche des Gastes**.
- Man **hört** dem Gast **aufmerksam zu**.
- Man **berät** den Gast **fachlich**.
- Man **zeigt** dem Gast seine **Wertschätzung**.

**Wenn Gäste unzufrieden sind, erzählen sie es weiter. Der Betrieb bekommt einen schlechten Ruf. Berichte von unzufriedenen Gästen verbreiten sich viel mehr als Berichte von zufriedenen Gästen.** !

## 1.1 Gästetypen

guest types
types d'invités

Jeder Gast ist **individuell**. Trotzdem gibt es **bestimmte Gästetypen**, die sich ähnlich verhalten.

- Der selbstbewusste, entschlossene Gast
- Der unsichere, unentschlossene Gast
- Der redselige, stets gut gelaunte Gast
- Der nervöse, aufgeregte Gast
- Der misstrauische Gast
- Der sparsame Gast
- Der überhebliche Gast

Man sollte einen **Gast gut beobachten**. Dann kann man ihn richtig einschätzen. Man erkennt, **welche Eigenarten er hat** und man kann ihn entsprechend bedienen. Der **Gast** fühlt sich wohl und **ist zufrieden**.

| Gästetyp | Verhalten des Gastes | Verhalten im Service |
|---|---|---|
| <br>*Der **selbstbewusste** Gast* | • Der Gast bewegt sich **sicher und zielstrebig**.<br>• Der Gast tritt **entschlossen** auf.<br>• Der Gast **weiß, was er will** und er gibt klare Antworten. | • Man tritt **sicher** auf.<br>• Man gibt dem Gast **keine Empfehlung**.<br>• Man **behält** den **Gast ständig im Auge** und man bedient ihn schnell. |
| <br>*Der **unsichere** Gast* | • Der Gast verhält sich **zögernd**.<br>• Der Gast schaut sich **unsicher, fast ängstlich**, um.<br>• Der Gast ist **unentschlossen**. | • Man verhält sich dem Gast gegenüber **ruhig**.<br>• Man **hilft ihm** bei der Sitzplatz-Wahl.<br>• Man **lässt** dem Gast **Zeit** für seine Entscheidung. |
| <br>*Der **redselige** Gast* | • Der Gast **redet zu jeder Zeit**.<br>• Der Gast verwickelt das Service-Personal immer wieder in ein Gespräch. | • Man **hört** dem Gast **interessiert** zu.<br>• Man **zeigt** seine **Ungeduld nicht**.<br>• Man wendet sich entschuldigend anderen Gästen zu. |
| <br>*Der **nervöse** Gast* | • Der Gast wirkt **nervös** und hat es eilig.<br>• Der Gast wird **ungeduldig**, wenn er warten muss.<br>• Der Gast ist **schnell unzufrieden**. | • Man **bedient** den Gast **schnell**.<br>• Man **widerspricht** ihm **nicht**.<br>• Man **nimmt** seine Unzufriedenheit **nicht persönlich**. |
| <br>*Der **misstrauische** Gast* | • Der Gast **hat** immer **Angst, dass er hintergangen** wird.<br>• Der Gast äußert sich oft **kritisch zu allem**.<br>• Dieser Gast ist ein **schwieriger Gast**. | • Man **nimmt** das **Misstrauen** des Gastes **nicht persönlich**.<br>• Man empfiehlt Speisen und Getränke mit einer präzisen Beschreibung.<br>• Man **behandelt** den Gast **vertrauenserweckend**. |

C

| Gästetyp | Verhalten des Gastes | Verhalten im Service |
|---|---|---|
|  *Der sparsame Gast* | • Der Gast **achtet** bei allen Speisen und Getränken **besonders auf** einen **günstigen Preis**. | • Man **akzeptiert** die **Sparsamkeit** des Gastes. • Man weist den Gast auf günstige Speisen und Getränke hin. • Man sollte **kein Trinkgeld erwarten**. |
|  *Der überhebliche Gast* | • Der Gast **behandelt** das **Personal von oben herab**. • Der Gast **akzeptiert keine andere Meinung**. • Der Gast ist oft **beleidigend**. | • Man überhört seine unangemessenen Äußerungen. • Man **widerspricht** dem Gast **nicht**. • Man behandelt den Gast **höflich**, aber **zurückhaltend**. |

## 1.2 Spezielle Gästegruppen

special guest groups
groupes d'invités spéciaux

Man bedient Gäste, die sich wegen ihres Alters, wegen ihres Gesundheits-Zustandes oder wegen ihrer Herkunft anders verhalten, mit besonders viel Einfühlungs-Vermögen.

| | Besonderheiten | Verhalten im Service |
|---|---|---|
|  | • **Manche** Senioren sind **vergesslich**. • **Manche** Senioren **hören schlecht**. • Senioren können sich **häufig nicht mehr** so **gut bewegen**. | • Man braucht **Einfühlungs-Vermögen** und **mehr Geduld**. • Man **spricht langsam** und **deutlich**. • Man **bietet** seine **Hilfe an**, z. B. beim Tragen von Tellern vom Büfett an den Tisch. |
|  | • Kinder sind **häufig unruhig** und **brauchen Aufmerksamkeit**. • Kinder haben oft die gleichen Speisen-Wünsche. | • Man **bedient** Kinder **als erstes**. • Man **geht auf** die **Bedürfnisse** der Kinder **ein**, z. B. durch eine spezielle Kinderkarte, durch Kinder-Besteck, durch Malbücher. |

| | Besonderheiten | Verhalten im Service |
|---|---|---|
|  | • Menschen mit Handicap brauchen **oft besondere Rahmen-Bedingungen**, z. B. ein Rollstuhlfahrer braucht mehr Platz. | • Man **verhält sich** Menschen mit Handicap gegenüber **taktvoll**.<br>• Man **schafft** die notwendigen **Rahmen-Bedingungen**.<br>• Man **bietet** seine **Hilfe an, wenn** man sieht, dass **Hilfe gebraucht wird**. |
|  | • Ausländische Gäste **sprechen nicht immer deutsch**.<br>• Ausländische Gäste **kennen nicht** unbedingt die **deutschen Gepflogenheiten**. | • Man reicht dem Gast eine Speisekarte in englisch, wenn es möglich ist. Manche Restaurants haben **Speisekarten in verschiedenen Sprachen**.<br>• Man **bietet** seine **Hilfe an** und unterstützt den Gast.<br>• Man ist **tolerant**. |

# 2 Mitarbeiter im Service

service staff
personnel de service

Die Mitarbeiter im Service haben eine **verantwortungsvolle Aufgabe**. Sie sind die **direkten Ansprechpartner** für den Gast. Die Mitarbeiter im Service **sorgen mit** ihrem **Verhalten dafür**, dass der **Gast sich wohlfühlt** oder dass er sich nicht wohlfühlt.

C

Mitarbeiter im Service brauchen viele **positive Eigenschaften**, z. B.:

- Gute Umgangsformen
- Angemessene Freundlichkeit
- Taktvolles Benehmen
- Gute Menschen-Kenntnis
- Humor
- Flexibilität
- Offenheit
- Selbst-Beherrschung
- Sensibilität im Umgang mit Menschen
- Verlässlichkeit
- Belastbarkeit
- Diplomatisches Verhalten

## 2.1 Äußeres Erscheinungsbild

outer appearance
aspect extérieur

Die Mitarbeiter im Service tragen mit einem **positiven äußeren Erscheinungsbild** zu einer **angenehmen Atmosphäre** bei. Nur in einer angenehmen Atmosphäre fühlt sich der Gast wohl.

- Saubere, gebügelte Arbeitskleidung
- Freundliches Lächeln
- Aufrechte Körperhaltung
- Offener Gesichtsausdruck
- Offene Körperhaltung
- Blick-Kontakt
- Geputzte Schuhe
- Gepflegte Haarfrisur
- Zusammengebundene lange Haare
- Saubere, gepflegte Findernägel
- Gepflegter Bart
- Kein Körpergeruch
- Kein Mundgeruch
- Dezent geschminkt
- Unauffälliger Schmuck
- Dezentes Parfüm

## 2.2 Arbeitskleidung

uniforms
vêtements de travail

In **manchen Betrieben** tragen die Mitarbeiter im Service **einheitliche Arbeitskleidung**. Die Arbeitskleidung **entspricht dem Stil des Hauses**, z. B. Dirndl in Süddeutschland/Österreich.

**Normalerweise** tragen Mitarbeiter im Service **folgende Arbeitskleidung**:

| Weibliches Service-Personal | | Männliches Service-Personal |
|---|---|---|
| • Schwarzer Rock oder schwarze Hose<br>• Weiße Bluse<br>• Evtl. Weste<br>• Evtl. Servier-Schürze<br>• Seiden-Strümpfe in unauffälliger Farbe oder in schwarz<br>• Schwarze Schuhe mit niedrigen Absätzen |  | • Schwarze oder graue Hose<br>• Weißes Hemd<br>• Schwarze Krawatte oder schwarze Fliege<br>• Evtl. Weste<br>• Evtl. Servier-Schürze<br>• Schwarze Socken<br>• Schwarze Schuhe |

## 2.3 Persönliche Ausrüstung

personal equipment
équipement personnel

| | | | |
|---|---|---|---|
| **Kellner-Holster**<br>für die persönliche Ausrüstung |  | **Hand-Serviette**<br>zum Tragen heißer Teller |  |
| **Portemonnaie**<br>zum Kassieren |  | **Block mit Stift**<br>zum Aufnehmen von Bestellungen |  |
| **Kellner-Messer**<br>zum Öffnen von Weinflaschen |  | **Streichhölzer**<br>zum Anzünden von Kerzen |  |

# 3 Einrichtung und Geräte

equipment and devices

équipement et appareils

*Fest-Tafel*

Man braucht in Restaurants, Gaststätten, Bistros, Mensen und Kantinen vieles, damit man Gäste bewirten kann:

- Tische, Beistelltische (Guéridon)
- Stühle, Sessel und/oder Bänke
- Service-Tische, Service-Schränke (Servante)
- Raumteiler
- Tischwäsche
- Besteck
- Gläser
- Geschirr
- Tischgeräte

*Bistro-Tisch*

## 3.1 Einzeltische und Tafelformen

single tables and shapes of tables

tables individuelles et façon de tables

Der Gast sitzt alleine oder mit anderen Gästen zusammen am Tisch. Er soll sich **an seinem Platz wohlfühlen**. Darum muss ein Tisch eine **passende Höhe** haben und der Tisch muss **stabil** sein. Der Gast muss auch genug **Beinfreiheit** haben.

Es gibt Tische in verschiedenen Formen und Größen:

| *Rechteckige Tische* | *Quadratische Tische* | *Runde Tische* |
|---|---|---|
| **80 x 120 cm** (Standardmaß)<br>80 x 160 cm<br>90 x 180 cm | 70 x 70 cm<br>**80 x 80 cm** (Standardmaß)<br>90 x 90 cm | 70 cm ø<br>**80 cm ø**<br>90 cm ø<br>und mehr |

Man stellt bei Veranstaltungen mit vielen Personen verschiedene **Tische zu Tafelformen** zusammen. Man muss bei der Wahl der Tafelform beachten:

- Man muss die Tafelform **nach der Gästezahl auswählen**.
- Die Tafelform muss **in den Raum passen**.
- Das **Service-Personal** muss **um die Tafel herumgehen** können. Der **Gast** darf sich **nicht gestört fühlen**.

Man unterscheidet diese Tafelformen:

| | | | |
|---|---|---|---|
| **Runde Tafel**<br>geeignet für<br>6–12 Personen | 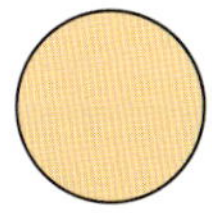 | **Lange Tafel**<br>geeignet für<br>10–12 Personen |  |
| **Block**<br>geeignet für<br>12–20 Personen |  | **T-Tafel**<br>geeignet für<br>16–26 Personen | 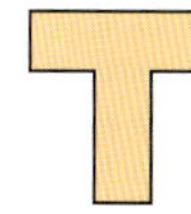 |
| **U-Tafel**<br>geeignet für<br>26–40 Personen | 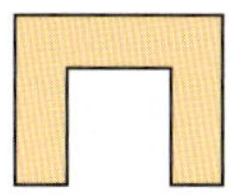 | **E-Tafel**<br>geeignet für<br>40–60 Personen | 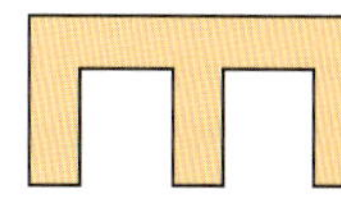 |
| **Fischgräten-Form**<br>geeignet ab<br>60 Personen | 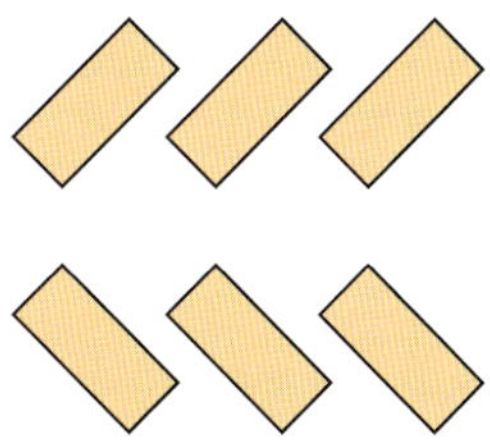 | **Parlamentarisch**<br>geeignet<br>z. B. für Tagungen | 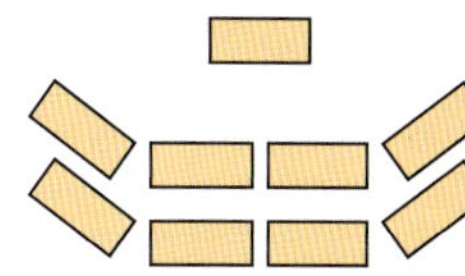 |

## 3.2 Tischwäsche

table linen
linge de table

Man verwendet verschiedene Stoffe für Tischwäsche. **Tischwäsche** besteht **aus Baumwolle**, aus **Leinen** oder aus **synthetischen Stoffen**. Es gibt auch Tischwäsche aus **Misch-Gewebe**.

## Material

### Baumwolle

Man gewinnt Baumwolle aus dem **Baumwoll-Strauch**. Man stellt die Baumwolle aus den **Fasern der Frucht-Kapseln** her.

Man verwendet Baumwolle für:
- Tischwäsche
- Bettwäsche
- Handtücher
- Dekorations-Stoffe

**Baumwolle**

| | | | |
|---|---|---|---|
| • ist kochecht | • ist reißfest | • läuft ein | • fusselt |
| • ist saugfähig | • ist nassfest | • wärmt wenig | • knittert stark |

C

## Leinen

Man stellt Leinen aus den **Stängeln der Flachs-Pflanze** her.

Die Flachs-Pflanze wird aus dem Boden gerissen. Die Frucht-Kapseln werden von den Stängeln abgetrennt. Danach werden die Stängel geröstet. So lassen sich später die Faser-Bündel schonend herauslösen. Nach dem Rösten werden die Stängel für mehrere Stunden in warmes Wasser gelegt. Anschließend werden die Stängel getrocknet. Die langen Stängel werden gebrochen und die Holz-Teile werden entfernt.

Man verwendet Leinen für:
- Tischwäsche
- Bettwäsche
- Geschirrtücher
- Gläsertücher (Polier-Tücher)
- Dekorations-Stoffe

**Leinen**

- ist kochecht
- fusselt nicht
- wirkt kühlend
- ist reißfest
- ist nassfest
- hat einen natürlichen Glanz

- knittert stark

Man unterscheidet bei Leinen **zwei Qualitäts-Stufen**:

**Reinleinen**
besteht zu **100 %** aus **Flachs-Garnen**

**Halbleinen**
besteht aus **mindestens 40 % Flachs-Garnen** und aus **Baumwolle**

# Arten von Tischwäsche

Es gibt verschiedene Arten von Tischwäsche. Man unterscheidet die Tischwäsche nach ihrer Verwendung.

## Moltons/Tischtuch-Unterlagen

Moltons stellt man aus **aufgerautem Baumwoll-**Stoff her. Es gibt auch Tischtuch-Unterlagen aus **weichem Kunststoff**.

Moltons **schützen die Tischplatte vor Hitze** und vor **Feuchtigkeit**. Die **Tischtücher verrutschen nicht**. Man kann **Teller, Besteck** und **Tischgeräte leise** auf den Tisch **setzen**.

C

## Tischdecken

Die meisten Tischdecken bestehen aus strapazierfähigem **Leinen** oder aus **Halbleinen**. Es gibt auch Tischdecken aus **Misch-Gewebe**.

Man legt eine Tischdecke auf den Tisch. **Mit** einer **Tischdecke** sieht der **Tisch sauber und gepflegt** aus.

Man wählt die **Größe** einer **Tischdecke nach** der **Größe des Tisches** aus. Die Tischdecke soll an allen Seiten **etwa 25 cm bis 30 cm** überhängen.

## Deckservietten

Eine Deckserviette nennt man **auch Mittel-Decke oder Napperon**. Deckservietten sind **80 cm x 80 cm** groß.

Mit einer Deckserviette
- **sieht** der **Tisch ansprechender aus**
- **schützt** man die **Tischdecke**.

Mit einer Deckserviette überdeckt man **kleine Verschmutzungen auf** der **Tischdecke**. Man muss die **Tischdecke nicht sofort auswechseln** und waschen.

Man **legt** eine Deckserviette **diagonal** auf die Tischdecke.

## Servietten

Man unterscheidet **Mund-Servietten** und **Hand-Servietten**.

**Mund-Servietten** bestehen aus **Stoff** oder aus **Zellstoff**. Der **Gast schützt seine Kleidung** mit einer Mund-Serviette. Er **wischt** mit der Mund-Serviette auch den **Mund ab**. Man kann Mund-Servietten zu **dekorativen Servietten-Formen** falten. Man nennt das auch Servietten brechen.

Das **Service-Personal** verwendet **Hand-Servietten**.
- Das Service-Personal **trägt heiße Teller**, **heiße Platten** und **heiße Schüsseln** mit einer Hand-Serviette aus Stoff.
- Wenn man Teller oder Besteck mit einer Hand-Serviette anfasst, bekommen der Teller und das Besteck **keine Fingerabdrücke**.
- Man benutzt eine Hand-Serviette als **Tropf-Schutz bei Weinflaschen**.

C

### Sets

Sets sind **kleine Unterlagen** für ein Gedeck. Man nennt Sets auch **Platzdeckchen**.

Sets bestehen aus **verschiedenem Material**, z. B. aus Stoff, aus Papier, aus Bast, aus Leder oder aus Kunststoff.

Man verwendet Sets als **Ersatz für Tischdecken**.

### Tischläufer/Tischbänder

Man verwendet Tischläufer oder Tischbänder **zur Dekoration**. Sie bestehen aus verschiedenem Material.

Man **legt** Tischläufer oder Tischbänder **längs oder quer** über den Tisch.

### Hussen

Hussen sind Überzüge für **Stühle**, für **Tische**, für **Biertisch-Garnituren** oder auch für **Absperrungen**.

Man befestigt manche Hussen mit einer Schleife. Es gibt auch Hussen aus Stretch-Stoff. Sie passen sich genau an die Form des Möbelstücks an.

### Skirtings

Skirtings sind **Umrandungen** für Tische und Bühnen.

Skirtings bestehen aus Stoff. Man verwendet sie als **Dekoration und als Sichtschutz** z. B. an Büfetts, bei Banketts, bei Empfängen und bei Caterings.

Man befestigt Skirtings mit Klett-Band oder mit Skirting-Clips am Rand der Tische.

## 3.3 Besteck

🇬🇧 cutlery
🇫🇷 couverts

Man verwendet in der Gastronomie verschiedene **Besteck-Arten**:

- **Grund-Besteck**: Messer, Gabel, Löffel
- **Spezial-Besteck**, z. B. Fisch-Besteck
- **Tranchier-Besteck/Vorlege-Besteck**, z. B. Saucen-Löffel, Salat-Besteck

# Material

## Besteck aus Edelstahl

Besteck muss **hart** und **stabil** sein. Darum verwendet man für Besteck meistens **Stahl**.

Man **mischt** den Stahl mit **Chrom** und z.T. mit **Nickel**. Dadurch ist der Stahl **noch fester**. Man nennt diese Mischungen (Legierungen) entweder Chrom-Stahl oder Chrom-Nickel-Stahl. Man kennzeichnet Besteck so:

- **18/0** bedeutet: Das Besteck besteht aus 82% Stahl und aus **18% Chrom**.
  Dieses Besteck ist **rostfrei**.
- **18/8** bedeutet: Das Besteck besteht aus 74% Stahl, aus **18% Chrom** und aus **8% Nickel**.
- **18/10** bedeutet: Das Besteck besteht aus 72% Stahl, aus **18% Chrom** und aus **10% Nickel**.
  Diese Bestecke sind **rostfrei** und **unempfindlich gegen Säure**.

## Besteck aus Kunststoff

Man verwendet Besteck aus Kunststoff **nur im Catering**. Besteck aus Kunststoff ist **preiswert**. Man benutzt es nur zum **einmaligen Gebrauch**.

Besteck aus Kunststoff
- muss **hitzebeständig** sein.
- darf **nicht leicht zerbrechen**.
- muss **unempfindlich gegen Säure** sein.
- wird **bei Sonnen-Einstrahlung leicht spröde**.
  Vorsicht bei der Lagerung!

Man stellt Besteck aus Kunststoff u.a. aus Poly-Styrol und Poly-Ethylen her. Beide **Kunststoffe** sind nicht biologisch abbaubar. Man muss das Besteck **fachgerecht trennen** und **entsorgen**. Besteck aus Kunststoff kann dann **recycelt** werden.

Es gibt auch Besteck aus **nachwachsenden Rohstoffen**, z.B. aus **Holz** oder aus **Palmblatt**. Man kann auch Bio-Plastik aus nachwachsenden Rohstoffen herstellen.

# Arten von Besteck

## Grund-Besteck

Das **Messer**, die **Gabel** und der **Löffel** gehören zum Grund-Besteck. Es gibt diese Besteck-Teile in verschiedenen Größen.

Man **wählt** das Besteck **nach der Speise** aus.

**Tafel-Besteck (Großes Besteck)**

**Messer und Gabel**
- Für Hauptspeisen, die man schneiden muss

**Löffel**
- Für Suppen in tiefen Tellern
- Als Anlege-Besteck

**Löffel und Gabel**
- Für Spaghetti-Gerichte
- Als Vorlege-Besteck

**Mittel-Besteck (Dessert-Besteck)**

**Messer**
- Für das einfache Frühstück

**Messer und Gabel**
- Für Vorspeisen und Zwischen-Gerichte
- Für das erweiterte Frühstück
- Für Käse als Dessert

**Löffel**
- Für Suppen in Suppentassen
- Für Frühstücks-Speisen aus Cerealien, z. B. Müsli und Cornflakes

**Löffel und Gabel**
- Für Gerichte aus Teigwaren, z. B. Ravioli, Tortellini
- Für Desserts auf Tellern

**Kleines Besteck**

**Löffel**
- Für Suppen in kleinen Spezialtassen
- Für cremige Speisen in Gläsern und Schalen ohne feste Bestandteile

**Löffel und Gabel**
- Für Vorspeisen und Nachspeisen in Gläsern und Schalen mit festen Bestandteilen, z. B. Krabben-Cocktail

## Spezial-Besteck

Man **tauscht** das Tafel-Besteck nach der Bestellung gegen ein Spezial-Besteck **aus oder** man **deckt** ein Spezial-Besteck **zusätzlich ein**.

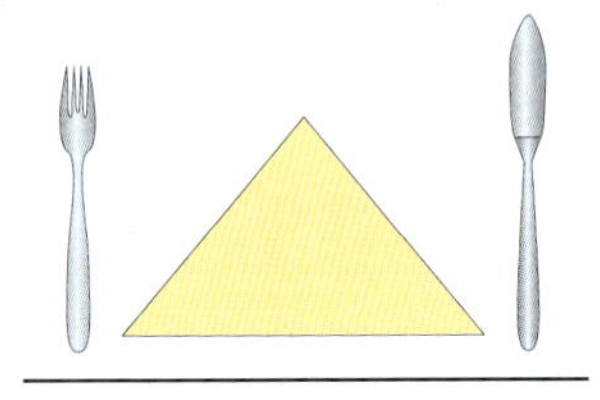

**Fisch-Besteck**

Man verwendet das Fisch-Besteck für **Fisch**-Speisen mit **weicher Beschaffenheit**, z. B. gedünstete Seezungen-Röllchen, gebratenes Zander-Filet, pochierte Lachs-Schnitte. Man muss diese Speisen **nicht schneiden**.

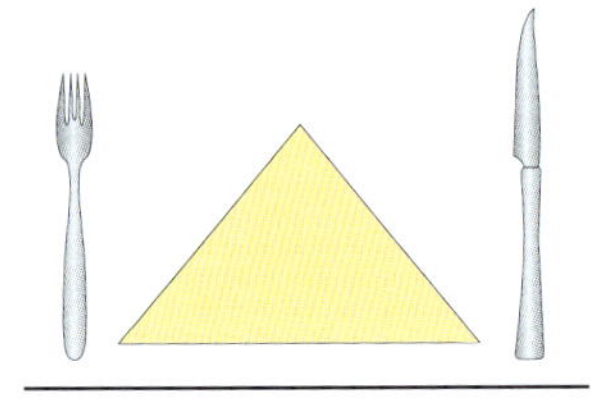

**Steak-Messer**

Das Steak-Messer hat einen **Wellen-Schliff** oder einen **Säge-Schliff**. Man kann das Steak mit dem Steak-Messer **leicht** und **sauber schneiden**.

| | |
|---|---|
|  | **Hummer-Gabel**<br>Man **zieht** das **Hummer-Fleisch** mit der Hummer-Gabel **aus** den **Scheren und Beinen**.<br>Man benutzt die Hummer-Gabel auch für Langusten und für Krebse. |
| 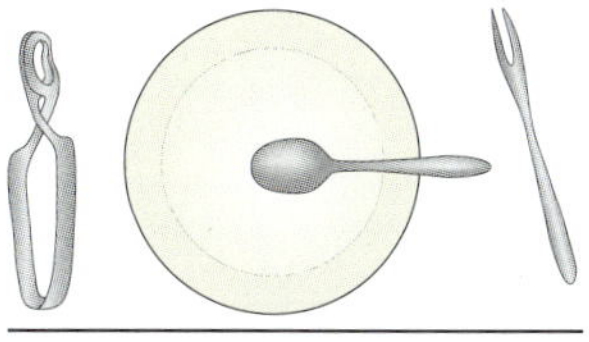 | **Schnecken-Zange und Schnecken-Gabel**<br>Man **hält** das **Schnecken-Haus mit** der **Schnecken-Zange** fest. Man **zieht** die **Schnecke mit** der **Schnecken-Gabel aus** dem **Haus**. Die Schnecke legt man auf einen kleinen Löffel. |

## Tranchier-Besteck/Vorlege-Besteck

Man verwendet Tranchier-Besteck und Vorlege-Besteck **im Service**.

| | |
|---|---|
| 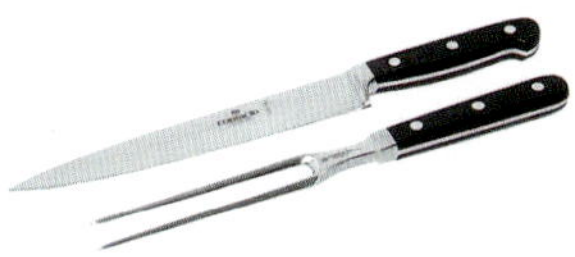 | **Tranchier-Besteck**<br>Das Tranchier-Besteck besteht aus einem **sehr scharfen Fleisch-Messer** und einer **Fleisch-Gabel**.<br>Man **sticht nicht** mit der Fleisch-Gabel **in das Fleisch**. Man hält das Fleisch mit der Fleisch-Gabel fest.<br>Man schneidet das Fleisch mit dem Tranchier-Messer in Portionen. |
|  | **Salat-Besteck**<br>Man **mischt Rohkost-Salate** mit dem Salat-Besteck.<br>Man **legt** Salat-Besteck **an Salate aller Art an**. |
| 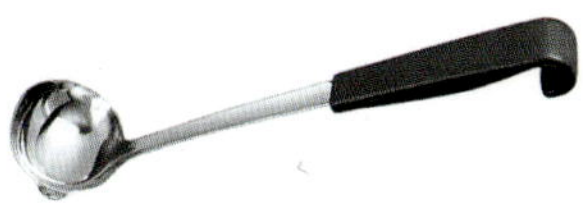 | **Saucen-Löffel**<br>Man **legt** den Saucen-Löffel **an** eine **Sauciere an**. Das Service-Personal legt beim gehobenen Service mit dem Saucen-Löffel Sauce vor. |
| 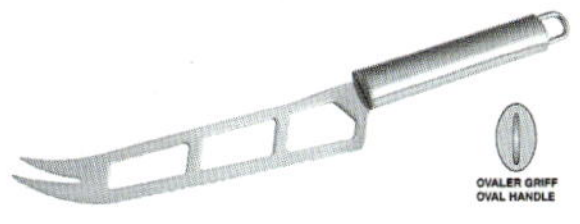 | **Käse-Messer**<br>Ein Käse-Messer hat **große Löcher** oder **Kuhlen in der Klinge**. Der Käse **klebt dann nicht an der Klinge**. Die Messer-Spitze dient zum Vorlegen. |
| 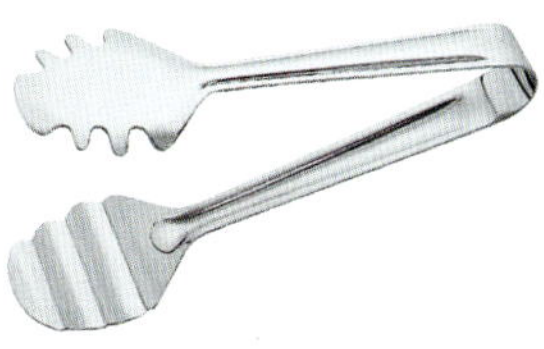 | **Spargel-Zange**<br>Die Spargel-Zange hat **breite gewellte Greif-Backen**.<br>Die **Spargelstangen knicken nicht ab** und **rutschen nicht aus der Zange**. |

## Umgang mit Besteck im Service

Der Gast wünscht **sauberes, gut aussehendes Besteck ohne Finger-Abdrücke**. Deshalb gilt:

- Man **legt Gabeln** und **Löffel mit** den **Wölbungen ineinander** in das Besteck-Fach.
- Man **poliert Besteck**, bevor man es eindeckt. Man achtet darauf, dass man **keine Flecken** mehr sieht.
- Man **trägt** Besteck **niemals in der bloßen Hand**.
- Beim **Mise-en-Place** darf man das Besteck **in** einer **Serviette** tragen. In **Anwesenheit von Gästen** trägt man Besteck **auf** einem **Teller**, auf dem eine **Serviette liegt**.
- Man hält das Besteck beim **Eindecken** an der **schmalen Seite des Griffes**. Man kann beim Eindecken von Besteck auch Handschuhe tragen.

## Reinigung und Pflege von Besteck

Besteck muss **hygienisch einwandfrei** sein. Man muss das Besteck **gründlich reinigen**. Man beachtet:

- Man sortiert schmutzige Messer, Gabeln und Löffel möglichst getrennt in die Spülmaschine ein.
- Die **Griffe** der Besteck-Teile **stehen im Besteck-Spül-Korb**.
- Man überfüllt die Besteck-Spül-Körbe **nicht**, weil das Besteck sonst nicht richtig sauber wird.
- Man **spült** das Besteck **mit** der **Spül-Brause ab**.
- Die Spülmaschine reinigt das Besteck. Man muss auf das **richtige Spül-Programm** achten.
- Man sollte das Besteck nach dem Spülgang mit Gummi-Handschuhen aus den Besteck-Spül-Körben nehmen.

## 3.4 Gläser

glass-ware
verres

Es gibt sehr viele verschiedene Getränke.

Man verwendet in der Gastronomie für viele Getränke **spezielle Gläser**. Sie **unterscheiden sich** in ihrer **Form** und in ihrer **Größe**.

## Material

Man stellt Glas aus einer Mischung von Quarz-Sand und aus verschiedenen anderen Stoffen her, z.B. aus Natron, aus Kali und aus Blei. Diese Mischung schmilzt zwischen 1400 °C und 1600 °C. Das heiße, flüssige Glas wird in Formen gegossen. Beim Abkühlen wird das Glas hart.

Man unterscheidet verschiedene Qualitäten:

- Es gibt **einfaches Glas**. Einfaches Glas besteht aus Kalk und Natron. Man verwendet es **für einfache Gläser**, z. B. Milch-Gläser, Wasser-Gläser, Saft-Gläser und Gläser für Schoppenweine.
- **Kristall-Glas** ist **hochwertiges Glas**. Man verwendet es **für formschöne Gläser**, z. B. Wein-Gläser, Schaumwein-Gläser und Gläser für hochwertige Spirituosen.

## Arten von Gläsern

Man verwendet **für verschiedene Getränke unterschiedliche Gläser**. Man schenkt z. B. Wein in einem Weinglas aus und Bier in einem Bierglas.

**Gläser-Formen unterscheiden sich**:

- nach der Art des Getränks
- nach dem Hersteller und nach der Serie
- nach den Getränke-Anbietern, z. B. bieten verschiedene Bier-Hersteller für ihre Bier-Sorten jeweils unterschiedliche Gläser an

*Bitburger Pils*

*Flensburger Pils*

*Warsteiner Pils*

### Weingläser

wine glasses
verres à vin

| | | | |
|---|---|---|---|
| <br>*Weißwein-Glas* | • Weißwein<br><br>Füll-Menge<br>• 0,1 l<br>• 0,2 l<br>• 0,25 l | <br>*Rotwein-Glas* | • Rotwein<br>• Speziell aus der Region Burgund<br><br>Füll-Menge<br>• 0,1 l<br>• 0,2 l<br>• 0,25 l |
| <br>*Römer-Glas* | • Für Schoppen-Weine<br><br>Füll-Menge<br>• 0,1 l<br>• 0,2 l<br>• 0,25 l | <br>*Südwein-Glas* | • Für Südweine, z. B. Sherry, Portwein<br><br>Füll-Menge<br>• 5 cl |

## Schaumwein-Gläser

- champagne glasses
- verres à champagne

| | | | |
|---|---|---|---|
|  *Sekt-Kelch* | • Schaumwein, z. B. Champagner, Prosecco, Sekt<br>Füll-Menge<br>• 0,1 l |  *Sekt-Spitz* | • Schaumwein, z. B. Champagner, Prosecco, Sekt<br>Füll-Menge<br>• 0,1 l |

## Biergläser

- beer glasses
- verres à bière

| | | | |
|---|---|---|---|
|  *Tulpe* | • Pils<br>Füll-Menge<br>• 0,2 l<br>• 0,25 l<br>• 0,3 l<br>• 0,4 l | 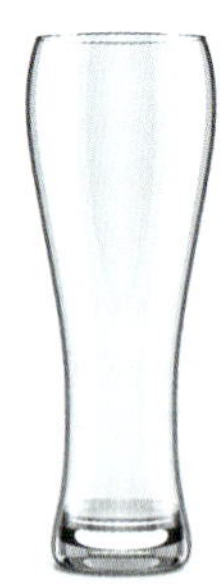 *Weizenbier-Glas* | • Weizenbier<br>Füll-Menge<br>• 0,5 l |

## Bar-Gläser

- bar glasses
- verres de bar

| | | | |
|---|---|---|---|
|  *Hoher Tumbler* | • Longdrink<br>Füll-Menge<br>• Je nach Longdrink |  *Tumbler* | • Whisk(e)y<br>Füll-Menge<br>• 2 cl<br>• 4 cl |

| | | | |
|---|---|---|---|
|  *Schwenker* | • Branntwein, z. B. Brandy, Cognac, Weinbrand<br><br>Füll-Menge<br>• 2 cl<br>• 4 cl |  *Spirituosen-Glas* | • Hochwertige Brände, z. B. Grappa, Geiste<br><br>Füll-Menge<br>• 2 cl<br>• 4 cl |
|  *Stamper* | • Klare Spirituosen, z. B. Gin, Wodka<br><br>Füll-Menge<br>• 2 cl<br>• 4 cl |  *Schale* | • Cocktail<br>• Likör<br><br>Füll-Menge<br>• Je nach Cocktail<br>• 2 cl<br>• 4 cl |

## Füllstrich

Man füllt die meisten Getränke an der Theke in Gläser.

Diese Gläser müssen einen **Füll-Strich** haben.
Der Gast kann die eingeschenkte Füll-Menge sehen.

Am Füll-Strich steht:
- das **Nenn-Volumen** (Füll-Menge)
- das **Hersteller-Zeichen**, d. h. das Zeichen des Glas-Herstellers

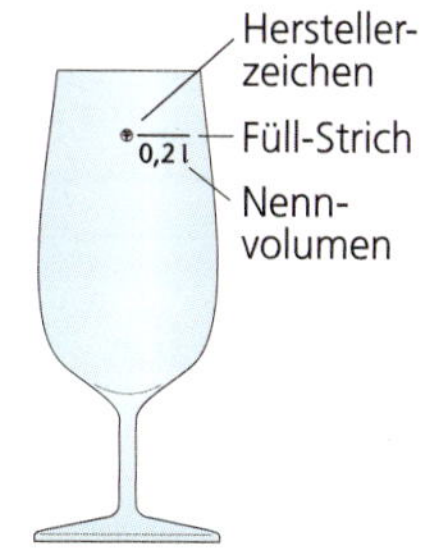


## Umgang mit Gläsern im Service

Man **fasst** Gläser **nicht** am oberen **Glas-Rand** an. Man **greift nicht in** die **Gläser** hinein. Das ist unhygienisch.

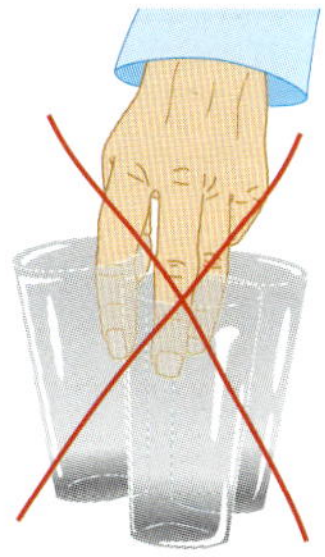

Man **trägt** Gläser **auf** einem **rutschfesten Tablett**. Die **Gläser** sollen auf dem Tablett **nicht aneinanderstoßen**.

Man kann **Stiel-Gläser** beim Mise-en-Place **zwischen** den **Fingern** der **linken Hand** tragen. Die Gläser **hängen** dabei **nach unten**.

C

## Reinigung und Pflege von Gläsern

Man muss Gläser gründlich reinigen.

- Der Gast **sieht** kleinste **Schmutz-Teilchen**, z. B. Fett, Staub oder Spülmittel-Reste **sofort**.
- Kleinste **Schmutz-Teilchen verändern** bei feinen und hochwertigen Getränken das **Bukett** und den **Geschmack**.
- Bei **Biergläsern mit Fett-Spuren** bildet sich **keine Schaumkrone**.

### Reinigung

- Man **spült** die Gläser nach dem Gebrauch **so schnell wie möglich**. Man kann Gläser mit getrockneten Getränke-Resten schlechter reinigen.
- Man **entfernt Getränke-Reste** und **Garnitur-Reste**. Dann stellt man die Gläser in die Gläser-Spülmaschine.
- Man **dosiert** das **Gläser-Spülmittel richtig**. Dann entstehen beim Trocknen keine Wasserflecken. Man muss die Gläser nicht polieren.
- Man **nimmt** die Gläser **nach dem Spülgang sofort aus der Gläser-Spülmaschine**. Die Gläser sind noch heiß und das Wasser verdampft sofort. Die Gläser trocknen sehr schnell.
- Man räumt die Gläser in die Schränke. **Dabei kontrolliert** man die Gläser **auf Sauberkeit**.

### Lagerung von Gläsern

- Man **lagert** Gläser **in geschlossenen Schränken**. Die Gläser werden nicht staubig.
- Man **stapelt** Gläser **niemals ineinander**. Die Gläser verkratzen nicht.
- Man **hängt** Gläser **nicht über der Theke auf**. Der Dunst im Raum setzt sich nicht an den Gläsern ab.

## 3.5 Geschirr

🇬🇧 dishes
🇫🇷 vaiselle

Das Geschirr in der Gastronomie muss **bestimmte Eigenschaften** haben:

- Das Geschirr muss **hart** sein. Man hat weniger Verluste durch Beschädigungen.
- Das Geschirr muss **eine Glasur haben**. Die Glasur versiegelt die Oberfläche und schützt das Geschirr vor Feuchtigkeit. Die Oberfläche glänzt.
- Das Geschirr muss eine **harte Glasur** haben. Die Glasur wird durch Messer, Gabel und häufiges Spülen stark beansprucht.
- Das Geschirr muss **unempfindlich gegen Hitze** sein. Man kann heiße Speisen auf dem Teller anrichten.

**Porzellan mit einer harten Glasur** hat alle diese Eigenschaften.

Man verwendet normalerweise **gut stapelbares Geschirr**. Damit spart man Platz.

Es gibt **auch außergewöhnliche Formen** für Geschirr.

Es gibt verschiedene Teller. Man **verwendet** jeden **Teller** normalerweise für **bestimmte Gerichte** oder für einen **bestimmten Zweck**.

| Name | Durchmesser | Verwendung |
|---|---|---|
| **Platz-Teller** | 31 cm | • Platz-Teller sind **dekorative Teller**. Man stellt die Teller mit den angerichteten Speisen auf Platz-Teller. |
| **Flacher Teller** | 28 cm | • Man nennt den Teller auch **Grill-Teller**.<br>• Man richtet auf ihm ein **komplettes Gericht** aus Fleisch, aus Fisch oder aus Geflügel mit Beilagen an. |
| | 26 cm | • Man nennt den Teller auch **Fleisch-Teller** oder **Gedeck-Teller**.<br>• Man **legt** auf ihm **Speisen** am Tisch des Gastes **vor**. |
| **Vorspeisen-Teller** | 23 cm | • Man richtet auf dem Vorspeisen-Teller **kalte** und **warme Vorspeisen** an.<br>• Man verwendet ihn am **Frühstücks-Büfett**. |
| **Mittel-Teller** | 19 cm | • Man nennt den **Mittel-Teller** auch **Dessert-Teller**.<br>• Man benutzt ihn für **Zwischen-Gerichte**, für **Salate**, für **Käse**, für **Kuchen** und für **Desserts**.<br>• Man verwendet ihn am **Frühstücks-Büfett**. |
| **Brot-Teller** | 15 cm | • Man nennt den Brot-Teller auch den **kleinen Teller**.<br>• Man benutzt ihn für **Brot**, für **Brötchen**, für **Toast** und für **Butter**. |
| **Suppen-Teller** | 23 cm<br>26 cm | • Man nennt den Suppen-Teller auch den **tiefen Teller**.<br>• Man verwendet ihn für **gebundene Suppen** und für **Eintopf-Gerichte**.<br>• Man richtet im Suppen-Teller **Spaghetti** und andere **Teigwaren-Gerichte** an.<br>• Man benutzt ihn für Frühstücks-Gerichte aus Cerealien wie **Cornflakes**, **Müsli** und Porridge.<br>• Man verwendet ihn für **Salat-Variationen**. |

Jeder Koch kann trotzdem **individuell entscheiden, auf welchem Teller** er das Gericht **anrichtet**.

Es gibt neben Tellern weiteres Geschirr für das Servieren von Speisen und Getränken.

| | | |
|---|---|---|
|  | **Suppen-Tasse** | Man richtet **gebundene** und **klare Suppen mit Einlage**, z. B. Eier-Stich, in einer Suppen-Tasse an.<br>**Essenzen**, z. B. Fasanen-Essenz, serviert man **in** einer **kleinen Tasse** oder in einer **Espresso-Tasse**. |
|  | **Platte** | Es gibt Platten in **verschiedenen Formen**, z. B. oval, rechteckig, rund, rauten-förmig oder quadratisch.<br>Köche verwenden die einzelnen Platten-Formen für Speisen unterschiedlich. |
|  | **Schüssel** | Man serviert in Schüsseln **Beilagen** und **Zubereitungen mit viel Sauce**, z. B. Gulasch. |
|  | **Terrine** | Terrinen sind **große Schüsseln** mit Deckel oder ohne Deckel.<br>Man serviert **Suppen** und **Eintöpfe** in Terrinen. |
|  | **Sauciere** | Es gibt Saucieren **mit Gießer** und **ohne Gießer**.<br>Man verwendet Saucieren für **Saucen** und für **flüssige Butter**. Man legt einen Saucen-Löffel an. |
|  | **Auflauf-Form** | Man nennt Auflauf-Formen auch **Kokotten**. Sie sind hitzebeständig.<br>Man verwendet sie für überbackene Speisen. |
|  | **Kännchen** | Es gibt Kännchen in **verschiedenen Größen mit Deckel** und **ohne Deckel**. Man serviert **Kaffee**, **Tee**, **Kakao**, **Milch** und **Kaffee-Sahne** in Kännchen. |
|  | **Tasse** | Man verwendet Tassen mit Untertassen für **Kaffee**, **Tee**, **Kakao** und **Milch**. Es gibt spezielle Tassen für **Kaffee-Spezialitäten**, z. B. für Cappuccino, Espresso und Milch-Kaffee. |

## Reinigung und Pflege von Geschirr

Geschirr muss **unbeschädigt**, **sauber** und **streifenfrei** sein.

- Man **spült** das verschmutzte Geschirr **mit** der **Spül-Brause vor**.
  - Speise-Reste können nicht antrocknen.
  - Man weicht angetrocknete Speise-Reste auf.
- Die Spülmaschine **reinigt** das Geschirr **bei 60 °C**.
  - Bei einer höheren Temperatur gerinnen eiweißhaltige Speise-Reste. Diese Speise-Reste kleben am Geschirr.
- Die Spülmaschine **spült bei 80 °C nach**.
  - Das Geschirr ist durch diese hohe Temperatur hygienisch einwandfrei.
  - Das heiße Geschirr trocknet selbstständig.
- Man **kontrolliert** das Geschirr **sorgfältig**.
  - Das Geschirr muss sauber sein.
  - Das Geschirr muss unbeschädigt sein. Man sortiert beschädigte Geschirr-Teile aus.
- Man **bewahrt** Geschirr gut **erreichbar auf**.

## 3.6 Tischgeräte

table equipment

appareils de table

Man verwendet im Restaurant Tischgeräte.

### Menagen

Menagen sind **Tisch-Gestelle**. In Menagen stehen z. B.:

- **Salz-Streuer** oder Salz-Mühle
- **Pfeffer-Streuer** oder Pfeffer-Mühle
- Öl-Flasche
- **Essig-Flasche**
- **Würz-Saucen**, z. B. Worcester-Sauce

Zu den Menagen gehören **auch** z. B. **Senf-Töpfchen**, **Behälter** für **geriebenen Parmesan** und für **Würz-Pasten**, z. B. Sambal Oelek.

## Rechaud

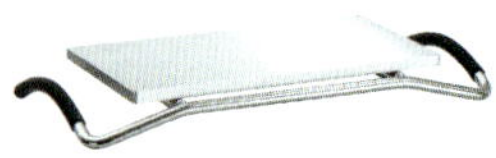

*Rechaud-Platte*

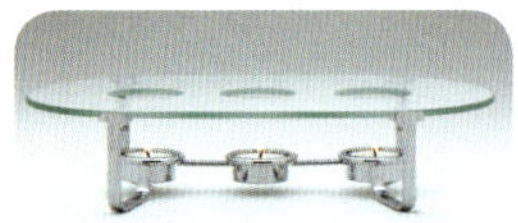

*Stövchen*

Man **hält Speisen und Getränke** auf Rechauds **warm**.

Es gibt Rechaud-Platten. Diese Platten heizt man mit einem elektrischen Gerät auf.

Ein Stövchen hat ein oder mehrere Tee-Lichte als Wärme-Quelle.

## Chafing-Dish

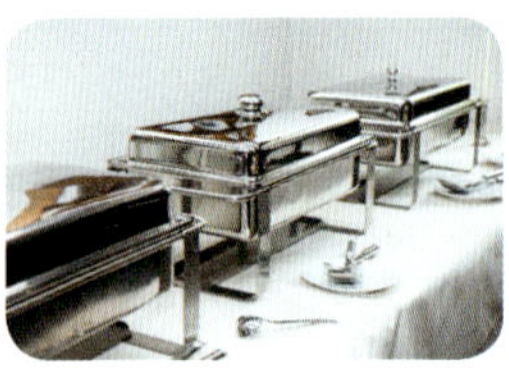

Man **hält** in einem Chafing-Dish **Speisen länger warm**.

In ein Chafing-Dish **füllt** man **Wasser**. Das **Wasser** wird durch Brenn-Paste oder eine elektrische Wärme-Quelle **erhitzt**. Man **stellt** den **Behälter** mit der Speise **in** das **erhitzte Wasserbad**.

Man verwendet einen Chafing-Dish z. B. auf dem Frühstücks-Büfett, auf dem Lunch-Büfett oder auf einem Büfett bei Veranstaltungen.

## Saft-Spender/Milch-Spender/Müsli-Spender

Man nennt Spender für Getränke oder für Müsli auch „**Dispenser**".

Man setzt Dispenser **auf dem Frühstücks-Büfett** und auf dem **Brunch-Büfett** ein.

Der Gast kann sich das **Getränk** oder das Müsli **bequem abfüllen**.

Getränke und Müsli sind **hygienisch** aufbewahrt.

## Tranchier-Brett

Ein Tranchier-Brett hat eine **umlaufende Rille**. Der Fleisch-Saft sammelt sich in dieser Rille.

Man **schneidet (tranchiert)** Fleisch und Geflügel auf einem Tranchier-Brett **am Tisch des Gastes**.

## Cloche

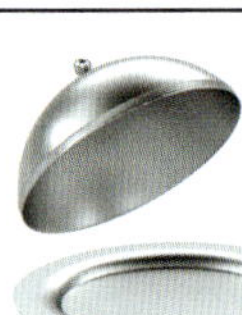

Eine Cloche ist eine **Abdeck-Haube**. Die Cloche ist wie eine Halbkugel geformt.

Man verwendet eine Cloche zum **Warmhalten angerichteter Speisen auf dem Weg zum Gast**.

# 4 Tische eindecken

stock up on tables
faire le plein de tables

Das Service-Personal muss viele verschiedene Aufgaben erledigen. Dazu gehören:

- die **Vorbereitungs-Arbeiten**
- das **Eindecken der Tische**
- das **Bedienen der Gäste**

Das Service-Personal muss **sorgfältig arbeiten**. Der **Gast** soll **sich wohlfühlen**. Er soll **zufrieden sein** und er soll deswegen **wiederkommen**.

## 4.1 Vorbereitungs-Arbeiten

preparatory work
mise en place

Man nennt die Vorbereitungs-Arbeiten in der Küche und auch die Vorbereitungs-Arbeiten im Service **Mise-en-Place**. Man **stellt** beim Mise-en-Place alle **notwendigen Gegenstände bereit**:

- im Office
- im Restaurant

### Vorbereitungs-Arbeiten im Office

Man nennt das Office auch **Back Office**. Das Office ist ein **Bereich zwischen Gast-Raum** und **Küche**. Der **Gast** kann **nicht in das Office schauen**.

- Im Office **stellt** man alle **Gegenstände** für den Service **bereit**, z. B. Besteck, Geschirr, Gläser, Réchauds, Tisch-Wäsche.
- Im Office **pflegt** man alle **Gegenstände** für den Service.

*Silber putzen*

Vorbereitungs-Arbeiten sind z. B.:

| | |
|---|---|
| • Geschirr polieren und Geschirr in den Wärmeschrank einsortieren | • Besteck polieren und Besteck in die Besteck-Kästen einsortieren |
| • Réchauds reinigen und die Funktion überprüfen | • Menagen säubern und auffüllen |
| • Tabletts und Brot-Körbe reinigen | • Tisch-Wäsche und Polier-Tücher auffüllen |

## Vorbereitungs-Arbeiten im Restaurant

Ein **gutes Mise-en-Place verkürzt** die **Abläufe** im Service.

### Service-Tisch, Service-Schrank (Servante)

Man nutzt den **Service-Tisch** oder den **Service-Schrank** (Servante) für das **Mise-en-Place im Restaurant**.

Man holt die notwendigen Gegenstände aus dem Office und legt sie auf dem Service-Tisch bereit. Man **spart überflüssige Wege** vom Office in das Restaurant.

*Service-Tisch*

*Service-Schrank (Servante)*

### Beistell-Tisch

Man nennt einen Beistell-Tisch auch **Guéridon**.

Das Service-Personal stellt einen Beistell-Tisch **neben den Tisch des Gastes**. Man verwendet den Beistell-Tisch:
- beim Flambieren
- beim Tranchieren
- beim Vorlegen
- für den Service von Wein und von Schaumwein aus Flaschen

C

## 4.2 Einen Tisch eindecken

cover a table
couvrir une table

Das Service-Personal **deckt** Tische **nach bestimmten Regeln ein**. Das Service-Personal **geht** beim Eindecken **im Uhrzeigersinn** um den Tisch herum.

### 1. Man stellt den Tisch an seinen Platz.

**Worauf muss man achten?**

Der Tisch darf **nicht wackeln**. Man verwendet **Kork-Scheiben** für den **Höhen-Ausgleich**. **Bierdeckel** unter den Tisch-Beinen sehen **nicht** gut aus.

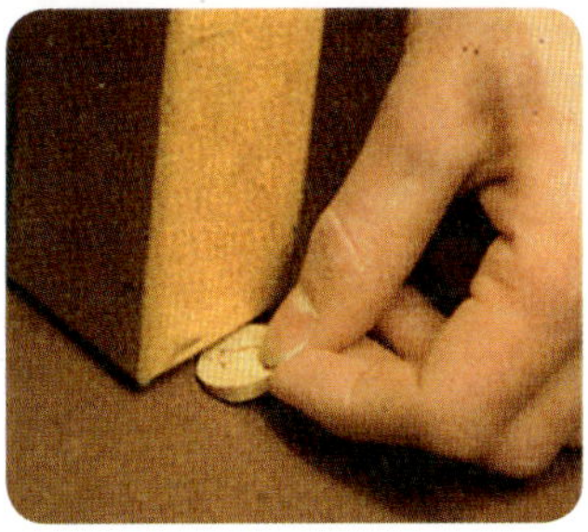

### 2. Man legt einen Molton auf den Tisch.

**Warum macht man das?**

- Der **Molton schützt** die **Tisch-Platte**.
- Die **Tischdecke rutscht nicht**.
- Es gibt **keine lauten Geräusche**.

C

## 3. Man legt die Tischdecke auf.

### Worauf muss man achten?

Man wählt die **Tischdecke nach** der **Tischgröße**. Die Tischdecke **hängt an allen Seiten 25–30 cm über**. Sie darf **nicht auf** die **Sitzfläche** der Stühle **stoßen**.

Die Service-Kraft stellt sich mit dem Rücken zur Tür und legt die Tischdecke auf. Der Oberbruch zeigt nach dem Auflegen von der Tür weg.

Die Tischdecke muss **gerade** auf dem Tisch **liegen**.

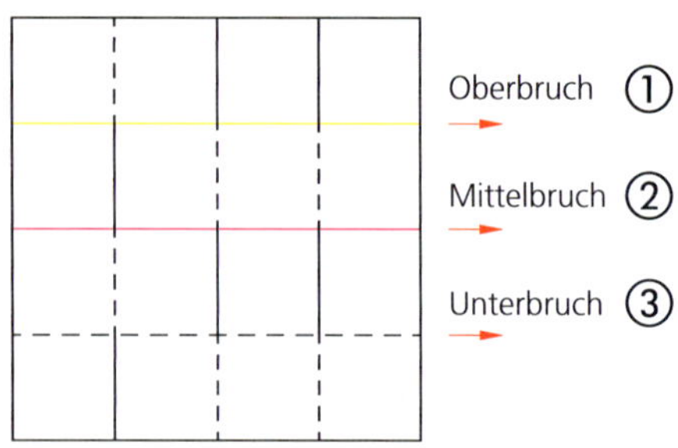


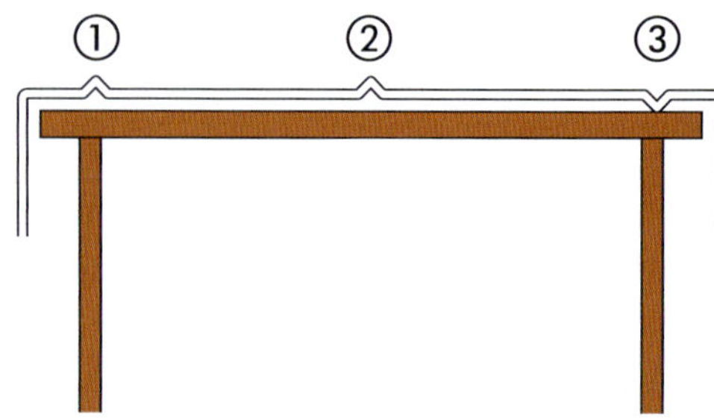


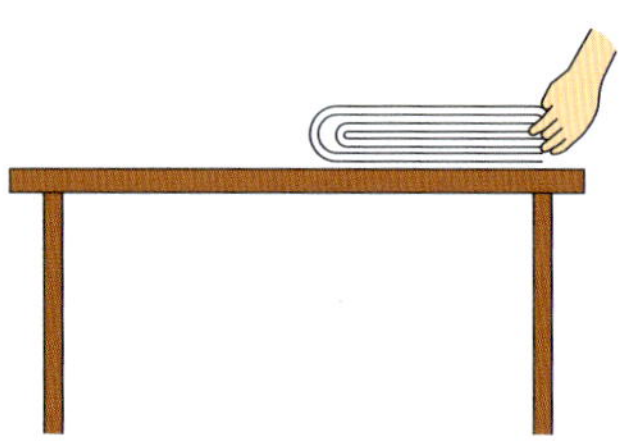

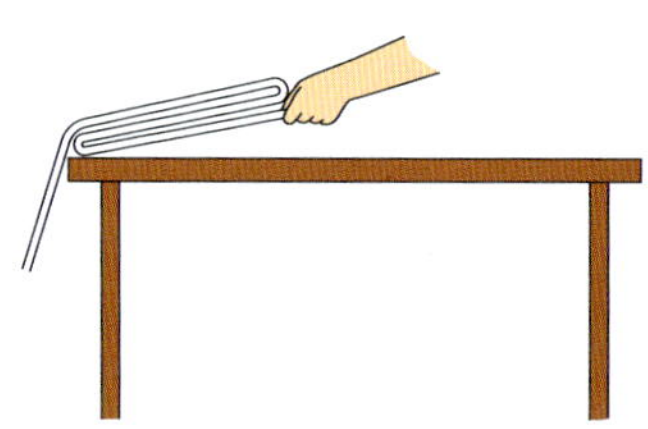

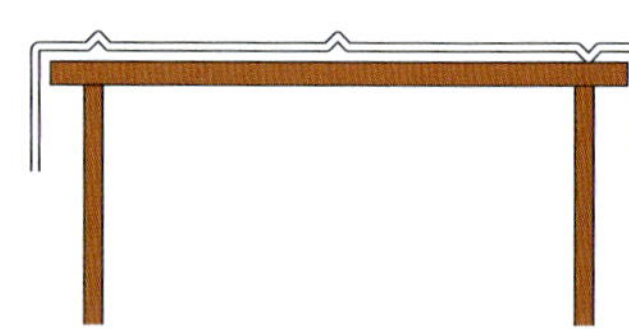

## 4. Man stellt die Stühle an den Tisch. Man richtet die Stühle aus.

### Worauf muss man achten?

Die **Sitzkante** der Stühle **schließt mit** der **Tischdecke ab**.

Die Stühle **stehen** sich **genau gegenüber**.

## 5. Man legt den Gedeck-Platz durch eine Serviette fest.

**Worauf muss man achten?**

Gegenüber liegende Gedecke liegen sich **genau gegenüber**.

Der **Platz** sollte **pro Gast 65–80 cm breit** sein.

Man verwendet **je nach Anlass** Servietten aus **verschiedenem Material** und in **verschiedenen Größen**:

| | |
|---|---|
| • Papier, Zell-Stoff, Vlies | • In 20 x 20 cm<br>• Für Aufguss-Getränke, Bar-Getränke, Speise-Eis |
| • Papier, Zell-Stoff, Vlies | • In 33 x 33 cm<br>• Für kleinere Gerichte, Zwischen-Mahlzeiten |
| • Papier, Zell-Stoff, Leinen | • In 40 x 40 cm<br>• Beim Frühstück, für Haupt-Mahlzeiten |
| • Leinen (Damast) | • In 50 x 50 cm und größer<br>• Bei festlichen Anlässen |

Man wählt **aus hygienischen Gründen** eine **einfache Servietten-Form** aus.

*Doppelter Tafel-Spitz*

*Tüte*

*Krone/Bischofs-Mütze*

## 6. Man dreht die Stühle auf dem rechten hinteren Stuhlbein nach links ab.

**Warum macht man das?**

Es entsteht **zwischen** den **Stühlen und** dem **Tisch** genug **Platz**.

Die Service-Kraft kann **gut um den Tisch herumgehen**.

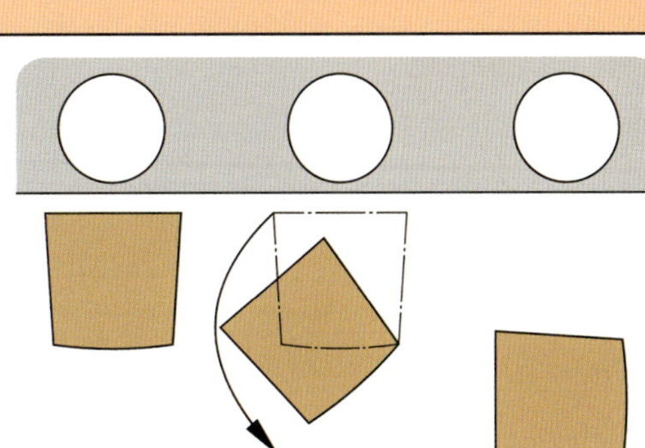

C

## 7. Man deckt die Tafel-Messer und die Tafel-Gabeln ein.

**Worauf muss man achten?**

Man deckt **zuerst** die **Tafel-Messer** ein. Man legt das Tafel-Messer **rechts neben** die **Serviette** (Abb. links).

**Danach** deckt man die **Tafel-Gabeln** ein. Man legt die Tafel-Gabel **links neben** die **Serviette** (Abb. rechts).

Das Tafel-Messer und die Tafel-Gabel liegen eine **Teller-Breite auseinander**.

Der Besteck-Griff liegt eine **Daumen-Nagel-Länge von** der **Tischkante** entfernt.

Die nebeneinander liegenden Bestecke bilden eine Linie.

Die gegenüberliegenden Bestecke bilden eine Linie.

Man deckt nur **polierte Bestecke** ein.

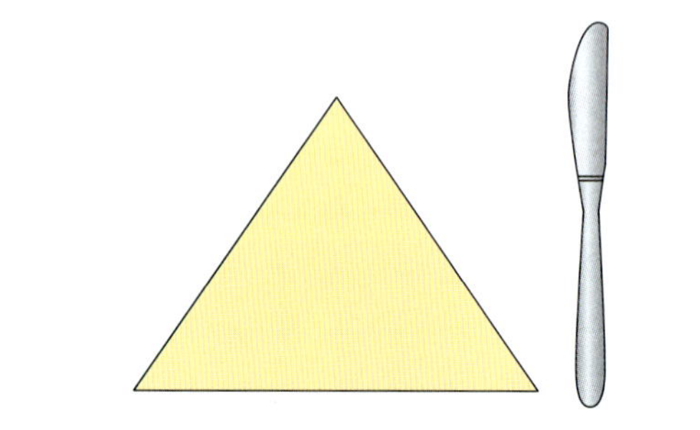

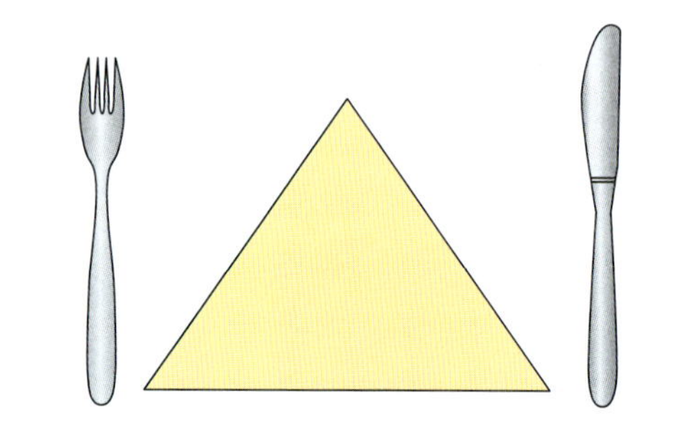

## 8. Man deckt das weitere Besteck ein.

**Worauf muss man achten?**

Man muss die weiteren Besteck-Teile **von innen nach außen entgegengesetzt zur Menü-Reihenfolge** eindecken.

Die Besteck-Teile liegen **nicht zu dicht zusammen**. Sie liegen aber auch **nicht zu weit auseinander**.

Man kann die Mittel-Gabel hochschieben.

Man deckt **höchstens** für **5 Gänge** ein:

- 4 Besteck-Teile rechts
- 3 Besteck-Teile links

## 9. Man deckt den Brot-Teller und das Brot-Messer ein.

**Worauf muss man achten?**

Man deckt den **Brot-Teller links** ein.
Der **obere Rand** des Brot-Tellers bildet **eine Linie mit** den **Zinken** der **Tafel-Gabel**.

Das **Brot-Messer** liegt **rechts auf** dem **Brot-Teller**. Die **Schneide zeigt nach links**.

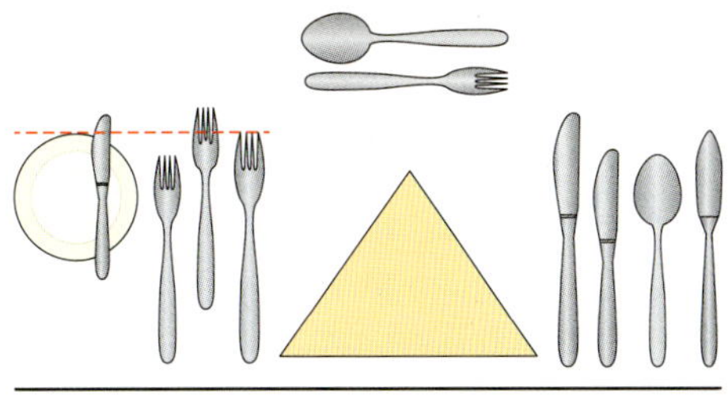

## 10. Man setzt das Richt-Glas ein.

**Worauf muss man achten?**

Die Gläser (auch der Fuß) sind poliert.

Man setzt das Glas **ca. 1 cm über dem Tafel-Messer** ein.

Das Glas steht **auf** einer gedachten **Linie**, die man **durch** das **Dessert-Besteck** zieht (s. Abb.).

Das Glas steht **im rechten Winkel** zwischen der **Linie Tafel-Messer und Glas** und der **Linie Dessert-Besteck und Glas** (s. Abb.).

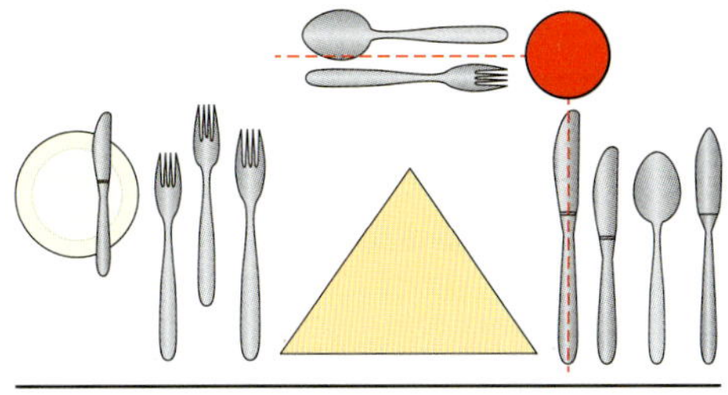

## 11. Man setzt die weiteren Gläser ein.

**Worauf muss man achten?**

Man setzt das **Glas** zur **Vorspeise oder** zum **Zwischen-Gericht rechts unterhalb des Richt-Glases** ein.

Man setzt das **Glas** zum **Käse oder** zum **Dessert links oberhalb des Richt-Glases** ein.

Die **Gläser** der **gegenüberliegenden Gedecke** bilden eine gedachte **Linie** (s. Abb.).

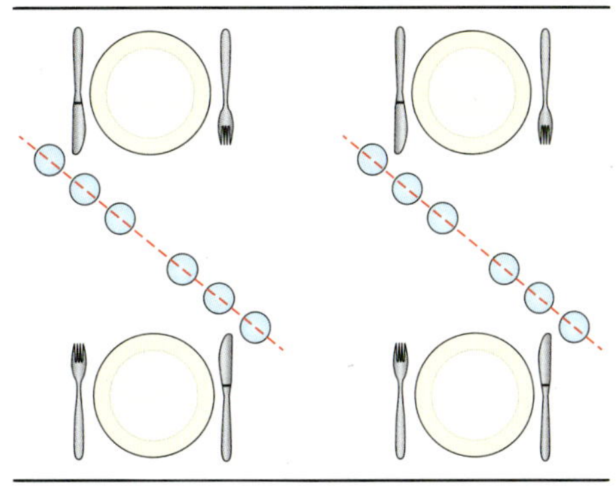

C

### 12. Man stellt die Blumen, die Kerze, den Salz-Streuer und den Pfeffer-Streuer auf den Tisch.

**Worauf muss man achten?**

**Blumengestecke** dürfen **nicht zu groß** sein.

Man deckt **im À-la-Carte-Geschäft** einen **Salz-Streuer und** einen **Pfeffer-Streuer** ein. Man stellt bei einem **Menü nur** einen **Salz-Streuer** auf den Tisch. Der Salz-Streuer und der Pfeffer-Streuer sind **aufgefüllt** und **sauber**.

Man stellt eine **hohe Kerze nicht** genau **zwischen** zwei **gegenüberliegende Gedecke**. Die Gäste haben dann einen ungestörten Blick-Kontakt.

### 13. Man überprüft den eingedeckten Tisch. Man dreht die Stühle zurück an den Tisch.

**Worauf muss man achten?**

Man **kontrolliert** den Tisch.

- Hat man alles **richtig eingedeckt**?
- Sieht der Tisch **einladend** aus?
- Wird sich der Gast an dem Tisch **wohlfühlen**?

Man **dreht** die **Stühle zurück**. Man **richtet** die Stühle **endgültig aus**.

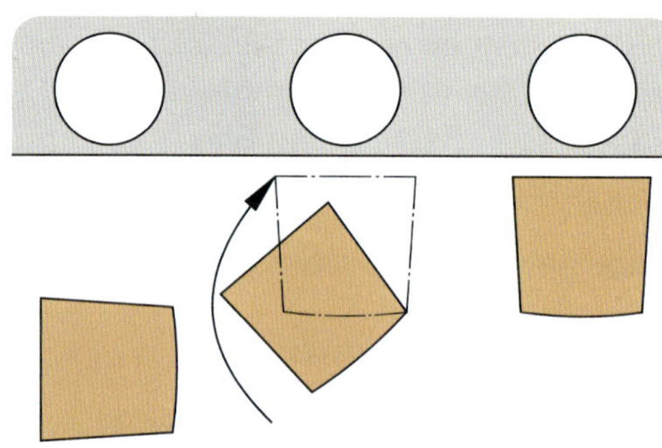

## 4.3 Gedecke

🇬🇧 cover
🇫🇷 couvert

Ein Gedeck im Restaurant besteht aus **Besteck**, aus **Serviette** und aus **Gläsern**.

Ein **eingedeckter Tisch** sieht **einladend** aus.

Ein Tisch **ohne Gedecke** sieht **wenig einladend** aus.

## Grundgedeck

Man deckt im À-la-Carte-Geschäft das Grundgedeck ein. Das Grundgedeck **besteht aus**:

- **Serviette**
- **Tafel-Messer**
- **Tafel-Gabel**
- **Weinglas**
- evtl. Brot-Teller und Brot-Messer
- evtl. Menagen

Wenn der Gast bestellt hat,

- **ergänzt** man **Besteck-Teile**, z. B. einen Suppen-Löffel,
- **tauscht** man **Besteck-Teile aus**, z. B. ein Steak-Messer für das Tafel-Messer.

## Menü-Gedecke

Man deckt Menü-Gedecke **für vorgegebene Speise-Folgen** ein.

| | |
|---|---|
|  | Kürbis-Crème-Suppe<br>Glasierte Perlhuhn-Brust, Rosenkohl, Schloss-Kartoffeln<br>Weiße Mousse au chocolat, frische Wald-Beeren |
|  | Räucherlachs, Toast und Butter<br>Geflügel-Crème-Suppe<br>Filet-Steak, Mandel-Brokkoli, Herzogin-Kartoffeln<br>Aprikosen mit Weinschaum-Sauce |
| 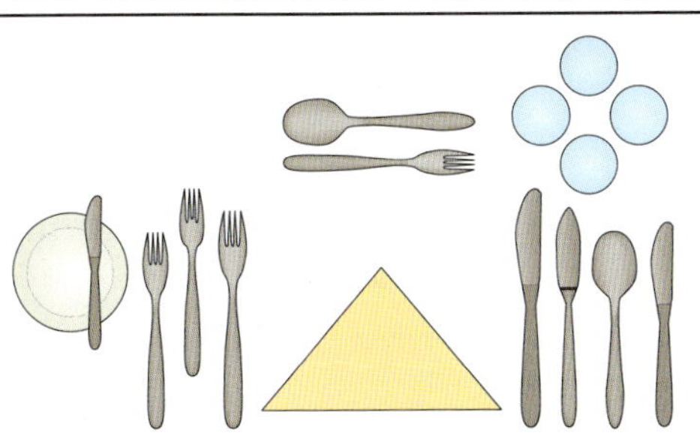 | Riesen-Garnele an Blattsalaten<br>Klare Tomaten-Brühe mit Grieß-Klößchen<br>Seezungen-Röllchen, Riesling-Sauce, Reis<br>Roastbeef, Karotten, Zuckerschoten, Kartoffel-Krapfen<br>Bayerische Crème, Himbeeren |

# 5 Gäste bedienen

Das Service-Personal hat als **wichtigste Aufgabe**, die **Gäste** zu **bedienen**.

Der **Gast möchte** vom Eintreten in das Restaurant bis zum Verlassen des Restaurants **wahrgenommen werden**. Er **möchte** die ganze Zeit über **freundlich** und **zuvorkommend bedient werden**. Dann fühlt sich der Gast wohl, und er ist zufrieden.

C

## À-la-Carte-Service

Jeder Gast **bestellt** beim À-la-Carte-Service seine **Speisen und** seine **Getränke nach der Karte**.

Das Service-Personal bedient **jeden Gast individuell**. Der Gast bezahlt die Speisen und die Getränke beim Service-Personal.

## Bankett-Service

**Alle Gäste einer Gruppe**, z. B. bei einer Hochzeit oder bei einem Jubiläum, bekommen das **gleiche Menü**. Der Gastgeber wählt das Menü aus.

Das Service-Personal **serviert** das **Menü** zu einer **abgesprochenen**, **festgelegten Zeit**.

## Büfett-Service

Der Gast **stellt sich** seine **Speisen** aus den Speisen des Büfetts **selbst zusammen**.

Es gibt verschiedene Arten von Büfetts, z. B.:
- Frühstücks-Büfett
- Lunch-Büfett
- Kaltes Büfett
- Salat-Büfett

Das Service-Personal **betreut** die **Gäste** und **hebt benutztes Geschirr** und **Besteck aus**.

## 5.1 Servieren – aber richtig!

Das Service-Personal soll eine **angenehme Atmosphäre** für den Gast **schaffen**.
Deshalb gilt:
- Das Service-Personal verhält sich **rücksichtsvoll gegenüber dem Gast**.
- Das Service-Personal **geht sinnvolle Arbeitswege**.
- Das Service-Personal **beachtet** beim Servieren bestimmte **Regeln**.

## Rücksichtsvolles Verhalten

Der **Gast wünscht** sich eine **ruhige, angenehme Atmosphäre** im Restaurant. **Hektik**, **Lärm** und **Belästigungen stören den Gast**. Das **Service-Personal arbeitet ruhig, besonnen** und **unauffällig**.

### Keine Hektik

Das Service-Personal soll **viele Wünsche vieler Gäste gleichzeitig erfüllen**. Darum herrscht im Restaurant oft **hektische Betriebsamkeit**.

Das Service-Personal
- muss nach außen **Ruhe bewahren**,
- darf **niemals rennen**,
- darf **nicht** heftig **gestikulieren**.

### Kein Lärm

Das Service-Personal **spricht mit leiser Stimme** zu den Gästen und mit den Kollegen. Es **hantiert** möglichst **geräuschlos** mit dem Geschirr, mit dem Besteck, mit den Gläsern und mit den Tisch-Geräten.

### Keine Belästigungen

Das Service-Personal darf den Gast nicht belästigen:
- Es soll **nicht übertrieben aufmerksam** sein.
- Es soll den Gästen **nicht ständig** etwas **empfehlen**.
- Es muss **fachgerechte Arbeits-Techniken** beherrschen.

*Falsche Arbeits-Technik*

## Sinnvolle Arbeitswege

Das Service-Personal geht im Restaurant täglich viele Wege.

Dabei gilt:
- Das Service-Personal **geht auf** den **„Verkehrswegen" immer rechts**.
- Das Service-Personal **geht** beim Servieren **immer vorwärts** und **nie rückwärts**. Es **bleibt nicht plötzlich stehen**.
- Das Service-Personal **vermeidet Wege im „Leerlauf".** Das Service-Personal kann immer etwas transportieren, z. B. Getränke, benutztes Geschirr und Besteck, leere Gläser.

## Servier-Regeln

Das Service-Personal sollte beim Servieren folgende Regeln beachten.
- Die **rechte Hand** ist die **Arbeits-Hand**. Die **linke Hand** ist die **Trage-Hand**. Man trägt zwei Teller mit dem Obergriff. Man kann zwei Teller auch mit dem Untergriff tragen. Man trägt auch drei Teller mit dem Untergriff.

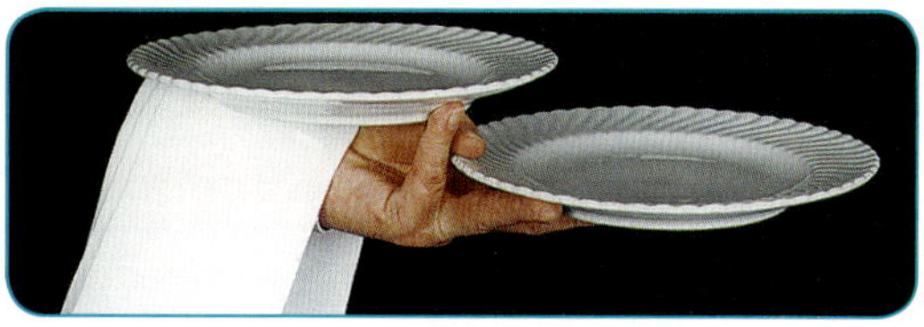

***Zwei Teller** mit dem **Obergriff** tragen*

C

***Zwei Teller** mit dem **Untergriff** tragen.*

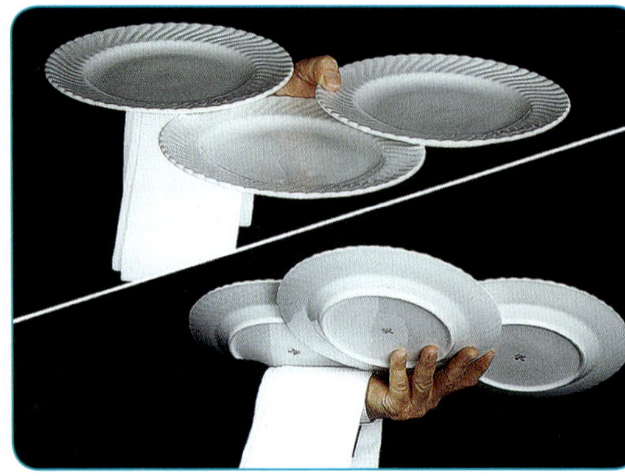

***Drei Teller** mit dem **Untergriff** tragen.*

- Man **geht** beim Servieren **im Uhrzeigersinn** um den Tisch herum.

> ***Ausnahme*: Man bedient bei kleinen Gruppen *zuerst* den *Ehrengast*.**
> ***Danach* bedient man die *Damen* und *als letztes* bedient man die *Herren*.** !

- Man **arbeitet von unterschiedlichen Seiten** am Tisch des Gastes.

**Einsetzen und Ausheben von links:**

- Brot, Toast
- Salat-Teller
- Reste-Teller
- Kompott
- Frühstücks-Ei
- Finger-Schale

**Speisen präsentieren und Speisen vorlegen**

**Einsetzen und Ausheben von rechts:**

- Suppen
- Teller
- Kaffee, Kaffee-Spezialitäten, Tee
- Gläser

**Getränke präsentieren und einschenken**

- Man **hebt** das Geschirr und das Besteck **erst aus**, wenn **alle Gäste** mit dem Essen **fertig** sind. Man **beachtet vor** dem **Ausheben**: **Wie liegt** das **Besteck** der Gäste **auf dem Teller?**

Der **Gast macht** eine **Pause** beim Essen.

Der Gast **wartet auf** den **Nach-Service**.

Der **Gast ist** mit dem Essen **fertig**.

Der Teller kann ausgehoben werden.

| • Man **sammelt** das **Besteck** beim Ausheben **richtig** auf einem Teller. | • Man **stapelt** Geschirr und Besteck **nicht mit Essens-Resten übereinander**. |
|---|---|
|  |  |

## 5.2 Servier-Methoden

Man kann Speisen verschieden servieren. Man unterscheidet:

### Amerikanischer Service

| | |
|---|---|
| Man nennt Amerikanischen Service auch **Teller-Service**.<br>Der **Koch richtet** das **vollständige Gericht auf einem Teller** in der Küche an.<br>Das **Service-Personal setzt** die **Teller ein**. |  |
| **Vorteile**<br>• Man benötigt **weniger Service-Personal**.<br>• Man braucht **weniger Geschirr**.<br>• Man **spart** beim Servieren **Zeit**. | **Nachteile**<br>• Der **Gast** hat **keinen Einfluss auf** die **Portions-Größe**.<br>• Der Service geht schnell und er ist deswegen **wenig persönlich**. |

### Deutscher Service

| | |
|---|---|
| Der **Koch richtet** die **Speisen** in der Küche **auf Platten** und **in Schüsseln an**.<br>Das Service-Personal setzt die **Platten** und die **Schüsseln auf** dem **Tisch** ein.<br>Der **Gast** bekommt einen leeren Teller, und er **bedient sich selbst**. |  |

## Deutscher Service

| Vorteile | Nachteile |
|---|---|
| • Der **Gast** kann sich die **Speisen selbst zusammenstellen.**<br>• Der **Gast** kann die **Portions-Größe selbst bestimmen.**<br>• Man **spart Service-Personal.**<br>• Man **spart** beim Servieren **Zeit**. | • Man braucht **viel Geschirr**.<br>• Der Koch kann **nicht genau kalkulieren**, welche Mengen die Gäste essen. |

## Französischer Service

Man nennt den Französischen Service auch **Vorlege-Service**.

Der **Koch richtet** die **Speisen** in der Küche **auf Platten** und **in Schüsseln an**.

Die **Service-Kraft bietet** dem Gast die **Speisen an**.

Der **Gast bedient sich selbst oder** die **Service-Kraft legt** die Speisen **vor**.

| Vorteile | Nachteile |
|---|---|
| • Der **Gast** kann sich die **Speisen selbst zusammenstellen.**<br>• Der **Gast** kann die **Portions-Größe selbst bestimmen.** | • Man braucht **viel Personal.**<br>• Man braucht **viel Zeit.**<br>• Das **Vorlegen** ist **schwierig.**<br>• Der **Gast** wird **häufig gestört.** |

## Englischer Service

Man nennt den Englischen Service auch **Service vom Beistell-Tisch** oder **Guéridon-Service**.

Der **Koch richtet** die **Speisen** in der Küche **auf Platten** und **in Schüsseln an**.

Die Service-Kraft arbeitet **am Beistell-Tisch**. Sie richtet die Speisen **nach dem Wunsch des Gastes** auf einem Teller an.

| Vorteile | Nachteile |
|---|---|
| • Der **Gast** kann sich die **Speisen selbst zusammenstellen.**<br>• Der **Gast** kann die **Portions-Größe selbst bestimmen.**<br>• Der Service ist **persönlich.** | • Man braucht **viel Zeit.**<br>• Man braucht **viel Geschirr.**<br>• Die Service-Kraft hält sich immer wieder länger an einem Tisch auf. |

# 6 Frühstück

breakfast
petit déjeuner

Das Frühstück ist für den Gast eine wichtige Mahlzeit.

Das Frühstück **beeinflusst** die **Stimmung und** die **Leistungs-Fähigkeit** des Gastes **für den Tag**.

Der Gast möchte in einer **angenehmen Atmosphäre** frühstücken.

Das Service-Personal
- ist **ausgeruht**, **freundlich** und **zuvorkommend**,
- muss den Frühstücks-Raum **gut lüften**,
- muss die Frühstücks-Tische **sauber** und **sorgfältig eindecken**.

C

## 6.1 Frühstücks-Arten

### Einfaches Frühstück

simple breakfast
petit déjeuner simple

Man nennt das einfache Frühstück auch **kontinentales Frühstück**. Man serviert dem Gast:
- Kaffee, Tee oder Kakao
- Brötchen, Brot oder Toast
- Butter oder Margarine
- Konfitüre, Honig

### Erweitertes Frühstück

extended breakfast
petit déjeuner prolongé

Man **ergänzt** das einfache Frühstück beim erweiterten Frühstück. Der **Gast wählt** weitere **Speisen** und **Getränke** aus der Karte, z. B.:
- Säfte, z. B. Orangen-Saft
- Eierspeisen, z. B. Rührei, Spiegeleier
- Wurst und Käse
- Cerealien, z. B. Müsli, Cornflakes
- Joghurt, Quark

## Gedecke

**Einfaches Frühstück**
- Mittel-Teller mit Serviette
- Mittel-Messer
- Kaffee-Untertasse mit Kaffee-Löffel

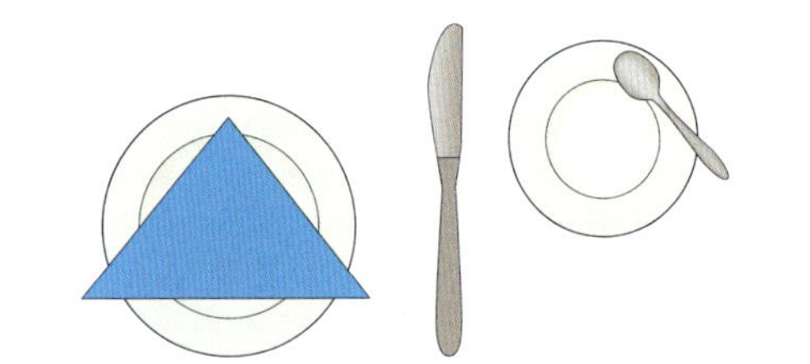

**Erweitertes Frühstück**
- Mittel-Teller mit Serviette
- Mittel-Messer und Mittel-Gabel
- Kaffee-Untertasse mit Kaffee-Löffel
- Salz-Streuer und Pfeffer-Streuer

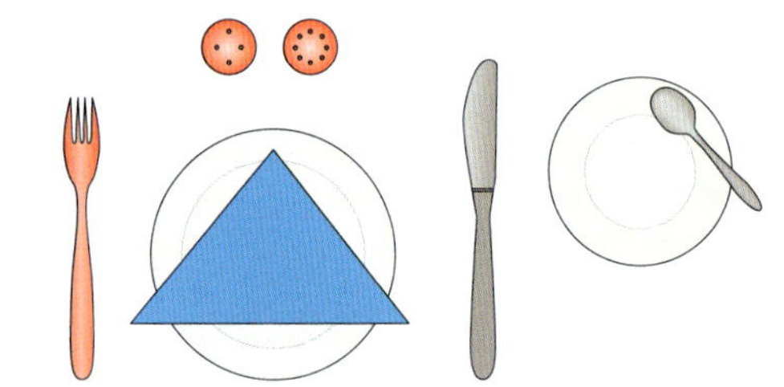

# Zimmer-Frühstück

room breakfast
petit déjeuner en chambre

Man nennt das Zimmer-Frühstück auch **Etagen-Frühstück**. Der Gast **bestellt am Abend vorher** sein Frühstück. Er **wählt aus** einer **Bestell-Liste** seine Speisen und Getränke **aus**.

Die Service-Kraft serviert das Zimmer-Frühstück mit **angemessener Zurückhaltung zu** der **gewünschten Uhrzeit**.
- Die Service-Kraft **klopft an** und sie **wartet** auf eine Antwort.
- Die Service-Kraft **betritt** das **Zimmer** und **wünscht „Guten Morgen"**.
- Die Service-Kraft **stellt** das Frühstücks-**Tablett** an den **gewünschten Platz**.
- Die Service-Kraft **wünscht** einen **guten Tag**, und sie verlässt das Zimmer.

## Gedeck für das Zimmer-Frühstück

Das Service-Personal **bereitet** am **Abend vorher** die **Tabletts** für die Zimmer-Frühstücke **vor**. Man bereitet die Tabletts **wie** für ein **einfaches Frühstück** vor.

Am Morgen **ergänzt** das Service-Personal die Tabletts **nach** den jeweiligen **Wünschen** der Gäste, z. B. mit einem gekochten Ei (s. Abb.).

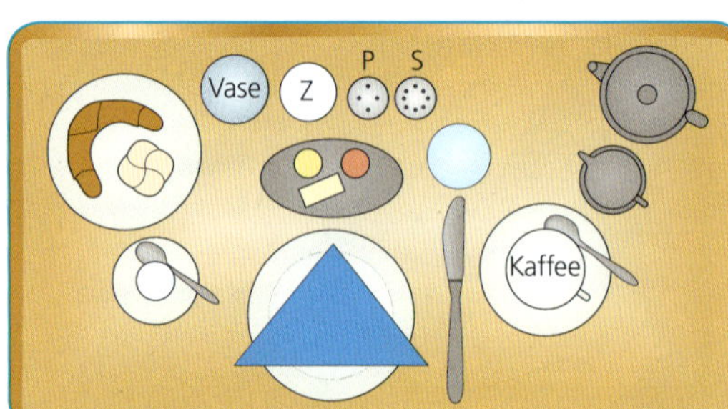

C

# Etagen Service

KRONE HOTEL

# *Room Service*

BESTELLEN Sie sich das pünktliche Frühstück am Abend vorher.
To have your breakfast in time ORDER it the evening before.

Service gewünscht/zwischen: – *Desired Service Time:*

7.00 – 7.30 ◯ 7.30 – 8.00 ◯ 8.00 – 8.30 ◯ 8.30 – 9.00 ◯ 9.00 – 9.30 ◯ 9.30 – 10.00 ◯

| Zimmer Nr. *Room No.* | Anzahl der Gäste *Number of guests* | Service *Waiter* | Datum *Date* |
|---|---|---|---|
| | | | |

| | € | |
|---|---|---|
| **Frühstück komplett € 9,00** | | *Continental breakfast € 9,00* |
| ◯ Kaffee | | ◯ *Coffee* |
| ◯ Tee | | ◯ *Tea* |
| ◯ Kakao | | ◯ *Chocolate* |
| **Zusatzbestellung** | € | Additional orders |
| ◯ Glas Milch, warm oder kalt | 1,50 | ◯ *Glass of milk, hot or cold* |
| ◯ Orangensaft | 3,00 | ◯ *Fresh orange juice* |
| ◯ Grapefruitsaft | 3,00 | ◯ *Grapefruit juice* |
| ◯ Tomatensaft | 3,00 | ◯ *Tomato juice* |
| ◯ Frische halbe Grapefruit | 3,00 | ◯ *Fresh half grapefruit* |
| ◯ Backpflaumen | 2,00 | ◯ *Stewed prunes* |
| ◯ Frisches Land-Ei | 1,50 | ◯ *Soft-boiled fresh egg* |
| ◯ Zwei in Butter gebratene Spiegeleier oder Rühreier | 3,50 | ◯ *Pair of fresh country-eggs cooked to your order* |
| ◯ (wahlweise mit Schinken, Speck oder Würstchen) | 4,00 | ◯ *(choice of with ham, bacon or sausages)* |
| ◯ Schinken oder Frühstücksspeck, knusprig gebraten | 3,00 | ◯ *Rasher of bacon, ham or sausages* |
| ◯ Zwei pochierte Eier auf Toast | 3,50 | ◯ *Two poached eggs on toast* |
| ◯ Eine Tasse Haferflockenbrei mit frischer Sahne oder Milch | 2,50 | ◯ *One cup of hot porridge with fresh cream or milk* |
| ◯ Cornflakes mit frischer Sahne oder Milch | 2,50 | ◯ *Cornflakes with fresh cream or milk* |
| ◯ Joghurt | 2,00 | ◯ *Joghurt* |
| ◯ Schinken, roh oder gekocht (kleine Portion) | 4,00 | ◯ *Smoked or boiled ham (half portion)* |
| ◯ Gemischter Aufschnitt (kleine Portion) | 4,00 | ◯ *Mixed cold cuts (half portion)* |
| ◯ Käse in reicher Auswahl | 4,00 | ◯ *Assortment of cheeses* |
| Obige Preise sind Inklusivpreise | | *Service and tax included* |

Besondere Wünsche *Special Requests*

Unterschrift des Gastes (Unterschreiben Sie bitte erst nach Erhalt Ihrer Bestellung.)
*Signature (Sign after receipt of your order only, please.)* *No. 3498*

***Bestell-Liste für das Zimmer-Frühstück***

C

## Frühstücks-Büfett

breakfast buffet
buffet de petit déjeuner

Das Frühstücks-Büfett ist das **umfangreichste Frühstück** und bietet dem Gast eine **vielfältige Auswahl**.

Der **Gast bedient sich selbst**.

Das Service-Personal
- serviert die Aufguss-Getränke auf Bestellung,
- betreut die Gäste,
- hilft den Gästen beim Tragen,
- hebt das benutzte Geschirr und das benutzte Besteck aus.

## Brunch

brunch
brunch

Brunch ist eine **Kombination aus**
- **Br**eakfast = Frühstück
- L**unch** = Mittagessen

Man **ergänzt** das **Frühstücks-Büfett** mit:
- Suppen
- kleinen warmen Speisen
- Salaten
- Süßspeisen

### Gedecke

**Frühstücks-Büfett**
- Mittel-Teller mit Serviette
- Mittel-Messer und Mittel-Gabel
- Salz-Streuer und Pfeffer-Streuer
- Kaffee-Untertasse mit Kaffee-Löffel

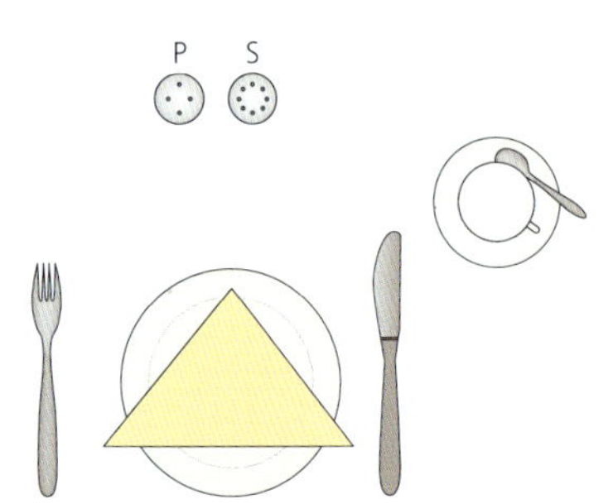


**Brunch**
- Serviette
- Tafel-Messer und Tafel-Gabel
- Mittel-Messer und Mittel-Gabel
- Brot-Teller mit Brot-Messer
- Kaffee-Untertasse mit Kaffee-Löffel, Glas
- Salz-Streuer und Pfeffer-Streuer

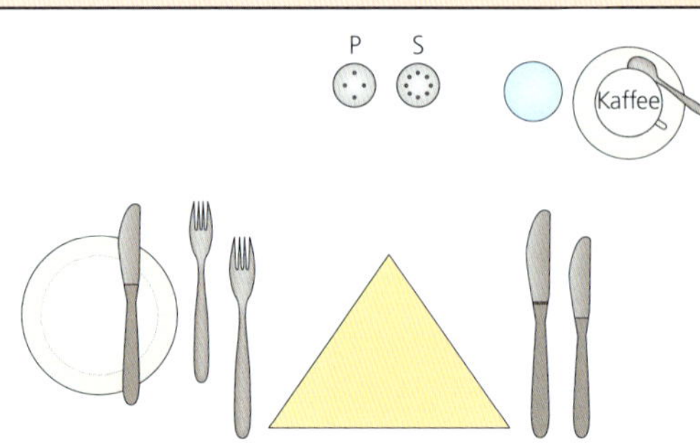

## Aufbau des Frühstücks-Büfetts

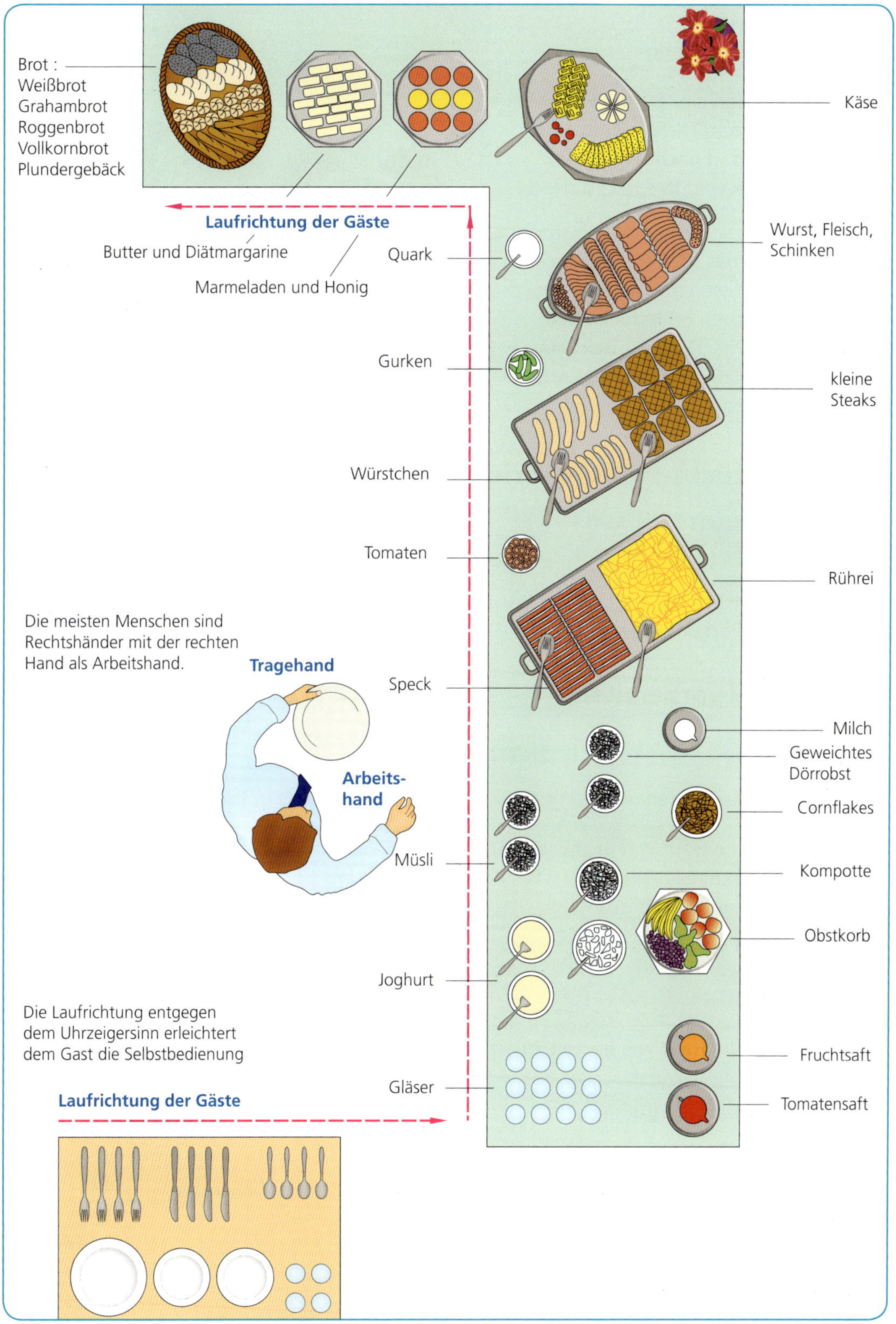

## Thermo-Frühstück

🇬🇧 thermo breakfast
🇫🇷 petit déjeuner thermo

Einige Hotels bieten ein Thermo-Frühstück an. Man serviert zum Thermo-Frühstück **Frühstücks-Speisen nach Wahl**. Das **Aufguss-Getränk** wird **in** einer **Thermos-Kanne** warmgehalten.

Der Gast bestellt das Thermo-Frühstück, wenn er früh **abreisen** muss und wenn er **vor der eigentlichen Frühstücks-Zeit** frühstücken möchte. Der Gast **bekommt** das Thermo-Frühstück **am Abend vorher auf** sein **Zimmer** gebracht.

## 6.2 Frühstücks-Platten anrichten

🇬🇧 breakfast platters
🇫🇷 plats pour le petit déjeuner

Der Koch oder die Service-Kraft **richtet Wurst-Waren**, **Schinken** und **Käse ansprechend** auf Platten oder auf Portions-Tellern **an**.

## Lebensmittel vorbereiten

### Wurst-Waren und Schinken schneiden

Wurst-Waren und Schinken müssen **gut gekühlt** sein. Man kann sie gut schneiden.

| | |
|---|---|
| Man **entfernt die Haut** von **Brühwurst-Sorten**, z. B. Fleisch-Wurst und Bierschinken, und von festen **Kochwurst-Sorten**, z. B. Blut-Wurst und Sülz-Wurst.<br><br>Man **schneidet gerade, runde Scheiben.** |  |
| Man **entfernt die Haut** von **harten Wurst-Sorten**, z. B. Salami und Cervelat-Wurst.<br><br>Man **schneidet dünne Scheiben**.<br><br>Man **schneidet gerade**, **runde Scheiben**.<br><br>Man kann die Wurst-Sorten **auch in schräger Richtung schneiden**. Dann bekommt man **größere**, **ovale Scheiben**. |  |

| | |
|---|---|
| Man **schneidet Streichwurst-Sorten**, z. B. Tee-Wurst, Braunschweiger und Leber-Wurst, **in Scheiben**. Die Scheiben sind **½ cm bis 1 cm dick**.<br>Man kann die Wurst-Sorten **auch in schräger Richtung schneiden**. Dann bekommt man **größere, ovale Scheiben**. |  |
| Man **kann** die **Fett-Schicht** an rohem oder an gekochtem Schinken **abschneiden**.<br>Man **schneidet** gekochten Schinken und rohen Schinken **in Scheiben. Rohen Schinken** schneidet man in **dünne Scheiben**. |  |



## Käse schneiden

Man **entfernt** die **Rinde** von **Schnittkäse-Sorten**, z. B. Gouda, Tilsiter und Leerdammer. Man **schneidet** den Käse **in Scheiben**. **Große Scheiben teilt** man.

Man **schneidet Weichkäse-Sorten**, z. B. Brie und Camembert, wie unten gezeigt.

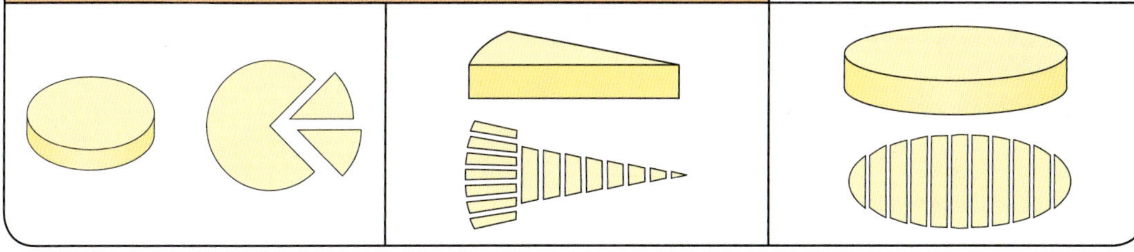

## Lebensmittel für das Garnieren vorbereiten

Man wäscht die Lebensmittel vor dem Schneiden. Man schneidet z. B.:

- **Gewürz-Gurken** oder **Cornichons** in Scheiben oder Fächer
- **Tomaten** in Scheiben, in Viertel, in Achtel, in Würfel oder als Krone
- **Gurken** in Scheiben
- **Paprika** in Rauten, in Ringe, in Streifen oder in Würfel
- **Radieschen** in Scheiben, in Streifen oder als Röschen
- **Frische Früchte** in Scheiben, in Viertel oder als Kugeln
- **Hartgekochte Eier** in Scheiben, in Sechstel oder in Achtel

C

## Frühstücks-Platten anrichten

Es gelten folgende Regeln für das Anrichten der Platten:

- Die Platten müssen **ansprechend** aussehen.
- Die Platten dürfen **nicht überladen** sein.
- Man lässt den **Platten-Rand frei**.
- Man **trennt verschiedene Lebensmittel** voneinander, z. B. Käse und Wurst-Waren.
- Man **richtet** Wurst-Waren aus **Geflügel** und Wurst-Waren aus **Schweinefleisch getrennt an**.
- Man **legt** die Scheiben in gleichen Abständen **dachziegelartig übereinander**.
- Man **wählt für** die **letzte Scheibe** eine besonders **schöne Scheibe aus**.
- Die **Lebensmittel zum Garnieren** müssen geschmacklich **zu** den **Lebensmitteln auf** der **Platte passen**, z. B. Weintrauben zu Käse oder Gewürz-Gurken zu rohem Schinken.
- Man **garniert** die Platten **nicht übermäßig**.

Viele Hotels und Bistros bieten außer Wurst-Waren, Schinken und Käse weitere Speisen für das Frühstück an, z. B.:

*Geräucherte Fisch-Erzeugnisse*

*Tomate-Mozzarella*

**Man muss alle Speisen, die man dem Gast für das Frühstück anbietet, *appetitanregend anrichten*.** !

# 7 Getränke und Getränke-Service

beverages and drinks service
boissons et service de boissons

Ein Erwachsener besteht ungefähr zu 70 % aus Wasser, d. h.:

| Mann | | Frau | |
|---|---|---|---|
| **Gewicht** | **Wasser-Anteil, ca.** | **Gewicht** | **Wasser-Anteil, ca.** |
| • 75 kg<br>• 85 kg<br>• 100 kg<br>• 130 kg | • 52,5 Liter<br>• 59,5 Liter<br>• 70,0 Liter<br>• 91,0 Liter | • 60 kg<br>• 70 kg<br>• 80 kg<br>• 110 kg | • 42,0 Liter<br>• 49,0 Liter<br>• 56,0 Liter<br>• 77,0 Liter |

Der Mensch scheidet am Tag 2–3 Liter Wasser über die Haut, über die Lunge und über den Urin und den Kot aus. Der Mensch muss das ausgeschiedene Wasser wieder aufnehmen.

**Der Mensch kann nur ungefähr drei Tage leben, ohne Flüssigkeit aufzunehmen.** !

## 7.1 Wasser

drinking water and mineral water
eau potable et eau minérale naturelle

Die Qualität von Wasser ist in zwei Verordnungen geregelt:
- Trinkwasser-Verordnung (TrinkwV)
- Mineral- und Tafelwasser-Verordnung (Min/TafelWV)

### Trinkwasser

drinking water
eau potable

Trinkwasser ist **Süßwasser**. Trinkwasser
- muss **hygienisch einwandfrei** sein,
- soll **neutral schmecken**,
- soll **geruchlos** und **farblos** sein.

Man erhält Trinkwasser aus **Grundwasser** oder aus **Oberflächen-Wasser** (aus Flüssen und aus Seen).

Trinkwasser kann man **trinken** und man kann damit **kochen**.

C

## Tafelwasser

table water
eau en bouteille

Man **stellt** Tafelwasser **aus Trinkwasser** oder aus **natürlichem Mineralwasser her**. Man darf zur Herstellung **verschiedene Zusätze** verwenden, z. B. Meerwasser, Natrium-Chlorid (Kochsalz) und andere Zusatz-Stoffe. Die Zusätze müssen auf dem Etikett stehen.

**Sodawasser** ist ein **spezielles Tafelwasser**. Man verwendet Sodawasser für Cocktails.

## Quellwasser

spring water
l'eau de source

Quellwasser kommt aus **unterirdischen Quellen**. Die Quellen müssen **vor Verunreinigungen geschützt** sein. Quellwasser **muss am Quell-Ort abgefüllt** werden. Es muss „natürlich rein" sein. Quellwasser darf **nicht aufbereitet** werden. Es muss **nicht amtlich anerkannt** werden.

## Natürliches Mineralwasser

mineral water
eau minérale naturelle

Natürliches Mineralwasser kommt **aus unterirdischen Quellen**. Die Quellen müssen **vor Verunreinigungen geschützt** sein.

Wasser versickert im Boden. Auf dem Weg in die Tiefe wird das Wasser **durch** das **Gestein gefiltert**. Natürliches Mineralwasser ist darum **besonders rein**. Das Wasser **nimmt** beim Versickern **wertvolle Mineralstoffe** aus den Gesteins-Schichten **auf**. Aus kohlendioxidreichen Gesteins-Schichten **nimmt** das Wasser **auch Kohlendioxid** auf und bindet es als Kohlensäure.

Natürliches Mineralwasser muss **am Quell-Ort abgefüllt** werden. Es ist **amtlich anerkannt**.

Die Mineralstoffe
- geben dem natürlichen Mineralwasser einen besonderen Geschmack,
- bringen dem menschlichen Körper Mineralstoffe.

Das Kohlendioxid (Kohlensäure)
- löst die Mineralstoffe besser,
- wirkt erfrischend,
- regt die Verdauung an.

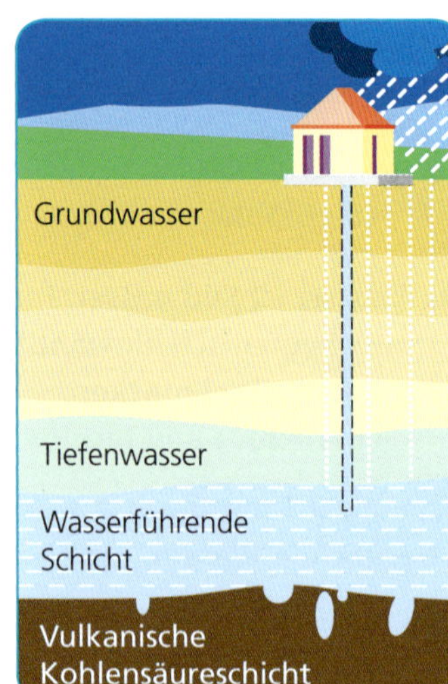


*So entsteht Mineralwasser*

### Etikett für natürliches Mineralwasser

① Quell-Name und Ort der Quell-Nutzur

② Bezeichnung des Lebensmittels, z. B. „Natürliches Mineralwasser" oder „Quellwasser" oder „Tafelwasser"

③ Angabe zu Behandlungs-Verfahren, z. B. „mit Kohlensäure versetzt" oder „enteisent" oder „entschwefelt"

④ Auszug aus der chemischen Analyse

⑤ Haltbarkeitsdatum

### Service

Man fragt den Gast bei der Bestellung, welchen Kohlensäure-Gehalt er wünscht. Es gibt:

- natürliches Mineralwasser **mit** natürlicher oder zugesetzter **Kohlensäure** (z. B. „Sprudel", „classic")
- natürliches Mineralwasser **mit wenig Kohlensäure** (z. B. „medium")
- natürliches Mineralwasser **ohne Kohlensäure** („Stilles Wasser")

Man beachtet beim Servieren von Mineralwasser:

- Man sollte Mineralwasser **gekühlt und mit Zimmer-Temperatur** anbieten können. Je höher der Kohlensäure-Gehalt ist, desto kühler sollte das Mineralwasser sein.
- Mineralwasser **darf nur in** der **Original-Flasche serviert** werden.
- Man darf die **Mineralwasser-Flasche** erst **vor** den **Augen des Gastes öffnen**.
- Man sollte zu Mineralwasser **keine Eis-Würfel** und/oder keine **Zitronen-Scheibe** servieren. Der Geschmack wird verfälscht.

## 7.3 Säfte und Erfrischungs-Getränke

fruit drinks

boissons à base de fruits

Es gibt die Fruchtsaft- und Erfrischungsgetränkeverordnung (FrSaftErfrischGetrV).

Man unterscheidet:

- **Getränke aus Früchten** (Frucht-Saft, Fruchtnektar)
- **Erfrischungs-Getränke (Softdrinks)**: Getränke aus Wasser mit geschmackgebenden Zutaten

## Frucht-Saft

🇬🇧 fruit juice
🇫🇷 jus de fruit

Frucht-Saft hat einen **Frucht-Gehalt** von **100 %**.

- Man stellt Frucht-Saft **direkt aus Früchten** oder aus **Fruchtsaft-Konzentrat** her.
- Frucht-Saft enthält **Zucker nur** zum **Geschmacks-Ausgleich**.
- Frucht-Saft enthält **keine Farb-Stoffe** und **keine Konservierungs-Stoffe**.
- Frucht-Saft muss ein **charakteristisches Aroma** und einen **charakteristischen Geschmack** haben.
- Frucht-Saft kann Frucht-Fleisch enthalten.
- Frucht-Saft kann „klar" oder „naturtrüb" sein.

Auf dem Etikett von Frucht-Saft steht:

- **Frucht-Saft aus einer Frucht**, z. B. Apfel-Saft, Trauben-Saft
- **Frucht-Saft aus mehreren Früchten**, z. B. Multivitamin-Saft, bei dem die Früchte in der Reihenfolge ihres Saft-Anteils genannt werden
- Frucht-Saft **aus Fruchtsaft-Konzentrat**

Frucht-Saft in geschlossenen Flaschen ist lange haltbar. Man **lagert** ihn am besten **kühl** und **lichtgeschützt**.

Man **serviert** Frucht-Saft mit einer **Temperatur** von **8–12 °C**.

## Fruchtnektar

🇬🇧 fruit nectar
🇫🇷 nectars de fruit

Fruchtnektar hat einen **Frucht-Gehalt** von **25–50 %**.

- Fruchtnektar darf Wasser und Zucker enthalten.
- Fruchtnektar enthält **keine Farb-Stoffe** und **keine Konservierungs-Stoffe**.

| **Frucht** | **Frucht-Gehalt**, mindestens |
|---|---|
| • Apfel, Birne | • 50 % |
| • Pfirsich | • 45 % |
| • Aprikose | • 40 % |
| • Sauerkirsche | • 35 % |
| • Pflaume | • 30 % |
| • Johannisbeere | • 25 % |
| • Orange | • 25 % |

## Fruchtsaft-Getränk

beverage with fruit juice
boisson fruitées

Ein Fruchtsaft-Getränk ist ein **Erfrischungs-Getränk**. Ein Fruchtsaft-Getränk hat einen **Frucht-Gehalt** von **10–30%**.

- Fruchtsaft-Getränk enthält **Wasser**, **Zucker**, **Genuss-Säuren** und **natürliche Aroma-Stoffe**.
- Fruchtsaft-Getränk kann **mit und ohne Kohlensäure** sein.

| **Frucht** | **Frucht-Gehalt**, mindestens |
|---|---|
| Apfel, Birne | 30% |
| Pfirsich | 30% |
| Sauerkirsche | 30% |
| Pflaume | 10% |
| Johannisbeere | 10% |
| Aprikose | 10% |
| Orange | 6% |

## Limonade

lemonade
limonde

Limonade ist ein **Erfrischungs-Getränk**. Limonade hat einen **Frucht-Gehalt** von **3–15%**.

- Limonade besteht aus **Wasser**, **Aroma-Extrakten** und/oder **natürlichen Aroma-Stoffen**, **Zucker** und Zitronen-Säure.
- Limonade kann auch **natürliche Farb-Stoffe** enthalten.
- Limonade gibt es **mit Kohlensäure oder ohne Kohlensäure**.
- **Light-Limonade** (brennwertverminderte Limonade) hat **weniger Zucker oder** sie enthält **Süß-Stoff**.

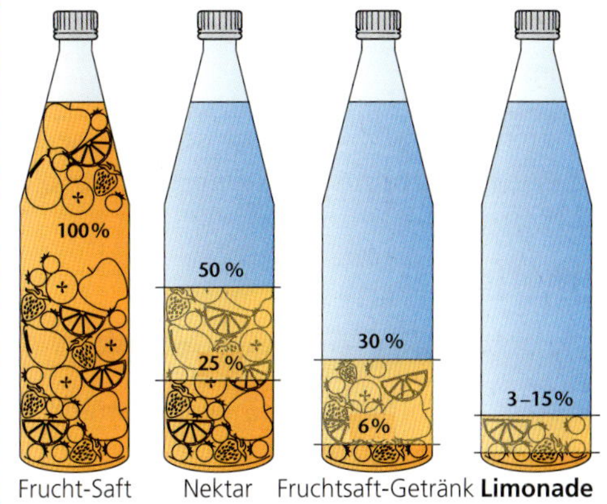


### Cola-Getränk

Ein Cola-Getränk enthält **Auszüge** aus der **koffeinhaltigen Kola-Nuss**. Ein Cola-Getränk darf **mit Zucker-Couleur gefärbt** sein.

Cola-Getränke gibt es auch mit **weniger Zucker oder ohne Zucker** und mit **weniger Koffein** oder **ohne Koffein**.

*Kola-Nuss*

C

## Bitter-Limonade

Man stellt Bitter-Limonade mit **Auszügen aus** dem **China-Rinden-Baum** her. China-Rinden-Bäume enthalten **Chinin**. Chinin **schmeckt bitter**.

Bitter-Limonaden sind z. B. Bitter Lemon, Bitter Orange, Tonic Water.

## Energy-Drink

Ein Energy-Drink soll die **Leistung steigern** und **wach halten**. Energy-Drinks enthalten je nach Zusammensetzung:

- Wasser
- Zucker oder Süß-Stoff
- Koffein, Guarana oder Taurin
- Kohlensäure
- Farb-Stoffe
- natürliche, naturidentische oder synthetische Aroma-Stoffe

# Frucht-Schorle

Eine Frucht-Schorle ist ein **Erfrischungs-Getränk**.

- Frucht-Schorle enthält **Frucht-Saft** oder Fruchtsaft-Konzentrat, **Wasser** und **Kohlensäure**.
- Der **Frucht-Gehalt** einer Frucht-Schorle **entspricht** dem **Frucht-Gehalt von Fruchtnektar**.
- Frucht-Schorlen werden auch mit natürlichen Aroma-Stoffen aromatisiert.

Man kann Frucht-Schorle auch selbst zubereiten. Dazu **mischt** man **Frucht-Saft und Wasser** meistens in einem **Verhältnis von 1 : 1**.

# Smoothie

Ein Smoothie ist ein **cremiges Getränk**.

Man stellt Smoothies **aus einer** oder **mehreren verschiedenen Früchten** her.

Man **zerkleinert** die ganzen **Früchte**. Das **Frucht-Fleisch** bleibt **im Getränk**.

Man mischt das Frucht-Püree je nach Rezept z. B. mit Frucht-Saft, mit Wasser, mit Milch oder mit Kokos-Milch.

Man verwendet für **„grüne" Smoothies** neben **Obst** immer **Blattgemüse**.

Wenn auf dem Etikett Früchte gezeigt oder genannt werden, müssen diese Früchte der Haupt-Bestandteil des Smoothies sein.

## Gemüsesaft/Gemüse-Nektar

vegetable juice
jus de légumes

**Gemüsesaft** besteht zu **100 %** aus **Gemüse**. Man kann Gemüsesaft auch aus Gemüse-Konzentrat oder aus Gemüse-Mark herstellen. Am bekanntesten sind Karotten-Saft und Tomaten-Saft.

**Gemüse-Nektar** besteht aus einem Gemüse und Wasser. Der **Gemüse-Anteil** muss **mindestens 40 %** betragen. Man kann auch Salz, Zucker, Gewürze und Genuss-Säuren zugeben.

## Near Water

Man nennt Near-Water-Getränke auch **Aqua-Plus-Getränke**.

Ein Near-Water-Getränk besteht aus **Wasser**. Man **aromatisiert** das Wasser mit **Frucht-Zusätzen oder** mit **Kräuter-Zusätzen**. Zucker oder Süß-Stoff wird zum Süßen verwendet.

Near-Water-Getränke haben einen **niedrigeren Energie-Gehalt** als Erfrischungs-Getränke.

## Isotonisches Getränk

Ein isotonisches Getränk besteht aus **Wasser**, **Kohlenhydraten** und **Mineral-Stoffen** (meistens Natrium). In einem isotonischen Getränk ist das Verhältnis von Nähr-Stoffen zu Flüssigkeit ähnlich wie im Blut. Der menschliche Körper **nimmt** die **Nähr-Stoffe** besonders **schnell auf**.

Leistungs-Sportler können mit isotonischen Getränken den **Wasser-Verlust**, den **Energie-Verlust** und den **Verlust an Mineralstoffen schnell ausgleichen**. Hobby-Sportler brauchen keine isotonischen Getränke. Hobby-Sportler können Mineralwasser oder Frucht-Schorlen trinken.

## 7.3 Alkoholfreie Misch-Getränke

non-alcoholic mixed drinks
cocktails sans alcool

Misch-Getränke nennt man auch **Cocktails**. Man mischt **zwei oder mehrere Zutaten**, z. B.: Frucht-Saft, Fruchtnektar, Frucht-Sirup, Früchte, Gemüsesaft, Wasser, Limonade, Milch oder Speise-Eis.

C

Man stellt alkoholfreie Misch-Getränke her durch, z. B.:

## Mischen, z. B.

| Spezi | | |
|---|---|---|
| 0,1 l **Cola**<br>0,1 l **Orangen-Limonade** | Man füllt zuerst die Cola in das Glas. Dann füllt man die Orangen-Limonade in das Glas.<br>Beide Getränke **mischen sich beim Eingießen** im Glas. |  |

## Schütteln, z. B.

| San Francisco | | |
|---|---|---|
| 1 cl **Limetten-Sirup**<br>1 cl **Grenadine**<br>4 cl **Orangen-Saft**<br>4 cl **Ananas-Saft**<br>4 cl **Cranberry-Saft**<br>3 cl **Maracuja-Nektar**<br>2 cl **Grapefruit-Saft**<br>1 Stück Orange<br>Eis-Würfel | Man gibt Eis-Würfel in einen **Shaker**.<br>Man gibt Limetten-Sirup, Grenadine, Orangen-Saft, Ananas-Saft, Cranberry-Saft, Maracuja-Nektar und Grapefruit-Saft zu dem Eis.<br>Dann **schüttelt** man gründlich.<br>Man gießt den Cocktail durch ein Bar-Sieb in ein Glas.<br>Man garniert mit einer Orange-Scheibe und serviert den San Francisco mit einem Trinkhalm. |  |

## Bauen, z. B.

| Kiba | | |
|---|---|---|
| 0,1 l **Kirsch-Nektar**<br>0,1 l **Bananen-Nektar**<br>Bananen-Scheibe | Man füllt zuerst den Kirsch-Nektar in ein Longdrink-Glas.<br>Dann **gießt** man **vorsichtig** den Bananen-Nektar **vom Rand** in das Glas.<br>Wichtig: Die Nektare sollen sich **nur wenig vermischen**.<br>Man steckt eine Bananen-Scheibe auf den Glas-Rand. |  |

## 7.4 Aufguss-Getränke

hot drinks
boissons chaudes

Aufguss-Getränke sind **Kaffee**, **Tee** und **Kakao**.

Man stellt Aufguss-Getränke durch **Aufgießen mit** heißer oder mit kalter **Flüssigkeit** her.

Kaffee, Tee und Kakao enthalten Alkaloide. Darum wirken Kaffee, Tee und Kakao **anregend**.
- Kaffee und Tee enthalten das Alkaloid **Koffein**.
- Kakao enthält das Alkaloid **Theobromin**. Theobromin wirkt viel weniger stark als Koffein.

### Wirkung von Koffein

Koffein **wirkt abhängig von der Menge**, die man zu sich nimmt. Zu viel Koffein wirkt negativ auf den menschlichen Körper.

- Das Herz schlägt schneller. Der Blutdruck steigt etwas. Man wird **leistungsfähiger**.
- Koffein verengt die Blut-Gefäße etwas. So **kann** Koffein **gegen Kopfschmerzen helfen**.
- Koffein erhöht die Gehirnaktivität: Man kann sich **besser konzentrieren**.
- Koffein **regt** die **Darmtätigkeit an**.

- Zu viel Koffein kann zu **Herz-Rasen** und zu **Schlaf-Störungen** führen.
- Zu viel Koffein kann **nervös** machen.
- Koffein wirkt **harntreibend**.
- Zu viel Koffein kann zu **Magen-Beschwerden** führen.
- Manche Menschen **schwitzen mehr** durch Koffein.

Man kann sich an Koffein **zu sehr gewöhnen**. Dann kann man **Entzugs-Erscheinungen** bekommen, wenn man keinen Kaffee mehr trinkt. Man ist **müde**, man fühlt sich **erschöpft**, es wird einem übel, man bekommt **Kopfschmerzen**.

## Kaffee

coffee
café

### Von der Kaffee-Kirsche zur Kaffee-Bohne

**Kaffee-Kirschen** wachsen an Bäumen.

In jeder Kaffee-Kirsche sind **zwei Samen-Kerne**.

Die Samen-Kerne sind von der **Silber-Haut** umgeben.

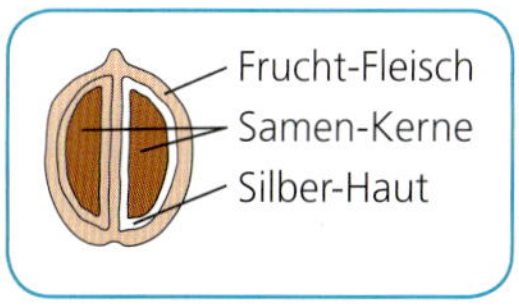


*Kaffee-Kirsche*

Zuerst muss man das **Frucht-Fleisch** und die **Silber-Haut entfernen**. Dafür verwendet man das **Trocken-Verfahren** oder das **Nass-Verfahren**.

<table>
<tr><th>Trocken-Verfahren</th><th>Nass-Verfahren</th></tr>
<tr><td>

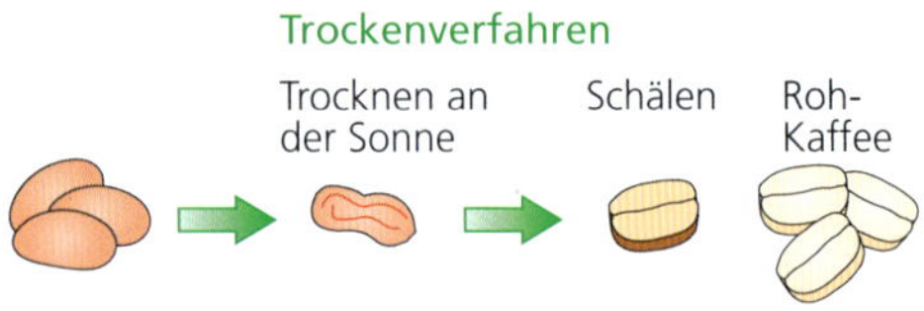


</td><td>

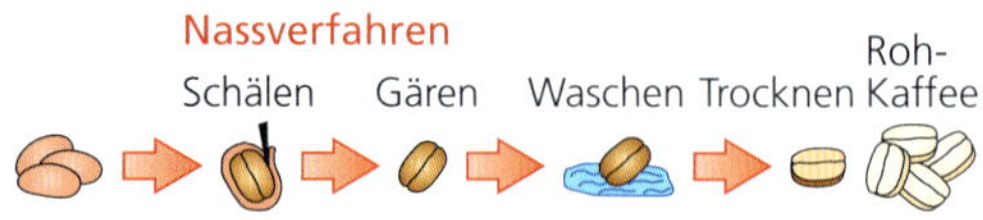


</td></tr>
<tr><td>

- Man **breitet** die **Kaffee-Kirschen** auf großen Beton-Flächen **aus**.
- Man **trocknet** die Kaffee-Kirschen **in** der **Sonne**.
- Die getrockneten Kaffee-Kirschen werden geschält. Maschinen **entfernen** das **Frucht-Fleisch** und die **Silber-Haut**.
- Übrig bleibt **Roh-Kaffee**.

</td><td>

- Die **Kaffee-Kirschen** werden **gewaschen**.
- Maschinen **quetschen** einen Teil des Frucht-Fleisches ab.
- Man lässt die **Samen-Kerne gären**. Das restliche Frucht-Fleisch lockert sich.
- Man **wäscht** das **Frucht-Fleisch** von den Samen-Kernen **ab**.
- Man **trocknet** die **Samen-Kerne**.
- Maschinen **schälen** die **Silber-Haut ab**.
- Übrig bleibt **Roh-Kaffee**.

</td></tr>
<tr><td colspan="2">

*Roh-Kaffee*

</td></tr>
<tr><td>

- Der Roh-Kaffee **kostet weniger**.
- Der Kaffee schmeckt **nicht so fein**.

</td><td>

- Man verbraucht **viel Wasser**. Darum ist dieser **Roh-Kaffee teurer**.
- Der Kaffee schmeckt **feiner**.

</td></tr>
</table>

In Kaffee-Röstereien **röstet** man den **Roh-Kaffee bei hohen Temperaturen**.
Der Roh-Kaffee verändert sich:

- Der **Zucker** in der Kaffee-Bohne **karamellisiert**. Die Kaffee-Bohne wird **braun**.
- Die Kaffee-Bohne wird **größer**.
- **Aroma-Stoffe** und **Geschmacks-Stoffe entstehen**.
- **Gerb-Stoffe zersetzen sich**.

**Je kräftiger man die Kaffee-Bohnen röstet, desto kräftiger schmeckt der Kaffee.** !

## Spezieller Kaffee

- Menschen, die empfindlich auf Koffein reagieren, trinken entkoffeinierten Kaffee.
- **Entkoffeinierter Kaffee** kann noch wenig Koffein enthalten. Das dürfen **höchstens 0,1 % Koffein** sein.
- Menschen mit einem empfindlichen Magen trinken säurearmen Kaffee. **Säurearmer Kaffee** hat **weniger Gerb-Stoffe**. Der Koffein-Gehalt verändert sich nicht. Dieser Kaffee ist magenschonend.
- Man nennt **Kaffee-Extrakt-Pulver** auch **Instant-Kaffee**. Dieses Kaffee-Pulver **löst sich leicht** in heißer und in kalter **Flüssigkeit**. Man nennt diesen Kaffee auch „löslichen" Kaffee. Kaffee-Extrakt-Pulver ist hygroskopisch (wasseranziehend). Es muss unbedingt in fest verschlossenen Behältnissen aufbewahrt werden.
- **Kaffee-Konzentrat** ist sehr **stark konzentrierter Kaffee**. Man muss Kaffee-Konzentrat **mit Wasser verdünnen**. Bei der Zubereitung achtet man auf die vorgeschriebene Menge Wasser.
- **Kaffee-Ersatz** ist ein **kaffeeähnliches Pulver ohne Koffein**. Man stellt Kaffee-Ersatz aus Pflanzen her, z. B. aus Feigen, aus Getreide und aus Zichorie. Der bekannteste Kaffee-Ersatz ist der **Malz-Kaffee**, den man aus **Gersten-Malz** herstellt.

© Société des Produits Nestlé S.A., Vevey, Schweiz

## Kaffee zubereiten

Man bereitet Kaffee mit **Kaffee-Maschinen** und/oder mit **Kaffee-Vollautomaten** zu.

Man kann mit **Kaffee-Maschinen** in kurzer Zeit **große Mengen Kaffee** zubereiten. Hierfür verwendet man **Kaffee-Pulver**.

**Kaffee-Vollautomaten** sind für die Zubereitung von **ein oder zwei Portionen Kaffee** geeignet. Man kann mit Kaffee-Vollautomaten **schwarzen Kaffee** und **Kaffee-Spezialitäten** zubereiten, z. B. Cappuccino, Latte Macchiato.

*Kaffee-Vollautomat*

Der Kaffee-Vollautomat **mahlt** die **Kaffee-Bohnen frisch**. Der gewünschte Kaffee wird gebrüht, u. U. mit Milch ergänzt und in die passende Tasse oder in das passende Glas gefüllt.

Gäste wünschen einen Kaffee, der **aromatisch** ist und **gut schmeckt**. Darum muss man bei der Zubereitung beachten:

- Die Kaffee-Bohnen und das Kaffee-Pulver müssen eine **gute Qualität** haben.
- Ein Fachmann **stimmt** das **Kaffee-Pulver** und die **Kaffee-Bohnen auf** das verwendete **Wasser ab**.
- Man sollte nur **so viel** Kaffee-Pulver und Kaffee-Bohnen **einkaufen, wie man braucht**. Es kommt bei der Lagerung zu **Aroma-Verlusten**.
- Das Kaffee-Pulver muss in seiner **Körnung auf** die **Kaffee-Maschine abgestimmt** sein.
- Die **Brüh-Temperatur** sollte **95–98 °C** betragen.

- Man muss das **Kaffee-Pulver richtig dosieren**.

| Produkt | Wasser-Menge | Kaffee-Pulver |
|---|---|---|
| **Tasse Kaffee** | 125 ml | 6–8 g |
| **Tasse Espresso** | 80 ml | 6–7 g |
| **Kännchen Kaffee** | 250 ml | 12–16 g |
| **Große Thermos-Kanne Kaffee** | 2 Liter ≙ 16 Tassen | 80–100 g |

- Man sollte das **Kaffee-Geschirr** gut vorwärmen.

## Kaffee-Spezialitäten

Heutzutage ist das **Angebot** an Kaffee-Getränken **vielfältig**. Es gibt außer schwarzem Kaffee **viele** verschiedene **Kaffee-Spezialitäten**, z. B.:

**Espresso**

Man verwendet für Espresso **speziell geröstete Kaffee-Bohnen**. Espresso bereitet man mit dem **Dampfdruck-Verfahren** zu. Es bildet sich **cremiger Schaum**, die Crema.

Man serviert Espresso in einer **kleinen Spezial-Tasse** mit **Zucker**.

**Cappuccino**

Man füllt eine Tasse zu ¾ mit **starkem Kaffee**. Anschließend gibt man **aufgeschäumte Milch** dazu.

Man **bestreut** den Milch-Schaum **mit Kakao-Pulver**.

**Milch-Kaffee**

Man mischt **Kaffee** mit der **gleichen Menge warmer Milch**.

Man kann den Milch-Kaffee mit Milch-Schaum servieren. Muster auf der Oberfläche gießt man mit dem Milch-Schaum.

**Kaffee mit Sirup**

Man **aromatisiert** Kaffee **mit Sirup**, z. B. Vanille, Macadamia-Nuss, Hasel-Nuss. Den Kaffee kann man auf **vielfältige Weise auffüllen**, z. B. mit Milch-Schaum oder mit Sahne. Man kann das Getränk z. B. mit Sirup, mit Krokant oder mit Schokoladen-Splittern garnieren.

C

**Latte Macchiato**

Man füllt **als erstes** ein Spezial-Glas zu **1/3** mit **heißer Milch. Danach** gibt man **Milch-Schaum** auf die Milch. **Als letztes gießt** man einen **Espresso vorsichtig** in das Glas.

Die **Schichten** müssen beim Latte Macchiato **deutlich voneinander getrennt** sein.

**Irish Coffee**

Man gibt in ein **Original-Irish Coffee-Glas** 1 bis 2 Kaffee-Löffel **braunen Zucker** und **4 cl Irish Whiskey**. Dann **flambiert** man den Whiskey und **füllt** den Whiskey **mit heißem Kaffee auf.** Man gießt **dickflüssig geschlagene Sahne** vorsichtig auf die Oberfläche.

Man serviert Irish Coffee auf einem Mittel-Teller mit einer Papier-Serviette.

## Kaffee servieren

Man serviert Kaffee in **Tassen oder** in **Kännchen mit Zucker und Kaffee-Sahne**.
Man beachtet dabei:

- Der Gast muss alles **gut erreichen** können.
- Auf dem **kleinen Tablett** liegt eine **Papier-Manschette**.
- Der Tassen-**Griff** und der Kännchen-Griff zeigen immer **nach rechts**.
- Der **Kaffee-Löffel** liegt **parallel zum Griff**.

# Tee

tea
thé

## Vom Tee-Blatt zum schwarzen Tee

**Tee-Blätter** wachsen am Tee-Strauch. Man **pflückt** die oberen **Blatt-Knospen** und zwei bis drei Blätter darunter. Junge Tee-Blätter ergeben einen besonders feinen und aromatischen Tee.

Die grünen **Tee-Blätter welken nach** dem **Pflücken**. Die Tee-Blätter **verlieren** dabei ca. 30 % ihrer **Feuchtigkeit**. Die Tee-Blätter sind nach dem Welken **weich** und **geschmeidig**.

Die **Tee-Blätter** werden in einer Maschine **gerollt**. Dabei werden die Tee-Blätter gleichzeitig **gequetscht und zerrissen**. Die **Zellen** in den Tee-Blättern werden **zerstört**. So kommt **Sauerstoff mit** dem **Zell-Saft** in Berührung.

© Egbert Kolthoff

C

Dann werden die **Tee-Blätter fermentiert**. Man braucht dabei 20–28 °C und hohe Luftfeuchtigkeit. Es **bilden** sich **Farb-Stoffe** und **Aroma-Stoffe**. Die Tee-Blätter sind danach **kupferrot**.

**Grüner Tee wird nicht fermentiert**. Er bleibt grün, er hat mehr Gerb-Säure und er schmeckt herber.

Anschließend wird der Tee **getrocknet**. Der getrocknete Tee enthält nur noch **ca. 3 % Feuchtigkeit**. Der Tee **bekommt** seine **dunkle Farbe**.

Zum Schluss legt man den Tee in Rüttelsiebe. Der Tee wird **nach** seinen **Blatt-Größen sortiert**.

Der schwarze Tee wird verpackt und verschickt.

90 % der Tee-Produktion wird durch die **CTC-Methode** hergestellt. CTC bedeutet:

© tea-club.de

*Tee wird fermentiert*

| | | |
|---|---|---|
| **C** = **c**rushing (zerbrechen)<br>**T** = **t**earing (zerreißen)<br>**C** = **c**urling (rollen) | Die **drei Arbeits-Schritte** erfolgen **in einem Arbeits-Gang**. Es entsteht überwiegend **Dust** (engl. für Staub) **für Tee-Beutel**. |  |

## Tee-Arten

Der Handel bietet verschiedene Tee-Arten an. Man unterscheidet Tee:

- nach dem **Anbau-Gebiet**
- nach der **Blatt-Folge**
- nach der **Blatt-Größe**

### Anbau-Gebiete, z. B.

| **Darjeeling** | **Assam** | **Ceylon** |
|---|---|---|
| liegt an den Süd-Hängen im **Himalaja-Gebirge** (Indien). Darjeeling-Tee schmeckt **fein** und **aromatisch**. | liegt im **Norden von Indien**. Assam-Tee schmeckt **gehaltvoll** und **kräftig**. | Ceylon heißt heute **Sri Lanka**. Es ist eine **Insel bei Indien**. Ceylon-Tee schmeckt **feinherb** und **aromatisch**. |
| Je höher das Anbau-Gebiet liegt, desto langsamer wachsen die Blätter. Der Tee bekommt einen besonders feinen Geschmack | | |

### Blatt-Folge/Blatt-Grade

Man benennt Tee nach der Blatt-Folge.

Je jünger und feiner das Blatt ist, desto besser ist der Tee.

Die Abkürzungen lauten:
- Flowery Orange Pekoe (**FOP**)
- Orange Pekoe (**OP**)
- Pekoe (**P**)

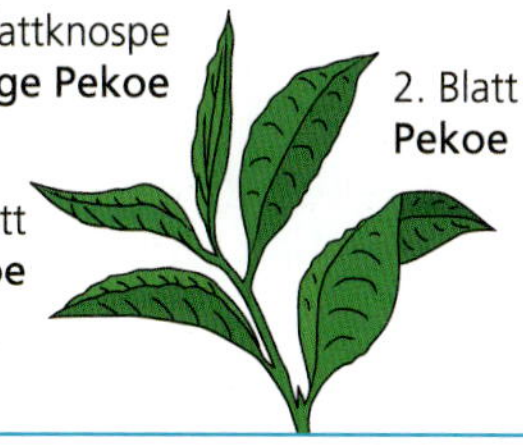


C

Tee-Pflücker pflücken „two leaves and a bud" (zwei Blätter und eine Knospe).

## Blatt-Größe/Sortierung

Die Sortierung gibt nur die Blatt-Größe an. Die Sortierung sagt nichts über die Tee-Qualität aus.

| Blatt-Tee | Broken-Tee | Fannings | Dust |
|---|---|---|---|
| Für Blatt-Tee nimmt man **ganze Tee-Blätter**. Die Blätter sind unzerkleinert. | Für Broken-Tee werden die Blätter **gebrochen**. Der Tee **laugt schneller aus**. So ist er **ergiebiger**. | Fannings sind **Blatt-Stücke**. Sie sind **kleiner als** beim **Broken-Tee**.<br>Man verwendet Fannings **für Tee-Beutel**. | Dust (engl. für Staub) sind **feinste Tee-Blatt-Teile**. Man verwendet Dust **für Tee-Beutel**. |

## Tee-Mischungen

Man mischt verschiedene Tee-Sorten. So kann man den Geschmack und das Aroma vielfältig verändern. Es gibt z. B.:

| | |
|---|---|
| **Englische Mischung** | Die englische Mischung hat ein **volles, schweres Aroma**.<br>Man trinkt diesen Tee **oft mit Milch**. |
| **Ostfriesische Mischung** | Die ostfriesische Mischung hat ein **kräftiges Aroma**.<br>Man trinkt diesen Tee **oft mit Milch** und **Kandis-Zucker**. |
| **Ceylon-Mischung** | Die Ceylon-Mischung hat ein **fein-würziges Aroma** mit **goldener Farbe**.<br>Man trinkt diesen Tee ohne Milch. |

C

## Aromatisierter Tee

Man **aromatisiert** schwarzen Tee mit **verschiedenen Aromen**, z. B. Vanille, Zimt, Orange. Man kann auch **getrocknete Blüten**, **Frucht-Stückchen** oder **Schalen-Stückchen hinzufügen**.

Der bekannteste aromatisierte Tee ist der **Earl-Grey-Tee**. Earl Grey-Tee wird mit Öl der Bergamotte-Frucht leicht aromatisiert.

*Aromatisierter Tee mit rosa Pfeffer*

## Teeähnliche Erzeugnisse

Man stellt teeähnliche Erzeugnisse **aus anderen Rohstoffen als aus Tee-Blättern** her. Man bereitet teeähnliche Erzeugnisse wie schwarzen Tee zu.

### Kräuter-Tee

Man stellt Kräuter-Tee aus **getrockneten Kräutern** her. Manche Kräuter-Tee-Sorten haben eine **wohltuende Wirkung**, z. B. Kamillen-Tee bei Magen-Krämpfen und bei Darm-Krämpfen.

Es gibt Kräuter-Tee als Einzel-Tee, z. B. Pfefferminz-Tee, Kamillen-Tee, Fenchel-Tee. Der Handel bietet auch Kräuter-Tee-Mischungen an, z. B. „Bronchial-Tee".

### Früchte-Tee

Man stellt Früchte-Tee aus **getrockneten Frucht-Stückchen**, aus **Schalen-Stückchen**, aus **Beeren** und aus **Blüten** her. Es gibt Früchte-Tee aus **einer** einzigen **Pflanzen-Art**, z. B. Hagebutten-Tee. Es gibt auch Früchte-Tee aus **verschiedenen Früchten**.

### Rotbusch-Tee

Man nennt Rotbusch-Tee auch **Rooibos-Tee**. Rotbusch-Tee wird aus den **Blättern** und **Zweig-Spitzen** des afrikanischen **Rotbusch-Strauchs** hergestellt. Es gibt auch grünen Rotbusch-Tee und aromatisierten Rotbusch-Tee. Rotbusch-Tee enthält **kein Koffein**.

### Chai

**Chai bedeutet Tee**. Viele sagen auch Chai-Tee. Chai ist ein **indischer Gewürz-Tee**. Es gibt viele verschiedene Varianten von Chai.

Die typischen Gewürze für Chai sind Ingwer, Nelken, **Kardamom,** schwarzer Pfeffer und Zimt.

Man trinkt Chai mit Zucker und heißer Milch.

C

## Tee zubereiten

Gäste wünschen einen Tee, der **aromatisch** ist und **gut schmeckt**. Darum muss man beachten:

- Man reinigt Tee-Kannen **nur** mit **heißem Wasser** und man verwendet **kein Spül-Mittel**. Der braune Belag in Tee-Kannen wirkt sich nicht negativ auf das Tee-Aroma aus.
- Man **wärmt** die Tee-Kannen und die Tee-Gläser gut **vor**.
- Man verwendet zum Aufgießen frisches, heißes Wasser mit einer Temperatur von ca. 95 °C.
- Man muss die **richtige Tee-Menge** nehmen:

| Produkt | Tee-Menge |
|---|---|
| **Tasse Tee** oder **Glas Tee** | **2 g Tee** (ein gestrichener Kaffee-Löffel) oder **1 Tee-Beutel** |
| **Kännchen Tee** | **4 bis 5 g Tee** oder **2 Tee-Beutel** |

- Man muss die **Brüh-Zeit beachten**:
  - **Bis 3 Minuten**
    Koffein wird ausgelaugt. Der Tee wirkt anregend.
  - **3 bis 5 Minuten**
    Die Gerb-Stoffe werden ausgelaugt. Das Koffein kann nicht mehr so stark wirken. Der Tee wirkt beruhigend.
  - **Ab 5 Minuten**
    Der Tee enthält zu viele Gerb-Stoffe. Der Tee wird bitter.

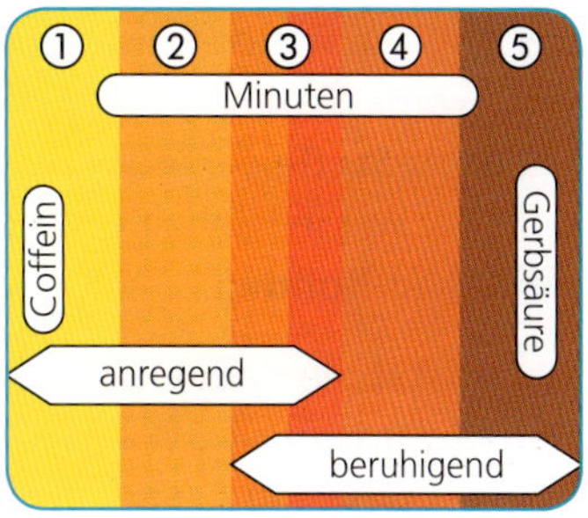


## Tee servieren

Man serviert Tee mit **Zucker** oder mit **Kandis-Zucker**.
Man beachtet dabei:

- Auf dem **kleinen Tablett** liegt eine **Papier-Manschette**.
- Wenn man Tee mit einem Tee-Beutel serviert, stellt man ein Schälchen für den Tee-Beutel auf das Tablett.
- Der Tassen-**Griff** oder der Glas-Griff und der Kännchen-Griff zeigen immer **nach rechts**. Der **Löffel** liegt **parallel zum Griff**.
- Man serviert Tee auch:
  - mit Sahne oder mit Milch
  - mit Zitrone; ein Zitronen-Achtel legt man in eine Presse

# Kakao und Schokolade

cocoa and chocolate
cacao et chocolat

Man bereitet Kakao mit **kakaohaltigen Produkten** zu. Dafür **mischt** man die kakaohaltigen Produkte **mit Milch und/oder Wasser**.

Mit **Kakao** meint man auch **Trink-Schokolade**, **Heiße Schokolade**, **Schoko-Milch** oder **Kakao-Getränke** aus **Instant-Kakao-Pulver**.

Kakao enthält **wenig Theobromin**. Theobromin wirkt weniger stark als Koffein. Darum ist Kakao **kaum anregend**. Kakao enthält aber **Fett und Eiweiß-Stoffe**. Darum hat Kakao **mehr Kalorien** als Kaffee und Tee.

## Von der Kakao-Frucht zum Kakao-Pulver

C

Man gewinnt Kakao aus den Samen-Kernen der Kakao-Frucht. Die Frucht ist 10–25 cm lang. Das Frucht-Fleisch (Pulpa) enthält 25–50 Samen-Kerne.

Bei der Ernte **schneidet** man die reifen **Früchte vom Baum**. Dann **löst** man das **Frucht-Fleisch** möglichst gut von den Samen-Kernen. Die **Samen-Kerne** werden mit dem restlichen Frucht-Fleisch **in Gruben geschichtet**. In den Gruben **fermentieren** die **Samen-Kerne** 2 bis 8 Tage. Dabei löst sich das restliche Frucht-Fleisch von den Kakao-Bohnen. Es **bilden** sich **Aroma-Stoffe**, **Farb-Stoffe** und **Geschmacks-Stoffe**. Die **Gerb-Stoffe zersetzen** sich. Beim anschließenden Trocknen sinkt der Wasser-Gehalt auf 6 bis 8 %. Zum Schluss **reinigt** man die **Kakao-Bohnen**.

Man **röstet** die **Kakao-Bohnen** bei 80–140 °C. Der **Wasser-Gehalt** wird auf ca. 3 % **gesenkt**. In den Kakao-Bohnen **bildet sich** das **typische Aroma**. Die Kakao-Bohnen werden **dunkler**.

Danach werden die Kakao-Bohnen in Maschinen gebrochen. Die Maschine entfernt die Schalen und die Keimlinge. Der **Kakao-Bruch** bleibt übrig.

Der **Kakao-Bruch** wird **gemahlen**. Man erhält **Kakao-Masse**. Danach presst eine Maschine das Fett heraus. Das ist die **Kakao-Butter**. Der **Press-Kuchen** bleibt übrig. Man mahlt und siebt den Press-Kuchen. Das **Kakao-Pulver** ist fertig.

*Kakao-Bohnen und Kakao-Butter*

*Kakao-Bohnen und Kakao-Pulver*

Man unterscheidet:

- **Schwach entöltes Kakao-Pulver**
  Es enthält **20–22 % Kakao-Butter**. Das Kakao-Pulver ist **dunkel** und schmeckt **mild**. Man stellt daraus Kakao-Getränke und Schokoladen-Getränke her.
- **Stark entöltes Kakao-Pulver**
- Es enthält **10–20 % Kakao-Butter**. Das Kakao-Pulver schmeckt **kräftiger**. Man verwendet es in der Konditorei.

Für **Instant-Kakao-Pulver** bearbeitet man die Kakao-Bohnen speziell. Dadurch löst sich Instant-Kakao-Pulver gut in Flüssigkeiten. Bei der Herstellung gibt man Zucker dazu. Man unterscheidet:

- **Instant-Kakao-Pulver** löst sich in kalter und in heißer Milch.
- **Instant-Kakao-Pulver mit Milch-Pulver** löst man in heißem Wasser auf.

## Schokolade

Schokolade stellt man aus **Kakao-Masse**, aus **Zucker**, aus **Milch** und aus **Kakao-Butter** her.

Man **vermischt** Kakao-Masse mit Zucker, mit Milch und mit Kakao-Butter. Danach **zerkleinern Walzen** die **Kakao-Masse** und den **Zucker** in **kleinste Teilchen**. Dann wird diese Masse mit noch mehr Kakao-Butter mehrere Stunden **geknetet** und **gerührt**. Diesen Vorgang nennt man **Conchieren**. Dabei wird unter die Schokolade Luft gerührt. Die Schokolade verliert ihren bitteren Geschmack.

*Schokolade conchieren*

Man unterscheidet Schokolade nach dem Anteil an Kakao-Masse, nach dem Anteil an Kakao-Butter und nach dem Anteil an Milch:

| | |
|---|---|
|  | **Weiße Schokolade**<br>• Enthält **Kakao-Butter**, **Milch** bzw. **Milch-Erzeugnisse** und **Zucker**<br>• Enthält mindestens **20 % Kakao-Butter**<br>• Die Milch hat einen Fett-Anteil von mindestens 3,5 %. |
|  | **Milch-Schokolade**<br>• Enthält **Kakao**, **Kakao-Butter**, **Zucker** und **Milch** bzw. **Milch-Erzeugnisse**<br>• Enthält mindestens **25 % Kakao**<br>• Die Milch hat einen Fett-Anteil von mindestens 3,5 %.<br>• Die Anteile an Kakao-Butter und an Milch-Fett ergeben zusammen mindestens 25 %. |
|  | **Bitter-Schokolade**<br>• Enthält **Kakao**, **Kakao-Butter** und **Zucker**<br>• Enthält mindestens **60 % Kakao**<br>• Enthält mindestens **18 % Kakao-Butter**<br>• Je höher der Kakao-Anteil ist, desto bitterer schmeckt die Schokolade. |

**Kuvertüre** ist Schokolade mit einem **höheren Fettanteil**. Die Kuvertüre wird beim Schmelzen dünnflüssiger und man kann sie besser verarbeiten. Es gibt Kuvertüre als **Bitter-Kuvertüre**, als **Milch-Kuvertüre** und als **weiße Kuvertüre**.

Man verwendet Kuvertüre z. B. zum Backen, zum Glasieren und zum Verzieren.

C

## Kakao und Trink-Schokolade zubereiten

Man bereitet Kakao und Trink-Schokolade mit den folgenden Zutaten zu:

| Produkt | Milch | Kakao-Pulver | Kuvertüre Instant-Kakao-Pulver |
|---|---|---|---|
| **Tasse Kakao** | 150 ml | 7 g | --- |
| **Portion Kakao** | 300 ml | 14 g | --- |
| **Tasse Trink-Schokolade** | 150 ml | --- | 15 g |
| **Portion Trink-Schokolade** | 300 ml | --- | 30 g |

### Kakao zubereiten

- Man **rührt Kakao-Pulver mit** etwas kalter **Milch an**.
- Man bringt die **restliche Milch** zum **Kochen**.
- Dann **rührt** man das **aufgelöste Kakao-Pulver in** die kochende **Milch**.
- Man **kocht** den Kakao noch einmal **kurz auf**.

### Trink-Schokolade zubereiten

- Man **erhitzt Milch**.
- Man **streut** geriebene Kuvertüre oder Instant-Kakao-Pulver **in** die **heiße Milch**.
- Man **kocht** die Trink-Schokolade einmal **kurz auf**.

### Eis-Schokolade zubereiten

- Man gibt **1 bis 2 Kugeln Vanille-Eis** in ein hohes Glas.
- Man **füllt** mit **kaltem Kakao** oder mit kalter Trink-Schokolade **auf**.
- Man **garniert** mit **geschlagener Sahne**.

## Kakao und Trink-Schokolade servieren

Man serviert Kakao und Trink-Schokolade mit **Zucker** und mit **geschlagener Sahne**. Man beachtet dabei:

- Der Gast muss alles **gut erreichen** können.
- Auf dem **kleinen Tablett** liegt eine **Papier-Manschette**.
- Der Tassen-**Griff** und der Kännchen-Griff zeigen immer **nach rechts**.
- Der **Löffel** liegt **parallel zum Griff**.

# 1 Im Magazin arbeiten

to work in storeroom
travailler dans le stock

Das Magazin ist in der Gastronomie ein **anderer Name für** das **Lager**. Man meint mit dem Lager in einem Betrieb **verschiedene Lager-Räume**. Man unterteilt die Lager-Räume in **zwei große Bereiche**.

| **Food** | **Non-Food** |
|---|---|
| Food ist englisch und heißt **Lebensmittel**. Man unterscheidet die Lebensmittel im Magazin nach ihren Lager-Bedingungen. | Non-Food sind alle **Waren**, die **keine Lebensmittel** sind. |
| Zu diesen Bereichen gehören z. B. folgende Lager-Räume: | |
| • **Trocken-Lager**<br>• **Kühl-Lager**<br>• **Getränke-Lager** | • **Wäsche-Lager**<br>• **Möbel-Lager**<br>• **Geschirr-Lager** |

Man **speichert** in großen Betrieben alle Informationen (**Daten**) **über** die **Waren** in einem **Computer-Programm**. Das nennt man **Waren-Wirtschafts-System (WWS)**.

Mit dem Waren-Wirtschafts-System kann man u. a.:
- den Einkauf planen
- rechtzeitig neue Waren bestellen
- den Waren-Eingang erfassen
- den Lager-Bestand überprüfen
- den Waren-Ausgang erfassen
- wichtige Daten, z. B. Mindesthaltbarkeits-Datum, Verbrauchs-Datum, überprüfen und überwachen

## 1.1 Waren beschaffen

to procure goods
procurer des marchandises

Ein Betrieb muss **wirtschaftlich optimal arbeiten**.
Darum **beachtet** der Betrieb **beim Waren-Einkauf**:
- Welche Waren benötigt der Betrieb?
- Zu welchem Preis kauft der Betrieb die Waren ein?
- Wann bestellt der Betrieb die Waren?
- Bei welchem Lieferanten bestellt der Betrieb die Waren?

D

**So geht man bei der Waren-Beschaffung vor:**

## 1. Man ermittelt den Bedarf.

| Man **stellt** den **Bedarf** an Waren **fest**. | Man muss **überlegen**: |
|---|---|
| • Muss der Lager-Bestand aufgefüllt werden?<br>• Bringt man eine neue Speisekarte heraus?<br>• Führt man eine Aktions-Woche durch?<br>• Findet eine Sonder-Veranstaltung statt? | • Welche Waren benötigt der Betrieb?<br>• Wie viel von diesen Waren benötigt der Betrieb? |

D

## 2. Man sucht passende Lieferanten.

Man nennt Lieferanten auch **Bezugs-Quellen**. Informationen über Lieferanten, z. B. Zahlungs-Bedingungen und Liefer-Bedingungen, sammelt man in der **Lieferanten-Datei** (**Bezugs-Quellen-Datei**).

Man sucht neue Lieferanten, z. B.:
- im Internet
- in Fachzeitschriften
- auf Fachmessen und bei Ausstellungen

© Ralf Johanning

## 3. Man holt Angebote ein und vergleicht die Angebote.

Man holt mit einer Anfrage ein Angebot ein. Eine **Anfrage richtet** man **an** verschiedene **Lieferanten**. Eine Anfrage stellt man vor allem, wenn man neue Waren im Betrieb einsetzen möchte.

Man möchte mit einer Anfrage den **Lieferanten finden**, der die **Ware zu** den **besten Bedingungen verkauft**:
- zum besten Preis
- zum gewünschten Liefer-Zeitpunkt (Termin)
- zu den besten Zahlungs-Bedingungen

**Anfragen** sind **rechtlich nicht bindend**. Man **muss** deshalb eine **Ware** nach einer Anfrage **nicht kaufen**.

Man **erhält** auf eine Anfrage ein **Angebot** vom Lieferanten. Ein **Angebot ist rechtlich bindend**. Der Lieferant muss die Angaben aus dem Angebot einhalten.

Ein Angebot muss nicht schriftlich vorliegen. Man sollte aber bei größeren und bei nicht alltäglichen Bestellungen ein schriftliches Angebot anfordern.

Man **vergleicht** die **Angebote miteinander**. Dabei sollte man **nicht nur auf** den **Preis achten**.

Man achtet auch:

- auf die **Angebotsform**, z. B. frische Ware oder tiefgefrorene Ware, Handels-Klasse
- auf den **Preis-Vorteil**:

| | | |
|---|---|---|
| **Rabatt** (Preis-Nachlass) bekommt man aus **verschiedenen Gründen**:<br>• **Mengen-Rabatt** bei einer großen Menge<br>• **Treue-Rabatt** als Stamm-Kunde<br>• **Sonder-Rabatt**, z. B. bei Werbe-Aktionen | **Skonto** (Preis-Nachlass) bekommt man bei **Bezahlung innerhalb einer bestimmten Frist**:<br>• „2 % Skonto bei Zahlung innerhalb von 10 Tagen" | **Bonus** (Gutschrift) ist Geld, das man **nachträglich** bekommt:<br>• Für eine **lange Zusammenarbeit**<br>• Für einen **bestimmten Umsatz** |

- auf die **Zahlungs-Bedingungen**:

| | |
|---|---|
| **Sofort-Zahlung**<br>Man muss die Waren sofort bezahlen. | **Ziel-Zahlung**<br>Man kann die Waren innerhalb einer bestimmten Zeit (Zahlungs-Ziel) bezahlen. |

- auf die **Liefer-Kosten** (Bezugs-Kosten):
  **Beispiel**: Der Lieferant hat seinen Betrieb in Garching bei München. Das Restaurant ist in Hamburg-Altona.
  Es gibt folgende **Arten der Liefer-Kosten**:

| | |
|---|---|
| **frei Haus** | Der **Lieferant** in Garching **liefert** die Waren **bis** zum Restaurant des **Empfängers** nach Hamburg-Altona. |

| | |
|---|---|
| **frachtfrei** | Der **Lieferant** in Garching **liefert bis** zum Bahnhof Hamburg-Altona (**Empfangs-Ort**). Der Empfänger holt die Waren dort ab oder er lässt die Waren dort abholen. |

| | |
|---|---|
| **unfrei** | Der **Lieferant** in Garching **bringt** die Waren **zum** Hauptbahnhof München (**Versand-Ort**). Der Empfänger holt die Waren dort ab oder er lässt die Waren dort abholen. |

| | |
|---|---|
| **ab Werk** | Der **Empfänger** aus Hamburg-Altona **holt** die Waren **beim Lieferanten** in Garching **ab** oder er lässt die Waren dort abholen. |

## 4. Man bestellt die Waren.

Man **entscheidet** sich **für** einen **Lieferanten** und **bestellt** die **Waren**. Die Bestellung ist **rechtlich bindend**.

Mit der Bestellung wird ein **Kauf-Vertrag abgeschlossen**. Der **Käufer** muss die **bestellten Waren annehmen** und **bezahlen**.

Man kann schriftlich, telefonisch oder mündlich bestellen.

Die **Bestell-Menge wirkt** sich **auf** den **Lager-Bestand** aus.

| **Große Bestell-Menge** ↓ **Zu großer Lager-Bestand** | **Kleine Bestell-Menge** ↓ **Zu geringer Lager-Bestand** |
|---|---|
| • Man hat **Geld bezahlt, verdient** aber **noch kein Geld** (Kapital wird gebunden).<br>• Man **benötigt Lager-Raum**.<br>• **Waren** können **verderben**. | • Man kann u. U. **Gäste-Wünsche nicht erfüllen**.<br>• Man muss **Waren nachkaufen**. Die Waren können teurer sein. Die Nachbestellung kostet Zeit. |

**Man muss die *Bestell-Menge so wählen*, dass es *keine negativen Auswirkungen bei* der *Lagerung* und *im Geschäfts-Ablauf* gibt.** !

## 1.2 Waren annehmen

to take on goods
prendre des marchandises

Man nimmt die Waren in Gegenwart des Lieferanten an.

### Bestell-Schein und Liefer-Schein

Man braucht beim Annehmen der Waren den **Bestell-Schein und** den **Liefer-Schein**. Den Bestell-Schein holt man aus dem Büro, den Liefer-Schein hat der Lieferant.

**Man nimmt die Ware nicht ohne Liefer-Schein an!** !

Man **vergleicht** zuerst die **Angaben auf** dem **Bestell-Schein mit** den **Angaben auf** dem **Liefer-Schein**. Dann **vergleicht** man die **gelieferten Waren mit** den **Angaben auf** dem **Liefer-Schein**.

### Waren überprüfen

Man **überprüft** beim Annehmen der Waren:
- die **Anzahl** und die **Menge** der Waren
- das **Mindest-Haltbarkeits-Datum (MHD)**

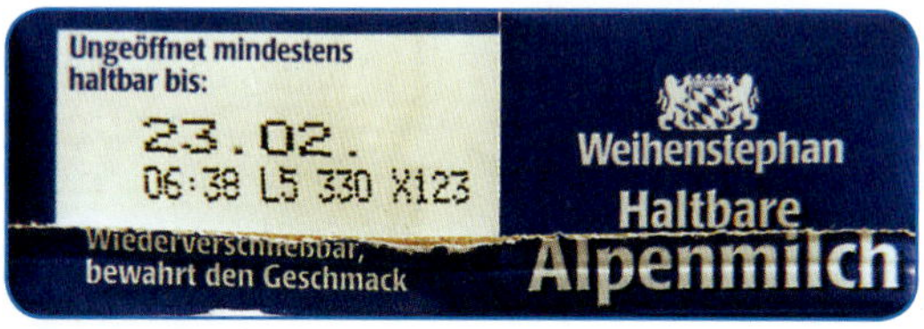


- das **Verbrauchs-Datum** für sehr leicht verderbliche Lebensmittel, z. B. Geflügel und Hack-Fleisch

- die **vorgegebene Temperatur**

| | |
|---|---|
| Schlacht-Fleisch | + 7 °C |
| Hackfleisch<br>Geflügel<br>Wild | + 4 °C |
| Innereien | + 3 °C |
| Frischfisch | + 2 °C |
| Tiefkühlware | – 18 °C |

Gekühlte und tiefgekühlte Lebensmittel müssen beim Transport vom Hersteller bis zum Verbraucher gekühlt werden. Man muss die vorgegebene Temperatur einhalten. Man nennt das die **Kühl-Kette**.

Wenn die Kühl-Kette unterbrochen wird
- können die Lebensmittel verderben,
- verlieren die Lebensmittel an Qualität,
- sind die Lebensmittel nicht mehr so lange haltbar.

**Die Kühl-Kette darf auf keinen Fall unterbrochen werden!** !

D

- die **Qualität** der Waren

| Obst und Gemüse müssen **frisch** sein. | | Obst und Gemüse dürfen **keine faulen Stellen** haben. | |
|---|---|---|---|
|  *frischer Kopfsalat* |  *zu lange gelagerter Kopfsalat* |  *frische Tomate* |  *angefaulte Tomate* |
| 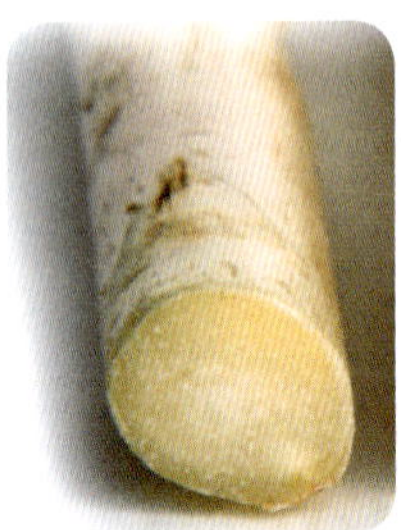 *frischer Spargel* |  *zu lange gelagerter, holziger Spargel* |  *frische Erdbeere* |  *angefaulte Erdbeere* |



- die **Lager-Bedingungen** von **frischem Fisch**:
  Frischer Fisch liegt
  - **zwischen gestoßenem Eis** (crushed ice),
  - **nicht** in **Schmelzwasser**.

## Mängel reklamieren

Mängel sind **Fehler**.

| **Offene Mängel** (Fehler) | **Versteckte Mängel** (Fehler) |
|---|---|
| Man **sieht** den **Mangel sofort**, z. B.:<br>• Eine falsche Menge<br>• Eine falsche Anzahl<br>• Ein abgelaufenes MHD | Man **sieht** den **Mangel erst später**, z. B. beim Öffnen der Um-Verpackung:<br>• Falsche Konfitüre in Portions-Packungen<br>• Eine falsche Farbe bei Servietten |
| Man lässt sich **offene Mängel sofort auf** dem **Liefer-Schein bestätigen**. Dann kann man die Mängel reklamieren. | Man muss **versteckte Mängel sofort nach der Entdeckung** reklamieren. Man muss **spätestens nach 2 Jahren** reklamieren. |

## Liefer-Schein unterschreiben

Es gibt den Liefer-Schein in **doppelter Ausführung**.

ZOLLNER®

WEBEREI · WÄSCHEFABRIK

Hotelberufsschule
Viechtach
Flurstraße 14
94234 Viechtach

LIEFERSCHEIN

Bei Schriftverkehr und Rückfragen unbedingt angeben:

| Kunden-Nr. | Auftrags-Nr. | Datum |
|---|---|---|
| 018665 | 76796 | 13.08.20.. |
| | | Blatt: |

Wir liefern Ihnen zu unseren bekannten Liefer- und Zahlungsbedingungen

Auftrag vom 6. Oktober 20...

Versandart:

| Pos. | Artikel-Bezeichnung | TK | Größe ca.cm | Stck. / Mtr. | Lagerplatz | Verpackungseinh./Inhalt |
|---|---|---|---|---|---|---|
| 1 | Nr:3000-3226<br>Frb:750-sortiert<br>Geschirrtuch<br>Qual. Delfin, Halbleinen, Zwirnkette | HI | 50/70 | 200 | 431-43KF | 4 à 50 |
| | Komplettlieferung | | | | | |

Ware vollständig erhalten,
am 16.10. ...
i.A. Th. Keßler

Ihr Fachberater:

Vertretung: Gierster Karl-Heinz
94474 Vilshofen
Tel. 08541 5518
Fax 08541 58151

TK = Textilkennzeichnungsschlüssel siehe Rückseite

Sollten Sie trotz ständiger Kontrollen Grund zur Beanstandung haben, muss dies innerhalb 8 Tagen nach Erhalt der Ware erfolgen. Teile in diesem Fall nicht waschen.

Zollner GmbH + Co.
Weberei ·Wäschefabrik

Postfach 1140
D-84131 Vilsbiburg

Veldener Straße 4
D-84137 Vilsbiburg

Telefon 08741 306-0
Telefax 08741 306-66

Handelsregister:
HRA 5521, AG Landhut

Der **Kunde unterschreibt** ein Exemplar als Empfangs-Bestätigung. Der **Lieferant bekommt** die **Empfangs-Bestätigung**.

Der **Kunde behält** das zweite Exemplar **für** seine **Unterlagen**.

## 1.3 Waren lagern

🇬🇧 to store goods
🇫🇷 stocker des marchandises

Man **lagert** die Waren **ein**, **nachdem** man die **Waren angenommen** hat.

Man beachtet dabei das **FiFo-Prinzip**:

**FiFo**

- **First in** bedeutet: als erstes eingelagert
- **First out** bedeutet: als erstes herausgenommen

*Zuerst gelieferte Ware lagert am längsten. Sie sollte daher als erstes entnommen werden.*



### Lager-Räume

Jede Ware benötigt bestimmte **Lager-Bedingungen**. Die Waren bleiben **bei richtiger Lagerung länger haltbar** und die **Qualität** der Waren bleibt **länger erhalten**.

Es gibt verschiedene Lager-Räume in gastgewerblichen Betrieben und in Betrieben der Gemeinschafts-Verpflegung.

**Trocken-Lager/Normal-Lager**

| Waren | Lager-Bedingungen | Gefahren |
|---|---|---|
| • **Trocken-Produkte**, z. B. Mehl, Müsli, Reis, Zucker, Teig-Waren<br>• **Konserven** | • Raum-Temperatur, **ca. 18 °C**<br>• **Dunkel**<br>• **Trocken** | • **Schimmel** bildet sich bei **zu hoher Luft-Feuchtigkeit**.<br>• Schädlinge können die Lebensmittel schädigen.<br>• Gerüche werden bei geöffneten Verpackungen übertragen. |

**Kühl-Lager für Milch und Milch-Produkte**

| Waren | Lager-Bedingungen | Gefahren |
|---|---|---|
| • **Milch**<br>• **Milch-Produkte**, z. B. Crème fraîche, Joghurt, Käse, Sahne | • **Ca. +8 °C**<br>• Geöffnete Ware lagert getrennt von verpackter Ware | • Mikroorganismen **vermehren** sich **bei zu hoher Lager-Temperatur**.<br>• Mikroorganismen **vermehren** sich **bei zu langer Lager-Dauer**.<br>• Die Ware **trocknet aus**, wenn man sie nicht abdeckt. |

| Kühl-Lager für Obst und Gemüse | | |
|---|---|---|
| **Waren** | **Lager-Bedingungen** | **Gefahren** |
| • **Obst**<br>• **Gemüse** | • **+6 °C bis +8 °C**<br>• **Hohe Luft-Feuchtigkeit** | • Es kommt zu **„Kühlraum-Geruch“**.<br>• Mikroorganismen vermehren sich bei zu hoher Lager-Temperatur.<br>• Obst und Gemüse werden **welk bei zu niedriger Luft-Feuchtigkeit**.<br>• Die Ware **trocknet aus**, wenn sie nicht abgedeckt wird. |
| **Kühl-Lager für Fleisch (Fleisch-Kühlhaus)** | | |
| **Waren** | **Lager-Bedingungen** | **Gefahren** |
| • **Frisches Fleisch**<br>  • Schlacht-Fleisch (Kalb, Rind, Schaf, Schwein)<br>  • Geflügel<br>  • Wild<br>• **Fleisch-Erzeugnisse**<br>  • Fleisch-Waren<br>  • Wurst-Waren | • **+2 °C bis +4 °C**<br>• Kein Wild in der Decke (mit Fell)<br>• Kein Geflügel im Feder-Kleid (mit Federn) | • Fleisch ist **anfällig für Mikroorganismen**.<br>• Es kommt zu „Kühlraum-Geruch“.<br>• Mikroorganismen vermehren sich bei zu hoher Lager-Temperatur.<br>• Mikroorganismen vermehren sich bei zu langer Lager-Dauer.<br>• Die Ware trocknet aus, wenn sie nicht abgedeckt wird. |
| **Kühl-Lager für Fisch** | | |
| **Waren** | **Lager-Bedingungen** | **Gefahren** |
| • **Frischer Fisch**<br>  • ganze Fische<br>  • Filets | • **0 °C bis +2 °C**<br>• **In gestoßenem Eis** (crushed ice) | • Fisch **verdirbt schnell**. |
| **Tiefkühl-Lager/Froster** | | |
| **Waren** | **Lager-Bedingungen** | **Gefahren** |
| • **Tiefkühl-Ware** | • **Mindestens –18 °C**<br>• **Ware verpackt**<br>• Gut sichtbares Thermometer | • Mikroorganismen vermehren sich, wenn die **Kühl-Kette unterbrochen** wird. |

D

| Tiefkühl-Lager/Froster | |
|---|---|
| **Gefahren** | |
| • **Gefrierbrand** entsteht, wenn die **Verpackung beschädigt** ist. | • **„Schnee"** entsteht an der Ware, wenn man das **Tiefkühl-Lager zu oft öffnet.** Dann **wechselt** die **Temperatur** zu oft. |
|  |  |

D

## 1.4 Waren ausgeben

to output goods
sortir des marchandises

Man darf in großen Betrieben Waren nicht einfach aus dem Magazin holen. Man muss im Magazin einen **Beleg vorlegen**. Auf dem Beleg trägt man die **benötigte Ware und** die **Waren-Menge** ein. Diesen Beleg nennt man **Waren-Anforderungs-Schein**.

Man gibt die Waren-Ausgabe genauso wie den Waren-Eingang im Waren-Wirtschafts-System ein.

## 1.5 Inventur

stocktaking
inventaire

Jeder Betrieb muss **regelmäßig** seine **Lager-Bestände kontrollieren**. Man nennt das **Inventur**. Die Inventur ist **gesetzlich vorgeschrieben**. Man macht eine Inventur mindestens einmal im Jahr.

Man muss bei der Inventur den aktuellen Waren-Bestand **(Ist-Bestand) zählen**, **messen**, **wiegen** und **in Listen eintragen**.

Man vergleicht nach der Inventur den Ist-Bestand mit dem **Soll-Bestand**. Der Soll-Bestand ist der **Bestand an Waren,** der nach dem Waren-Wirtschafts-System im Magazin **vorhanden sein muss.** Man nennt den **Unterschied** zwischen **Ist-Bestand und Soll-Bestand** den **Fehl-Bestand**.

## 1.6 Mit Lager-Kennzahlen rechnen

to calculate stock indicators
calculer des indicateurs de stock

Man **steuert** mit Lager-Kennzahlen den **Einkauf** und **prüft** den **Lager-Bestand kritisch.**
Die Lager-Kennzahlen sind wichtig, damit

- der Betrieb dem Gast immer **alle angebotenen Speisen und Getränke servieren** kann,
- der Betrieb **keine zu hohen Lager-Haltungs-Kosten** hat.

Man arbeitet u. a. mit diesen Lager-Kennzahlen:

**Mindest-Bestand**

Der Mindest-Bestand einer Ware muss **immer im Magazin vorhanden sein** (eiserne Reserve). Dann kann der Gast immer alle angebotenen Speisen und Getränke bekommen.

Der Mindest-Bestand wird von der Geschäfts-Leitung festgelegt.

**Melde-Bestand**

Der Melde-Bestand einer Ware ist der Bestand, bei dem man diese **Ware bestellen muss.**
Bis zur Lieferung der neuen Ware muss noch der Mindest-Bestand vorhanden sein.

Der Melde-Bestand hängt von der Liefer-Zeit und von der Verpackungs-Größe ab.

Man berechnet den Melde-Bestand:

**Mindest-Bestand + (Tagesverbrauch x Liefer-Zeit)**

Beispiel: Der Mindest-Bestand für Sahne beträgt 4 Liter. Der durchschnittliche Tages-Verbrauch beträgt 2 Liter. Der Lieferant liefert alle 3 Tage.
Wie hoch ist der Melde-Bestand?

4 Liter + (2 Liter x 3 Tage) ≙ 4 Liter + 6 Liter = 10 Liter

Der Melde-Bestand beträgt 10 Liter Sahne.

**Höchst-Bestand**

Der Höchst-Bestand ist der Bestand an Ware, den der Betrieb **höchstens im Lager unterbringen** kann.

Der Höchst-Bestand hängt von der Größe des Lager-Raums und von der Haltbarkeit der Ware ab.

### Durchschnittlicher Lager-Bestand

Der durchschnittliche Lager-Bestand gibt den **Mittel-Wert (Durchschnitt) für** einen **Abrechnungs-Zeitraum** an.

Mit dem durchschnittlichen Lager-Bestand weiß man, welche **Menge**, welche **Anzahl** an Ware **oder** welcher **Wert (Euro-Betrag) durchschnittlich gelagert** wurde.

- **Je höher** der **durchschnittliche Lager-Bestand** ist, **desto höher** sind die **Lager-Kosten.**
- **Je niedriger** der **durchschnittliche Lager-Bestand** ist, **desto niedriger** sind die **Lager-Kosten.**

Man berechnet den durchschnittlichen Lager-Bestand:

$$\textbf{Ø Lager-Bestand (Jahr)} = \frac{\textbf{Anfangs-Bestand + 12 Bestände am Monats-Ende}}{\textbf{13}}$$

D

### Umschlags-Häufigkeit

Die Umschlags-Häufigkeit gibt an, **wie oft** das **Lager in einem Abrechnungs-Zeitraum** (gedanklich) **komplett leer** gewesen ist **und wieder komplett gefüllt** war.

- Bei einer **niedrigen Umschlags-Häufigkeit** wird die Ware **weniger oft verkauft.** Die Ware ist **länger im Lager**. Die **Lager-Kosten** sind **höher**.
- Bei einer **höheren Umschlags-Häufigkeit** wird die Ware **häufiger verkauft.** Die Ware ist **nicht so lange im Lager**. Die **Lager-Kosten** sind **niedriger**.

$$\textbf{Umschlags-Häufigkeit} = \frac{\textbf{Waren-Einsatz}}{\textbf{durchschnittlicher Lager-Bestand}}$$

### Durchschnittliche Lager-Dauer

Die durchschnittliche Lager-Dauer gibt an, **wie lange** eine **Ware durchschnittlich gelagert** wurde.

- **Je länger** die **durchschnittliche Lager-Dauer** ist, **desto länger** ist das **Kapital (Geld) gebunden**. Der Betrieb kann nicht so früh wieder neue Ware einkaufen.
- **Je kürzer** die **durchschnittliche Lager-Dauer** ist, **desto kürzer** ist das **Kapital (Geld) gebunden**. Der Betrieb kann früher wieder neue Ware einkaufen.

$$\textbf{Durchschnittliche Lager-Dauer} = \frac{\textbf{360 Tage}}{\textbf{Umschlags-Häufigkeit}}$$

# 1 Das Riechen und das Schmecken

🇬🇧 the smell and the tasting
🇫🇷 l'odeur et la degustation

Der Gast wünscht sich vor allem Speisen, die appetitlich aussehen („Das Auge isst mit.") und die auch gut riechen und schmecken („Es läuft einem das Wasser im Mund zusammen.").

## 1.1 Riechen

🇬🇧 the smell
🇫🇷 l'odeur

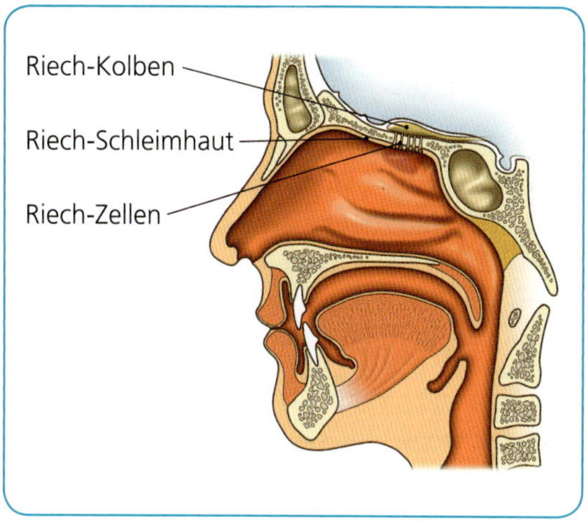


Man **riecht** etwas, wenn man **kleinste Duft-Teilchen**, z. B. von einem Lebensmittel oder von einem Tier, **mit** der **Atem-Luft in die Nase bekommt**.

Die **Duft-Teilchen setzen sich an** die **Riech-Zellen**. Der Mensch hat ungefähr 20 bis 30 Millionen Riech-Zellen. Die Riech-Zellen sind in der Riech-Schleimhaut. Die Riech-Schleimhaut ist im oberen Teil der Nasen-Höhle.

**In** den **Riech-Zellen** werden **Boten-Stoffe aktiv**. Die Boten-Stoffe **senden Signale** über den Riech-Kolben **an** das **Gehirn**. Das **Gehirn wertet** die **Signale aus**. Man erkennt den Geruch (Duft). Ein Duft kann angenehm oder unangenehm sein.

Der **Duft kann** auch **Gefühle hervorrufen**, z. B. glücklich machen oder traurig machen.

## 1.2 Schmecken

🇬🇧 the tasting
🇫🇷 la degustation

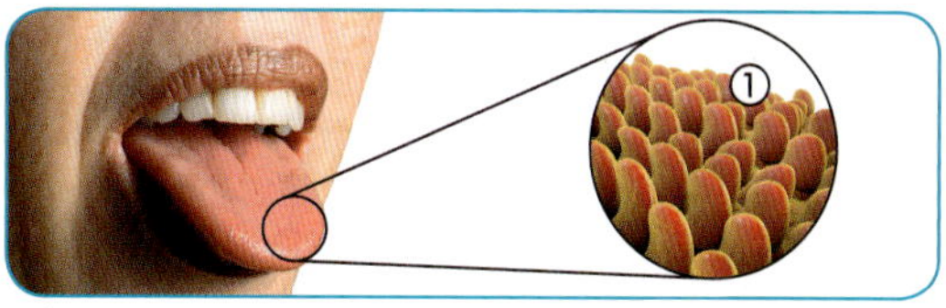


Man schmeckt etwas, wenn Geschmacks-Stoffe an den **Geschmacks-Knospen** (1) auf der **Zunge** ankommen.

Die **Geschmacks-Knopsen** sind **kleine Erhebungen** auf der Zunge. In jeder Geschmacks-Knospe sind ungefähr 50 **Geschmacks-Zellen**.

Die Geschmacks-Zellen **erkennen unterschiedliche Geschmacks-Richtungen**.

Der **Speichel löst** die **Geschmacks-Stoffe** aus der Nahrung. Die Geschmacks-Stoffe **reizen** die **Geschmacks-Zellen**. Die Geschmacks-Zellen **senden Signale an das Gehirn**. Das Gehirn **wertet** die **Signale aus**.

Die Zunge hat verschiedene **Geschmacks-Zonen**:

- Am **Rand** reagiert die Zunge auf **salzigen** und auf **sauren Geschmack**.
- **Hinten** reagiert die Zunge auf **bitteren Geschmack**.
- An der **Spitze** reagiert sie auf **süßen Geschmack**.
- In der **Mitte** schmeckt die Zunge **umami**. Umami kommt aus dem Japanischen. Es **bedeutet „wohlschmeckend"**. **Glutamat** bringt diesen Geschmack. Glutamat kommt in **eiweißhaltigen Lebensmitteln**, z.B. Käse, Fleisch, in **Würz-Mitteln** wie Soja-Sauce und z.B. in **reifen Tomaten** vor. Die Lebensmittel-Industrie verwendet **Glutamat als Geschmacks-Verstärker**.

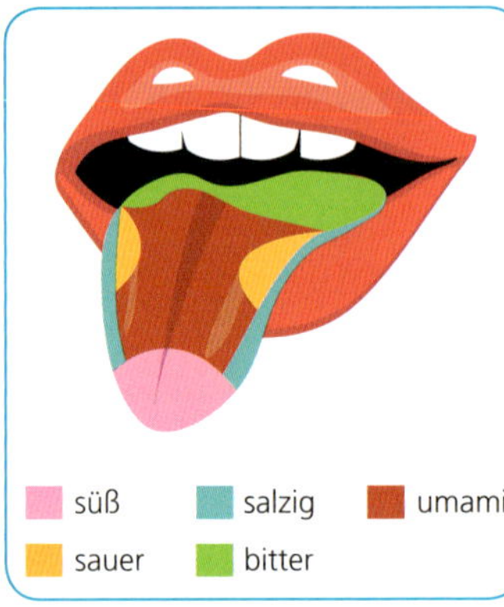


*Geschmacks-Zonen auf der Zunge*

E

**Scharf** ist **keine Geschmacks-Richtung**. Lebensmittel schmecken scharf, wenn sie bestimmte Inhalts-Stoffe enthalten. Das ist meistens der Inhalts-Stoff **Capsaicin**. Capsaicin kommt z.B. in Chilis oder in Peperoni vor. Capsaicin **reizt** die **Mund-Schleimhaut. Im Mund** wird es **sehr warm**, u.U. fängt es im Mund an zu **„brennen"**. Man empfindet beim Essen **sehr scharfer Lebensmittel** sogar **Schmerzen**.

Man kann auch kalte scharfe Lebensmittel als heiß empfinden. Aber Lebensmittel **schmecken schärfer**, wenn man sie **heiß isst**.

Man kann die Schärfe von Lebensmitteln in Scoville-Einheiten (**S**coville **H**eat **U**nits = **SHU**) angeben. Man empfindet die Schärfe:

- als **unmenschlich**
  mehr als 500 000 SHU
- als **extrem scharf**
  100 000 bis 500 000 SHU
- als **sehr scharf**
  15 000 bis 100 000 SHU
- als **scharf**
  1500 bis 15 000 SHU
- als **mild**
  0 bis 1500 SHU

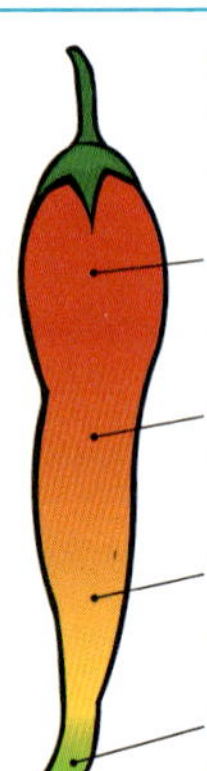


*Beispiele aus der Scoville-Skala*

Menschen **empfinden Schärfe** in Lebensmitteln **unterschiedlich**. Darum sollt man **beim Würzen vorsichtig** sein.

# 2 Küchen-Kräuter

🇬🇧 culinary herbs
🇫🇷 herbes culinaires

Küchen-Kräuter sind **Pflanzen** oder **Pflanzen-Teile**. Man **verbessert** mit Küchen-Kräutern den **Geschmack** von Speisen. Man kann **schwer verdauliche Speisen** mit Küchen-Kräutern **bekömmlicher** machen.

## 2.1 Bedeutung für die Ernährung

Kräuter enthalten bestimmte Inhalts-Stoffe. Diese Inhalts-Stoffe wirken positiv auf den menschlichen Körper.

- Kräuter enthalten viele **Vitamine** und **Mineralstoffe**.
- **Ätherische Öle** sorgen für das starke Aroma der Kräuter. Kräuter können mit ihrem intensiven Geschmack teilweise Salz ersetzen.
- Kräuter enthalten außerdem **sekundäre Pflanzen-Stoffe**. **S**ekundäre **P**flanzen-**S**toffe (**SPS**) helfen den Pflanzen gegen Krankheiten und Schädlinge. Sekundäre Pflanzen-Stoffe sind für den Menschen **gesundheitsfördernd**.

Küchen-Kräuter gelten **nicht** als **Heil-Kräuter**. Sie wirken mit ihren Inhalts-Stoffen trotzdem auf den menschlichen Körper. Man kennt folgende Wirkungen:

- Bitter-Stoffe, z. B. in Basilikum, Oregano, Rosmarin und Thymian, **fördern den Appetit**.
- Viele Kräuter **beruhigen** den **Magen**. Sie **entkrampfen** und **schützen vor Blähungen**, z. B. Dill, Pfefferminze.
- Küchenkräuter wie Basilikum, Borretsch, Kresse und Petersilie **regen** die **Nieren-Tätigkeit** und die **Harn-Bildung an**.

*Pfefferminz-Tee*

## 2.2 Kräuter-Arten

🇬🇧 herbal species
🇫🇷 espèces à base de plantes

| | | |
|---|---|---|
|  | **Bärlauch**<br>🇬🇧 wood garlic<br>🇫🇷 ail de boise | Bärlauch **schmeckt ähnlich** wie **Knoblauch**. Der **Atem riecht** aber **nicht** nach Knoblauch.<br>Man verwendet Bärlauch **frisch**, z. B. für Kräuterbutter, Pesto und Salat. |



E

| | | |
|---|---|---|
|  | **Basilikum**<br>basil<br>basilic | Man verwendet Basilikum **frisch** oder **getrocknet**.<br>Basilikum ist typisch für **italienische Speisen** wie z. B. Pesto, Nudel-Gerichte, Pizza und Tomaten-Sauce. Man kombiniert Basilikum oft mit Tomaten und Mozzarella. |
|  | **Bohnenkraut**<br>savoy<br>sarriette | Man verwendet Bohnenkraut **frisch** oder **getrocknet**.<br>Bohnenkraut hat einen **intensiven Geschmack**. Man **würzt** mit Bohnenkraut **sparsam**.<br>Mit Bohnenkraut würzt man oft Bohnen, Linsen und Eintöpfe. |
|  | **Borretsch**<br>borage<br>bourrache | Borretsch schmeckt nach frischen Gurken. Darum nennt man Borretsch auch **Gurken-Kraut**.<br>Man verwendet Borretsch **frisch**, z. B. zu Gurken, in Salat und in Kräuter-Quark. Borretsch **verliert** durch Hitze seine **Aroma-Stoffe**. Darum verwendet man Borretsch nicht in heißen Speisen.<br>Man kann auch die Borretsch-Blüten verwenden. |
|  | **Dill**<br>dill<br>aneth | Man verwendet Dill oft für **Fisch-Gerichte**, z. B. Aal in Dill-Sauce, Graved Lachs (gebeizter Lachs), Hering in Senf-Dill-Sauce. Dill eignet sich auch für Salate und Rohkost-Platten.<br>Man sollte Dill erst **zum Ende der Koch-Zeit** dazugeben. Sonst **verflüchtigt** sich das **ätherische Öl** im Dill. |
|  | **Estragon**<br>tarragon<br>estragon | Man verwendet **junge Estragon-Blätter** z. B. für Lamm-Gerichte und Geflügel-Gerichte. Estragon ist eine wichtige Zutat für die Sauce Béarnaise. Estragon nutzt man für eingelegte Gurken und zur Herstellung von Essig (Estragon-Essig) oder Senf (Estragon-Senf).<br>Man kann Estragon mit der Speise **kochen**. Der **Estragon-Geschmack** wird **intensiver**. |
|  | **Kresse**<br>cress<br>cresson | Kresse nennt man auch **Brunnen-Kresse**.<br>Man verwendet Kresse **frisch** für Quark, für Salate und für Suppen.<br>Kresse ist **dekorativ** und eignet sich gut als Garnitur. |

| | | |
|---|---|---|
|  | **Kerbel**<br>chervil<br>cherfeuil | Man verwendet Kerbel **oft für Suppen**. Darum nennt man Kerbel auch **Suppen-Kraut**. Man kann mit Kerbel auch Quark oder Frischkäse verfeinern.<br>Kerbel ist eine wichtige Zutat für die **Frankfurter Grüne Sauce**. |
|  | **Liebstöckel**<br>lovage<br>livèche | Liebstöckel **riecht** ähnlich **wie Sellerie**. Es hat einen **intensiven Geschmack**. Darum sollte man sparsam mit Liebstöckel würzen.<br>Man verwendet Liebstöckel zu Eintopf-Gerichten, Salaten, Saucen und Suppen.<br>Manchmal wird Liebstöckel „Maggi-Kraut" genannt. |
|  | **Majoran**<br>marjoram<br>marjolaine | Majoran **schmeckt kräftig** und **riecht intensiv**.<br>Man verwendet Majoran u.a. für Kartoffel-Gerichte und für Eintöpfe. Majoran ist **in vielen Wurst-Sorten** enthalten.<br>Man verwendet Majoran **frisch** und **getrocknet**. Majoran **verliert beim Trocknen kaum Aroma**.<br>**Wilder Majoran ist Oregano**. Oregano ist ein typisches Kraut in der italienischen Küche. |
| <br>*Krause Petersilie*<br><br>*Glatte Petersilie* | **Petersilie**<br>parsley<br>persil | Es gibt **glatte Petersilie** und **krause Petersilie**. Die glatte Petersilie schmeckt kräftiger als die krause Petersilie.<br>Petersilie eignet sich **für viele Speisen**: in Salaten, in Kräuter-Butter, in Kräuter-Quark, zu Suppen, zu Fisch-Gerichten und zu Fleisch-Gerichten. Petersilie ist auch eine Zutat für die Frankfurter Grüne Sauce.<br>**Krause Petersilie** ist **dekorativ** und eignet sich gut als Garnitur.<br>**Petersilien-Wurzel** ist **Bestandteil des Gemüse-Bündels** (Bouquet garni). |
|  | **Pfefferminze**<br>mint<br>menthe | Pfefferminze hat einen **unverwechselbaren Geschmack**.<br>Typisch ist Pfefferminze in der **englischen Küche**. Mit Pfefferminze wird **Minz-Sauce** zubereitet. Man reicht Minz-Sauce z.B. **zu gebratenem Lamm-Fleisch**. |

E

| | | |
|---|---|---|
|  | **Rosmarin**<br>rosemary<br>romarin | Man muss Rosmarin **zusammen mit den Speisen garen**. Dann entwickelt sich der **etwas bittere, herbe Geschmack** besonders gut.<br>Rosmarin passt zu Lamm-Gerichten und zu Wild-Gerichten. Man verwendet Rosmarin auch zu Gemüse, z. B. Tomate, Zucchini und Aubergine. Rosmarin eignet sich auch für Kartoffel-Gerichte. |
|  | **Salbei**<br>sage<br>sauge | Man verwendet Salbei vor allem in der italienischen Küche. Bekannt ist **Saltimbocca** (Kalbs-Schnitzel mit Salbei).<br>Man kann auch Salate, Fisch-Gerichte und Geflügel-Gerichte mit Salbei verfeinern.<br>In Butter geschwenkte Salbei-Blätter (**Salbei-Butter**) eignen sich besonders gut zu Nudeln oder Gnocchi. |
|  | **Schnittlauch**<br>chives<br>ciboulette | Schnittlauch riecht und schmeckt **zwiebelartig**.<br>Man verwendet Schnittlauch **frisch** und fein geschnitten (**Schnittlauch-Röllchen**) u. a. für Eier-Speisen, Kartoffeln, Quark und Salat-Saucen. |
|  | **Thymian**<br>thyme<br>thym | Thymian schmeckt **pikant** und **leicht pfeffrig**.<br>Man verwendet Thymian zu Fisch, Geflügel, Lamm und Kalb. Thymian eignet sich auch z. B. für Kartoffel-Gerichte und für Speisen aus Tomaten oder aus Auberginen.<br>Thymian macht **fettreiche Speisen leichter verdaulich**. |
|  | **Zitronen-Gras**<br>lemongrass<br>citronelle | Man verwendet **junges, frisches** Zitronen-Gras. Ältere Stängel werden strohig.<br>Zitronen-Gras eignet sich für Geflügel-Gerichte, für Fisch-Gerichte und für Gemüse-Gerichte.<br>Man **gart** Zitronen-Gras **zusammen mit** den **Speisen**. Man **isst es** aber **nicht** mit. |
|  | **Zitronen-Melisse**<br>balm<br>mélisse | Man nennt Zitronen-Melisse auch Melisse. Zitronen-Melisse **schmeckt** etwas **nach Zitrone**.<br>Man verwendet Zitronen-Melisse z. B. für Blattsalate, Kräuter-Sauce oder als Garnitur an Sorbets und an Süß-Speisen. |

## 2.3 Kräuter einkaufen

Der Handel bietet Kräuter verschieden an:

| | | |
|---|---|---|
| **Frische Kräuter im Bund** | Frische Kräuter im Bund (**Bund-Ware**) werden auf zwei Arten angeboten:<br>• **Mehrere Stängel** einer Kräuter-Pflanze sind **zusammengebunden**.<br>• **Mehrere Stängel** einer Kräuter-Pflanze sind **in Plastik-Folie zusammengefasst**.<br>Die **Stängel** sollten **nicht verholzt** sein. Die **Kräuter** sollten **nicht gelb oder trocken** sein.<br>Die Kräuter haben **viele Vitamine**. Sie **schmecken aromatisch**.<br>Man kann die Kräuter **nicht lange lagern**. | <br> |
| **Frische Kräuter im Topf** | Man kann frische Kräuter auch im Topf kaufen.<br>Die Kräuter haben **viele Vitamine**. Sie **schmecken aromatisch**. Man kann die Kräuter **länger lagern**.<br>**Pflanz-Erde** in der Küche ist **unhygienisch**. |  |
| **Gefrorene Kräuter** | Gefrorene Kräuter werden nach der Ernte gewaschen, blanchiert, **geschnitten** und **schockgefrostet**.<br>• Gefrorene Kräuter **behalten ihre Farbe**.<br>• Gefrorene Kräuter sind **streufähig**.<br>• Man kann sie **lange lagern**.<br>Auch Kräuter-Mischungen werden gefroren angeboten. |  |
| **Getrocknete Kräuter** | Getrocknete Kräuter gibt es als Einzel-Kräuter und als Kräuter-Mischungen.<br>Man kann getrocknete Kräuter **lange lagern**. Das **Mindesthaltbarkeits-Datum** gilt **nur** für **ungeöffnete Ware**.<br>Getrocknete Kräuter sind **weniger aromatisch** als frische Kräuter. Die **Farbe verändert sich** beim Trocknen. | <br>© Fuchs Gewürze<br>*Getrocknete Petersilie* |

E

Man kann viele Kräuter gut mischen. Der Handel bietet Kräuter-Mischungen **frisch**, **gefroren** und **getrocknet** an.

Bekannte Kräuter-Mischungen sind:

- **Fines herbes**
  - Diese Kräuter-Mischung ist eine Mischung aus der französischen Küche.
  - Man verwendet **Estragon**, **Kerbel**, **Petersilie** und **Schnittlauch**.
  - Fines herbes eignet sich für Eier-Speisen, Frischkäse, gebundene Suppen und für Saucen.
- **Kräuter der Provence**
  - Die Kräuter-Mischung „Kräuter der Provence" stammt aus der französischen Region Provence.
  - Man verwendet **Basilikum**, **Lavendel**, **Majoran**, **Rosmarin** und **Thymian**.
  - Diese Kräuter-Mischung eignet sich für Fleisch-Gerichte und für Fisch-Gerichte „nach provenzalischer Art".

E

## 2.4 Kräuter lagern

| Angebots-Form | Man beachtet: |
|---|---|
| **Frische Kräuter** | Frische Kräuter verlieren schnell ihre Frische, ihre Farbe und ihre Vitamine. Darum sollte man sie sobald wie möglich verarbeiten.<br>Man **lagert frische Kräuter** im **Gemüse-Kühlhaus** bei **+6 °C bis +8 C**. Es gibt zwei Möglichkeiten:<br>• Ein Kräuter-Bund oder einzelne Kräuter-Stängel stellt man wie Blumen in ein Glas mit Wasser.<br>• Man befeuchtet die Kräuter und legt sie in einen verschließbaren Kunststoff-Behälter. |
| **Getrocknete Kräuter** | Man lagert getrocknete Kräuter im **Trocken-Lager**.<br>• Man **schützt** sie **vor Licht**.<br>• Man lagert sie in einem **gut verschlossenen Behälter**. |
| **Gefrorene Kräuter** | Man lagert gefrorene Kräuter im **Tiefkühl-Lager bei – 18 °C**.<br>• Man darf die Kräuter **nach** dem **Auftauen nicht wieder einfrieren**.<br>• **Frische Kräuter** müssen **vor** dem **Einfrieren trocken** sein. Man kann sie besser aus dem Vorrats-Behälter nehmen. |

Die **Aroma-Stoffe** und die **Geschmacks-Stoffe** der Kräuter **bleiben länger erhalten** durch:

- **Einlegen in Öl**
  - Man verwendet geschmacksneutrale Öle wie z. B. Sonnenblumen-Öl oder Raps-Öl.
  - Die Aroma-Stoffe und die Geschmacks-Stoffe der Kräuter gehen beim Einlegen in das Öl über.
  - Man erhält **Kräuter-Öl**.
- **Einlegen in Essig**
  - Man verwendet zum Einlegen am besten milden Branntwein-Essig.
  - Die Aroma-Stoffe und die Geschmacks-Stoffe der Kräuter gehen beim Einlegen in den Essig über. Man erhält **Kräuter-Essig**.

*Rosmarin-Öl*

*Kräuter-Essig*

E

## 2.5 Mit Kräutern würzen

Man beachtet beim Würzen mit Kräutern:

- Die Kräuter müssen **zu der** jeweiligen **Speise passen.**
- Die Kräuter **dürfen** den **Geschmack der Speise nicht überdecken.**
- Man verwendet **nicht gleichzeitig mehrere intensive Kräuter** in einer Speise.

| Angebots-Form | Man beachtet: |
|---|---|
| **Frische Kräuter** | • Man **braust** die Kräuter unter fließendem Wasser **ab.** Man **schüttelt** das **Wasser ab oder** man **tupft** die Kräuter **trocken.**<br>• Man **zerkleinert** die Kräuter erst **kurz vor** dem **Gebrauch.** Das Aroma geht nicht so leicht verloren.<br>• Man **streift** von **Kräutern mit harten Stängeln,** z. B. Rosmarin, die **Blättchen ab** und gart sie zusammen mit der Speise. Man kann diese Kräuter auch im Ganzen zur Speise geben. Dann entfernt man die Kräuter vor dem Servieren.<br>• Man kann **Kräuter mit festen Blättern,** z. B. Thymian, **länger mit** der Speise zusammen **garen.**<br>• **Zarte Kräuter,** z. B. Basilikum, Dill oder Petersilie, **eignen sich** besonders zu **kalten Gerichten.** Man gibt diese Kräuter erst **nach** dem **Garen** zur Speise dazu. |
| **Getrocknete Kräuter** | • Man **weicht** getrocknete Kräuter vor der Verwendung **in etwas Flüssigkeit,** z. B. Wasser, Öl oder Essig, **ein.**<br>• Man lässt getrocknete Kräuter **mit der Speise kurz aufkochen.** Dann **lässt** man die Kräuter **in der Speise** ca. 15 Min. **ziehen.** |
| **Gefrorene Kräuter** | • Man lässt gefrorene Kräuter vor der Verwendung **nicht auftauen.** |

# 3 Gewürze

Gewürze sind **getrocknete Pflanzen-Teile**. Gewürz-Pflanzen wachsen hauptsächlich in heißen Regionen der Welt. Die Gewürz-Pflanzen bilden **durch** die **starke Sonnen-Einstrahlung** viele **Aroma-Stoffe** und **Geschmacks-Stoffe**.

Man gewinnt Gewürze aus **allen Pflanzen-Teilen**:
- aus dem Blatt
- aus der Blüte
- aus der Frucht
- aus den Samen
- aus der Wurzel
- aus der Zwiebel

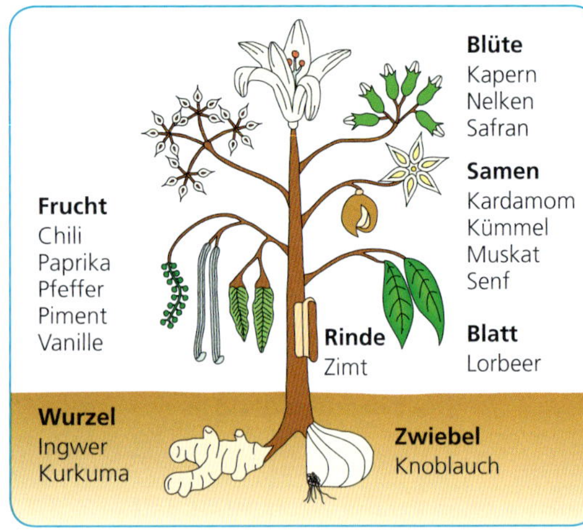




## 3.1 Bedeutung für die Ernährung

Gewürze enthalten:
- **Ätherische Öle**
- **Bitter-Stoffe**
- **Alkaloide**, z. B. Capsaicin (in Chili) und Piperin (in Pfeffer)

Diese Inhalts-Stoffe geben den Gewürzen ihr Aroma und ihren Geschmack. Außerdem wirken diese Inhalts-Stoffe auf den menschlichen Körper, denn
- die Inhalts-Stoffe **fördern** die **Durchblutung**,
- die Inhalts-Stoffe **fördern** die **Bildung von Verdauungs-Säften**,
- die Inhalts-Stoffe **regen** den **Appetit an**.

## 3.2 Gewürze und Gewürz-Mischungen

| | | |
|---|---|---|
|  | **Chili**<br>🇬🇧 chili<br>🇫🇷 chili | Es gibt **viele Chili-Sorten** mit ganz **unterschiedlichen Geschmacks-Richtungen**.<br>Alle Chili-Sorten enthalten **Capsaicin**. Capsaicin kommt in den **Samen-Kernen** und in den **Scheide-Wänden** der Chili-Schote vor.<br>Chili gibt es als **ganze Schoten** oder als **Flocken**. **Gemahlenen Chili nennt** man **Cayenne-Pfeffer**.<br>Chili ist **extrem scharf**.<br>**Man würzt mit Chili sehr vorsichtig!** |

| | | |
|---|---|---|
|  | **Curry**<br>curry<br>curry | Curry ist eine **indische Gewürz-Mischung**. Es gibt viele verschiedene Curry-Mischungen.<br>Curry kann **mehr als 30 Gewürze** enthalten. Kurkuma gibt Curry die **gelbe Farbe**.<br>Man verwendet Curry für Reis-Gerichte, für Fleisch-Gerichte und für Curry-Saucen. |
|  | **Ingwer**<br>ginger<br>gingembre | **Getrockneter Ingwer** schmeckt **etwas scharf**. Man verwendet ihn z. B. für exotische Salate, für pikante Frucht-Saucen und für indische Fleisch-Gerichte.<br>**Frischer Ingwer** schmeckt **scharf** und **etwas nach Zitrone**. |
|  | **Kapern**<br>capers<br>câpres | Kapern sind die **Blüten-Knospen** des **Kapern-Strauchs**.<br>Man **legt** die Blüten-Knospen **unreif** und **geschlossen** in **Salz-Lake** ein.<br>Man verwendet Kapern zu Königsberger Klopsen, zu Remouladen-Sauce und zu Herings-Salat. |
|  | **Kardamom**<br>cardamom<br>cardamome | Man stellt Kardamom aus den **schwarzen Samen-Körnern** der **Kardamom-Pflanze** her.<br>Man verwendet Kardamom in Deutschland vor allem für weihnachtliches Gebäck. |
|  | **Knoblauch**<br>garlic<br>ail | Knoblauch ist ein **Zwiebel-Gemüse**. Knoblauch **riecht sehr intensiv** und **schmeckt scharf**.<br>Der Handel bietet Knoblauch frisch, getrocknet, als Granulat, als Paste und gemahlen an.<br>Knoblauch ist ein **Universal-Gewürz**. |
|  | **Kümmel**<br>cumin<br>cumin | Kümmel sind **Samen-Körner**. Kümmel **fördert** die **Verdauung** und **verhindert Blähungen**.<br>Man verwendet Kümmel z. B. zu Kohl-Gerichten, Sauerkraut, Gulasch, Schweinebraten und für Brot. |

E

| | | |
|---|---|---|
|  | **Kurkuma**<br>turmeric<br>curcuma | Man nennt Kurkuma auch **Gelb-Wurzel**.<br>Kurkuma schmeckt **etwas scharf** und **leicht bitter**. Man verwendet Kurkuma vor allem in der asiatischen Küche. |
| © Stefan Kock – Gewürze Kiste  | **Lebkuchen-Gewürz**<br>ginger bread spice<br>épices de pain d'épice | Lebkuchen-Gewürz ist eine **Gewürz-Mischung**. Es gibt viele **verschiedene Lebkuchen-Gewürze**. Die **Mischungen unterscheiden sich regional**. Sie sind oft ein gut gehütetes **Geheimnis**.<br>Man verwendet Lebkuchen-Gewürz für Lebkuchen. Man setzt es auch für andere Produkte mit weihnachtlichem Geschmack ein. |
|  | **Lorbeer-Blätter**<br>bay leafs<br>feuilles de laurier | Lorbeer-Blätter stammen vom Lorbeer-Strauch. Lorbeer-Blätter schmecken **würzig** und **leicht bitter**.<br>Man verwendet Lorbeer-Blätter zu **Marinaden für Sauerbraten** und für **Wild**. Man kocht Lorbeer-Blätter z. B. in Eintopf-Gerichten oder in Ragout mit den Speisen zusammen. |
|   | **Muskat-Nuss**<br>nutmeg<br>noix de muscade | Die Muskat-Nuss ist der **Samen-Kern** des **Muskat-Baumes**. Der Handel bietet Muskat-Nuss als **ganze Nuss** und **gemahlen** an.<br>Man verwendet Muskat-Nuss z. B. für Kartoffel-Gerichte, für Blumenkohl und für Pasteten.<br>Die Muskat-Nuss ist von einem Samen-Mantel umgeben. Dieser **Samen-Mantel** heißt **Macis**. Man **nennt** den Samen-Mantel **auch Muskat-Blüte**, auch wenn es nicht die Blüte des Muskat-Baumes ist. Das **Aroma** von Macis ist **feiner** als das Aroma der Muskat-Nuss. |
|  | **Nelken**<br>cloves<br>clous de girofle | Nelken sind die **getrockneten Blüten-Knospen** des **Gewürz-Nelken-Baumes**.<br>Nelken enthalten **Nelken-Öl**. Sie **schmecken** sehr **intensiv**. Man würzt mit Nelken z. B. Wild-Gerichte und Kohl-Gerichte. Man **setzt** Nelken **sparsam ein**. |

| | | |
|---|---|---|
|  | **Paprika**<br>paprika<br>paprika | Man gewinnt Paprika aus der **Gewürz-Paprika**. Gewürz-Paprika ist eine **spezielle Paprika-Sorte**.<br><br>Paprika gibt es in verschiedenen Geschmacks-Richtungen: **Delikatess-Paprika**, **Edelsüß-Paprika**, **Halbsüß-Paprika** und **Rosenscharf-Paprika**. Paprika schmeckt umso schärfer, je mehr Samen-Kerne und Scheide-Wände enthalten sind.<br><br>Man verwendet Paprika u. a. für Gulasch. |
| <br><br> | **Pfeffer**<br>pepper<br>poivre | Pfeffer-Körner gewinnt man aus den **Beeren des Pfeffer-Strauchs**. Man unterscheidet:<br>• **Schwarze Pfeffer-Körner** sind die **unreifen**, **getrockneten Beeren**. Schwarzer Pfeffer schmeckt **scharf**.<br>• **Grüne Pfeffer-Körner** sind die **unreifen Beeren**. Die Beeren sind **in Salz-Lake** eingelegt oder **gefriergetrocknet**. Grüner Pfeffer schmeckt **aromatisch** und hat eine **milde Schärfe**.<br>• **Weiße Pfeffer-Körner** sind die **Samen-Kerne** aus **reifen Beeren**. Weißer Pfeffer schmeckt **milder** als schwarzer Pfeffer. |
|  | | **Rosa Pfeffer** sind die **getrockneten Beeren** des brasilianischen **Pfeffer-Baumes**.<br><br>Man **mischt** rosa Pfeffer **aus optischen Gründen** mit anderen Pfeffer-Körnern. |
|  | | **Szechuan-Pfeffer** sind **getrocknete Frucht-Schalen**. Man gewinnt Szechuan-Pfeffer aus den Beeren des Szechuan-Strauchs.<br><br>Szechuan-Pfeffer schmeckt **säuerlich**. Er **prickelt** auf der Zunge und **betäubt** den Mund **ein wenig**. |
|  | **Piment**<br>allspice<br>piment | Piment sind die **Beeren** des **Piment-Baumes**. Man nennt Piment auch **Nelken-Pfeffer**.<br><br>Piment schmeckt **leicht** nach **Pfeffer** und **Nelken**.<br><br>Man verwendet Piment z. B. für gekochtes Fleisch, für Wild-Gerichte und für Weihnachts-Backwaren. |

E

| | | |
|---|---|---|
|  | **Safran**<br><br>saffron<br>safran | Safran sind die **getrockneten Blüten-Fäden** einer **Krokus-Art**. Safran schmeckt **leicht bitter**. Safran färbt sich in Wasser **gelb**.<br><br>Man verwendet Safran u. a. für Safran-Reis, für Paella, für Bouillabaisse und für Risotto. |
| <br>*Delikatess-Senf*<br><br><br>*Süßer Senf* | **Senf**<br><br>mustard<br>moutarde | Senf macht man aus Senf-Samen. Man **zerkleinert** die **Senf-Samen** und **mischt** sie **mit Essig, Wein, Salz, Zucker** und **Würz-Stoffen**.<br><br>Man unterscheidet:<br>**Delikatess-Senf** und **Tafel-Senf** sind **mittelscharf** bis **scharf**.<br><br>**Dijon-Senf** besteht hauptsächlich aus braunen Senf-Körnern. Dieser Senf schmeckt **scharf-würzig** und er hat ein **volles Aroma**.<br><br>**Süßer Senf** oder Weiß-Wurst-Senf besteht aus grob gemahlenen weißen und braunen Senf-Körnern. Zucker gibt den typischen **Karamell-Geschmack**.<br><br>**Rotisseur-Senf** ist ein **mittelscharfer Senf**. Er **behält beim Erhitzen** sein **Aroma**. |
|  | **Vanille**<br><br>vanilla<br>vanille | Vanille ist die **Frucht-Schote** einer **Orchideen-Art**. Der Vanille-Geschmack **entsteht** erst **durch Fermentation**.<br><br>**Vanille-Zucker** ist Zucker mit **echter Vanille**. **Vanillin-Zucker** ist Zucker mit **künstlich hergestelltem Vanillin**. |
|  | **Wacholder-Beere**<br><br>juniper berry<br>genièvre | Wacholder-Beeren **riechen** etwas **nach Harz** und **schmecken bitter-würzig**. Man verwendet Wacholder-Beeren ganz oder zerdrückt u. a. zu Wild und Wild-Geflügel, zu Sauerkraut und zu Fisch-Marinaden. |
|  | **Zimt**<br><br>cinnamon<br>canelle | Zimt ist die **getrocknete, dünne Rinde** des **Zimt-Baumes**. Man verwendet **Stangen-Zimt** nur für den Geschmack, z. B. bei Rotkohl und Kompott.<br><br>Man verwendet **gemahlenen Zimt** für den Geschmack und für die Farbe, z. B. für Apfel-Mus, Apfel-Strudel, Gebäck und Zimt-Zucker. |

## 3.3 Gewürze einkaufen

Der Handel bietet Gewürze in verschiedenen Formen an.

| | | |
|---|---|---|
| **Ganzes Gewürz** | Man kann einige Gewürze **unzerkleinert** kaufen. Das **Aroma** bleibt **lange erhalten**.<br>Beispiele: Kümmel, Muskat-Nuss, Nelken, Pfeffer-Körner, Zimt-Stange | |
| **Granuliertes Gewürz (Gewürz-Granulat)** | Ein Granulat besteht aus **feinen Körnchen**.<br>Beispiele: Knoblauch, Zwiebel |  |
| **Gemahlenes Gewürz** | Die Gewürze werden **möglichst fein zerkleinert**. Man bekommt ein **feines Pulver**. Man kann das Pulver **gut dosieren**.<br>Beispiele: Kurkuma, Paprika, Pfeffer, Zimt | |
| **Gewürz-Aroma** | Ein Gewürz-Aroma enthält Geruchs-Stoffe und Geschmacks-Stoffe von einem Gewürz.<br>Beispiele: Vanille-Aroma Zitronen-Aroma |  |

**Man darf Gewürze nicht zu lange lagern. Das Aroma verflüchtigt sich sonst. Die Würzkraft lässt nach. Man sollte Gewürze immer nur dem Bedarf des Betriebes entsprechend kaufen.** !

## 3.4 Gewürze lagern

Gewürze sollen ihre Würzkraft lange behalten.

Darum lagert man Gewürze

- **trocken**,
- **luftdicht verschlossen**,
- **dunkel**.

**Nur so verlieren Gewürze nicht** so schnell ihre Aroma-Stoffe und ihre Geschmacks-Stoffe.

Man sollte Gewürze **nicht** in **zu großen Menge einkaufen**. Durch eine **zu lange Lager-Dauer verschlechtert sich** die **Qualität** der Gewürze.

© Ostmann Gewürze

## 3.5 Mit Gewürzen würzen

Man beachtet beim Würzen mit Gewürzen:

- Der **Eigen-Geschmack** der Lebensmittel muss **erhalten** bleiben. Man **verfeinert** den **Eigen-Geschmack** der Lebensmittel **durch Gewürze**.
- Bei den meisten Speisen ist **ein Gewürz** das **Haupt-Gewürz**. Zusätzliche Gewürze ergänzen den Geschmack.
- Man **wählt** das Gewürz mehr **nach** der **Zubereitungs-Art** als nach dem Lebensmittel. Das beachtet man vor allem beim Zubereiten von Fleisch-Gerichten und von Fisch-Gerichten.
- Man verwendet **nicht mehrere intensive Gewürze zusammen**.
- Man **achtet** auf den **richtigen Zeitpunkt**.
- Einige Gewürze **entfalten** ihr **Aroma beim Garen**, z. B. Kümmel, Nelken, Wacholder-Beeren. Diese Gewürze **gart** man **zusammen mit** den **Speisen**.
- Einige Gewürze **verlieren** ihr **Aroma**, wenn man sie **zu lange mitgart**, z. B. Cayenne-Pfeffer, Kardamom, Muskat-Nuss, Paprika, Piment, Safran. Man **gibt** diese Gewürze **erst zum Ende der Gar-Zeit** zu der Speise.
- **Ganze Gewürze** haben eine **höhere Würzkraft**. Man gibt die Gewürze **im Ganzen beim Garen** dazu, z. B. Lorbeer-Blätter, Nelken.
- Man **zerkleinert** die Gewürze kurz vor der Verwendung, z. B. Muskat-Nuss reiben, Pfeffer-Körner mit der Pfeffer-Mühle mahlen. Man kann Gewürze auch **in einem Mörser zerkleinern** (zerstoßen).

*Muskat-Nuss reiben*

*Pfeffer-Körner im Mörser zerstoßen*

Außerdem beachtet man:

- Man muss Gewürze **vor Feuchtigkeit schützen**. Sie **bilden Klumpen** und sie **können schimmeln**.
- Man **nimmt** Gewürze mit einer kleinen **Gewürz-Schaufel** aus der Gewürz-Dose. An **feuchten Fingern** bleiben **Reste** hängen. Es **entstehen Verluste**.

| **Man verwendet:** | |
|---|---|
| **Ganze Gewürze** | • Man lässt ganze Gewürze längere Zeit **auslaugen**. Die **Geschmacks-Stoffe gehen in** die **Flüssigkeit über**, z. B. bei Marinaden.<br>• Man kann ganze Gewürze danach **leicht entfernen**, z. B. Lorbeer-Blätter aus Rotkohl. |
| **Gemahlene Gewürze** | • Man kann gemahlene Gewürze **gut dosieren**.<br>• Die **Geschmacks-Stoffe gehen schnell auf** die **Speisen über**.<br>• Gemahlene Gewürze werden **nicht** wieder **entfernt**. |

# 4 Speise-Salz

salt
sel

Speise-Salz (Salz) ist eine **Verbindung** von **Natrium** (Na) und **Chlorid** (Cl). Chemisch heißt Speise-Salz **Natriumchlorid** (NaCl).

Salz ist das am häufigsten verwendete „Gewürz" in der Küche.

## 4.1 Bedeutung für die Ernährung

Erwachsene Menschen haben in ihrem Körper **ca. 200 g bis 300 g Salz**.

Der menschliche Körper **verliert jeden Tag** ca. 3 g bis 5 g **Salz**. Man muss dieses Salz mit der Nahrung **wieder aufnehmen**. Wenn ein **Mensch stark schwitzt**, **verliert** er viel mehr **Salz**. Wenn ein Mensch **zu viel Salz** zu sich nimmt, **scheidet** er das **Salz aus**. Dabei **verliert** er **viel Wasser** und **wird durstig**.

Die Industrie verwendet bei der Herstellung von Lebensmitteln oft viel Salz. Man sollte darum Speisen beim Kochen **sparsam salzen**.

Es gibt Salz auch mit Zusätzen.

| | |
|---|---|
| Mit **Jod** | Jod ist wichtig für die **Schilddrüsen-Hormone**. |
| Mit **Fluor** | Fluor ist wichtig für die **Zähne**. |

E

## 4.2 Salz-Arten

Man gewinnt Salz auf verschiedene Weise. Daraus ergeben sich verschiedene Salz-Arten.

| **Siede-Salz** | |
|---|---|
| Man **löst Salz-Kristalle mit Wasser** aus Salz-Schichten im Gestein. Das **Wasser** wird **salzig**.<br>Man **kocht (siedet)** das **Salz-Wasser** in einem Siede-Behälter. Das **Wasser verdampft**. **Salz-Brei bleibt** im Siede-Behälter **zurück**.<br>Der **Salz-Brei** wird **getrocknet**.<br>Das reine Salz ist fertig. |  |

### Stein-Salz

Man **baut in** einem **Salz-Bergwerk** mit Maschinen **Salz ab**. Das Salz wird **zerkleinert**.

### Meer-Salz

Der Salz-Hersteller **legt am Meer flache Wasser-Becken an**. Man nennt diese Wasser-Becken **Salz-Gärten**. Der Hersteller leitet das **Meer-Wasser in** die **Wasser-Becken**. Die Sonne lässt das **Wasser verdunsten**. Das Salz bleibt übrig.

**Fleur de Sel** wird in Hand-Arbeit gewonnen. Dieses Salz entsteht bei **heißem** und **windstillem Wetter**. Bei diesem Wetter bildet sich eine **hauchdünne Salz-Schicht** an der Wasser-Oberfläche. Man **schöpft** diese **Salz-Schicht ab**.

*Salz-Gärten*

Der Handel bietet neben diesen Salz-Arten auch **Gewürz-Salze** an, z. B.:

- Chili-Salz
- Kräuter-Salz
- Knoblauch-Salz

© Fuchs Gewürze

# 5 Zucker und Süßungs-Mittel

sugar and sweeteners
sucre et édulcorants

## 5.1 Zucker

Man nennt **Rohr-Zucker/Rüben-Zucker** (Saccharose) kurz Zucker. Man **gewinnt** Zucker **aus Zucker-Rüben oder** aus **Zucker-Rohr**. In der Küche verwendet man vorwiegend Zucker aus Zucker-Rüben.

Man nennt Zucker auch **Haushalts-Zucker** oder **Gebrauchs-Zucker**.

E

### Bedeutung für die Ernährung

**Zucker** (Saccharose) ist ein Kohlenhydrat. Kohlenhydrate liefern wie Proteine und Fette Energie für den menschlichen Körper. 1 g Kohlenhydrate (oder 1 g Proteine) liefert 17 Kilojoule (4,1 Kilokalorien). 1 g Fett liefert 37 Kilojoule (ca. 9 Kilokalorien). Grundsätzlich gilt: Wenn man zu viele Kilojoule (Kilokalorien) zu sich nimmt und sich zu wenig bewegt, kann man Übergewicht bekommen.

### Zucker-Gewinnung

So gewinnt man Zucker aus Zucker-Rüben:

- Maschinen **zerkleinern** die Zucker-Rüben **in Rüben-Schnitzel**.
- In speziellen Türmen **löst heißes Wasser** den **Zucker aus** den **Rüben-Schnitzeln**. Es entsteht der bräunliche **Roh-Saft**.
- Der **Roh-Saft** wird **gereinigt**. Man erhält den klaren **Dünn-Saft**.
- Man **entzieht** dem Dünn-Saft **Wasser**. Es entsteht **Dick-Saft**.
- Der **Dick-Saft** wird durch Einkochen **konzentriert**. Ab einer bestimmten Konzentration bildet sich eine Masse aus **Zucker-Kristallen** und **Sirup**.
- Man **schleudert** (**zentrifugiert**) die Masse. Dadurch werden die **Zucker-Kristalle vom Sirup getrennt**. Der **Roh-Zucker ist fertig**. Man verwendet den Sirup (die Melasse) als Vieh-Futter.
- Der braune **Roh-Zucker** wird **getrocknet**. Roh-Zucker enthält noch Sirup.

*Zucker-Rüben-Ernte*

© Nordzucker

*Zucker wird geschleudert (zentrifugiert).*

## Qualitäts-Stufen

Man unterscheidet zwei Qualitäts-Stufen.

| | | |
|---|---|---|
| **Weiß-Zucker** (EG-Qualität 2) | Weiß-Zucker wird aus Rüben-Saft oder aus Zuckerrohr-Saft gewonnen. Der Zucker-Sirup wird lange gekocht. Es bilden sich Zucker-Kristalle. Die Zucker-Kristalle werden vom Sirup getrennt. Die Industrie verwendet diesen Weiß-Zucker z. B. für Backwaren. |   © Diamant Zucker |
| **Raffinade** (EG-Qualität 1) | Weiß-Zucker wird anschließend veredelt (raffiniert). Raffinade ist der reinste Zucker. Man verwendet Raffinade in der Küche. | |

## Zucker-Sorten

Der Handel bietet Zucker in vielen verschiedenen Sorten an, z. B.:

| | | |
|---|---|---|
|  | **Kristall-Zucker** | Kristall-Zucker ist Zucker mit **verschiedenen Körnungen**.<br>Es gibt Kristall-Zucker in den Körnungen **grob**, **mittelfein** und **fein**. |
|  | **Puder-Zucker** | Puder-Zucker ist **sehr fein gemahlener Raffinade-Zucker**.<br>Man verwendet Puder-Zucker als Dekoration. Man kann mit Puder-Zucker auch Glasuren herstellen. |
|  | **Kandis-Zucker** | Kandis-Zucker sind **Zucker-Kristalle** mit einer Größe von **3 mm bis 30 mm**.<br>Man verwendet Kandis-Zucker vor allem für Tee und für Grog. |
|  | **Würfel-Zucker** | Man **feuchtet Zucker an**. Die feuchte Masse wird in Würfel gepresst und anschließend getrocknet.<br>Man reicht Würfel-Zucker zu Kaffee und Tee. |
|  | **Hagel-Zucker** | Man **feuchtet Zucker an**. Danach **presst** man den Zucker **zu Platten oder Stangen** und lässt den Zucker **trocknen**. Man **zerstößt** diese Platten oder Stangen **in grobe Körner** (wie Hagel-Körner).<br>Man verwendet Hagel-Zucker als **Dekoration**. |

| | | |
|---|---|---|
|  © Diamant Zucker | **Zucker-Hut** | Man **feuchtet Zucker an**. Danach **presst** man ihn in die **typische Kegel-Form** und lässt ihn **trocknen**.<br>Man verwendet den Zucker-Hut vor allem für Feuerzangen-Bowle. |
|  | **Dekor-Zucker** | Dekor-Zucker ist **Puder-Zucker mit wasserabweisenden Zusätzen**. Die Feuchtigkeit in Back-Waren **löst** den **Dekor-Zucker nicht so schnell auf**. Es gibt Dekor-Zucker **in verschiedenen Formen** und **Farben**. |
|  | **Fondant** | Fondant ist eine **Zucker-Glasur**. Fondant besteht aus **Raffinade-Zucker**, **Stärke-Sirup** und **Wasser**.<br>Man überzieht Back-Waren, z. B. Petits fours oder Torten, mit Fondant. |

Es gibt viele dieser weißen Zucker-Sorten auch in Braun. Die Hersteller verwenden für diese Produkte **Braun-Zucker** aus Zucker-Rüben oder **Rohr-Zucker** aus Zucker-Rohr.

Brauner Zucker und Rohr-Zucker **schmecken leicht nach Karamell**. Brauner Zucker und Rohr-Zucker sind **nicht gesünder als weißer Zucker**.

## Zucker in der Küche

*Zucker schmelzen*

- Man **süßt** Speisen mit Zucker.
- Für **kalte Speisen** kann man **Läuter-Zucker** verwenden. Läuter-Zucker ist eine **Zucker-Lösung**. Man mischt Wasser und Zucker zu gleichen Teilen. Diese Zucker-Lösung kocht man auf. Man kann Läuter-Zucker auf Vorrat herstellen. Den Läuter-Zucker bewahrt man in einer Flasche auf.
- Man kann aus Zucker **Karamell** herstellen. Karamell verwendet man z. B. für Karamell-Crème und für Crème brûlée. Man kann mit Karamell auch dekorieren.
- Man kann mit Zucker **dekorieren**, z. B. mit Glasuren aus Zucker oder mit Puder-Zucker.
- Zucker **wirkt konservierend**. Er entzieht den Mikroorganismen das Wasser. Man nutzt diese Eigenschaft z. B. bei der Herstellung von Konfitüre, Marmelade und Gelee.

## 5.2 Süßungs-Mittel

Süßungs-Mittel sind **natürliche** oder **synthetische** (künstliche) **Zucker-Ersatzstoffe**. Süßungs-Mittel sind **Zusatz-Stoffe**. Man muss Süßungs-Mittel auf Lebensmitteln **kennzeichnen**.

Die Zusatzstoff-Zulassungs-Verordnung (ZZulV) teilt Süßungs-Mittel in Zucker-Austausch-Stoffe und Süß-Stoffe ein.

### Zucker-Austausch-Stoffe

Zucker-Austausch-Stoffe **schmecken ähnlich wie Zucker**. Zucker-Austausch-Stoffe haben aber eine **geringere Süß-Kraft** als Zucker (ca. 40 % bis 70 % weniger).

Bekannte Zucker-Austausch-Stoffe sind u. a.:

| | | | | |
|---|---|---|---|---|
| **Fruktose** | **Isomalt** | **Mannit** | **Sorbit** | **Xylit** |



#### Bedeutung für die Ernährung

- Der menschliche Körper kann Zucker-Austausch-Stoffe **ohne Insulin verarbeiten**. Darum verwenden Menschen mit Diabetes sie als **Zucker-Ersatz**.
- Zucker-Austausch-Stoffe können **in größeren Mengen** (mehr als 20 g bis 30 g pro Tag) **abführend** wirken. Zucker-Austausch-Stoffe werden im Darm nur langsam in die Blut-Bahnen abgegeben. Sie binden im Darm Wasser und verdünnen den Darm-Inhalt. Auf Lebensmitteln mit Zucker-Austausch-Stoffen muss der **Hinweis** stehen: **„Kann bei übermäßigem Verzehr abführend wirken“**.
- Zucker-Austausch-Stoffe **führen** in der Regel **nicht zu Karies**. Sie werden u. a. für „zuckerfreie“ Kaugummis und für „zuckerfreie“ Bonbons verwendet.

### Süß-Stoffe

Süß-Stoffe sind synthetisch (künstlich) hergestellte Verbindungen oder natürliche Verbindungen. Sie schmecken **sehr süß**. Ihre **Süß-Kraft** ist **ca. 500 mal stärker** als die Süß-Kraft von Zucker.

Bekannte Süß-Stoffe sind u. a.:

| | | |
|---|---|---|
| **Aspartam** | **Cyclamat** | **Saccharin** |

Der Handel bietet Süß-Stoffe an:
- flüssig
- als Tabletten
- zum Streuen

#### Bedeutung für die Ernährung

Süß-Stoffe haben **keinen oder** nur einen **sehr geringen Nährwert**. Sie enthalten keine oder sehr wenige Kilojoule.

Der Körper **scheidet** Süß-Stoffe **fast unverändert wieder aus**.

# 6 Essig

vinegar
vinaigre

Man kann Essig auf zwei Wegen herstellen:

- Man lässt eine **alkoholische Flüssigkeit mit Essig-Säure-Bakterien gären**. So entsteht **Gärungs-Essig**, z. B. Weißwein-Essig.
  - Gärungs-Essig enthält **Säure** und **Geschmacks-Stoffe**.
- Man **stellt** Essig **synthetisch** (künstlich) **her**. So entsteht **Essig-Essenz**.
  - Essig-Essenz enthält **Säure** und **schmeckt rein sauer**.

E

## 6.1 Essig-Sorten

Der Handel bietet verschiedene Essig-Sorten an.

**Balsamico-Essig**

- Aus **konzentriertem Trauben-Most**
- Spezialität aus Nord-Italien
- **Dunkelbraune** Farbe
- Geschmack: **süß** und **mild-säuerlich**

**Branntwein-Essig**

- Aus **Branntwein**
- **Farblos**
- **Ohne** eigenes **Aroma**
- Enthält mindestens **10 % Säure**

**Essig-Essenz**

- **Synthetisch** hergestellt
- **Farblos**
- Geschmack: **rein sauer**
- Enthält **25 % Säure**
- **Nur verdünnt verwenden!**

**Kräuter-Essig**

- **Aroma durch** Zugabe von **Kräutern**
- Geschmack: **aromatisch**
- Enthält **5 % Säure**

**Obst-Essig**

- Aus **vergorenem Obst**, z. B. Apfel-Most, Birnen-Most
- Geschmack: **fruchtig** und **mild-säuerlich**
- Enthält **5 % Säure**

**Rotwein-Essig**

- Aus **Rotwein**
- **Rötliche** Farbe
- Geschmack: **aromatisch, kräftig**
- Mindestens **6 % Säure**

**Sherry-Essig**

- Aus **Sherry**
- Spezialität aus Spanien
- Geschmack: **saurer** als andere Essig-Sorten
- Mindestens **7 % Säure**

**Tafel-Essig (Speise-Essig)**

- Aus **Branntwein**
- **Farblos oder** mit **bräunlicher** Farbe
- Enthält **5 % Säure**

**Wein-Branntwein-Essig**

- **Mischung** aus **Wein-Essig** und **Branntwein-Essig**
- **Bräunliche** Farbe
- Enthält **5 % Säure**

**Weißwein-Essig**

- Aus **Weißwein**
- **Helle** Farbe
- Geschmack: **fein-säuerlich**
- Mindestens **6 % Säure**

## 6.2 Essig selbst herstellen

Man kann Essig selbst herstellen. Dafür **gibt** man die **Zutaten in** eine **Flasche**, z. B.:

- Früchte, z. B. Erdbeeren, Himbeeren
- Gewürze, z. B. Chili-Schoten, Pfeffer-Körner, Senf-Körner
- Kräuter, z. B. Dill, Estragon
- Knoblauch
- Ingwer

Danach **füllt** man die Flasche **mit** einem **Weißwein-Essig oder** mit einem **Branntwein-Essig auf**. Dann **verschließt** man die **Flasche**. Man **lässt** den Essig mindestens **14 Tage** an einem warmen Ort **ziehen**.

## 6.3 Essig in der Küche

Man verwendet Essig in der Küche:

- **Für den Geschmack:**
  in Salaten, in Salat-Saucen, in Marinade für Sauerbraten, für Wild-Gerichte
- **Man wählt die Essig-Sorte passend zur Speise**, z. B. Balsamico-Essig für Tomate-Mozzarella, Rotwein-Essig zu Rotkohl, Sherry-Essig für Rucola-Salat oder Weißwein-Essig für Fisch-Gerichte.
- **Für die Haltbarkeit:**
  für Essig-Gurken, für eingelegten Hering

# 7 Würz-Saucen

🇬🇧 spicy sauce
🇫🇷 sauce épicée

Würz-Saucen, z. B. Ketchup oder Tomaten-Mark, sind **dickflüssig** oder **streichfähig**. Sie schmecken **besonders würzig**. Würz-Saucen **können zusätzlich sehr scharf** sein.

| | | |
|---|---|---|
| **Ajvar** | Ajvar besteht aus **geschmorten, pürierten, stark reduzierten Paprika-Schoten**. Ajvar ist **pikant** gewürzt. Ajvar schmeckt zu Gegrilltem und als Brot-Aufstrich. |  |
| **Chutney** | Chutney ist eine **pikante Sauce**. Sie ist **ähnlich wie Marmelade**. Man kocht Gemüse und/oder Obst mit Essig, Zucker und Gewürzen. Dabei verdampft die Flüssigkeit. Die Zutaten werden weich. Chutney passt gut zu kaltem Fleisch, zu Geflügel, zu Fondue und zu Reis. |  *Mango-Chutney* |
| **Harissa** | Harissa stammt aus Nordafrika. Es ist eine **scharfe Gewürz-Paste** aus frischen Chilis, Kreuzkümmel, Koriander-Samen, Knoblauch, Salz und Oliven-Öl. |  |
| **Ketchup** | Man stellt Ketchup aus **reifen Tomaten** mit **Zucker, Essig** und **Gewürzen** her. Es gibt viele verschiedene Geschmacks-Richtungen. |  |
| **Relish** | Man stellt Relish aus **Gemüse und/oder** aus **Obst** her. Gemüse und Obst werden in **sehr feine Würfel** geschnitten. Man kocht die Würfel mit Essig, Zucker und verschiedenen Gewürzen auf. Es gibt viele verschiedene Geschmacks-Richtungen. Relish kann z. B. mild, süß-sauer oder sehr scharf sein. |  *Relish-Varianten* |

| | | |
|---|---|---|
| **Sambal** | Sambal ist eine **dickflüssige Würz-Sauce.** Die Haupt-Zutat ist **Chili**. Sambal ist **unterschiedlich scharf**.<br><br>Das **bekannteste** Sambal ist **Sambal Oelek**. Sambal Oelek ist **sehr scharf**.<br><br>Man reicht Sambal zu Gemüse, Huhn, Fisch und Reis. |  |
| **Soja-Sauce** | Soja-Sauce stammt aus Asien. Man kocht Soja-Sauce aus **Soja-Bohnen**, Wasser und Zucker. Die Sauce **schmeckt malzig** und etwas **süßlich**.<br><br>Man verwendet Soja-Sauce für asiatische Gerichte. |  |
| **Tabasco-Sauce** | Man stellt Tabasco-Sauce aus **Chilis** her.<br><br>Tabasco-Sauce ist **sehr scharf**. Darum sollte man nur sehr wenig zum Würzen nehmen. |  |
| **Tomaten-Mark** | Man stellt Tomaten-Mark aus **reifen Tomaten** her. Die Tomaten werden **passiert** und **eingedickt**.<br><br>Es gibt Tomaten-Mark einfach, doppelt oder dreifach konzentriert.<br><br>Man verwendet Tomaten-Mark zum Ansetzen von Sauce, z.B. dunkle Kraft-Sauce (Demiglace). |  |
| **Worcester-Sauce** | Worcester-Sauce (**sprich: Wuster-Sauce**) stammt aus England.<br><br>Worcester-Sauce besteht meistens aus Malz-Essig, Soja-Bohnen, Zucker, Tamarinden-Mus, Sirup, Salz, Chilis, Nelken, Sherry und anderen Zutaten.<br><br>Man verwendet Worcester-Sauce als Tafel-Sauce, aber auch für Ragoût fin oder für Frikassee. |   |

# 8 Gelier-Mittel und Binde-Mittel

gelling agents and thickener
gélifiant and liant

**Gelier-Mittel** oder **Binde-Mittel** (**Verdickungs-Mittel**) geben Lebensmitteln eine bestimmte **Festigkeit** (Konsistenz).

- Man kann mit einem **Gelier-Mittel** eine Flüssigkeit **gelieren** (eindicken).
- Man kann mit einem **Binde-Mittel** eine **Flüssigkeit verdicken**.

Die Lebensmittel-Industrie verwendet Gelier-Mittel und Binde-Mittel für die Herstellung von vielen Fertig-Produkten. Gelier-Mittel und Binde-Mittel müssen als Zusatz-Stoffe auf der Verpackung gekennzeichnet werden.



## 8.1 Gelier-Mittel

*Gelatine*

- **Gelatine** wird aus Tier-Knochen oder Tier-Häuten hergestellt. Gelatine besteht aus dem Eiweiß-Stoff Kollagen. Man verwendet Gelatine zum Binden von Cremes, Gelee und Aspik.
- **Agar-Agar** wird aus Algen gewonnen. Die Lebensmittel-Industrie setzt Agar-Agar u. a. bei der Herstellung von Marmelade, Konfitüre, Gelee, Joghurt und Gummi-Bärchen ein. Agar-Agar ist **vegan**.
- Man gewinnt **Pektin** aus den Press-Rückständen bei der Apfelsaft-Herstellung. Pektin ist Bestand-Teil von Gelier-Zucker. Man stellt Marmelade, Konfitüre und Gelee mit Gelier-Zucker her. Pektin kommt auch in Torten-Guss vor.

## 8.2 Binde-Mittel

*Mehl-Butter herstellen*

- Man stellt **Mehl-Schwitze** (**Roux**) aus Fett und Mehl her. Man zerlässt Fett und verrührt es mit Mehl. Man gießt die Mehl-Schwitze mit Flüssigkeit auf. Die Flüssigkeit wird gebunden. Man bindet Suppen und Saucen mit Mehl-Schwitze. Die Lebensmittel-Industrie bietet Mehl-Schwitze als **Fertig-Produkt** an.
- Man vermengt für **Mehl-Butter** (**Beurre manié**) Mehl mit weicher Butter in einem Verhältnis von 1 : 1. Fett umschließt die Mehl-Teilchen und trennt sie voneinander. In heißer Flüssigkeit schmilzt das Fett. Die Mehl-Teilchen binden die Flüssigkeit. Es bilden sich keine Klümpchen. Man bindet Suppen und Saucen mit Mehl-Butter.
- **„Speise-Stärke"** wird hergestellt aus Mais oder Kartoffeln. Man bindet damit Suppen, Saucen und Süß-Speisen. Man muss Speise-Stärke in kalte Flüssigkeit einrühren. Dann gibt man die eingerührte Speise-Stärke in die heiße Flüssigkeit. Sonst bilden sich Klümpchen.

# 9 Speisen anrichten

arranging food
arranger des mets

Man stellt beim Anrichten ein Gericht aus einzelnen Speisen zusammen.

Beim klassischen Anrichten teilt man den Teller in drei Bereiche ein.

- Man richtet **Fleisch oder Fisch und** die **Sauce unten** auf dem Teller an. Der Gast kann das Fleisch oder den Fisch leicht in Stücke schneiden.
- **Sättigungs-Beilagen**, z. B. Kartoffeln, Reis oder Teig-Waren liegen **oben links**.
- **Gemüse** liegt **oben rechts**. Man achtet bei mehreren Gemüse-Arten auf den Kontrast der Farben.

Man kann Gerichte aber auch anders anrichten.

Man beachtet beim Anrichten immer:

- Man richtet **warme Speisen auf** einem **vorgewärmten Teller** an.
- Der **Teller** soll **nicht überladen** sein.
- Der **Teller-Rand** bleibt **frei und** er ist **sauber**.
- Wenn ein Teller ein **Firmen-Zeichen** (Vignette) hat, dann gilt: Die **Vignette** ist **oben gegenüber** dem **Fleisch oder** gegenüber dem **Fisch**.
- Man **schneidet** manche **Gerichte an**, z. B. Rouladen. Dies sieht ansprechender aus.
- Man kann **zerlassene Butter** mit einem Pinsel **sparsam auftragen**. Die **glänzende Oberfläche**, z. B. bei Kartoffeln oder Gemüse, sieht **appetitlicher** aus.
- Man kann auch eine **Garnierung auf** die **Teller legen**, z. B. gehackte Petersilie, in Butter gebräunte Brösel, Schnittlauch-Röllchen, eine Rosette Kräuter-Butter auf einer Zitronen-Scheibe, einen Sahne-Tupfer usw.

# 1 Gemüse

vegetables
légumes

Gemüse sind **Pflanzen oder Pflanzen-Teile**, die der **Mensch essen** kann. Gemüse kann man in allen Bereichen der Küche verwenden. Gemüse kann man **roh oder gegart verarbeiten**.

## 1.1 Bedeutung für die Ernährung

**Gemüse sind gesund**. Gemüse enthalten viele Vitamine, Mineralstoffe und Zellulose.

Zellulose bildet das Gerüst von Gemüse. **Zellulose** ist ein **Ballast-Stoff**. Ballast-Stoffe **regen** die **Verdauung an**.

Alle Gemüse haben wenig Kohlenhydrate, Fette und Proteine (Eiweiß-Stoffe). Also ist ihr **Energie-Gehalt gering**, d.h., sie haben **wenige Kilojoule (Kilokalorien)**.

Zusätzlich enthalten Gemüse **S**ekundäre **P**flanzen-**S**toffe (SPS). Diese Gruppe von Stoffen dient den Pflanzen als Selbstschutz gegen Krankheiten und Schädlinge. Für den Menschen sind sie gesundheitsfördernd.

- SPS stärken das Immun-System.
- SPS wirken gegen Krebs.
- SPS schützen vor Infektionen.
- SPS senken den Blutdruck.

Sekundäre Pflanzen-Stoffe kommen ebenfalls in Obst, in Kartoffeln, in Hülsenfrüchten und in Vollkorn-Produkten vor.

## 1.2 Einteilung

Es gibt sehr viele verschiedene Gemüse-Sorten.

Man kann Gemüse-Sorten nach ihrer Verwendung in der Küche in folgende Gruppen einteilen:

- **Blattgemüse**, z.B. Eisbergsalat, Rucola
- **Fruchtgemüse**, z.B. Erbsen, Paprika
- **Hülsenfrüchte**, z.B. Linsen, Bohnen
- **Keimlinge**, z.B. Mungobohnen-Sprossen, Alfalfa
- **Kohlgemüse**, z.B. Rotkohl, Wirsing
- **Wurzelgemüse**, z.B. Möhren, Radieschen
- **Zwiebelgemüse**, z.B. Knoblauch, Porree

Es gibt weitere Gemüse-Sorten, die sich nicht in diese Liste einordnen lassen. Sie werden im Kapitel als **sonstige Gemüse** behandelt.

Symbolische Pflanze zur Kennzeichnung der Gemüse-Arten

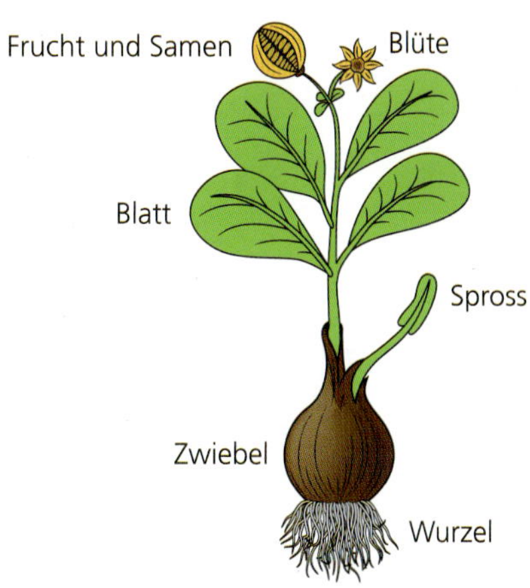

## Blattgemüse

Bei **Blattgemüse** spricht man **auch** von **Blattsalat**. Man verarbeitet alle **genießbaren Blätter** einer **Salatpflanze**.

Eine Salatpflanze besteht aus **Blättern**, aus **Blatt-Rippen** und aus einem **Strunk**. Die Salatpflanze wird am Strunk abgeschnitten.

Der Gast erwartet frische, knackige Blattsalate. Die Blätter sollen kräftig in der Farbe sein.

Blattgemüse wird überwiegend **roh gegessen**. Deswegen muss man es **besonders gründlich reinigen**.

### Frische-Merkmale von Blattgemüse

Die Farbe der Schnittfläche des Strunks zeigt die Lagerdauer.

Eine **helle Schnittfläche** zeigt, dass das Blattgemüse **frisch** geerntet ist. Bei **längerer Lagerung** wird die **Schnittfläche dunkel**.

Man erkennt frisches Blattgemüse zusätzlich an festen Blättern.

| | | |
|---|---|---|
|  | **Chicorée**<br>🇬🇧 chicory<br>🇫🇷 chicorée | Chicorée wächst in Gewächshäusern. Die **Pflanzen** bekommen dabei **kein Licht**. Darum sind die **Blätter** so **hell**.<br>Chicorée schmeckt **leicht bitter**. Er bleibt lange knackig. |
|  | **Eichblattsalat**<br>🇬🇧 oakleaf lettuce<br>🇫🇷 salade de feuilles de chêne | Die Blätter sehen **ähnlich wie Eichen-Blätter** aus. Sie haben **rötlich braune Spitzen**. Sie schmecken kräftiger als Kopfsalat.<br>Eichblattsalat wird **schnell weich**. Er sollte erst kurz vor dem Verzehr verarbeitet werden. |
|  | **Eisbergsalat**<br>🇬🇧 iceberg lettuce<br>🇫🇷 laitue d'hiver | Eisbergsalat nennt man auch Eis-Salat.<br>Er hat einen festen Kopf mit **knackigen Blättern**. Die Blätter bleiben **lange fest**. |

| | | |
|---|---|---|
|  | **Endivie**<br>curly endive<br>chicorée frisée | Die Endivie kommt im Spätsommer auf den Markt. Sie hat keinen geschlossenen Salatkopf. Ihre **Blätter** sind **kraus**.<br>Die Endivie hat einen **leicht bitteren Geschmack**. |
|  | **Feldsalat**<br>lamb's lettuce<br>mâche | Feldsalat hat viele verschiedene Namen. Er wird u. a. auch Rapunzel oder Vogerlsalat genannt. Feldsalat besteht aus **vielen kleinen Blättern**. Darum ist die Ernte aufwendig und der Preis hoch. |
|  | **Fenchel**<br>fennel<br>fenouil | Der Fenchel ist eine **fleischige Knolle**. Diese besteht aus dicken Blatt-Ansätzen.<br>Fenchel schmeckt ähnlich wie **Anis**. Er kann roh und gegart verarbeitet werden. |
|  | **Kopfsalat**<br>lettuce<br>laitue | Kopfsalat hat **große, glatte Blätter**. Der Salatkopf ist **locker**.<br>Die Blätter fallen nach dem Marinieren leicht zusammen. |
|  | **Lollo rosso**<br>lollo rosso<br>lollo rosso | Lollo rosso hat feste **krause Blätter mit rötlich braunen Blattspitzen**.<br>Es gibt auch eine Sorte mit **grünen Blättern**. Diese nennt man **Lollo bionda**. |
|  | **Radicchio**<br>red-leaf chicory<br>barbe de capucin | Radicchio hat feste Blätter. Diese haben eine **dunkelrote Farbe** mit **weißen Blatt-Rippen**.<br>Radicchio schmeckt **leicht bitter**. |
|  | **Römischer Salat**<br>roman lettuce<br>salade romaine | Römischer Salat wird auch **Romana-Salat** oder **Römersalat** genannt. Die **länglichen Blätter** sind **fest**. Sie bilden einen **lockeren Kopf**. Römischer Salat schmeckt etwas herb. |
|  | **Spinat**<br>spinach<br>épinards | Spinat wird überwiegend gegart verzehrt. Jungen Spinat kann man auch roh zu Salat verarbeiten.<br>Spinat enthält viel Nitrat. Nitrat wird bei Wärme durch Bakterien zu gesundheitsgefährdendem Nitrit umgewandelt. **Spinat nicht lange warmhalten!** |

## Fruchtgemüse

Fruchtgemüse sind die **essbaren Früchte von Pflanzen**. In den Früchten sind die Samen der Pflanze.

Die meisten Fruchtgemüse kann man **roh** oder **gegart zubereiten**.

| | | |
|---|---|---|
|  | **Aubergine**<br>🇬🇧 eggplant<br>🇫🇷 aubergine | Auberginen sind ungefähr **10 bis 15 cm lang** und haben eine dunkelviolette Farbe. Das Fruchtfleisch ist hell.<br>Auberginen verwendet man **nur gegart**. |
|  | **Bohne**<br>🇬🇧 string beans<br>🇫🇷 haricots verts | Bohnen sind Garten-Bohnen. Die Stangen-Bohnen wachsen an hohen Gestellen. Die Busch-Bohnen wachsen an niedrigen Büschen. Es gibt **Bohnen mit grüner Schale** und **Bohnen mit gelber Schale** (**Wachs-Bohnen**).<br>Man unterscheidet:<br>**Prinzess-Bohnen/Delikatess-Bohnen** bleiben **unzerteilt**.<br>**Brech-Bohnen** sind in **mundgerechte Stücke** gebrochen.<br>**Schnitt-Bohnen** sind **gehobelt**.<br>Bohnen verwendet man **nur gegart**. |
|  | **Erbse**<br>🇬🇧 green peas<br>🇫🇷 petits pois | Die **grünen**, **kugeligen Erbsen** sind die **Samen aus** der **Erbsen-Schote**.<br>**Junge Erbsen-Schoten mit kleinen Samen** sind **Zucker-Schoten**. Man nennt sie auch Zucker-Erbsen oder Kaiser-Schoten. Man verarbeitet sie im Ganzen. |
|  | **Gurke**<br>🇬🇧 cucumber<br>🇫🇷 concombre | Man unterscheidet:<br>Schlangen-Gurken (**Salatgurken**) vorwiegend **für Salate**<br>Schäl-Gurken (**Schmor-Gurken**) hauptsächlich **für warme Speisen**. |
|  | **Kürbis**<br>🇬🇧 pumpkin<br>🇫🇷 citrouille | Es gibt verschiedene Kürbis-Sorten. Die bekannteste Sorte ist der **Hokkaido-Kürbis**. Bei diesem Kürbis kann man die **Schale mit verwenden**.<br>Man verarbeitet Kürbis hauptsächlich **gekocht**, **gebraten** oder **gebacken**.<br>Kürbis-Samen werden geröstet angeboten. Man nutzt sie auch zur Herstellung von Kürbiskern-Öl. |

| | | |
|---|---|---|
|  | **Melone**<br>🇬🇧 melon<br>🇫🇷 melon | Melone ist ein **Kürbis-Gewächs**. Bekannte Sorten sind: Wasser-Melone, Honig-Melone, Galia-Melone, Charantais-Melone.<br>Man verwendet Melonen **hauptsächlich roh**. |
|  | **Paprika**<br>🇬🇧 bellpepper<br>🇫🇷 poivron | Es gibt verschiedene Paprika-Sorten. Sie unterscheiden sich in ihrer Form, in ihrer Farbe und in ihrem Geschmack.<br>**Rote Paprika** schmecken **leicht süßlich**.<br>**Gelbe Paprika** sind **mild** im Geschmack.<br>**Grüne Paprika** schmecken **würzig**.<br>Man muss die Trenn-Wände und die Kerne sorgfältig entfernen. |
|  | **Tomate**<br>🇬🇧 tomato<br>🇫🇷 tomate | Es gibt verschiedene Tomaten-Sorten. Sie **unterscheiden sich** in ihrer **Form**, in ihrer **Größe**, in ihrer **Farbe** und in ihrem **Geschmack**. Bekannte Tomaten sind: Cocktail-Tomate, Flaschen-Tomate, Fleisch-Tomate, Kirsch-Tomate, Rispen-Tomate, Roma-Tomate, Strauch-Tomate. |
|  | **Zucchini**<br>🇬🇧 zucchini<br>🇫🇷 courgette | Zucchini sind **gurkenähnlich**. Der **Stiel-Ansatz** ist **sechskantig**. Sie können mehrere Kilogramm schwer sein.<br>Freiland-Ware erkennt man an weißen Stellen auf der Schale. |
|  | **Zuckermais**<br>🇬🇧 sweetcorn<br>🇫🇷 sweetcorn | Zuckermais ist eine **spezielle Mais-Sorte**.<br>Man muss Zuckermais **unbedingt kühl lagern**. Er **verliert** sonst seinen **süßen Geschmack**. |

## Hülsenfrüchte

Hülsenfrüchte sind **Samen**, die **in einer Hülse gereift** sind. Dazu zählen u. a. Bohnen, Erbsen, Linsen, Kicher-Erbsen und Sojabohnen.

Der **Handel bietet als Hülsenfrüchte reife, getrocknete Samen** von

- Bohnen
- Erbsen
- Linsen.

**Getrocknete Hülsenfrüchte** sind **mehrere Jahre haltbar**. Man lagert sie in dicht verschlossenen Behältern oder in der Original-Verpackung **kühl**, **trocken** und **lichtgeschützt**.

Hülsenfrüchte liefern viele Proteine (Eiweiß-Stoffe) und Ballast-Stoffe. Man kann sie in der veganen Küche sehr gut als Eiweiß-Lieferanten nutzen.

Man kann Hülsenfrüchte nur **eingeweicht** und/oder **gekocht verarbeiten**.

| | | |
|---|---|---|
|  | **Bohnen**<br>🇬🇧 beans<br>🇫🇷 haricots secs | Die Samen verschiedener Bohnen-Sorten werden in getrockneter Form angeboten.<br>**Manche Bohnen-Sorten**, u. a. Lima-Bohnen, Mungo-Bohnen, **geben beim Kochen Blausäure ab**. Darum muss man das **Kochwasser wegschütten**. |
|  | **Erbsen**<br>🇬🇧 split peas<br>🇫🇷 pois secs | Gelbe und grüne Erbsen werden in getrockneter Form angeboten. Es gibt sie **ungeschält oder geschält**. Geschälte Erbsen muss man vor dem Kochen nicht einweichen.<br>Der **Stärke-Anteil bestimmt** die **Koch-Eigenschaft**. **Größere Erbsen** haben **mehr Stärke**. Sie sind **mehliger**. |
|  | **Linsen**<br>🇬🇧 lentils<br>🇫🇷 lentilles | Der Handel bietet grüne, schwarze, gelbe und rote Linsen an. Sie werden nach Größen sortiert angeboten. Größere Linsen sind teurer. **Kleinere Linsen** dagegen sind **schmackhafter**. Sie haben einen höheren Schalen-Anteil. In den Schalen steckt der typische Geschmack. |

## Keimlinge/Sprossen

🇬🇧 sprouts
🇫🇷 germes

Keimlinge werden auch **Sprossen** genannt. Sie sind die **winzig kleinen neuen Pflänzchen**, die **aus einem Samen** entstehen.

Man kann Keimlinge aus fast allen Samen selbst herstellen. Man weicht dafür die Samen ein und lässt sie in großen Gläsern oder speziellen Behältern keimen. Nach zwei bis fünf Tagen erntet man die Keimlinge. **Viele Arten werden bitter, wenn man sie länger keimen lässt**.

Man kann aus einer Vielzahl an Samen Keimlinge ziehen.

| | | |
|---|---|---|
| **Aus Gemüse-Samen, z. B.** | Sie haben oft einen sehr intensiven Geschmack. | |
|  *Rote Bete-Sprossen* |  *Radieschen-Sprossen* |  *Zwiebel-Sprossen* |
| **Aus Getreide, z. B.** | Sie haben einen milden, süßlichen Geschmack. | |
|  *Buchweizen-Sprossen* |  *Hafer-Sprossen* |  *Weizen-Sprossen* |
| **Aus Hülsenfrüchten, z. B.** | Sie haben einen nussartigen, süßlichen Geschmack. | |
|  *Kicher-Erbsen-Sprossen* |  *Mungobohnen-Sprossen* |  *Sojabohnen-Sprossen* |
| **Aus anderen Samen, z. B.** | Sie haben einen arten-typischen Geschmack. | |
|  *Alfalfa (mild-würzig)* |  *Senf-Sprossen (scharf)* |  *Leinsamen-Sprossen (nussig)* |

Keimlinge erweitern das Angebot bei Gemüse und Salaten. Sie sind in der asiatischen Küche besonders beliebt.

**Auf Samen sind Mikroorganismen. Diese vermehren sich beim Keimen besonders gut, weil beim Keimen Wärme und Feuchtigkeit benötigt werden. Darum muss man bei der Herstellung und bei der Verwendung von Keimlingen besonders hygienisch arbeiten.** !

## Kohlgemüse

**Kohlgemüse ist gesund**. Es ist reich an Vitamin C. Außerdem enthält es die Vitamine A, B, E und K und die Mineralstoffe Kalzium, Eisen und Magnesium.

Der typische Kohlgeruch entsteht beim Zerkleinern von Kohl. Enzyme wandeln dabei Inhalts-Stoffe im Kohl zu ätherischen Senf-Ölen um. Das sind schwefelhaltige Verbindungen, die streng riechen. Kopfkohl-Arten wie z. B. Weißkohl und Rotkohl führen zu **Blähungen**. In der Küche muss man dieses beachten, wenn man Schonkost zubereitet.

| | | |
|---|---|---|
|  | **Blumenkohl**<br>cauliflower<br>chou-fleur | **Hüll-Blätter schützen** den Blumenkohl **vor Licht**. Darum hat er eine **weiße Farbe**. Wegen seiner zarten Zell-Struktur gehört er zu den Feingemüsen.<br>Man erkennt einen nicht mehr frischen Blumenkohl an welken Hüll-Blättern.<br>Den Blumenkohl kann man in **einzelne Röschen teilen**. Man kann ihn aber **auch im Ganzen** verwenden. |
|  | **Brokkoli**<br>broccoli<br>brocoli | Der Brokkoli ist mit Blumenkohl verwandt. Er hat aber **keine Außenblätter**. Darum bekommt er **durch Licht** eine intensive **grüne Farbe**. Seine Röschen sind lockerer.<br>Brokkoli reagiert empfindlich auf Licht, auf Druck und auf Hitze. Man sollte ihn deshalb **schnell verbrauchen**. Wenn Brokkoli **gelblich** ist, ist er **nicht frisch**. |
|  | **Chinakohl**<br>chinese cabbage<br>chou chinois | Chinakohl hat längliche hellgrüne Blätter.<br>**Frischer Chinakohl** hat **eng anliegende Blätter** und einen **saftigen Strunk**. Chinakohl mit braunen oder schwarzen Flecken wurde zu lange gelagert.<br>Man verwendet Chinakohl meistens für Salat. |
|  | **Grünkohl**<br>kale<br>chou vert | Grünkohl ist ein **Wintergemüse**. Er **verträgt** sogar **Temperaturen unter 0 °C (Frost)**. Durch Frost wird Grünkohl milder im Geschmack.<br>Grünkohl bildet keinen Kopf. Er besteht aus vielen **länglichen, stark gekrausten Blättern**.<br>Man kocht oder dünstet Grünkohl. |
|  | **Kohlrabi**<br>kohlrabi<br>chou-rave | Kohlrabi ist der **verdickte Strunk** einer Kohlpflanze. Es gibt ihn in verschiedenen Farben von grünlich-weiß über rötlich bis dunkelviolett oder blau. Das **Innere** ist bei allen **weiß**.<br>Kohlrabi wird **schnell holzig**. Darum sollte man ihn **nicht lange lagern**. **Mit Blättern** bleibt der Kohlrabi **länger frisch**. |

| | | |
|---|---|---|
|  | **Paksoi**<br>pak-choi<br>pak-choi | Paksoi stammt aus Asien. Seine weißen Stiele haben große, runde, dunkelgrüne Blätter.<br>Paksoi **schmeckt ähnlich wie Chinakohl**. Er schmeckt aber saftiger und **etwas würziger**. |
|  | **Romanesco**<br>romanesco<br>romanesco | Romanesco ist mit Blumenkohl verwandt. Er hat aber **keine Außenblätter**. Darum bekommt er **durch Licht** seine **grünliche Farbe**. Seine Röschen sehen aus wie spitze kleine Türmchen. |
|  | **Rosenkohl**<br>brussels sprouts<br>chou de Bruxelles | Rosenkohl-Röschen wachsen an langen Stängeln. Rosenkohl wird **durch Frost milder im Geschmack**, und man kann ihn **leichter verdauen**. Rosenkohl von guter Qualität ist fest geschlossen. Er hat eine kräftig grüne Farbe. |
|  | **Rotkohl**<br>red cabbage<br>chou rouge | Rotkohl nennt man auch **Rotkraut** oder **Blaukraut**. Früh geerntete Sorten sind rötlich. Spät geerntete Sorten und gelagerter Rotkohl sind dunkelblau. Wenn man dunkelblauen Rotkohl mit Säure, z. B. mit Essig, zubereitet, wird er wieder rötlich. |
|  | **Spitzkohl**<br>cabbage<br>chou pointu | Spitzkohl ist **milder** im Geschmack **als Weißkohl**. Er ist kein Wintergemüse. Man bekommt ihn **aus heimischem Anbau** nur **von Mai bis Juli**. Man kann Spitzkohl dünsten oder als Rohkost verwenden. Er eignet sich mit seinen länglichen Blättern gut für Kohl-Rouladen. |
|  | **Weißkohl**<br>white cabbage<br>chou blanc | Weißkohl ist kugelförmig. Er hat einen fest geschlossenen Kopf. Frühe Sorten sind hellgrün. Späte Sorten und Wintergemüse sind dunkelgrün. **Aus Weißkohl** macht man auch **Sauerkraut**.<br>**Jaroma-Kohl** ist eine alte Kohlart, die wieder neu gezüchtet wurde. Er ist nicht rund, sondern **flach**. Er hat einen **milden Geschmack**. |
|  | **Wirsing**<br>savoy<br>chou de Milan | Wirsing hat einen **lockeren Kopf mit krausen Blättern**. Die Blätter sind außen dunkelgrün und innen hellgelb.<br>Wirsing kann man **schon ab Juni** kaufen. |

## Wurzelgemüse

Wurzelgemüse sind **verdickte Wurzeln von Pflanzen**. Sie haben eine feste Struktur. Wurzelgemüse kann man **gut lagern**.

Man kann Wurzelgemüse **gegart** oder **roh zubereiten**. Für Rohkost-Salate muss man Wurzelgemüse reiben oder sehr fein schneiden. Damit lockert man die feste Zell-Struktur.

| | | |
|---|---|---|
|  | **Meerrettich**<br>horseradish<br>raifort | Meerrettich wird **bis zu 500 g schwer**. Er ist außen bräunlich und innen weiß. Man nennt Meerrettich auch **Kren**.<br>Meerrettich ist **scharf**. Man verwendet ihn zum Würzen, z. B. für Sahne-Meerrettich oder zu gekochtem Tafelspitz.<br>Die grüne **Wasabi-Wurzel** ist mit dem Meerrettich verwandt. Sie ist **viel schärfer**. |
|  | **Möhre**<br>carrot<br>carotte | Möhren nennt man auch **Karotten**, **Mohrrüben** oder **Gelbe Rüben**.<br>Möhren enthalten sehr viel Carotin.<br>Man kann Möhren gegart als Gemüse oder roh als Salat zubereiten. Es gibt auch Möhren-Saft. |
|  | **Pastinake**<br>parsnip<br>panais | Die Pastinake **ähnelt** der **Petersilienwurzel**. Sie hat aber ein **dickeres Kopfteil**.<br>Pastinaken haben einen **nussig-würzigen Geschmack**. |
|  | **Petersilienwurzel**<br>parsley root<br>racine de persil | Die Petersilienwurzel ähnelt der Pastinake.<br>Petersilienwurzel **riecht** und **schmeckt wie Petersilie**. Man verwendet sie u. a. als Bestandteil von **Röstgemüse (mirepoix)**. |
|  | **Radieschen**<br>radish<br>radis | Radieschen sind je nach Sorte kugelig oder länglich-oval.<br>Radieschen **können scharf sein**.<br>Man verzehrt Radieschen überwiegend roh. |
|  | **Rettich**<br>radish<br>radis | Rettich wird auch **Radi** genannt.<br>Rettich kann weiß, leicht rosafarben, violett oder schwarz sein. Das **Fruchtfleisch** ist immer **weiß**.<br>Rettich kann **je nach Sorte scharf** sein. |

| | | |
|---|---|---|
|  | **Rote Bete**<br>beetroot<br>betterave rouge | Rote Bete nennt man auch **Rote Rübe** oder **Randen**. Sie hat eine intensive rote Farbe.<br>Man kann Rote Bete gegart zubereiten. Die **Schale** muss **zum Kochen unversehrt** bleiben. Sonst „blutet" die Wurzel aus und verliert ihre Farbe. Man kann **Rote Bete auch roh**, z. B. in dünnen Scheiben zu Rote Bete-Carpaccio verarbeiten. |
|  | **Schwarzwurzel**<br>black salsify<br>salfis noir | Schwarzwurzeln sind **bis zu 2 cm dick** und **bis zu 30 cm lang**. Das **Innere** ist **weiß**. Geschälte Schwarzwurzeln sehen **Spargel-Stangen ähnlich**.<br>Schwarzwurzeln werden **nach dem Schälen** sehr schnell braun. Darum muss man sie **sofort in Wasser mit** etwas **Essig oder Zitronen-Saft** legen. |
|  | **Sellerie**<br>celery root<br>céleri-rave | Sellerie wird als **Knollen-Sellerie** und als **Stauden-Sellerie (Bleich-Sellerie)** angeboten.<br>Man verwendet **Knollen-Sellerie** als Gemüse und als Gewürz, z. B. als Bestandteil des Gemüsebündels (bouquet garni) oder von Röstgemüse (mirepoix).<br>**Stangen-Sellerie** verwendet man gegart oder roh. |
|  | **Speiserübe**<br>turnip<br>navet | Speiserüben werden als **Mai-Rüben** und **Herbst-Rüben** angeboten. Speiserüben sind innen weiß oder gelb.<br>**Teltower Rübchen** sind eine **besonders feine Speiserüben-Sorte**. Sie sind den Radieschen ähnlich. Ihre Farbe ist weiß. Teltower Rübchen schmecken leicht süß. |
|  | **Steckrübe**<br>rutabaga<br>rutabaga | Steckrüben nennt man auch **Kohlrüben**. Sie sind **innen gelb**. Ihr **Geschmack** ist **süßlich**.<br>Man verwendet Steckrüben in Eintöpfen. Man kocht sie auch als deftiges Gemüse. |

F

## Zwiebelgemüse

Zwiebeln haben **fleischige, übereinanderliegende Blätter**.

Zwiebeln enthalten ätherische Öle. Diese Öle sind gut für die menschliche Gesundheit. Sie senken den Blutdruck, fördern die Durchblutung und beugen Erkältungen vor.

In der Zwiebel sind schwefelhaltige Verbindungen. Sie sind dafür verantwortlich, dass man beim Zwiebel-Schneiden „weinen“ muss.

Zwiebeln enthalten Zucker und Eiweiß-Stoffe. Wenn man Zwiebeln erhitzt, z. B. beim Anschwitzen, karamellisiert der Zucker. Zusätzlich reagieren Eiweiß-Stoffe und Zucker miteinander (Maillard-Reaktion). Durch diese beiden Vorgänge entstehen bei Zwiebeln die typischen Farbstoffe und Röststoffe.

| | | |
|---|---|---|
|  | **Frühlingszwiebel**<br>scallion<br>oignon de mai | Frühlingszwiebeln heißen auch **Lauchzwiebeln**.<br>Man verwendet bei Frühlingszwiebeln die grünen Blätter mit. |
|  | **Gemüsezwiebel**<br>Spanish onion<br>oignon jaune | Gemüsezwiebeln sind so **groß wie Äpfel**.<br>Sie schmecken **mild**. Deswegen kann man sie auch roh verzehren. |
|  | **Knoblauch**<br>garlic<br>ail | Die Knoblauch-Zwiebel besteht aus vielen kleinen **Knoblauch-Zehen**.<br>Knoblauch hat ein **sehr starkes Aroma**. Man verwendet Knoblauch meistens zum Würzen. |
|  | **Küchenzwiebel**<br>onion<br>oignon | Man nennt Küchenzwiebeln auch **Haushaltszwiebeln** oder **Speisezwiebeln**.<br>Sie sind je nach Sorte unterschiedlich scharf. |
|  | **Perlzwiebel**<br>pearl onion<br>petit oignon | Perlzwiebeln sind kleine Zwiebeln. Sie haben einen **Durchmesser von ca. 2–3 cm**.<br>Perlzwiebeln werden meistens säuerlich eingelegt. |
|  | **Porree/Lauch**<br>leek<br>poireau | Porree hat keine typische Zwiebelform. Die Blätter bilden einen Schaft.<br>Porree kann man **gegart oder roh verarbeiten**. Er ist Bestandteil des Gemüsebündels (bouquet garni). |
|  | **Rote Zwiebel**<br>Italian red onion<br>oignon rouge | Rote Zwiebeln sind so groß wie Küchenzwiebeln.<br>Sie schmecken **mild-würzig**. Darum kann man sie **auch roh verzehren**. |
|  | **Schalotte**<br>shallot<br>échalote | Schalotten sind **kleine längliche Zwiebeln**. Sie gelten als die edelste Zwiebel-Art.<br>Es gibt mildere und schärfere Sorten. |

## Sonstige Gemüse

| | | |
|---|---|---|
|  | **Artischocke**<br>🇬🇧 artichoke<br>🇫🇷 artichaut | Die Artischocke ist die **Blüten-Knospe einer Distel-Art**.<br>Wenn man Artischocken kocht, kann man den Blüten-Boden und die Blätter essen. Bei jungen Artischocken kann man die Blätter auch roh verzehren.<br>**Artischocken-Böden** nennt man auch **Artischocken-Herzen**. Sie werden auch als Konserve angeboten. |
|  | **Marone**<br>🇬🇧 chestnut<br>🇫🇷 marron | Maronen sind **Edel-Kastanien**. Sie sind **eigentlich Obst**. Sie werden aber **in der Küche wie Gemüse** eingesetzt.<br>Maronen müssen **gegart** werden. Sie werden weich und schmecken süßlich. |
| <br> | **Spargel**<br>🇬🇧 asparagus<br>🇫🇷 asperge | **Weißer Spargel (Bleich-Spargel)** wächst **unter der Erde**. Man sticht ihn sofort, wenn die Spargel-Köpfe aus der Erde kommen.<br>**Grüner Spargel (Grünspargel)** wächst **über der Erde**. Durch Licht wird er grün. Grüner Spargel **schmeckt intensiver als weißer Spargel**. Man muss die grünen Spargel-Stangen vor der Zubereitung nur im unteren Drittel schälen.<br>Man erkennt **frischen Spargel** an einer **glatten hellen Schnittfläche**. Wenn man Spargel zu lange lagert, wird er strohig und er verliert an Geschmack.<br>Spargel wird je nach Witterung **von Mitte April bis zum 24. Juni geerntet**. Diesen letzten Tag hat man festgelegt, damit die Spargel-Wurzeln sich bis zum Frost erholen können. |

Neben all diesen Gemüse-Sorten bringt der Handel immer wieder weitere Gemüse-Sorten auf den Markt. Diese **exotischen Gemüse-Sorten** sind in vielen Betrieben noch unbekannt. Sie **ergänzen** und **erweitern das Angebot** in der Küche. Zu ihnen zählt man u. a.:

*Chayote*

*Okra-Schoten*

*Topinambur*

*Yams-Wurzel*

## 1.3 Gemüse einkaufen

Man kann heutzutage zu jeder Zeit fast jedes Gemüse kaufen.
Gemüse **schmeckt zu bestimmten Zeiten am besten**. Man spricht von **saisonalem Gemüse**.
Der **Saison-Kalender** gibt die **typischen Angebots-Zeiten** verschiedener Gemüse-Sorten an.

| Gemüse | Jan. | Feb. | Mär. | Apr. | Mai | Jun. | Jul. | Aug. | Sep. | Okt. | Nov. | Dez. |
|---|---|---|---|---|---|---|---|---|---|---|---|---|
| Blumenkohl | | | | | x | x | x | x | x | x | x | |
| Bohnen | | | | | | | x | x | x | | | |
| Brokkoli | | | | | | x | x | x | x | x | x | |
| Erbsen | | | | | | x | x | x | | | | |
| Fenchel | | | | | | x | x | x | x | x | x | |
| Grünkohl | x | | | | | | | | | | x | x |
| Gurken | | | | | x | x | x | x | x | x | | |
| Kürbis | x | | | | | | | x | x | x | x | x |
| Lauch/Porree | x | x | x | | | | x | x | x | x | x | x |
| Möhren | x | x | x | x | | | x | x | x | x | x | x |
| Radieschen | | | x | x | x | x | x | x | x | x | x | |
| Rosenkohl | x | x | | | | | | | | | x | x |
| Rote Bete | x | x | x | | | | x | x | x | x | x | x |
| Rotkohl | x | x | x | | | x | x | x | x | x | x | x |
| Sellerie | x | x | x | x | | | | x | x | x | x | x |
| Spargel | | | | | x | x | | | | | | |
| Spinat | | | x | x | x | x | x | x | x | x | x | |
| Tomaten | | | | | x | x | x | x | x | x | | |
| Weißkohl | x | x | x | x | | x | x | x | x | x | x | x |
| Wirsing | | | | | | x | x | x | x | x | x | x |
| Zucchini | | | | | | x | x | x | x | x | | |
| Zwiebeln | x | x | x | | | | x | x | x | x | x | x |
| **Salat** | | | | | | | | | | | | |
| Eisbergsalat | | | | | | x | x | x | x | x | | |
| Feldsalat | x | x | x | | | | | | | x | x | x |
| Kopfsalat | | | | | | | x | x | x | | | |
| Lollo Rosso | | | | | | x | x | x | x | x | | |
| Radicchio | | | | | | x | x | x | x | x | | |
| Römersalat | | | | | x | x | x | x | x | | | |
| Ruccola (Rauke) | | | | x | x | x | x | x | x | x | x | |

**Es ist sinnvoll, einheimisches Gemüse zu seinen Saison-Zeiten zu kaufen. Dieses Gemüse ist besonders aromatisch. Außerdem schont man damit die Umwelt.** !

In der Europäischen Union (EU) gibt es **festgelegte Vermarktungs-Normen für Gemüse und Obst**. So kann man als Verbraucher die Qualität und die Preise der Produkte vergleichen. Diese Vermarktungs-Normen (Klassen) beziehen sich nur auf die **äußeren Qualtitäts-Merkmale**. Das sind **Größe**, **Gewicht** und **Aussehen**.

Es gibt drei Klassen:

| Klasse | Qualitäts-Merkmale |
|---|---|
| **Klasse Extra** | Das Gemüse hat **höchste Qualität**. Form, Größe, Farbe und Gewicht sind für die Sorte typisch. Es ist **ohne Mängel**. |
| **Klasse I** | Das Gemüse hat **gute Qualität**. Form, Größe, Farbe und Gewicht sind für die Sorte typisch. Es sind **leichte Mängel** erlaubt. Das gilt auch für die Schale. |
| **Klasse II** | Das Gemüse hat **verkaufsfähige Qualität**. Form, Größe, Farbe und Gewicht müssen für die Sorte nicht typisch sein. Es sind **Mängel erlaubt**. Das gilt auch für die Schale. |

**Diese Qualitäts-Merkmale haben keine Bedeutung für die innere Qualität. Mit innerer Qualität meint man den Geschmack, die Konsistenz und den Gehalt an Vitaminen und Mineralstoffen.**

| | | | |
|---|---|---|---|
| **1. Beispiel**  | Ein Produkt der Klasse Extra sieht sehr gut aus. Es hat aber u. U. kein Aroma. | **2. Beispiel**  | Ein Produkt der Klasse II hat keine typische Form. Sein Aroma kann aber sehr gut sein. |

Darum muss man **vor dem Einkauf überlegen**, **wofür** man das **Gemüse verwenden** will.

Bei einer Speise mit zerkleinertem Gemüse kann man mehr auf die innere Qualität achten. Das Aussehen ist nicht so wichtig.

Wenn man Gemüse im Ganzen oder als Röschen serviert, z. B. Blumenkohl, ist das Aussehen wichtig.

Beim Einkauf sollte man beachten:
- Das Gemüse muss **frisch aussehen**.
- Das Gemüse muss **unbeschädigt** sein.
- Das Gemüse darf **keine faulen** oder **schimmeligen Stellen** haben.
- Man sollte **keine Schädlinge** am Gemüse sehen.
- Das Gemüse muss **sauber** sein. Es sollte **keinen fremden Geruch** haben.

## 1.4 Gemüse lagern

Man möchte Gemüse **möglichst frisch verarbeiten**. Dann sind das **Aussehen** und der **Geschmack am besten**. Außerdem ist der **Gehalt** an **Vitaminen und Mineralstoffen am höchsten**.

Man verarbeitet Gemüse in der Regel nicht direkt nach dem Einkauf. Man muss **Gemüse lagern**. Dabei muss man bestimmte **Lager-Bedingungen** beachten.

### Gemüse lagert man kühl.

Man lagert die meisten Gemüse-Sorten im **Gemüse-Kühlhaus** (vgl. Seite 249) bei **+6 °C bis +8 °C**. Auberginen, Gurken, Tomaten und Zucchini lagert man nicht unter +10 °C.

Man sollte Zwiebeln nicht im Kühlhaus lagern. Sie verlieren an Geschmack.

F

### Gemüse lagert man bei einer hohen Luftfeuchtigkeit.

Gemüse hat einen Wasser-Anteil von 75 bis 90 %. Darum muss man die **Luftfeuchtigkeit** im Gemüse-Kühlhaus **zwischen 85 und 90 %** halten. Nur dann behält Gemüse bei der Lagerung seine Feuchtigkeit und bleibt frisch. Wenn Blattgemüse seine Feuchtigkeit verliert, nennt man es welk.

Höhere Luftfeuchtigkeit führt leicht zu Schäden durch Fäulnis-Erreger.

*Blattgemüse, welk*

### Gemüse schützt man bei der Lagerung vor Licht.

Licht beschleunigt den **Abbau vieler Vitamine**. Darum muss man Gemüse **vor Licht schützen**.

## 1.5 Schnittformen von Gemüse

cutting of vegetables
façons de tailler les légumes

Man schneidet Gemüse je nach Gemüse-Sorte und Verwendung in **verschiedene Schnittformen**. Dafür nimmt man normalerweise das **mittelgroße Küchen-Messer**, das **Gemüse-Messer (Office-Messer)**, das **Buntschneide-Messer,** das **Tournier-Messer** oder den **Ausbohrer**.

### Feine Gemüse-Streifen (Julienne)

Als erstes schneidet man **Möhren** und **Sellerie** in **dünne Scheiben**. **Lauch** schneidet man **in Stücke**. Man schneidet die dünnen Scheiben und die Lauch-Stücke in **feine Streifen**.

Feine Gemüse-Streifen (Julienne) sind ungefähr **3 bis 4 cm lang**.

*Feine Gemüse-Streifen*

## Feine Gemüse-Würfel (Brunoise)

Als erstes schneidet man **Möhren** und **Sellerie** in **dünne Scheiben**. Man schneidet die Scheiben so dick, wie die Würfel werden sollen. **Lauch** schneidet man **in Stücke**.

Man schneidet die dünnen Scheiben und die Lauch-Stücke in **feine Streifen**.

Als letztes schneidet man die feinen Streifen in **Würfel**.

*Feine Gemüse-Würfel*

## Nach Bauernart (Paysanne)

Bei dieser Schnittform schneidet man das Gemüse **blättrig**.

Als erstes schneidet man das **Gemüse** in **vierkantige Stäbe.** Die Kanten der Stäbe sind ungefähr **1 cm bis 1,5 cm breit**. **Lauch** schneidet man **in Stücke**.
Die **Stücke halbiert** man **der Länge nach**.

Man schneidet die Stäbe und die Lauch-Stücke in **dünne Scheibchen**. Die Scheibchen sind **1 bis 2 mm dick**.

*Nach Bauernart*

## Gemüse-Stäbe (Bâtonnets de légumes)

Als erstes schneidet man das geputzte **Gemüse**, z. B. Gurken, Kohlrabi, Möhren, Sellerie oder Zucchini in **dicke Scheiben**. Man schneidet die **Scheiben so dick**, **wie** die **Stäbe werden sollen**.

Die dicken Scheiben schneidet man in **Stäbe**.

*Gemüse-Stäbe*

## In Form geschnittenes Gemüse (tourniert)

Man kann geputztes Gemüse mit dem Office-Messer oder mit dem Tournier-Messer in **verschiedene gleichmäßige Formen** schneiden.

**In Form schneiden** nennt man auch **tournieren**.

Formen können z. B. **Schiffchen** oder **Halbmonde** sein.

*Tourniertes Gemüse*

Tourniertes Gemüse sieht ansprechend aus. Man benötigt aber **viel Zeit**. Außerdem hat man einen **großen Schneid-Verlust**.

### Kugeln und Perlen

Man kann geputztes Gemüse, z. B. Gurken, Kohlrabi, Möhren, Sellerie oder Zucchini, mit **verschieden großen Ausbohrern** schneiden. Man bekommt **große Kugeln**, **kleine Kugeln** oder **Perlen**.

Gemüse-Kugeln und Gemüse-Perlen sehen ansprechend aus. Man benötigt aber **viel Zeit** und hat einen **großen Schneid-Verlust**.

*Gemüse-Kugeln, Gemüse-Perlen, Fenchel-Löffel*

### Mit dem Buntschneide-Messer geschnitten

Man kann Gemüse mit dem **Buntschneide-Messer** schneiden. Die Schnittfläche ist dann **geriffelt**.

Man kann sowohl **rohes Gemüse**, z. B. Gurken als auch **gegartes Gemüse**, z. B. Kohlrabi mit dem Buntschneide-Messer schneiden.

*Schneiden mit dem Buntschneide-Messer*

F

## Schnitt-Arten bei Zwiebeln

### Zwiebel-Ringe schneiden

Zuerst **entfernt** man den **Lauch-Ansatz** von der geschälten Zwiebel. Dann schneidet man die Zwiebel **quer in Scheiben**.

Die Scheiben bilden sich durch die einzelnen Blätter der Zwiebel. Die **Blätter** kann man **leicht auseinander drücken**. Dann bekommt man die **Zwiebel-Ringe**.

Zwiebel-Ringe für Salate schneidet man 1 mm dick. Wenn man Zwiebel-Ringe frittieren will, schneidet man sie 2 mm dick.

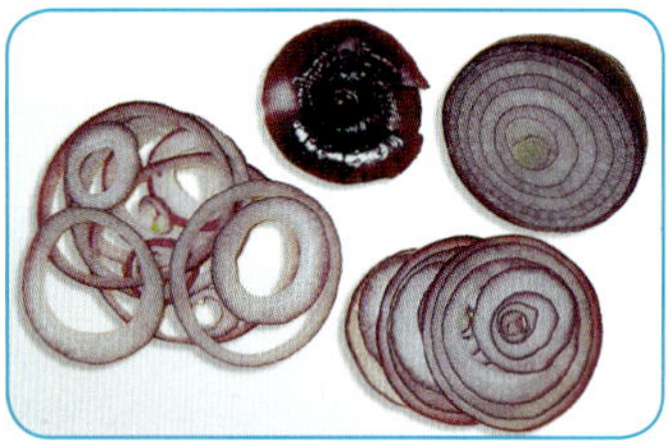

*Zwiebel-Ringe*

### Zwiebel-Würfel schneiden

Als erstes **halbiert** man die geschälte Zwiebel **der Länge nach**. Dann **entfernt** man den **Lauch-Ansatz**.

Man **legt** die Zwiebel **auf die Schnittfläche** und **schneidet** die Zwiebel **in der Länge ein**. Diese **Einschnitte enden vor** der **Zwiebel-Wurzel**. Danach **schneidet** man **quer**.

*Zwiebel-Würfel*

### Zwiebel-Blättchen schneiden

Als erstes **halbiert** man die geschälte Zwiebel **der Länge nach**. Dann **entfernt** man den **Lauch-Ansatz und** die **Blattschicht aus der Mitte**.

Man **schneidet** die Zwiebel **in der Länge ein**. Diese **Einschnitte enden vor** der **Zwiebel-Wurzel**. Danach **schneidet** man **quer**. Die Teile der Zwiebel-Blätter fallen auseinander.

*Zwiebel-Blättchen*

## 1.6 Gemüse vorbereiten und zubereiten

preparation an cooking of vegetables
préparation des légumes

Gemüse versorgt den menschlichen Körper mit Vitaminen, Mineralstoffen und Ballast-Stoffen. Darum muss man Gemüse **so vorbereiten** und **zubereiten**, dass möglichst **wenige** dieser **Nährstoffe verloren gehen.**

Gemüse **verliert** Vitamine und Mineralstoffe **überwiegend durch**:

| | | | | | |
|---|---|---|---|---|---|
| • **Luft** | → | beim Lagern | • **Licht** | → | beim Lagern |
| • **Wasser** | → | beim Waschen | • **Wärme** | → | beim Garen |
| | → | beim Wässern | | → | beim Warmhalten |
| | → | beim Kochen | | | |

**Wichtig** ist bei der Vorbereitung und bei der Zubereitung von Gemüse:
- Man **lagert** Gemüse **kühl** und **dunkel.**
- Man **wäscht** das Gemüse möglichst, **bevor man** es **zerkleinert.**
- Man **wässert** Gemüse in der Regel **nicht.**
- Man **deckt** geputztes Gemüse **mit** einem **feuchten Tuch ab.**
- Man **blanchiert** Gemüse **nur, wenn** es **nötig** ist.
- Man kühlt blanchiertes Gemüse mit eiskaltem Wasser, wenn man es nicht sofort weiterverarbeitet.
- Man kocht Gemüse nur, wenn es nötig ist. Besser **dämpft** oder **dünstet** man **Gemüse.**
- Man legt Gemüse direkt in das kochende Wasser. Dann liegt es nur kurze Zeit im heißen Wasser.
- Man **verwendet** die **Gar-Flüssigkeit** möglichst **mit**, z. B. wenn man eine Sauce zubereitet.
- Man **hält Gemüse nicht zu lange warm**. Darum gart man es nach und nach in kleinen Portionen.

*Bohnen nach dem Blanchieren in Eis-Wasser kühlen*

F

### Grundsätzliches zur Zubereitung von Gemüse

Man bereitet Gemüse **am häufigsten** durch die **feuchten Garverfahren** zu. Bei diesen Garverfahren bleibt der **Eigen-Geschmack** von Gemüse **besser erhalten.**

Die trockenen Garverfahren wendet man nur bei speziellen Zubereitungen an, z. B. bei einer Gemüsepfanne.

Man **beachtet bei** der **Auswahl des Garverfahrens**:
- Der **Eigen-Geschmack** von Gemüse soll **erhalten** bleiben.
- Die **Inhalts-Stoffe** sollen für die Verdauung **aufgeschlossen** werden.
- Die **Nährstoffe** sollen **erhalten** bleiben.

## Übersicht

| Garverfahren | Beschreibung | Besonderheit | Beispiele |
|---|---|---|---|
| **Dämpfen** | Garen in Wasserdampf bei 100° C | • Wenig Auslaug-Verlust<br>• Farbe und Geschmack bleiben weitgehend erhalten | Blumenkohl, Porree, Rosenkohl, Schwarzwurzeln, Speiserübe, Spinat |
| **Kochen** | Garen in kochendem Wasser bei 100° C | • Viel Auslaug-Verlust | Bohnen, Grünkohl, Rote Bete |
| **Dünsten** | Garen in wenig Flüssigkeit unter Zugabe von wenig Fett bei 100° C | • Wenig Auslaug-Verlust<br>• Fett rundet den Geschmack ab | Fast alle Gemüse-Sorten, außer z. B. ganze Blumenkohl-Köpfe |
| **Frittieren** | Garen in heißem Fett bei max. 175° C | • Es bilden sich Röststoffe durch die Back-Kruste | **roh:** Aubergine, Zucchini, Zwiebel<br>**gegart:** Blumenkohl-Röschen, Möhren |
| **Schmoren** | Anbraten in Fett bei ca. 180° C und Garen in Flüssigkeit bei 100° C | • Es bilden sich Röststoffe | Aubergine, Fenchel, Gurken, Paprika, Weißkohl, Wirsing, Zucchini |

Man beachtet beim Garen die Gar-Zeit, damit das Gemüse den **richtigen Gar-Punkt** hat.

**Gemüse ist gar, wenn es noch knackig ist. Es hat „Biss". Man sagt dazu auch „al dente".** !

Wenn man Gemüse **zu lange gart**, **gehen** zu viele **Vitamine und Mineralstoffe verloren**. Das **Gemüse** wird **weich**. Es **verliert** seinen **Geschmack**.

Man muss bei der Gar-Zeit darauf achten, wie man das Gemüse bis zur Weiter-Verarbeitung aufbewahrt. Manche Gemüse-Sorten, z. B. Blumenkohl, Rote Bete und weißen Spargel, lässt man bis zur Weiter-Verarbeitung in der heißen Flüssigkeit. Diese Gemüse-Sorten dürfen vorher nicht zu gar sein.
Andere Gemüse-Sorten, z. B. Erbsen, Möhren und Spinat, gießt man ab und kühlt sie sofort mit Eis-Wasser. Wenn man sie später fertigstellt, erreichen sie ihren Gar-Punkt.

## Vorbereiten und Zubereiten von einzelnen Gemüse-Sorten

Man kann Gemüse für sehr viele verschiedene Speisen verwenden. Es eignet sich in der warmen Küche genauso wie in der kalten Küche.

Die folgenden Beschreibungen sind eine kleine Auswahl der vielfältigen Möglichkeiten.

### Auberginen

**Vorbereiten**

Man **wäscht** die Auberginen und **entfernt** den **Stiel-Ansatz**. Man **schneidet** die Auberginen je nach Verwendung in **Stücke** oder in **Scheiben**.

**Zubereiten**

Man **dünstet** Auberginen in Öl oder in Butter.

Man schneidet 1 cm dicke Scheiben, wenn man Auberginen braten möchte. Man salzt die Scheiben, damit sie Wasser ziehen und tupft sie ab. Man **brät** sie in Öl braun.

Wenn man Auberginen so vorbereitet, kann man sie auch **grillen**.

**Gefüllte Auberginen** bereitet man zu wie gefüllte Zucchini.

*Gegrillte Auberginen*

F

### Blumenkohl

**Vorbereiten**

Man **schneidet** den **Strunk zurück** und schneidet die **äußeren Hüll-Blätter ab**. Man schneidet den Strunk vor dem Garen über Kreuz ein. So gart der Blumenkohl gleichmäßig.

Man kann auch Blumenkohl-Röschen vom Strunk abschneiden und weiterverarbeiten.

**Tipp!** Man legt Blumenkohl 10 Minuten in Salz-Wasser.
Das Ungeziefer im Blumenkohl wird herausgelockt.

**Zubereiten**

Man **dämpft oder kocht** ganze Blumenkohl-Köpfe oder Blumenkohl-Röschen.

Man kann gegarten Blumenkohl **überbacken (gratinieren)** oder **mit Butter-Flocken** oder **mit Semmel-Bröseln anrichten**.

Blumenkohl eignet sich auch für die Zubereitung von **Blumenkohl-Püree**.

*Blumenkohl aus dem Backofen*

## Brokkoli

**Vorbereiten**

Man **entfernt** die **äußeren Hüll-Blätter** und **schneidet** die **Röschen** vom Strunk ab.
Man **wäscht** die Röschen vorsichtig.

**Zubereiten**

Man **dämpft oder kocht** die Brokkoli-Röschen.

Man kann gegarten Brokkoli **überbacken (gratinieren)** oder **mit Butter-Flocken** oder **mit Semmel-Bröseln anrichten**.

Man reicht zu Brokkoli oft in Butter geröstete Mandel-Blättchen.

Gegarten Brokkoli kann man auch **frittieren**. Man taucht die Brokkoli-Röschen in Ausback-Masse und frittiert sie.

*Brokkoli-Gratin*



## Chicorée

**Vorbereiten**

Man **trennt** die **äußeren** unschönen **Blätter ab**. Man **schneidet** den **Strunk** so tief wie möglich **heraus**. Dann **wäscht** man den **Chicorée**.

**Zubereiten**

Man halbiert Chicorée, wenn man ihn **dünsten** möchte. Zuerst schwitzt man Zwiebel-Würfelchen in einem Topf an. Die Chicorée-Hälften legt man mit der Schnittfläche nach unten hinein. Man gießt etwas Flüssigkeit dazu und dünstet ihn.

**Chicorée-Blätter** kann man auch **füllen** und im Ofen **überbacken**.

*Chicorée, gefüllt mit Räucherlachs, überbacken*

## Erbsen

**Vorbereiten**

Man **pult** die Erbsen **aus den Schoten**. Man **wäscht** die Erbsen.

**Zubereiten**

Man **dämpft oder kocht** die Erbsen. Man schreckt sie in Eis-Wasser ab. Bei Abruf schwenkt man die Erbsen in Butter.

Man kann Erbsen auch **dünsten** und z. B. Sahne dazugeben.

## Fenchel

### Vorbereiten

Man **trennt** die **Stiele** von der Fenchel-Knolle **ab**. Die dünnen Blätter kann man aufbewahren und später verwenden. Dann **schneidet** man die **Wurzel-Enden** und **Verfärbungen ab**. Danach **wäscht** man den Fenchel **gründlich**.

### Zubereiten

Man **halbiert** den **Fenchel** und entfernt den Strunk.
Dann schneidet man den Fenchel in **Streifen**.
Die Streifen **dünstet** man.

Für **gefüllte Fenchel-Löffel** lässt man die Stiele etwas länger. Man bricht die Einzel-Blätter ab. Dann **dämpft** oder **kocht** man die Einzel-Blätter. Man **füllt** sie je **nach Geschmack**.

*Fenchel-Löffel, gefüllt*

## Frühlingszwiebeln

### Vorbereiten

Man **schneidet** die **Wurzeln ab** und **kürzt** die **Blattröhren**. Dann **entfernt** man die **äußere Blatthülle**. Man **wäscht** die Frühlingszwiebeln.

### Zubereiten

Man **schneidet** die Frühlingszwiebeln **in Stücke**.
Man **zerlässt Butter** in einem Topf. Dann gibt man die **Frühlingszwiebeln** dazu und **schwitzt** sie **an**.
Man gießt etwas Flüssigkeit in den Topf und **dünstet** die Frühlingszwiebeln.

Man verwendet Frühlingszwiebeln oft als Zutat in Speisen.

## Grüne Bohnen

### Vorbereiten

Man **schneidet** den **Stiel-Ansatz** und das **spitze Ende ab**. Dann zieht man vorhandene Fäden ab. Man **wäscht** die Bohnen. Dann **bricht oder schneidet** man längere Bohnen **klein**.

### Zubereiten

Man **kocht** die Bohnen und **schreckt** sie in Eis-Wasser **ab**.
Bei Abruf **schwenkt** man die Bohnen **in Butter**.

**Prinzess-Bohnen kocht** man **als ganze Bohnen**.

Man kann gekochte Bohnen in Speck wickeln und braten.

*Bohnen im Speckmantel*

## Grünkohl

**Vorbereiten**

Man **wäscht** den Grünkohl. Die **Blätter streift** man **von** der **Mittel-Rippe ab**.

**Zubereiten**

Man **blanchiert** den Grünkohl. Danach **hackt** man ihn **grob**. Man schwitzt Zwiebel-Würfel und Speck in Schmalz an. Dann gibt man den Grünkohl dazu und füllt mit Brühe auf. Man **kocht** den Grünkohl **ungefähr 1 Stunde und 30 Minuten**.

Grünkohl serviert man häufig mit Kassler und Mettwurst.

## Knollen-Sellerie

F

**Vorbereiten**

Man **schneidet Blatt-Stängel** und **Wurzeln ab**. Dann **reinigt** man den Sellerie **mit einer Bürste** unter fließendem Wasser. Man kann Sellerie geschält oder ungeschält verarbeiten. Geschälten Sellerie legt man in Wasser mit Essig oder Zitronen-Saft. Dann wird er nicht braun.

**Zubereiten**

Man **kocht** Sellerie in Salz-Wasser.

Gekochten Sellerie **schneidet** man in **Scheiben**. Man taucht die Scheiben in Ausback-Masse und **frittiert** sie. Man kann die Sellerie-Scheiben auch **braten**.

Die Schalen verwendet man für Brühen, Saucen und Suppen.

*Sellerie-Schnitzel*

## Kohlrabi

**Vorbereiten**

Man **schneidet** die **Blätter** von der Knolle **ab**. Dann **schält** man den Kohlrabi von der Wurzel aus. **Holzige Stellen schneidet** man **ab**. Man schneidet den Kohlrabi in Stäbe oder Scheiben.

**Zubereiten**

Man **dämpft oder kocht** Kohlrabi und **schwenkt** ihn **in Butter**.

Kohlrabi kann man auch **dünsten**.

Für **gefüllten Kohlrabi** halbiert man Kohlrabi und höhlt ihn aus. Man **füllt** ihn je **nach Geschmack** und **dünstet** ihn.

## Möhren

### Vorbereiten

Man **schabt** die **äußere Schicht ab** oder man **schält** die **Schale** mit einem Sparschäler ab. Die Möhren **schneidet** man in **Stifte** oder in **Scheiben**. Kleine Möhren kann man ganz lassen.

### Zubereiten

Man zerlässt Butter in einem Topf. Dann gibt man die Möhren hinein und schwitzt die Möhren an. Man würzt mit Zucker und Salz. Danach gießt man etwas Wasser in den Topf und **dünstet** die Möhren.

**Gedünstete Möhren** kann man **glasieren**.

*Glasierte Möhren*

## Paprika

### Vorbereiten

Man **wäscht** die Paprika. Dann **schneidet** man **den Stiel mit** dem **Samen-Stempel heraus**. Man **trennt** die **Scheide-Wände heraus**. Danach **spült** man die Paprika **aus**. Man zerkleinert die Paprika oder verarbeitet sie im Ganzen.

### Zubereiten

Man kann Paprika **mit verschiedenen Garverfahren**, z. B. Dünsten, Braten oder Grillen **zubereiten**.

Für gefüllte Paprika schneidet man einen Deckel zusammen mit dem Stiel ab. Man trennt den Samen-Stempel und die Scheide-Wände heraus. Dann **füllt** man die Paprika **nach Wahl** und **schmort** die Paprika.

*Gefüllte Paprika*

## Porree/Lauch

### Vorbereiten

Man **schneidet** die oberen grünen **Blätter** und die **Wurzeln ab**. Dann **entfernt** man das **äußere Blatt.** Man **halbiert** den **Porree der Länge nach** und **wäscht** ihn **sehr gründlich**.

### Zubereiten

Man **kocht** Porree. Dann **schreckt** man ihn **in Eis-Wasser ab**. So behält der Porree seine Farbe und er bleibt bissfest. Bei Abruf schwenkt man den Porree in Butter.

Porree verwendet man **oft als Zutat**, z. B. in Quiches.

*Lauch-Quiche*

F

## Rosenkohl

**Vorbereiten**

Man **bricht** die **beschädigten oder** die **welken Blättchen ab**. Dann **kürzt** man den **Strunk nur etwas**. Sonst fallen zu viele Blättchen beim Kochen ab. Man **schneidet** den **Strunk über Kreuz ein**. Dann **gart** der Rosenkohl **gleichmäßig**.

**Zubereiten**

Man **kocht** Rosenkohl in Salz-Wasser. Dann **schreckt** man ihn **in Eis-Wasser ab**. Man schwitzt Zwiebeln und Speck-Würfel an. Den Rosenkohl gibt man dazu und schwenkt ihn.

## Rote Bete



**Vorbereiten**

Man dreht die Blätter mit Stielen ab. Dabei darf man die Haut der Roten Bete nicht beschädigen. Sonst verliert die Rote Bete beim Kochen ihre Farbe. Man **reinigt** die Rote Bete **mit** einer **Bürste**.

**Zubereiten**

Man **kocht** die Rote Bete. Wenn die Rote Bete gar ist, gießt man das Wasser ab. Dann gibt man sie **in kaltes Wasser**. Danach **zieht** man die **Haut ab**.

Rote Bete verwendet man **meistens geschnitten in Salat**.

## Rotkohl

| Für 10 Portionen | | |
|---|---|---|
| 90 | g | Schmalz/Öl |
| 130 | g | Zwiebel-Streifen |
| 1 | kg | Rotkohl |
| 150 | g | Apfel-Spalten |
| 10 | g | Salz |
| 20 | g | Zucker |
| 200 | ml | Wasser |
| 3 | EL | Essig |
| 1 | | Gewürz-Beutel |

**Vorbereiten**

Man **entfernt unschöne Blätter**. Dann **viertelt** man den Rotkohl-Kopf. Man **schneidet** den **Strunk-Anteil heraus**. Man schneidet die dicken Blatt-Rippen zurück und **spült** die Rotkohl-Viertel **ab**. Dann schneidet man den Rotkohl in feine Streifen oder man hobelt ihn.

Man bereitet einen **Gewürz-Beutel** aus **Lorbeerblatt**, **Nelke**, **zerdrückten Pfeffer-Körnern** und **Zimtstange** zu.

**Zubereiten**

| **Arbeitsschritt** | **Begründung** |
|---|---|
| • Man zerlässt Fett in einem Topf. | Man braucht Fett zum Anschwitzen. |
| • Man schwitzt die Zwiebel-Streifen farblos an. | Die Zwiebel-Streifen dürfen nicht braun werden. Braune Zwiebeln sind unansehnlich. |
| • Man gibt den geschnittenen Rotkohl dazu. Man rührt alles um und erhitzt den Rotkohl kurze Zeit. | Man muss die Zwiebel-Streifen gut im Rotkohl verteilen. Dann brennen die Zwiebel-Streifen nicht an. |
| • Man gibt die Apfel-Spalten, den Essig, das Salz, das Wasser und den Zucker dazu.<br>• Man vermengt alle Zutaten. | Alle Zutaten müssen im Rotkohl gleichmäßig verteilt sein. |
| • Man steckt den Gewürz-Beutel in den Rotkohl. | Der Gewürz-Beutel verfeinert den Geschmack. |
| • Man legt einen Deckel auf den Topf und dünstet den Rotkohl. | Die Flüssigkeit verdampft und sie kondensiert am Deckel. Die Flüssigkeit bleibt im Topf. Der Rotkohl brennt nicht an. |
| • Man rührt den Rotkohl mehrere Male durch, während er gart. | Der Rotkohl brennt nicht an. |
| • Man muss nach Bedarf Wasser zugeben. | Es muss immer genug Flüssigkeit im Topf sein. |
| • Man entfernt den Gewürz-Beutel. | Man serviert den Gewürz-Beutel nicht mit. |
| • Man kocht die Flüssigkeit ein oder man bindet sie mit angerührter Stärke. | |
| • Man schmeckt den Rotkohl ab. | Man rundet den Geschmack des Rotkohls ab. |

F

## Schwarzwurzeln

**Vorbereiten**

Man legt die Schwarzwurzeln in kaltes Wasser und **bürstet** sie **ab**. Dann **spült** man sie gründlich **ab** und **schält** die Schwarzwurzeln mit einem Sparschäler. Man **schneidet** die **Wurzel-Spitze** und den **Blatt-Ansatz ab**. Die geschälten Schwarzwurzeln **legt** man **in Wasser mit Essig**. Dann werden sie nicht braun. Man schneidet die Schwarzwurzeln in 4 bis 5 cm lange Stücke.

**Zubereiten**

Man **kocht** Schwarzwurzeln.

Für **Schwarzwurzeln in Sahne** gibt man etwas Bechamel-Sauce und Sahne zu den Schwarzwurzeln.

Für **gebackene Schwarzwurzeln** taucht man die Stangen in Ausback-Masse oder paniert sie. Dann **frittiert** man sie.

© Sabine Schlimm

F

## Spargel, grün

**Vorbereiten**

Man **schält** die Spargel-Stangen mit einem Spargelschäler. Man schält nur das **untere Drittel**. Dann **spült** man den Spargel **ab**. Je nach Zubereitung **bündelt** man den Spargel und bindet die Bündel mit einem Bind-Faden zusammen **oder** man **schneidet** ihn in **Stücke**.

**Zubereiten**

Man **kocht** grünen Spargel in Salz-Wasser.

Man kann grünen Spargel auch **braten**. Man kann grünen Spargel auch **im Ofen überbacken**.

Grüner Spargel eignet sich gut als **Zutat in Salaten**.

*Grüner Spargel mit Lachsfilet*

## Spargel, weiß

**Vorbereiten**

Man **schält** die Spargel-Stangen mit einem Spargelschäler. Man beginnt **unterhalb des Spargel-Kopfes**. Dann **spült** man den Spargel **ab**. Man **bündelt** die Spargel-Stangen und **bindet** die Bündel mit einem Bind-Faden **zusammen**. Danach schneidet man die Stangen auf eine Länge.

**Zubereiten**

Man **kocht** weißen Spargel in Salz-Wasser mit etwas Zucker und etwas Zitronen-Saft. Durch Zitronen-Saft bleibt der Spargel weiß. Man reicht zu Spargel **häufig Sauce Hollandaise**.

Für **gebackenen Spargel** taucht man die Stangen in Ausback-Masse oder paniert sie. Dann **frittiert** man die Spargel-Stangen.

## Spinat

**Vorbereiten**

Man entfernt welke Blätter, Wurzeln und harte Stängel. Dann wäscht man Spinat gründlich und mehrmals nacheinander in viel Wasser. Man lässt den Spinat in einem Durchschlag abtropfen.

**Zubereiten**

Man **dünstet** Spinat und richtet ihn oft mit Sahne an.

Spinat ist als **Zutat in vegetarischen Gerichten** beliebt, z.B. in Quiche, in Lasagne oder in Cannelloni.
**Roher junger Spinat** eignet sich **für Salate**.

*Spinat-Lasagne*

## Tomaten

**Vorbereiten**

Man **wäscht** die Tomaten. Dann **blanchiert** man die Tomaten und **schreckt** sie in kaltem Wasser **ab**. Man **zieht** die **Haut ab**.

**Zubereiten**

Für **Tomatenfleisch-Würfel** (Tomates concassées) **viertelt** man die Tomaten. Man **entfernt** die **Kerne** und schneidet Streifen oder Würfel. Man **dünstet** die Tomatenfleisch-Würfel.

Man kann Tomaten auch füllen und im Ofen garen.

## Weißkohl

**Vorbereiten**

Man **entfernt unschöne Blätter**. Dann **viertelt** man den Kohl-Kopf. Man **schneidet** den **Strunk-Anteil heraus**. Man **spült** den Kohl-Kopf **ab**. Dicke **Blatt-Rippen schneidet** man **zurück**. Man **zerkleinert** den Kohl-Kopf.

F

**Zubereiten**

Man kann Weißkohl **vielfältig zubereiten**. Er eignet sich zum **Dünsten**, zum **Schmoren** und als **Zutat in Eintöpfen und in Aufläufen**.

Für **Kohl-Rouladen blanchiert** man als erstes die **Blätter**. So kann man die Blätter formen. Man **füllt** die Blätter **mit** einer **Hackfleisch-Masse** und **rollt** sie **zusammen**. Die Kohl-Rouladen **schmort** man.

*Kohl-Rouladen*

## Wirsing

**Vorbereiten**

Man **entfernt unschöne Blätter**. Dann **viertelt** man den Wirsing-Kopf. Dann **schneidet** man den **Strunk-Anteil heraus**. Man **wäscht** den Wirsing-Kopf gründlich.

**Zubereiten**

Man kann Wirsing ähnlich wie Weißkohl **vielfältig zubereiten**. Er eignet sich zum **Dünsten**, zum **Schmoren** und als **Zutat in Eintöpfen und in Aufläufen**. Wirsing kann man auch zu Rouladen formen.

F

## Zucchini

**Vorbereiten**

Man **wäscht** die Zucchini. Dann **schneidet** man das **Stiel-Ende ab**. Man schält größere Zucchini und entkernt sie. Die Schale und die Kerne enthalten Bitter-Stoffe. Man muss junge, sehr kleine Zucchini nicht schälen. Man **schneidet** Zucchini **je nach Verwendung**.

**Zubereiten**

Man kann Zucchini **dünsten**, **braten**, **grillen** oder **im Ofen backen**.

Für **gefüllte Zucchini halbiert** man die Zucchini **der Länge nach**. Dann **höhlt** man die Zucchini-Hälften **vorsichtig aus**. Man **füllt** die Zucchini-**Hälften je nach Wunsch**, z. B. mit Hackfleisch oder vegetarisch mit einer Reis-Tomaten-Masse. Man streut geriebenen Käse über die Zucchini-Hälften. Dann **gart** man die gefüllten Zucchini **im Ofen**.

*Gefüllte Zucchini*

## Zwiebeln

### Vorbereiten

Man **schält** die Zwiebeln. Dann **entfernt** man die **Wurzeln** und den **Lauch-Ansatz**. Man **schneidet** die Zwiebeln **je nach Verwendung** in Stücke, Würfel, Streifen oder Ringe (vgl. S. 298).

### Zubereiten

Man verarbeitet Zwiebeln z. B. zu **Röstzwiebeln** oder zu **gebackenen Zwiebeln**.

Man kann Zwiebeln auch für **Zwiebelbrot**, für **Zwiebelsuppe** oder für **Zwiebelkuchen** verwenden.

**Schalotten** oder **Perlzwiebeln glasiert** man und reicht sie im Ganzen als Beilage.

*Glasierte Schalotten*



## Weitere Zubereitungs-Möglichkeiten für Gemüse

| | | |
|---|---|---|
| **Flan**<br>flan<br>flan | Man **püriert** gegartes Gemüse. Dann **verrührt** man es **mit Voll-Ei** und **Sahne**. Man **füllt** diese Masse **in Förmchen** und **pochiert** sie **im Wasserbad**. Nach dem Garen stürzt man den Flan. |  |
| **Püree von …**<br>mashed …<br>… en purée | Man **dämpft**, **dünstet** oder **kocht** das Gemüse, z. B. Brokkoli, Erbsen, Kürbis, Möhren, Sellerie oder Spinat. Nach dem Garen **püriert** man das Gemüse. Man richtet es auf dem Teller an oder reicht es in einer Schale. |  |
| **Smoothie**<br>smoothie<br>smoothie | Man verwendet für **„grüne" Smoothies neben Obst immer Blattgemüse**. Die Zutaten **mixt** man.<br>Smoothies kann man z. B. auf dem Frühstücks-Büfett anbieten. |  |
| **Soufflé**<br>souffle<br>soufflé | Man **gart** das gewünschte Gemüse.<br>Man bereitet eine **Brand-Masse** zu. Dann **gibt** man das gegarte **Gemüse hinzu** und vermengt alles. Man schlägt Ei-Klar zu Ei-Schnee und **hebt** den **Ei-Schnee unter**. Man füllt die Masse in Förmchen und **backt** sie **im Ofen**. |  |

## Gegartes Gemüse fertigstellen

Man kann gegartes Gemüse auf verschiedene Weise fertigstellen.

| Art | Gemüse, z. B. | Garverfahren | Fertigstellung |
|---|---|---|---|
| **auf englische Art**<br>🇬🇧 english style<br>🇫🇷 à l'anglaise | • Blumenkohl<br>• Bohnen<br>• Erbsen<br>• Spargel<br>• Spinat | • Dämpfen<br>• Kochen | Man richtet Gemüse an. Dazu reicht man Butter-Stückchen, Gewürze und gehackte Kräuter. |
| **glasiert**<br>🇬🇧 glaced<br>🇫🇷 glacé | • Kohlrabi<br>• Maronen<br>• Möhren<br>• Perlzwiebeln<br>• Speise-Rübchen | • Dünsten | Man kocht den Dünst-Fond ein. Man schwenkt das Gemüse in dem Fond. Das Gemüse bekommt einen glänzenden Überzug. |
| **gratiniert**<br>🇬🇧 gratinated<br>🇫🇷 au gratin | • Blumenkohl<br>• Brokkoli<br>• Fenchel<br>• Rosenkohl<br>• Schwarzwurzeln<br>• Spargel | • Dämpfen<br>• Dünsten<br>• Kochen | Man kocht Dünst-Fond ein und gibt Mornaysauce dazu. Man legt das Gemüse auf eine Backplatte und gibt etwas Sauce über das Gemüse. Man streut Käse darüber und gratiniert es im Salamander. |
| **in brauner Butter**<br>🇬🇧 in brown butter<br>🇫🇷 au beurre noisette | • Blumenkohl-Röschen<br>• Bohnen<br>• Rosenkohl<br>• Spinat | • Dämpfen<br>• Kochen | Man bräunt Butter in einem flachen Topf. Man gibt das Gemüse dazu und schwenkt es in der braunen Butter. |
| **in Sahne**<br>🇬🇧 with cream<br>🇫🇷 à la crème | • Aubergine<br>• Erbsen<br>• Kohlrabi<br>• Möhren<br>• Schwarzwurzeln | • Dünsten | Man dünstet das Gemüse. Man achtet darauf, dass nicht zu viel Dünst-Fond im Topf ist. Bevor das Gemüse gar ist, gibt man Sahne hinzu. Man kocht, bis eine Bindung entsteht. |
| **mit Butterkrüstchen**<br>🇬🇧 with bread-crumbs<br>🇫🇷 aux croûtons | • Blumenkohl<br>• Brokkoli<br>• Chicorée<br>• Fenchel<br>• Spargel | • Dämpfen<br>• Dünsten<br>• Kochen | Man bräunt Butter. Man gibt in die Butter kleine geröstete Weißbrot-Würfel oder grobe Brösel. Man gibt diese über das Gemüse. |

F

## 1.7 Salate aus Gemüse zubereiten

salad
salades

*Rohkost-Salat*

Salate sind **Zubereitungen aus** vielen **verschiedenen Lebensmitteln und aus einer Salatsauce**. Es eignen sich Lebensmittel wie z. B. Gemüse, Kartoffeln, Pilze, Obst, aber auch Fisch, Fleisch und Geflügel.

Man unterteilt Salate aus Gemüse in **Salate aus rohem Gemüse (Rohkost-Salate)** und **Salate aus gegartem Gemüse**. Gemüse verwendet man auch als Zutat in Salaten aus anderen Grund-Stoffen.

### Salatsaucen – Dressings – Dips

salad dressings
sauces froides pour salades



Es gibt keine genauen Vorgaben für die Begriffe Salatsauce, Marinade, Dressing oder Dip.

**Salatsaucen** nennt man auch **Marinaden**. Sie sind **meistens klar** und **flüssig**. Salatsaucen verwendet man für:

| | |
|---|---|
| **Salate aus Blattgemüse** | Blattgemüse wendet man in der Salatsauce. Man kann das Blattgemüse auch mit der Salatsauce beträufeln. |
| **Salate aus festeren Gemüse-Sorten** | Festere Gemüse-Sorten vermischt man mit der Salatsauce. Danach lässt man den Salat einige Zeit ziehen. |

*Gemüse-Sticks mit Dips*

**Dressings** sind meistens sämig. Man verwendet als Grundlage für Dressings z. B. Joghurt, Mayonnaise, Salat-Mayonnaise, Sahne, Saure Sahne oder Schmand. Ein Dressing gibt man über einen angerichteten Rohkost-Salat. Der Gast vermischt beim Essen den Salat und das Dressing.

**Dips** sind dickflüssige Saucen. In Dips tunkt man kleinere Häppchen, wie z. B. Gemüse-Sticks, Fingerfood oder Nachos.

#### Salatsaucen zubereiten

Salatsaucen bestehen aus drei Haupt-Bestandteilen:

- **Fett/Öl**
- **Säure**
- **Salz**

*Lebensmittel mit Säure*

| | | |
|---|---|---|
| **Öl/Fett** | • Öle, z. B. Kürbiskern-Öl, Maiskeim-Öl, Oliven-Öl, Sonnenblumen-Öl, Walnuss-Öl<br>• Fett, z. B. in Créme fraîche, in Joghurt, in Mayonnaise, in Schmand, in Salat-Mayonnaise, in saurer Sahne | • Der Salat schmeckt intensiver.<br>• Der menschliche Körper kann die fettlöslichen Vitamine verwerten.<br>• Man kann den Salat besser schlucken. |
| **Säure** | • Essig, z. B. Balsamico-Essig, Himbeer-Essig, Kräuter-Essig, Rotwein-Essig, Sherry-Essig<br>• Milchsäure, z. B. in Joghurt, saurer Sahne<br>• Zitronen-Saft, Orangen-Saft | • Die Salatsauce hat einen erfrischenden Geschmack. |
| **Salz** | • z. B. Jodsalz, Meersalz, Steinsalz | • Die Salatsauce bekommt einen würzigen Geschmack. |

Es gibt **Grundrezepte**, die man **durch weitere Zutaten verändern** kann. Man stimmt die Zutaten der Salatsauce so aufeinander ab, dass die Salatsauce und der Salat gut zusammenpassen.

F

### Salatsaucen mit Essig und Öl

| Salatsauce | Zutaten | Zubereitung |
|---|---|---|
| **Essig-Öl-Sauce (Vinaigrette)** | • Essig<br>• Öl<br>• Salz, Pfeffer | Man löst Salz in Essig auf. Dann gibt man Öl dazu und verrührt alles. Man würzt mit Pfeffer und schmeckt mit etwas Zucker ab.<br>Geeignet zu **allen Salaten**. |
| **Salatsauce mit Senf (French Dressing)** | • Essig<br>• Öl<br>• Salz, Pfeffer<br>• Senf<br>• Knoblauch | Man reibt die Salatschüssel mit Knoblauch aus. Dann verrührt man in der Schüssel Salz, Essig und Senf. Man gibt langsam Öl dazu und verrührt alles. Zuletzt schmeckt man mit etwas Pfeffer ab.<br>Geeignet zu **Blattsalaten** und **Salaten aus anderem Gemüse**. |
| **Salatsauce mit Kräutern**  | • Essig<br>• Öl<br>• Salz, Pfeffer<br>• Kräuter<br>• Schalotten-Würfelchen | Man löst Salz in Essig auf. Dann gibt man Öl dazu und verrührt alles. Man würzt mit Pfeffer und schmeckt mit etwas Zucker ab. Zuletzt gibt man die frisch gehackten Kräuter und die Schalotten-Würfelchen dazu.<br>Geeignet zu **Salaten ohne Obst.** |

## Salatsaucen aus Milch-Produkten

| Salatsauce | Zutaten | Zubereitung |
|---|---|---|
| **Salatsauce mit Joghurt**<br> | • Joghurt<br>• Orangen-Saft<br>• Zitronen-Saft<br>• Worcester-Sauce<br>• Öl<br>• Salz, Pfeffer | Man rührt Joghurt, Orangen-Saft, Zitronen-Saft und Worcester-Sauce glatt. Dann rührt man Öl darunter. Zuletzt würzt man mit Salz und Pfeffer.<br>Geeignet zu **allen Salaten.** |
| **Salatsauce mit Sahne** | • Sahne<br>• Zitronen-Saft<br>• Salz, Pfeffer<br>• Paprika, edelsüß | Man verrührt Sahne und Zitronen-Saft. Dann schmeckt man mit den Gewürzen ab.<br>Geeignet zu **Blattsalaten, Salaten mit Obst** und **Salaten aus anderem Gemüse.** |
| **Salatsauce mit Roquefort** | • Roquefort<br>• Sahne<br>• Weißwein<br>• Limetten-Saft<br>• Öl<br>• Pfeffer | Als erstes passiert man den Roquefort. Danach rührt man den Roquefort mit Sahne, Weißwein und Limetten-Saft glatt. Man rührt Öl darunter. Als letztes würzt man.<br>Geeignet zu **Blattsalaten, Bleich-Sellerie-Salat** und **Tomatensalat**. |

## Salatsaucen mit Mayonnaise

| Salatsauce | Zutaten | Zubereitung |
|---|---|---|
| **Salatsauce mit Tomaten (Cocktailsauce)**<br> | • Mayonnaise<br>• Ketchup oder Tomatenpüree<br>• geschlagene Sahne<br>• Salz, Pfeffer | Man rührt Mayonnaise und Tomatenpüree glatt. Dann hebt man die geschlagene Sahne unter. Man würzt mit Salz und Pfeffer. Zuletzt schmeckt man mit Zucker, Worcester-Sauce, Weinbrand und Meerrettich ab.<br>Geeignet zu **Blattsalaten** und **Salaten aus anderem Gemüse**. |

Man kann Salatsaucen **auf Vorrat zubereiten**. Dafür **füllt** man die zubereitete Salatsauce **in eine Flasche** und **kühlt** sie. Bevor man die Salatsauce verwendet, muss man sie **kräftig schütteln**. So vermischen sich alle Zutaten wieder.

## Salate aus rohem Gemüse – Rohkost-Salate

salads of raw vegetables
saldades de légumes crus

Man verwendet für Rohkost-Salate:

| **Blattgemüse,** z. B. | | **Gemüse,** z. B. | |
|---|---|---|---|
| • Chicorée | • Chinakohl | • Bleich-Sellerie | • Gurken |
| • Eichblattsalat | • Eisbergsalat | • Knollen-Sellerie | • Möhren |
| • Endivie | • Feldsalat | • Paprika | • Radieschen |
| • Fenchel | • Friséesalat | • Rettich | • Rotkohl |
| • Kopfsalat | • Lollo Rosso | • Weißkohl | • Tomaten |

### Blattgemüse vorbereiten

F

- Als erstes **putzt** man das Blattgemüse. Man **entfernt welke Teile, dicke Blatt-Rippen** und **Strünke**.
- Nach dem Putzen **wäscht** man das Blattgemüse **gründlich in viel Wasser**. Dabei wird Sand und Schmutz abgespült. Die Salatblätter knicken beim Waschen in viel Wasser nicht so schnell. Blattgemüse **wässert** man **nicht**. Vitamine und Mineralstoffe gehen sonst verloren.
- Nach dem Waschen **zupft** man die Salatblätter **in mundgerechte Stücke**.
- Man **bewahrt** das Blattgemüse bis zum Fertigstellen **im Gemüse-Kühlhaus auf**.

Wenn man aus Blattgemüse und Salatsauce einen Salat anrichtet, sollten die Salatblätter möglichst trocken sein. So behalten das Blattgemüse und die Salatsauce den vollen Geschmack.

### Andere Gemüse-Sorten vorbereiten

- Als erstes **wäscht** man das Gemüse **gründlich**.
- Das Gemüse **bereitet** man **je nach Sorte vor**.
- Gurken, Knollen und Wurzelgemüse schält man.
- Tomaten blanchiert und häutet man eventuell.
- Bei Paprika entfernt man den Stiel, die Scheide-Wände und die Samen-Kerne.
- Man **zerkleinert** das Gemüse.

*Gurken hobeln*

### Anmachen – Marinieren

Man **gibt** das **Gemüse in** eine **Salatschüssel** und **gießt** die **Salatsauce** darüber. Man **mischt** bzw. wendet das Gemüse **vorsichtig** in der Salatsauce. So bleibt das Gemüse unbeschädigt. Man mischt das Gemüse und die Salatsauce **gründlich**. So umgibt die Salatsauce alle Bestandteile.

- **Anmachen**
  Man macht **Blattsalate** und **Salate aus zartem Gemüse**, z. B. Gurken und Tomaten, **kurz vor dem Servieren** an. Blattsalate und zarte Gemüse bleiben frisch und knackig.
- **Marinieren**
  Man **mariniert Salate aus festerem Gemüse**, z. B. Möhren, Paprika, Sellerie und Weißkohl. Dazu gibt man die Salatsauce **längere Zeit vor dem Servieren** über den Salat. Die **Marinade zieht ein**. Es entwickelt sich der besondere Geschmack.

## Salate aus gegartem Gemüse

salads of cooked vegetables
salades de légumes cuits

Für Salate aus gegartem Gemüse eignen sich:

| Gemüse | | | |
|---|---|---|---|
| • Blumenkohl | • Bohnenkerne | • Brokkoli | • Erbsen |
| • Grüne Bohnen | • Porree | • Knollen-Sellerie | • Linsen |
| • Möhren | • Rote Bete | • Spargel | • Speiserüben |

- Man **kann** das Gemüse **vor dem Kochen schneiden**.
- Die Schnittflächen von hellem Gemüse, wie z. B. Sellerie, verfärben sich an der Luft. Darum legt man das geschnittene Gemüse in Wasser mit Essig oder Zitronen-Saft.
- Man **kocht** das Gemüse in **Wasser** mit **etwas Salz** und **Öl**. Das Gemüse darf nicht zu lange kochen. Es **soll nicht** zu **weich sein**.
- Das gegarte **Gemüse** lässt man **in** der **Gar-Flüssigkeit abkühlen**. Der Geschmack bleibt erhalten.
- Man **kann** das Gemüse **auch nach dem Kochen schneiden**.

### Marinieren

Man **mariniert** Salate aus gegartem Gemüse. So **zieht** die **Salatsauce ein** und es entwickelt sich der besondere Geschmack.

*Curry-Blumenkohl-Salat*

Man gibt das **abgetropfte Gemüse** in eine Salatschüssel. Dann **gibt** man die **Salatsauce dazu**. Man **mischt** das Gemüse und die Salatsauce **vorsichtig, aber gründlich**. Das Gemüse muss unbeschädigt bleiben. Die Salatsauce umgibt alle Bestandteile.

Man **legt** die fertigen **Salate** bis zum Servieren **in flache Behälter**. Man deckt sie mit Folie ab und **kühlt** sie.

Frische Kräuter gibt man erst kurz vor dem Servieren in den Salat. Sie verlieren in der Säure ihre frische grüne Farbe.

> Man sollte nur die Menge an Gemüse marinieren, die man am Tag voraussichtlich verbraucht.

## Salate anrichten

presentation of salads
présentation des salades

Man **richtet** Salate **appetitlich an**.
Zum Anrichten verwendet man:

- Flache Schalen oder Platten aus Glas
- Kleine tiefe Teller (Salat-Teller)
- Dessert-Teller

Das **Anrichte-Geschirr** muss **sauber** sein.

Man achtet beim Anrichten darauf, dass die Salate **locker auf dem Teller** liegen.

Die **frische Farbe** der Salate **wirkt appetitanregend**. Man unterstützt diese Wirkung durch **Farb-Unterschiede**, z. B. durch verschiedenfarbige Salate oder durch frische Kräuter.

*Lebensmittelhygiene – Anrichten mit dem Handschuh*

F

Es gibt drei Möglichkeiten, Salate anzurichten.

| | | |
|---|---|---|
| **Einfache Salate**<br>simple salads<br>salades simples | Einfache Salate sind **Salate aus einem Gemüse**, z. B. Bohnensalat, Chicoréesalat, Gurkensalat, Kopfsalat, Krautsalat oder Tomatensalat. |  |
| **Gemischte Salate**<br>mixed salads<br>salades mêlées | Für **gemischte Salate mischt** man **mehrere Gemüse** miteinander, z. B. Kopf-Radieschen-Kresse-Salat oder Feld-Sellerie-Rote Bete-Salat. |  |
| **Salat-Kompositionen**<br>assorted salads<br>salades assorties | Für eine **Salat-Komposition richtet** man die **einzelnen Gemüse nebeneinander an**, z. B. Eisbergsalat, Gurken, Mais und Tomaten. Man **richtet Salate** mit **verschiedenen Farben abwechselnd an**. |  |

Es gibt viele verschiedene Salate und Salatsaucen. Zusätzlich kann man z. B. frische Kräuter, Nüsse oder Sprossen verwenden. Man kann **Salate**, **Salatsaucen** und **andere Bestandteile** immer wieder **unterschiedlich zusammenstellen**. So erhält man viele **Geschmacks-Variationen**.

## Salatbüfett

salad bar
buffet à salades

Auf dem Salatbüfett **bietet** man dem Gast **verschiedene Salate** an. Der **Gast** kann sich aus einer Auswahl an Salaten seinen **individuellen Salat-Teller zusammenstellen**.

Das Salatbüfett stellt man an eine **gut sichtbare** und **leicht erreichbare Stelle** im Gast-Raum.

Die **Salate** sollten möglichst **gekühlt** bei einer Temperatur von **weniger als +10 °C präsentiert** werden. So können sich Mikroorganismen nur langsam vermehren.

Aus hygienischen Gründen muss ein **„Hustenschutz"** oder **„Spuckschutz"** vorhanden sein.

Auf dem Salatbüfett **präsentiert** man eine **abwechslungsreiche Auswahl**:

| **Salate** | **Salatsaucen**, z. B. | **Ergänzungen**, z. B. |
|---|---|---|
| • Blattsalate<br>• Rohkost-Salate<br>• Salate aus gegartem Gemüse<br>• Salate mit Fisch, mit gegartem Fleisch, mit Eiern, mit Obst | • Vinaigrette<br>• Schmand-Sahne-Dressing mit Kräutern<br>• Cocktail-Sauce | • Frische Kräuter<br>• Nüsse<br>• Croûtons<br>• Sprossen<br>• Oliven<br>• Schafskäse |

Man verwendet in der Gemeinschafts-Verpflegung, bei Catering-Unternehmen oder in Imbiss-Betrieben häufig eine **Saladette**. Eine Saladette hat im **oberen Teil** eine **gekühlte Wanne**. In diese Wanne passen Gastro-Norm-Behälter. Im **unteren Teil** befinden sich entweder **gekühlte Fächer mit Türen** oder **Kühlschubladen**.

Salate am Büfett rechnet man unterschiedlich ab.
- Der Salat ist bereits im Preis für das Gericht enthalten.
- Der Salat wird über einen Pauschal-Betrag abgerechnet.
- Der Salat wird je nach Teller-Größe bezahlt.
- Die Salatmenge wird gewogen. Der Gast bezahlt nach Gewicht.

# 2 Pilze

mushsrooms
champignons

Der **Fruchtkörper** der **Pilze** wächst **über der Erde**. Pilze bilden **unter der Erde** ein **Faden-Geflecht (Myzel)**.

Der Fruchtkörper besteht aus dem **Pilz-Stiel** und dem **Pilz-Hut**.

Es gibt Pilze, die an der **Unterseite** des Pilz-Hutes **Lamellen** haben. Man nennt sie **Lamellen-Pilze (Blätter-Pilze)**. Der Champignon ist der bekannteste Lamellen-Pilz.

Andere Pilze haben an der **Unterseite** des Pilz-Hutes **Röhren**. Man nennt sie **Röhren-Pilze**. Der Steinpilz ist der bekannteste Röhren-Pilz.

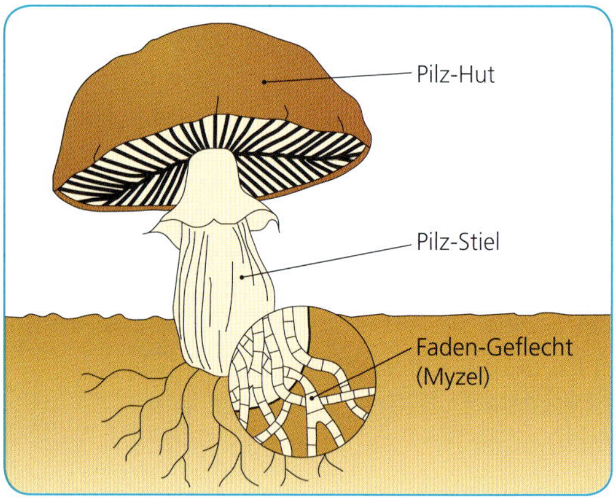


| | | | |
|---|---|---|---|
| **Lamellen-Pilz**<br>(Blätter-Pilz)<br>z. B. Champignon |  | **Röhren-Pilz**<br>z. B. Steinpilz |  |

## 2.1 Bedeutung für die Ernährung

- Pilze enthalten wenig Fett und Kohlenhydrate. Sie sind **kalorienarm**.
- Pilze haben **viele Proteine (Eiweiß-Stoffe)**. Die Proteine liefern **lebensnotwendige (essenzielle) Aminosäuren**.
- Das Stütz-Gewebe von Pilzen besteht aus **Chitin**. Chitin macht Pilze **schwer verdaulich**.

## 2.2 Pilze einkaufen

Die **meisten Pilze**, die man kaufen kann, **sind Zuchtpilze**.
Diese kann man das **ganze Jahr kaufen**

**Waldpilze (Wildpilze)** wachsen nur zu bestimmten Zeiten im Jahr. Man kann sie nur in dieser Zeit kaufen. Waldpilze sind teurer als Zuchtpilze.

Pilze werden im Handel **auch als Konserve** in Dosen oder in Gläsern, **getrocknet** oder **tiefgefroren** angeboten.

## Zuchtpilze

Zuchtpilze werden auf **Pilzfarmen** gezüchtet. Man kann sie das ganze Jahr kaufen.

Man braucht für Zuchtpilze bestimmte Wachstums-Bedingungen. Pilze **wachsen** besonders **gut bei Wärme** und **Feuchtigkeit**. Man züchtet Zuchtpilze z. B. auf Pferdemist, Hühnermist, Stroh oder Sägespänen.

**Bekannte Zuchtpilze** sind:

| | | |
|---|---|---|
| 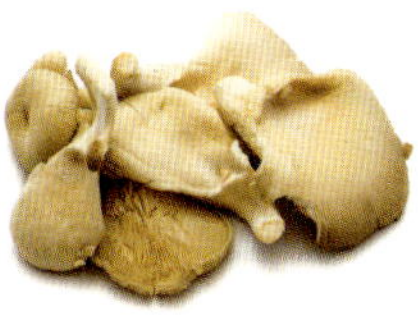 | **Austern-Seitling**<br>oyster mushroom<br>pleurote | Austern-Seitlinge nennt man auch **Austern-Pilze** oder **Kalbfleisch-Pilze**. Sie haben **sehr zartes Fleisch**.<br>Jüngere Pilze haben einen nach unten gebogenen Hut-Rand. Ältere Pilze sind trichterförmig.<br>Große Pilze haben ein hartes Stiel-Ende. Man schneidet es ab. |
|  | **Braunkappe**<br>garden giant<br>bolet tête de nêgre | Braunkappen nennt man auch **Maronen-Röhrlinge** oder **Kultur-Räuschlinge**.<br>Der **Pilz-Hut** ist wie eine Halbkugel geformt. Er hat einen **Durchmesser** von etwa **10 cm**. Bei gelagerten Pilzen sind die Lamellen schwarz. Braunkappen **schmecken ähnlich** wie **Steinpilze**. |
| <br> | **Champignon**<br>champignon<br>champignon de Paris | **Champignons** sind die am meisten gezüchteten Pilze. Sie kommen **aus Zuchtbetrieben**. **„Wiesenchampignons"** wachsen **auf Wiesen**.<br>Für Champignons als Konserve gibt es drei Qualitätsklassen:<br>• **I. Wahl:** geschlossene Köpfe<br>• **II. Wahl:** leicht geöffnete Köpfe<br>• **III. Wahl:** offene Köpfe oder Stücke<br>Junge frische Champignons sind hell, und sie sind fest geschlossen. Bei längerer Lagerung werden die Schnittflächen braun.<br>Ältere Champignons sind schlaff. Ihre Lamellen sind dunkel. |

| | | |
|---|---|---|
|  | **Kräuter-Seitling**<br>oyster<br>huître | Kräuter-Seitlinge **sehen** den **Steinpilzen ähnlich**.<br>Das **Aroma** ist **nicht so kräftig** wie bei den Steinpilzen. Das **Fleisch** ist aber **fester**.<br>Kräuter-Seitlinge bleiben **bei der Zubereitung** fest. Sie werden **nicht schwammig**. |
|  | **Shiitake-Pilz**<br>shiitake mushroom<br>champignons shiitake | Shiitake-Pilze kommen ursprünglich aus Japan.<br>Shiitake-Pilze sind **fest** und **saftig**. Man verwendet sie häufig in der **asiatischen Küche**. |

## Waldpilze

Waldpilze (Wildpilze) **brauchen Bäume** als Nachbarn. Die Pilz-Wurzeln müssen direkten Kontakt zu den Baum-Wurzeln haben. Darum **kann man** Waldpilze **nicht züchten**.

Waldpilze **können mit Schad-Stoffen belastet** sein. Waldpilze **können** wegen des Reaktor-Unfalls von Tschernobyl im Jahr 1986 **auch radioaktiv stark belastet** sein.

**Pilz-Sammler** müssen sich **sehr gut** mit Waldpilzen **auskennen**. Sonst **verwechseln** sie **essbare** Waldpilze **mit giftigen** Waldpilzen.

*Partnerschaft von Steinpilz und Baum*

**Bekannte Waldpilze** sind:

| | | |
|---|---|---|
|  | **Morchel**<br>morel<br>morille | Morcheln haben einen hohlen Pilz-Stiel und einen hohlen Pilz-Hut. Der Pilz-Hut sieht aus wie Bienen-Waben.<br>Es gibt dunkelbraune **Speise-Morcheln**, und es gibt gelbbraun bis graue **Spitz-Morcheln**.<br>Morcheln sind **bissfest**. |
| 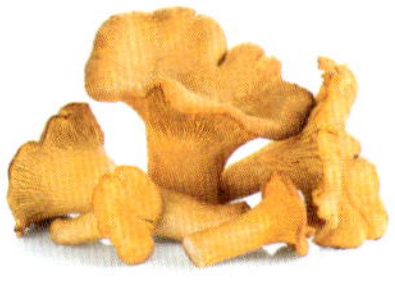 | **Pfifferling**<br>chanterelle<br>chanterelle | Pfifferlinge nennt man auch **Eierschwamm**, **Gelchen** oder **Reherl**.<br>Jüngere Pfifferlinge haben einen nach unten gebogenen Hut-Rand. Ältere Pfifferlinge haben einen trichterförmigen, welligen Hut.<br>Pfifferlinge haben einen **kurzen fleischigen Stiel**. Das Fleisch ist **innen weiß**. Pfifferlinge **schmecken** etwas **nach Pfeffer**. |

| | | |
|---|---|---|
|  | **Steinpilz**<br>boletus<br>cèpe | Steinpilze haben einen **dicken** und **fast kugeligen Pilz-Stiel**. Der Pilz-Stiel kann **8 bis 15 cm hoch** und **4 bis 6 cm dick** sein. Der **Pilz-Hut** kann einen Durchmesser von **8 bis 25 cm** haben.<br>Der Steinpilz schmeckt **nussig** und intensiv. |
| <br> | **Trüffel**<br>truffle<br>truffe | Die Trüffel ist der **teuerste Speisepilz**. Die beste Trüffel kommt aus Frankreich.<br>Die **echte Trüffel** ist **schwarz**. Man erntet sie von Dezember bis Mitte März. Es gibt **auch** die **hellere weiße Trüffel**. Man erntet sie von Oktober bis Ende Dezember.<br>Die Trüffel ist ungefähr so groß wie eine Walnuss. Sie kann auch so groß wie ein Apfel werden.<br>Die Trüffel **wächst** meist **unter der Erde**. **Trüffel-Schweine** oder **speziell ausgebildete Hunde** suchen die Trüffel.<br>Die Trüffel hat ein **besonderes Aroma**. Sie schmeckt erdig und nussig. |



## 2.3 Pilze lagern

Pilze sind **empfindliche Lebensmittel**. Sie sind nicht lange lagerfähig. Die Eiweiß-Stoffe in Pilzen zersetzen sich schnell. Die Pilze werden schlecht. Sie können sogar giftig werden.
Man muss bei der Lagerung Verschiedenes beachten.

- Man **lagert** Pilze **nur ein bis drei Tage** im **Gemüse-Kühlhaus**. Man **deckt** die Pilze **mit** einem **trockenen Handtuch ab**. So nehmen die Pilze wenig Luftfeuchtigkeit auf und sie werden nicht glitschig.
- Man lagert Pilze **luftig**. Man verwendet **keine Plastik-Beutel**. Im Plastik-Beutel faulen die Pilze. Sie entwickeln giftige Stoffe.
- Der **Handel** bietet Pilze in **Schalen mit Abdeck-Folie** an. Die Abdeck-Folie hat **viele hundert winzig kleine Luftlöcher**. So bekommen die Pilze Luft.
- Pilze sind **empfindlich gegen Druck**. Darum **quetscht** man sie **nicht**.
- Pilze **nehmen fremde Gerüche an**. Darum lagert man sie **nicht bei intensiv riechenden Lebensmitteln**.
- **Getrocknete Pilze** lagert man **kühl**, **trocken** und **luftig**.

## 2.4 Pilze vorbereiten

Man verwendet **einwandfreie, frische Ware**.

Als erstes **putzt** man die Pilze **sorgfältig**. Danach **wäscht** man sie **gründlich**. Nach dem Waschen **trocknet** man die Pilze **ab**. Man **verarbeitet** sie **sofort**.

Pilze kann man **im Ganzen** oder **geschnitten verwenden**.
- Man halbiert weiche Pilze. Man kann sie auch in Viertel oder in dickere Scheiben schneiden.
- Feste Pilze kann man in feine Scheiben schneiden. So bekommt man mehr Aroma.
- Trüffel sind sehr fest. Man kann sie sogar hobeln.

**Getrocknete Pilze wäscht** man **gründlich**. Dann **weicht** man sie **in warmem Wasser ein**. Die Pilze saugen das Wasser auf. Man hebt die Pilze aus dem Einweich-Wasser. Das Einweich-Wasser gießt man vorsichtig ab, damit Sand-Reste im Gefäß bleiben. Man kann das **Einweich-Wasser** zur Zubereitung von Speisen **mit verwenden**. Es enthält Aromastoffe.



Wenn man getrocknete Pilze verwendet, muss man auf die richtige Menge achten. **25 g getrocknete Pilze** entsprechen **250 g frischen Pilzen**.

## 2.5 Pilze zubereiten

Man kann Pilze **vielfältig zubereiten**.

**Waldpilze**, wie z. B. Pfifferlinge und Steinpilze, **erhitzt** man.
**Zuchtpilze** , wie z. B. Champignons und Kräuter-Seitlinge, kann man **auch roh essen**.

Wenn man Pilze **dünstet** oder **brät**, schmecken sie **besonders aromatisch**.

Pilze eignen sich für:

| Vorspeisen | Suppen | Beilagen | Saucen | Speisen |
|---|---|---|---|---|
|  *Pilz-Salat* |  *Pfifferling-Cremesuppe* |  *Champignons mit Speck* |  *Pilz-Sauce mit Gorgonzola* |  *Pilz-Risotto* |
|  *Bruschetta mit Pilzen* |  *Champignon-Cremesuppe* |  *Rehschnitzel mit Pfifferlingen* |  *Hähnchen mit Pilz-Rahmsauce* |  *Gnocchi mit Pilzen und Spinat* |

## Pilz-Füllmasse (Duxelles)

🇬🇧 duxelles
🇫🇷 duxelles

Die **Pilz-Füllmasse** besteht **aus gehackten Pilzen** und **Zwiebel-Würfelchen und/oder Schalotten-Würfelchen**. Mit der Pilz-Füllmasse
- vervollständigt man Speisen
- füllt man Gemüse, Fleisch-Taschen und Teig-Taschen.

| Duxelles | | |
|---|---|---|
| 250 | g | Zwiebel-Würfelchen |
| 700 | g | fein gehackte, rohe Champignons |
| 150 | g | Butter |
| 50 | g | gehackte Petersilie |
| 4 | cl | trockener Sherry |
| | | Salz, Pfeffer |

*Rinderfilet Wellington*



**Zubereitung**

| **Arbeitsschritt** | **Begründung** |
|---|---|
| • Man zerlässt die Butter in einer Pfanne. | Butter verfeinert den Geschmack. |
| • Man schwitzt die Zwiebel-Würfelchen farblos an. | Die Zwiebeln dürfen nicht braun werden. |
| • Man gibt die fein gehackten Champignons in die Pfanne.<br>• Man würzt mit Salz und Pfeffer. | |
| • Man gießt den Sherry dazu. | Der Sherry verfeinert den Geschmack. |
| • Man dünstet so lange, bis der Pilz-Saft eingekocht ist. | Die Pilz-Masse darf keine Flüssigkeit haben. Der Geschmack wird intensiver. |
| • Man hebt die gehackte Petersilie unter die Pilz-Masse. | Die Petersilie wird in der Pilz-Masse verteilt. |
| • Man füllt die Pilz-Masse in ein flaches Geschirr und lässt sie auskühlen. | Man kann die Pilz-Masse weiter verarbeiten. |

## Pilze in Rahmsauce

🇬🇧 mushrooms in cream
🇫🇷 champignons à la crème

Man verwendet zu Pilzen in Rahmsauce als Beilagen Gnocchi, Kartoffelschnee, Nudeln, Salzkartoffeln, Semmelknödel oder Serviettenknödel.

| **Pfifferlinge in Rahmsauce<br>4 Portionen** | | |
|---|---|---|
| 1 | | kleine Zwiebel, in Würfelchen |
| 2 | EL | Butter |
| 600 | g | Pfifferlinge |
| 1 | EL | Mehl |
| 200 | ml | Gemüsebrühe |
| 200 | ml | Sahne |
| 1 | EL | gehackte Petersilie |
| | | Salz, Pfeffer |

*Semmelknödel mit Pfifferling-Rahmsauce*

F

**Zubereitung**

| **Arbeitsschritt** | **Begründung** |
|---|---|
| • Man zerlässt 1 EL Butter in der Pfanne. | Butter verfeinert den Geschmack. |
| • Man schwitzt die Zwiebel-Würfelchen farblos an. | Die Zwiebeln dürfen nicht braun werden. |
| • Man gibt die Pfifferlinge dazu und schwitzt sie mit. | Die Pfifferlinge werden gar. |
| • Man nimmt die Pfifferlinge mit den Zwiebeln aus der Pfanne. | Wenn man die Sauce zubereitet, werden die Pfifferlinge nicht beschädigt. |
| • Man zerlässt 1 EL Butter. | Butter verfeinert den Geschmack der Mehl-Schwitze. |
| • Man gibt das Mehl dazu und schwitzt das Mehl unter Rühren an. | Der Mehlgeschmack wird weniger.<br>Stärke wird zu Dextrin umgewandelt. |

| Zubereitung | |
|---|---|
| **Arbeitsschritt** | **Begründung** |
| • Man gießt die Gemüsebrühe und die Sahne unter Rühren zur Mehl-Schwitze dazu. | Es bilden sich keine Klümpchen.<br>Die Sauce setzt nicht am Pfannen-Boden an. |
| • Man lässt die Sauce unter Rühren aufkochen.<br>• Man lässt die Sauce 2 bis 3 Minuten köcheln. | Die Sauce erhält ihre Bindung. |
| • Man würzt mit Salz und Pfeffer. | |
| • Man gibt die Pfifferlinge in die Sauce. | Die Pfifferling-Rahmsauce wird fertiggestellt. |
| • Man bestreut die angerichteten Pfifferlinge mit der gehackten Petersilie. | Die Sauce sieht ansprechend aus. |

**Man darf alle gegarten Pilze und Pilz-Gerichte nur einmal wieder aufwärmen. Diese Regel gilt auch, wenn man getrocknete Pilze, tiefgekühlte Pilze oder Pilze als Konserven verwendet.**

!

Dabei muss man beachten:

- Man **kühlt** Reste von gegarten Pilzen und Pilz-Gerichten **schnell ab**.
- Man **bewahrt** Reste von gegarten Pilzen und Pilz-Gerichten **unbedingt im Kühlhaus auf**. Auf keinen Fall darf man sie bei Zimmer-Temperatur aufbewahren.
- Man darf Reste von gegarten Pilzen und Pilz-Gerichten **nur noch am nächsten Tag verzehren**.
- Man muss die Reste von gegarten Pilzen und Pilz-Gerichten **beim Aufwärmen** auf eine **Mindest-Temperatur** von **70 °C** erhitzen.

F

# 3 Obst

fruit
fruits

Man kann die meisten Obst-Sorten das ganze Jahr über kaufen. Sie können durch verbesserte Transport-Möglichkeiten in kürzester Zeit und in großen Mengen von jedem Ort der Welt überall hingebracht werden.

Obst kann man in der Küche vielfältig einsetzen.

## 3.1 Bedeutung für die Ernährung

**Obst ist gesund**. Es enthält wichtige Nährstoffe für den Menschen. Das sind vor allem **Kohlenhydrate**, **Vitamine** und **Mineralstoffe**.

Die Kohlenhydrate in Obst sind Traubenzucker und Fruchtzucker. Sie können vom Körper über das Blut schnell aufgenommen werden. Deshalb **liefern** sie **schnell Energie**.

Vitamine und Mineralstoffe sind für den menschlichen Körper Wirk-Stoffe und Regler-Stoffe. Sie sind an verschiedenen Vorgängen im Körper beteiligt.

Zellulose bildet das Gerüst von Obst. **Zellulose** ist ein **Ballast-Stoff**. Ballast-Stoffe regen die Verdauung an.

Fruchtsäuren und Aromastoffe machen das Obst erfrischend und regen den Appetit an.

Der **Energie-Gehalt** von Obst ist **niedrig**, d. h. Obst hat wenige Kilojoule (Kilokalorien). Allerdings gilt dies nicht für Schalenobst, weil Nüsse einen hohen Fettanteil haben.

## 3.2 Einteilung

Es gibt sehr viele verschiedene Obst-Sorten. Durch den weltweiten Handel und viele verschiedene Transport-Möglichkeiten kommen immer wieder neue Obst-Sorten in das hiesige Sortiment.

Die Obst-Sorten teilt man in folgende Gruppen ein:
- **Beerenobst**, z. B. Erdbeeren, Himbeeren
- **Kernobst**, z. B. Äpfel, Birnen
- **Schalenobst**, z. B. Haselnüsse, Pistazien
- **Steinobst**, z. B. Nektarinen, Pflaumen
- **Südfrüchte/exotische Früchte**, z. B. Kiwi, Mango

## Beerenobst

Die meisten Beerenobst-Sorten sind typische Sommerfrüchte. Die Saison geht von Juni bis Oktober.

Sie müssen reif geerntet werden, weil sie nicht nachreifen.

| | | |
|---|---|---|
|  | **Brombeere**<br>blackberry<br>mûre | Brombeeren werden meistens **gezüchtet**.<br>Die gezüchteten Früchte sind etwa so **groß wie Haselnüsse**.<br>Wild wachsende Früchte sind kleiner. |
|  | **Erdbeere**<br>strawberry<br>fraise | Erdbeeren werden in verschiedenen Sorten angeboten. Diese **unterscheiden** sich **in** ihrem **Geschmack** und ihrer **Größe**. |
|  | **Heidelbeere**<br>bilberry<br>myrtille | Heidelbeeren werden auch **Blaubeeren** genannt.<br>Sorten mit **großen Beeren** haben **helles Fruchtfleisch**. Sorten mit **kleinen Beeren** haben **stark färbendes Fruchtfleisch**. |
|  | **Himbeere**<br>raspberry<br>framboise | Himbeeren werden meistens **gezüchtet**. Sie sind sehr **druckempfindlich**.<br>Der Großteil der geernteten Früchte wird durch Tiefkühlen haltbar gemacht. |
|  | **Johannisbeere**<br>currant<br>groseille | Es gibt **rote**, **weiße** und **schwarze** Johannisbeeren.<br>Sie **unterscheiden** sich **in ihrem Geschmack**. Weiße Johannisbeeren schmecken mild, rote fruchtig und schwarze herb-säuerlich. |
|  | **Preiselbeere**<br>cranberry<br>canneberge | Preiselbeeren gibt es in verschiedenen Sorten. Sie unterscheiden sich in ihrer Größe.<br>Preiselbeeren werden wegen ihres herb-säuerlichen Geschmacks **selten roh verzehrt**. Meistens werden sie zu Konfitüre oder zu Kompott verarbeitet. |
|  | **Weintraube**<br>grape<br>raisin | Die **Weintraube** besteht **aus vielen Weinbeeren**.<br>Es gibt **viele** verschiedene **Weintrauben-Sorten**. Sie unterscheiden sich in ihrer Farbe, in ihrer Größe und in ihrem Geschmack. Sie werden **mit und ohne Kerne** angeboten. |

F

### Lagerung

- Frisches Beerenobst sollte man möglichst schnell verzehren.
- Beerenobst lagert man im Obst- und Gemüse-Kühlhaus.
- Die meisten Beeren sind druckempfindlich und sollten möglichst nicht aufeinander liegen.
- Beerenobst eignet sich gut zum Einfrieren.

## Kernobst

| | | |
|---|---|---|
|  | **Apfel**<br>apple<br>pomme | Es gibt viele verschiedene Apfel-Sorten, z. B. Elstar, Cox, Boskop, Pink Lady.<br>Äpfel kann man in der Küche **vielseitig** einsetzen. |
|  | **Birne**<br>pear<br>poire | Es gibt verschiedene Birnen-Sorten, z. B. Conférence, Abate Fetel, Williams Christ.<br>Birnen **schmecken** am besten, wenn sie **reif** sind. |
|  | **Quitte**<br>quince<br>coing | Die Quitte ist eine sehr alte Obst-Sorte.<br>Man kann sie **nicht roh**, sondern **nur verarbeitet** verzehren, z. B. als Mus, als Gelee, als Konfitüre oder als Saft. |

### Lagerung

- Kernobst kann man sehr lange lagern. Am längsten ist es im Obst- und Gemüse-Kühlhaus möglich. Man lagert es bei einer Temperatur zwischen 6 °C und 8 °C und bei einer Luftfeuchtigkeit von 85–90 %.
- Bei langer Lagerung verliert Kernobst an Feuchtigkeit. Es wird runzelig und mehlig.
- Äpfel reifen nach und entwickeln dabei ein Gas. Deshalb soll man sie nicht mit anderem Obst zusammen lagern, weil dieses dann schneller schlecht wird.

## Schalenobst

Zum Schalenobst gehören essbare, fetthaltige Samen. Die Samen sind von einer **verholzten Schale** umgeben. Diese kann man z. T. nur schwer öffnen.

Die **Verwendung von Nüssen** muss man auf der Speisekarte **kennzeichnen**. Sie können bei manchen Menschen **allergische Reaktionen** auslösen.

| | | |
|---|---|---|
|  | **Cashew-Nuss**<br>cashew<br>anacardier | Cashew-Nüsse kann man **nur geschält** kaufen.<br>Sie werden roh, geröstet und gesalzen, karamellisiert oder gewürzt angeboten. |

| | | |
|---|---|---|
|  | **Erdnuss**<br>peanut<br>arachide | Erdnüsse sind **eigentlich Hülsenfrüchte**.<br>Man kann sie in ihrer Schale, geschält, geröstet und gesalzen oder gewürzt kaufen. |
|  | **Haselnuss**<br>hazelnut<br>noisette | Haselnüsse **röstet** man **vor der Verwendung** bei mäßiger Hitze. So entwickelt sich das Aroma am besten und man kann die dünne braune Haut gut abreiben. |
|  | **Macadamia-Nuss**<br>macadamia<br>macadamia | Die Macadamia-Nuss hat eine **extrem harte Schale**. Darum bietet der Handel sie geschält an.<br>Macadamia-Nüsse haben einen **sehr feinen Geschmack** und sind **sehr teuer**. |
|  | **Mandel**<br>almond<br>amande | Es gibt „**süße**" Mandeln und „**bittere**" Mandeln.<br>„Süße" Mandeln sind zum Verzehr geeignet. Man stellt aus ihnen u. a. Marzipan her.<br>Aus „bitteren" Mandeln gewinnt man Bittermandel-Öl. Mit dem Öl aromatisiert man z. B. Kuchen oder Liköre. |
|  | **Marone**<br>chestnut<br>châtaigne | Maronen werden auch **Ess-Kastanien** genannt.<br>Vor dem Verzehr röstet man sie mit angeritzter Schale. Die Schale platzt und man kann sie leicht ablösen.<br>Der Handel bietet sie auch gegart und vakuumiert an. |
|  | **Pinien-Kern**<br>pine nut<br>noix de pin | Pinien-Kerne gewinnt man aus den **Zapfen des Pinien-Baums**.<br>Sie werden geschält angeboten und sind sehr teuer.<br>Pinien-Kerne verwendet man u. a. für die Herstellung von Pesto. |
|  | **Pistazie**<br>pistachio<br>pistache | Pistazien brüht man vor der Verwendung. So kann man die braune Außenhaut leicht abziehen.<br>Die grünen Kerne verwendet man zum Garnieren z. B. von Pasteten und Desserts. |
|  | **Walnuss**<br>walnut<br>noix | Walnüsse werden mit Schale, geschält als halbe Nüsse und gehackt angeboten.<br>Walnüsse verwendet man vor allem in der Patisserie. Typisch sind sie als Zutat in Waldorfsalat. |

### Lagerung

Schalenobst ist **fetthaltig** und wird **schnell ranzig**. Darum ist es wichtig, dass man es richtig lagert.

- Schalenobst lagert man kühl, dunkel, trocken, gut verpackt und gut belüftet.
- Angebrochene Verpackungen bewahrt man immer in dicht schließenden Gefäßen auf. Nüsse nehmen leicht Gerüche aus der Umgebung an.
- Verfärbte, vertrocknete oder verschimmelte Nüsse wirft man weg.
- Man kontrolliert die gelagerten Nüsse regelmäßig.

## Steinobst

Steinobst sind Früchte, die **einen Stein** haben. Um den Stein herum liegt das Fruchtfleisch.

Es gibt viele verschiedene Steinobst-Sorten. Einheimische Sorten sind z. B. Kirschen und Pflaumen. Andere Sorten, wie z. B. Aprikosen und Pfirsiche, brauchen andere Wachstums-Bedingungen. Sie stammen vorwiegend aus südlichen Ländern.



Steinobst kann man bei Zimmer-Temperatur nachreifen lassen.

| | | |
|---|---|---|
|  | **Aprikose**<br>apricot<br>abricot | Aprikosen werden auch **Marillen** genannt.<br>Sie sind **kleiner als Pfirsiche**.<br>Aprikosen-Steine werden in der Industrie als Mandel-Ersatz zur Herstellung von Persipan verwendet. |
|  | **Kirsche**<br>cherry<br>cerise | Es gibt **Süßkirschen** und **Sauerkirschen**. Die bekanntesten Sauerkirschen sind Schattenmorellen. Diese werden häufig als Konserven in Gläsern angeboten. |
|  | **Mirabelle**<br>small yellow plum<br>mirabelle | Mirabellen sind **kleine, gelbe Pflaumen**. Sie sind **kugelig** und 2–3 cm im Durchmesser. Ihr Fruchtfleisch schmeckt süß und löst sich leicht vom Stein.<br>Mirabellen-Brand ist eine bekannte Spirituose. |
|  | **Nektarine**<br>nectarine<br>nectarine | Nektarinen sind eine **Pfirsich-Art**. Ihre **Schale** ist aber nicht samtartig, sondern **glatt**.<br>Das Fruchtfleisch ist gelb- oder weißfleischig und saftig. |
|  | **Pfirsich**<br>peach<br>pêche | Pfirsiche haben eine **samtartige Schale**.<br>Das Fruchtfleisch ist gelb- oder weißfleischig und saftig. |

| | | |
|---|---|---|
|  | **Pflaume**<br>plum<br>prune | Es gibt **verschiedene Pflaumen-Sorten**. Sie unterscheiden sich in ihrer Größe, in ihrer Farbe und in ihrem Geschmack. |
|  | **Zwetschge**<br>plum<br>prune | Zwetschgen sind eine **Pflaumen-Art**. Sie sind **länglich-eiförmig** und **blau-violett**.<br>Beim Backen behalten Zwetschgen ihre Form. |

## Lagerung

- Steinobst kann man im Obst- und Gemüse-Kühlhaus bis ca. 1 Woche lagern. Es verliert dabei aber an Aroma.
- An einem kühlen Ort außerhalb des Kühlhauses kann man Steinobst ca. 3 Tage lagern.
- Reifes Steinobst bekommt schnell Druckstellen. Darum stapelt man es bei der Lagerung nicht aufeinander.



# Südfrüchte

Südfrüchte ist ein Sammelbegriff für **Früchte**, die **aus südlichen und tropischen Ländern** stammen. Dazu gehören u. a. **Zitrus-Früchte**, aber auch **exotische Früchte**.

Es gibt immer wieder neue Früchte und damit eine ständige Veränderung des Angebots.

| | | |
|---|---|---|
|  | **Ananas**<br>pineapple<br>ananas | Die Ananas entwickelt ihren **Geschmack** erst, wenn sie **vollreif** ist. Die Vollreife erkennt man, wenn man die **inneren** grünen **Blätter leicht herausziehen** kann. |
|  | **Avocado**<br>avocado<br>avocat | Die Avocado ist birnenförmig.<br>Das grün-gelbe Fruchtfleisch hat einen **Fettgehalt von bis zu 30 %**. Darum ist es cremig. |
|  | **Banane**<br>banana<br>banane | Bananen sind bekannte Südfrüchte. Es gibt sie auch als Baby-Bananen.<br>Sie werden in den Anbau-Ländern **grün geerntet** und **reifen** auf ihrem Weg nach Europa **nach**. |
|  | **Feige**<br>fig<br>figue | Die Feige wächst im Mittelmeer-Raum. Sie sollte **weich** sein, aber **nicht matschig**.<br>Die **meisten Feigen** werden **getrocknet** angeboten. |

| | | |
|---|---|---|
|  | **Granatapfel**<br>pomegranate<br>grenade | Der Granatapfel-Strauch wächst in Mittelmeer-Ländern. Er hat im Inneren **viele Kerne**. Sie sind **von Fruchtfleisch umgegeben**.<br>Granatapfel-Sirup verwendet man für Säfte, Misch-Getränke und für Speise-Eis. |
|  | **Grapefruit**<br>grapefruit<br>pamplemousse | Grapefruits sind eine Kreuzung aus Orange und Pampelmuse. Sie haben einen **leicht bitteren Geschmack**. |
|  | **Kaki**<br>kaki<br>kaki | Kakis sind apfelförmig. Die Schale und das Fruchtfleisch haben eine **orangene Farbe**.<br>Sie schmecken fruchtig und **süß**. |
|  | **Kaktusfeige**<br>prickly pear<br>figue de Barbarie | Die Kaktusfeige ist die **Frucht einer Kakteen-Art**.<br>Ihre Farbe ist entweder grün, bräunlich oder lachsfarben. Sie hat eine **stachelige Haut**.<br>Das Fruchtfleisch verarbeitet man vorwiegend in Obstsalat. |
|  | **Kiwi**<br>kiwi<br>kiwi | Die Kiwi hat eine braune Schale. Das Fruchtfleisch ist meistens grün. Es gibt auch Sorten mit gelbem Fruchtfleisch.<br>Sie ist **genussreif**, wenn man das **Fruchtfleisch leicht eindrücken** kann. |
|  | **Limette**<br>lime<br>citron vert | Limetten sind grün und haben eine dünne Schale.<br>Der Saft schmeckt **leicht säuerlich**. Man verwendet ihn vorwiegend für Misch-Getränke, aber auch zum Würzen. |
|  | **Litschi**<br>lychee<br>litchi | Litschis stammen aus China. Sie haben eine rosafarbene bis rötliche, raue Schale.<br>Das **weiße Fruchtfleisch** wird überwiegend als Konserve angeboten. |
|  | **Mandarine**<br>tangerine<br>mandarin | Mandarinen sind Zitrus-Früchte **mit Kernen**.<br>**Clementinen** sind eine Kreuzung aus Orangen und Mandarinen. Sie haben **keine Kerne**. |

| | | |
|---|---|---|
|  | **Mango**<br>mango<br>mangue | Mangos haben eine grüne, gelbe oder rötliche Farbe. Das **Fruchtfleisch** ist gelb und **weich**. Es umschließt einen großen **Stein**. Diesen Stein kann man **sehr schwer vom Fruchtfleisch lösen**. |
|  | **Maracuja**<br>passion fruit<br>fruit de la passion | Die Maracuja wird auch **Passionsfrucht** genannt.<br>Sie ist **vollreif**, wenn die **Schale schrumpelig** wird. Das aromatische Fruchtfleisch kann man mit dem Löffel entnehmen. Es lässt sich vielseitig verwenden. |
|  | **Orange**<br>orange<br>orange | Orangen sind eine Kreuzung aus Mandarinen und Pampelmusen. **Orangen** haben **Kerne**.<br>**Navel-Orangen** haben **keine Kerne**.<br>**Ungespritzte Orangenschale** kann man **abreiben** oder **Zesten** von ihr **schneiden**. |
|  | **Papaya**<br>papaya<br>papaye | Die Papaya kann **bis zu 6 kg schwer** werden.<br>**Unreife Früchte** kann man **wie Gemüse** z. B. zu Chutneys, Currys und Salsas verarbeiten.<br>Reife Früchte verwendet man z. B. für Kompotte.<br>Die **Kerne** der Papaya sind **essbar**. |
|  | **Physalis**<br>physalis<br>physalis | Die Physalis heißt auch **Kap-Stachelbeere**. Die kleinen, kugeligen aromatischen Früchte sind von **pergamentartigen Blättern** umgeben. |
|  | **Pitahaya**<br>pitahaya<br>pitahaya | Die Pitahaya wird auch **Drachenfrucht** genannt. Sie kann pink oder gelb sein. Das weiße Fruchtfleisch enthält viele winzig kleine schwarze Kerne.<br>Man verwendet sie meistens zum Garnieren. |
|  | **Sternfrucht**<br>starfruit<br>carambole | Die Sternfrucht nennt man auch **Karambole**.<br>Man schneidet sie in Scheiben. Diese sehen aus wie Sterne. Man verwendet sie zum Garnieren. |
|  | **Zitrone**<br>lemon<br>citron | Zitronen schmecken **sehr sauer**. Man verwendet den Saft zum Würzen.<br>**Ungespritzte Zitronen-Schale** kann man **abreiben** oder **Zesten** von ihr **schneiden**. |

F

### Lagerung

- Südfrüchte lagert man **nicht im Kühlhaus**. Die Früchte verfärben sich. Trotzdem kann man sie noch verzehren.
- Südfrüchte lagert man bei Zimmer-Temperatur.
- Südfrüchte sind **druckempfindlich**. Darum lagert man sie **nicht übereinander**.

## 3.3 Obst-Erzeugnisse

Obst-Erzeugnisse sind Produkte aus
- ganzen Früchten
- Teilen von Früchten
- Zubereitungen aus Früchten

Obst-Erzeugnisse sind **haltbar gemacht**.

### Trockenobst



Trockenobst sind alle **Früchte**, die man **durch Trocknen haltbar** macht. Durch das Trocknen verringert man den Wasser-Gehalt. Trockenobst nennt man auch Dörr-Obst (dörren = trocknen).

Trockenobst wird **häufig geschwefelt**. Dadurch **bleibt** die **Farbe** der Früchte **erhalten**. Das Schwefeln muss gekennzeichnet werden.

**Backobst** oder Mischobst ist eine **Mischung** aus verschiedenen getrockneten Früchten, u. a. Äpfel, Aprikosen und Pflaumen.

**Rosinen** sind getrocknete Weinbeeren. Man lässt die Trauben für die Rosinen länger am Weinstock hängen. Nach der Ernte werden sie getrocknet.

Man unterscheidet:

**Sultaninen**

**Trauben-Rosinen**

**Korinthen**

## Marmelade – Konfitüre – Gelee

Zur Herstellung von Marmelade, Konfitüre und Gelee mischt man Früchte und Zucker etwa im gleichen Verhältnis (im Verhältnis 1 : 1). Diese Mischung wird gekocht.

In Früchten ist Pektin enthalten. Das Pektin lässt die Flüssigkeit gelieren. Man muss Früchten mit wenig Pektin, z. B. Erdbeeren, pektinhaltiges Gelier-Mittel oder Gelier-Zucker zugeben. Nur dann geliert die Flüssigkeit genug.

| | | |
|---|---|---|
| **Marmelade**<br>🇬🇧 marmalade<br>🇫🇷 marmelade |  | Marmeladen werden **nur aus Zitrus-Früchten** hergestellt.<br>Die bekannteste Marmelade ist Orangen-Marmelade. |
| **Konfitüre**<br>🇬🇧 jam<br>🇫🇷 confiture |  | Konfitüren werden **aus allen Obst-Sorten, außer aus Zitrus-Früchten**, hergestellt.<br>Darum findet man im Handel Erdbeer-Konfitüre, Kirsch-Konfitüre, Aprikosen-Konfitüre usw..<br>Man unterscheidet je nach Fruchtanteil zwischen Konfitüre-Einfach und Konfitüre-Extra. |
| **Gelee**<br>🇬🇧 jelly<br>🇫🇷 gelèe |  | Gelees werden **aus Frucht-Saft** hergestellt. In Gelees sind **keine Fruchtstückchen**.<br>Gelee-Extra hat einen höheren Fruchtsaft-Anteil. |

## Kandierte Früchte

Kandierte Früchte sind Früchte mit einem **Zuckergehalt** von **mindestens 70 %** und einem **geringen Wasser-Gehalt**.

Man legt vorbereitete Früchte in eine aufgekochte Zuckerlösung. Der Zucker dringt in das Innere der Frucht. Nun erhöht man den Zuckergehalt der Zuckerlösung in mehreren Schritten. So gelangt immer mehr Zucker in die Früchte. Zum Schluss überzieht man die Früchte mit einem glasierenden Überzug aus Zucker.

- **Zitronat** sind Stückchen aus der kandierten Schale der Zedrat-Zitrone.
- **Orangeat** sind Stückchen aus der kandierten Schale der Bitterorange.

F

## 3.4 Obst einkaufen

Man kann heutzutage zu jeder Zeit fast jedes Obst kaufen.

Obst schmeckt zu bestimmten Zeiten am besten. Man spricht von saisonalem Obst.

Der Saison-Kalender gibt die typischen Angebots-Zeiten verschiedener Obst-Sorten an.

| Obst-Sorten | Jan. | Feb. | Mär. | Apr. | Mai | Jun. | Jul. | Aug. | Sep. | Okt. | Nov. | Dez. |
|---|---|---|---|---|---|---|---|---|---|---|---|---|
| Äpfel | ● | ● | ● | | | | | ● | ● | ● | ● | ● |
| Aprikosen | | | | | | ● | ● | ● | | | | |
| Bananen | ● | ● | ● | ● | ● | ● | ● | ● | ● | ● | ● | ● |
| Birnen | | | | | | | | ● | ● | ● | ● | ● |
| Brombeeren | | | | | | | | ● | ● | | | |
| Erdbeeren | | | | | ● | ● | ● | | | | | |
| Grapefruits | ● | ● | ● | ● | | | | | | ● | ● | ● |
| Heidelbeeren | | | | | | | ● | ● | | | | |
| Himbeeren | | | | | | | ● | ● | | | | |
| Johannisbeeren | | | | | | | ● | ● | | | | |
| Kirschen | | | | | | ● | ● | ● | | | | |
| Kiwis | ● | ● | ● | ● | ● | ● | ● | ● | ● | ● | ● | ● |
| Mirabellen | | | | | | | ● | ● | | | | |
| Orangen | ● | ● | ● | ● | ● | ● | | | | | ● | ● |
| Pfirsiche | | | | | | ● | ● | ● | | | | |
| Pflaumen | | | | | | | ● | ● | ● | | | |
| Rhabarber | | | | | ● | ● | | | | | | |
| Melonen | | | | | | ● | ● | ● | ● | ● | | |
| Weintrauben | | | | | | | ● | ● | ● | ● | | |
| Zwetschen | | | | | | | ● | ● | ● | | | |

*Rhabarber und Melonen sind Gemüse-Sorten. Sie werden in der Küche als Obst verwendet.*

**Es ist sinnvoll, einheimisches Obst zu seinen Saison-Zeiten zu kaufen.**
**Dieses Obst ist besonders aromatisch. Außerdem schont man damit die Umwelt.** !

F

Beim Einkauf sollte man beachten:
- Das Obst muss **frisch aussehen**.
- Das Obst muss **unbeschädigt** sein.
- Das Obst darf **keine faulen** oder **schimmeligen Stellen** haben.
- Man sollte **keine Schädlinge** am Obst sehen.
- Das Obst muss **sauber** sein. Es sollte **keinen fremden Geruch** haben.
- Das Obst sollte **reif** sein. Nur reife Früchte haben ihr volles Aroma.
  Man kann überreife Früchte nur begrenzt lagern. Der Geschmack kann verändert sein.

## 3.5 Obst vorbereiten

Obst bereitet man vor, bevor man es verarbeitet.
- Man muss Obst **waschen**. Auf der Schale sind häufig Spuren von Pflanzenschutz-Mitteln.
- **Beerenfrüchte wäscht man besonders vorsichtig** unter fließendem Wasser. Sie sind sehr empfindlich und bekommen leicht Druckstellen.
- **Obst wässert man nicht**. Beim Wässern kommt es zu Nährstoff-Verlusten.
- Man schneidet Pflanzen-Teile ab, die man nicht verwerten kann.
- Man **schält** das Obst **nach Bedarf.** Dies macht man möglichst kurz vor der Verarbeitung. So bleiben die Nährstoffe besser erhalten.
- Aprikosen, Pfirsiche und Nektarinen kann man häuten. Dafür blanchiert man die Früchte. Nach dem Abschrecken kann man die Haut leicht abziehen.
- Man **schneidet** Obst in **mundgerechte Stücke**. Der Gast kann sie in dieser Größe ohne Probleme essen.
- **Zitrus-Früchte kann man filetieren**. Dafür schneidet man als erstes oben und unten eine Scheibe der Frucht ab. Danach schneidet man rundherum die Schale ab. Die **weiße Innenhaut** muss man **vollständig entfernen**. Anschließend hält man die Frucht über eine Schüssel und löst die Frucht-Filets mit einem Messer zwischen den weißen Trenn-Wänden heraus. So läuft der Saft direkt in die Schüssel. Die Frucht-Filets fallen ebenfalls hinein.

- **Äpfel und Birnen werden nach dem Schneiden braun.** Darum **legt** man sie bis zur Weiterverarbeitung **in Wasser mit Zitronen-Saft**.
- Die Schale von unbehandelten Zitrus-Früchten kann man abreiben. Dafür benutzt man eine feine Reibe.
- Man kann von der Schale der unbehandelten Zitrus-Früchte Zesten reißen. Dazu benutzt man ein Zesten-Messer.

F

## 3.6 Obst verarbeiten

Obst kann man **vielfältig verwenden**. Man verarbeitet Obst **vorwiegend** in der **Patisserie** zur Herstellung von Süßspeisen, Kuchen und Torten.

### Als Süßspeisen

z. B.

- Obstsalat
- Gebackene Apfelringe (Beignets)
- Kompott
- Rote Grütze
- Frucht-Kaltschale
- Quark-Speise mit Früchten
- Creme-Speisen mit Früchten
- Frucht-Eis
- Pfirsich Melba
- Birne Helene

F

### Apfelkompott

apple compote
compote des pommes

| Für 4 Portionen | | |
|---|---|---|
| 600 | g | Äpfel, z. B. Boskop |
| 250 | ml | Wasser |
| 2 | EL | Zucker |
| 1 | | Zimtstange |
| ½ | cl | Zitrone als Saft |

**Zubereitung**

| Arbeitsschritt | Begründung |
|---|---|
| • Äpfel waschen | Man verwendet saubere Äpfel. |
| • Äpfel schälen | Die Apfelschale verkocht nicht. |
| • Äpfel halbieren und Kerngehäuse entfernen | Die Kerngehäuse sind im Apfelkompott unerwünscht. |

| Zubereitung | |
|---|---|
| **Arbeitsschritt** | **Begründung** |
| • Apfelhälften nach Wunsch in Würfel, Ringe oder Spalten schneiden | Die Apfelstücke behalten ihre Form im Kompott. |
| • Wasser mit Zucker, Zitronen-Saft und Zimtstange zum Kochen bringen | Man bereitet einen Fond, in dem die Apfelstücke gekocht werden. |
| • Apfelstücke zugeben und bei geringer Hitze ca. 10 Minuten köcheln lassen | Die Apfelstücke bekommen die richtige Konsistenz. Sie werden weich. |
| • Zimtstange herausnehmen | Die Zimtstange wird nicht verzehrt. |
| • Apfelkompott auskühlen lassen | Das Apfelkompott ist verzehrfertig. |

## Rote Grütze

red fruit jelly
gelée de fruits rouges

| Für 4 Portionen | | |
|---|---|---|
| 750 | g | Beerenfrüchte, gemischt (z. B. Erdbeeren, Himbeeren, Johannisbeeren) |
| 250 | ml | Saft, rot (z. B. Kirschsaft) |
| 60 | g | Zucker |
| 1 | | unbehandelte Zitrone |
| 50 | g | Speisestärke |

| Zubereitung | |
|---|---|
| **Arbeitsschritt** | **Begründung** |
| • Beeren waschen und putzen | Man verwendet saubere Beeren ohne Blätter und Stiele. |
| • Zitronen-Schale abreiben | Man erhält Zitronen-Schalen-Abrieb. |
| • Speisestärke sorgfältig in etwas Saft einrühren. | Die Speisestärke klumpt, wenn man sie direkt in die zu bindende Speise einrührt. |
| • Beerenfrüchte, Saft, Zucker, Zitronen-Abrieb aufkochen und bei niedriger Hitze garen | Die Beerenfrüchte bekommen die richtige Konsistenz. Sie werden weich. |

| Zubereitung | |
|---|---|
| **Arbeitsschritt** | **Begründung** |
| • Speisestärke hinzugeben, dabei vorsichtig rühren und aufkochen lassen | Die Speisestärke bindet die Flüssigkeit. Die Beerenfrüchte behalten möglichst ihre Form. |
| • Rote Grütze abkühlen lassen | Die Rote Grütze ist verzehrfertig. |

Obst kann man aber auch in der **kalten Küche** und in der **warmen Küche** zur Zubereitung von Speisen und Saucen verwenden.

## In Speisen

z. B.

- Geflügelsalat → Ananas, Mandarinen
- Heringssalat → Äpfel
- Himmel und Erde → Äpfel, Birnen
- Rotkohl → Äpfel
- Farcen → Nüsse, Trockenfrüchte
- Toast Hawaii → Ananas

*Rehpastete*

## In Saucen

z. B.

- Cumberland-Sauce → Johannisbeeren
- Hausfrauen-Sauce → Äpfel
- Curry-Sauce → Ananas
- Pesto → Pinien-Kerne
- Calvados-Sauce → Äpfel

*Pesto*

Man kann Früchte zu **reinen Frucht-Saucen** verarbeiten, z. B. Erdbeer-Sauce, Kiwi-Sauce. Diese Saucen nutzt man in der Patisserie. Ebenso werden Früchte als **geschmackgebende Zutaten für Saucen** verwendet, z. B. Preiselbeer-Sauce, Orangen-Sauce.

F

# 4 Getreide und andere Körner

cereals and other grains
céréals et autre graines

**Gerste, Hafer, Hirse, Mais, Reis, Roggen** und **Weizen** sind **Getreide-Arten**. Getreide-Pflanzen gehören zu den Gräsern.

Andere Pflanzen, z. B. **Amarant, Buchweizen** und **Quinoa** sind **keine** Getreide-Arten. Ihre Samen verarbeitet man aber wie Getreide. Man nennt diese Pflanzen **Pseudo-Getreide**.

## 4.1 Bedeutung für die Ernährung

Getreide und Pseudo-Getreide enthalten viele Nährstoffe.

- Getreide und Pseudo-Getreide bestehen hauptsächlich aus **Stärke**. Stärke ist ein Kohlenhydrat. Stärke **liefert** dem Körper **Energie**.
- **Vollkorn-Produkte** sind **besonders wertvoll**. In Vollkorn-Produkten sind noch die **Schalen-Schichten** der Körner.
- Die Schalen-Schichten der Körner enthalten **Vitamine** und **Mineralstoffe**. Vitamine und Mineralstoffe sind Regler-Stoffe für den Körper.
- Die Schalen-Schichten der Körner enthalten **unverdauliche Teile**. Diese unverdaulichen Teile nennt man **Ballast-Stoffe**. Ballast-Stoffe **fördern** die **Verdauung**.
- Bestimmte Getreide-Arten, z. B. **Gerste, Hafer, Roggen** und **Weizen,** enthalten **Gluten**. Gluten ist ein Protein (Eiweiß-Stoff). Manche Menschen **vertragen Gluten nicht**. Sie leiden an **Zöliakie**. Bei Zöliakie ist die **Dünndarm-Schleimhaut dauerhaft entzündet** (vgl. S. 104).

*Roggen-Körner, Vollkorn*

## 4.2 Einteilung

Man unterscheidet Getreide und Pseudo-Getreide. **Getreide** sind **Gräser-Arten**. **Pseudo-Getreide** sind **andere Pflanzen**.

Man verwendet in der Küche die **Körner**. Die Körner **sind** die **Samen** der Getreide-Pflanzen und der Pseudo-Getreide-Pflanzen. Die Körner unterscheiden sich in der Form, in der Farbe und in der Größe.

*Körner von Getreide und Pseudo-Getreide*

F

# Getreide

Es gibt einheimische und fremdländische Getreide-Arten.

**Einheimische** Getreide-Arten:
- **Gerste**, z. B. zur Bier-Herstellung
- **Hafer**, z. B. für Haferflocken
- **Mais**, z. B. als Gemüse-Mais, für Bio-Gas
- **Roggen**, z. B. für Back-Waren
- **Weizen**, z. B. für Back-Waren und Teigwaren
- **Dinkel**, eine Weizen-Sorte, z. B. für Back-Waren

**Fremdländische** Getreide-Arten, z. B.:
- **Hirse**, z. B. für glutenfreie Back-Waren
- **Reis**, z. B. als Sättigungs-Beilage

## Aufbau des Getreide-Korns



Das Getreide-Korn besteht aus drei Haupt-Teilen.
- Die **Schale** des Getreide-Korns besteht **aus mehreren Schalen-Schichten**. Die Schalen-Schichten enthalten vor allem **Ballast-Stoffe** und **Mineralstoffe**.
- Der **Mehl-Körper** ist der **Kern** des **Getreide-Korns**. Der Mehl-Körper besteht hauptsächlich aus **Stärke**. Proteine (Eiweiß-Stoffe) sind ebenfalls im Mehl-Körper enthalten.
- **Aus** dem **Keimling** entsteht die **neue Getreide-Pflanze**. Im Keimling sind **Vitamine, Mineralstoffe, Proteine** (Eiweiß-Stoffe) und **Fett**.

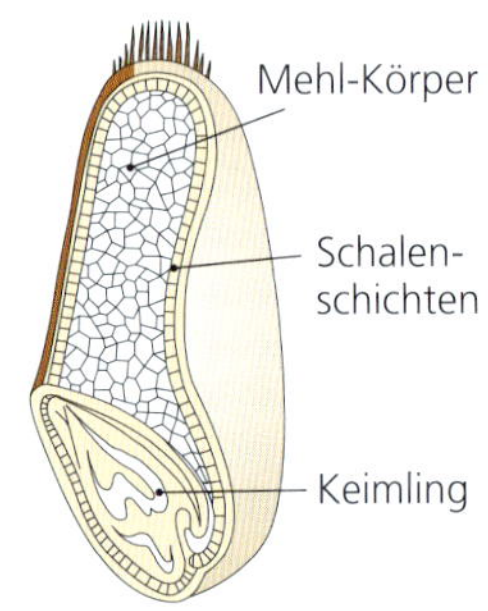


# Pseudo-Getreide

Pseudo-Getreide sind Pflanzen-Arten, die **nicht zu** den Gräser**n gehören**. Man **verwendet** die Körner von Pseudo-Getreide **ähnlich wie Getreide**. Die Körner enthalten viel Stärke, Eiweiß-Stoffe, Mineralstoffe und Fett. Sie sind **glutenfrei**.

**Amarant/Amaranth**

Amarant gehört zu den **Fuchs-Schwanz-Pflanzen**. Es gibt viele verschiedene Arten von Amarant. Amarant-Körner sind **kleine Kügelchen**.

Amarant enthält viel Eisen.

**Buchweizen**

Buchweizen stammt ursprünglich **aus Asien**. Buchweizen-Pflanzen sind empfindlich gegen Kälte. Man nennt die Buchweizen-Körner **Buchweizen-Nüsschen**.

**Quinoa**

Quinoa stammt **ursprünglich aus den Anden**. Das ist ein hohes Gebirge in Südamerika. Quinoa-Pflanzen sind **anspruchslos** an das Klima. Sie **wachsen** noch **in** einer **Höhe über 4000 Meter**.

Quinoa gibt es in Weiß, Schwarz und Rot.

## 4.3 Getreide und Pseudo-Getreide einkaufen

Der Handel bietet Getreide und Pseudo-Getreide in vielen Variationen an.

### Mehl

Getreide wird in der Mühle zu Mehl gemahlen. Man kann Getreide unterschiedlich fein mahlen:

| Schrot | Grieß | Mehl |
|---|---|---|
|  |  |  |

Man unterscheidet Mehl außerdem nach dem **Ausmahlungs-Grad**. Man bezeichnet den Ausmahlungs-Grad als **Mehl-Type**. Die Mehl-Type gibt an, wie viel Mineralstoffe im Mehl enthalten sind.

| **Vollkorn-Mehl** | | **Auszugs-Mehl** | |
|---|---|---|---|
| Dunkles Mehl |  | Helles Mehl |  |
| • **Mehl-Type 1050**<br>• **Mehl-Type 1700** | | • **Mehl-Type 405**<br>• **Mehl-Type 550** | |
| Viele Schalen-Teile | | Wenige Schalen-Teile | |
| Wertvoll für die Gesundheit | | Weniger wertvoll für die Gesundheit | |

© Guido Serino/Werz Naturkornmühle, 2018

Man **verwendet** in der Küche **vor allem Weizen-Mehl** mit der **Mehl-Type 405** oder mit der **Mehl-Type 550**.

**Pseudo-Getreide** wird ebenfalls **als Mehl** angeboten.

- Amarant-Mehl
- Buchweizen-Mehl
- Quinoa-Mehl

Mehl aus Pseudo-Getreide enthält **kein Gluten**.

**Instant-Mehl staubt nicht** und lässt sich **gut streuen**. Instant-Mehl kann man **ohne Klumpen** in Flüssigkeiten **einrühren**.

Bei der Herstellung von Instant-Mehl wird das Mehl angefeuchtet. Mehrere **kleinste Mehl-Teilchen ballen sich zu Mehl-Kügelchen zusammen**. Die Mehl-Kügelchen werden getrocknet. Man kann mit Instant-Mehl z. B. **zu dünne Saucen** und **Suppen nachbinden**.

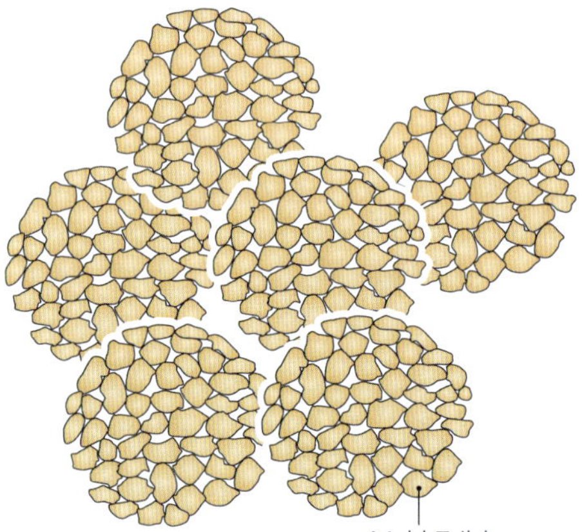




**Back-Mischungen** sind **Convenience-Produkte**. Es gibt Back-Mischungen aus Getreide und aus Pseudo-Getreide. Back-Mischungen enthalten **mehrere Zutaten**. Man kann mit Back-Mischungen **Back-Waren** einfach und zeitsparend **zubereiten**. Man muss bei der Zubereitung der Back-Waren einzelne Zutaten dazugeben, z. B. Wasser, Milch, Hefe, Eier, Fett.

## Ganze Körner

Man kann Getreide und Pseudo-Getreide als ganze Körner kaufen. Man kann die Körner **als ganze Körner verarbeiten** oder man **mahlt die Körner** nach Bedarf zu Schrot oder zu Mehl.

## Getreide-Erzeugnisse

Getreide-Erzeugnisse sind **Produkte aus gereinigtem Getreide** oder aus **gereinigtem Pseudo-Getreide**.

Getreide oder Pseudo-Getreide wird z. B. gemahlen, geschrotet oder gequetscht. Diese Erzeugnisse **unterscheiden** sich **in** ihrer **Form** und in ihren **Eigenschaften beim Verarbeiten**.

**Bulgur**

Man stellt Bulgur meistens **aus Hartweizen** her. Hartweizen ist eine besonders kochfeste Weizen-Art. Der **Hartweizen** wird für Bulgur **geschält**, **gekocht** und **getrocknet**.

Man verwendet Bulgur u. a. als Beilage.

| | |
|---|---|
| **Couscous**<br>Man stellt Couscous aus **angefeuchtetem und zerriebenem Grieß** her.<br>Man verwendet Couscous als Beilage oder als Haupt-Bestandteil für Couscous-Gerichte. |  |
| **Getreide-Flocken**<br>Man **dämpft** Getreide-**Körner** oder Pseudo-Getreide-Körner und **presst** sie **zu Flocken**, z. B. Hafer-Flocken, Amarant-Flocken.<br>Man verwendet Flocken z. B. für Porridge (englischer Hafer-Brei) oder in Müsli. |  |
| **Graupen**<br>Man stellt Graupen **aus Gerste** her. Die **Schalen-Schichten** der Gersten-Körner werden **entfernt**. Danach werden die **Körner poliert**. Graupen gibt es als ganze Körner oder geschnitten.<br>Man verwendet Graupen u. a. als Suppen-Einlage. |  |
| **Grütze**<br>Die Körner, z. B. Buchweizen, Dinkel, Gerste, Hafer, Hartweizen und Roggen, werden **geschält** und **zerkleinert**. Grütze-Körner sind größer als Grieß, aber kleiner als Graupen.<br>Man verwendet Grütze als Suppen-Einlage oder für Grütz-Wurst. |  |
| **Kleie**<br>Kleie sind die **Schalen der Getreide-Körner**. Die Schalen der Getreide-Körner bekommt man beim Mahlen des Getreides.<br>Man verwendet Kleie u. a. für Müsli oder Knäcke-Brot. |  |
| **Polenta**<br>Polenta ist **Mais-Grieß**. Mais-Grieß ist **gemahlener Mais**.<br>Man verwendet den Mais-Grieß für Polenta (Mais-Grieß-Brei). |  |
| **Stärke**<br>Man **löst Stärke mit Wasser aus** den **Getreide-Körnern**. Es gibt Getreide-Stärke als **Mais-Stärke** und als **Weizen-Stärke**. Man bindet mit Stärke Flüssigkeiten für Cremes. Man kann Stärke auch als Zutat zu Massen, z. B. Biskuit-Masse, verwenden. |  |

F

**Sago**

Sago sind **kugelförmige Stärke-Körner**. Die Außen-Schicht der Sago-Körner ist verkleistert. **Sago-Körner quellen beim Kochen** auf. Dabei **zerfallen** die Sago-Körner aber **nicht**.

Man verwendet Sago zum Binden u.a. von Grütze oder Kaltschalen.

## 4.4 Getreide und Pseudo-Getreide lagern

Man lagert Getreide, Pseudo-Getreide und Getreide-Erzeugnisse **trocken** und **fest verschlossen**. Man sollte bei der Lagerung **direktes Sonnenlicht** und **starke Temperatur-Schwankungen vermeiden**.

An Getreide, Pseudo-Getreide und Getreide-Erzeugnissen **mit** einem **hohen Schalen-Anteil** können noch **Bakterien** und **Schimmelpilz-Sporen** sein. Diese Produkte sind **nicht so lange haltbar**. Man muss sie **schnell verarbeiten**.

Getreide, Pseudo-Getreide und Getreide-Erzeugnisse sind **anfällig für Schimmelpilze** und **Vorrats-Schädlinge**, z.B. Mehl-Motten, Mehl-Käfer oder Korn-Käfer. Man **muss** Getreide, Pseudo-Getreide und Getreide-Erzeugnisse **wegwerfen**, **wenn** man **Schimmelpilze** oder **Vorrats-Schädlinge** entdeckt.

*Korn-Käfer*

## 4.5 Getreide verarbeiten

Man verarbeitet in der Gastronomie und in der Gemeinschafts-Verpflegung Getreide, Pseudo-Getreide und Getreide-Erzeugnissen für vielfältige Speisen.

### Back-Waren

Back-Waren bestehen hauptsächlich **aus Getreide oder Getreide-Erzeugnissen**. Back-Waren sind gebacken.

Man teilt Back-Waren ein in:

- **Brot**
- **Kleingebäck**
- **Feine Back-Waren**

## Brot

Man **backt** Brot **aus** einem Teig aus gemahlenem Getreide und/oder aus Getreide-Erzeugnissen. Für Brot-Teig braucht man außerdem Wasser und ein Back-Trieb-Mittel. Man kann weitere Zutaten, z. B. Gewürze, Kräuter, Sonnenblumen-Kerne, dazugeben. Man nennt die **äußere Schicht** des Brotes Kruste **oder Rinde**. Das **Innere** des Brotes ist die Krume.

Es gibt **sehr viele** verschiedene **Brot-Sorten**, z. B.:

| **Weiß-Brot** | **Weizen-Mischbrot** | **Rosinen-Brot** | **Toast-Brot** |
|---|---|---|---|
|  |  |  |  |
| **Vollkorn-Brot** | **Pumpernickel** | **Roggen-Brot** | **Mehrkorn-Brot** |
|  |  |  |  |
| **Baguette** | **Ciabatta** | **Fladen-Brot** | **Knäcke-Brot** |
|  |  |  |  |

## Kleingebäck

Man **stellt** Kleingebäck genauso **wie Brot her**. Kleingebäck **wiegt nicht mehr als 250 g**.

Es gibt, wie bei Brot, **sehr viele** verschiedene **Kleingebäcke**, z. B.:

| **Weizen-Brötchen** (Semmel, Schrippen) | **Roggen-Brötchen** | **Vollkorn-Brötchen** | **Mehrkorn-Brötchen** |
|---|---|---|---|
|  |  |  |  |

| Laugen-Brezel | Käse-Brötchen | Croissant | Milch-Brötchen |
|---|---|---|---|
|  |  |  |  |

**Teiglinge** bestehen **aus rohem Teig**. Teiglinge sind **fertig bearbeitet** und **fertig geformt**. Der Handel bietet Teiglinge **frisch, gekühlt** oder **tiefgefroren** an.

Man kann mit Teiglingen **frisch gebackenes Brot** und frisch gebackenes **Kleingebäck ohne eigene Back-Stube** anbieten.

### Feine Back-Waren

Feine Back-Waren sind **Kuchen, Torten, Waffeln** und **Dauer-Back-Waren**. **Dauer-Back-Waren sind Kekse** oder **Plätzchen**.

Feine Back-Waren haben einen **höheren Anteil an Fett und Zucker** als Brot und Kleingebäck.

## Speisen aus Getreide und anderen Körnern

Man kann mit Körnern viele warme und kalte Speisen zubereiten. Dabei beachtet man einige Schritte.

### Körner quellen lassen

Man sollte die trockenen Körner vor dem Kochen **in Wasser quellen** lassen. Man **gießt** die trockenen **Körner mit** viel **Wasser auf**. Dann **lässt** man die **Körner** einige Stunden **im Wasser liegen**. Das Quellen vor dem Kochen hat Vorteile:

- Die **eingeweichten Körner** müssen **nicht so lange garen**.
- Man kann das **Einweich-Wasser** zum Kochen **verwenden**. Im Einweich-Wasser sind viele **wertvolle Inhalts-Stoffe**.

*Weizen-Körner, gekocht*

Man beachtet bei Körnern diese **Einweich-Zeiten**:

- Man sollte **Dinkel, Gerste, Roggen** und **Weizen über Nacht** einweichen. Danach müssen die Körner ungefähr **30 bis 45 Minuten** kochen.
- Man muss **Grünkern** (halbreif geernteter und getrockneter Dinkel) oder **Hafer nicht einweichen**. Diese Körner müssen ungefähr **30 bis 40 Minuten** kochen.
- Auch **Amarant, Buchweizen, Hirse** und **Quinoa** muss man **nicht einweichen**. Diese Körner sind nach ca. **15 bis 20 Minuten** gar.

## Körner kochen

Man setzt die Körner **in kalter Flüssigkeit ohne Salz** auf. Man lässt die Körner **langsam aufkochen** und **garen**. Nach der Gar-Zeit lässt man die Körner **bei ca. 70 °C weiter quellen**.

Die gegarten Körner müssen **dick und weich** sein. Die Körner dürfen **innen keine weißen Stellen** mehr haben.

Man kann mit Getreide oder mit Pseudo-Getreide viele verschiedene Gerichte zubereiten, z. B.:

| Auflauf | Bratlinge | Füllungen |
|---|---|---|
|  |  |  |
| **Pfannen-Gerichte** | **Porridge** | **Salate** |
|  |  |  |



### Polenta

| Für 10 Portionen | | |
|---|---|---|
| 50 | g | Butter |
| 250 | g | Mais-Grieß, grob |
| 600 | ml | Wasser |
| 600 | ml | Milch |
| 100 | g | Zwiebel-Würfel |
| 100 | g | Parmesan |
| | | Salz, weißer Pfeffer |

## Zubereitung

| Arbeitsschritt | Begründung |
|---|---|
| • Man zerlässt Butter in einem Topf. | Man braucht Fett zum Anschwitzen. |
| • Man schwitzt die Zwiebel-Würfel farblos an. | Die Zwiebel-Würfel dürfen nicht braun werden. Braune Zwiebeln sind unansehnlich. |
| • Man gießt die angeschwitzten Zwiebeln mit Wasser und Milch auf. Man lässt die Flüssigkeit aufkochen. | Man braucht Flüssigkeit, damit der Mais-Grieß quellen kann. |
| • Man gibt den Mais-Grieß in die kochende Flüssigkeit. | |
| • Man lässt den Mais-Grieß ca. 5 Minuten kochen. Dabei rührt man ständig. | Die Flüssigkeit brennt nicht an. |
| • Man lässt den Mais-Grieß bei niedrigster Stufe ca. 30 Minuten quellen. | Der Mais-Grieß nimmt die Flüssigkeit auf und wird weich. Es entsteht die Mais-Grieß-Masse. |
| • Man hebt geriebenen Parmesan unter die Masse. ① | Der Parmesan gibt der Polenta einen würzigen Geschmack. |
| • Man legt ein Back-Blech mit Klarsicht-Folie aus. | Die Mais-Grieß-Stücke kleben nicht am Back-Blech fest. |
| • Man verteilt die Mais-Grieß-Masse auf der Klarsicht-Folie und streicht sie gleichmäßig glatt. ② | Man erhält eine gleichmäßig dünne Schicht. |
| • Man lässt die Masse auskühlen. | Die Masse wird fest. |
| • Man schneidet die feste Masse in Formen. ③ | Man kann die Polenta gut portionieren. |
| • Man brät die Polenta-Teile goldbraun in der Pfanne. ④ | Die Polenta-Teile sind warm und sehen appetitlich aus. |

①

②

③

④

# 5 Reis

rice
riz

Reis ist ein **Getreide**. Reis braucht **warmes und feuchtes Klima**. Man baut Reis **in nassem Boden** (Sumpf) an.

Der meiste Reis weltweit wird in China, in Indien und in Indonesien angebaut.

*Reis-Felder*

*Reis-Pflanze*

## 5.1 Bedeutung für die Ernährung

*Natur-Reis*

*Weiß-Reis*

- Reis besteht vor allem aus **Stärke**. Stärke ist ein **Kohlenhydrat**. Kohlenhydrate **liefern** dem Körper **Energie**.
- Reis mit vielen Schalen-Schichten (**Natur-Reis**) enthält **Mineralstoffe** und **Vitamine**. Das sind vor allem Vitamine der B-Gruppe.
- Reis ohne Schalen-Schichten (**Weiß-Reis**) enthält **fast keine Vitamine** und **fast keine Mineralstoffe**.
- Reis enthält **viel Kalium** und **wenig Natrium**. Darum eignet sich Reis **für** eine **kochsalzarme Ernährung**.

## 5.2 Reis einkaufen

Der Handel bietet unterschiedlichen Reis an.

- Es gibt **zwei Reis-Gruppen**. Beide Reis-Gruppen haben **unterschiedliche Koch-Eigenschaften**.
- Reis wird **mit verschiedenen Verfahren bearbeitet**. Der Reis **sieht** danach **unterschiedlich aus**. Der Wert für die Ernährung verändert sich.

### Reis-Gruppen

#### Langkorn-Reis

Das Reis-Korn hat eine **längliche Form** und ist **6 bis 8 mm lang**. Das Reis-Korn ist **hart** und hat einen **trockenen**, **glasigen Kern**.

Langkorn-Reis bleibt beim Kochen **körnig** und **locker**.

Bekannte Langkorn-Reis-Sorten sind:

F

| Patna-Reis | Basmati-Reis | Jasmin-Reis |
|---|---|---|
| Patna-Reis ist die **bekannteste Reis-Sorte**.<br>Patna-Reis eignet sich gut als Zutat für Hauptgerichte, als Beilage und als Einlage für Suppen. | Basmati-Reis ist ein **Duft-Reis**. Die Reis-Körner sind **sehr schmal** und **lang**. Basmati-Reis **schmeckt sehr aromatisch**. | Jasmin-Reis ist ein **Duft-Reis**. Er hat einen **frischen, blumigen Duft**.<br>Jasmin-Reis eignet sich für exotische Gerichte, vor allem aber als Beilage zu Fisch. |

### Rundkorn-Reis

Das Reis-Korn ist **rundlich**. Es ist **ca. 5 mm lang**. Das Reis-Korn hat eine **weiße Farbe**.

Rundkorn-Reis **nimmt** beim Kochen **mehr Flüssigkeit auf** als Langkorn-Reis. Der Rundkorn-Reis wird **weich** und **wie Brei**.

Man verwendet Rundkorn-Reis u. a. für **Risotto** und für **Milch-Reis**.

F

## Bearbeiteter Reis

Reis wird **mit verschiedenen Verfahren bearbeitet**. Der Reis **sieht** danach **unterschiedlich aus**. Der Wert für die Ernährung verändert sich.

### Natur-Reis

Die Reis-Körner haben **keine Hülse** mehr. Die Reis-Körner haben noch die **Silber-Haut ① mit** den **wertvollen Nährstoffen** und den Keimling ②. Man nennt Natur-Reis auch Voll-Reis.

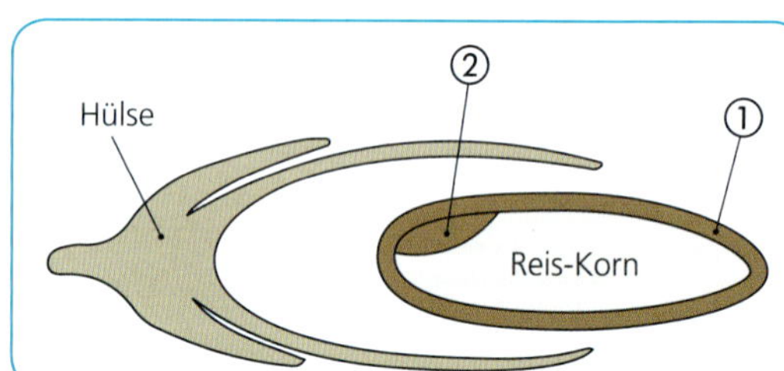


- Natur-Reis hat eine **bräunliche** Farbe.
- Man kann Natur-Reis **nicht so lange lagern**, weil der Keimling Fett enthält.
- Natur-Reis **schmeckt kräftiger** als Weiß-Reis.
- Natur-Reis muss **länger kochen als Weiß-Reis**.

### Weiß-Reis

Die Reis-Körner haben **keine Hülse** mehr. **Zusätzlich** werden die Reis-Körner **geschliffen**. Die **Silber-Haut** und der **Keimling** werden **entfernt**. Die Nährstoffe gehen verloren.

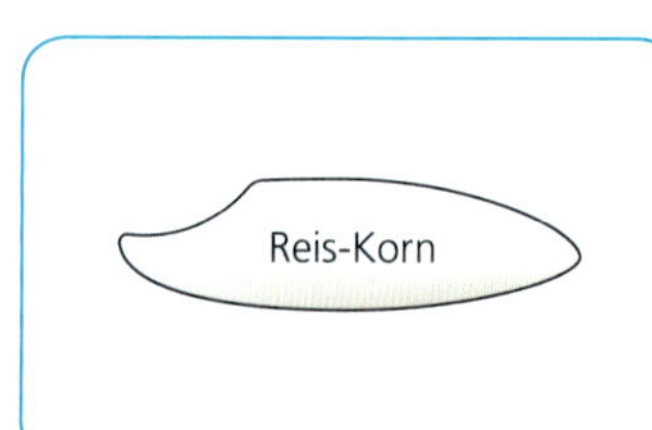


- Die Reis-Körner haben eine polierte, schimmernde Oberfläche.
- Man kann Weiß-Reis **lange lagern**.
- Weiß-Reis schmeckt neutral.

### Parboiled Reis

Roh-Reis wird durch ein spezielles Verfahren **mit Dampf und Druck bearbeitet**. Dabei gehen die **Vitamine und Mineralstoffe** von der Silber-Haut ① und von dem Keimling ② **in** das **Reis-Korn** über.

Anschließend werden die Silber-Haut und der Keimling entfernt. Zum Schluss wird das Reis-Korn geschliffen.

Parboiled Reis **enthält mehr Vitamine und Mineralstoffe** als Weiß-Reis.

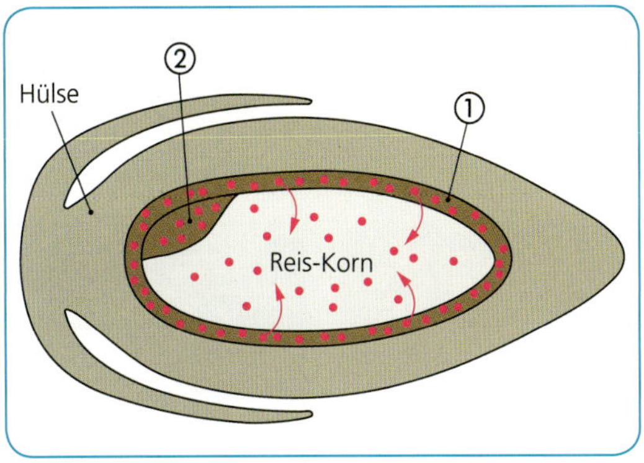


## Wild-Reis

Wild-Reis ist **kein echter Reis**. Wild-Reis sind die **reifen Körner** einer **Wasser-Pflanze**. Diese Wasser-Pflanze wächst in **Nord-Amerika**.

Wild-Reis hat **schwarzbraune, längliche Körner**. Wild-Reis **schmeckt nussartig**.

Man kann Wild-Reis pur oder gemischt mit anderem Reis kaufen.

## 5.3 Reis lagern

- Reis zieht Feuchtigkeit an. Darum lagert man Reis **trocken**.
- Reis wird muffig. Darum lagert man Reis **nicht luftdicht verschlossen**.
- Reis nimmt schnell fremde Gerüche auf. Darum lagert man Reis **nicht mit stark riechenden Lebensmitteln** zusammen.

Reis hält sich bei richtiger Lagerung:

| **Weiß-Reis** (Langkorn-Reis) | **Weiß-Reis** (Rundkorn-Reis) | **Parboiled Reis** | **Natur-Reis** |
|---|---|---|---|
| bis 3 Jahre | bis 2 Jahre | bis 2 Jahre | höchstens 1 Jahr |

## 5.4 Reis zubereiten

Reis **schmeckt neutral**. Man kann Reis **vielfältig verwenden**, z. B.:

- als Beilage
- für eigenständige Gerichte
- für Salate
- als Dessert

*Sushi*

*Gefüllte Wein-Blätter*

*Gefüllte Paprika*

*Pilz-Risotto*

*Paella, spanisches National-Gericht*

*Reis-Pfanne, vegetarisch*

*Reis Trauttmansdorff*

*Milch-Reis mit Roter Grütze*

Man bereitet Reis für die vielfältigen Reis-Gerichte auf verschiedene Art zu.

F

## Reis kochen

- Man **wäscht Reis** mit kaltem Wasser ab.
- Man setzt Salz-Wasser auf und **bringt** das **Salz-Wasser zum Kochen**.
- Man gibt den Reis in das Salz-Wasser.
- Man lässt den Reis **ca. 18 Minuten köcheln**.
- Danach **gießt** man den gegarten **Reis** in einem Sieb **ab**. Man **kühlt** den **Reis** mit fließend kaltem Wasser **ab**.
- Man lässt den Reis **gut abtropfen**.
- Dann **stellt** man den **Reis kühl**.

Man **erwärmt** den **abgekühlten Reis**:
- im **Ofen**: Man breitet den Reis auf einem gefetteten Back-Blech aus. Dann belegt man den Reis mit Butter-Flocken. Danach erwärmt man den Reis. Dabei wendet man den Reis.
- im **Kombi-Dämpfer**: Man legt den Reis in einen gelochten Gastro-Norm-Behälter. Dann erwärmt man den Reis mit Dampf.
- in der **Pfanne**: Man schwenkt den Reis in Butter.
- in der **Mikrowelle**: Man erwärmt den Reis portionsweise in der Mikrowelle.

## Pilaw zubereiten

Man bereitet Pilaw mit **Langkorn-Reis** zu.
- Man **wäscht** den **Reis** mit kaltem Wasser ab und lässt den Reis **gut abtropfen**.
- Man **schwitzt Zwiebel-Würfelchen** (Zwiebel-Brunoise) in Butter **farblos an**. (1)
- Man **gibt** den **Reis zu** den angeschwitzten Zwiebel-Würfelchen.
- Dann **schwitzt** man den **Reis glasig an**. (2)

- Man **gibt heiße Fleisch-Brühe** und Salz **dazu**.
- Man legt einen Deckel auf den Topf und **stellt** den **Topf in** den heißen **Ofen**.
- Dann **gart** man den Reis **ca. 18 Minuten**. ③
- Zum Schluss lockert man den Reis mit einer Fleisch-Gabel. Dabei **mischt** man **Butter-Flocken unter**. ④

## Risotto zubereiten

Man bereitet Risotto mit **Rundkorn-Reis** zu.

- Man **schwitzt Zwiebel-Würfelchen** (Zwiebel-Brunoise) in Öl und Butter **farblos an**.
- Dann **gibt** man den **Reis zu** den angeschwitzten Zwiebel-Würfelchen.
- Man **schwitzt** den **Reis glasig an**.
- Danach **gießt** man **nach und nach heiße Fleisch-Brühe dazu**. ① Dabei **rührt** man den **Reis** immer wieder um. ②
- Man **gart** den Reis **ca. 18 bis 20 Minuten**.
- Zum Schluss **mischt** man **Butter und Parmesan unter** den Reis. ③

**Risotto muss wie Brei sein.**

## Wild-Reis zubereiten

Man bereitet Wild-Reis anders zu als anderen Reis.

- Man **wäscht Wild-Reis gründlich**.
- Danach **gibt** man **Wild-Reis in kochendes Wasser**. Die Wasser-Menge muss dreimal so viel sein wie die Menge an Wild-Reis.
- Man **kocht** Wild-Reis nur **3 bis 5 Minuten**.
- Danach **lässt** man **Wild-Reis eine Stunde quellen**.
- Anschließend **kocht** man den so vorbereiteten Wild-Reis **ca. 30 Minuten in Salz-Wasser**.

## Milch-Reis zubereiten

| Für 4 Portionen | | |
|---|---|---|
| 1 | l | Milch |
| 20 | g | Zucker |
| 250 | g | Rundkorn-Reis |
| | | Salz |

**Zubereitung**

| Arbeitsschritt | Begründung |
|---|---|
| • Man setzt Milch mit Zucker und Salz in einem hohen Topf auf. | Die aufkochende Milch kann in einem hohen Topf aufsteigen. Die Milch kocht nicht so leicht über. |
| • Man bringt die Milch zum Kochen. | |
| • Man gibt den **Rundkorn-Reis** in die Milch. | Der Reis braucht Flüssigkeit zum Garen. |
| • Man lässt die Milch mit dem Reis aufkochen. | Der Reis kühlt die Milch ab. Die Milch muss aber heiß sein, damit der Reis gar wird. |
| • Man lässt den Milch-Reis bei schwacher Hitze 20 bis 30 Minuten quellen.<br>• Der Deckel liegt nicht ganz auf dem Topf. | Bei zu hoher Hitze kocht die Milch weiter. Dies geschieht auch bei verschlossenem Topf.<br>Die Milch kocht sonst über. |
| • Man rührt den Milch-Reis immer wieder um. | Der Milch-Reis brennt nicht an. |
| • Man lässt den Milch-Reis in der Nach-Wärme ca. 15 Minuten nachquellen. | Der Milch-Reis braucht keine zusätzliche Hitze mehr. |

Man reicht zu Milch-Reis z. B.:
- Zimt und Zucker
- Rote Grütze
- Kompott
- Obst
- Trockenobst
- Nüsse

F

# 6 Teigwaren

pasta
pâtes alimentaires

Teigwaren sind:

| Nudeln | Gefüllte Teigwaren | Spätzle |
|---|---|---|
|  |  |  |

Man stellt Teigwaren **aus Mehl** oder **aus Grieß** und aus **Wasser** und **Salz** her. Man kann für das Mehl oder für den Grieß **verschiedene Getreide-Arten** verwenden, z. B. Weizen, Hartweizen oder Dinkel. **Manche Teigwaren** enthalten **zusätzlich Ei**.



Teigwaren sind genauso wie Kartoffeln und Reis eine **wichtige Sättigungs-Beilage** oder ein **Haupt-Bestandteil für** viele **Gerichte**, z. B. Nudel-Aufläufe.

## 6.1 Bedeutung für die Ernährung

- Teigwaren bestehen vor allem aus **Stärke**. Stärke ist ein **Kohlenhydrat**. Kohlenhydrate **liefern** dem Körper **Energie**.
- Teigwaren **aus Vollkorn-Mehl** enthalten **Ballast-Stoffe**, Vitamine und Mineralstoffe. Teigwaren aus Vollkorn-Mehl sind dunkler und schmecken kräftiger als Teigwaren aus Weiß-Mehl.

## 6.2 Teigwaren einkaufen

Der Handel bietet verschiedene Teigwaren an:

- **Teigwaren ohne** Verwendung von **Ei**
- **Eier-Nudeln** mit unterschiedlich hohem Ei-Anteil

Die Teigwaren kann man **getrocknet** oder **frisch** kaufen.

*Nudeln, getrocknet*

*Nudeln, frisch*

Teigwaren können auch durch Gemüse-Püree **gefärbt** sein. Hersteller verwenden z. B. Spinat oder Tomaten.

Es gibt Teigwaren in vielen **verschiedenen Formen**, z. B.:

*Band-Nudeln/Tagliatelle*

*Maccaroni*

*Nudel-/Lasagne-Platten*

*Ravioli*

*Röhrchen/Penne*

*Schleifen-Nudeln/Farfalle*

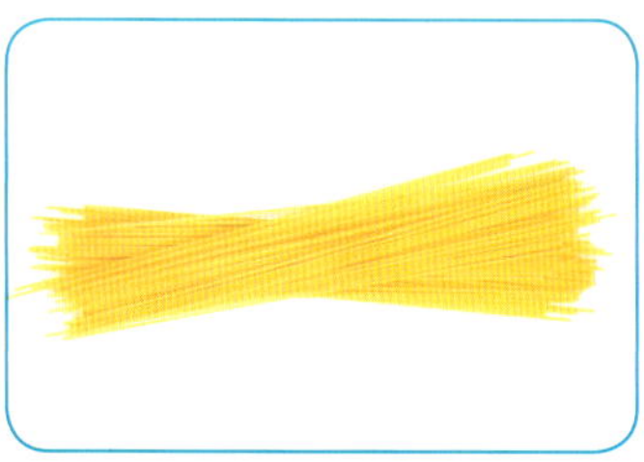

*Spaghetti*

*Spiralen/Spirelli*

*Tortellini*

## 6.3 Teigwaren lagern

- **Frische Teigwaren** verderben schnell. Darum lagert man frische Teigwaren **kühl**.
- Man lagert **getrocknete Teigwaren luftdicht verschlossen** und **trocken**.

## 6.4 Teigwaren zubereiten

Man verwendet Teigwaren als **Convenience-Produkte** (frisch oder getrocknet) **oder** man **stellt Teigwaren selbst her**.

### Nudeln

#### Teig zubereiten

Zuerst **vermengt** man **Mehl, Wasser, Salz** und u. U. Eier.
Danach knetet man die Zutaten zu einem **glatten Teig**.
Anschließend lässt man den **Teig** ca. 30 Minuten **ruhen**.
Der Kleber (Gluten, vgl. S. 82) im Mehl kann sich entspannen.
Man kann den Teig **später leichter ausrollen**.

Man kann Nudeln **färben** und ihnen einen anderen Geschmack geben durch:
- Möhren-Saft, Rote-Bete-Saft, Tomaten-Püree, reduzierten Rotwein
- fein gehackte Kräuter, Mangold-Püree, Spinat-Püree
- Buchweizen-Mehl, Vollkorn-Mehl, Steinpilz-Pulver
- Sepia-Tinte

## Teig formen

- Man **rollt** den **Teig** zur gewünschten Dicke **aus**.
- Dann **lässt** man den ausgerollten **Teig antrocknen**. Dabei **wendet** man ihn **mehrmals**.
- Anschließend kann man den **Teig** in die gewünschte Breite **schneiden**.

Eine Nudel-Maschine rollt den Teig aus und schneidet den Teig gleichzeitig.

## Nudeln garen

Man gibt frische Nudeln oder getrocknete Nudeln in einen Topf mit **viel kochendem Salz-Wasser**. Im kochenden Wasser verkleistern die Rand-Schichten der Nudeln schnell. Es bildet sich wenig Schaum.

F

Man sollte die Nudeln **zwischendurch umrühren**, damit die Nudeln nicht zusammenkleben und nicht am Topf-Boden ankleben. Man kann zusätzlich etwas **Öl** in das Salz-Wasser geben. Das Öl **verhindert auch** das **Zusammenkleben** der Nudeln.

Nudeln sind **gar**, wenn sie noch **bissfest (al dente)** sind. Die Gar-Zeit beträgt je nach Dicke der Nudeln zwischen 2 und 14 Minuten. Frische Nudeln haben die kürzeste Gar-Zeit.

Man **schüttet** die Nudeln **in** eine **Abtropf-Schüssel (Durchschlag)** oder in ein Sieb. Dann spült man die Nudeln zum direkten Gebrauch mit heißem Wasser ab.

Man kühlt Nudeln zum späteren Gebrauch mit kaltem Wasser ab.

## Nudeln auf Vorrat kochen und wieder erwärmen

Man kann Nudeln auf Vorrat kochen und wieder erwärmen. Dafür **kocht** man die Nudeln **nur kurz** und **braust** sie **mit kaltem Wasser ab**. Man **deckt** die Nudeln **mit Folie ab**. So schützt man die Nudeln vor dem Austrocknen. Man **bewahrt** die Nudeln **im Kühlhaus auf**.
- Man erhitzt bei Bedarf die notwendige Menge Nudeln in kochendem Salz-Wasser.
- Dann lässt man sie in einer Abtropf-Schüssel (Durchschlag) gut abtropfen.
- Danach gibt man die Nudeln in eine Schüssel.
- Man zieht Butter-Flocken mit einer Gabel unter die Nudeln. Die Butter verteilt sich auf den Nudeln. Die Nudeln glänzen und bekommen einen leichten Butter-Geschmack.

## Gefüllte Teigwaren

Gefüllte Teigwaren sind Täschchen, Päckchen oder Halbmonde. Diese Formen sind **mit verschiedenen Füll-Massen gefüllt**. Die Füllungen können aus Fisch, Gemüse, Käse, Krusten-Tieren, Pilzen, Schlacht-Fleisch oder aus Wildfleisch sein.

Die bekanntesten gefüllten Teigwaren sind:

| Maultaschen | Ravioli | Tortellini |
|---|---|---|
|  |  |  |



## Spätzle

Spätzle sind **ungleichmäßig geformt**. Sie haben eine **raue Oberfläche**. Man stellt Spätzle aus Mehl, Eiern, Wasser und Salz her. Der **Spätzle-Teig** ist feuchter und **zähflüssiger als Nudel-Teig**.

| Für 10 Portionen | | |
|---|---|---|
| 1 | kg | Mehl |
| 20 | g | Salz |
| 250–300 | ml | Wasser oder Mineralwasser |
| 12 | | Eier |

**Zubereitung**

| Arbeitsschritt | Begründung |
|---|---|
| • Man siebt das Mehl. | Das Mehl hat keine Klümpchen. |
| • Man gibt die Eier, das Salz und das Wasser oder das Mineralwasser zu dem Mehl. | Mineralwasser macht den Teig lockerer. |
| • Man schlägt alle Zutaten zu einem sehr glatten Teig. Der Teig muss zähflüssig sein und Blasen bilden. | Der Teig hat die richtige Konsistenz. |
| • Man lässt den Teig ca. 10 Minuten ruhen. | Das Mehl quillt. Der Teig wird lockerer. |

## Zubereitung

| Arbeitsschritt | Begründung |
|---|---|
| • Man erhitzt reichlich Salz-Wasser in einem Topf. | Spätzle müssen beim Garen Platz haben. |
| • Man gibt den Teig portionsweise in das kochende Salz-Wasser. | Die fertigen Spätzle müssen ungehindert an die Wasser-Oberfläche steigen können. |

Es gibt verschiedene Möglichkeiten, den Teig in das Salz-Wasser zu geben:

| | | |
|---|---|---|
| Man schabt den Teig mit einer Palette in dünnen Streifen von einem Brett. | Man presst den Teig durch eine Presse. | Man hobelt den Teig mit einer speziellen Reibe zu Knöpfle. |
|  |  |  |

| | |
|---|---|
| • Man hebt die fertigen Spätzle mit einer Schaum-Kelle (Schaum-Löffel) aus dem Wasser.<br>Die Spätzle sind fertig, wenn sie an der Wasser-Oberfläche schwimmen. | Das Wasser kann durch die Schaum-Kelle (Schaum-Löffel) abfließen. |
| • Man gibt die Spätzle in kaltes Wasser. | Die Spätzle werden abgeschreckt. Sie kleben nicht aneinander. |
| • Man lässt die Spätzle in der Abtropf-Schüssel (Durchschlag) gut abtropfen. | Die Spätzle quellen nicht auf. |

Man kann Spätzle auch auf Vorrat zubereiten.

Die fertigen Spätzle bewahrt man ausgebreitet auf einem Tuch im Kühlhaus auf.

Bei Bedarf erwärmt man die Spätzle. Dafür schwenkt man die Spätzle in geschmolzener Butter in einer Pfanne.

# Spezielle Gerichte aus Teigwaren

## Käse-Spätzle (Kas-Spatzen)

Man stellt **Spätzle-Knöpfle** her.

Man **gibt** die fertigen Knöpfle **in Lagen** in eine Schüssel. Die einzelnen **Lagen bestreut** man **mit Reibe-Käse** (z. B. Allgäuer Bergkäse). Zum Schluss gibt man **zerlassene Butter** und **geröstete Zwiebeln** auf die Spätzle.

Käse-Spätzle werden häufig in einer Pfanne angerichtet.

## Lasagne

Lasagne ist ein **Nudel-Auflauf**. Man backt Lasagne im Ofen.

Man **schichtet Nudel-Platten** und je nach Rezept **weitere Zutaten** und eine **Sauce abwechselnd** in eine Auflauf-Form. Die Nudel-Platten werden durch die Sauce verzehrfähig.

Man bestreut Lasagne häufig mit Parmesan.

F

## Ragù alla bolognese (Hackfleisch-Sauce)

Man bereitet diese **italienische Hackfleisch-Sauce** aus folgenden Zutaten zu:

- Pancetta (italienischer Bauch-Speck), Karotten, Zwiebeln und Stangen-Sellerie zum Anschwitzen
- Rindergehacktes
- geschälte Tomaten
- Weißwein, Vollmilch, Brühe
- Butter, Oliven-Öl, Salz, Pfeffer

## Spaghetti alla carbonara

Man bereitet das **italienische Nudel-Gericht** aus folgenden Zutaten zu:

- angebratene feine Bauch-Speck-Streifen (z. B. Guanciale)
- geriebener Käse (z. B. Pecorino) mit Eiern verquirlt
- Salz, Pfeffer

Man gibt diese Zutaten zu den gekochten Spaghetti und vermengt alles miteinander.

# 7 Kartoffeln

potatoes
pommes de terre

Die Kartoffel ist eine **Knolle**. Die Kartoffel wächst **unter der Erde**. Sie ist eine **verdickte Wurzel der Kartoffel-Pflanze**.

**Aus** den **„Augen“** einer Kartoffel **wachsen Keime**. Aus den Keimen entstehen die nächsten Kartoffeln.

Die Kartoffel stammt ursprünglich aus Süd-Amerika. Seefahrer brachten die Kartoffel vor ca. 450 Jahren mit nach Europa. Man pflanzte die Kartoffel am Anfang wegen der schönen Blüten als Zier-Pflanze an. Seit ca. 250 Jahren baut man die Kartoffel als Nahrungs-Mittel an.

## 7.1 Bedeutung für die Ernährung

Kartoffeln enthalten ungefähr:

- 78 % **Wasser**
- 16 % Kohlenhydrate, vor allem in Form von **Stärke**. Kohlenhydrate liefern dem Körper Energie.
- 2 % **Proteine** (Eiweiß-Stoffe). Der menschliche Körper kann die Proteine gut verwerten.
- 0,1 % Fett
- 2,1 % Ballast-Stoffe. Ballast-Stoffe regen die Verdauung an.
- Kartoffeln enthalten viele **Vitamine**, vor allem Vitamin C.
- Kartoffeln liefern **Mineralstoffe** wie z. B. Kalium, Kalzium, Magnesium und Phosphor.
- Kartoffeln liefern von allen Sättigungs-Beilagen am wenigsten Energie. 100 g Kartoffeln liefern ungefähr 300 Kilojoule (71 Kilokalorien).
- Kartoffeln enthalten **kein Gluten**.

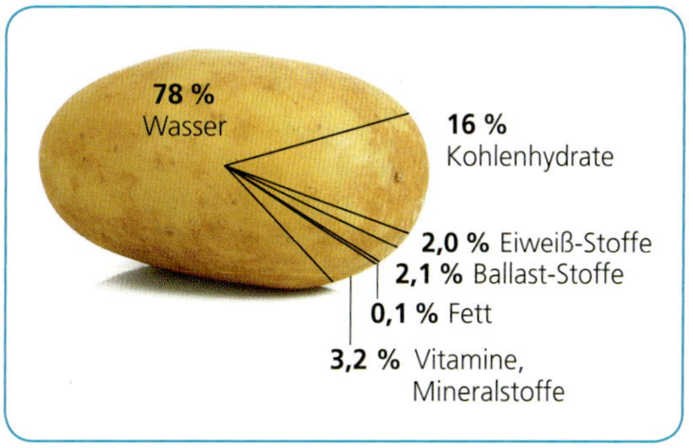


## 7.2 Kartoffeln einkaufen

Der Handel bietet Kartoffeln an:

- **frisch**
- als **Convenience-Produkte**, z. B. geschält, geschnitten, als Chips, als Püree-Pulver, als Salat.

## Frische Kartoffeln

Der Handel bietet frische Kartoffeln an:
- nach der **Ernte-Zeit**
- nach der **Qualität**
- nach den **Koch-Eigenschaften**

### Ernte-Zeit

| | | |
|---|---|---|
| **Sehr frühe Sorten** | Juni/Juli | • Früh-Kartoffeln (**„Neue" Kartoffeln**)<br>• Sehr dünne Schale<br>• **Nicht lange lagerfähig** |
| **Frühe Sorten** | Juli/August | • Festere Schale als Früh-Kartoffeln<br>• **Kurze Zeit lagerfähig** |
| **Mittelfrühe Sorten** | Ab Ende August | • Haupt-Ernte-Zeit<br>• **Lager-Kartoffeln** |
| **Späte Sorten** | September/Oktober | • **Sehr lange lagerfähig** |

F

### Qualität

| | | | |
|---|---|---|---|
| **Extra** | • Sortenecht<br>• Sortenrein | • Ganz<br>• Gesund | • Fest<br>• Sauber |
| **Qualität 1** | • Standard-Qualität | • Nur wenig schlechter als „Extra" | |
| ***Drilling*** | • **Zusatz-Bezeichnung** | • **Besonders kleine** Kartoffeln | |

### Koch-Eigenschaften

Man unterscheidet die Koch-Eigenschaften der Kartoffeln nach ihrem **Stärke-Anteil**:

**Fest kochend**

| | | | |
|---|---|---|---|
| 10–13 %<br>Stärke | • **Schale** ist nach dem Kochen **nicht eingerissen**<br>• **Kartoffeln** sind nach dem Kochen **speckig** | z. B. für:<br>• Kartoffel-Salat |  |

**Vorwiegend fest kochend**

| | | | |
|---|---|---|---|
| 12–15 %<br>Stärke | • **Schale** ist nach dem Kochen **leicht eingerissen**<br>• **Kartoffeln** sind nach dem Kochen **leicht mehlig** | z. B. für:<br>• Salzkartoffeln<br>• Brat-Kartoffeln<br>• Pommes frites |  |

**Mehlig kochend**

| | | | |
|---|---|---|---|
| 14–17 % Stärke | • **Schale** ist nach dem Kochen **eingerissen**<br>• **Kartoffeln** sind nach dem Kochen **sehr mehlig** | z. B. für:<br>• Kartoffel-Püree<br>• Kartoffel-Massen<br>• Folien-Kartoffeln |  |

## Kartoffeln als Convenience-Produkte

Man **bereitet** Kartoffel-Zubereitungen als Convenience-Produkte **genau nach Anleitung zu**. Der Handel bietet die Produkte in **verschiedenen Fertigungs-Stufen** an:

**Küchenfertige Kartoffeln**

Küchenfertige Kartoffeln sind frische Kartoffeln mit Schale. An den Kartoffeln haftet kein Schmutz. Man muss küchenfertige Kartoffeln **weiter vorbereiten** und **garen**.

**Garfertige Kartoffeln**

Garfertige Kartoffeln sind geschält. Es gibt auch geschnittene garfertige Kartoffeln, z. B. als Scheiben oder als Tiefkühl-Pommes-frites, Tiefkühl-Röstis. Man muss garfertige Kartoffeln **nur noch garen**.

**Mischfertige Kartoffel-Produkte**

Man muss mischfertige Kartoffel-Produkte, z. B. Pulver für Kartoffel-Püree, Instant-Kartoffel-Suppen, Pulver für Kartoffel-Klöße, **noch mit weiteren Lebensmitteln mischen** und **garen**.

**Regenerierfertige Kartoffel-Produkte**

Man muss regenerierfertige Kartoffel-Produkte, z. B. vorgegarte Bratkartoffeln, Kartoffelsuppe als Konserve, Schupf-Nudeln, Gnocchi, **nur noch erhitzen**.

**Verzehrfertige Kartoffel-Produkte**

Man kann verzehrfertige Kartoffel-Produkte, z. B. Kartoffel-Salat, Kartoffel-Chips, **ohne weitere Zubereitung verzehren**.

© HOMANN Feinkost

## 7.3 Kartoffeln lagern

Man **lagert** Kartoffeln im Gastgewerbe und in Betrieben der Gemeinschafts-Verpflegung **nur** für **kurze Zeit**. Man beachtet:

- Man lagert Kartoffeln **nicht in Folien-Verpackungen**. In der Folien-Verpackung bildet sich Feuchtigkeit. Die Kartoffeln faulen.
- Kartoffeln benötigen bei der Lagerung **frische Luft**.
- Die ideale Lager-Temperatur liegt **zwischen + 4 °C und + 8 °C**. Kartoffeln keimen schneller bei zu hoher Lager-Temperatur ①.
- Bei zu niedriger Lager-Temperatur wird die Stärke in Zucker umgewandelt. Die Kartoffeln schmecken unangenehm süß.
- Man lagert Kartoffeln **lichtgeschützt**. Unter Licht-Einfluss entstehen grüne Stellen in den Kartoffeln. Diese Stellen enthalten das **giftige** Solanin ②.
- Man **behandelt** Kartoffeln **vorsichtig**. Kartoffeln bekommen sonst Druckstellen.

①

②

## 7.4 Kartoffeln zubereiten

Kartoffeln sind eine **Sättigungs-Beilage**. Sättigungs-Beilagen gehören neben Fleisch-Speisen oder Fisch-Speisen, Gemüse oder Salat zu einem kompletten Gericht. Sättigungs-Beilagen enthalten **viel Stärke**.

Kartoffeln kann man als Sättigungs-Beilage zu vielen Gerichten reichen.

- Kartoffeln sind **im Geschmack neutral**.
- Man kann Kartoffeln **vielfältig zubereiten**.
- Kartoffeln **passen** je nach Zubereitung **gut zu verschiedenen Speisen**.

### Auswahl an Kartoffel-Zubereitungen

Man kann Kartoffeln in sehr vielen verschiedenen Arten und Formen zubereiten. Die folgende Tabelle gibt eine Auswahl an Kartoffel-Zubereitungen.

*Anna-Kartoffeln*

*Berner Rösti*

*Bouillon-Kartoffeln*

*Bratkartoffeln*

*Folien-Kartoffel*

*Herzogin-Kartoffeln*

*Kartoffel-Chips*

*Kartoffel-Gratin*

*Kartoffel-Krapfen*

*Kartoffel-Kroketten*

*Kartoffel-Plätzchen*

*Kartoffel-Püree*

*Kartoffel-Schnee*

*Kartoffel-Spalten*

*Kartoffel-Stäbe*

*Kartoffel-Strauben*

*Lorette-Kartoffeln*

*Lyoner Kartoffeln*

*Mandel-Bällchen*

*Nuss-Kartoffeln*

*Oliven-Kartoffeln*

*Pariser Kartoffeln*

*Pellkartoffeln*

*Pommes frites*

*Rahm-Kartoffeln*

*Salzkartoffeln*

*Schloss-Kartoffeln*

*Schmelz-Kartoffeln*

*Streichholz-Kartoffeln*

*Stroh-Kartoffeln*

*Waffel-Kartoffeln*

*Würfel-Kartoffeln*

## Zubereitungen aus rohen Kartoffeln



Man verwendet für Zubereitungen aus rohen Kartoffeln **große Kartoffeln**. So hat man bei Zubereitungen aus zugeschnittenen Kartoffeln **weniger Schäl-Verlust**.

Rohe Kartoffeln **verfärben** sich **nach dem Schälen**. Darum **bewahrt** man sie für **kurze Zeit in kaltem Wasser** auf. Bei längerer Aufbewahrung in Wasser laugen die Nährstoffe aus.

Man **zerstört Zellen** beim Schneiden der Kartoffel. Aus den **Zellen tritt Stärke** aus. Die Stärke haftet an der Oberfläche. Die Stärke führt **beim Frittieren** zu **ungleichmäßiger Bräunung**. Darum **wäscht** man geschnittene Kartoffeln **vor dem Frittieren**.

Die folgenden **Kartoffel-Zubereitungen** sind aus rohen Kartoffeln.

| | | |
|---|---|---|
| • Anna-Kartoffeln | • Kartoffel-Stäbe | • Schloss-Kartoffeln |
| • Bouillon-Kartoffeln | • Nuss-Kartoffeln | • Schmelz-Kartoffeln |
| • Folien-Kartoffeln | • Oliven-Kartoffeln | • Streichholz-Kartoffeln |
| • Kartoffel-Chips | • Pariser Kartoffeln | • Stroh-Kartoffeln |
| • Kartoffel-Gratin | • Pommes frites | • Waffel-Kartoffeln |
| • Kartoffel-Spalten | • Rahm-Kartoffeln | • Würfel-Kartoffeln |

### Frittiert (in Fett gebacken)

Man muss Kartoffeln zum Frittieren gründlich abtrocknen. Wasser an den Kartoffeln

- bringt das Fett zum Schäumen,
- erhöht die Gefahr, sich zu verbrennen,
- lässt das Fett schneller verderben.

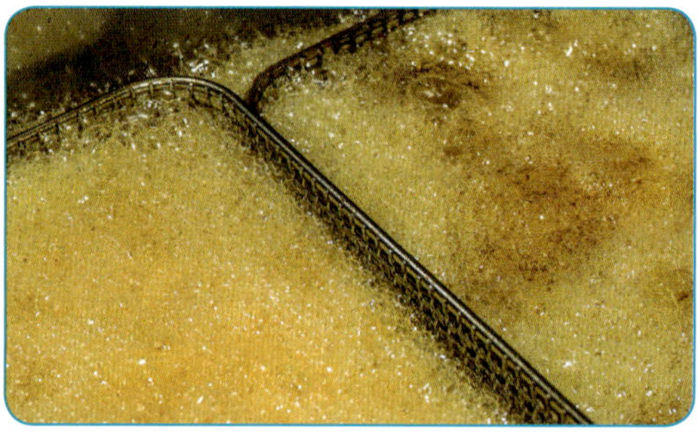

Die Frittier-Temperatur darf **nicht höher als 170 °C** sein. Bei einer höheren Temperatur bildet sich **Acryl-Amid**. Acryl-Amid ist **krebserregend**.

| | | |
|---|---|---|
|  | **Stroh-Kartoffeln**<br>straw potatoes<br>pommes paille | Man schneidet die Kartoffeln in **1 mm dünne Streifen**. Die Streifen sind **5 cm bis 6 cm lang**. Man kann aus Stroh-Kartoffeln mit einem Doppel-Sieb Kartoffel-Nester machen. |
|  | **Streichholz-Kartoffeln**<br>allumettes potatoes<br>pommes allumettes | Man schneidet die Kartoffeln so **groß wie Streichhölzer**.<br> |
|  | **Pommes frites**<br>french fries potatoes<br>pommes frites | Man schneidet Kartoffeln in **1 cm dicke** und **5 bis 6 cm lange Streifen**.<br>Man backt Pommes frites bei 130 °C vor. Bei Bedarf frittiert man sie portionsweise bei max. 170 °C knusprig. |
|  | **Kartoffel-Stäbe**<br>Pont-Neuf potatoes<br>pommes Pont-Neuf | Kartoffel-Stäbe sind **1,5 cm dick** und **5 cm bis 6 cm lang**.<br>Man backt Kartoffel-Stäbe bei 130 °C vor. Bei Bedarf frittiert man sie portionsweise bei max. 170 °C knusprig. |
|  | **Kartoffel-Chips**<br>chips potatoes<br>pommes chips | Man schneidet Kartoffeln in **hauchdünne Scheiben**. Die Scheiben sind nur **ca. 1 mm** dünn. |
|  | **Kartoffel-Spalten**<br>wedges<br>wedges | Man schneidet Kartoffeln in **Spalten**.<br>Für Kartoffel-Spalten muss man die Kartoffeln **nicht unbedingt schälen**. Man muss die Schalen aber gründlich reinigen. |
|  | **Waffel-Kartoffeln**<br>waffles potatoes<br>pommes gaufrettes | Man **schneidet** Kartoffeln **mit** dem **Gemüse-Hobel** (Mandoline). Dafür verwendet man eine **spezielle Messer-Einstellung** mit Riefen. Man dreht die Kartoffel nach jedem Schnitt um 90°. So entsteht das Waffel-Muster. |

Nach dem Frittieren gilt:

- Man **nimmt** die fertigen Kartoffel-Zubereitungen **sofort aus** dem **Fett-Bad**.
- Man **schüttelt** das Fett **gründlich ab**.
- Man **bestreut** die Kartoffel-Zubereitungen **sofort mit Salz**. Das Salz haftet besser. Man macht dies **nicht über** dem **Fett-Bad**.
- Man **bedeckt** die fertigen Kartoffel-Zubereitungen **nicht**. Die **Kruste wird** sonst **weich**.

## In der Pfanne gebraten

Man **schneidet** Kartoffeln **in Formen oder** man **bohrt** Kartoffeln **mit** dem **Ausbohrer aus**. Danach **blanchiert** man die zugeschnittenen Kartoffeln. Man **trocknet** die blanchierten Kartoffeln **gründlich ab**.

Man **brät** die zugeschnittenen Kartoffeln in der Pfanne. Man verwendet dabei **geklärte Butter**. Danach würzt man die Kartoffeln. Man gibt die fertigen Kartoffeln in den Ofen. Sie werden im Ofen goldgelb. Zwischendurch schwenkt man die Kartoffeln regelmäßig. So werden sie gleichmäßig braun.



| | | |
|---|---|---|
|  | **Nuss-Kartoffeln**<br>noisette potatoes<br>pommes noisettes | Man bohrt **kleine Kugeln** aus Kartoffeln aus.<br>Man verwendet zum Ausbohren die **kleine Form** des **Kugel-Ausbohrers**. |
|  | **Oliven-Kartoffeln**<br>olive potatoes<br>pommes olives | Oliven-Kartoffeln sind **olivenförmig**.<br>Man verwendet zum Ausbohren einen **Oliven-Ausbohrer**. |
|  | **Pariser Kartoffeln**<br>parisienne potatoes<br>pommes parisiennes | Man bohrt **große Kugeln** aus Kartoffeln aus.<br>Man verwendet zum Ausbohren die **große Form** des **Kugel-Ausbohrers**. |
|  | **Schloss-Kartoffeln**<br>château potatoes<br>pommes château | Man **tourniert** Kartoffeln **halbmondförmig**.<br>Die Kartoffeln sind **ca. 5 cm lang**. |
|  | **Würfel-Kartoffeln**<br>sauted potato cubes<br>pommes carrées | Man **schneidet** Kartoffeln in **Würfel**.<br>Die Würfel haben eine **Kanten-Länge** von **1 cm**. |

## Im Ofen gebacken

| | | |
|---|---|---|
| 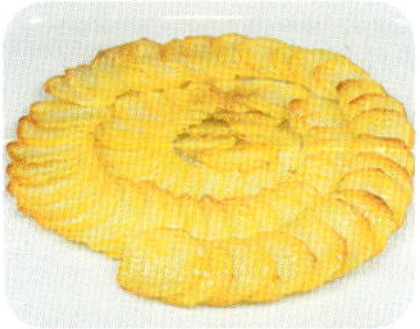 | **Anna-Kartoffeln**<br>Anna potatoes<br>pommes Anna | Man **schichtet** 1 bis 2 mm **dünne Scheiben rosettenartig** in eine gefettete Metall-Form. Man verteilt **flüssige Butter** auf den Kartoffel-Scheiben. Die Kartoffel-Scheiben **backen** im Ofen **goldbraun**. |
|  | **Bäckerin-Kartoffeln**<br>potatoes baker's style<br>pommes boulangère | Man **schichtet** Kartoffel-Scheiben **in Reihen** in eine gefettete Porzellan-Backform. Man **würzt** die Kartoffeln und **bestreut** sie **mit Zwiebel-Streifen**. Dann **untergießt** man die Kartoffel-Scheiben **mit Lamm-Jus** und backt sie im Ofen. |
| <br> | **Folien-Kartoffel**<br>baked potato<br>pomme de papier d'aluminium | Man **wickelt** eine **große mehlig kochende Kartoffel in Aluminium-Papier** und **backt** sie **bei ca. 180 °C** im Ofen. Die Gar-Zeit hängt von der Größe und von dem Wasser-Gehalt der Kartoffel ab.<br>Man **schneidet** die Kartoffel **längs ein** und **drückt** sie **ein**. So öffnet sie sich.<br>Man kann die Folien-Kartoffel **verschieden füllen**, z. B. mit Sauer-Rahm, Tzaziki oder Crème fraîche. |
|  | **Kartoffel-Gratin**<br>gratinated potatoes<br>gratin dauphinois | Man **schichtet 2 mm dünne Scheiben in** eine gebutterte **backfeste Form**. Darüber gießt man eine **Mischung aus Sahne, Parmesan**, Salz und Pfeffer. Man backt das Gratin bei **220 °C** für **ca. 25 Minuten**. |
|  | **Savoyard-Kartoffeln**<br>savoyarde potatoes<br>pommes savoyardes | Man **schichtet** 2 mm dünne Scheiben **in Reihen** in eine **gefettete** und **mit fein gehackten Schalotten belegte Form**. Man **untergießt** die Kartoffeln mit **Brühe** und gart sie im Ofen.<br>Vor Ende der Gar-Zeit **bestreut** man die Kartoffeln **mit geriebenem Parmesan** und **beträufelt** sie **mit Butter**. Man lässt die **Oberfläche bräunen**. |

| | | |
|---|---|---|
|  | **Schmelz-Kartoffeln**<br>fondant potatoes<br>pommes fondantes | Man **tourniert** Kartoffeln **in Pflaumen-Form**. Man setzt die tournierten Kartoffeln in eine feuerfeste gebutterte Form. Die Kartoffeln **untergießt** man **mit Brühe** und **gart** sie im Ofen **goldbraun**. Man **bestreicht** sie zwischendurch **mit Brühe**. |

## In Flüssigkeit gegart

| | | |
|---|---|---|
| <br> | **Bouillon-Kartoffeln**<br>bouillon potatoes<br>pommes au bouillon | Man **schwitzt Zwiebel-Brunoise** und **Gemüse-Brunoise** (Karotte, Lauch, Sellerie) in Butter **an**. Dazu gibt man **blanchierte Kartoffel-Würfel** mit einer **Kanten-Länge** von **2 cm**. Die Kartoffel-Würfel behalten durch das Blanchieren besser die Form.<br>Man füllt mit **Fleisch-Brühe** auf und gart die Kartoffel-Würfel.<br>Man **bestreut** die angerichteten Kartoffeln **mit gehackter Petersilie**. |

F

# Zubereitungen aus gekochten Kartoffeln

Man verwendet **Pellkartoffeln oder Salzkartoffeln** für Kartoffel-Zubereitungen aus gekochten Kartoffeln.

Man gart mittelgroße **Kartoffeln mit Schale** für **Pellkartoffeln**. Man **wäscht** die Kartoffeln **gründlich**. Dann **kocht** man die Kartoffeln in Wasser **oder** man **dämpft** sie. Die Gar-Zeit beträgt 20 bis 30 Minuten.

Man **gießt** die Kartoffeln **ab** und **lässt** sie auf einem flachen Blech **auskühlen**. Man **pellt** die Kartoffeln, wenn sie **noch warm** sind. Die Schale lässt sich leichter entfernen als bei kalten Kartoffeln.

Man gart **geschälte Kartoffeln** für **Salzkartoffeln**.

Man **kocht** die geschälten und gewaschenen Kartoffeln **in Salz-Wasser oder** man **dämpft** die Kartoffeln. Die Gar-Zeit beträgt 15 bis 20 Minuten.

Man **gießt** die Kartoffeln **ab**. Danach **richtet** man die Kartoffeln **an**.

Man kann Salzkartoffeln z. B. mit zerlassener Butter bestreichen, mit gehackter Petersilie oder mit Schnittlauch-Röllchen bestreuen.

Die folgenden **Kartoffel-Zubereitungen** sind aus gekochten Kartoffeln.

| **Aus Salzkartoffeln** für Kartoffel-Zubereitungen aus **passierten Kartoffeln (Kartoffel-Masse)** | | **Aus Pellkartoffeln** für Kartoffel-Zubereitungen aus **geschnittenen Kartoffeln** |
|---|---|---|
| • Herzogin-Kartoffeln<br>• Kartoffel-Krapfen<br>• Kartoffel-Kroketten<br>• Kartoffel-Plätzchen<br>• Kartoffel-Püree | • Kartoffel-Schnee<br>• Kartoffel-Strauben<br>• Lorette-Kartoffeln<br>• Mandel-Bällchen | • Berner Rösti<br>• Bratkartoffeln<br>• Lyoner Kartoffeln<br>• Kartoffel-Salat |

## Aus passierten Kartoffeln

Man **kocht** die geschälten und gewaschenen Kartoffeln **in Salz-Wasser**. Man **gießt** die Kartoffeln **ab**. Danach lässt man die Kartoffeln auf dem Herd abdämpfen. Das restliche Wasser verdampft. Die Kartoffel-Masse wird kompakter. Man verarbeitet die noch heißen Kartoffeln.

| | | |
|---|---|---|
|  | **Kartoffel-Schnee**<br>potato snow<br>pommes de terre à la neige | Man **drückt** heiße Kartoffeln **durch eine Presse** direkt auf das Anrichte-Geschirr. Man streut **etwas Salz** und **wenig Muskat** auf den Kartoffel-Schnee. Zuletzt legt man **Butter-Flöckchen** obenauf. |

## Aus passierten Kartoffeln mit Milch

| | | |
|---|---|---|
|  | **Kartoffel-Püree**<br>mashed potatoes<br>purée de pommes de terre | Man **drückt** heiße Kartoffeln **durch eine Presse**. Man **vermengt** die Kartoffeln mit **wenig Muskat** und einigen **Butter-Flocken**. Dann **rührt** man **kochend heiße Milch** nach und nach **ein**. |

Man kann Kartoffel-Püree im Geschmack **verändern**, z. B. durch frisch gehackte Kräuter, durch geröstete Speck-Würfel, durch geröstete Zwiebel-Würfel.

## Aus passierten Kartoffeln mit Butter

| | | |
|---|---|---|
|  | **Kartoffel-Plätzchen**<br>Macaire potatoes<br>pommes Macaire | Man **rührt** unter passierte, heiße Kartoffeln **Butter-Stückchen**, **wenig Muskat** und evtl. Salz. Dann **formt** man die Masse zu **4 cm dicken Walzen**. Man **schneidet** ca. **1,5 cm dicke Scheiben** ab. Die Scheiben **brät** man in wenig Fett goldgelb. |

Man kann Kartoffel-Plätzchen im Geschmack **verändern**, z. B. durch frisch gehackte Kräuter, geröstete Speck-Würfel, geröstete Zwiebel-Würfel, angeschwitzte Kochschinken-Würfelchen.

## Aus passierten Kartoffeln mit Ei-Gelb (Kroketten-Masse)

Man mischt **für Kroketten-Masse** 250 g heiße, passierte **Kartoffeln**, 1 **Ei-Gelb**, eine Prise **Salz**, **wenig Muskat** und evtl. Butter-Flocken.

| | | |
|---|---|---|
|  | **Herzogin-Kartoffeln**<br>🇬🇧 duchesse potatoes<br>🇫🇷 pommes duchesse | Man **spritzt** die Kartoffel-Masse **mit** dem **Spritz-Beutel und** der großen **Stern-Tülle** auf ein gefettetes Back-Blech oder auf Back-Papier. Dann **bestreicht** man die Formen **mit Ei-Gelb** und **backt** sie **im Ofen**. |
|  | **Kartoffel-Kroketten**<br>🇬🇧 croquette potatoes<br>🇫🇷 croquettes de pommes de terre | Man **rollt** die Kartoffel-Masse zu **Walzen** mit 1,5 cm Durchmesser und 4 cm Länge. Die Walzen **paniert** man mit **Mehl**, **Ei** und **Panier-Mehl**. Man **frittiert** die Kroketten bei 160 bis 170 °C ca. 1,5 Minuten.<br>Man sollte **probeweise** eine Krokette **frittieren**. So **testet** man die **Festigkeit**. |
|  | **Mandel-Bällchen**<br>🇬🇧 almond potatoes<br>🇫🇷 pommes croquettes aux amandes | Man **mischt** die Kartoffel-Masse **mit** gehackten oder gehobelten gerösteten **Mandeln**. Dann formt man Kugeln mit 2 cm Durchmesser. Die Kugeln **paniert** man **mit Mehl**, **Ei** und **gehobelten Mandeln**. Man **frittiert** die Kugeln bei 160 bis 170 °C ca. 1,5 Minuten. |

## Aus passierten Kartoffeln mit Brand-Masse (Dauphine-Masse)

Für Dauphine-Masse benötigt man für 1000 g passierte gekochte Kartoffeln:

| | |
|---|---|
| 200 g Wasser<br>30 g Butter<br>100 g Mehl<br>2 Eier<br>Salz, Muskat | • Man **kocht** das **Wasser mit Butter** und **Salz im Topf auf**.<br>• Man gibt das **Mehl insgesamt dazu**.<br>• Dann **erhitzt** man die **Zutaten** und **rührt dabei**, **bis** sich die **Masse vom Topf-Boden löst**.<br>• Man **füllt** die Masse **in** eine **kalte Schüssel**.<br>• Dann **vermengt** man die **Masse mit** den **Eiern und** mit den **passierten Kartoffeln**. |

Man sollte eine **Probe frittieren**. So **testet** man die **Festigkeit**.

| | | |
|---|---|---|
|  | **Kartoffel-Krapfen**<br>🇬🇧 dauphine potatoes<br>🇫🇷 pommes dauphine | Man **formt** die Dauphine-Masse **mit** einem **Ess-Löffel** zu **Klößchen** auf Back-Papier.<br>Man **frittiert** die Klößchen bei 160 °C bis 170 °C für ca. 1,5 Minuten. |

| | | |
|---|---|---|
|  | **Kartoffel-Strauben**<br>potato rosettes<br>rosettes de pommes de terre | Man **spritzt** die Dauphine-Masse **ringförmig** in **zwei Lagen übereinander** auf Back-Papier. Man **frittiert** den Ring aus Dauphine-Masse. Zwischendurch **wendet** man die Kartoffel-Straube. |
|  | **Lorette-Kartoffeln**<br>Lorette potatoes<br>pommes Lorette | Man **vermengt** die Dauphine-Masse **mit geriebenem Parmesan**. Dann **spritzt** man mit dem Spritz-Beutel und der glatten Tülle **5 cm lange Streifen**. Die Streifen **formt** man zu **Bögen**. Man **frittiert** die Bögen bei 160 °C bis 170 °C für ca. 1,5 Minuten. |

## In Sauce fertiggestellt

Man schneidet **Pellkartoffeln** in Scheiben oder in Würfel. Die **Scheiben oder die Würfel schwenkt** man **in** einer vorbereiteten **Sauce**. Man kann die Kartoffeln mit Käse bestreuen und überbacken (gratinieren).

| | | |
|---|---|---|
|  | **Rahm-Kartoffeln**<br>cream potatoes<br>pommes à la crème | Man **schneidet** Pellkartoffeln in Scheiben oder in Würfel.<br>Die Scheiben oder die Würfel **kocht** man **mit Sahne (Rahm) auf**. Dann **bindet** man die **Sahne**. |

## In der Pfanne gebraten

| | | |
|---|---|---|
|  | **Berner Rösti**<br>Swiss Rösti<br>roesti bernois | Man **raspelt Pellkartoffeln** mit der gelochten Reibe. Die geraspelten Kartoffeln gibt man in eine **Pfanne** und **drückt** sie **leicht an**. Dann **brät** man den Fladen. Zwischendurch **wendet** man den Fladen. |
|  | **Bratkartoffeln**<br>home fried potatoes<br>pommes sautées | Man **schneidet** Pellkartoffeln in 3 mm dicke **Scheiben**.<br>Man **brät** die Scheiben in der Pfanne und **würzt** mit Salz und Pfeffer. |
|  | **Lyoner Kartoffeln**<br>Lyonnaise potatoes<br>pommes à la lyonnaise | Man **vermischt Bratkartoffeln mit** goldgelb gebratenen **Zwiebel-Streifen**. |

## Kartoffel-Salate

🇬🇧 potato salads
🇫🇷 salades de pommes de terre

Man kann Kartoffel-Salat auf **sehr viele verschiedene Arten** zubereiten. Darum eignet sich Kartoffel-Salat als **vielseitige** Beilage zu ganz verschiedenen Gerichten. Man reicht Kartoffel-Salat z.B. zu Frikadellen, Kotelett, Schnitzel und Würstchen, aber auch zu gebratenem Fisch. Kartoffel-Salat ist auch ein **beliebter Salat für Büfetts**.

Man verwendet für Kartoffel-Salat **meist fest kochende oder vorwiegend fest kochende** Kartoffeln. Fest kochende Kartoffeln **zerfallen nicht so leicht**. Man kann zusätzlich ein paar mehlig kochende Kartoffeln verwenden. Der Kartoffel-Salat wird dann sämiger.

Man **schneidet** Pellkartoffeln meistens in **Scheiben** und **vermengt** die Scheiben **mit weiteren Zutaten**. Am häufigsten verwendet man als Marinade oder als Sauce:

| Marinade aus Fleisch-Brühe | Sauce aus Mayonnaise |
|---|---|
| • Man kocht Pellkartoffeln.<br>• Man gießt die Pellkartoffeln ab und lässt sie ausdämpfen.<br>• Man pellt die noch warmen Kartoffeln und schneidet sie in Scheiben.<br>• Man kocht **Fleisch-Brühe,** Essig, Öl, Salz, Pfeffer **und** Senf zu einem Sud.<br>• **Öl** zum Sud geben. Man erhält eine Marinade.<br>• Man gießt die Marinade über die Kartoffel-Scheiben.<br>• Man vermengt die Kartoffel-Scheiben und die Marinade vorsichtig.<br><br>Man kann diesen Kartoffel-Salat **warm oder kalt essen**. | • Man kocht Pellkartoffeln.<br>• Man gießt die Pellkartoffeln ab und lässt sie ausdämpfen.<br>• Man pellt die noch warmen Kartoffeln und schneidet sie in Scheiben.<br>• Man bereitet eine **Sauce aus würziger Mayonnaise** zu.<br>• Man gießt die Sauce über die Kartoffel-Scheiben.<br>• Man vermengt die Kartoffel-Scheiben und die Sauce vorsichtig.<br><br>Man kann einen Teil der Mayonnaise z.B. durch Joghurt oder Crème fraîche ersetzen. |

Man kann Kartoffel-Salat **vielfältig ergänzen**, z.B. mit Scheiben von gekochten Eiern, Zwiebel-Würfeln, gebratenen Speck-Würfeln, Gurken-Stückchen oder Kochschinken-Würfeln.

# 8 Klöße und Nocken

🇬🇧 dumplings
🇫🇷 quenelles et noques

Klöße sind **Kugeln aus verschiedenen Massen.** Man nennt Klöße auch Knödel oder Nocken. **Nocken** sind meist **kleiner** und **längs-oval.**

Man **gart** die Kloß-Massen **sofort nach der Zubereitung.** Die Kloß-Massen **ziehen** sonst **Feuchtigkeit** und **werden weich.**

*Klöße, Knödel*

*Nocken*

**Man sollte bei jeder Kloß-Art *probeweise einen Kloß garen. So testet man die Festigkeit.***

F

## 8.1 Aus Kartoffeln

### Aus rohen Kartoffeln

🇬🇧 potato dumplings
🇫🇷 quenelles de pommes de terre

- **Rohe Kartoffeln**
- Milch
- Butter
- Grieß
- Salz
- Muskat

- Man **legt** ein **Passier-Tuch** (Etamine) **in** eine große **Schüssel mit kaltem Wasser**.
- Man **reibt** geschälte rohe **Kartoffeln** in das Wasser.
- Die geriebenen **Kartoffeln drückt man** mit dem Tuch **fest aus**.
- Wenn sich die Stärke am Boden der Schüssel abgesetzt hat, gießt man das Wasser ab.
- Die **Stärke mischt man unter** die geriebenen **Kartoffeln**.
- Man **kocht Milch** mit etwas Salz und Butter.
- In die heiße Milch **gibt** man **Grieß** und **rührt** so lange, bis sich ein **Klumpen gebildet** hat.
- Man **arbeitet** den gekochten **Grieß** heiß **unter** die **ausgepressten Kartoffeln** und **würzt** mit Salz und Muskat.
- Die **Masse formt man** mit den Händen **zu Klößen**.
- Man **bringt Salz-Wasser** in einem großen Topf **zum Kochen**. In einem großen Topf haben die Klöße nebeneinander Platz.
- Die **Klöße** legt man in das kochende Wasser. Man **lässt** sie bei geöffnetem Deckel ca. 20 Minuten **garziehen**.
  **Achtung:** Das **Wasser darf nicht kochen**. Sonst zerfallen die Klöße.

## Aus gekochten Kartoffeln

potato dumplings
quenelles de pommes de terre

- **Gekochte Kartoffeln**
- Mehl
- Grieß
- Eier
- Salz
- Muskat

- Man **presst gekochte Kartoffeln** mit einer Kartoffel-Presse in eine Schüssel.
- Die **gepressten Kartoffeln mischt man** mit den anderen **Zutaten**.
- Man **formt** die **Masse** mit den Händen **zu Klößen**.
- Man **bringt Salz-Wasser** in einem großen Topf **zum Kochen**. In einem großen Topf haben die Klöße nebeneinander Platz.
- Die **Klöße** legt man in das kochende Wasser und man **lässt** sie bei geöffnetem Deckel ca. 20 Minuten **garziehen**. Achtung: Das **Wasser darf nicht kochen**. Sonst zerfallen die Klöße.

F

## Aus rohen und gekochten Kartoffeln (Thüringer Klöße)

Thuringian potato dumplings
quenelles de pommes de terre thuringiennes

- **Rohe Kartoffeln**
- **Gekochte Kartoffeln**
- Salz
- Muskat
- Croûtons
- Evtl. gebratene Speck-Würfel
- Evtl. angeschwitzte Zwiebel-Würfel

- Man **legt** ein **Passier-Tuch** (Etamine) **in** eine große **Schüssel mit kaltem Wasser**.
- Man **reibt** geschälte rohe **Kartoffeln** in das Wasser.
- Die geriebenen **Kartoffeln drückt man** mit dem Tuch **fest aus**.
- Wenn sich die Stärke am Boden der Schüssel abgesetzt hat, gießt man das Wasser ab.
- Die **Stärke mischt man unter** die geriebenen **Kartoffeln**.
- Man **presst** die **gekochten Kartoffeln**.
- Die **gepressten Kartoffeln rührt man** zu einem **Brei**.
- Man **mischt** den **Kartoffel-Brei unter** die **rohe Kartoffel-Masse** und würzt mit Salz und Muskat.
- Man **gibt** jeweils einige **Croûtons in** die **Mitte** der **portionierten** Kartoffel-Masse und **formt** die **Masse** mit den Händen **zu Klößen**.
- Man **bringt Salz-Wasser** in einem großen Topf **zum Kochen**. In einem großen Topf haben die Klöße nebeneinander Platz.
- Die **Klöße** legt man in das kochende Wasser und man **lässt** sie bei geöffnetem Deckel ca. 20 Minuten **garziehen**. Achtung: Das **Wasser darf nicht kochen**. Sonst zerfallen die Klöße.

## Kartoffel-Nocken (Gnocchi)

potato dumplings
gnocchi à la piemontaise

- **Gekochte Kartoffeln**
- Mehl
- Eier
- Butter
- Salz
- Muskat

- Man **presst** die gekochten **Kartoffeln** in eine Schüssel. Die **Kartoffeln** müssen **noch heiß** sein.
- In die gepressten Kartoffeln **rührt** man **Eier, Butter und Mehl ein**.
- Man **bestäubt** die **Arbeits-Fläche** mit Kartoffel-Mehl.
- Auf der bemehlten Arbeits-Fläche **rollt** man die **Masse zu daumendicken Walzen**.
- Man **schneidet** von den Walzen **ca. 3 cm lange Stücke**.
- Die Stücke **drückt** man **mit** den Zinken einer **Gabel ein**.
- Man **legt** die Kartoffel-Nocken sofort **in kochendes Salz-Wasser**.
- Das Wasser **lässt** man einmal **aufkochen**.
- Man **hebt** die **fertigen Kartoffel-Nocken** mit einer Schaum-Kelle **aus** dem **Wasser** und gibt sie zum Abkühlen in kaltes Wasser.
- Die Kartoffel-Nocken müssen **gründlich abtropfen**, bevor man sie weiter verarbeitet.

F

## Kartoffel-Nudeln (Schupf-Nudeln)

potato noddles
nouilles aux pommes de terre

- **Gekochte Kartoffeln, mehlig kochend**
- Mehl oder Stärke
- Ei-Gelb
- Salz
- Muskat
- Butter
- Semmel-Brösel

- Man **presst** die gekochten heißen **Kartoffeln** in eine Schüssel.
- Die **gepressten Kartoffeln knetet** man mit Mehl, Salz, Muskat und Ei-Gelb **zu einem Teig**. Man **verarbeitet** den Teig **sofort weiter**. Der Teig wird sonst weich.
- Man **bestäubt** den Teig **mit Mehl** und **rollt** den Teig **zu** einer **fingerdicken Walze**.
- Von der Walze **schneidet** man **fingerlange Stücke ab**.
- Man formt die Stücke **mit abgerundeten Enden**.
- Die Kartoffel-Nudeln lässt man in siedendem Salz-Wasser **ca. 5 Minuten garziehen**.
- Man nimmt die fertigen Kartoffel-Nudeln mit einer Schaum-Kelle aus dem Wasser und lässt sie **gut abtropfen**.
- Die Kartoffel-Nudeln **röstet** man **in geklärter Butter**.
- Man bestreut die Kartoffel-Nudeln vor dem Servieren mit Semmel-Bröseln.

## 8.2 Aus Brötchen (Semmel) oder aus Weiß-Brot

### Semmel-Knödel

bread dumplings
quenelles de pain

- **Trockene** Brötchen (**Semmeln**) oder **trockenes Weiß-Brot**
- Milch
- Zwiebel-Würfel, angeschwitzt
- Butter
- Eier
- Salz
- Muskat

- Man **schneidet** die Brötchen oder das Weiß-Brot in **kleine Würfel**.
- **Einen Teil** der Würfel **röstet** man **in Butter hellbraun**.
- Die gerösteten Würfel gibt man zu den anderen Würfeln.
- Man **erwärmt Milch**.
- Die **Würfel übergießt** man **mit** der warmen **Milch**.
- Man **lässt** die Würfel ca. 30 Minuten **in** der **Milch aufweichen**.
- In der Zwischenzeit **verrührt** man die **Eier**.
- Man **vermengt** die **Eier und** die **anderen Zutaten mit** den eingeweichten **Würfeln**.
- Die **Masse lässt man** 30 bis 45 Minuten **ruhen**.
- Man **formt** aus der Masse mit den Händen **Knödel**.
- Die Knödel **legt** man **in kochendes Salz-Wasser** und lässt sie **garziehen**.
- Die fertigen Semmel-Knödel **hebt** man **aus** dem **Wasser** und lässt sie **gut abtropfen**.



### Servietten-Knödel

Man kann Servietten-Knödel aus Semmel-Knödel-Masse herstellen.

- Man **bestäubt** ein **Passier-Tuch** (Etamine) **mit Mehl**.
- Aus Semmel-Knödel-Masse **formt** man eine **Walze**.
- Die **Walze** legt man **auf** das **Passier-Tuch**.
- Man **wickelt** die **Walze locker in** das **Passier-Tuch**. Der **Teig** geht noch auf und **braucht Platz**.
- Die Enden bindet man mit einem Bind-Faden zu.
- Man lässt den **Servietten-Knödel** in einem großen Topf **garziehen**. Der Servietten-Knödel **muss gerade liegen**.
- Man **hebt** den fertigen **Servietten-Knödel aus** dem **Wasser** und lässt ihn **gut abtropfen**.
- Den Servietten-Knödel **wickelt** man **aus** dem Passier-Tuch.
- Man **schneidet** den Servietten-Knödel **mit** einem **Bind-Faden** in **Scheiben**.

## 8.3 Aus Mehl

### Hefe-Klöße

yeast dough dumplings
quenelles à la levure

- Mehl
- Butter
- Hefe
- Milch
- Zucker
- Salz
- Eier
- Ei-Gelb

- **Alle Zutaten** müssen **Zimmer-Temperatur** haben.
- Man **wärmt Milch an** und lässt **Butter schmelzen**.
- Man siebt Mehl auf die Arbeits-Fläche.
- **In** das **Mehl drückt man** eine **Mulde** (Vertiefung) in die Mitte.
- In die Mulde **bröckelt** man die **Hefe**.

- Man **gibt** ein **wenig** erwärmte **Milch und** den **Zucker** zur Hefe.
- Dann **vermengt** man Hefe, Milch und Zucker.
- Man **lässt** die **Hefe gehen**.
- Man **gibt** die restliche Milch, Salz, Butter, Eier und Ei-Gelb **dazu** und **knetet** alle Zutaten zu einem **glatten Teig**.
- Den **Teig legt** man **in** eine **Schüssel** und lässt ihn **aufgehen**.

- Man **bestäubt** die **Arbeits-Fläche** mit Mehl.
- Auf der bemehlten Arbeits-Fläche **rollt** man den Teig zu einer **Walze**.
- Man **schneidet Stücke** von ca. 50 g **ab**.
- Mit bemehlten Händen **formt** man **Klöße**.
- Man legt die Klöße auf ein bemehltes Brett und **stellt** die Klöße **zugedeckt warm**. Der **Teig geht** noch einmal **auf**.

- Man **bringt Wasser** in einem großen Topf **zum Kochen**.
- In den Topf legt man einen **Dämpf-Einsatz**. Man kann auch ein sauberes Küchen-Tuch in den Topf hängen, mit Mehl bestäuben und die Klöße darauf legen.
- Man **dämpft** die Klöße **15 bis 20 Minuten**. Der Topf muss **mit** einem **Deckel verschlossen** sein. Sonst verdampft das Wasser.
- Man überprüft **mit** einem **Holz-Stäbchen**, ob die Hefe-Klöße gar sind. Wenn **kein Teig an** dem **Holz-Stäbchen** haftet, sind die **Klöße gar**.

### Servietten-Knödel

Man kann Servietten-Knödel aus Hefe-Klöße-Masse herstellen.

- Man **bereitet** Servietten-Knödel aus Hefe-Klöße-Masse **genauso zu wie Servietten-Knödel aus Semmel-Knödel-Masse**.

Für **Böhmische Servietten-Knödel** gibt man in den Hefe-Klöße-Teig **geröstete Weiß-Brot-Würfel**.

## 8.4 Aus Grieß

### Grieß-Nocken

semonila dumplings
gnocchi à la romaine

F

- **Grieß**
- Milch
- Butter
- Eier
- Salz
- Muskat

- Man **gibt** den **Grieß in kochende Milch**.
- Man lässt den **Grieß aufquellen**.
- Den gequollenen Grieß vermengt man mit Butter, Gewürzen und mit verrührtem Ei.
- Man **formt** die **Grieß-Masse** mit zwei Ess-Löffeln **zu Nocken.**
- Man **erhitzt Salz-Wasser** in einem Topf.
- Die **Nocken** legt man in das heiße Wasser und man **lässt** sie bei geöffnetem Deckel **garziehen**.
  **Achtung:** Das **Wasser darf nicht kochen**. Sonst zerfallen die Nocken.

## 8.5 Aus Brand-Masse

### Pariser Nocken

Paris dumplings
gnocchi à la parisienne

- Milch
- Butter
- Mehl
- Eier
- Salz

- Man **kocht** das **Wasser mit Butter** und **Salz** im Topf **auf**.
- Man **gibt** das **Mehl insgesamt dazu**.
- Dann **erhitzt** man die **Zutaten** und **rührt dabei**, **bis** sich die **Masse vom Topf-Boden löst**.
- Man **spritzt** die Masse mit dem Spritz-Beutel und einer Loch-Tülle in **haselnussgroße Nocken**.
- Man **lässt** die Nocken in siedendem Salz-Wasser **garziehen**.

Man kann Pariser Nocken mit Béchamel-Sauce überziehen (nappieren) und sie mit geriebenem Parmesan bestreuen. Dann überbackt (gratiniert) man die Pariser Nocken.

## 8.6 Klöße und Nocken als Convenience-Produkte

Man **bereitet** Klöße und Nocken als Convenience-Produkte **genau nach Anleitung zu.**
Der Handel bietet die Produkte in **verschiedenen Fertigungs-Stufen** an:

**Küchenfertige Klöße und Nocken**

Der Handel bietet **Klöße und Nocken** küchenfertig als Massen an.

Man muss die Kloß-Massen oder Nocken-Massen **weiter vorbereiten**. Die Massen muss man noch **formen** und **garen**.

**Garfertige Klöße und Nocken**

Garfertige Klöße und Nocken sind vorbereitet.

Man muss garfertige Klöße und Nocken **nur noch garen**.

**Mischfertige Klöße und Nocken**

Man muss mischfertige Produkte für Klöße und Nocken, z. B. Mischung für Semmel-Knödel, Pulver für Kartoffel-Klöße, **noch mit weiteren Lebensmitteln mischen, formen** und **garen**.

**Regenerierfertige Klöße und Nocken**

Man muss regenerierfertige Klöße und Nocken, z. B. vorgegarte Gnocchi, Semmel-Knödel, Schupf-Nudeln, **nur noch erhitzen**.

# 1 Eier und Eier-Speisen

## 1.1 Hühner-Ei

egg
œuf

Eier sind im Nahrungsmittel-Gewerbe Hühner-Eier. Bei Eiern von anderem Geflügel schreibt man den Namen dazu, z. B. Wachtel-Eier.

### Aufbau

Das **Ei-Gelb** (Ei-Dotter) ist von einem dünnen Häutchen, der Dotter-Haut, umgeben. Darauf sieht man einen kleinen, roten Punkt. Das ist die Keim-Scheibe. Aus dieser entwickelt sich bei einem befruchteten Ei das Küken. Die Farbe des Ei-Gelbs hängt vom Futter ab. Sie hat nichts mit der Qualität zu tun.

Das **Ei-Klar** nennt man meistens Ei-Weiß. Es umschließt das Ei-Gelb. Zwei weißgraue Hagel-Schnüre halten das Ei-Gelb von oben und unten in der Mitte.

Die **Schale** besteht aus Kalk und umschließt Ei-Gelb und Ei-Klar als Schutz. Die Schale ist porös, d. h. sie hat viele feine Löcher.

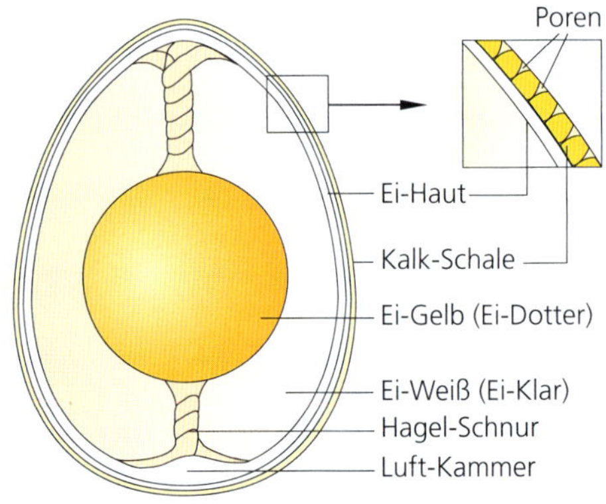


*Aufbau des Eies*

Das Ei-Klar, das Ei-Gelb und die Schale haben am Ei die folgenden Anteile:

| | Ei-Klar | Ei-Gelb | Schale |
|---|---|---|---|
| In Prozent | 60 | 30 | 10 |
| In Gramm | 30 | 15 | 5 |

### Bedeutung für die Ernährung

- Die **Proteine (Eiweiß-Stoffe)** im Hühner-Ei haben eine **hohe biologische Wertigkeit**. Die biologische Wertigkeit gibt an, in welchem Maß der menschliche Körper ein Lebensmittel-Protein in körpereigenes Protein umwandeln kann.
- Die meisten Vitamine und viele Mineralstoffe sind enthalten. In Eiern ist kein Vitamin C.

**Merke! Eier können mit Salmonellen (vgl. S. 41) belastet sein. Darum muss man bei der Verarbeitung von rohen Eiern besonders hygienisch arbeiten.** !

## Kennzeichnung

Jedes Ei wird mit einem **Erzeuger-Code** gestempelt. Der Verbraucher kann vom Erzeuger-Code Informationen ablesen.

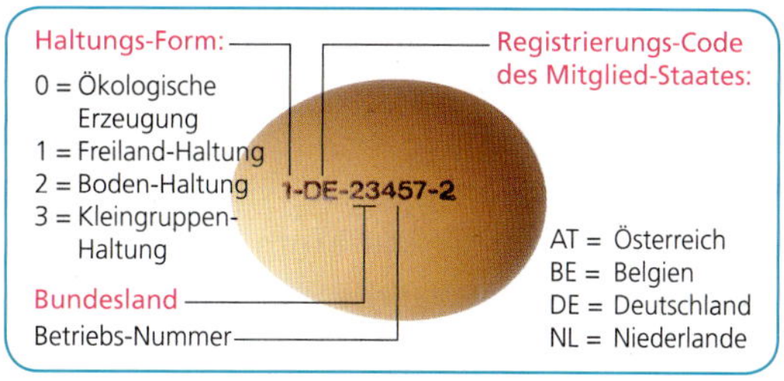


*Erzeuger-Code*

### Haltungs-Form

Die Haltungs-Form gibt an, wie die Hühner gehalten werden. Man unterscheidet vier Haltungs-Formen:

| | **Haltungs-Form** | Beschreibung |
|---|---|---|
| **0** | **Ökologische Erzeugung** | • Maximal 3 000 Hühner pro Stall<br>• Im Stall:<br>6 Hühner pro m²; 18 cm Sitz-Stange für jedes Huhn<br>• 4 m² Auslauf-Fläche für jedes Huhn im Freien ist Pflicht. |
| **1** | **Freiland-Haltung**  | • Tagsüber 4 m² Auslauf-Fläche im Freien für jedes Huhn<br>• Im Stall:<br>Die Anforderungen entsprechen der Boden-Haltung. |
| **2** | **Boden-Haltung**  | • Maximal 6 000 Hühner pro Stall<br>• Im Stall:<br>9 Hühner pro m² nutzbarer Stall-Fläche; bei mehreren Ebenen: 18 Hühner pro m² Stall-Grundfläche<br>• Erhöhte Sitz-Stangen<br>• Ein-Streu zum Scharren und Picken |
| **3** | **Kleingruppen-Haltung**  | • Haltung im Käfig in Gruppen mit 40–60 Hühnern<br>• 800–900 cm² Fläche für jedes Huhn<br>• Erhöhte Sitz-Stangen<br>• Ein-Streu zum Scharren und Picken |

Auf dem Etikett einer Eier-Verpackung kann man ablesen:

- **Verkehrs-Bezeichnung**
- **Haltungs-Form**
- **Gewichts-Klasse**
- **Güte-Klasse**
- **Mindesthaltbarkeits-Datum**
- **Nummer der Packstelle**
- **Verbraucher-Hinweise**

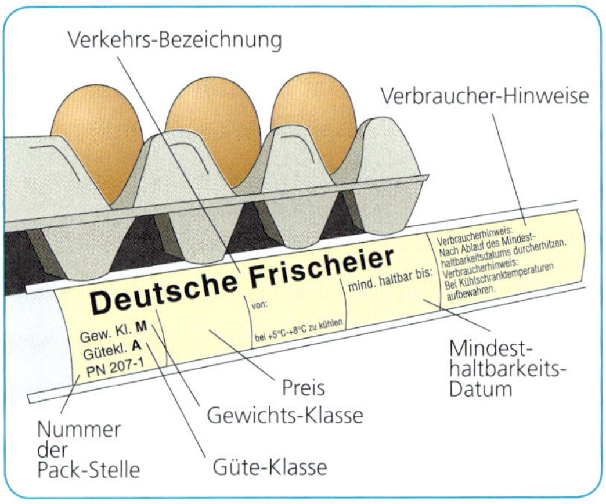


| Mindestens haltbar bis | bei + 5 bis + 8°C zu kühlen ab | Gewichtskl. | Packstelle |
|---|---|---|---|
| **02.05.** | **22.04.** | **L** | DE-140002 |

Das Ei-Alter, die Kühlung und das Mindesthaltbarkeits-Datum stehen im Zusammenhang.

- ..**1. Tag** **Lege-Datum**
- 3. Tag letztes Verpackungs-Datum
- 18. Tag von diesem Datum an müssen Eier im Handel gekühlt werden
- 22. Tag von diesem Datum an dürfen Eier nicht mehr verkauft werden
- **28. Tag** **Ende der Mindesthaltbarkeit**
  Danach sollte man Eier nur noch durchgegart essen.



## Gewichts-Klassen

Die Gewichts-Klasse gibt an, wie schwer ein Ei ist.

| **Kurz-Bezeichnung** | | | Gewicht |
|---|---|---|---|
| **XL** | Extra Large | Sehr groß | 73 g und schwerer |
| **L** | Large | Groß | 63 g bis 72 g |
| **M** | Medium | Mittel | 53 g bis 62 g |
| **S** | Small | Klein | 52 g und leichter |

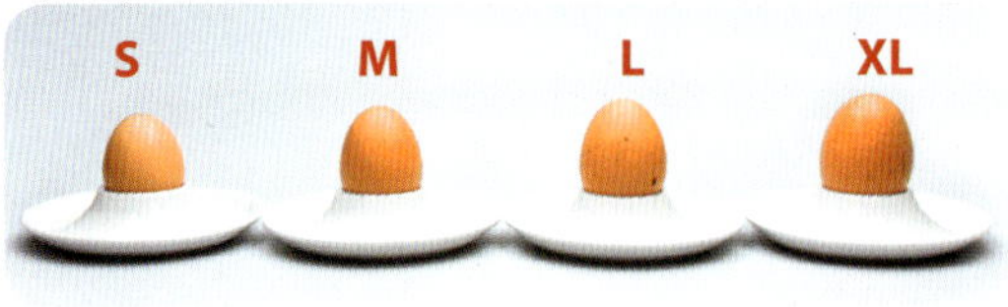


Die Angaben in Rezepten zum Kochen und Backen beziehen sich auf Eier der Gewichts-Klasse M.

### Güte-Klassen

Es gibt die **Güte-Klassen A** und **B**.

Die Güte-Klasse bestimmt die **Qualität** von Eiern. Die Qualität hängt vom Alter der Eier ab. Wenn ein Ei älter wird, wird die Luft-Kammer größer. Darum werden die Güte-Klassen durch die Größe der Luft-Kammer bestimmt.

Der **Handel bietet** fast nur Eier der **Güte-Klasse A** an.

| **Güte-Klasse** | Bezeichnung | Merkmal |
|---|---|---|
| **A** | Frisch | Luft-Kammer kleiner als 6 mm |
| **B** | 2. Qualität<br>Für die Industrie bestimmt | Luft-Kammer größer als 6 mm |

## Qualität

**Je frischer ein Ei ist, desto höher ist seine Qualität.**

Der **Geschmack** ist **nicht** mehr **so gut, wenn** ein **Ei länger gelagert** wird. Ältere Eier sind für die Verarbeitung nicht mehr optimal geeignet, weil sich wichtige Eigenschaften verändern. Ein Ei muss aber drei Tage alt sein, damit der Geschmack am besten ist. Außerdem lässt es sich dann gut schälen.

Ältere Eier
- haben eine größere Luft-Kammer.
- haben eine schwächere Dotter-Haut. Deswegen lassen sich Ei-Gelb und Ei-Klar schlechter trennen.
- haben flüssigeres Ei-Klar. Das ist schlechter für die Zubereitung mancher Eier-Speisen, z. B. für pochiertes Ei und Spiegel-Ei.

In der Küche kann man die Frische mit verschiedenen **Frische-Proben** testen.

### Sicht-Probe

Man schlägt ein Ei auf.

Wenn das **Ei-Gelb** die **Form einer Halb-Kugel** hat, ist das **Ei frisch**. Die junge Dotter-Haut ist straff und hält das Ei-Gelb fest zusammen.

Bei **älteren Eiern** sieht man ein **flaches Ei-Gelb**. Das liegt daran, dass eine ältere Dotter-Haut weniger Spannung hat.

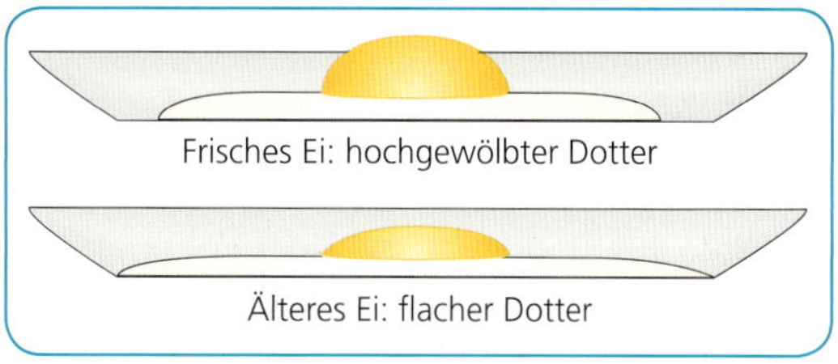


*Sicht-Probe*

### Schüttel-Probe

Man schüttelt ein Ei vorsichtig.

Wenn man nichts hört, ist das Ei frisch. Bei älteren Eiern hört man ein schwappendes Geräusch. Das Ei-Klar wird flüssiger und bewegt sich leichter hin und her.

### Alternativen zu frischen Eiern

Frische Eier können Träger von Salmonellen sein. Deswegen verwendet man in der Küche immer mehr pasteurisierte Ei-Produkte. Es gibt **Voll-Ei**, **Ei-Weiß** (Ei-Klar) und **Ei-Gelb**.

*pasteurisiertes Voll-Ei*

*pasteurisiertes Ei-Weiß (Ei-Klar)*

*pasteurisiertes Ei-Gelb*

### Lagerung

- Eier lagert man **kühl** und **dunkel**.
- Spätestens ab dem 18. Tag nach dem Lege-Datum muss man Eier zwischen **5 °C und 8 °C** lagern.
- Die **Mindesthaltbarkeit** beträgt **28 Tage**.
- Man **packt** Eier am besten **in Plastik-Behälter** (Eier-Horden) **um**. So sind die Eier-Paletten vor Feuchtigkeit geschützt.
- Eier **lagert** man **abseits von Lebensmitteln**, die einen **starken Eigengeruch** haben. Eier nehmen die Geruchs-Stoffe durch die poröse Schale auf.

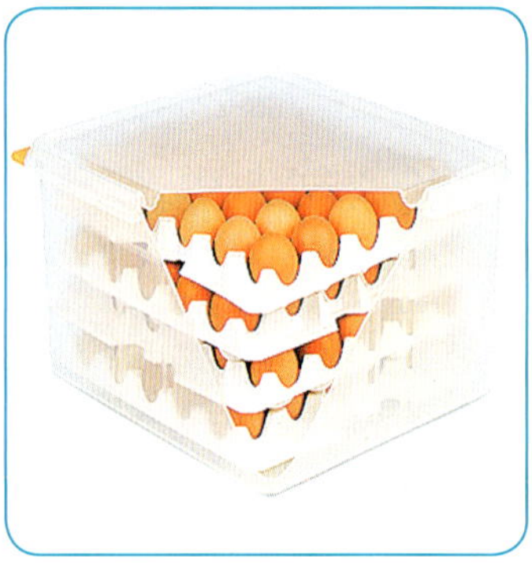

**Wenn das Mindesthaltbarkeits-Datum abgelaufen ist, muss man Eier durcherhitzen.** !

## Küchentechnologische Eigenschaften

Eier kann man in der Küche nicht nur zur Zubereitung von Eier-Speisen einsetzen. Einzelne Bestandteile oder auch Inhalts-Stoffe sind aufgrund ihrer technologischen Eigenschaften auch bei der Zubereitung anderer Speisen hilfreich.

### Das Ei-Klar als Lockerungs-Mittel

Wenn man Ei-Klar aufschlägt, nimmt das Ei-Klar viele Luft-Bläschen auf. Dadurch nimmt das Volumen zu. Es entsteht lockerer **Ei-Schnee**.

*Ei-Schnee*

### Das Ei-Gelb als Emulgator

Das Ei-Gelb enthält **Lezithin**. Lezithin wirkt als **Emulgator**. Ein Emulgator (vgl. S. 78) verbindet Wasser mit Öl, sodass sich beide Bestandteile nicht mehr trennen. Bei der Herstellung z. B. von Mayonnaise werden durch das Lezithin das Öl und die Wasser-Anteile im Ei miteinander verbunden. Diese Eigenschaft von Lezithin wird auch bei der Herstellung von Sauce Hollandaise genutzt.

*Sauce Hollandaise*

## Das Ei-Klar als Klär-Mittel

Ei-Klar hat die Fähigkeit, Schwebe-Teilchen in Flüssigkeiten, z. B. in Fleisch-Brühe, an sich zu binden. Beim Erhitzen gerinnt das Ei-Klar, steigt an die Oberfläche und nimmt die Teilchen mit. Es setzt sich als Schaum ab und man schöpft den Schaum ab. Die Flüssigkeit wird klar (vgl. S. 570).

## Das Ei als Binde-Mittel

Ei enthält die Eiweiß-Stoffe Albumin und Globulin (vgl. S. 81).

Wenn man Ei erhitzt, gerinnen diese beiden Eiweiß-Stoffe. Dabei können sie viel Flüssigkeit an sich binden. Das nutzt man bei der Herstellung
- von Teigen und Massen
- von Eier-Stich
- beim Legieren von Suppen und Saucen

**Beobachtungen – Überlegungen**

1. Haben Sie schon erlebt, dass Ei-Klar nicht zu Schnee geschlagen werden konnte? Warum ist das passiert?
2. Was geschieht, wenn Ei-Schnee nach dem Schlagen nicht sofort weiterverarbeitet wird? Begründen Sie.
3. Vergleichen Sie das Gewichts-Verhältnis von Eiern und Milch bei Rezepten zu Eier-Stich.
4. Was ist nach dem Legieren einer Suppe zu beachten? Begründen Sie.
5. Welche Temperatur soll eine Brühe haben, wenn das Ei-Klar als Klär-Mittel zugegeben wird? Warum?

G

# 1.2 Eier-Speisen

egg dishes
entremets aux œufs

Aus Eiern kann man viele schmackhafte Eier-Speisen zubereiten.

**Frühstücks-Gerichte:**
- Gekochte Eier in der Schale oder im Glas
- Pochierte Eier auf Toast
- Rühreier
- Rühreier mit Schinken-Streifen
- Spiegel-Eier mit Speck

*Frühstücks-Gericht*

**Kalte Vorspeisen:**
- Halbierte, gefüllte Eier auf Frühlingssalat
- Eiersalat mit Kräutern, in Tomaten gefüllt
- Pochierte Eier mit Räucherlachs und Kresse
- Eier-Scheiben mit Krabben in Estragon-Gelee

**Warme Zwischen-Gerichte:**
- Frittierte Eier mit Speck auf Toast, Tomaten-Sauce
- Pochierte Eier mit Mornaysauce überbacken
- Rühreier mit Geflügel-Leber und Pilzen

*Kalte Vorspeise*

**Eigenständige warme Gerichte:**

- Wachsweiche Eier in Curry-Sauce mit Tomaten-Reis
- Omelette mit Kalbsragout und Petersilien-Kartoffeln
- Spiegel-Eier auf Rahmspinat mit Salzkartoffeln
- Käse-Omelette mit buntem Salat-Teller

*Eigenständiges Gericht*

Bei der Zubereitung von Eier-Speisen gilt:

**Der Gast muss vor Salmonellen geschützt werden!** !

Aus diesem Grund sollte man beachten:

- **Frische Eier** oder **pasteurisierte Ei-Produkte** verarbeiten.
- Eier **kühl lagern**, damit Salmonellen sich nicht so schnell vermehren.
- Nach der Verarbeitung von rohen Eiern muss man sich die **Hände waschen**.
- **Eier-Speisen aus rohen Eiern**, z. B. Rühreier, darf man **nur bis 2 Stunden** nach der Herstellung anbieten.
- **Kalte Zubereitungen mit rohen Eiern** oder Ei-Bestandteilen als Zutat, z. B. Tiramisu und Mousse au chocolat, dürfen **nur bis 2 Stunden ohne Kühlung** angeboten werden.
- **Kalte Zubereitungen mit rohen Eiern** oder Ei-Bestandteilen als Zutat dürfen **mit Kühlung** bei höchstens +7 °C **24 Stunden** verzehrt werden.
- Zubereitungen mit rohen Ei-Bestandteilen dürfen nicht über die Straße verkauft werden.



## Gekochte Eier

boiled eggs
œufs cuits

Der Gast soll ein einwandfreies Ei serviert bekommen. Darum beachtet man:

- Die **Schale** darf **keine Risse** haben. Bei einer schadhaften Schale tritt beim Kochen Ei-Klar aus.
- Gekühlte Eier legt man vor dem Kochen in warmes Wasser. Dann reißt die Schale beim Kochen nicht so leicht.
- Größere Mengen an Eiern gibt man in einem Draht-Korb in kochendes Wasser.

### Kochdauer

Die Kochdauer wird von dem Zeitpunkt gemessen, an dem das Wasser wieder anfängt zu kochen.

- **Weiche Eier**: 3–5 Minuten
- **Wachsweiche Eier**: 5–8 Minuten
- **Hart gekochte Eier**: 10 Minuten

Nach dem Kochen schreckt man Eier mit kaltem Wasser ab.

**Tipps für die Weiter-Verarbeitung**

- Wenn Eier auf Vorrat gekocht werden, bewahrt man sie am besten in der Schale auf.
- Die Schale lässt sich leichter entfernen, wenn man die Eier in einem Gefäß mit kaltem Wasser pellt.
- Wenn man gepellte Eier vorrätig hält, legt man sie in kaltes Wasser. So verändert sich die Form nicht und die Oberfläche trocknet nicht ab.

Die **Ei-Rolle** oder das **Stangen-Ei** ist ein Fertig-Produkt, bei dem man Ei-Klar und Ei-Gelb in zwei ineinander gesteckten Rohren hart kocht.

Der Vorteil einer Ei-Rolle gegenüber einfachen, hartgekochten Eiern besteht darin, dass die Eier-Scheiben gleichmäßig geformt sind. So hat man keine Verluste, wenn man Eier-Scheiben benötigt.

*Ei-Rolle*

## Spiegel-Eier

**fried eggs**
**œufs sur le plat**

Für den Gast soll das 2 ansprechend aussehen.

Das Ei-Klar ist gestockt und das Ei-Gelb ist weich und glänzend. Manchmal bestellen die Gäste Spiegel-Eier, die auf beiden Seiten gebraten sein sollen.

**Zubereitung** (für eine Person nimmt man 2 Eier)

| **Arbeitsschritt** | **Begründung** |
|---|---|
| • Butter in einer stabilen Stiel-Pfanne erwärmen. | Butter gibt einen besonders guten Geschmack. |
| • Das Ei vorsichtig aufschlagen und in die Pfanne geben. | Die Dotter-Haut ist empfindlich und das Ei-Gelb läuft leicht aus. |
| • Das Spiegel-Ei bei niedriger Temperatur garen. | Das Ei-Weiß bekommt keine scharfen (dunklen) Brat-Ränder. |
| • Nur das Ei-Weiß salzen. | Salz auf dem Ei-Gelb bildet weiße Punkte. |
| • Das Spiegel-Ei vorsichtig mit einer Winkel-Palette aus der Pfanne nehmen. | Das Spiegel-Ei bleibt in Form und reißt nicht. |

## Abwandlungen

- Spiegel-Eier mit gebratenem Speck (engl. bacon)
- Spiegel-Eier mit gebratenem Schinken
- Spiegel-Eier mit Rost-Bratwürstchen
- Spiegel-Eier mit Geflügel-Leber
- Strammer Max

*Strammer Max*

## Rühreier

scrambled eggs
œufs brouillés

Der Gast erwartet Rühreier, die **kleinflockig** und **cremig-locker** sind.

Wenn man Rühreier im Voraus zubereitet, gibt man Milch oder Sahne in die Ei-Masse. Die Rühreier bleiben dann cremiger.

Für Rühreier, die am Frühstücks-Büfett länger im Chafing-dish warmgehalten werden, verwendet man pasteurisiertes Voll-Ei. Dann besteht keine Salmonellen-Gefahr.

G

**Zubereitung** (für eine Person nimmt man 2 Eier)

| Arbeitsschritt | Begründung |
|---|---|
| • Die Eier aufschlagen und in eine Schüssel geben. | |
| • Die Eier gründlich verrühren und salzen. | Es bilden sich keine weißen Stückchen im fertigen Rührei. |
| • Butter in einer Stiel-Pfanne erwärmen. | Butter gibt einen besonders guten Geschmack. |
| • Die Ei-Masse in die Stiel-Pfanne gießen. | |
| • Die Ei-Masse bei niedriger Temperatur stocken lassen. | Die Ei-Masse gart gleichmäßig. Die Rühreier brennen nicht an. |
| • Die Ei-Masse während des Stockens mit einer Winkel-Palette ständig vom Boden lösen und in die noch nicht geronnene Ei-Masse untermischen. | Die Rühreier werden kleinflockig. |

## Abwandlungen

- Rühreier mit Schnittlauch
- Rühreier mit gebratenen Speck-Würfeln
- Rühreier mit gebratenem Speck (engl. bacon)
- Rühreier mit gebratenen Pilzen
- Rühreier mit geriebenem Käse
- Rühreier garniert mit Spargel
- Rühreier garniert mit Geflügel-Leber

*Rühreier mit gebratenem Speck*

# Ei im Näpfchen

egg in mold
œuf en cocotte

Ei im Näpfchen gart man in einem **Porzellan-Förmchen** (**Cocotte**). Das Ei-Gelb ist am Ende der Gar-Zeit weich. Man serviert das Ei auch in dieser Cocotte.

**Zubereitung**

| Arbeitsschritt | Begründung |
|---|---|
| • Das Porzellan-Förmchen (Cocotte) mit Butter ausstreichen | Das Ei klebt nicht am Porzellan. |
| • Sahne in das Förmchen gießen. | |
| • Ein aufgeschlagenes Ei auf die Sahne geben. | |
| • Auf das Ei ein Butter-Stückchen legen. | Es bildet sich keine Haut. |
| • Im Wasserbad stocken lassen. | |

## Abwandlungen

Man kann statt Sahne z. B. in die Förmchen geben:
- Geflügel-Ragout
- Ragout von Krusten-Tieren
- gedünstetes Gemüse
- Pilz-Püree
- Zwiebel-Püree
- Schinken-Würfelchen oder Käse-Würfelchen

*Ei im Näpfchen, roh und gegart*

## Pochierte Eier

poached eggs
œufs pochés

Pochierte Eier gart man ohne Schale in ungesalzenem Essig-Wasser. Das Ei-Gelb soll nach dem Garen innen noch weich sein.

**Nur frische Eier** eignen sich für pochierte Eier. Das Ei-Klar ist noch zähflüssig und fließt im Essig-Wasser nicht auseinander.

**Zubereitung**

| Arbeitsschritt | Begründung |
|---|---|
| • Wasser in einen Topf geben. Je Liter Wasser einen Esslöffel Essig dazugeben.<br>• Wasser zum Kochen bringen. | Essig lässt das Ei besser gerinnen. Das Ei nimmt den Essig-Geschmack nur wenig an. |
| • Die Temperatur verringern. Das Wasser darf nicht kochen! | Die Bewegung des kochenden Wassers zieht das Ei-Klar auseinander. |
| • Ein Ei in ein Schälchen aufschlagen.<br>• Das Ei vorsichtig in das heiße Wasser gleiten lassen. (1) | Eier werden einzeln in das Wasser gegeben. Das Ei wird nicht beschädigt. |
| • Das Ei **4 Minuten** ziehen lassen. | Das Ei ist außen fest und innen noch weich. |
| • Das pochierte Ei mit einer Schaum-Kelle aus dem Wasser heben. | Durch die flache Form der Schaum-Kelle kann man das pochierte Ei besser aus dem Wasser heben. Das heiße Wasser tropft ab. |
| • Das pochierte Ei in kaltem Wasser abschrecken. (2) | Das pochierte Ei gart nicht nach. |
| • Das pochierte Ei auf einem Tuch abtropfen lassen. (3) | Das pochierte Ei trocknet ab. |
| • Die abstehenden Ei-Weiß-Enden abschneiden. | Das pochierte Ei bekommt seine optimale Form. |

(1)

(2)

(3)

G

Wenn man pochierte Eier nicht sofort serviert, legt man sie bis zum Servieren in gesalzenes warmes Wasser (50 °C). Direkt vor dem Anrichten lässt man die pochierten Eier auf einem Tuch abtropfen.

## Abwandlungen

- Pochierte Eier kann man auf gebutterten Toast-Scheiben anrichten.
- Pochierte Eier kann man auf Fleisch-Ragout, Gemüse oder Pilzen anrichten.
- Pochierte Eier kann man mit Mornay-Sauce überbacken.

## Frittierte Eier

deep fried eggs
œufs frits

Frittierte Eier werden einzeln ohne Schale in heißem Öl gebacken. Am Ende der Gar-Zeit ist das Ei außen goldbraun und knusprig gebacken und das Ei-Gelb weich.

Frittierte Eier werden gewürzt und auf Toast angerichtet.

Weil man die Eier einzeln frittiert, ist die Zubereitung zeitaufwendig.

*Frittiertes Ei*

G

**Zubereitung**

| **Arbeitsschritt** | **Begründung** |
|---|---|
| • Öl in einer kleinen, tieferen Stiel-Pfanne auf 170 °C erhitzen. | Zum Frittieren braucht man eine höhere Menge Öl. |
| • Ein Ei in ein Schälchen aufschlagen. Das Ei vorsichtig in das Öl gleiten lassen. | Die Eier müssen einzeln frittiert werden. Das Ei wird nicht beschädigt. |
| • Die Eiweiß-Blasen sofort mit einem Holzlöffel an das Ei-Gelb drücken. | Das Ei bekommt eine ansprechende Form. |
| • Das Ei wenden und **1 Minute** frittieren. | Das Ei bräunt gleichmäßig. |
| • Das Ei vorsichtig mit einer Schaum-Kelle aus dem Öl heben. | Das Öl tropft ab. |
| • Das Ei auf einer saugfähigen Unterlage abtropfen lassen. | Das Öl wird aufgesogen. |

## Beilagen

- Gegrillte Speck-Scheiben, gegrillte Schinken-Scheiben, gebratene Nieren, gebratene Würstchen
- sautierte Pilze, gedünsteter Blattspinat
- Curry-Sauce, Tomaten-Sauce, Tataren-Sauce

## Pfannkuchen – Eier-Kuchen

pancakes
crêpes

Der Gast erwartet dünne Pfannkuchen mit einer goldgelben Farbe.

| **Zutaten** (für 10 Pfannkuchen, Ø ca. 22 cm) | | |
|---|---|---|
| 250 | g | Mehl |
| 750 | ml | Milch |
| 10 | | Eier |
| 1 | Msp. | Salz |
| 80 | g | Butter |

**Zubereitung**

| Arbeitsschritt | Begründung |
|---|---|
| • Milch und Mehl gründlich verrühren.<br>• Die Eier dazugeben. | Es bilden sich keine Klümpchen. |
| • Die Milch-Mehl-Masse mit den Eiern gründlich verrühren. | Es entsteht eine glatte Masse. |
| • Butter in einer Pfanne erhitzen. | Butter gibt einen besonders guten Geschmack. |
| • Pfannkuchen-Masse mit einer Kelle kreisförmig in die Pfanne gießen. | Die Pfannkuchen-Masse verteilt sich gleichmäßig in der Pfanne. |
| • Die Unterseite goldgelb backen. | Der Pfannkuchen bekommt eine ansprechende Farbe. |
| • Den Pfannkuchen wenden und die zweite Seite goldgelb backen. | |
| • Den Pfannkuchen sofort servieren. | Der Pfannkuchen hat die erwartete Qualität. |

Man trennt die Eier. Das Ei-Gelb verrührt man mit der Milch-Mehl-Masse. Das Ei-Klar schlägt man zu Ei-Schnee und hebt den Ei-Schnee unter die Pfannkuchen-Masse. Dadurch werden die Pfannkuchen lockerer.

### Abwandlungen

Wie alle Eier-Speisen kann man Pfannkuchen geschmacklich ergänzen, z. B. durch

- eingebackene Speck-Würfel
- Aufrollen mit Spinat und Schafskäse
- eingebackene Apfel-Spalten
- Aufrollen mit Früchten

## Omelett

omelette
omelette

Ein Gast erwartet ein schön geformtes Omelett. Das Omelett soll **außen glatt und innen weich** sein.

Zum Zubereiten von Omeletts verwendet man eine spezielle **Omelett-Pfanne**. Bei einer Omelett-Pfanne ist der Übergang vom Pfannen-Boden zum Rand abgerundet. Das Omelett gleitet leichter in den Rand und man kann das Omelett besser formen.

G

### Abwandlungen

Omeletts kann man durch verschiedene Zutaten geschmacklich ergänzen.

- Zutaten anschwitzen, mit der Ei-Masse übergießen und stocken lassen.
- Zutaten in die rohe Ei-Masse geben.
- Zutaten als Füllung vor dem Zusammenklappen in die Mitte geben.
- Zutaten in das angerichtete, längs eingeschnittene Omelett geben.
- Zutaten neben dem Omelett anrichten.

*Omelett mit Lachs und Brokkoli*

Als Zutaten eignen sich besonders:

- gedünstete Pilze, Tomaten, Spargel
- Speck oder Schinken
- feines Geflügel-Ragout, Geflügel-Leber, Nieren, Kalbsbries
- Croutons
- geröstete Kartoffel-Würfel
- Käse

**Zubereitung** (für eine Person nimmt man 2 Eier)

| Arbeitsschritt | Begründung |
|---|---|
| • Eier aufschlagen und in eine Schüssel geben. | |
| • Eier gründlich verrühren und salzen. | Es bilden sich keine weißen Flecken im Omelett. |
| • Butter in einer Omelett-Pfanne erwärmen. | Butter gibt einen besonders guten Geschmack. |
| • Die Ei-Masse in die Omelett-Pfanne gießen.<br>• Die Ei-Masse stocken lassen. | |
| • Die flüssige Oberfläche mit einem Gabel-Rücken vorsichtig verteilen. (1) | Mit den Gabel-Zinken vermischt man die Ei-Masse. |
| • Die Pfanne schräg halten und die gestockte Ei-Masse in den vorderen Pfannen-Teil gleiten lassen. | Das Omelett kann man anschließend besser formen. |
| • Den oberen Teil der gestockten Ei-Masse bis zur Mitte umklappen. (2) | So formt man den ersten Teil der Omelett-Rolle. |
| • Das Omelett aus der Pfanne gleiten lassen und dabei zu einer Rolle formen. (3) | |
| • Das Omelett mit Butter bestreichen. (4) | Das Omelett glänzt. |

*Ei-Masse mit Gabel rühren.*

*Omelett zum Rand rollen und formen.*

*Omelett auf Teller stürzen.*

*Omelett mit Butter bestreichen.*

G

# 2 Milch und Milch-Produkte

milk and dairy products
lait et produits à base de lait

Milch ist ein **Nahrungs-Mittel**.

Man stellt aus Milch viele verschiedene **Milch-Produkte** her, z. B.:

- Butter
- Butter-Milch
- Crème double
- Crème fraîche
- Dickmilch
- Joghurt
- Käse
- Kaffee-Sahne
- Kefir
- Sahne
- Saure Sahne
- Schmand

## 2.1 Bedeutung für die Ernährung

Milch enthält **viele Nährstoffe**.

- **Milch-Zucker (Laktose)** ist ein Kohlenhydrat. Kohlenhydrate liefern dem Körper **Energie**.
- Milch-Zucker **hilft** dem menschlichen Körper, **Kalzium aufzunehmen**.
- Milch-Zucker **hemmt** das **Wachstum von Fäulnis-Bakterien im Darm**.
- Manche Menschen können **Milch-Zucker nicht verdauen**. Man nennt das **Laktose-Intoleranz.**
- **Milch-Fett** wird durch ein spezielles Verfahren (Homogenisieren) sehr fein in der Milch verteilt. Man kann die Milch leichter verdauen.
- Der menschliche Körper kann das **Milch-Eiweiß** sehr gut verwerten.
- Milch enthält **Kalzium**. Kalzium ist ein Mineralstoff. Kalzium ist **gut für** den **Knochen-Aufbau und** für die **Zähne**.
- Milch enthält vor allem **Vitamin A** und **Vitamin B**.

**Voll-Milch enthält:**

**87 % Wasser**

**4,8 % Milch-Zucker**

**3,5 % Milch-Fett**

**3,3 % Milch-Eiweiß**

**0,1 % Kalzium**

**Vitamine**

## 2.2 Milch

milk
lait

Milch-Bauern **liefern** den **Molkereien** Milch.

Die **Molkereien bearbeiten** die angelieferte **Milch**.

- Das **Labor** in der Molkerei **untersucht** die Milch **auf Mikroorganismen**.
- Eine Maschine (die **Zentrifuge**) **trennt** die Milch **in Mager-Milch und Rahm** (Fett). Dabei wird die Milch auch gereinigt.
- Man **fügt** zur **Mager-Milch** unterschiedlich viel **Rahm hinzu**. Man erhält Milch **mit verschiedenem Fett-Gehalt**.

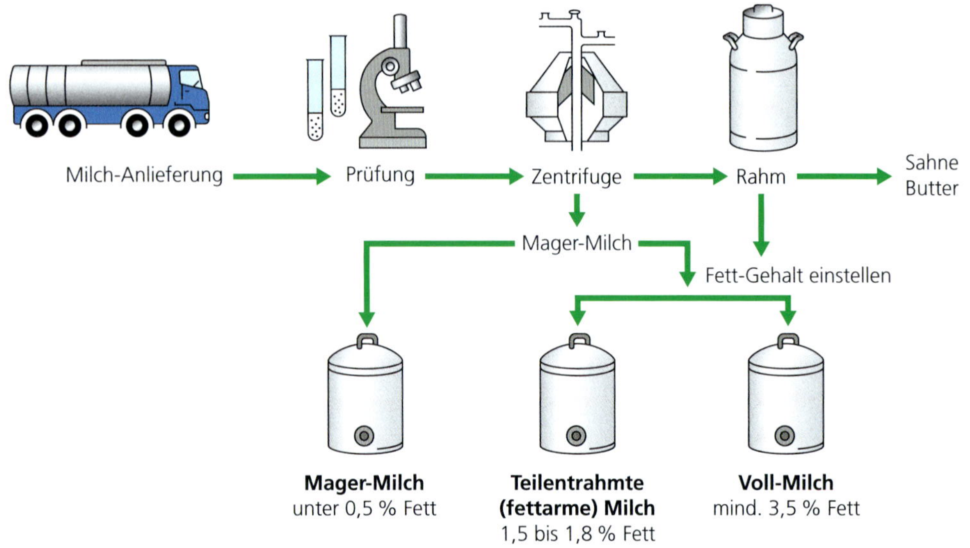


G

- Die **Milch** wird **erhitzt**. So werden die **Mikroorganismen abgetötet**. Die Milch ist **länger haltbar**.

| **Pasteurisieren** | **Hocherhitzen** | **Ultra-Hocherhitzen** | **Sterilisieren** |
|---|---|---|---|
| 72–75 °C | 115–125 °C | 135–150 °C | 120 °C |
| 15–30 Sekunden | 1–4 Sekunden | mind. 1 Sekunde | 20–30 Minuten |
| **Frisch-Milch** | **ESL-Milch** | **H-Milch** | **Steril-Milch** |
| **Gekühlt eine Woche** haltbar | **Gekühlt bis zu 24 Tage** haltbar | **Ungeöffnet** und **ungekühlt 6 Wochen** haltbar | **Ungeöffnet, ungekühlt sehr lange** haltbar |

**ESL** bedeutet **E**xtended **S**helf **L**ife (verlängerte Haltbarkeit). Mit diesem Verfahren erhält man eine **länger haltbare Frisch-Milch**.

Molkereien kennzeichnen **Frisch-Milch** mit dem Zusatz **„traditionell hergestellt"** und **ESL-Milch** mit dem Zusatz **„länger haltbar"**.

- Die Milch wird mit sehr hohem Druck **durch sehr feine Düsen gepresst**. Die **Fett-Kügelchen** werden **zerkleinert** und **in** der **Milch verteilt**. Man nennt das „**Homogenisieren**".

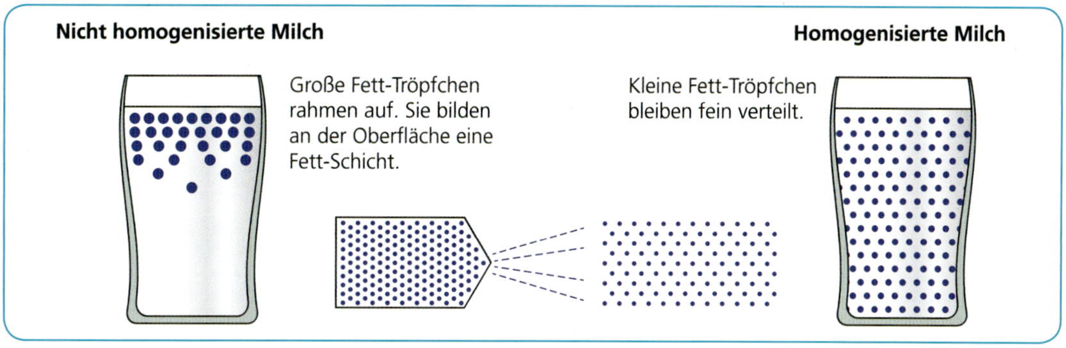


**Roh-Milch** ist **nicht bearbeitete Milch**. Roh-Milch enthält **unterschiedlich viel Fett** und ist **nicht erhitzt**.

## Eigenschaften der Milch

- Der Eiweiß-Stoff **Albumin gerinnt** beim Erhitzen. An der Oberfläche der Milch **bildet sich** eine **Haut**.
- Der Eiweiß-Stoff **Kasein** setzt sich beim Erhitzen **am Topf-Boden fest**. Die Milch setzt an oder brennt an.
- **Milch-Zucker** setzt sich zusammen **mit Kasein** beim Erhitzen **am Topf-Boden fest**. Der Milch-Zucker **karamellisiert**. Es entsteht der typische **„Koch-Geschmack"** der Milch.
- **Milch-Zucker** wird durch Milchsäure-Bakterien in **Milchsäure umgewandelt**. Durch Milchsäure **gerinnt Milch-Eiweiß**. So entstehen Sauermilch-Produkte, z. B. Dickmilch und Joghurt.
- Der Eiweiß-Stoff **Kasein gerinnt** auch **durch Lab** (Enzym aus dem Magen von Kälbern). So **entsteht Käse**.

*„Milch-Haut"*

## 2.3 Butter

butter
beurre

Man **stellt** Butter **aus Rahm** (Sahne) **her**.

Sahne hat einen Fett-Gehalt von 30 %. Sahne enthält ca. 64 % Wasser. Sahne ist eine Fett-in-Wasser-Emulsion.

Man **bearbeitet** die **Sahne** so, dass **sich Fett-Kügelchen** zu Butter **zusammenballen**. Dabei **fließt** die **Buttermilch ab**.

Butter hat einen **Fett-Gehalt** von **mindestens 82 %**. Butter enthält 16 % Wasser. Butter ist eine Wasser-in-Fett-Emulsion.

Der Handel bietet Butter mit verschiedenen **Geschmacks-Richtungen** an.

| | |
|---|---|
| **Süßrahm-Butter** | Man stellt Süßrahm-Butter **aus ungesäuertem Rahm** (Sahne) her. Süßrahm-Butter **schmeckt sahnig** und **mild**. |
| **Mild gesäuerte Butter** | Man stellt mild gesäuerte Butter aus Süßrahm-Butter her. Man gibt **Milchsäure-Bakterien zur Süßrahm-Butter** hinzu. |
| **Sauerrahm-Butter** | Man gibt **Milchsäure-Bakterien in** den **Rahm**. Sauerrahm-Butter **schmeckt leicht säuerlich**.<br>Die meisten Verbraucher kaufen Sauerrahm-Butter. |

| | |
|---|---|
| **Gesalzene Butter** | Die Butter **ist gesalzen**. |
| **Butter-Zubereitungen** | Butter-Zubereitungen, z. B. Kräuter-Butter, Knoblauch-Butter, Joghurt-Butter, müssen **mindestens 62 % Fett** enthalten. |

Der Handel bietet Butter mit unterschiedlichem **Fett-Gehalt** an.

| | |
|---|---|
| **Dreiviertel-Fett-Butter** | Diese Butter hat einen **Fett-Gehalt** von **60–62 %.** |
| **Halbfett-Butter** | Halbfett-Butter hat einen **Fett-Gehalt** von **39–41 %.** Diese Butter darf als „**fettarm**" bezeichnet werden. |

G

Der Handel bietet spezielle Produkte **zum Braten und zum Kochen** an.

| | |
|---|---|
| **Butter-Schmalz**  | Man nennt Butter-Schmalz auch **Butter-Reinfett**.<br>Butter-Schmalz ist **Butter ohne Wasser und Milch-Eiweiß**. Darum kann man Butter-Schmalz **höher erhitzen**. Butter-Schmalz ist dunkler als Butter.<br>Man kann Butter-Schmalz **mit geklärter Butter vergleichen**. |

## 2.4 Sahne und Sahne-Produkte

cream and creamproducts
crème et produits à base de crème

Sahne (Rahm) ist das **Milch-Fett**.

Eine **Zentrifuge** schleudert die Milch mit sehr hoher Geschwindigkeit. Sie **trennt** die **leichtere Sahne von** der **schwereren Mager-Milch**.

Sahne und Sahne-Produkte
- haben **unterschiedlichen Fett-Gehalt**,
- werden **ohne oder mit Milchsäure-Bakterien** hergestellt.

### Ungesäuerte Sahne-Produkte (ohne Zusatz von Milchsäure-Bakterien)

| Produkt | Fett-Gehalt | Verwendung |
|---|---|---|
| **Kaffee-Sahne** | mind. 10 % | • Zu Kaffee und zu Tee |
| **Schlagsahne** | mind. 30 % | • Als geschlagene Sahne<br>• Suppen und Saucen verfeinern |
| **Schlagsahne extra** | mind. 36 % | • Als geschlagene Sahne<br>• Suppen und Saucen verfeinern |
| **Crème double** | mind. 40 % | • Suppen und Saucen verfeinern |

### Gesäuerte Sahne-Produkte (mit Zusatz von Milchsäure-Bakterien)

| Produkt | Fett-Gehalt | Verwendung |
|---|---|---|
| **Sauer-Rahm**<br>(saure Sahne) | mind. 10 % | • Für Dressings<br>• Suppen und Saucen verfeinern |
| **Schmand** (Schmant) | mind. 20 % | • Für Dressings<br>• Suppen und Saucen verfeinern |
| **Crème fraîche** | mind. 30 % | • Für Dressings<br>• Suppen und Saucen verfeinern |

Man muss **Sauer-Rahm mit** wenig **Stärke oder Mehl verrühren**, **bevor** man den **Sauer-Rahm in heiße Speisen** gibt. So **gerinnt das Milch-Eiweiß** im Sauer-Rahm **nicht so schnell**.

Man kann **Schmand** und **Crème fraîche direkt** in heiße Speisen **einrühren**. Das **Milch-Eiweiß gerinnt** durch den hohen Fett-Gehalt **nicht**.

## 2.5 Sauermilch-Produkte

sour milk products
produits bàse de lait caillé

Molkereien stellen Sauermilch-Produkte her. Sie geben zur Milch Milchsäure-Bakterien dazu.

**Milchsäure-Bakterien wandeln** den **Milch-Zucker** in **Milchsäure um**. Durch die Milchsäure **gerinnt** das **Milch-Eiweiß**.

**Sauermilch-Produkte** unterscheiden sich durch:

| Geschmack | Beschaffenheit | Fett-Gehalt |
|---|---|---|
| Der Geschmack reicht von **mild bis kräftig sauer**. | Sauermilch-Produkte sind **meistens stichfest**. Sie können **auch flüssig** sein. | Der Fett-Gehalt **hängt vom Fett-Gehalt** der **Milch ab**. Man kann den **Fett-Gehalt** durch Sahne (Rahm) **erhöhen**. |

Molkereien stellen verschiedene **Sauermilch-Produkte** her, z. B.:

| | | |
|---|---|---|
| **Ayran** | 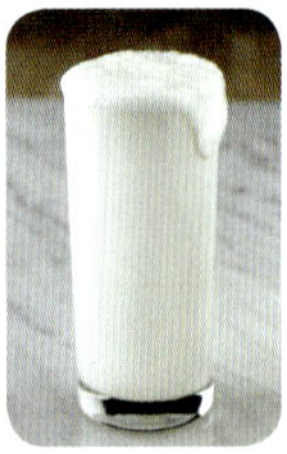 | Man stellt Ayran aus 2 Teilen **Joghurt** (3,5 %) und 1 Teil **Wasser** her. Man rührt Joghurt und Wasser mit etwas **Salz** schaumig.<br>Ayran schmeckt intensiv und etwas säuerlich. |
| **Buttermilch** |  | Buttermilch fließt **bei** der **Herstellung von Sauerrahm-Butter** ab. Die Buttermilch bei der Herstellung von Süßrahm-Butter muss gesäuert werden. Buttermilch enthält **wenig Fett**.<br>Sie schmeckt erfrischend und säuerlich. |
| **Dickmilch** |  | Die Molkereien füllen Milch in den Verpackungs-Becher. Sie geben Milchsäure-Bakterien zu der Milch dazu. Die **Milch dickt im Verpackungs-Becher**.<br>Dickmilch schmeckt mild-säuerlich. |
| **Joghurt** |  | Die Molkereien geben **spezielle Milchsäure-Bakterien** in die Milch.<br>Joghurt schmeckt fein säuerlich. |
| **Kefir** |  | Molkereien geben **Milchsäure-Bakterien und Hefe-Pilze** zur Milch dazu. Kefir enthält eine **minimale Menge Alkohol** (unter 1 %) und **Kohlen-Säure**.<br>Kefir schmeckt leicht säuerlich. |
| **Molke** |  | Molke **entsteht bei** der **Käse-Herstellung**. **Molke setzt sich** als Flüssigkeit nach dem Dicklegen der Milch **ab**.<br>Molke ist **fettarm**. |

## 2.6 Milch-Ersatz-Produkte

Man stellt Milch-Ersatz-Produkte **aus pflanzlichen Rohstoffen** her. Diese Produkte dürfen **nicht als Milch bezeichnet** werden.

Man kann aus Milch-Ersatz-Produkten Produkte ähnlich wie Joghurt und Quark herstellen.

### Getreide-Getränke

© Alpro

Getreide-Getränke werden u. a. aus **Reis**, **Hafer** und **Dinkel** hergestellt.

Die Hersteller **mahlen** die **Getreide-Körner** und **kochen** sie **mit viel Wasser**. **Enzyme** werden **hinzugegeben**. Die Enzyme **bauen** die **Stärke zu Zucker ab**. Man nennt das „Fermentation". Sonnenblumen-Öl oder Raps-Öl geben dem Getreide-Getränk einen leicht cremigen Geschmack.

Getreide-Getränke enthalten **sehr wenig Fett und Proteine**. Getreide-Getränke haben **viele Kohlenhydrate**, aber keinen Milch-Zucker. Sie sind **laktosefrei**.

### Soja-Drink

© Alpro

Man stellt Soja-Drinks aus **Soja-Bohnen und Wasser** her. Soja-Drinks enthalten ca. 30 % **Proteine** und viele **ungesättigte Fett-Säuren**. Soja-Drinks sind **laktosefrei**.

Soja-Drinks gibt es **salzig und süß**.



### Getränke aus Schalen-Früchten

Zu diesen Getränken zählen u. a. **Mandel-Drinks**, **Haselnuss-Drinks**, **Macadamia-Drinks**.

Es gibt zwei Möglichkeiten, diese Getränke herzustellen:

- Man **röstet** die **Schalen-Früchte** z. B. Mandeln. Danach **mahlt** man die **gerösteten Schalen-Früchte**. Anschließend **übergießt** man sie **mit kochendem Wasser**. Man **lässt** die **Masse** einige Stunden **ziehen**. Zum Schluss **filtert** man diese **Masse**. Die Flüssigkeit ist z. B. der Mandel-Drink.
- Man **lässt** die **Schalen-Früchte**, z. B. Macadamia-Nüsse, mehrere Stunden **in Wasser einweichen**. Danach **püriert** man die eingeweichten Schalen-Früchte. Anschließend **filtert** man diese **Masse**. Die Flüssigkeit ist z. B. der Macadamia-Drink.

**Verbraucher mit einer Nuss-Allergie dürfen diese Getränke nicht trinken.** !

### Kokos-Drink

Der Handel bezeichnet den Kokos-Drink auch als Kokos-Milch.

Das **Frucht-Fleisch der Kokos-Nüsse** wird **mit Wasser püriert**. Anschließend wird diese **Masse durch** ein **Tuch gepresst**. Die Flüssigkeit ist der Kokos-Drink.

## 2.7 Käse

cheese
fromage

Käse ist **dickgelegte Milch**.

Man kann Milch dicklegen
- durch **Milchsäure-Bakterien**,
- durch **Lab** (Enzym aus dem Kälber-Magen).

**Dicklegen bedeutet**: Das **Milch-Eiweiß gerinnt**, es wird fest.

### Bedeutung für die Ernährung

Käse enthält alle Nährstoffe der Milch in konzentrierter Form.
- Das **Milch-Eiweiß verändert** sich **durch** die **Käse-Reifung**. So ist das Milch-Eiweiß **besser verdaulich**.
- **Laktose** (Milch-Zucker) wandelt sich **zu Milchsäure** um, **wenn** der **Käse reift**. **Je länger Käse reift, desto weniger Laktose enthält er**. Darum enthalten viele Käse-Sorten sehr wenig Laktose. Menschen mit einer Laktose-Unverträglichkeit vertragen diese Käse-Sorten.
- Käse enthält **Fett**. Fett **liefert** dem Körper **Energie**.
  Der Fett-Gehalt von Käse muss als **Fett-Gehalt in der Trocken-Masse (Fett i. Tr.)** angegeben werden. Deshalb enthält Käse viel **weniger Fett**, **als** die **Angabe Fett i. Tr.** angibt.

Beispiel:

Ein **Gouda** hat **48 % Fett i. Tr.**

Das entspricht **bei 100 g** Gouda in Wirklichkeit **24 g Fett**.

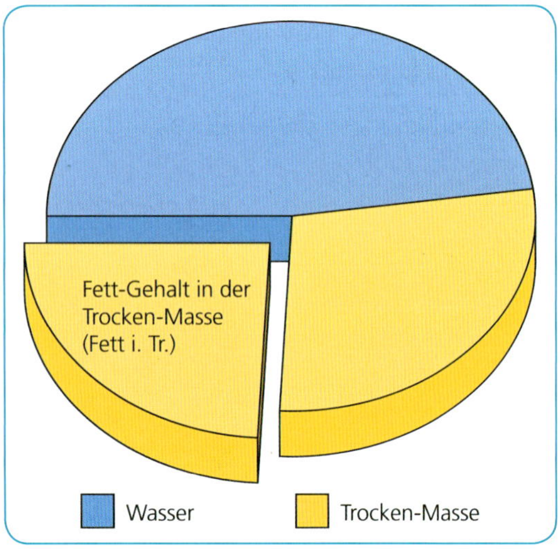


Es gibt **Käse in verschiedenen Fettgehalts-Stufen:**

| | | | |
|---|---|---|---|
| **Doppelrahm-Käse** | 60 bis 85 % Fett i. Tr. | **Dreiviertelfett-Käse** | 30 % Fett i. Tr. |
| **Rahm-Käse** | 50 % Fett i. Tr. | **Halbfett-Käse** | 20 % Fett i. Tr. |
| **Vollfett-Käse** | 45 % Fett i. Tr. | **Viertelfett-Käse** | 10 % Fett i. Tr. |
| **Fett-Käse** | 40 % Fett i. Tr. | **Mager-Käse** | < 10 % Fett i. Tr. |

## Käse-Herstellung

Molkereien stellen Käse her.

Die **Molkereien bearbeiten** die angelieferte **Milch**.

- Das **Labor** in der Molkerei **untersucht** die Milch.
- Eine Maschine (die **Zentrifuge**) **trennt** die Milch **in Mager-Milch und Rahm** (Fett). Dabei wird die Milch auch gereinigt.
- Man **fügt** zur **Mager-Milch** unterschiedlich viel **Rahm hinzu**. Man erhält Milch **mit verschiedenem Fett-Gehalt**.
- Zu dieser Milch **gibt** man **Lab** und **wenig Milchsäure-Bakterien** hinzu. Das **Milch-Eiweiß gerinnt**. Man nennt das: Die **Milch wird dickgelegt**.

*Schneiden mit einer Käse-Harfe*

- Die **dickgelegte Milch** wird **mit** einer **Käse-Harfe in Stücke geschnitten**. Man nennt diese Stücke **Bruch**.

| | | | |
|---|---|---|---|
| Stücke, groß **wie Weizen-Körner** | Stücke, groß **wie Erbsen** | Stücke, groß **wie Haselnüsse** | Stücke, groß **wie Walnüsse** |
| für **Hartkäse** | für **Schnittkäse** | für **halbfesten Schnittkäse** | für **Weichkäse** |

G

- Der **Bruch** wird **in Formen gefüllt**.
- Eine **Maschine presst** den **Bruch** in den Formen zusammen. Die **Molke fließt ab**. Es entstehen **Käse-Laibe**.
- Man gibt die Käse-Laibe in ein **Salz-Bad**.
- Mikroorganismen vermehren sich nicht.
- Es bildet sich an der Oberfläche eine Rinde.
- Der **Käse reift** je nach Käse-Art unterschiedlich lange.

*Käse reift*

## Käse-Arten

Man unterteilt Käse nach der **Festigkeit** und nach der **Art der Herstellung** in verschiedene Gruppen:

- Hartkäse
- Schnittkäse
- Halbfester Schnittkäse
- Weichkäse
- Frischkäse
- Sauermilch-Käse

## Hartkäse

Hartkäse hat **60 bis 62 % Trocken-Masse**.
Hartkäse **reift 4 bis 10 Monate**.
Manche Hartkäse reifen noch länger, z. B. Parmesan.

| **Emmentaler**<br>aus der Schweiz | **Parmesan**<br>aus Italien | **Comté**<br>aus Frankreich | **Cheddar**<br>aus England |
|---|---|---|---|
|  |  |  |  |

## Schnittkäse

Schnittkäse hat **49 bis 57 % Trocken-Masse**.
Schnittkäse ist **weicher** und **geschmeidiger** als Hartkäse.

| **Gouda**<br>aus Holland | **Edamer**<br>aus Holland | **Tilsiter**<br>aus Deutschland | **Raclette**<br>aus der Schweiz |
|---|---|---|---|
|  |  |  |  |

## Halbfester Schnittkäse

Halbfester Schnittkäse hat **44 bis 55 % Trocken-Masse**.
Halbfester Schnittkäse ist **geschmeidig** und **saftig**.
Man kann halbfesten Schnittkäse nur in **dicke Scheiben** schneiden.

| **Butterkäse**<br>aus Deutschland | **Gorgonzola**<br>aus Italien | **Stilton**<br>aus England | **Feta**<br>aus Griechenland |
|---|---|---|---|
|  |  |  |  |

G

## Weichkäse

Weichkäse hat **27 bis 40 % Trocken-Masse**.
Weichkäse reift von außen nach innen.

| **Camembert**<br>aus Frankreich | **Limburger**<br>aus Belgien | **Brie**<br>aus Frankreich | **Münsterkäse**<br>aus Frankreich |
|---|---|---|---|
|  |  |  |  |

## Frischkäse

Frischkäse hat **13 bis 33 % Trocken-Masse**.
Frischkäse **reift nicht**. Frischkäse **schmeckt mild**.

| **Quark** | **Körniger Frischkäse** | **Mascarpone**<br>aus Italien | **Mozzarella**<br>aus Italien |
|---|---|---|---|
|  |  |  |  |

## Sauermilch-Käse

Man stellt Sauermilch-Käse **aus Mager-Milch** her.
Man gibt **nur Milchsäure-Bakterien** zu der Mager-Milch.
Sauermilch-Käse enthält **wenig Fett**.

| **Harzer**<br>aus Deutschland | **Handkäse**<br>aus Deutschland | **Mainzer**<br>aus Deutschland | **Tiroler Graukäse**<br>aus Österreich |
|---|---|---|---|
|  |  |  |  |

G

## Käse lagern

- Man lagert Käse im **Kühlhaus für Milch und Milch-Produkte** (Molkerei-Kühlhaus) bei **ca. +8 °C**.
- Käse **darf nicht austrocknen**. Darum **wickelt** man Käse **in Folie**. Man legt den Käse möglichst mit der Schnitt-Fläche auf einen Teller oder in einen Behälter. So kommt wenig Luft an die Schnitt-Fläche.
- Man **nimmt** Hartkäse, Schnittkäse, halbfesten Schnittkäse und Weichkäse **ca. 30 Minuten vor** dem **Anrichten aus** dem **Kühl-Lager**. Der Käse **schmeckt aromatischer**.
- Man lagert **Frischkäse** und **Quark** bei **+4 °C**.
- Man **beachtet** bei Frischkäse und bei Quark das **Mindest-Haltbarkeits-Datum** (MHD).

## Käse verwenden

Man kann Käse vielfältig verwenden:
- zum **Überbacken (Gratinieren)**, z. B. französische Zwiebel-Suppe, Lasagne, Kartoffel-Gratin; man **verwendet fetthaltigen Käse**, magerer Käse schmilzt nicht
- für **Saucen**, z. B. Mornay-Sauce
- **gerieben** als Beigabe zu Nudel-Gerichten
- **gehobelt**, z. B. zu Carpaccio
- für **Panierungen**, z. B. Mailänder Panierung
- für **Käse-Platten** oder **Käse-Teller**, z. B. als Käse-Dessert, beim Frühstück, bei Büffets

G

*Französische Zwiebel-Suppe*

*Carpaccio*

*Käse-Teller*

## 2.8 Milch und Milch-Produkte lagern

| Produkte | Lager-Bedingungen | Gefahren |
|---|---|---|
| • **Milch**<br>• **Milch-Produkte**, z. B. Ayran, Crème fraîche, Dickmilch, Joghurt, Käse, Schmand, Sahne | • **Ca. +8 °C**<br>• Geöffnete Ware lagert getrennt von verpackter Ware | • Milch-Produkte **trocknen aus**, wenn man sie nicht abdeckt.<br>• Mikroorganismen **vermehren** sich **bei zu hoher Lager-Temperatur**. Sie vermehren sich **bei zu langer Lager-Dauer**.<br>**Milch** und **Milch-Produkte verderben**. |

# 3 Fleisch

meat
viande

Man nennt Fleisch auch Schlacht-Fleisch.

Fleisch sind **Teile von geschlachteten warmblütigen Tieren**. Man züchtet die Tiere zum Schlachten. Zu diesen Tieren zählen:

| Das Kalb | Das Rind | Das Schwein | Das Schaf |
|---|---|---|---|
|  |  |  |  |



**Fleisch ist** die **Muskulatur** der Tiere.

**Sehnen** verbinden die Muskeln mit den Knochen. Sehnen bestehen **aus** dem Protein **Kollagen**.

**Muskeln** bestehen **aus Muskel-Bündeln** ①. Ein Muskel-Bündel hat **viele Muskel-Fasern** ②. Muskel-Fasern **bestehen aus** verschiedenen **Proteinen**.

**Bindegewebe** ③ verbindet die Muskel-Fasern und **hält** so das **Fleisch zusammen**. Bindegewebe **ist zäh**. Es **besteht aus Kollagen**. Kollagen wandelt sich bei den feuchten Garverfahren wie Kochen, Dünsten, Dämpfen und Schmoren in kaubare Gelatine um.

**Fett** ④ macht das Fleisch saftig und aromatisch.

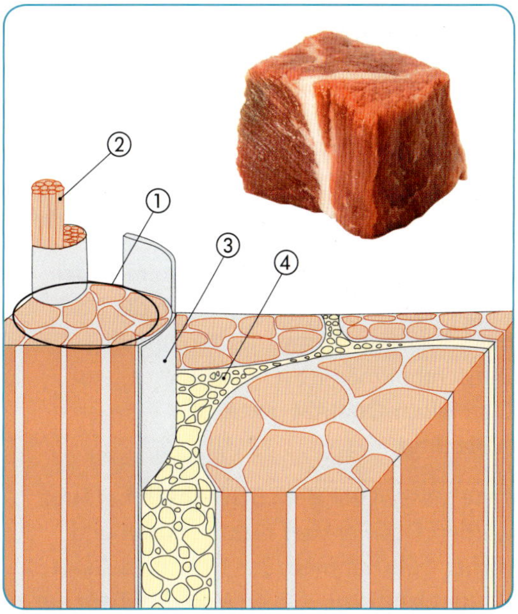


Fett kann **zwischen den Muskel-Strängen** eingelagert sein.

Man spricht von **durchwachsenem Fleisch**.

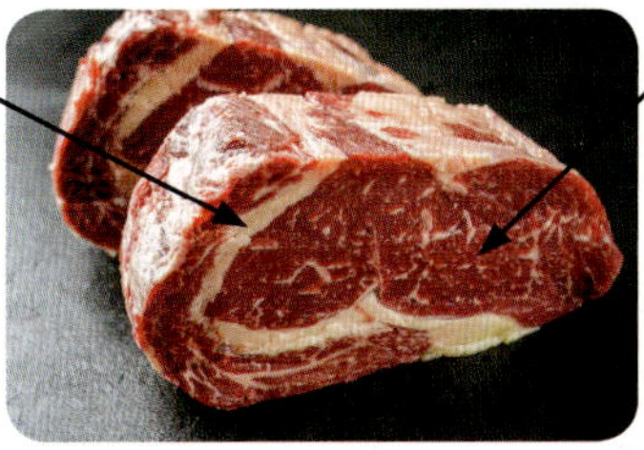

Fett kann **in** den **Muskeln** eingelagert sein.

Man spricht von **marmoriertem Fleisch**.

**Fett kann auch** als **äußere Schicht** auf dem Fleisch sein ⑤. Diese Fett-Schicht liegt **direkt unter** der **Haut**. Man kann dieses Fett leicht wegschneiden.

## 3.1 Bedeutung für die Ernährung

Fleisch enthält viele wichtige Nährstoffe.

- Fleisch liefert **Proteine** (Eiweiß-Stoffe). Tierische Proteine enthalten alle **essenziellen** (lebensnotwendigen) **Aminosäuren**. Tierische Proteine haben eine **hohe biologische Wertigkeit**. Das bedeutet:
  Der menschliche Körper kann die **Proteine aus** dem **Fleisch besonders gut in körpereigenes** Protein **umwandeln**.
- Die verschiedenen Fleisch-Teile enthalten zwischen 2 % und 30 % **Fett**.
  - Fett **liefert** dem menschlichen Körper **Energie**.
  - Der menschliche Körper braucht Fett. Mit Fett kann er **fettlösliche Vitamine verwerten**.
  - Fett ist auch ein **Geschmacks-Träger**.
- **Eisen** ist der wichtigste Mineralstoff im Fleisch. Eisen **bildet** den **roten Blutfarbstoff** (Hämoglobin) und den **roten Muskelfarbstoff**. Der menschliche Körper kann **Eisen aus tierischen Lebensmitteln besser verwerten** als Eisen aus pflanzlichen Lebensmitteln.
- Fleisch liefert viele **Vitamine** der **B-Gruppe** und **Vitamin A**. Der menschliche Körper **braucht Vitamine für** seinen **Stoffwechsel**.

G

## 3.2 Fleisch verändert sich nach dem Schlachten

**Tiere dürfen** in der EU **nur von ausgebildeten Fleischern oder in** einem **zertifizierten** (genehmigten) **Betrieb** (Schlachthof) **geschlachtet** werden.

**Tiere** sollen **vor dem Schlachten nicht zu aufgeregt** sein. Darum setzt man die Tiere beim Transport, beim Entladen und im Schlachthof möglichst keinem Stress aus. Die **Fleisch-Qualität** gestresster Tiere ist **schlechter**.

Tiere müssen **vor dem Schlachten betäubt** werden. Das Tier **darf nichts spüren** und **nichts wahrnehmen**. Das Tierschutz-Gesetz in Deutschland schreibt vor: Man darf Tiere nur ohne Betäubung schlachten, wenn zwingende Vorschriften einer Religions-Gemeinschaft das verlangen.

**Fleisch** ist direkt **nach dem Schlachten weich** und **glänzend rot**.

Die **Muskeln** im Fleisch **ziehen sich** wenige Stunden nach dem Schlachten **zusammen**. Die **Muskeln** werden **starr**. Die **Muskel-Starre** (Toten-Starre) **beginnt**. **Dieses** Fleisch **kann** man **nicht garen**. Das Fleisch wird zäh und trocken.

Das **Fleisch muss** nach dem Schlachten **reifen**, damit man es verwenden kann. Man sagt: „Das **Fleisch muss abhängen**." Beim Reifen werden die starren Muskeln wieder locker. Reifes oder abgehangenes Fleisch ist **mattrot**. Das Fleisch kann man **garen**.

Man **lässt** Fleisch **bei ca. 2 °C reifen**. Fleisch muss je nach Verwendung **unterschiedlich lange reifen**:

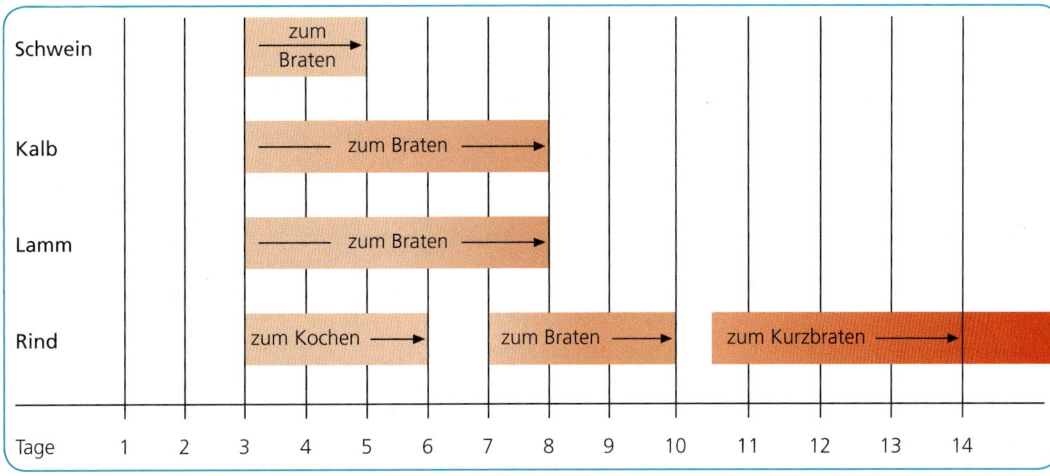


## 3.3 Fleisch einkaufen

Der **Ruf** einer Küche **hängt** vor allem **von** den **Fleisch-Gerichten ab**. Darum ist es für eine Küche **besonders wichtig**, **Fleisch mit einer guten Qualität** einzukaufen.

Der **Verbraucher** kann **zurückverfolgen**, **woher** das **Fleisch kommt**. Die **Herkunft** von Fleisch **muss** für jedes Fleischteil **nachgewiesen werden**.

In der EU muss Rindfleisch einheitlich gekennzeichnet werden. Folgende Angaben sind Pflicht:

- **Referenz-Nummer** (Identifikations-Nummer) des Tieres oder der Tier-Gruppe
  - Die Nummer gibt an, von welchem Tier oder von welcher Tier-Gruppe das Fleisch stammt.
- Angaben über die **Herkunft** (Geburt, Mast, Schlachtung)
- **Zerlegebetrieb**
- **Fleischteil**

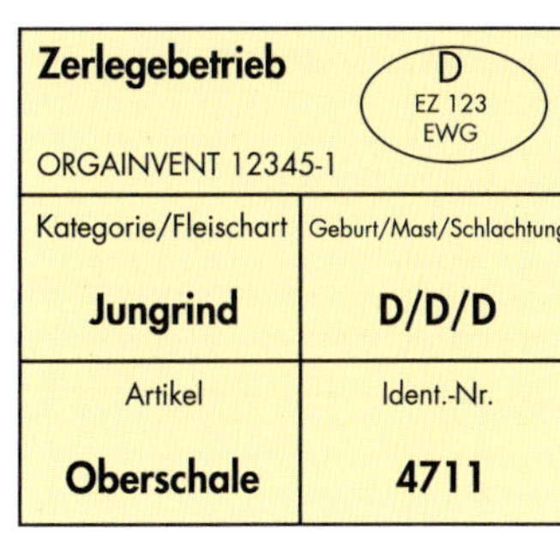


*Kennzeichnung bei Rindfleisch*

Das Beispiel zeigt die Herkunft einer Oberschale.

- Die Oberschale stammt von einem Jung-Rind.
- Das Jung-Rind wurde in Deutschland geboren, gemästet, geschlachtet (D/D/D) und zerlegt.

## Fleisch-Untersuchung

Das **Fleisch-Hygiene-Gesetz** dient dem **Schutz** der **Verbraucher**. Das Gesetz schreibt vor: Fleisch-Kontrolleure **untersuchen** die **Schlacht-Tiere vor** dem **Schlachten und nach** dem **Schlachten**. Die Kontrolleure stempeln die Tier-Körper nach der Untersuchung. Die Stempel bedeuten:

| 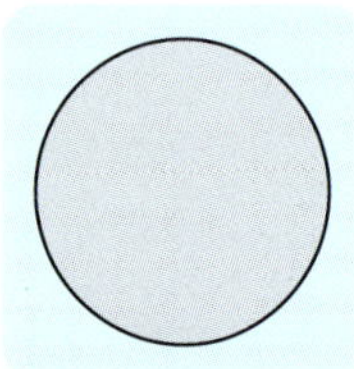 | 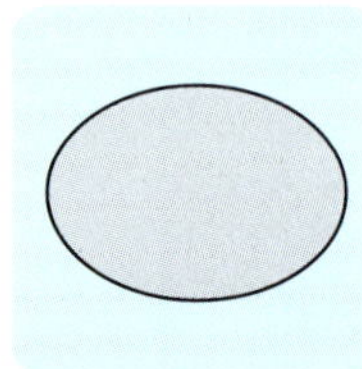 | 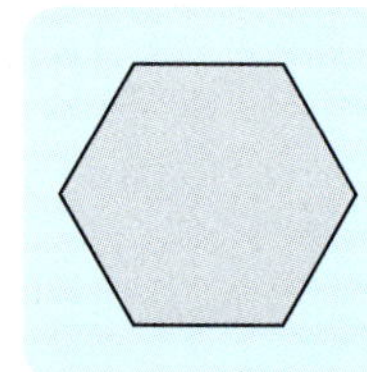 |
|---|---|---|
| **tauglich, Inland**<br><br>Das Fleisch ist **in Deutschland** geschlachtet und kontrolliert. | **tauglich, EU**<br><br>Das Fleisch ist **in EU-Schlachthöfen** geschlachtet und kontrolliert. | **tauglich, Ausland**<br><br>Das Fleisch ist **in** einem **Nicht-EU-Land** geschlachtet. Das Fleisch wurde bei der Einfuhr kontrolliert. |



**Tauglich bedeutet: Menschen können dieses Fleisch ohne Risiko für ihre Gesundheit essen. Das Fleisch kann auch roh gegessen werden. Tauglich sagt nichts über die Qualität aus.** !

**Schweine** und **Wildschweine** müssen **auf Trichinen untersucht** werden.

**Trichinen-Larven** leben **in** den **Muskeln der Tiere**.
Die **Trichinen-Larven** wachsen **im menschlichen Darm zu Würmern** heran. Der **Mensch** wird **krank**.

Der Stempel-Aufdruck **„Tauglich"** bedeutet auch: In dem Fleisch sind **keine Trichinen**.

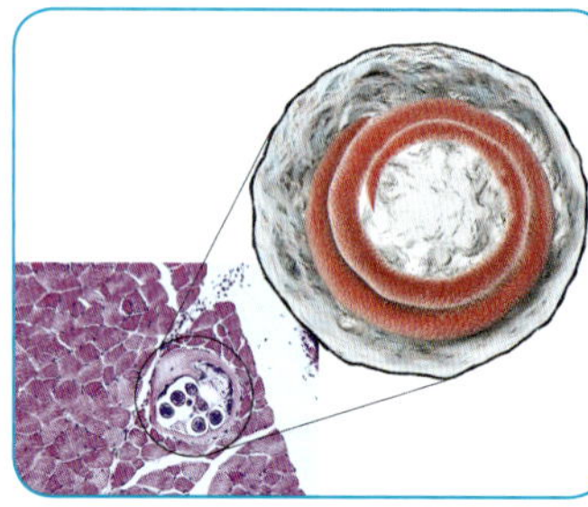

## Fleisch-Fehler

**Stress** für die Tiere **beim Transport**, **kurz vor** dem **Schlachten** oder **beim Schlachten verschlechtert** die **Fleisch-Qualität**. Dies führt zu Fleisch-Fehlern, vor allem bei Schweine-Fleisch.

| **PSE-Fleisch**<br><br>**P**ale **S**oft **E**xudative (blass, weich, wässrig) | **DFD**-Fleisch<br><br>**D**ark **F**irm **D**ry (dunkel, fest, trocken) |
|---|---|
| • Das Fleisch **verliert** beim Abhängen **mehr Gewicht**.<br>• Das Fleisch zieht sich beim Braten stark zusammen. Der **Brat-Verlust ist hoch**. | • Das Fleisch **verdirbt schneller**.<br>• Das Fleisch **schmeckt weniger nach Fleisch**.<br>• Das Fleisch ist **zäh**. |

## Zerlegtes Fleisch kaufen

Man kann Fleisch in verschieden großen Stücken kaufen.

| | |
|---|---|
| 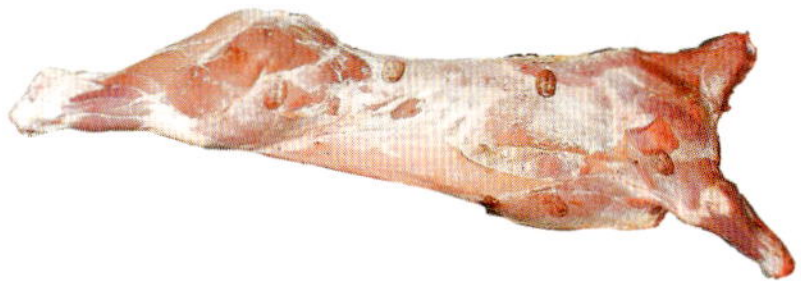 | Der Tier-Körper wird in zwei **Tier-Hälften** oder in vier Tier-Viertel zerlegt. |
|  | Bei der **Grob-Zerlegung** wird jede **Tier-Hälfte in Fleisch-Teile**, z. B. Keule, zerlegt. |
|  | Bei der **Fein-Zerlegung** wird ein **Fleisch-Teil**, z. B. Keule, **in Teil-Stücke**, z. B. Oberschale, Nuss, zerlegt. |
|  | Bei der **Portionierung** werden die **Teil-Stücke** quer zur Fleisch-Faser **in portionierte Ware**, z. B. Schnitzel, Koteletts, geschnitten. |

Waren-Einsatz-Kontrolle ist einfacher

Der Koch hat weniger Arbeit. Der Koch spart Arbeitszeit

Der Preis pro Kilogramm (kg) wird teurer

Beim Einkaufen von Fleisch bedenkt man:

| Portioniertes Fleisch einkaufen | Fleisch-Teile/Teil-Stücke einkaufen |
|---|---|
| • Man **spart** bei portionierter Ware **Zeit**.<br>• Man hat **wenige** oder **keine Knochen und Parüren** bei Teil-Stücken oder bei portionierter Ware.<br>• Das **Gewicht** ist bei portionierter Ware **festgelegt**. Der Koch kann den **Waren-Einsatz besser kontrollieren**.<br>• Der **Preis** pro Kilogramm (kg) ist bei portionierter Ware **teurer**. | • Man braucht **für** das **Zerlegen** von Fleisch-Teilen und für das Portionieren **Zeit**.<br>• Man braucht **viel Fach-Wissen**, um Fleisch-Teile richtig zu zerlegen.<br>• Man bekommt beim Zerlegen von Fleisch-Teilen **mehr Knochen und Parüren**. Man muss Knochen und Parüren für andere Speisen nutzen können.<br>• Der **Preis** pro Kilogramm (kg) ist bei Fleisch-Teilen oder bei Teil-Stücken **günstiger**. |

# Schlacht-Tiere und ihre Fleisch-Teile

## Kalb

🇬🇧 veal
🇫🇷 veau

Das Kalb ist ein **junges Rind**. Das Kalb wird **mit Milch** oder mit Milch-Produkten **gefüttert**. Kalbfleisch ist **hellrosa** und **sehr zart**.

Man nennt ein Kalb je nach seinem Alter:

| **Milch-Kalb** oder **Saug-Kalb** | **Mast-Kalb** | **Kalb** |
|---|---|---|
| Bis 4 Wochen | Bis 8 Wochen | Bis 8 Monate |

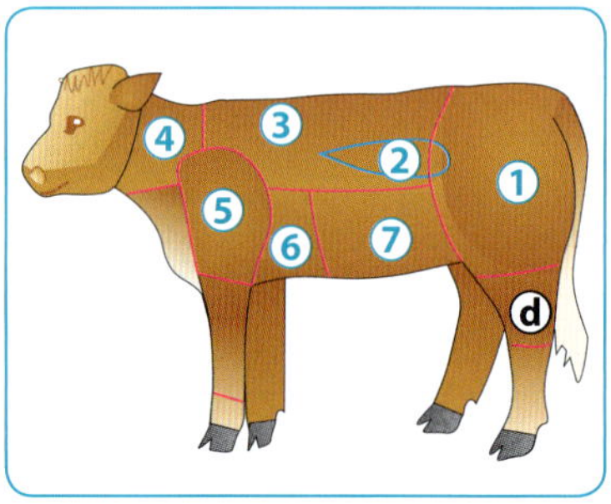


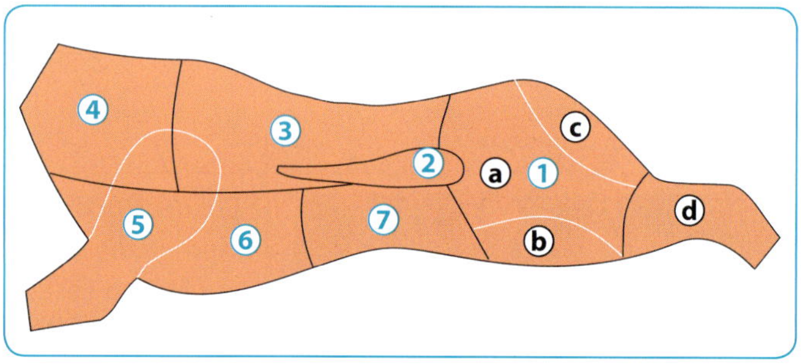


| Bezeichnung nach DLG *(auch genannt)* | | Verwendung |
|---|---|---|
| ① | **Kalbs-Keule**<br>ⓐ Oberschale<br>*Schale*<br>ⓑ Nuss-Stück<br>*Nuss, Hüfte*<br>ⓒ Frikandeau<br>*Unterschale*<br>ⓓ Kalbs-Haxe | • Schnitzel, Steak<br>• Braten, Schnitzel<br>• Braten, Schnitzel<br>• Braten, Ragout, Gulasch |
| ② | **Kalbs-Filet**<br>*Lende* | • Im Ganzen gebraten<br>• Medaillons |

| Bezeichnung nach DLG *(auch genannt)* | | Verwendung |
|---|---|---|
| ③ | **Kalbs-Kotelett**<br>*Rücken* | • Koteletts<br>• Steak<br>• Schmetterlings-Schnitzel<br>• Kalbs-Rollbraten |
| ④ | **Kalbs-Hals** | • Rollbraten<br>• Frikassee<br>• Ragout |
| ⑤ | **Kalbs-Bug**<br>*Schulter, Blatt* | |
| ⑥ | **Kalbs-Brust** | • Braten<br>• Tendron |
| ⑦ | **Kalbs-Bauch**<br>*Dünnung* | • Ragout<br>• Farce |

## Rind

beef
bœuf

Es gibt **verschiedene Rinder-Rassen**. Die Rinder-Rassen unterscheiden sich u.a. in ihrem **Aussehen**, in ihrer **Größe** und in ihrem **Fleisch-Anteil**.

| Angus-Rind | Charolais-Rind | Galloway-Rind | Hereford-Rind |
|---|---|---|---|
|  |  |  |  |

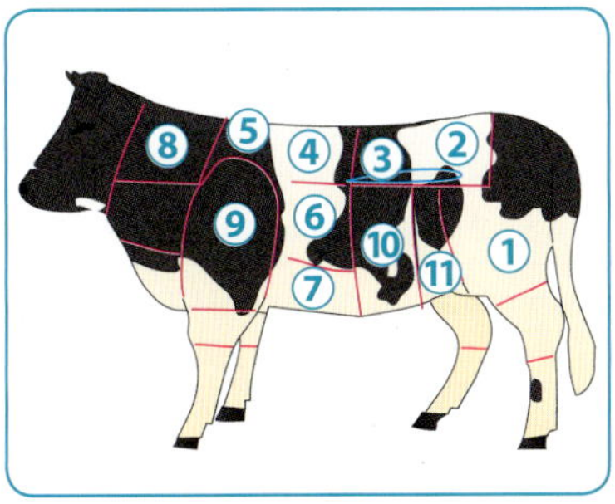


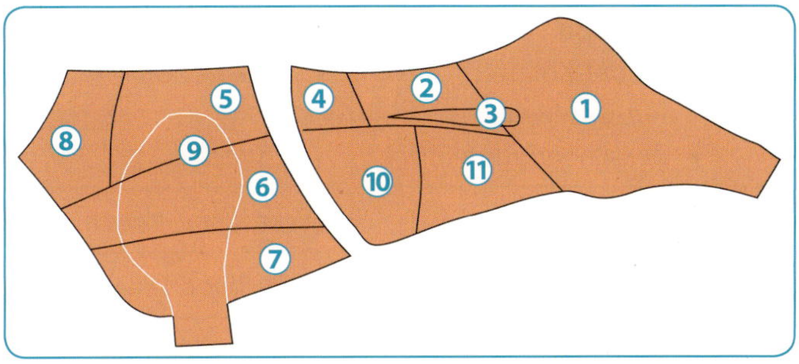




| Bezeichnung nach DLG | *auch genannt* | Verwendung |
|---|---|---|
| ① **Keule**<br>• Blume<br>• Kugel<br>• Schwanz-Stück<br><br>• Oberschale<br><br>• Hinter-Hesse | *Schlegel*<br>• *Hüfte, kleine Nuss*<br>• *Große Nuss, Maus*<br>• *Unterschale, Frikandeau, Tafel-Spitz*<br>• *Klappe, Kluft*<br><br>• *Wade* | Schmor-Gerichte<br>• Rouladen, Schmorbraten<br>• Rouladen, Gulasch, Tatar<br>• Rouladen, Gulasch, Schmorbraten<br>• Rouladen, Tatar, Schmorbraten<br>• Klär-Fleisch, Gulasch |
| ② **Roastbeef**<br>• T-Bone-Steak<br>• Porterhouse-Steak<br>• Rumpsteak | | Im Ganzen braten<br>} • Kurzbraten<br>• Grillen |

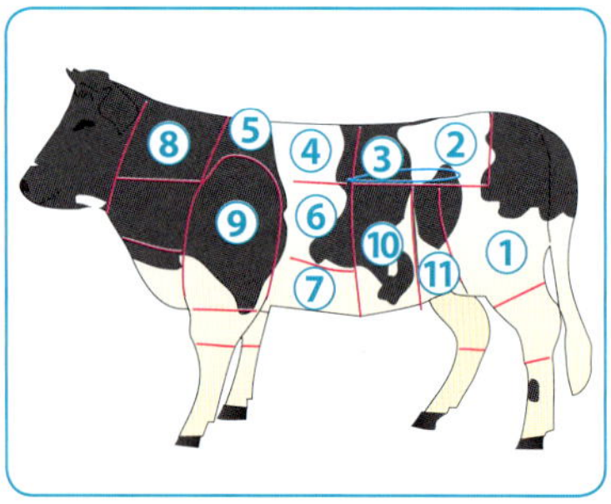


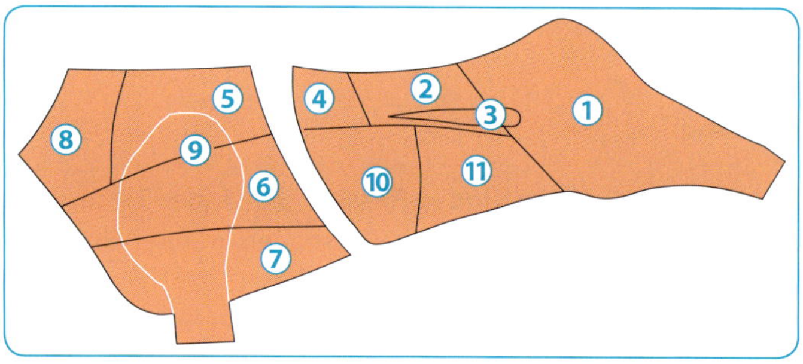


| Bezeichnung nach DLG | *auch genannt* | Verwendung |
|---|---|---|
| ③ **Filet**<br>• Filet-Gulasch<br>• Tournedo<br>• Filet-Steak<br>• Chateaubriand | <br><br><br><br>• *Doppeltes Filet-Steak* | Im Ganzen braten<br>• Kurzbraten<br>• Grillen |
| ④ **Hochrippe**<br>• Rinder-Kotelett<br>• Rib-Eye-Steak<br>• Zwischenrippen-Stück | <br>• *Côte de bœuf*<br><br>• *Entrecôte* | Braten<br>• Kurzbraten<br>• Grillen |
| ⑤ **Fehlrippe** | *Dicke Rippe, Vorschlag* | • Koch-Fleisch<br>• Suppen-Fleisch |
| ⑥ **Spannrippe** | *Quer-Rippe, Leiter-Stück* | |
| ⑦ **Brust** | | |
| ⑧ **Kamm** | *Hals, Hals-Grat* | |
| ⑨ **Bug**<br>• Falsches Filet<br>• Schaufel-Stück<br>• Dickes Bug-Stück<br>• Schaufel-Deckel<br>• Hesse | <br>• *Falsche Lende*<br>• *Mittel-Bug, Schulter-Spitz*<br>• *Dicke Schulter*<br>• *Bug-Deckel*<br>• *Bein, Haxe* | • Kochen, Schmoren<br>• Gulasch, Ragout<br>• Hackfleisch<br>• Klär-Fleisch, Gulasch |
| ⑩ **Knochen-Dünnung** | | • Koch-Fleisch<br>• Suppen-Fleisch |
| ⑪ **Fleisch-Dünnung** | *Bauch-Lappen* | |

G

## Rinder-Rücken

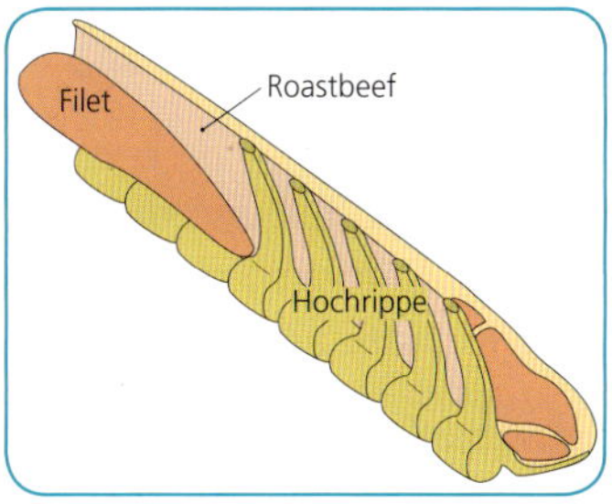


Der Rinder-Rücken besteht:
- aus dem **Roastbeef** (Teil mit flachen Rippen)
- aus der **Hochrippe** (Teil mit langen Rippen)

An der Innenseite des Roastbeefs liegt das **Filet**.

Man kann das **Roastbeef** und die **Hochrippe im Ganzen braten**. Man **zerlegt** beide **Fleisch-Teile** häufig **in Portions-Stücke**. Die Stücke verwendet man **als Steaks** zum Kurzbraten oder zum Grillen.

Man kann aus dem Rinder-Rücken verschiedene **Portions-Stücke** schneiden, u. a.:

| **Aus der Hochrippe geschnitten** | | **Aus dem Roastbeef geschnitten** | |
|---|---|---|---|
| **Rinder-Kotelett**<br>• mit Knochen<br>• Gewicht ca. 1 kg | 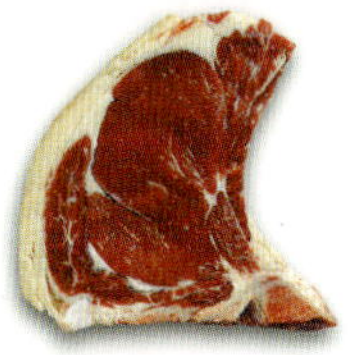 | **T-Bone-Steak**<br>• mit Filet-Anteil<br>• 15 mm dick | 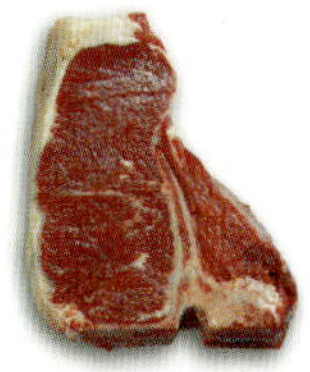 |
| **Rib-Eye-Steak**<br>• typisches Fett-Auge |  | **Porterhouse-Steak**<br>• mit Filet-Anteil<br>• 40 mm dick | 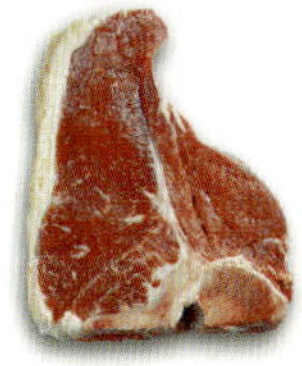 |
| **Zwischenrippen-Stück**<br>• für 1 Person<br>• 180 g-200 g |  | **Rumpsteak**<br>• für 1 Person<br>• 180 g-200 g |  |

## Rinder-Filet

Man kann das **Filet im Ganzen braten**. Man **zerlegt** das Filet häufig **in Portions-Stücke**. Die Portions-Stücke verwendet man zum Kurzbraten oder zum Grillen. Man schneidet aus dem Filet verschiedene **Portions-Stücke**:

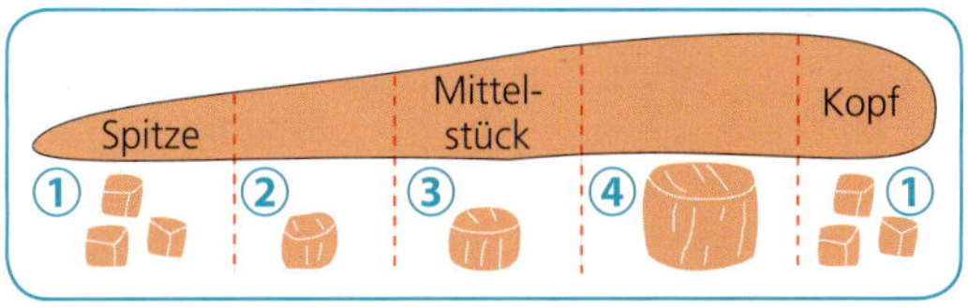


| **Filet-Gulasch** ① <br>• kleine Würfel | **Tournedo** ② <br>• ca. 80 g | **Filet-Steak** ③ <br>• ca. 180 g | **Chateaubriand** ④ <br>• ca. 400 g |
|---|---|---|---|
|  |  |  |  |

## Schwein

pork
porc

Die Gastronomie und die Gemeinschafts-Verpflegung verwenden Fleisch von **Mast-Schweinen**. Diese Mast-Schweine sind **ca. 8 Monate alt**.

Schweinefleisch ist **rosarot**. Es hat **feine Fasern**. Das Fleisch ist **leicht mit Fett durchwachsen**.

Schweinefleisch soll **nicht länger als eine Woche abhängen**.

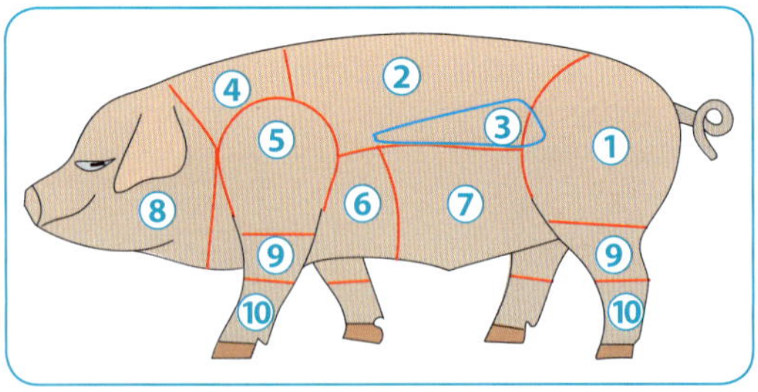


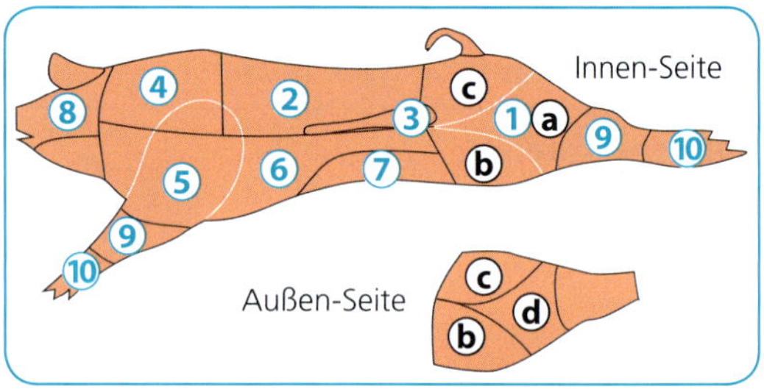




| Bezeichnung nach DLG | Verwendung | Bezeichnung nach DLG | Verwendung |
|---|---|---|---|
| ① **Schinken**<br>ⓐ Oberschale<br>ⓑ Nuss<br>ⓒ Schinken-Speck<br>ⓓ Schinken-Stück | • Schinken<br>• Schnitzel<br>• Schnitzel<br>• Braten, Kochen<br>• Schinken | ④ **Kamm** | • Braten<br>• Pökel-Kamm |
| | | ⑤ **Bug, Schulter** | • Im Ganzen braten<br>• Ragout |
| | | ⑥ **Bauch** | • Kochen |
| ② **Kotelett** | • Koteletts<br>• Kassler<br>• Karree<br>• Lachs-Schinken<br>• Lachse | ⑦ **Wamme** | • Kochen<br>• Räuchern |
| | | ⑧ **Kopf** | • Kochen<br>• Räuchern |
| | | ⑨ **Eisbein, Haxe** | • Eisbein<br>• Im Ganzen grillen, braten |
| ③ **Filet** | • Im Ganzen braten<br>• Kurzbraten | ⑩ **Spitzbein, Pfötchen** | • Kochen<br>• Sülze |

## Schaf

mutton
mouton

Die Gastronomie und die Gemeinschafts-Verpflegung verwenden Fleisch von jungen Schafen. Ein **junges Schaf** nennt man **Lamm**. Ein Lamm ist **nicht älter als 12 Monate**. Ein **Milch-Lamm** ist nicht älter als **6 Monate**.

Lammfleisch ist **ziegelrot**. Das Fleisch hat **feine Fleisch-Fasern**.

Man muss **Lammfleisch heiß essen**. Das **Fett** im Lammfleisch ist **sonst fest**.

Lammfleisch soll **ca. eine Woche abhängen**.

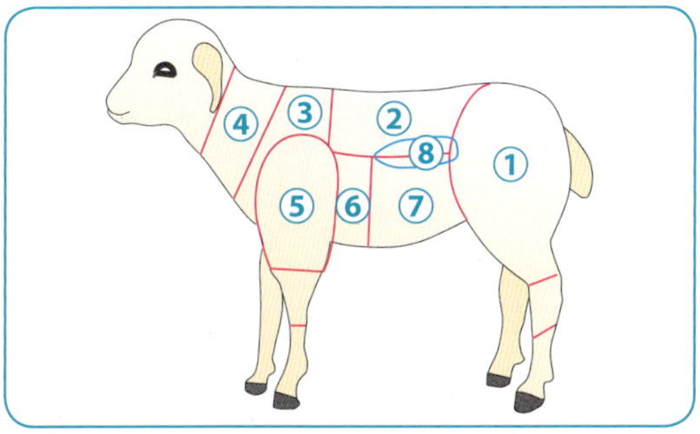


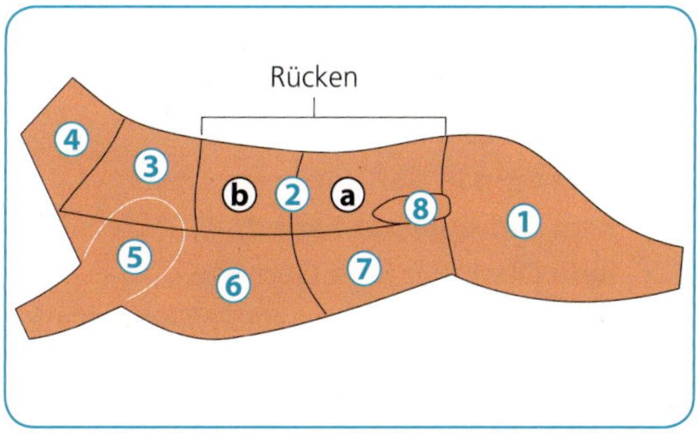


<table>
<tr><th>Bezeichnung nach DLG</th><th>Verwendung</th><th>Bezeichnung nach DLG</th><th>Verwendung</th></tr>
<tr><td>① Keule</td><td>• Im Ganzen braten<br>• Schmoren</td><td>③ Kamm</td><td rowspan="5">• Ragout, z. B. Navarin<br>• Eintopf, z. B. Irish Stew<br>• z. T. für Rollbraten</td></tr>
<tr><td>② Rücken</td><td>• Im Ganzen braten</td><td>④ Hals</td></tr>
<tr><td rowspan="2">ⓐ Lenden-Kotelett (mit Filet)<br>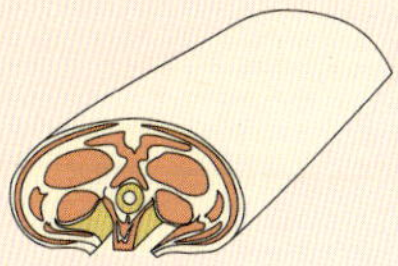</td><td rowspan="2">• Lamm-Krone<br>• Lenden-Koteletts<br>• Nüsschen<br>• Moutton-Chops</td><td>⑤ Bug, Schulter</td></tr>
<tr><td>⑥ Brust</td></tr>
<tr><td rowspan="2">ⓑ Kotelett-Stück<br>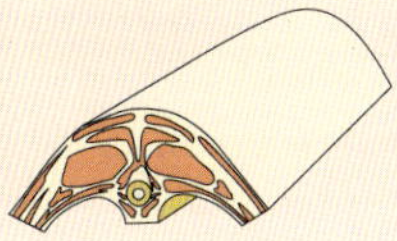</td><td rowspan="2">• Koteletts</td><td>⑦ Dünnung</td></tr>
<tr><td>⑧ Filet</td><td>• Im Ganzen braten</td></tr>
</table>

G

## 3.4 Fleisch lagern

Man **überprüft** die **Fleisch-Temperatur bei** der **Anlieferung** von **Frisch-Fleisch**.

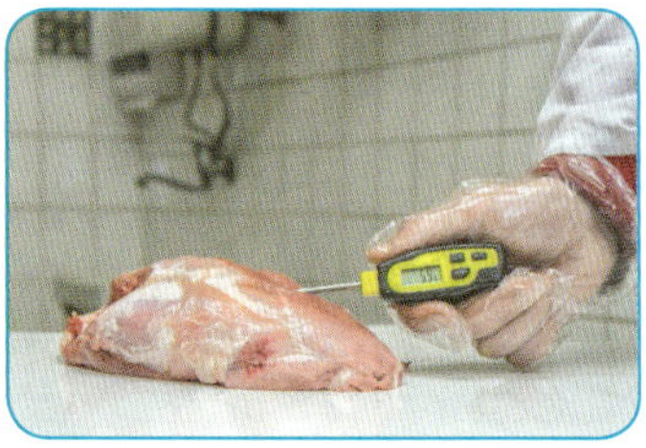

**Die Fleisch-Temperatur darf nicht höher als + 7 °C sein.** !

Anschließend bringt man das **Frisch-Fleisch sofort in** das **Fleisch-Kühlhaus**.

Man lagert Frisch-Fleisch für kurze Zeit im **Fleisch-Kühlhaus** bei **+ 2 °C bis + 4 °C** und bei **hoher Luft-Feuchtigkeit**.

Man kann Frisch-Fleisch länger im Fleisch-Kühlhaus lagern. Dann reift das Fleisch weiter. Die Qualität verbessert sich. Man muss die Fleisch-Oberfläche mit Folie abdecken. Man kann das Fleisch auch in Öl oder in Marinade einlegen.

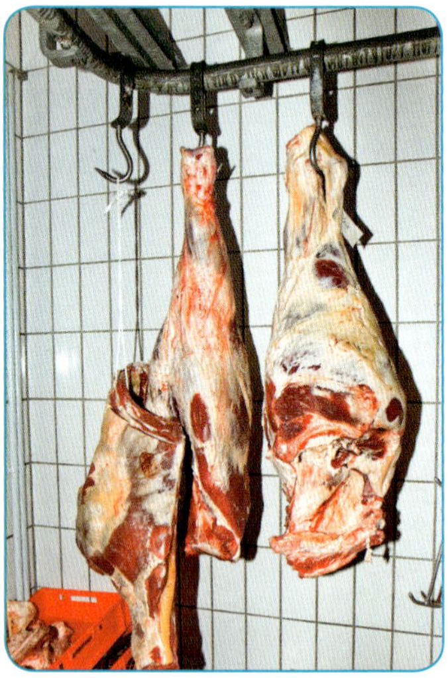

Man beachtet bei der Lagerung von Frisch-Fleisch:

- Im Fleisch-Kühlhaus lagert man
  - **kein Wild in der Decke** (mit Fell),
  - **kein Geflügel mit Federn**,
  - **kein Obst** und **kein Gemüse**.

  An diesen Lebensmitteln sind Mikroorganismen. Diese Mikroorganismen können das Frisch-Fleisch infizieren.
- **Fleisch-Teile**, z. B. Keule oder Rücken, sollen sich **beim Hängen nicht berühren**.
- Die **Fleisch-Oberfläche** muss **trocken** sein. Mikroorganismen können sich nicht so gut vermehren.
- Man **öffnet** das Fleisch-Kühlhaus **nicht unnötig**. Die Feuchtigkeit der warmen Luft legt sich als Niederschlag auf das Fleisch.

### Fleisch-Verderb

Enzyme im Fleisch führen nach dem Schlachten zur **Muskel-Starre** (Toten-Starre).

Enzyme wirken auch beim Reifen des Fleisches. Die **Fleisch-Fasern** werden **gelockert**.

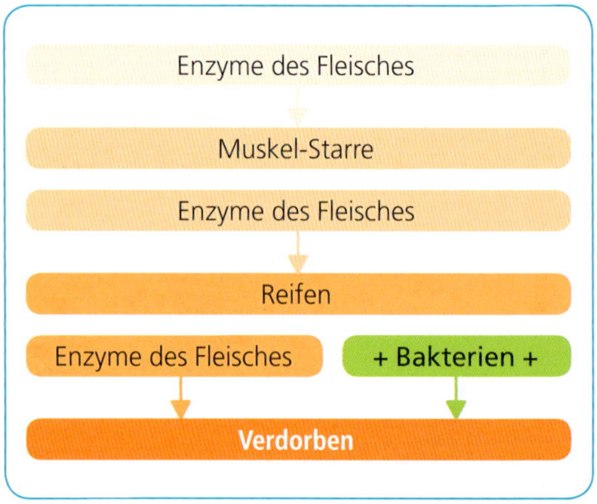


Fleisch verdirbt bei falscher Lagerung:

- Durch **Bakterien**
  Bakterien **zersetzen** das **Fleisch-Eiweiß** (Proteine). Man sagt: „Das **Fleisch** ist **schmierig**."
- Durch **Enzyme**
  Enzyme **lösen** die **Muskel-Fasern auf**. Man sagt: „Das **Fleisch** ist **überreif**."

### Fleisch wird schmierig

Die **Fleisch-Oberfläche** muss **trocken** sein. Wenn man das Fleisch-Kühlhaus **zu oft öffnet**, gelangt **viel warme Luft hinein**. Die **Feuchtigkeit** der warmen Luft legt sich **als Niederschlag auf** das **Fleisch**.

**Bakterien** aus der Luft **haben** an der feuchten Fleisch-Oberfläche **gute Lebensbedingungen**. Sie **zersetzen** das **Fleisch-Eiweiß** (Proteine). Dadurch wird die **Fleisch-Oberfläche schmierig**. Die Fleisch-Oberfläche **verändert** die **Farbe** und **riecht unangenehm**. Die befallenen Stellen kann man entfernen.

### Fleisch zersetzt sich selbst

Wenn man **Fleisch zu lange reifen** lässt, **lösen Enzyme** im Fleisch die **Muskel-Fasern auf**. Das **Fleisch zersetzt sich selbst**. Dies nennt man: „Das Fleisch ist **überreif**.".

Überreifes Fleisch ist **verdorben**. Man darf das Fleisch **nicht verwenden**. Überreifes Fleisch macht den Menschen krank. Er **muss sich übergeben** und **bekommt Durchfall**.

Je kühler Fleisch gelagert wird, desto langsamer zersetzt sich das Fleisch selbst.

## 3.5 Fleisch vorbereiten

In vielen Betrieben der Gastronomie und der Gemeinschafts-Verpflegung **zerlegt** man **Fleisch** heute **nicht mehr selbst**. Der **Arbeits-Aufwand** ist **sehr hoch**.

Der Handel bietet Fleisch zerlegt und portioniert, z. B. Schnitzel, Steaks, an.

Es gibt einige vorbereitende Tätigkeiten, die man vor dem Zubereiten ausführt.

| Auslösen | Parieren |
|---|---|
| 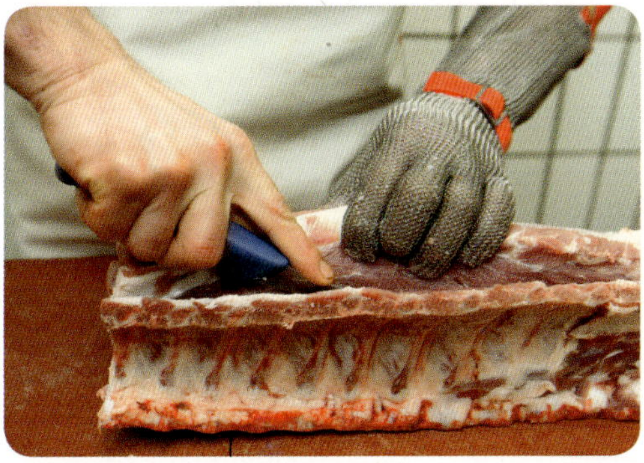 |  |
| Man **trennt** das **Fleisch** vor dem Garen mit einem scharfen Messer **vom Knochen**. Das **Fleisch** sollte möglichst **nicht verletzt** werden.<br>Man nennt Auslösen auch **Ausbeinen**. | Man muss in der Küche **Fleisch** vor dem Zubereiten oft **parieren**.<br>Parieren bedeutet: Man **entfernt Fett, Bindegewebe und Sehnen**. Diese Abschnitte nennt man **Parüren**. |

| Plattieren | Einschneiden |
|---|---|
|  |  |
| Man **plattiert portioniertes Fleisch**, z. B. Schnitzel, mit dem Plattier-Eisen.<br><br>Das **Bindegewebe** um die Fleisch-Fasern **wird zerrissen**. Das Bindegewebe **verkürzt sich** beim Braten oder Grillen **weniger**. Dadurch wird **weniger Fleisch-Saft aus** den **Fleisch-Fasern** gepresst. Das **Fleisch bleibt saftiger**. | Es gibt portioniertes **Fleisch mit** einem **dicken Rand aus Bindegewebe**, z. B. Kotelett. Man **schneidet diesen Rand vor dem Braten** mit einem Messer **ein**.<br><br>Das **Bindegewebe zieht sich** beim Erwärmen **weniger zusammen**. Das **Fleisch wölbt sich nicht**. |

| Bridieren (binden) | Bardieren (mit Speck umwickeln oder belegen) |
|---|---|
|  |  |
| Man **bridiert** Fleisch **mit Küchen-Garn**. Das bedeutet: Man **bindet** das **Fleisch zusammen**.<br><br>Durch das Bridieren **behält das Fleisch seine Form** beim Braten, z. B. **Roll-Braten** oder beim Schmoren, z. B. **Rouladen**. | Man **bardiert mageres Fleisch mit** fettem **Speck** oder mit durchwachsenem Speck. Man verwendet **dünne Speck-Scheiben**.<br><br>Durch das Bardieren **wird** das **magere Fleisch** beim Braten im Ofen **nicht so schnell trocken**.<br>Speck gibt dem Fleisch **zusätzlich** einen **besonderen Geschmack**. |

<table>
<tr><th>Lardieren (spicken)</th><th>Marinieren</th></tr>
<tr><td></td><td></td></tr>
<tr><td>
Man lardiert mageres Fleisch mit dünnen Speck-Streifen. Das bedeutet: Man zieht die dünnen Speck-Streifen mit einer Spick-Nadel durch das Fleisch.
Durch das Lardieren wird das magere Fleisch beim Braten im Ofen nicht so schnell trocken. Speck gibt dem Fleisch zusätzlich einen besonderen Geschmack.
Man muss das Fleisch vorsichtig lardieren, damit man die Fleisch-Fasern nicht verletzt. Sonst tritt zu viel Fleisch-Saft aus. Das Fleisch wird trocken.
</td><td>
Marinieren bedeutet: Man legt Fleisch in eine Marinade ein. Man kann Fleisch auf zwei Arten marinieren:
<ul>
<li>Marinieren mit säurehaltiger Flüssigkeit, z. B. Rotwein-Marinade
<ul>
<li>Das Fleisch wird zarter.</li>
<li>Das Fleisch bekommt einen besonderen Geschmack, z. B. Sauerbraten</li>
</ul></li>
<li>Marinieren mit Marinade aus Öl und würzenden Zutaten
<ul>
<li>Das Fleisch bekommt einen besonderen Geschmack, z. B. Steaks zum Grillen</li>
</ul></li>
</ul>
</td></tr>
</table>

**Panieren (umhüllen)**

Panieren bedeutet: Man **umhüllt** vorbereitete Lebensmittel **mit** verschiedenen **Zutaten**. Man **nennt** die Umhüllung **Panierung**.

*Schnitzel, paniert*

Eine Panierung
- **hält** den **Fleisch-Saft im Fleisch**,
- **gibt** dem Fleisch einen **besonderen Geschmack**.
  Man verändert den Geschmack durch verschiedene Zutaten wie Corn-Flakes, Mandel-Blättchen, Kokos-Flocken, Sesam.

Man **verwendet** zum Panieren:
- **Mehl**
- **Voll-Ei**
- **Krümel** (Brösel)
  - Panier-Mehl, Semmel-Brösel
  - geriebene Weißbrot-Krume (mie de pain)
  - geriebene Nüsse oder Mandeln

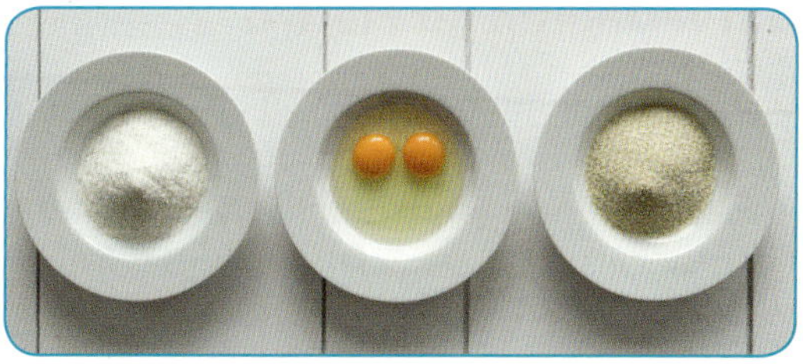

Man **würzt** die vorbereiteten Lebensmittel **vor dem Panieren**.

**Man paniert die Lebensmittel nicht zu früh. Das verwendete Salz zieht Feuchtigkeit aus dem Fleisch an. Die Feuchtigkeit weicht die Panierung auf. Die Panierung löst sich beim Braten vom Fleisch ab.** !

Man paniert in drei Schritten:

- Als erstes **wendet** man die Lebensmittel **in Mehl**.
- Danach **zieht** man die Lebensmittel **durch geschlagenes Voll-Ei**.
- Zum Schluss **umhüllt** man die Lebensmittel **mit** den **Krümeln**.

Es gibt verschiedene Panierungen:

| | | |
|---|---|---|
| **Wiener Panierung** | • Mehl<br>• Geschlagenes Voll-Ei | • Semmel-Brösel |
| **Mailänder Panierung** | • Mehl<br>• Geschlagenes Voll-Ei | • Geriebene Weißbrot-Krume mit geriebenem Parmesan vermischt |
| **Englische Panierung** | • Mehl<br>• Geschlagenes Voll-Ei | • Geriebene Weißbrot-Krume |
| **Pariser Panierung** | • Mehl<br>• Geschlagenes Voll-Ei | |

## 3.6 Fleisch zubereiten

Der Gast erwartet:

- Das Fleisch ist **zart**.
- Das Fleisch ist **saftig**.
- Das Fleisch ist **schmackhaft**.

Der Koch muss das **richtige Garverfahren** für das jeweilige Stück Fleisch **auswählen**.

### Garverfahren für Fleisch

Das **Garverfahren hängt** davon **ab**, **wie viel Bindegewebe** im Fleisch **enthalten** ist. Bindegewebe besteht aus Kollagen. Bindegewebe **ist zäh**.

- Fleisch mit **viel Bindegewebe** benötigt **beim Garen Feuchtigkeit**. Dann wandelt sich das Kollagen in kaubare Gelatine um. Das Fleisch wird zart.

| Fleisch mit **viel Bindegewebe**, z. B. Bug, Brust, wird gegart durch: | | |
|---|---|---|
| **Feuchte** Hitze | | **Längere** Gar-Zeit |
| **Garziehen (Pochieren)**<br>80–95 °C | **Kochen**<br>100 °C | **Dämpfen**<br>100 °C |
| **Dünsten**<br>100 °C | **Schmoren**<br>ca. 180 °C/100 °C | **Hellbraun-Dünsten (Poëlieren)**<br>120–140 °C |

- Fleisch mit **wenig Bindegewebe** benötigt **beim Garen keine Feuchtigkeit**. Das Fleisch wird ohne Feuchtigkeit zart.

| Fleisch mit **wenig Bindegewebe**, z. B. Filet, wird gegart durch: | | | |
|---|---|---|---|
| **Trockene** Hitze | | **Kurze** Gar-Zeit | |
| **Braten**<br>120–200 °C | **Grillen**<br>200–250 °C | **Frittieren**<br>120–170 °C | **Backen**<br>150–200 °C |
| **Trockene** Hitze | | **Lange** Gar-Zeit | |
| **Nieder-Temperatur-Garen**<br>ca. 80 °C | | | |

## Fleisch kochen

Man gart durch Kochen:

| | |
|---|---|
| **Kalb** | Bug, Brust, Bauch |
| **Rind** | Brust, Tafelspitz, Bug, Spannrippe |
| **Schwein** | Eisbein, Bauch, Spitzbein, Hals |
| **Lamm** | Brust, Bug, Keule, Hals |

*Eisbein, gekocht*

G

## Arbeitsschritte für das Kochen von Fleisch

| Arbeitsschritt | Begründung |
|---|---|
| • Man **legt** das gewaschene **Fleisch** in **kochendes Salz-Wasser**.<br>• Man gibt **zu gepökeltem Fleisch**, z. B. Pökel-Rippchen, **kein Salz**. | • Gepökeltes Fleisch enthält Salz. Das Fleisch wird zu salzig. |
| • Man lässt das **Wasser aufkochen**. | • Das Wasser muss **100 °C heiß** bleiben. |
| • Man **schöpft** den **Eiweiß-Schaum ab**. | • Das Fleisch-Eiweiß gerinnt und umschließt Schwebe-Teilchen. Das Fleisch-Eiweiß wird als Schaum an der Oberfläche abgeschöpft. Die **Flüssigkeit** (der Fond) ist **klarer**. |
| • Man **würzt** nach Belieben, z. B. mit Salz, Pfeffer, Piment, Lorbeer. Man kann auch unzerkleinerte Gewürze verwenden. | • Das **Würzen** erfolgt **nach dem Abschäumen**. Die Würz-Stoffe werden sonst mit dem Eiweiß-Schaum entfernt.<br>• Unzerkleinerte getrocknete Gewürze brauchen Zeit, um ihren Geschmack zu entfalten. |
| • Man **gibt Wurzel-Gemüse**, z. B. Lauch, Möhren und Sellerie, **dazu**. | • Lauch, Möhren und Sellerie **geben Geschmack**.<br>• Man kann das Gemüse als Beilage reichen. |
| • Man **legt** ein **Kräuter-Sträußchen** ca. 30 Minuten vor dem Ende der Gar-Zeit **in** den **Fond**. | • Die **ätherischen Öle verflüchtigen sich**, wenn man **frische Kräuter zu früh mit kocht**. |
| • Man **lässt** das Fleisch nach dem Garen **im Fond**. | • Das **Fleisch bleibt saftiger**. |

## Spezielle Gerichte von gekochtem Fleisch

### Vom Rind

#### Tafelspitz

**Beilagen:**
- Meerrettich-Sauce, Kräuter-Sauce, Senf-Sauce
- Salzkartoffeln, Bouillon-Kartoffeln
- Möhren, Kraut-Köpfchen
- Bohnensalat, Gurkensalat
- Geriebener Meerrettich, Sahne-Meerrettich
- als kalte Beilagen: Rote Bete, Gewürz-Gurken, Kürbis

## Vom Schwein

### Eisbein

**Beilagen:**
- Sauerkraut
- Erbsen-Püree
- Kartoffel-Püree, Salzkartoffeln, Kartoffel-Schnee

Man kann das Eisbein auch mit dem Sauerkraut zusammen kochen.

## Vom Kalb

### Blankett

Man **kocht** Fleisch oder Fleisch-Stücke **in Flüssigkeit**. Anschließend **bereitet** man **aus** dem **Fond eine Sauce**. Man **richtet** die **Fleisch-Stücke in** der **Sauce an**.

**Beilagen:**
- Nudeln, Reis, Salzkartoffeln
- glasierte Möhren, Zuckerschoten, Erbsen, Spargel

G

# Fleisch dünsten

Dünsten ist ein **schonendes Garverfahren**. Die **Nährstoff-Verluste** sind **gering**.

Gedünstete Fleisch-Speisen **eignen sich für leichte Vollkost**.

Man gart durch Dünsten:

| | |
|---|---|
| **Kalb** | z. B. Brust, Bug, Hals |
| **Schwein** | z. B. Brust, Bug, Hals |

*Kalbs-Frikassee*

### Frikassee

Für das klassische **Frikassee** werden **Fleisch-Stückchen in** einer **Sauce gegart**.

Betriebe der Gastronomie oder Betriebe der Gemeinschafts-Verpflegung verwenden meistens den Begriff „Frikassee", auch wenn das Fleisch gekocht wird (vgl. Blankett). Das hat folgenden Grund: Gäste kennen den Begriff „Frikassee", sie kennen aber selten den Begriff „Blankett".

## Arbeitsschritte für das Zubereiten von Frikassee

| Arbeitsschritt | Begründung |
|---|---|
| • Man **zerlässt Butter**. | • Man braucht **Fett zum Anschwitzen**.<br>• Butter gibt einen **besonderen Geschmack**. |
| • Man **schwitzt Zwiebel-Brunoise mit** den **Fleisch-Stücken farblos an**. | • Das Frikassee bekommt einen **kräftigeren Geschmack**. |
| • Man **stäubt Mehl ein** und **schwitzt** das Mehl **farblos** mit. | • Das Mehl verbindet sich mit der Butter zur **Mehl-Schwitze** (Roux). |
| • Man **füllt mit heller Brühe auf**. | • Die Brühe **bildet** mit der Mehl-Schwitze die **Sauce**. |
| • Man **würzt** und legt ein Kräuter-Sträußchen hinein. | • Der **Geschmack** wird **abgerundet**. |
| • **Die Fleisch-Stücke garen in der Sauce.** | |
| • Man **nimmt** die **Fleisch-Stücke heraus**. | • Man **kann** die **Sauce passieren**. |
| • Man **passiert** die **Sauce**. | • Die **Klümpchen** werden **entfernt**. |
| • Man **legiert mit Ei-Gelb und Sahne**. | • Der **Geschmack** wird **abgerundet**. |
| • Man **richtet** die **Fleisch-Stücke in** der **Sauce an**. | • Der Gast erwartet bei einem **Frikassee Fleisch-Stücke in** einer **Sauce**. |

## Fleisch hellbraun dünsten (poëlieren)

Man **poëliert zarte Fleisch-Stücke**, z.B. **Schweine-Filet** oder **Kalbs-Filet** oder **Geflügel**. Das Fleisch bekommt durch das Poëlieren eine **hellbraune Farbe**. Man poëliert **im Backofen**.

Man kann Fleisch auf **zwei Arten** poëlieren:

- Man **gart** das Fleisch **bei mäßiger Temperatur** in einem **geschlossenen Topf**. Es bildet sich Flüssigkeit. Man nennt diese Flüssigkeit **Dünst-Fond**. Man **nimmt** den **Deckel** kurz vor Ende der Gar-Zeit **vom Topf**. Das Fleisch bekommt eine **helle Farbe**.
- Man stellt das **Fleisch** in einem **offenen Topf bei mäßiger Temperatur** in den Backofen. Das Fleisch bekommt durch die mäßige Temperatur eine **helle Farbe**. Dann **legt** man einen **Deckel auf** den **Topf**. Es **bildet sich** ein **Fond**. Man lässt das Fleisch **im Fond garen**.

## Fleisch dämpfen

Dämpfen ist ein **schonendes Garverfahren**. Das Fleisch liegt nicht im Wasser oder im Dünst-Fond. Darum hat man weniger **Nährstoff-Verluste**. Gedämpfte Fleisch-Speisen **eignen sich für leichte Vollkost**.

Man kann Fleisch
- in einem **Topf mit Dämpf-Einsatz** oder mit Sieb-Einsatz dämpfen.
- in einem **Dampf-Garer** (Steamer) dämpfen.

Der **Topf** muss bei beiden Verfahren **fest mit einem Deckel verschlossen** sein.

Man gart durch Dämpfen:

| | |
|---|---|
| **Kalb** | z. B. Bug, Brust, Filet |
| **Rind** | z. B. Filet |
| **Schwein** | z. B. Filet |
| **Lamm** | z. B. Bug, Keule |

Beim Dämpfen **entstehen keine Röst-Stoffe**.
Man beachtet:
- Man **würzt** das Fleisch **anders**, z. B. durch Gewürz-Mischungen und/oder Kräuter.
- **Als Flüssigkeit** kann man auch **Brühe, Wein oder Bier** nehmen.

### Arbeitsschritte für das Dämpfen von Fleisch

| **Arbeitsschritt** | **Begründung** |
|---|---|
| • Man **erhitzt wenig Flüssigkeit** auf 100° C in einem hohen Topf. | • Man braucht **Flüssigkeit**, damit Dampf entsteht. |
| • Man stellt einen **Dämpf-Einsatz** in den Topf. | • Das **Fleisch kommt nicht mit** der **Flüssigkeit in Berührung**. |
| • Man **legt** das gewürzte **Fleisch auf** den **Dämpf-Einsatz**.<br>• Man kann auch Gemüse mit auf den Dämpf-Einsatz legen. | • Das **Fleisch kommt nicht mit** der **Flüssigkeit in Berührung**.<br>• Das Fleisch bekommt durch das Gemüse einen besonderen Geschmack. |
| • Man **verschließt** den Topf **mit** einem **Deckel**. Im Topf entsteht Dampf. | • Der **Dampf kann nicht entweichen**. Die Flüssigkeit bleibt im Topf. |
| • Man **dämpft** das Fleisch, **bis es gar ist**. | • Das Fleisch **soll zart sein**. |

## Fleisch schmoren

Schmoren ist ein **kombiniertes Garverfahren**. Zuerst **brät** man das Fleisch bei **ca. 180 °C an**. Dann gießt man **Flüssigkeit** an und gart bei **100 °C** weiter.

Man gart durch Schmoren:

| | |
|---|---|
| **Kalb** | z. B. Haxe, Hals |
| **Rind** | z. B. Keule, Bug |
| **Schwein** | z. B. Nacken, Schinken |
| **Lamm** | z. B. Keule, Bug |

### Arbeitsschritte für das Schmoren großer Fleisch-Stücke

Große Fleisch-Stücke zum Schmoren sind z. B. Rinderbraten, Schweine-Kamm, Lamm-Keule.

| Arbeitsschritt | Begründung |
|---|---|
| • Man **würzt** das Fleisch. | • Das Fleisch bekommt den **gewünschten Geschmack**. |
| • Man **erhitzt hitzebeständiges Fett** in einer Schmor-Pfanne. | • Man braucht **zum Anbraten** eine **hohe Temperatur**. |
| • Man **brät** das **Fleisch** von allen Seiten **scharf an**. | • Es bilden sich **Röst-Stoffe und Farb-Stoffe**. |
| • Man **nimmt** das **Fleisch aus** der **Schmor-Pfanne**. | • Man **braucht** für die weiteren Arbeitsschritte **Platz** in der Schmor-Pfanne. |
| • Man **brät zerkleinerte Speck-Schwarte** und **Röst-Gemüse** (Mirepoix; vgl. S. 562) **an**. | • Es bilden sich **Röst-Stoffe** und **Farb-Stoffe**. |
| • Man gibt Tomaten-Mark dazu. Man **schwitzt das Tomaten-Mark mit**. | • Das Tomaten-Mark **gibt** dem Schmor-Ansatz **Farbe**. |
| • Man **löscht mit braunem Fond ab** (deglacieren). Man **lässt** die **Flüssigkeit einkochen** (reduzieren).<br>• Man **wiederholt** das **Ablöschen** und das Einkochen 2-mal oder 3-mal. | • Es entsteht ein **gehaltvoller Schmor-Ansatz**. |
| • Man **füllt** den Schmor-Ansatz **mit braunem Fond auf**. | • Das **Bindegewebe** wird durch Flüssigkeit **in kaubare Gelatine umgewandelt**. |

G

| Arbeitsschritt | Begründung |
|---|---|
| • Man **legt** das angebratene **Fleisch in** den **siedenden Fond**.<br>• Man gibt **Gewürze** dazu. | • Das Fleisch **soll gar werden**.<br>• Das Fleisch **bekommt** den **gewünschten Geschmack**. |
| • Man **gart** das Fleisch **bei niedriger Hitze in** der **geschlossenen Schmor-Pfanne** im Backofen. | • Das Fleisch **wird gar**.<br>• Die Fleisch-Oberfläche **trocknet nicht aus**. |
| • Man **nimmt** das gegarte **Fleisch aus der Schmor-Pfanne**. | |
| • Man **entfettet** (degraissiert) die **Schmor-Flüssigkeit**. | • **Fett** kann **sich nicht absetzen**. |
| • Man **passiert** die **Schmor-Flüssigkeit**. | • Die **Speck-Schwarten** und das **Röst-Gemüse bleiben** im Sieb **zurück**. |
| • Man **kocht** die **Schmor-Flüssigkeit** bis zur gewünschten Bindung **ein**.<br>• Man kann die Schmor-Flüssigkeit auch durch Stärke binden. Man rührt die Stärke vorher in Wein ein. | • Die **Sauce bekommt** die **gewünschte Konsistenz**.<br>• Die Stärke klumpt nicht. |

G

### Spezielles Schmorgericht von einem großen Fleisch-Stück

#### Vom Rind

**Sauerbraten**

Man **legt** das **Fleisch** 3 bis 5 Tage **in Marinade** aus Essig oder Wein **ein**. Das Fleisch **wendet man** während der Zeit **einige Male**. **So zieht** die **Marinade gleichmäßig** in das Fleisch **ein**.

Man **brät** das Fleisch **scharf an** und **löscht** es mehrmals **mit** der **Marinade ab**. Man **füllt** mit brauner Brühe **auf** und **lässt** das Fleisch zugedeckt im Backofen **garen**.

## Portioniertes Fleisch schmoren

Man **teilt** das **Fleisch** vor dem Zubereiten **in Einzel-Portionen**. Die Einzel-Portionen haben ein **festgelegtes Gewicht**.

Portionierte Fleisch-Stücke zum Schmoren sind z. B. Rinder-Rouladen, Kalbshaxen-Scheiben, Kalbsbrust-Scheiben (Tendrons).

### Arbeitsschritte für das Schmoren portionierter Fleisch-Stücke

| Arbeitsschritt | Begründung |
|---|---|
| • Man **würzt** die Fleisch-Stücke. | • Das Fleisch bekommt den **gewünschten Geschmack**. |
| • Man **erhitzt hitzebeständiges Fett** in einer Schmor-Pfanne. | • Man braucht **zum Anbraten** eine **hohe Temperatur**. |
| • Man **brät** die **Fleisch-Stücke** von allen Seiten **scharf an**. | • Es bilden sich **Röst-Stoffe und Farb-Stoffe**. |
| • Man **gibt** je nach Geschmack **Zwiebel-Würfel**, **Röst-Gemüse** (Mirepoix) und/oder **kleine Speck-Stücke** dazu.<br>• Man **brät** alle **Zutaten an**. | • Die weiteren **Zutaten geben** dem Schmor-Gericht **Geschmack**.<br>• Es bilden sich **Röst-Stoffe** und **Farb-Stoffe**. |
| • Man **löscht mit braunem Fond ab** (deglacieren). Man **lässt** die **Flüssigkeit einkochen** (reduzieren). | • Es entsteht der **Schmor-Ansatz**. |
| • Man **füllt** den Schmor-Ansatz **mit braunem Fond auf**.<br>• Man **gibt weitere Zutaten dazu**, z. B. Gewürze, Tomaten-Mark, Knoblauch, Kräuter-Sträußchen. | • Das **Bindegewebe** wird durch Flüssigkeit **in kaubare Gelatine umgewandelt**.<br>• Die weiteren **Zutaten geben Geschmack** und **Farbe**. |
| • Man **gart** das Fleisch **bei niedriger Hitze in** der **geschlossenen Schmor-Pfanne** im Backofen. | • Das Fleisch **wird gar**.<br>• Die Fleisch-Oberfläche **trocknet nicht aus**. |
| • Man **übergießt** vor dem Ende der Gar-Zeit die **Fleisch-Stücke mehrmals mit** dem **Schmor-Fond**. | • Die Fleisch-Stücke bekommen eine **glänzende Oberfläche**. Das Fleisch ist **glasiert** (überglänzt). |
| • Man **nimmt** die gegarten **Fleisch-Stücke aus der Schmor-Pfanne**. | |
| • Man gibt Wein und Kalbs-Jus oder die dunkle Kraft-Sauce (Demiglace; vgl. S. 598) zum Schmor-Fond und kocht die Flüssigkeit. | • Eine **Sauce bildet sich**. |
| • Man **entfettet** (degraissiert) die **Sauce**. | • **Fett kann sich nicht absetzen.** |
| • Man **passiert** die **Sauce**. | • Die Sauce hat **keine festen Rückstände**. |

G

## Spezielle Schmorgerichte von portionierten Fleisch-Stücken

### Vom Rind

#### Roulade

- Zuerst **bestreicht** man die **Fleisch-Scheibe mit Senf**.
- Danach **legt** man **Zwiebel-Streifen** und Streifen von einer **Gewürz-Gurke auf** die **Fleisch-Scheibe**.
- Dann **rollt** man die **Fleisch-Scheibe auf**. Man **bindet** die Roulade **zusammen** oder steckt sie mit einem Spieß fest.
- Man **brät** die Roulade von allen Seiten **scharf an** und **gießt Flüssigkeit an**.
- Man **lässt** die **Roulade** in einem geschlossenen Topf **schmoren**.

### Vom Kalb

#### Ossobuco
#### (Geschmorte Kalbshaxen-Scheiben nach italienischer Art)

Man **brät** die **Kalbshaxen-Scheiben** von beiden Seiten **scharf an**. Dann **lässt** man sie **im Schmor-Fond garen**. Der Schmor-Fond besteht aus Weißwein, Brühe, Zwiebeln, Knoblauch, Wurzel-Gemüse, Tomaten-Mark und Kräutern.

Man **streut Gremolata** (Gemisch aus gehackter Petersilie, zerdrücktem Knoblauch und abgeriebener Zitronen-Schale) vor dem Servieren **über** die **Kalbshaxen-Scheiben**.

## Kleine Fleisch-Stücke schmoren

Gerichte aus kleinen geschmorten Fleisch-Stücken sind **Ragout** und **Gulasch**. Ragout und Gulasch unterscheiden sich durch ihre Zubereitung.

| • Für **Ragout gart** man die **Fleisch-Stücke in Sauce**. | • Für **Gulasch gart** man die **Fleisch-Stücke in Flüssigkeit**. |
|---|---|
|   |   |
| • Fett in einem flachen Topf erhitzen<br>• Gewürzte Fleisch-Stücke scharf anbraten<br>• Zwiebel-Würfel mit anschwitzen<br>• Tomaten-Mark einrühren<br>• Mit Wein ablöschen | • Fett in einem flachen Topf erhitzen<br>• Zwiebel-Würfel dazugeben und goldbraun anschwitzen<br>• Gewürzte Fleisch-Stücke dazugeben und anbraten |

| Ragout | Gulasch |
|---|---|
| • Mehl einstäuben und anschwitzen<br>• Braunen Fond angießen<br>→ Die Sauce bildet sich<br>• Kräuter-Sträußchen dazugeben<br>• **Fleisch-Stücke in der Sauce garen**<br>• Fleisch-Stücke aus der Sauce nehmen<br>• Sauce entfetten<br>• Sauce passieren | • Tomaten-Mark einrühren und anschwitzen<br>• Mit Wasser ablöschen<br>• Wasser angießen<br>• **Fleisch-Stücke in der Flüssigkeit garen**<br>• Fleisch-Stücke aus der Flüssigkeit nehmen<br>• Sauce entfetten<br>• Sauce passieren |

### Spezielle Schmorgerichte von kleinen Fleisch-Stücken

#### Vom Schwein

**Szegediner Gulasch**

Man **gibt zu dem Schmor-Ansatz** Paprika, fein gehackten **Kümmel** und Knoblauch dazu. Die Sauce **ergänzt** man **mit saurer Sahne**.

Man **vermischt** das Gulasch **mit Sauerkraut.** Man kann das Gulasch auch auf Sauerkraut anrichten.

G

#### Vom Lamm

**Navarin**

Navarin ist ein **Ragout.**
Navarin ist ein französisches National-Gericht.

Man schmort das Lammfleisch mit **tourniertem Wurzel-Gemüse** wie Möhren und Sellerie. Zum Ende der Gar-Zeit gibt man **glasierte Schalotten** dazu.

Man kann zum Navarin auch tournierte Kartoffeln hinzufügen.

## Fleisch im Ofen braten

Man gart durch Braten im Ofen z. B.:

| | | | |
|---|---|---|---|
| **Kalb** | • Rücken<br>• Frikandeau | **Schwein** | • Rücken<br>• Nacken |
| **Rind** | • Roastbeef<br>• Filet | **Lamm** | • Keule<br>• Karree |

## Gar-Punkte für große Fleisch-Stücke (der Braten)

Der Gar-Punkt gibt an, **wie stark** das **Fleisch gebraten ist**. Der Gar-Punkt des Bratens wird **durch** die **Kern-Temperatur** (Temperatur im Mittel-Punkt) **bestimmt**. Man **misst** die Kern-Temperatur **mit** einem **Fleisch-Thermometer**.

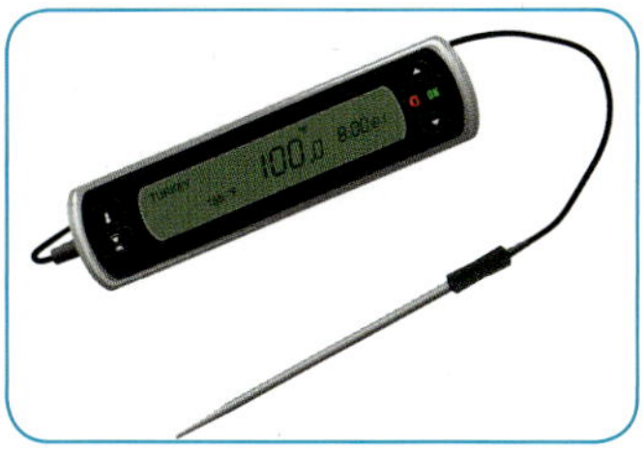

Man **unterscheidet drei Gar-Punkte** bei großen Braten.

| **Halbroh**<br>(blutig roh) | **Halbgar**<br>(vollrosa, medium) | **Vollgar**<br>(saftig grau, durch) |
|---|---|---|
| Kern-Temperatur **45–55 °C** | Kern-Temperatur **60–68 °C** | Kern-Temperatur **75–82 °C** |
|  |  |  |
| **Dunkles Fleisch**<br>• Rind<br>• Lamm | **Dunkles Fleisch**<br>• Rind<br>• Lamm | **Helles Fleisch**<br>• Kalb<br>• Schwein |

## Arbeitsschritte für das Braten großer Fleisch-Stücke (der Braten)

| **Arbeitsschritt** | **Begründung** |
|---|---|
| • Man **würzt** den Braten mit Salz, Pfeffer und weiteren Gewürzen.<br>• Man würzt den Braten **kurz vor dem Braten**. | • Der Braten bekommt seinen **besonderen Geschmack**.<br>• Es gibt **wenig Auslaug-Verluste**. |
| • Man **erhitzt** hitzebeständiges **Fett** im Brat-Geschirr.<br>• Der **Braten bedeckt** möglichst den **gesamten Boden des Brat-Geschirrs**. | • Man braucht zum Anbraten eine **hohe Temperatur**.<br>• **Unbedeckter Boden überhitzt**. Der **Brat-Ansatz verbrennt**. |
| • Man **brät** den Braten **von allen Seiten an**. | • Das **Fleisch-Eiweiß** an der Oberfläche **gerinnt**. Es tritt weniger Fleisch-Saft aus.<br>• Es bildet sich eine **braune Kruste**. |
| • Man **verringert** die **Brat-Temperatur**. | • Der Braten **verbrennt nicht**. |

| Arbeitsschritt | Begründung |
|---|---|
| • Man **gibt Röst-Gemüse** (Mirepoix) erst **nach einiger Zeit dazu**. | • Röst-Gemüse **verbessert den Geschmack**.<br>• Das Röst-Gemüse **verbrennt nicht**. Es entstehen **keine Bitter-Stoffe**. |
| • Der **Braten gart**. | • Die **Brat-Dauer hängt von** der **Dicke** und von dem **Gar-Punkt** des Bratens **ab**. |
| • Man **wickelt** den **Braten in Alu-Folie** ein. Dann **lässt** man den **Braten** ca. 15–20 Minuten **ruhen** (entspannen). | • Der **Druck im Inneren** des Bratens wird **geringer**. Es **läuft weniger Fleisch-Saft** beim Schneiden **aus**. |

## Braten-Saft (Jus)

Beim Braten **tritt Fleisch-Saft** aus dem Braten **aus**. Das **Wasser verdunstet** aus dem Fleisch-Saft. Der **Fleisch-Saft wird kräftiger** im Geschmack. Man **entfettet** den konzentrierten Fleisch-Saft nach dem Brat-Vorgang. Den **konzentrierten Braten-Saft nennt man Jus**.

Man verwendet Jus als **Grundlage für Braten-Saucen**.

G

## Glasieren

Man kann Schweinebraten und Kalbsbraten **glasieren** (überglänzen). Dafür **begießt** man den **Braten kurz vor Ende** der Brat-Zeit **mehrmals mit** kräftigem entfetteten **Braten-Saft (Jus)**. Die **Flüssigkeit verdunstet**. Der Braten bekommt eine **glänzende Oberfläche**.

## Nieder-Temperatur-Garen (NT)

Man kann große Fleisch-Stücke mit dem Nieder-Temperatur-Garen (Niedrig-Temperatur-Garen oder Langzeit-Garen) zubereiten. Die **Vorteile** dieses Verfahrens sind:

- Die **äußere Schicht** des Bratens wird bei einer niedrigen Temperatur **nicht so trocken**, bis der richtige Gar-Punkt erreicht wird.
- Das **Bindegewebe zieht sich** bei niedriger Hitze **nicht so sehr zusammen**. Es **tritt weniger Fleisch-Saft aus**.

Der Braten wird bei niedriger Temperatur, **ca. 80 °C**, gegart. Dabei **verteilt sich** die **Wärme langsamer** von außen nach innen. Der Braten **gart gleichmäßiger**. Die **Gar-Zeit** dauert entsprechend **länger**.

Beim Nieder-Temperatur-Garen bilden sich **keine Röst-Stoffe**. Darum **brät** man den Braten **zu Beginn** der Gar-Zeit **oder zum Ende der Gar-Zeit an**.

**Das rohe Fleisch muss unbedingt hygienisch einwandfrei sein.**
**Das Fleisch befindet sich während des Garens über eine längere Zeit im kritischen Temperatur-Bereich von 20–40 °C.**

**!**

# Fleisch in der Pfanne braten (kurzbraten)

Man gart durch Braten in der Pfanne:

| **Kalb**, z. B.: | **Schwein**, z. B.: | **Rind**, z. B.: | **Lamm**, z. B.: |
|---|---|---|---|
| • Steak<br>• Schnitzel<br>• Filet-Steak | • Schnitzel<br>• Kotelett<br>• Medaillons | • Filet-Steak<br>• Tournedos<br>• Rumpsteak | • Kotelett<br>• Filet<br>• Moutton-Chops |
|  |  |  |  |
| *Kotelett* | *Medaillons* | *Filet-Steak* | *Filets* |
| **Helles Fleisch** wird:<br>• in Mehl gewendet gebraten oder paniert gebraten<br>• durchgebraten | | **Dunkles Fleisch** wird:<br>• naturell gebraten<br>• mit unterschiedlichen Gar-Punkten gebraten | |

## Gar-Punkte für kurzgebratene Fleisch-Stücke

Der Gar-Punkt gibt an, **wie stark** das **Fleisch gebraten ist**.

Man kann den **Gar-Punkt** von kurzgebratenen Fleisch-Stücken durch die **Druck-Probe** feststellen. Es gilt:

**Je fester** sich das **Fleisch** bei der Druck-Probe anfühlt, **desto stärker** ist das Fleisch **gegart**.

Man vergleicht:
- Wie fest fühlt sich das Fleisch an?
- Wie fest fühlt sich der Daumen-Ballen ① an?

| | | | |
|---|---|---|---|
| 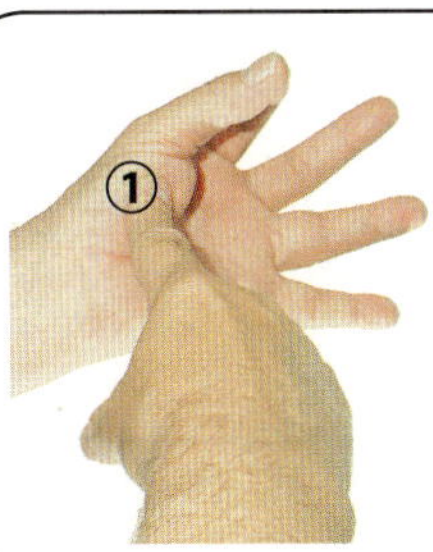 | 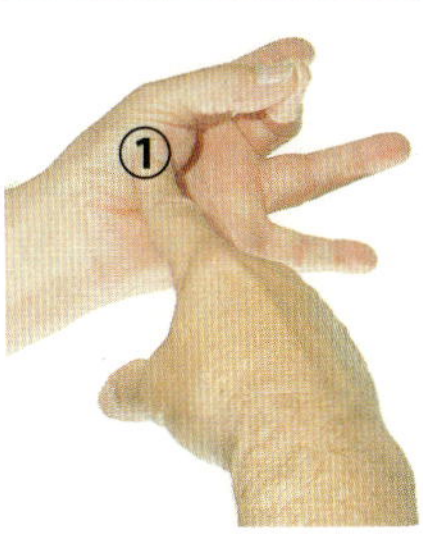 | 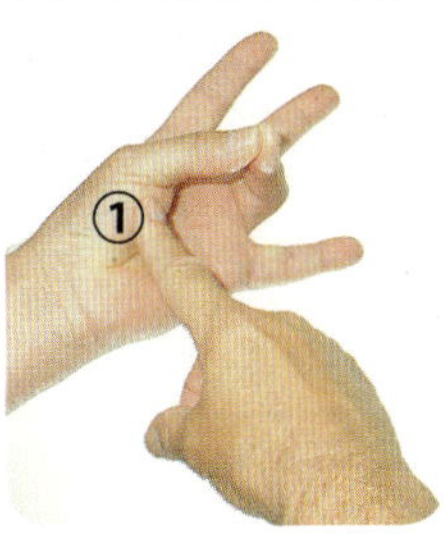 | 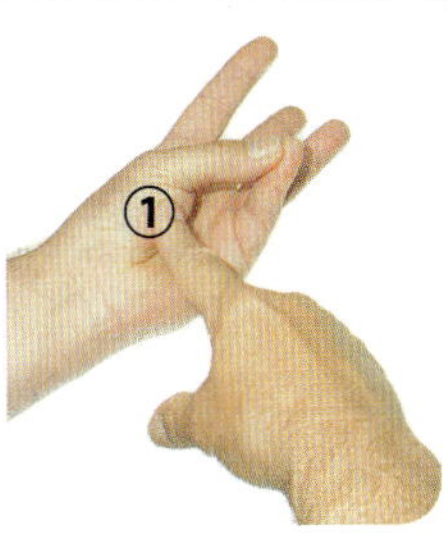 |
| Daumen gegen Zeige-Finger = **stark blutig** | Daumen gegen Mittel-Finger = **blutig** | Daumen gegen Ring-Finger = **medium** | Daumen gegen kleinen Finger = **durchgebraten** |

Die Gastronomische Akademie Deutschland (GAD) empfiehlt die folgenden Bezeichnungen für die Gar-Punkte:

| | Gar-Punkt | Fleisch-Dicke | | |
|---|---|---|---|---|
| | | 2 cm | 3 cm | 4 cm |
|  | **stark blutig**<br>rare<br>bleu | Jede Seite 30 Sekunden braten | Jede Seite 45 Sekunden braten | Jede Seite 1 Minute braten |
|  | **blutig/englisch**<br>medium rare<br>saignant | Jede Seite 1 Minute braten | Jede Seite 1 Minute und 30 Sekunden braten | Jede Seite 2 Minuten braten |
|  | **rosa**<br>medium<br>à point | Jede Seite 3 Minuten braten | Jede Seite 3 Minuten und 30 Sekunden braten | Jede Seite 4 Minuten braten |
|  | **durchgebraten**<br>well done<br>bien cuit | Jede Seite 4 Minuten braten | Jede Seite 5 Minuten braten | Jede Seite 6 Minuten braten |



## Arbeitsschritte für das Braten in der Pfanne (Kurzbraten)

| Arbeitsschritt | Begründung |
|---|---|
| • Man **erhitzt** hitzebeständiges **Fett** im Brat-Geschirr. | • Man braucht zum Anbraten eine **hohe Temperatur**. |
| • Man **brät** das Fleisch-Stück **von beiden Seiten** bei hoher Hitze **an**.<br>• Man **wendet** das Fleisch-Stück **mit** einer **Palette oder** mit einer **Fleisch-Zange**. | • Es bildet sich eine **braune Kruste**.<br>• Das **Fleisch-Stück verliert keinen Fleisch-Saft**. |
| • Man **verringert** die **Brat-Temperatur**<br>• Man **brät** das Fleisch-Stück **bis** zum **gewünschten Gar-Punkt**.<br>• Man kann **Butter** als Fett **dazugeben**. | • Der Fleisch-Stück **verbrennt nicht**.<br>• Die **Eiweiß-Stoffe** in der Butter **verbrennen nicht**.<br>• Butter gibt einen besonderen Geschmack |

## Spezielle Gerichte von kurzgebratenen Fleisch-Stücken

### Vom Kalb

#### Wiener Schnitzel

- Man **paniert** ein **Schnitzel** von 150 g oder zwei Schnitzel zu je 75 g. Die **Panierung** besteht **aus Mehl, aufgeschlagenem Voll-Ei** und **Semmel-Bröseln**.
- Man **brät** das panierte Fleisch **in viel Butter-Schmalz**.
- Beim Anrichten **legt** man eine **Zitronen-Scheibe mit Sardellen-Ring und Kapern** auf das Fleisch.

### Vom Kalb

#### Saltimbocca (ist eine italienische Spezialität)

- Man **legt** auf kleine, sehr dünne Schnitzel je eine **Scheibe luftgetrockneten Schinken** (z. B. Parma-Schinken) und ein **frisches Salbei-Blatt**.
- Man **brät** die Schnitzel **in Butter an**.
- Dann **löscht** man die Schnitzel **mit** etwas **trockenem Weißwein ab** und **gart** die Schnitzel fertig.

### Vom Kalb

#### Cordon bleu

- Man **füllt** ein Schnitzel **mit Kochschinken** und **Emmentaler Käse.**
- Man **paniert** das Schnitzel **mit** der **Wiener Panierung**.
- Danach **brät** man das **panierte Fleisch**.

### Vom Kalb

#### Paprika-Schnitzel/Balkan-Schnitzel („Zigeuner-Schnitzel")

- Man **bereitet** eine **würzige Tomaten-Sauce** mit angeschwitzten Champignon-Scheiben, Paprika-Streifen und Zwiebel-Streifen **zu**.
- Beim Anrichten **gibt** man die **Sauce über das gebratene Schnitzel**.

G

### Vom Kalb

**Piccata Milanese (ist eine italienische Spezialität)**

- Man **paniert** ein **Schnitzel** von 150 g oder zwei Schnitzel zu je 75 g. Die **Panierung** besteht **aus Mehl** und **aufgeschlagenem Voll-Ei** gemischt mit **geriebenem Parmesan** (oder: 2/3 Semmel-Brösel und 1/3 geriebener Parmesan). Dann **brät** man das panierte **Fleisch**.
- Man **richtet** die Schnitzel **mit Spaghetti** und einer **Tomaten-Sauce** mit Kochschinken, Pökel-Zunge, Champignons und Tomatenfleisch-Würfel **an**.

**Man kann für diese speziellen Gerichte auch Schweine-Fleisch oder Geflügel verwenden. Dann muss man auf der Speisekarte auf das verwendete Fleisch hinweisen, z. B. Schweine-Schnitzel Wiener Art oder Cordon bleu vom Schwein.** !

## Fleisch sautieren

Sautieren ist eine besondere Form des Kurzbratens.

Sautieren **bedeutet**: Man **brät Fleisch-Würfel, Fleisch-Streifen** oder **Fleisch-Scheibchen kurz** in der Pfanne. **Dabei schwenkt** man die **kleinen Fleisch-Stückchen**.

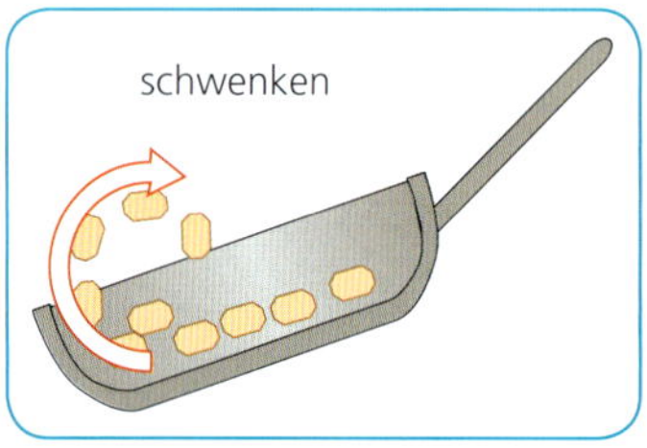

Diese Gerichte nennt man **Minuten-Gerichte**.

### Arbeitsschritte für das Sautieren von kleinen Fleisch-Stücken

| Arbeitsschritt | Begründung |
|---|---|
| • Man **erhitzt geklärte Butter** im Brat-Geschirr. | • **Geklärte Butter** enthält **kein Milch-Eiweiß**. Milch-Eiweiß würde verbrennen.<br>• Butter gibt einen **besonderen Geschmack**. |
| • Die **Fleisch-Stückchen** müssen den **gesamten Pfannen-Boden bedecken**.<br>• Man **brät** die Fleisch-Stückchen bei hoher Hitze **an**.<br>• Die **Fleisch-Stückchen** dürfen beim Braten **nicht übereinander liegen**. | • Es kommt **nicht** zu **Überhitzungen**.<br>• Es bildet sich eine **braune Kruste**. Die Fleisch-Stückchen bleiben **innen rosa**.<br>• Alle Fleisch-Stückchen **braten** bei hoher Temperatur **gleichmäßig an**. Die Fleisch-Poren schließen sich. Es **tritt kein Fleisch-Saft aus**. Die Fleisch-Stückchen kochen nicht. Sie werden **nicht trocken**. |

| Arbeitsschritt | Begründung |
|---|---|
| • Man **nimmt** die sautierten Fleisch-Stückchen **aus der Pfanne** und **stellt** sie **warm**. | • Man verwendet den **Brat-Satz für** die **Sauce**. |
| • Man **bereitet** die **Sauce** zu | |
| • Man **gibt** die heiße **Sauce über** die warmen **Fleisch-Stückchen**. Man **schwenkt** die **Fleisch-Stückchen in** der **Sauce**. | • Die **Sauce umgibt** die **Fleisch-Stückchen**. Das Minuten-Gericht ist fertig. |

## Spezielle Gerichte von sautierten Fleisch-Stückchen

### Vom Kalb

#### Züricher Geschnetzeltes

- Man **brät** die **Fleisch-Stückchen kurz an**. Man stellt die Fleisch-Stückchen nach dem Anbraten warm.
- Im Braten-Satz **schwitzt** man **Schalotten-Würfelchen an**. Man **löscht** die Schalotten-Würfelchen **mit Weiß-Wein ab**.
- Dann **gibt** man **1 Teil dunkle Kraft-Sauce** (Demiglace) und **2 Teile saure Sahne dazu**.
- Man **schwenkt** die **Fleisch-Stückchen** in der fertigen Sauce.

Man reicht als typische Beilage:

- Rösti, aber auch Reis oder Spätzle

### Vom Rind

#### Filet-Spitzen Stroganoff

- Man **brät** die **Fleisch-Stückchen kurz an**. Man stellt die Fleisch-Stückchen nach dem Anbraten warm.
- Im Brat-Satz schwitzt man Schalotten-Würfelchen und Tomaten-Mark an.
- Dann **gibt** man **1 Teil dunkle Kraft-Sauce** (Demiglace) und **4 Teile saure Sahne dazu**.
- **Unter** die **Sauce mengt** man gewürzte, scharf angebratene **Steinpilze**.
- Man **schwenkt** die **Fleisch-Stückchen** in der fertigen Sauce.
- Beim Anrichten legt man **Gewürz-Gurken-Streifen** auf.

Man reicht als typische Beilage:

- Bratkartoffeln oder Kartoffel-Schnee

G

## Fleisch grillen

Man grillt mit **Strahlungswärme** und teilweise mit Kontaktwärme bei Temperaturen von **200 °C** bis **250 °C**. Dadurch entstehen besondere Röst-Stoffe. Der Fleisch-Saft und die Nährstoffe bleiben besser erhalten. Man braucht zum Grillen kein Fett.

**Man darf Pökel-Ware, z. B. Kassler, nicht grillen. Durch die hohen Temperaturen entstehen Nitros-Amine. Nitros-Amine sind krebserregend.** !

Man gart durch Grillen:

| **Rind**, z. B. | **Schwein**, z. B. | **Lamm**, z. B. |
|---|---|---|
| • Filet-Steak<br>• Tournedos<br>• Rumpsteak | • Kotelett<br>• Medaillons | • Kotelett<br>• Filet<br>• Moutton-Chops |

Man kann
- **Fleisch-Stückchen**,
- **Filet-Spitzen** oder
- **Lamm-Filets**

**leichter grillen**, wenn man sie **auf Spieße steckt**.

### Arbeitsschritte für das Grillen von Fleisch-Stücken

| Arbeitsschritt | Begründung |
|---|---|
| • Man **erhitzt** die **Grill-Stäbe.** | • Die hohe Hitze überträgt sich auf das Fleisch. |
| • Man legt die gewürzten, **mit Öl bestrichenen Fleisch-Stücke** oder die marinierten Fleisch-Stücke auf die Grill-Stäbe. | • Die **Fleisch-Stücke kleben nicht fest**. |
| • Man **wendet** die **Fleisch-Stücke mehrmals mit** einer **Grill-Zange**.<br>• Man **legt** die Fleisch-Stücke beim Wenden **im rechten Winkel** zur ersten Grill-Linie. | • Die Fleisch-Stücke **garen gleichmäßig**.<br>• Das **Fleisch-Stück verliert keinen Fleisch-Saft**.<br>• Es entsteht das **Grill-Karo.** |

Die **Gar-Zeit** beim Grillen ist **abhängig**:
- von dem Grill-Gerät
- von der Grill-Temperatur
- von der Fleisch-Sorte
- von dem gewünschten Gar-Punkt
- von der Dicke des Fleisches

## Fleisch frittieren

Man nennt **frittierte Fleisch-Stücke** in der Küche auch **gebackene Fleisch-Stücke**. Frittierte Fleisch-Stücke werden „im Fett-Bad gebacken".

Frittierte Fleisch-Stücke haben durch **Röst-Stoffe** einen **besonderen Geschmack**. Frittierte Fleisch-Stücke haben einen **hohen Fett-Gehalt**. Darum sind sie **schwer verdaulich**.

Man gart durch Frittieren:

| **Zartes rohes Fleisch**, z. B. | | **Gekochtes Fleisch**, z. B. |
|---|---|---|
| • Schnitzelchen vom Kalb<br>• Lamm-Kotelett | • Medaillons vom Schweine-Filet<br>• Stücke vom Schweine-Schinken | • Stücke von der Kalbs-Brust |

### Arbeitsschritte für das Frittieren von Fleisch-Stücken

| Arbeitsschritt | Begründung |
|---|---|
| • Man **würzt** die Fleisch-Stücke. | • Die Fleisch-Stücke bekommen einen **besonderen Geschmack**. |
| • Man **paniert** die **Fleisch-Stücke**. Man kann die Fleisch-Stücke **auch mit Ausback-Masse** (vgl. S. 639) **umhüllen**.<br>• Man muss **gekochte Fleisch-Stücke** vor dem Panieren **gut trockentupfen**. | • Die **Panierung** wird **braun** und **knusprig**.<br>• Die Panierung **weicht nicht auf**. Sie **fällt** beim Frittieren **nicht ab**. |
| • Man **frittiert** die Fleisch-Stücke:<br>  • **dünne** Fleisch-Stücke **bei max. 170 °C**<br>  • **dickere** Fleisch-Stücke **bei ca. 160 °C** | • Bei **zu hoher** Temperatur **verbrennt** die **Panierung**, **ohne** dass das **Fleisch-Stück innen gar** wird.<br>• Bei **zu hoher** Temperatur **bildet sich Acryl-Amid**. Acryl-Amid ist gesundheitsschädlich.<br>• Bei **zu niedriger** Temperatur **bildet sich keine Kruste**. Die **Fleisch-Stücke nehmen** zu viel **Fett auf**. |
| • Man **lässt** die frittierten Fleisch-Stücke **gut abtropfen**.<br>• Man **deckt** die frittierten Fleisch-Stücke **nicht zu**. | • Die **Panierung** soll **wenig Fett aufnehmen**.<br>• Die Panierung **weicht nicht auf**. |
| • Man **serviert** die frittierten Fleisch-Stücke **sofort**. | • Die **Panierung** bleibt **knusprig**. |

# 4 Hackfleisch

minced meat
viande hachée

Hackfleisch ist **rohes Fleisch**. Man zerkleinert das Fleisch **mit dem Fleischwolf**. Hackfleisch darf **keine Zusätze** enthalten.

Man nennt Hackfleisch auch **Gehacktes**.

## 4.1 Hackfleisch einkaufen

**Am häufigsten** wird **Schweinefleisch** und **Rindfleisch** verwendet. Es gibt auch Hackfleisch aus Kalbfleisch und aus Lammfleisch. Fleisch verarbeitende Betriebe dürfen auch Geflügel-Hackfleisch und Wild-Hackfleisch herstellen und verkaufen.

| **Tatar**<br>(Schabe-Fleisch)<br>Tatar ist Rindfleisch. | **Rinder-Hackfleisch** | **Mischung aus Schweine-Hackfleisch und Rinder-Hackfleisch** | **Schweine-Hackfleisch** |
|---|---|---|---|
|  |  |  |  |
| Fett-Gehalt:<br>**max. 6 %** | Fett-Gehalt:<br>**max. 20 %** | Fett-Gehalt:<br>**max. 30 %** | Fett-Gehalt:<br>**max. 35 %** |

**Mett** ist **gewürztes Schweine-Hackfleisch**. Mett wird auch mit Zwiebeln angeboten. **Thüringer Mett** wird speziell gewürzt.

Je nach Region nennt man Mett auch **Hackepeter** oder **Zwiebel-Mett**.

## 4.2 Hygiene-Regeln für den Umgang mit Hackfleisch

**Mikroorganismen haben** in **rohem zerkleinertem** Fleisch **ideale Lebensbedingungen**.

- Fleisch enthält viele Proteine (Eiweiß-Stoffe). **Proteine** dienen bestimmten **Mikroorganismen als Nahrung**.
- Das Fleisch bekommt **durch** das **Zerkleinern** eine **größere Oberfläche**. Das Muskel-Gewebe wird gelockert. Dadurch können sich **Mikroorganismen sehr gut vermehren**.

**Rohes zerkleinertes Fleisch verdirbt besonders schnell. Darum ist der Umgang mit diesem Fleisch streng geregelt. Diese strengen Regeln sollen den Verbraucher schützen.** !

Die **Tier-LMHV** (Tierische Lebensmittel-Hygiene-Verordnung) regelt
- das **Herstellen**,
- das **Behandeln** und
- das **In-Verkehr-Bringen** (Verkaufen)

von Erzeugnissen aus rohem zerkleinertem Fleisch.
- Als **rohes zerkleinertes Fleisch** gilt u. a.:

| | | | |
|---|---|---|---|
| • Hackfleisch | • Geschnetzeltes | • Fleisch-Spieße | • Fleisch-Teige |
| • Tatar | • Gesteaktes | • Gulasch-Fleisch | • Brät |

- Für die **Lager-Temperatur** gilt:
  - **Hackfleisch** darf **nicht wärmer als +2 °C** gelagert werden.
  - **Klein geschnittenes Fleisch** darf **nicht wärmer als +7 °C** gelagert werden.
- Man darf **aufgetaute Zubereitungen aus Hackfleisch nicht wieder einfrieren**.
- Der **Hersteller legt** ein **Verbrauchs-Datum fest**, wenn er **Hackfleisch unter Schutz-Atmosphäre verpackt**.

*Hackfleisch, unter Schutz-Atmosphäre verpackt*

Man soll weitere Regeln im Umgang mit rohem zerkleinertem Fleisch beachten:
- Das **Küchen-Personal** muss **hygienisch besonders sorgfältig** arbeiten.
- Man muss **Geräte**, z. B. Fleischwolf oder Steaker, **nach jeder Benutzung gründlich reinigen**. Man reinigt diese Geräte **mit heißem Wasser**.
- Man **spült** die Geräte **sorgfältig** mit Wasser **ab**, wenn man Reinigungs-Mittel und Desinfektions-Mittel benutzt hat.
- Man soll den **Fleischwolf kühlen**, **bevor** man ihn **benutzt**.

## 4.3 Hackfleisch zubereiten

Hackfleisch lässt sich **vielfältig zubereiten**.

Man stellt für viele Gerichte eine **Hackfleisch-Masse** aus **Hackfleisch**, **aufgeweichtem Brötchen**, **Zwiebeln** und **Eiern** her.

Zum Garen eignet sich u. a. Garziehen, Schmoren, Braten im Ofen, Braten in der Pfanne, Grillen.

## Hackfleisch roh zubereiten

### Tatar

Tatar ist **rohes fettarmes Rinder-Hackfleisch**.

Man formt das Tatar ähnlich wie ein Steak.

Man reicht zum Tatar **rohes Ei-Gelb**, **Zwiebel-Würfel**, **Gewürz-Gurken-Würfel**, **Sardellen**, **Kapern**, Salz, Pfeffer und Paprika. Diese Zutaten kann man in Schälchen oder in kleinen Löffeln anrichten.

Der Gast bereitet sich Tatar nach seinen Wünschen zu.

Man reicht zu Tatar häufig Schwarzbrot.

## Hackfleisch garziehen

Garziehen nennt man auch Pochieren. Bei diesem Garverfahren gart man die Lebensmittel in **viel Flüssigkeit** bei **80 – 95 °C**.

G

### Königsberger Klopse

Man **formt** die Hackfleisch-Masse zu **Kugeln (Klopsen)**.

Für eine Person nimmt man 2 Klopse zu je 60 g.

Man **legt** die Klopse **in heiße Fleisch-Brühe** und **lässt** sie **garziehen**.

Man bereitet eine **helle Grundsauce** zu. Diese Sauce **schmeckt** man **mit Sauerrahm**, **Senf** und **Kapern** ab.

Die Klopse richtet man in der Sauce an.

## Hackfleisch schmoren

### Kohl-Rouladen

Man **blanchiert Weißkohl-Blätter**. Danach legt man die blanchierten Weißkohl-Blätter flach aus und würzt sie mit Salz und Pfeffer.

Man **gibt** die **Hackfleisch-Masse auf** die **Weißkohl-Blätter**. Dann **rollt** man die Blätter **mit der Masse zusammen auf**.

Die Kohl-Rouladen **brät** man **bei ca. 180 °C an**. Danach **füllt** man **mit Brühe auf**.

Man **lässt** die **Kohl-Rouladen** 45 bis 60 Minuten **garen**.

## Hackfleisch im Ofen braten

### Hackbraten

Man **formt** die **Hackfleisch-Masse wie ein Brot**. Die geformte Masse wälzt man in Semmel-Bröseln und **legt** sie **in** ein **eingefettetes Bratgeschirr**.

Man **gart** den Hackbraten **im Ofen bei mittlerer Hitze** ca. eine Stunde. **Zwischendurch übergießt** man den Hackbraten **mit Fleisch-Brühe**.

## Hackfleisch in der Pfanne braten

### Frikadellen

Man **formt** die Hackfleisch-Masse zu **Frikadellen**. Für eine Portion nimmt man 120 g Hackfleisch-Masse.

Man erhitzt Fett in einer Pfanne und legt die Frikadellen in die Pfanne. Man **brät** sie von **beiden Seiten gleichmäßig braun**.
Frikadellen **müssen durchgebraten sein**, aber auch saftig.

G

## Spezielle Gerichte aus Hackfleisch

### Lasagne mit Hackfleisch

Lasagne ist ein italienischer **Nudel-Auflauf**. Man backt Lasagne im Ofen.

Man **schichtet Nudel-Platten**, **Hackfleisch** und **Milch-Grundsauce** (Béchamel) **abwechselnd** in einer Auflauf-Form. Die Nudel-Platten werden durch die Sauce verzehrfähig.

Man bestreut Lasagne häufig mit Parmesan.

### Chili con carne

Chili con carne ist ein scharfes **Eintopf-Gericht**.

Man nimmt für Chili con carne folgende Zutaten: **Rinder-Hackfleisch**, **Chili-Schoten**, Zwiebeln, Knoblauch, Kreuzkümmel und Tomaten.

Man kann **auch Kidney-Bohnen** und **Mais** dazugeben.

# 5 Geflügel

poultry
volaille

Geflügel ist das **Haus-Geflügel**. Haus-Geflügel wird, wie die Schlacht-Tiere, **zum Schlachten gehalten**. Die Tiere werden **gefüttert**. Sie sind **vor äußeren Einflüssen** wie Kälte und Regen **geschützt**.

Man unterscheidet:

| **Helles Haus-Geflügel** hat **helles Fleisch** | | **Dunkles Haus-Geflügel** hat **dunkles Fleisch** | |
|---|---|---|---|
| **Huhn** | **Truthahn/Puter** | **Ente** | **Gans** |
|  |  |  |  |
|  | 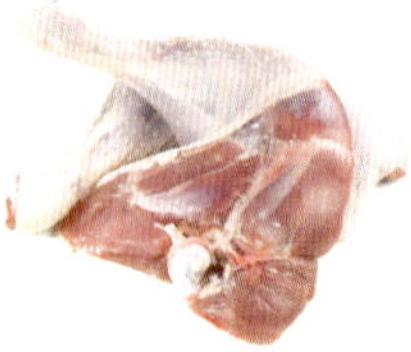 |  |  |

Es gibt weitere besondere Geflügel-Arten: das **Perlhuhn**, die **Taube** und den **Strauß**.

Betriebe in der Gastronomie und in der Gemeinschafts-Verpflegung verwenden häufig Geflügel.

- Man kann Geflügel **vielfältig einsetzen**, z. B. für Vorspeisen, für Suppen und für Hauptgerichte.
- Geflügel lässt sich **schmackhaft mit verschiedenen Garverfahren zubereiten**, z. B. Braten, Grillen und Schmoren.
- Man kann Geflügel **regional einkaufen**.
- Geflügel ist bei Gästen wegen seines **zarten und wohlschmeckenden Fleisches** beliebt.
- Geflügel ist **z. T. günstiger** als Schlacht-Fleisch.

## 5.1 Bedeutung für die Ernährung

Geflügel-Fleisch enthält **viele wichtige Nährstoffe**:

- **Geflügel-Fleisch** enthält **viele Proteine** (Eiweiß-Stoffe). Proteine dienen dem menschlichen Körper als **Baustoff**. Die Proteine haben eine **hohe biologische Wertigkeit**.
  Das bedeutet: Der menschliche Körper kann die **Proteine aus** dem **Geflügel-Fleisch** besonders **gut in körpereigenes Protein umwandeln**.
- Geflügel-Fleisch enthält **wenig Fett**. Das Fett enthält im Gegensatz zu Fett von Schlacht-Tieren **viele ungesättigte Fettsäuren**. Diese Fettsäuren sind **essenziell (lebensnotwendig)**.
  Der menschliche Körper kann diese Fettsäuren nicht selbst bilden. Man muss sie mit der Nahrung aufnehmen.
- Das **meiste Fett** liegt bei Haus-Geflügel **direkt unter der Haut**. Dieses Fett brät bei der Zubereitung mit den trockenen Garverfahren aus. **Dunkles Haus-Geflügel** hat **mehr Fett** als helles Haus-Geflügel.
- Geflügel-Fleisch enthält die wichtigen **Vitamine $B_1$** und **$B_2$**. Der menschliche Körper **braucht Vitamine für** seinen **Stoffwechsel**.
- **Eisen** ist der wichtigste Mineralstoff im Geflügel-Fleisch. Eisen **bildet** den **roten Blut-Farbstoff** (Hämoglobin) und den **roten Muskel-Farbstoff**.
  Der menschliche Körper kann **Eisen aus tierischen Lebensmitteln besser verwerten** als Eisen aus pflanzlichen Lebensmitteln.

## 5.2 Geflügel-Arten



Es gibt **verschiedene Geflügel-Arten**, z. B. Huhn, Truthahn, Ente, Gans. Die **Geflügel-Art** muss auf der Verpackung **als Bezeichnung** (Name des Produktes) **angeben** werden.

### Huhn

Das Huhn ist ein **weltweit verbreitetes Nutz-Tier**.
Man unterscheidet:

- **Wirtschafts-Hühner** legen Eier und liefern Fleisch.
- **Rasse-Hühner** züchtet man wegen ihres Aussehens.

#### Stubenküken

poussin
poussin

Stubenküken sind **junge Hühner**.

Stubenküken haben ein Gewicht von **300 g bis 500 g** (ohne Innereien, ohne Kopf und ohne Füße). Stubenküken werden im Alter von **21 bis 28 Tagen** geschlachtet.

Das **Fleisch** von einem Stubenküken hat eine **leicht gelbliche Farbe**. Es ist **sehr zart**.

Stubenküken eignen sich **im Ganzen** zum **Braten**, zum **Backen** oder zum **Grillen**. Man kann Stubenküken auch füllen.

### Hähnchen/Broiler

chicken
poulet

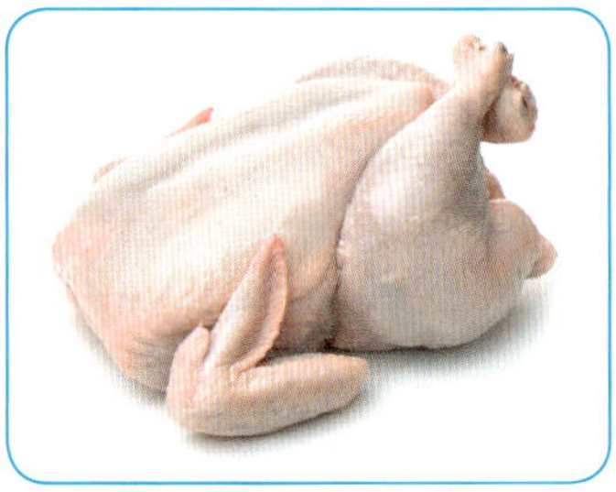

- **Hähnchen** sind männliche oder weibliche Hühner **vor der Geschlechts-Reife**. Hähnchen sind beim Schlachten **5 bis 6 Wochen alt**. Sie wiegen **zwischen 800 g und 1200 g**.
- Eine **Poularde** ist ein **Mast-Hähnchen**. Die Poularde wird im Alter von **7 bis 12 Wochen** geschlachtet. Die Poularde wiegt **mindestens 1200 g**.
- **Mais-Hähnchen** sind Hähnchen, die **mit Mais gefüttert** werden. Die **Haut** hat eine **kräftig gelbe Farbe**.
- Der Begriff **„Kikok-Hähnchen"** hat sich als **Marken-Name** durchgesetzt. Kikok-Hähnchen werden **nur** in **Stall-Haltung** mit mehr Platz gehalten. Die Betriebe **verzichten** bei der Aufzucht **auf Antibiotika**. Die Tiere erhalten Futter mit einem hohen Mais-Anteil.

### Suppenhuhn

cock
coq

G

Suppen-Hühner sind **keine Mast-Hühner**. Suppen-Hühner sind **Lege-Hennen**. Man schlachtet sie nach ihrer Lege-Periode, d. h., wenn sie **keine Eier mehr legen**.

Suppen-Hühner sind **zwischen 1 und 3 Jahre alt**. Sie wiegen **zwischen 1200 g und 3500 g**.

Man verwendet Suppen-Hühner für Hühner-Brühe, für Frikassee, für Blankett und für Geflügel-Salat.

## Truthahn, Pute

turkey
dindon

Man verwendet das Fleisch männlicher und weiblicher Tiere.
- Männliche Tiere (**Truthahn/Puter**) wiegen **10 kg bis 15 kg**.
- Weibliche Tiere (**Truthenne/Pute**) wiegen **6 kg bis 8 kg**.
- **Baby-Puter** sind **junge Tiere**. Sie wiegen **zwischen 3 kg und 5 kg**.

*Truthahn/Puter*

*Truthenne/Pute*

Der Handel bietet Teil-Stücke wie Flügel, Brust, Filet, Unter-Keulen und Ober-Keulen an.
- Aus der Brust lassen sich Steaks, Schnitzel, Geschnetzeltes oder Gulasch zubereiten.
- Man kann das Fleisch der Ober-Keulen für Gulasch, für Roll-Braten oder für Spieße nutzen.

## Ente

duck
caneton

Es gibt **verschiedene Enten-Rassen**. Sie unterscheiden sich in ihrer Größe und in ihrem Aussehen.

- Die **Peking-Ente** hat eine besonders **gute Fleisch-Qualität**. Man **verwendet** diese Ente **traditionell für** die Zubereitung des Gerichts **„Peking-Ente"**.
- Die **Barbarie-Ente** hat eine **kräftige Flug-Muskulatur**. Die Barbarie-Ente hat **viel fettarmes Fleisch**.

*Barbarie-Ente*

### Frühmast-Ente

Frühmast-Enten sind **ca. 3 Monate alt**. Sie wiegen **ca. 2000 g**.

Frühmast-Enten haben ein **noch biegbares Brust-Bein**.

Man verwendet in der Gastronomie und in der Gemeinschafts-Verpflegung keine Tiere, die viel älter sind.

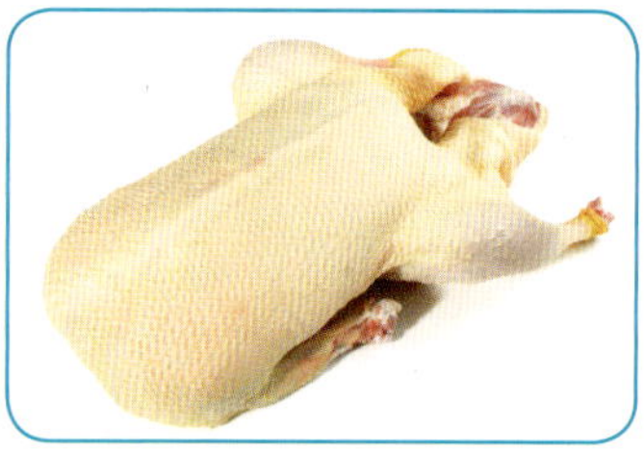

## Gans



goose
oie

Alle heutigen Gänse-Rassen stammen von der Wild-Gans oder von der Grau-Gans ab.

Es gibt **verschiedene Rassen**, die sich in ihrer Größe und in ihrem Aussehen unterscheiden.

- **Schwere Rassen**, z.B. Emdener Gans, Toulouser Gans, wiegen **zwischen 9 kg und 14 kg**.
- **Leichtere Rassen**, z.B. Steinbacher Gans, Diepholzer Gans, wiegen **zwischen 5 kg und 7 kg**.

*Toulouser Gans*

### Frühmast-Gans

Die Frühmast-Gans wird mit **ca. 10 bis 12 Wochen** geschlachtet. Frühmast-Gänse wiegen **zwischen 2000 g und 3400 g**.

### Junge Gans

Junge Gänse werden mit **ca. 9 Monaten** geschlachtet. Junge Gänse wiegen **zwischen 4 kg und 6 kg**.

Frühmast-Gänse und junge Gänse können durch den Begriff **„Weide-Gans"** ergänzt werden. Weide-Gänse werden **im Freien gehalten**. Sie **fressen Gräser**. Weide-Gänse **bekommen** als Zusatz-Futter Getreide. Sie bekommen **keinen Mais**. Sonst entwickelt sich eine Fett-Leber.

## Perlhuhn

🇬🇧 guinea fowl
🇫🇷 pintade

Das Perlhuhn **stammt** ursprünglich **aus Afrika**. Es ist mit dem Haus-Huhn verwandt.

Das Perlhuhn wiegt geschlachtet und ausgenommen **ca. 1400 g**.

Das **Fleisch** ist **hell-orange**.
Es hat einen **leichten Wild-Geschmack**.

Perlhühner sind **teurer als Hähnchen**.

## Taube

🇬🇧 pigeon
🇫🇷 pigeon

G

Man verwendet in der Küche nur **Mast-Tauben**.

Bratfertige Tauben wiegen **zwischen 500 g und 800 g**.

Das **Fleisch** ist **kräftig rot**.
Es ist zart und hat einen **kräftigen Geschmack**.

## Strauß

🇬🇧 ostrich
🇫🇷 autruche

Der Strauß ist der **größte Vogel** auf der Erde.

Der Strauß kann **nicht fliegen** und gehört zu den Lauf-Vögeln.

Das **Fleisch** ist **mager** und es hat **wenig Cholesterin**. Es **schmeckt ähnlich** wie **Rindfleisch**.

Man verwendet vom Strauß:
- die **Keule**: für Schmor-Braten, für Gulasch, für Rouladen, für Schinken, für Salami
- die **Brust**: für kurzgebratenes Brust-Filet, für Steaks, für Geschnetzeltes
- den **Hals**: in Scheiben geschmort (ähnlich wie Ossobuco)
- die **Innereien**: die Leber, das Herz, den Magen

## 5.3 Geflügel einkaufen

Man überprüft die **Qualität von Geflügel**:
- Man **kann** bei **jungen Hühnern** die **Brust-Bein-Spitze** ① **biegen**. Bei **älteren Hühnern** ist die Brust-Bein-Spitze verknöchert. Man kann sie **nur wenig biegen**.
- Auch bei **Enten und Gänsen** kann man die **Brust-Bein-Spitze bei jungen Tieren biegen.**
- Man kann bei **Enten und Gänsen** das **Alter auch an** der **Luftröhre** bestimmen. Die **Luftröhre** kann man bei **jüngeren Tieren leicht eindrücken**. Bei älteren Tieren geht das nicht.

### Kühlverfahren

Das **Kühlverfahren beeinflusst** die **Qualität** von Geflügel. Das Verfahren kann auf der Verpackung angegeben werden.

| Tauch-Kühlverfahren | Luft-Sprüh-Kühlung |
|---|---|
| 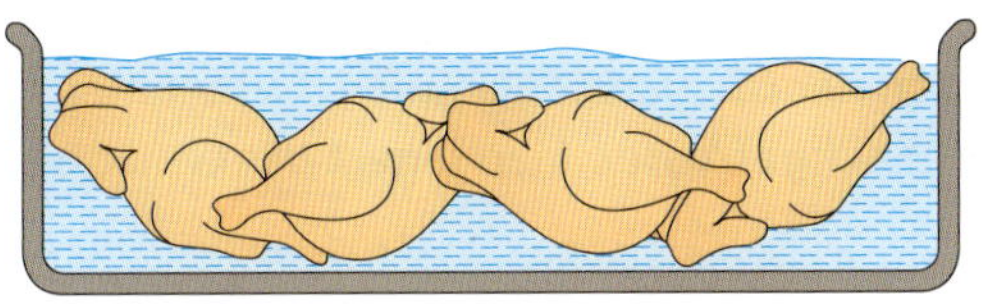 |  |
| Das frisch geschlachtete Geflügel **liegt in Eis-Wasser**.<br>**Vorteil**: Das Geflügel **kühlt schnell** ab.<br>**Nachteile**: Das Fleisch **nimmt Wasser auf**. Es gibt einen größeren Auftau-Verlust und einen größeren Gar-Verlust. **Mikroorganismen** können **übertragen** werden.<br>Das Tauch-Kühlverfahren wird meistens für gefrorenes Geflügel angewendet. | Das Geflügel wird **mit feuchter Luft abgekühlt**.<br>Das Fleisch **nimmt kein Wasser auf**.<br>Es werden **keine Mikroorganismen übertragen**.<br>Die Luft-Sprüh-Kühlung wird zum Abkühlen vor dem Schockfrosten für tiefgefrorenes Geflügel angewendet. |

## Handelsklasse

Die Handelsklasse **bewertet** nur die **äußeren Qualtitäts-Merkmale** der Tiere.

| | |
|---|---|
| **Handelsklasse A** | Der **Tier-Körper** ist **gleichmäßig entwickelt**. Er ist **sauber gerupft**. Der Tier-Körper hat **keine Verletzungen** und **keine Verfärbungen**.<br>**Tiefgefrorene Ware** darf **keinen Gefrier-Brand** haben. |

G

| | |
|---|---|
| **Handelsklasse B** | Das Geflügel **ist gesund**. Es kann **kleine Fehler**, z. B. Feder-Reste, und **kleine Verletzungen** haben. Das **Fett** kann **ungleichmäßig verteilt** sein. |
| **Handelsklasse C** | Das Geflügel **erfüllt nicht** die **Merkmale** der **Handelsklassen A und B**.<br>Das Geflügel wird **nur** in **der Industrie verwendet**. |

## Angebotszustand

Der Handel bietet Geflügel an:

| | |
|---|---|
| **Frisch** | Das Geflügel-Fleisch sollte nach dem Schlachten **mindestens einen Tag reifen**. Man **lagert** frisches Geflügel **bei +2 °C bis +4 °C**.<br>Das Fleisch sollte man **nach 3 bis 5 Tagen verbraucht** haben. |
| **Gefroren** | Das Geflügel wird nach dem Schlachten, Rupfen, Ausnehmen und Reinigen **auf −12 °C schockgefrostet**. Die Lager-Temperatur beträgt **mindestens −12 °C**. |
| **Tiefgefroren** (tiefgekühlt) | Das Geflügel wird sofort nach dem Schlachten, Rupfen, Ausnehmen und Reinigen **auf −18 °C schockgefrostet**. Man **lagert** das Geflügel **bei mindestens −18 °C**. |

G

## Herrichtungsform

Die Herrichtungsform gibt an: Das Geflügel wird **mit Innereien** oder **ohne Innereien** angeboten.

- **bratfertig** (mit Innereien): Das Geflügel wird mit Herz, Hals, Muskel-Magen und Leber angeboten.
- **grillfertig** (ohne Innereien): Das Geflügel wird ohne Innereien angeboten.

## Angebotsform

Der Handel bietet Geflügel in mehreren Angebotsformen an.

| | |
|---|---|
| **Ganzes Geflügel** | Als ganzes Geflügel gibt es z. B. Hähnchen, Suppenhuhn, Barbarie-Ente, Perlhuhn. |
| **Geteiltes Geflügel** | Geflügel wird in **Teil-Stücken** angeboten. Dazu gehören z. B. Hälften, Keulen (Schenkel), Brust oder Flügel.<br>Für den Zuschnitt von Teil-Stücken gibt es eindeutige Bereiche . |
| **Küchenfertiges Geflügel** | Das Geflügel ist küchenfertig z. B. als **Schnitzel**, als **Steak** oder als **Geschnetzeltes**. |

### Teil-Stücke von Geflügel

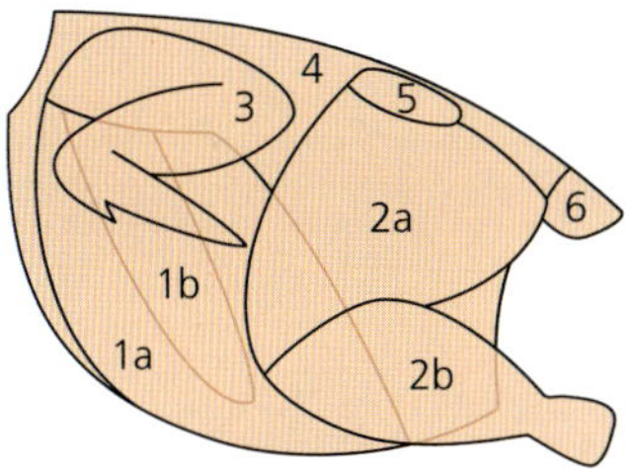


(Nicht abgebildet ist der Hals.)

1. Brust
   a) Außenfilet
   b) Innenfilet
2. Keule
   a) Oberkeule
   b) Unterkeule
3. Flügel
4. Rücken
5. Pfaffenschnittchen
   (2 Stück, jeweils links und rechts von der Keule)
6. Bürzel

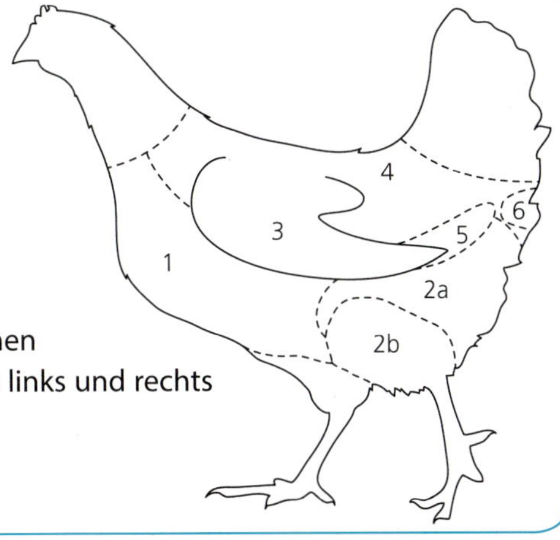


## 5.4 Geflügel lagern

Man **lagert** Geflügel je **nach Angebotszustand**.

| | |
|---|---|
| **Frisches Geflügel** | Die **Fleisch-Temperatur** darf **bei** der **Anlieferung höchstens + 4 °C** sein.<br>Man **lagert** frisches Geflügel **bei +2 °C bis + 4 °C**.<br>Das Fleisch sollte man **nach 3 bis 5 Tagen verbraucht** haben.<br>Auf der Verpackung steht **„Verbrauchen bis …"**. |
| **Gefrorenes und tiefgefrorenes Geflügel** | Man **lagert** das Geflügel bei **mindestens –18 °C**. In der Gastronomie und in der Gemeinschafts-Verpflegung gibt es nur Tiefkühl-Lager mit einer Temperatur von mindestens –18 °C.<br>Man kann diese Ware **bis** zum angegebenen **Mindesthaltbarkeits-Datum lagern**. |

## 5.5 Geflügel vorbereiten

Geflügel kann von Mikroorganismen, z. B. Salmonellen, befallen sein. Darum muss man **Geflügel hygienisch besonders sorgfältig vorbereiten**.

- Man führt die Vorbereitungs-Arbeiten an einem **sauberen Arbeitsplatz** durch. Dieser **Arbeitsplatz** ist **von anderen Lebensmitteln getrennt**.
- **Verpackungs-Müll sofort entsorgen!**
- Man **reinigt** die **Hände**, den **Arbeitsplatz**, **alle Geräte** und **Küchen-Messer** nach den Tätigkeiten **gründlich**.

## Gefrorenes Geflügel vorbereiten

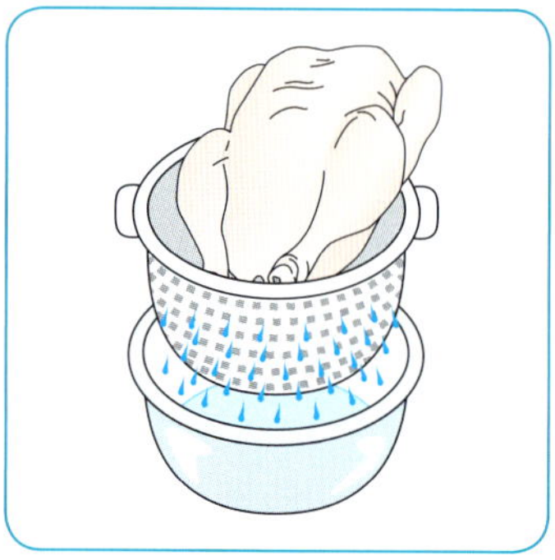

Man muss **gefrorenes Geflügel vor dem Verarbeiten auftauen**.
Dabei sollte man folgende Schritte **unbedingt beachten**:

- Man **nimmt** das Geflügel **aus** der **Verpackung**.
- Dann **legt** man das Geflügel **auf** ein **Gitter oder** auf ein **Loch-Blech mit Auffang-Schale**.
- Man **deckt** das Geflügel **mit Klarsicht-Folie ab**.
- Man **lässt** das gefrorene Geflügel **im Fleisch-Kühlhaus auftauen**.
- Das aufgetaute Geflügel **wäscht** man **innen und außen** mit viel kaltem Wasser **gründlich ab**.
- Danach stellt man das Geflügel mit der **Bauch-Öffnung nach unten** auf ein Abtropf-Blech oder in eine Abtropf-Schüssel (Durchschlag).
- Zum Schluss **trocknet** man das Geflügel **mit Küchen-Krepp gründlich ab**.

## Geflügel binden

Man kann **Geflügel** mit einem Bridier-Faden **binden**.
Das **Geflügel behält zusammengebunden** beim Garen **seine Form**.

G

### Geflügel mit Bridier-Nadel binden

Man nimmt eine Bridier-Nadel mit Bridier-Faden.

- Man legt die Flügel mit den Flügel-Spitzen eng an den Geflügel-Körper.
- Danach legt man das Geflügel auf die Brust.
- Man sticht durch die Mitte der Flügel-Knochen. Dabei führt man die Bridier-Nadel unterhalb des Rück-Grats durch ①.
- Dann legt man das Geflügel auf den Rücken. Dabei hält man es in der gewünschten Form.
- Man sticht die Bridier-Nadel durch die Muskeln der Ober-Keule ②. Man zieht den Bridier-Faden durch.
- Zum Schluss verknotet man den Bridier-Faden. Dabei legt man ihn um die unteren Enden der Keulen ③.

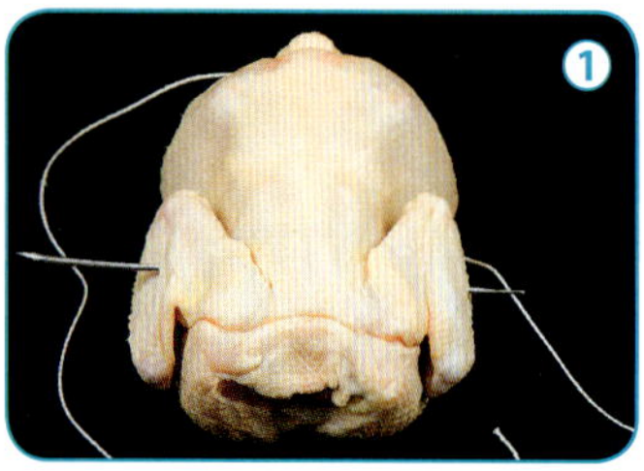


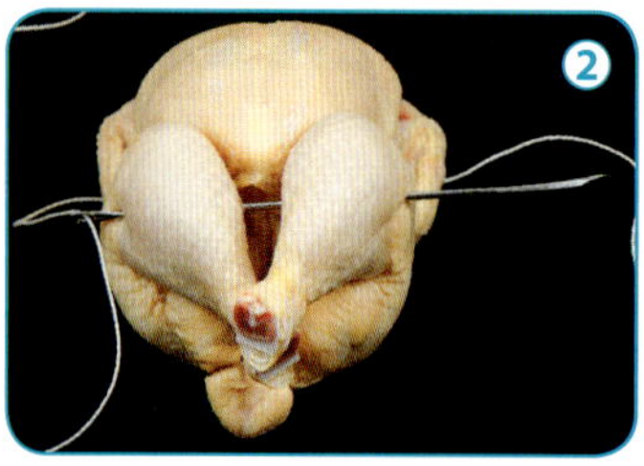


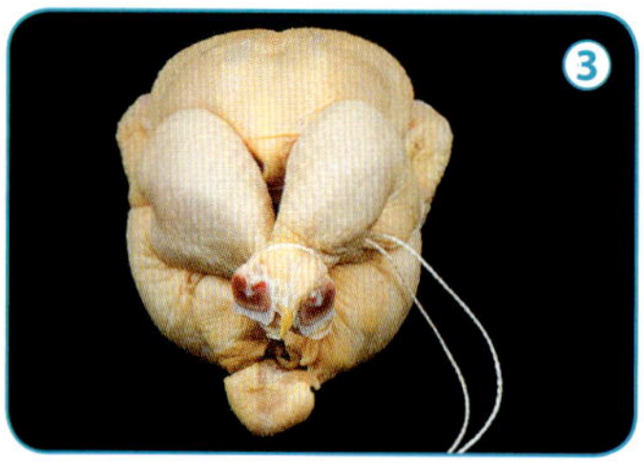


### Geflügel ohne Bridier-Nadel binden

- Das Geflügel liegt auf dem Rücken.
- Man legt die Flügel mit den Flügel-Spitzen eng an den Geflügel-Körper.
- Dann zieht man die Hals-Haut straff zurück. Man legt den Bridier-Faden über die Hals-Haut.

- Man hebt das Geflügel ein wenig hoch und zieht mit dem Bridier-Faden die Flügel-Spitzen fest. Dann führt man den Bridier-Faden am Rücken über Kreuz ①.
- Danach zieht man den Bridier-Faden über die beiden Keulen-Ansätze ②.
- Man wickelt den Bridier-Faden um die unteren Enden der Keulen und verknotet ihn ③

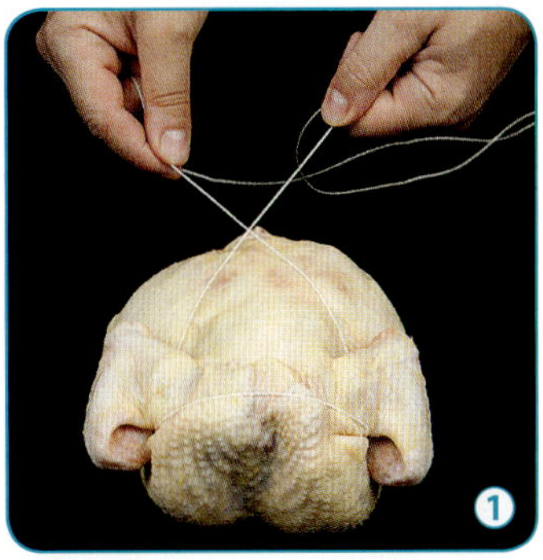
①

②

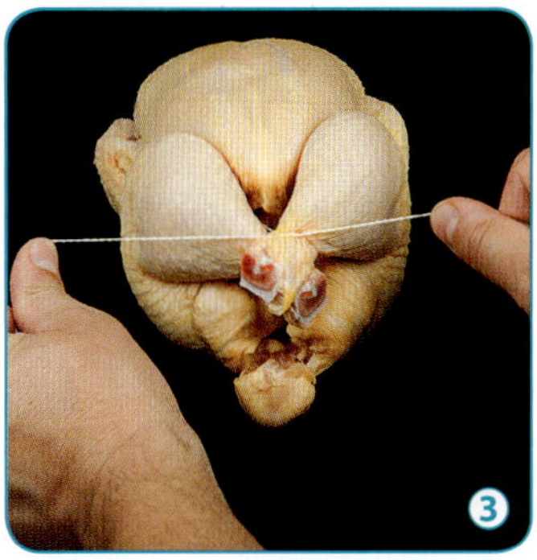
③

## Geflügel füllen

Man kann Geflügel **mit verschiedenen Füllungen** füllen. Dafür **beint** man ganze **Geflügel** oder Geflügel-Teile normalerweise **aus**. Man **kann** Geflügel aber **auch füllen**, **wenn** man es **nicht ausgebeint** hat.

Man **verwendet für Füllungen** z. B.:
- rohe Äpfel
- Semmelknödel-Masse, vermischt mit frischen Preiselbeeren, mit geschälten Maronen, mit Pilzen oder mit Nüssen
- Füll-Massen (Farcen) aus Geflügel-Leber oder aus Geflügel-Fleisch
- Brot-Füllung mit Gemüse und Kräutern

*Gefülltes Hähnchen*

## 5.6 Geflügel zubereiten

Man kann das garfertige Geflügel im Ganzen oder in Teil-Stücken zubereiten.
Geflügel lässt sich mit feuchten Garverfahren oder mit trockenen Garverfahren zubereiten.

| **Garverfahren** in **feuchter Hitze** | **Geflügel-Art** im Ganzen oder in Teil-Stücken, z. B. |
|---|---|
| **Kochen** | Suppenhuhn |
| **Dünsten** | Stubenküken, Hähnchen, Pute, Taube |
| **Schmoren** | Hähnchen, Poularde, Taube |

| **Garverfahren** in **trockener Hitze** | **Geflügel-Art** im Ganzen oder in Teil-Stücken, z. B. |
|---|---|
| **Braten im Ofen** | Stubenküken, Hähnchen, Pute, Gans, Ente, Taube |
| **Braten in der Pfanne** | Hähnchen-Brust, Hähnchen-Geschnetzeltes, Puten-Steak, Puten-Schnitzel, Enten-Brust |
| **Grillen** | Hähnchen, Hähnchen-Brust, Puten-Steak, Puten-Schnitzel |
| **Frittieren** | Stubenküken, Hähnchen, Puten-Steak, Puten-Schnitzel, Taube |

## Gar-Punkt

Man **überprüft** den **Gar-Punkt** von Geflügel **an den Keulen**. Das Fleisch der Geflügel-Keulen ist nicht so zart wie das Fleisch der Geflügel-Brust. Darum muss das Fleisch der Keulen länger garen.

Man **sticht** zum Prüfen des Gar-Punktes **mit** der **Gabel in** die **Keule**.

- **Junges Geflügel ist gar**, wenn der **austretende Fleisch-Saft klar** ist ①. Der Fleisch-Saft **darf nicht blutig** und **nicht rosafarben** sein ②.
- **Älteres Geflügel** muss länger garen. Das Fleisch **ist gar**, wenn man **beim Anstechen** der Keulen nur noch **geringen Widerstand** spürt.

①

②

**Geflügel kann von Mikroorganismen, z. B. Salmonellen, befallen sein. Darum muss man Geflügel unbedingt durchgaren.** !



## Durchschnittliche Gar-Zeiten für frisches Geflügel

| Geflügel-Art | Gewicht | Kochen/Dünsten | Schmoren | Braten | Grillen |
|---|---|---|---|---|---|
| **Stubenküken** | 350 g | 15 Min. | | 20 Min. | 12 Min. |
| **Hähnchen** | 800 g | 25 Min. | 15 Min. | 35 Min. | 20 Min. |
| **Suppenhuhn** | 1500 g | mind. 120 Min. | | | |
| **Baby-Puter** | 3500 g | 80–90 Min. | | 90–120 Min. | |
| **Junge Gans** | 3500 g | | | 120–150 Min. | |
| **Junge Ente** | 2200 g | | | 80 Min. | |

- **Tiefgefrorenes Geflügel** hat **gelockerte Fleisch-Fasern**. Darum sind die **Gar-Zeiten** für tiefgefrorenes Geflügel **kürzer** als für frisches Geflügel.
- **Gefülltes Geflügel** hat eine **längere Gar-Zeit**. Man ermittelt den Gar-Punkt am besten über die Kern-Temperatur oder durch eine Nadel-Probe.

## Geflügel kochen

Man **kocht Suppenhühner** am häufigsten **für** eine **Hühner-Brühe**.

Das Suppenhuhn **blanchiert** man **vor dem Kochen**.
Die **Hühner-Brühe bekommt** dann eine **klare Farbe**.
- Man **legt** das blanchierte **Suppenhuhn in Wasser**.
- Das **Wasser** lässt man **aufkochen**.
- Man **schöpft** den **Eiweiß-Schaum** und das **Fett ab**.
- In die Flüssigkeit gibt man etwas **Salz**.
- Man **gibt Wurzel-Gemüse**, z.B. Lauch, Möhren und Sellerie, ca. 30 Minuten vor dem Ende der Gar-Zeit **in die Brühe**.
- Das gegarte Suppenhuhn **nimmt man aus der Brühe** und **schreckt es** kurz in kaltem Wasser **ab**.
- Man **bedeckt** das Suppenhuhn beim Abkühlen **mit Folie**.

### Verwendung

- **Hühner-Fleisch**: Hühner-Blankett („Hühner-Frikassee“, vgl. S. 431), Hühner-Kroketten, Geflügel-Salat, Suppen-Einlage
- **Hühner-Brühe**: Suppen, Saucen

## Geflügel dünsten

Man verwendet zum Dünsten **helles, blanchiertes Geflügel** im Ganzen oder in Teil-Stücken. Das **Geflügel und** das **Gemüse** für den Ansatz **schwitzt man farblos an**, damit Geschmacks-Stoffe entstehen. Man gießt **nur so viel Flüssigkeit** an, **wie** man **für** die **Sauce braucht**.
- Man **zerlässt Butter** und **schwitzt** hellen **Lauch** und **Sellerie** darin **an**.
- Dann legt man **blanchierte Geflügel-Teile in den Topf** und **schwitzt alles** zusammen **farblos** weiter. Diesen Ansatz **löscht** man **mit Weißwein ab**.
- Man **gießt** mit etwas Geflügel-Brühe oder mit Kalbs-Brühe **auf**.
- Die **Flüssigkeit** lässt man **aufkochen** und gibt etwas **Salz dazu**.
- Man **legt** einen **Deckel auf** den Topf und **dünstet** die Geflügel-Teile. **Zwischendurch wendet man** die Geflügel-Teile.
- Die gedünsteten Geflügel-Teile legt man auf ein Blech. Man deckt sie mit Folie ab und lässt sie abkühlen.
- Man **kann aus** dem **Dünst-Fond** eine **Sauce** zubereiten.

*Hähnchen mit Brokkoli und Chili*

## Spezielles Gericht von gedünstetem Geflügel

### Vom Huhn

#### Klassisches Hühner-Frikassee

Man **schwitzt** für ein klassisches Hühner-Frikassee **Hähnchen-Fleisch-Würfel an**. Dann **stäubt** man **Mehl ein** und **gießt** diesen Ansatz mit **Geflügel-Brühe auf**. Es **bildet sich** eine **helle Sauce**. Die **Fleisch-Würfel garen in** der **Sauce**.

Man kann in das Hühner-Frikassee z. B. Champignons, Erbsen und Spargel-Spitzen geben. Als Beilage reicht man Reis.

## Geflügel hellbraun dünsten (poëlieren)

Man **poëliert helles Geflügel** genauso wie zarte Fleisch-Stücke, z. B. Schweine-Filet oder Kalbs-Filet. Das Geflügel bekommt durch das Poëlieren eine **hellbraune Farbe**. Man poëliert **im Backofen**.

Man kann Geflügel auf **zwei Arten** poëlieren:

- Man **gart** das Geflügel **bei mäßiger Temperatur** in einem **geschlossenen Topf**. Es bildet sich der **Dünst-Fond**. Kurz vor Ende der Gar-Zeit **nimmt** man den **Deckel vom Topf**. Das Geflügel bekommt eine **helle Farbe**.
- Man stellt das **Geflügel** in einem **offenen Topf bei mäßiger Temperatur** in den Backofen. Das Geflügel bekommt eine **helle Farbe**. Dann **legt** man einen **Deckel auf** den **Topf**. Es bildet sich der **Dünst-Fond**. Man lässt das Fleisch **im Fond garen**.

## Geflügel schmoren

- Man **wendet** gewürzte Geflügel-Teile **in Mehl**.
- Die Geflügel-Teile **brät** man **von beiden Seiten** in heißem Fett an.
- Man **gibt** je nach Rezept **Röst-Gemüse** (Mirepoix) dazu.
- Nach dem Anbraten **nimmt** man die **Geflügel-Teile aus dem Topf** und stellt sie zur Seite.
- Man **röstet** im Schmor-Ansatz **Tomaten-Mark an**.
- Danach **löscht** man **mit** etwas **Wein ab** und **füllt** mit **Geflügel-Brühe auf.**
- Die **Geflügel-Teile legt man in** die **Sauce**. Zuerst legt man die Keulen hinein und später die Brust. Die Keulen haben eine längere Gar-Zeit.
- Man **gart** die Geflügel-Teile **bei niedriger Hitze im geschlossenen Topf**.
- Nach dem Garen **nimmt** man die **Geflügel-Teile** aus dem Topf.
- Man **kocht** die Sauce bis zur gewünschten Konsistenz **ein**.
- Abschließend **passiert** man die **Sauce**.

## Spezielles Gericht von geschmortem Geflügel

### Vom Hähnchen

#### Coq au vin (Hähnchen in Rotwein)

Coq au vin ist ein **französisches National-Gericht**.

Man **schmort** die Hähnchen-Teile **in Rotwein mit Zwiebeln, Speck** und **Pilzen**. Der Schmor-Fond wird mit Sahne verfeinert und eingekocht.

Traditionell mariniert man das Hähnchen 24 Stunden in Rotwein mit Kräutern und Suppen-Gemüse.

# Geflügel im Ofen braten

**Junge Tiere aller Geflügel-Arten** kann man im Ofen braten.

- Man **würzt** das Geflügel kräftig **von innen und außen**.
- Den Ofen **heizt** man **auf 220 °C vor**. Man **gibt** das gewürzte **Geflügel in** den vorgeheizten **Ofen** und brät es an.
- Man **reduziert** die Ofen-Temperatur **auf 180 °C.**
- **Zwischendurch wendet man** das **Geflügel** und **übergießt** das Geflügel **mit** dem ausgetretenen **Fleisch-Saft**.
- Man legt **Röst-Gemüse** (Mirepoix) um das Geflügel.
- **Während des Garens übergießt** man das **Geflügel** immer wieder **mit** dem **Braten-Saft**.
- Man kann die **Ofen-Temperatur** kurz vor Ende der Gar-Zeit noch einmal **erhöhen**. So erhält man den **gewünschten Bräunungs-Grad**.
- Die **Haut von Gänsen und Enten** wird **knuspriger**, wenn man sie bei erhöhter Temperatur mehrere Male **mit Salz-Wasser bestreicht**.

Mit dem Braten-Satz kann man eine Sauce zubereiten.

## Spezielles Gericht von gebratenem Geflügel

### Von der Ente

#### Ente mit Orangen

Man **bereitet** eine **Orangen-Sauce** aus karamellisiertem Zucker und Orangen-Saft **zu**. Aus Orangen **schneidet** man **Orangen-Filets**.

Die gebratene Ente oder die gebratenen Enten-Teile **richtet** man **mit** der **Orangen-Sauce** und mit den **Orangen-Filets an**.

## Geflügel in der Pfanne braten

- Man **brät** das gewürzte Geflügel-Stück, z. B. Hähnchen-Brust, Puten-Schnitzel, **von beiden Seiten an**.
- Man **verringert** die **Brat-Temperatur**.
- Man **brät** das Geflügel-Stück **bis** zum **gewünschten Gar-Punkt**.
- Man kann **Butter** für den Geschmack **dazugeben**.

## Geflügel grillen

Man **grillt Geflügel-Stücke auf** dem **Holzkohle-Grill** oder auf dem **Gas-Grill**.
**Ganzes Geflügel grillt** man **auf** einem **Spieß in** einem **Dreh-Grill**.

Man **mariniert Geflügel** vor dem Grillen mit einer Marinade aus Öl und Würz-Zutaten.
So **bleibt** das **Geflügel-Fleisch saftig**.
- Man **erhitzt** die **Grill-Stäbe**.
- Die marinierten Geflügel-Stücke legt man auf die Grill-Stäbe.
- Man **wendet** die **Geflügel-Stücke möglichst** nur **einmal**.

### Spezielles Gericht von gegrilltem Geflügel

G

#### Sate-Spießchen

Sate-Spießchen **stammen aus** der **indonesischen Küche**.

Das Geflügel-Fleisch wird mit einer **Marinade aus Ingwer, Kokos-Milch, Soja-Sauce, Sambal Oelek, Koriander**, Zucker und Salz mariniert.

Man reicht zu Sate-Spießchen häufig Erdnuss-Sauce.

## Geflügel frittieren

Man verwendet zum Frittieren **nur Teile von jungem Geflügel**. Die Teile werden meistens **paniert** oder **in Ausback-Masse getaucht**.

*Wiener Backhendl*

Man frittiert **flache** Geflügel-Teile **bei 170 °C, dickere** Geflügel-Teile **bei ca. 160 °C.** Der **Gar-Punkt** ist **erreicht**, wenn die **Geflügel-Teile an** der **Oberfläche schwimmen**.

Man **lässt** die frittierten Fleisch-Stücke **gut abtropfen** und **legt** sie **auf** eine **saugfähige Unterlage**, z. B. Küchen-Krepp.

Man richtet die frittierten Geflügel-Teile auf einer Serviette oder auf einem Papier-Deckchen an. Als Garnitur kann man Kresse oder frittierte Petersilie und Zitronen-Filets nehmen.

Man **serviert** die frittierten Fleisch-Stücke **sofort**. Beim Servieren darf man **keine Cloche** verwenden. Die **Back-Kruste weicht sonst auf**.

# 6 Das Wild

🇬🇧 game
🇫🇷 gibier

Das Wild sind **Wild-Tiere**. Wild-Tiere sind **Säugetiere**. Sie werden **von Jägern erlegt** (durch einen Schuss getötet).

Menschen nutzen von den Wild-Tieren das Nutz-Wild als Nahrungsmittel. Man bezeichnet das **Fleisch von Nutz-Wild** als **Wild-Bret**.

In der Gastronomie werden vor allem verwendet:

| Reh-Wild | Dam-Wild | Rot-Wild | Sika-Wild |
|---|---|---|---|
|  |  |  |  |

| Wildschwein | Kaninchen | Hase |
|---|---|---|
|  |  |  |

Wild-Tiere können sich **frei** in der Natur **bewegen**. Sie werden **nicht gefüttert**. Die **Nahrung** aus dem Lebensraum der Wild-Tiere hat **Einfluss auf** die **Fleisch-Qualität**.

Die heimischen Jäger können nicht den gesamten Bedarf an Wild liefern. Darum wird **Wild** aus Neuseeland, Osteuropa, Südamerika und Australien nach Deutschland **eingeführt (importiert)**.

Importiertes Wild-Fleisch kommt zum Teil von großen Wild-Farmen. Die **Tiere** werden **dort in Gehegen gehalten**. Dieses Wild-Fleisch hat nicht den typischen Wild-Geschmack wie das Wild aus mitteleuropäischen Ländern.

*Bison*

*Springbock*

Auch Fleisch von unbekannteren Tieren wird importiert, z. B. Antilope, Bison, Elch, Ren-Wild oder Springbock.

### Landwirtschaftliche Wild-Haltung

Auch in Deutschland wird **Wild in Freiland-Haltung in Gehegen** gehalten. Vor allem Dam-Wild eignet sich gut für die Gehege-Haltung.

Es **gibt** für die landwirtschaftliche Wild-Haltung **rechtliche Bestimmungen** über z. B.:
- die Lage, die Größe und die Gestaltung des Geheges
- die Ernährung, die Pflege und die Betreuung der Tiere

Die landwirtschaftliche Wild-Haltung muss **tierartgerecht** erfolgen.

*Dam-Wild in Gehege-Haltung*

Die Tiere müssen nach der Tierschutz-Schlachtverordnung **durch** einen **gezielten Kugel-Schuss in** den **Kopf oder** in den **Hals erlegt** werden.

## 6.1 Bedeutung für die Ernährung

G

- Wild-Fleisch ist **fettarm**. Es ist eine gute Alternative zum Schlacht-Fleisch.
- Wild-Fleisch ist **eiweißreich**.
- Wild-Fleisch hat sehr **kurze Muskel-Fasern**. Es ist darum **besonders zart**.
- Wild-Fleisch enthält **Vitamine der B-Gruppe** und viele **Mineralstoffe**.
- Wild-Fleisch hat eine kräftigere Farbe und einen **kräftigeren Geschmack** als Schlacht-Fleisch.

*Hirsch-Fleisch*

## 6.2 Arten und Verwendung

### Reh/Hirsch

🇬🇧 venison/deer
🇫🇷 chevreuil/cerf

Das Reh-Wild liefert das **meiste Wild-Fleisch** in der Gastronomie.

Das **rotbraune Fleisch** hat **kurze Fasern**. Es ist **saftig**.

Das Fleisch von zweijährigen Tieren schmeckt am besten.

*Reh-Rücken mit Filets*

In der Gastronomie **bezeichnet** man **Dam-Wild und Rot-Wild als Hirsch-Wild**.

Das **Fleisch von Dam-Wild** hat eine **rotbraune Farbe**. Das Fleisch von zweijährigen Tieren hat die beste Qualität.

Das **Fleisch von Rot-Wild** ist **dunkelbraun bis schwarzbraun**. Es hat einen **kräftigen Geschmack**. Das Fleisch von zweijährigen Tieren hat die beste Qualität.

*Rücken vom Dam-Wild*

*Dam-Hirsch*

*Rücken vom Rot-Wild*

*Rot-Hirsch*

## Verwendung

| Bezeichnung | Verwendung |
|---|---|
| ① Rücken | Braten im Ganzen, Steaks, Nüsschen |
| ② Keule | Braten, Schmoren |
| ③ Hals, Schulter, Brust, Bauch-Lappen | Schmoren, Ragout |

# Wildschwein

wild boar
sanglier

Man nennt das Wildschwein auch **Schwarzwild**.

Das Wildschwein ist ein Alles-Fresser. Darum muss das **Fleisch auf Trichinen** (vgl. S. 416) **untersucht** werden.

Man nennt ein **junges Wildschwein Frischling**, ein weibliches Tier Bache und ein männliches Tier Keiler.

Das **Fleisch** vom Wildschwein ist **dunkelrot**. Es hat einen **kräftigen Geschmack**. Das Fleisch junger Tiere ist zarter als das Fleisch älterer Tiere.

*Wildschwein-Keule*

## Verwendung

| Bezeichnung | Verwendung |
|---|---|
| Rücken | • Kurzbraten: Koteletts, Medaillons<br>• Braten im Ganzen |
| Keule | • Braten im Ganzen<br>• Stücke zum Kurzbraten |
| Schulter | • Schmorbraten, Gulasch |

*Wildschwein-Gulasch*

## Hase/Kaninchen

hare/rabbit
lièvre/lapin



**Hasen** werden von **Oktober bis Januar gejagt**. In diesen Monaten sind sie **gut ernährt**. Das **Fleisch schmeckt** in dieser Zeit **am besten**.

Zum Braten sind Hasen **nur im ersten Jahr geeignet**. In dem Alter wiegen Hasen **zwischen 3 kg und 4 kg**.

*Hasen-Filets*

*Hase*

**Hasen-Fleisch** hat eine **rotbraune Farbe**. Es hat einen kräftigen Wild-Geschmack.

### Verwendung von Hasen-Fleisch

| Bezeichnung | Verwendung |
|---|---|
| Rücken, Keule | • Braten |
| Hals, Brust, Vorder-Läufe | • Schmoren |

- Kopf (1)
- Rücken (2)
- Keulen (3)
- Vorder-Läufe (4)
- Herz (5)
- Nieren (6)
- Leber (7)

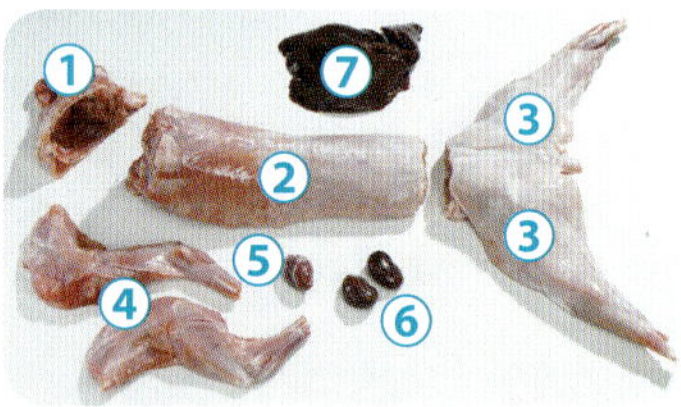

*Zerlegtes Kaninchen, Hase ebenso*

**Kaninchen** sind **kleiner als Hasen**. Sie haben ein hellgraues Fell.

Das **Kaninchen-Fleisch** ist **hellrot**. Das Kaninchen-Fleisch ist ähnlich wie Geflügel-Fleisch. Darum kann man Kaninchen **wie Geflügel zubereiten**.

*Kaninchen-Keulen*

*Kaninchen*

## 6.3 Wild einkaufen

**Wild**, außer Wildschwein und außer Kaninchen, darf nur **in bestimmten Monaten** im Jahr **erlegt** werden. Diese **Jagd-Zeiten** sind **gesetzlich geregelt**. Die Haupt-Jagd-Zeit beginnt im September und endet im Januar.

*Jagd-Zeit*

Es **gibt für jede Wild-Art**, außer für Wildschwein und für Kaninchen, **Schon-Zeiten**. In dieser Zeit **dürfen** diese **Tiere nicht gejagt werden**. Das bedeutet für das **Angebot an Wild-Fleisch**:

- Man kann frisches, **einheimisches Wild nicht das ganze Jahr** über **kaufen**.
- Die Jagd-Zeiten sind im **Herbst** und im **Winter**. Darum **bietet** die Gastronomie **Wild-Fleisch** in diesen Monaten auf der Speisekarte oder in speziellen Aktions-Wochen **an**.

*Schon-Zeit*

Der Handel bietet **das ganze Jahr über** an:

- Wild aus Gehege-Haltung
- importiertes Wild
- tiefgefrorenes Wild aus heimischer Jagd

### Amtliche Untersuchung

Wild-Fleisch und Fleisch von Wild aus Gehege-Haltung **muss amtlich untersucht werden**. Nur dann darf der Handel das Fleisch verkaufen. **Wildschweine** müssen **auf Trichinen untersucht** werden.

## 6.4 Wild lagern

Man beachtet beim Lagern von Wild:

- Frisches Wild-Fleisch muss im **Fleisch-Kühllager bei +2 °C bis +4 °C** gelagert werden. Man darf Wild-Fleisch im Fleisch-Kühllager **nur ohne Decke (Fell)** lagern.
- **Frisches Wild-Fleisch** sollte man nur **einige Tage lagern**.
- Man kann **vakuumiertes Wild-Fleisch länger lagern**. Man muss das Fleisch **nach dem Öffnen bald zubereiten**.
- **Tiefgefrorenes Wild-Fleisch** muss man **bei mindestens –18 °C lagern**. Man sollte tiefgefrorenes Wild-Fleisch **nicht zu lange lagern**. Das Fleisch wird **trocken** und **strohig**.

## 6.5 Wild vorbereiten

Der **Handel bietet Wild-Fleisch** wie Reh, Hirsch, Wildschwein, Hase oder Kaninchen fast nur **zerlegt an**.

- Reh-Rücken ①
- Hirsch-Ragout ②
- Reh-Frikandeau ③
- Wildschwein-Oberschale mit Deckel ④
- Hasen-Rücken ⑤
- Kaninchen-Rücken ⑥

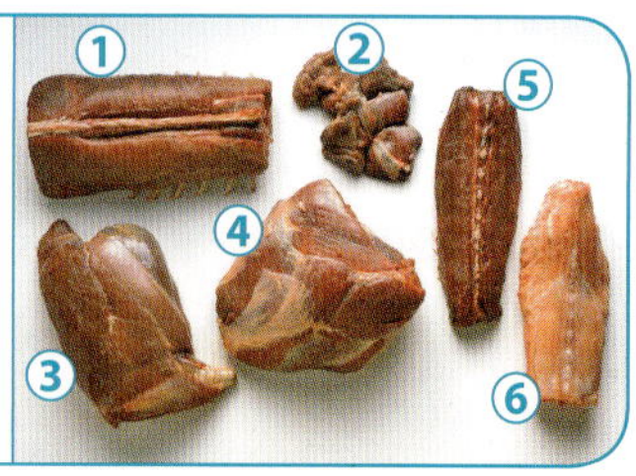

Diese **vorbereitenden** Tätigkeiten kann man **vor dem Zubereiten** machen:

| Parieren | Spicken | Bardieren | Marinieren |
| --- | --- | --- | --- |

## Parieren

Man **entfernt** beim Parieren (vgl. S. 425):

- das **Fett**
- das **Bindegewebe**
- die **Sehnen**

Diese **Abschnitte** nennt man **Parüren**.

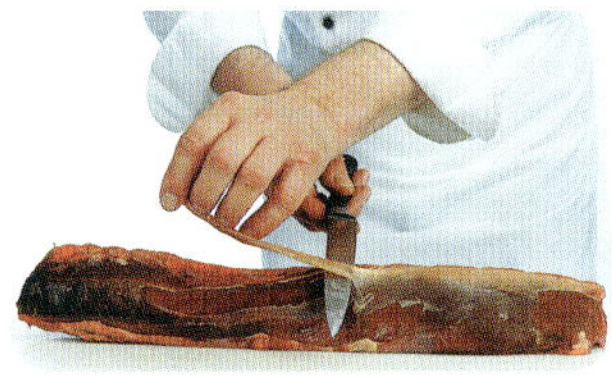

## Spicken (Lardieren)

**Mageres Wild-Fleisch** wird durch das Spicken (vgl. S. 427) mit Speck-Streifen beim Braten im Ofen **nicht so schnell trocken**. Speck **gibt** dem Fleisch zusätzlich einen **besonderen Geschmack**.

Man muss das Fleisch **vorsichtig spicken**, damit man die **Fleisch-Fasern nicht verletzt**.

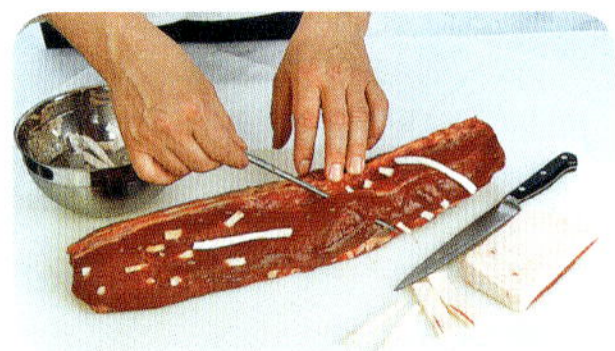



## Bardieren

Man **bardiert** (vgl. S. 426) **mageres Wild-Fleisch mit** fettem **Speck** oder mit durchwachsenem Speck. Man verwendet **dünne Speck-Scheiben**.

Durch das Bardieren wird das Fleisch beim Braten im Ofen **nicht so schnell trocken**. Speck gibt dem Fleisch **zusätzlich** einen **besonderen Geschmack**.

## Marinieren – Beizen

**Marinieren** (vgl. S. 427) bedeutet: Man **legt Fleisch in** eine **Marinade (Beize) ein**. Die Geschmacks-Stoffe aus der Marinade werden auf das Fleisch übertragen. Das **Fleisch** wird **würziger**.

Man mariniert **frische Fleisch-Teile von älteren Wild-Tieren** und frisches **Ragout-Fleisch**.

Zum Marinieren verwendet man Essig-Marinade, Buttermilch-Marinade ①, Rotwein-Marinade ②.

## 6.6 Wild zubereiten

Man kann Wild-Fleisch u. a. mit den folgenden Garverfahren zubereiten:

| Garverfahren | Hirsch, Reh, Wildschwein, Frischling | Hase, Kaninchen |
|---|---|---|
| **Braten im Ofen** | Rücken, Keule, Schulter | Rücken, Keule |
| **Braten in der Pfanne** | Medaillons, Nüsschen, Koteletts, Steaks, Geschnetzeltes | Rücken-Filets |
| **Schmoren** | Schulter, Hals, Haxe | Keule |

### Wild im Ofen braten

Wild-Fleisch hat den **feinsten Geschmack**, wenn
- die **Oberfläche gleichmäßig glänzend braun** ist,
- das **Fleisch saftig** ist und
- **es im Inneren** eine **zartrosa Farbe** hat.

*Hirsch-Karree*

#### Zubereitung

- Man **würzt** das Wild-Fleisch, z. B. den Reh-Rücken, den Hirschkalbs-Rücken, den Hirschkalb-Sattel.
- Man **erhitzt Fett** in einem Brat-Geschirr.
- Das Wild-Fleisch legt man in das Brat-Geschirr und **begießt** es **mit** dem **heißen Fett**.
- Den Ofen **heizt** man **auf 200 °C bis 220 °C vor**. Man **gibt** das **Wild-Fleisch in** den **Ofen**.
- Man **reduziert** die Ofen-Temperatur **auf 180 °C.**
- Je nach Rezept kann man weitere Zutaten dazugeben.
- **Während des Garens** übergießt man das **Wild-Fleisch** immer wieder **mit** dem **Braten-Fett**.
- Man nimmt das gegarte Wild-Fleisch aus dem Ofen.
- Das Wild-Fleisch **wickelt** man **in Alu-Folie ein**. Das Wild-Fleisch muss sich **nach** dem **Braten ca. 20 Minuten entspannen**. So verteilt sich der Fleisch-Saft gleichmäßig im Fleisch.

Mit dem Braten-Satz kann man eine Sauce zubereiten.

### Wild in der Pfanne braten

Man **brät portioniertes Wild-Fleisch** in der Pfanne. Die Fleisch-Stücke stammen **aus** dem **Rücken und** aus der **Keule junger Tiere**.

Man **brät** das **Fleisch rosa**. Den Gar-Punkt bestimmt man durch die **Druck-Probe** (vgl. S. 441). Wenn man das Fleisch **länger brät**, ist es **nicht mehr** so **zart**. Es **verliert** an **Geschmack**.

*Reh-Koteletts*

Man braucht für die Zubereitung einer Sauce eine kräftige Wild-Brühe oder eine Wild-Grundsauce.

G

### Zubereitung

- Man **brät** das gewürzte Fleisch-Stück **von beiden Seiten an**, z. B. Hirschkalbs-Kotelett, Wildschwein-Kotelett, Frischlings-Medaillons, Reh-Nüsschen.
- Man **verringert** die **Brat-Temperatur**.
- Man **brät** das Fleisch-Stück **bis** zum **gewünschten Gar-Punkt**.
- Man kann den **Geschmack** mit Butter **verfeinern**.

## Wild schmoren

Man verwendet zum Schmoren Keule, Schulter, Hals und Haxe.

Die Sauce entsteht beim Schmoren. Zusätzlich verwendet man häufig die Marinade (Beize).

*Reh-Ragout*

### Zubereitung

- Das gewürzte Fleisch-Teil **brät** man **von beiden Seiten** in heißem Fett an, z. B. Reh-Schulter, Hasen-Keule.
- Man **gibt Röst-Gemüse** (Mirepoix) **dazu**.
- Nach dem Anbraten **stäubt** man **Mehl ein** und **schwitzt** es **mit an**.
- Danach **löscht** man **mit** etwas **Wein** oder **Marinade ab**.
- Man **füllt** mit **Wild-Brühe** oder mit brauner Brühe **auf.**
- Man **gibt typische Kräuter dazu**, z. B. Lorbeer-Blatt, Thymian-Zweig, Wacholder-Beeren.
- Das Fleisch lässt man **bei niedriger Hitze** im **geschlossenen Topf schmoren**.
- Nach dem Garen **nimmt** man das Fleisch aus dem Topf.
- Man **entfettet** und **passiert** die Sauce. Dann **kocht** man die Sauce noch einmal **auf**.
- Am Ende **schmeckt** man die **Sauce** ab. Man richtet das Fleisch mit der Sauce zusammen an.

## Beilagen und Saucen zu Wild-Gerichten

Wild-Gerichte **kombiniert** man häufig **mit Beilagen**, die den **typischen Wild-Geschmack hervorheben**. Man verwendet dafür möglichst Lebensmittel **aus** dem **Lebensraum des Wildes**.

| **Saucen**, z. B. | **Gemüse**, z. B. | **Pilze**, z. B. | **Salat**, z. B. |
|---|---|---|---|
| • Ableitungen der Wild-Grundsauce, z. B. mit Pilzen, Preiselbeeren<br>• Cumberland-Sauce | • Karotten<br>• Kohlgemüse<br>• Pastinaken<br>• Schwarzwurzeln | • Champignons<br>• Pfifferlinge<br>• Steinpilze<br>• Trüffel | • Endivie<br>• Feldsalat<br>• Radicchio |
| **Sättigungsbeilagen**, z. B. | **Obst**, z. B. | **Nüsse**, z. B. | **Kräuter**, z. B. |
| • Kartoffel-Schnee<br>• Kartoffel-Püree<br>• Polenta<br>• Spätzle | • Brat-Apfel<br>• Mango<br>• Orangen-Filets<br>• Rotwein-Birne | • Hasel-Nüsse<br>• Mandeln<br>• Maronen<br>• Pistazien | • Piment<br>• Rosmarin<br>• Thymian<br>• Wacholder |

G

# 7 Wild-Geflügel

wild fowl
oiseaux sauvages

Man nennt Wild-Geflügel auch **Feder-Wild**. Wild-Geflügel **lebt in** der **freien Natur**.
Wegen der großen Nachfrage **züchtet** man heute auch Wild-Geflügel. Es wird **in Freiland-Haltung in Gehegen gehalten**. Die Tiere sind dort vor natürlichen Feinden geschützt, z. B. vor Füchsen.

| Fasan | Rebhuhn | Wild-Ente | Wachtel |
|---|---|---|---|
|  |  |  |  |



## 7.1 Bedeutung für die Ernährung

Das Fleisch von Wild-Geflügel enthält wie das Fleisch von Haus-Geflügel **viele wichtige Nährstoffe**:

- Das Fleisch von Wild-Geflügel enthält **viele Proteine** (Eiweiß-Stoffe). Es enthält **wenig Fett**.
- Wildgeflügel-Fleisch enthält **Vitamine** und **Mineralstoffe.**
- Wildgeflügel-Fleisch **schmeckt aromatischer** als das Fleisch von Haus-Geflügel.

## 7.2 Wildgeflügel-Arten

Es gibt **verschiedene Wildgeflügel-Arten**, z. B. Fasan, Rebhuhn, Wild-Ente, Wachtel. Die **Art** muss auf der Verpackung **als Bezeichnung** (Name des Produktes) **angegeben** werden.

### Fasan

pheasant
faisan

Der Fasan ist **ca. 90 cm lang** und **1500 g schwer**.

Der **Hahn** hat ein **buntes Gefieder** und **lange Schwanz-Federn**. Die **Henne** ist unauffällig **braun**.

**Junge Fasane** haben ein **weiches Brust-Bein**.

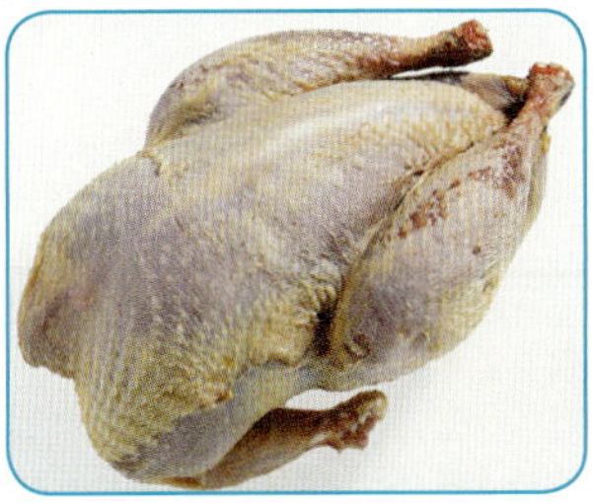

## Rebhuhn

partridge
perdreau

Das Rebhuhn ist **kleiner als eine Taube**. Es ist **ca. 30 cm groß** und wiegt **300 g bis 500 g**.

Das Rebhuhn hat **grau-braune Federn**.

**Junge Rebhühner** haben ein **weiches Brust-Bein**.

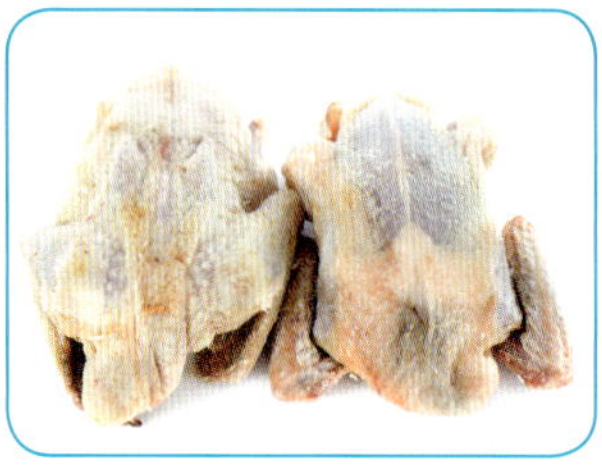

## Wild-Ente

wild duck
canard sauvage

Der Handel bietet **freilebende Enten** als Wild-Enten an.

Wild-Enten sind **ca. 65 cm lang**. Sie wiegen **ca. 1500 g**.

Man kann vor allem **Stock-Enten** und **Krick-Enten** kaufen.

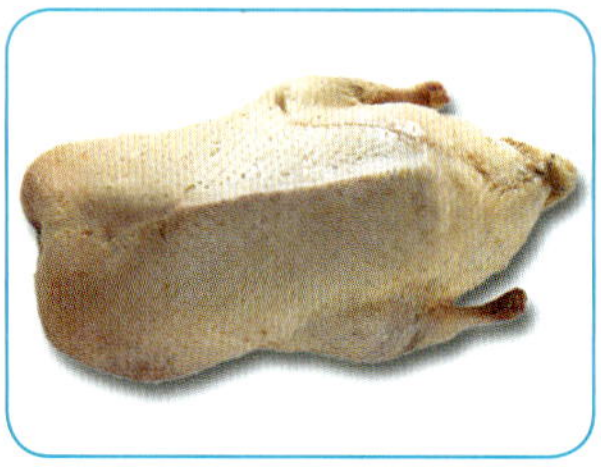

G

## Wachtel

quail
caille

Die Wachtel ist **15 cm bis 20 cm groß**. Sie wiegt **ca. 100 g**.

Die Wachtel hat **grau-braune Federn** mit vielen rotbraunen und schwarzen Linien.

Wachteln werden oft auch **in Volieren gehalten**.

## 7.3 Wild-Geflügel einkaufen

Der Handel **bietet Wild-Geflügel wie Haus-Geflügel an**.

Die **Handelsklasse**, der **Angebotszustand**, die **Herrichtungsform** und die **Angebotsform** gelten wie für Haus-Geflügel.

## Handelsklasse

Die Handelsklasse **bewertet** nur die **äußeren Qualtitäts-Merkmale** von Wild-Geflügel.

| | |
|---|---|
| **Handelsklasse A** | Der **Tier-Körper** ist **gleichmäßig entwickelt**.<br>Der Tier-Körper ist **sauber gerupft**. Er hat **keine Verletzungen** und **keine Verfärbungen**.<br>**Tiefgefrorene Ware** darf **keinen Gefrier-Brand** haben. |
| **Handelsklasse B** | Das Wild-Geflügel **ist gesund**.<br>Das Wild-Geflügel kann **kleine Fehler** haben, z.B. Feder-Reste und **kleine Verletzungen**.<br>Das **Fett** kann **ungleichmäßig verteilt** sein. |
| **Handelsklasse C** | Das Wild-Geflügel **erfüllt nicht** die **Merkmale** der **Handelsklassen A und B**.<br>Das Wild-Geflügel wird **nur** in **der Industrie verwendet**. |

## Angebotszustand

Der Handel bietet Wild-Geflügel an:

| | |
|---|---|
| **Frisch** | Das Wildgeflügel-Fleisch sollte nach dem Schlachten **mindestens einen Tag reifen**.<br>Man **lagert** frisches Wild-Geflügel **bei +2 °C bis +4 °C**. |
| **Gefroren** | Das Wild-Geflügel wird nach dem Schlachten, Rupfen, Ausnehmen und Reinigen **auf –12 °C schockgefrostet**.<br>Die Lager-Temperatur beträgt **mindestens –12 °C**. |
| **Tiefgefroren** (tiefgekühlt) | Das Wild-Geflügel wird sofort nach dem Schlachten, Rupfen, Ausnehmen und Reinigen **auf –18 °C schockgefrostet**.<br>Man **lagert** das Wild-Geflügel **bei mindestens –18 °C**. |

## Herrichtungsform

Die Herrichtungsform gibt an: Das Wild-Geflügel wird **mit Innereien** oder **ohne Innereien** angeboten.

**bratfertig**
Das Wild-Geflügel wird mit Innereien angeboten.

**grillfertig**
Das Wild-Geflügel wird ohne Innereien angeboten.

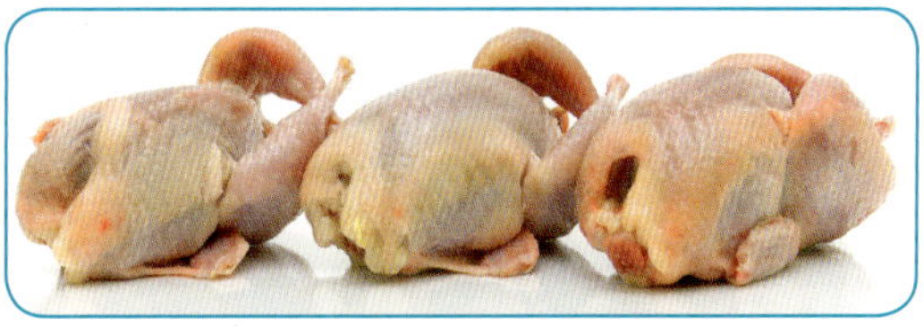

*Frische ganze Wachteln, grillfertig*

## Angebotsform

Der Handel bietet Wild-Geflügel in mehreren Angebotsformen an.

| | |
|---|---|
| **Ganzes Wild-Geflügel** | Als ganzes Wild-Geflügel gibt es z. B. Fasan, Rebhuhn, Wachtel, Wild-Ente. |
| **Geteiltes Wild-Geflügel** | Wild-Geflügel wird in **Teil-Stücken** angeboten. Dazu gehören z. B. Keulen oder Brust. |

## 7.4 Wild-Geflügel lagern

Man **lagert** Wild-Geflügel je **nach Angebotszustand**.

| | |
|---|---|
| **Frisches Wild-Geflügel** | • Man **lagert** frisches Wild-Geflügel **bei +2 °C bis +4 °C**.<br>• Frisches Wild-Geflügel darf man nur gerupft (ohne Federn) im Fleisch-Kühlhaus lagern.<br>• Auf der Verpackung steht **„Verbrauchen bis …"**. |
| **Tiefgefrorenes Wild-Geflügel** | • Man **lagert** das Wild-Geflügel bei **mindestens –18 °C**.<br>• Man kann diese Ware **bis** zum angegebenen **Mindesthaltbarkeits-Datum lagern**. |

G

## 7.5 Wild-Geflügel vorbereiten

Wild-Geflügel hat wie Haus-Geflügel ein hohes Hygiene-Risiko. Darum muss man auch **Wild-Geflügel hygienisch besonders sorgfältig vorbereiten**.

- Man führt die Vorbereitungs-Arbeiten an einem **sauberen Arbeitsplatz** durch. Dieser **Arbeitsplatz** ist **von anderen Lebensmitteln getrennt**.
- Man **entsorgt** den **Verpackungs-Müll sofort**.
- Man **reinigt** die **Hände**, den **Arbeitsplatz**, **alle Geräte** und **Küchen-Messer** nach den Tätigkeiten **gründlich**.

### Gefrorenes Wild-Geflügel vorbereiten

Man muss **gefrorenes Wild-Geflügel vor dem Verarbeiten auftauen**. Dabei sollte man folgende Schritte **unbedingt beachten**:

- Man **nimmt** das Wild-Geflügel **aus** der **Verpackung** und legt es **auf** ein **Gitter oder** auf ein **Loch-Blech mit Auffang-Schale**.
- Man **lässt** das gefrorene Wild-Geflügel **im Fleisch-Kühlhaus auftauen**.
- Das aufgetaute Wild-Geflügel **wäscht** man **innen und außen** mit viel kaltem Wasser **gründlich ab**.
- Zum Schluss **trocknet** man das Wild-Geflügel **mit Küchen-Krepp ab**.

## Wild-Geflügel binden

Man kann **Wild-Geflügel** mit einem Bridier-Faden **binden** (bridieren). Das **Wild-Geflügel behält zusammengebunden** beim Garen **seine Form**. Für das Bridieren gibt es zwei Möglichkeiten (vgl. S. 460/461):

| Mit Bridier-Nadel binden | Ohne Bridier-Nadel binden |
| --- | --- |
| 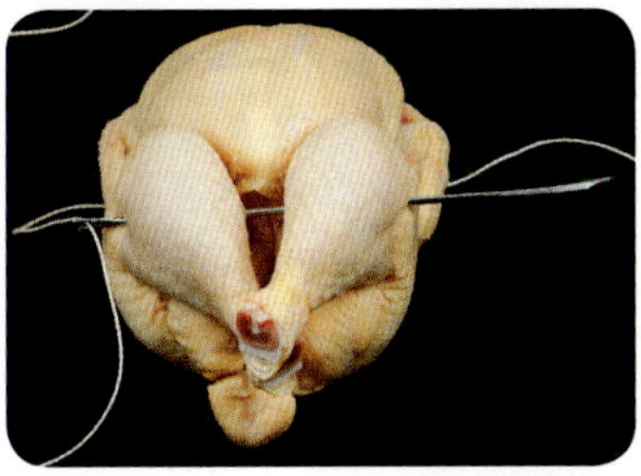 | 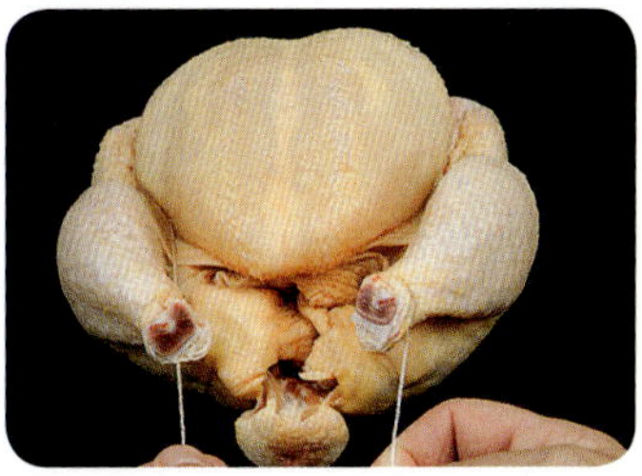 |

## Wild-Geflügel bardieren

Man **bardiert mageres Wildgeflügel-Fleisch mit** fettem **Speck** oder mit durchwachsenem Speck. Dafür verwendet man **dünne Speck-Scheiben**.

Das Wildgeflügel-Fleisch wird durch das Bardieren beim Braten im Ofen **nicht so schnell trocken**. Speck gibt dem Fleisch **zusätzlich** einen **besonderen Geschmack**.

Vor allem die **Wildgeflügel-Brust schützt man** so vor dem Austrocknen und vor Verkrustungen.

## Wild-Geflügel füllen

Man kann Wild-Geflügel **mit verschiedenen Füllungen** füllen.

Man **verwendet für Füllungen** z. B.:
- rohe Äpfel
- Füll-Massen (Farcen)
- Semmelknödel-Masse, vermischt mit frischen Preiselbeeren, mit geschälten Maronen, mit Pilzen oder mit Nüssen
- Brot-Füllung mit Gemüse und Kräutern

*Gefüllter Fasan*

## 7.6 Wild-Geflügel zubereiten

Wild-Geflügel muss wie Schlacht-Fleisch abhängen (reifen). Erst dann verarbeitet man das Geflügel.

Man **bereitet** Wild-Geflügel hauptsächlich **im Ganzen zu**. Je nach Alter des Wild-Geflügels wendet man unterschiedliche Garverfahren an.

### Gar-Punkt

Wild-Geflügel schmeckt am besten, wenn das gebratene **Fleisch am Knochen** noch **rosa** ist. Man **prüft** den **Gar-Punkt an** den **Keulen**.

- **Junges Wild-Geflügel** ist gar, wenn der **Fleisch-Saft** nach dem Anstechen der Keulen **klar** ist ①. Der Fleisch-Saft ist **blutig** ②, wenn das Wild-Geflügel noch **nicht gar** ist.
- **Älteres Wild-Geflügel** ist gar, wenn die **Keulen beim Anstechen weich** sind.

## Wild-Geflügel im Ofen braten

Man brät vor allem junges Wild-Geflügel.

- Man **bardiert** das Wild-Geflügel, z. B. Fasan oder Wild-Ente, und **würzt** es.
- Die **Keulen** am Wild-Geflügel **brät man braun an**.
- Je nach Rezept gibt man weitere Würz-Zutaten dazu.
- Man **brät** das Wild-Geflügel **im Ofen** weiter.
- **Zwischendurch wendet man** das **Wild-Geflügel** und **übergießt** es immer wieder **mit** dem Brat-Fett.
- Am **Ende der Gar-Zeit nimmt** man den **Faden** und den **Speck ab** und **lässt** die **Brust nachbräunen**.

Mit dem Braten-Satz kann man eine Sauce zubereiten.

*Junges Rebhuhn, gebraten*

## Wild-Geflügel schmoren

Man schmort vor allem älteres Wild-Geflügel.

- Man **würzt** das Wild-Geflügel, z. B. Fasan, und **brät** es im Schmor-Topf **braun an**.
- Dann **gibt** man **Röst-Gemüse** (Mirepoix) und je nach Rezept andere Würz-Zutaten **dazu**.
- Man **löscht mit** etwas **Rotwein ab** und **füllt mit Wild-Brühe** oder brauner Brühe **auf**.
- Das Wild-Geflügel **schmort** man bei niedriger Hitze **im geschlossenen Topf** und **wendet** es **zwischendurch**.
- Man **nimmt** das **Fleisch aus** dem **Topf**.
- Die Sauce **entfettet** und **passiert** man.
- Man **rührt Stärke in Rotwein** ein und **bindet** damit die **Sauce**.

*Fasan, geschmort*

# 8 Innereien

offal
abats

Innereien sind die **essbaren inneren Organe** von **Schlacht-Tieren**, von **Wild** und von **Geflügel**.

Man verwendet in der Küche vor allem:

| Bries | Herz | Leber | Niere | Zunge |
|---|---|---|---|---|

Euter, Hirn, Kutteln (Pansen), Lunge und Magen kann man auch essen.

Man kann Innereien **vielseitig zubereiten**.

Innereien werden regional unterschiedlich verwendet. In Süd-Deutschland und in Österreich isst man häufiger Innereien als in Nord-Deutschland.

**Frische Innereien** haben die **beste Qualität**. Darum sollte man Innereien **möglichst bald** nach dem Schlachten **zubereiten**.

*Rinder-Zunge*

Innereien werden **häufig zu Wurstwaren verarbeitet**, z. B. zu Leber-Wurst und zu Zungen-Wurst.

G

## 8.1 Bedeutung für die Ernährung

Innereien enthalten viele Nährstoffe. Sie eignen sich als Lebensmittel für eine gesunde Mischkost.

- Innereien enthalten **viel hochwertiges Protein (Eiweiß-Stoffe)**.
- Die meisten Innereien sind **fettarm**.
- Innereien enthalten **Vitamine** und **Mineralstoffe**.
- Man sollte die **Innereien von Wild-Tieren** nicht zu oft essen. Die Innereien der Wild-Tiere können **mit Schad-Stoffen oder Schwer-Metallen belastet** sein.

## 8.2 Innereien und ihre Vorbereitung

### Bries

Bries ist die **Wachstums-Drüse** der Tiere.

Bries ist **nur in** der **Wachstums-Zeit entwickelt** und bildet sich nach der Pubertät der Tiere zurück. Darum gibt es Bries nur vom **Kalb** und vom **Lamm**.

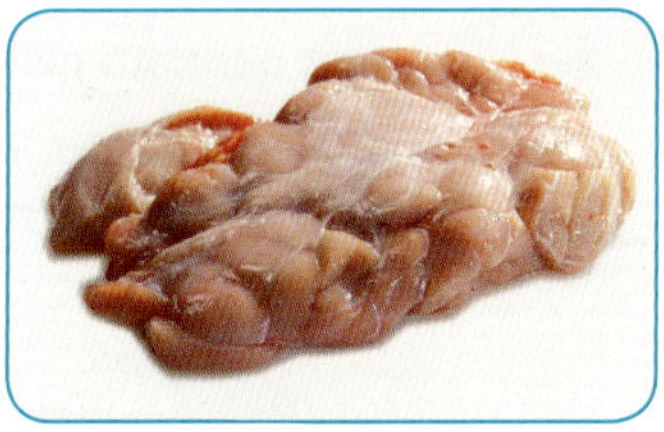

*Kalbs-Bries*

**Kalbs-Bries** wiegt **ca. 300 g**. Man nennt Kalbs-Bries auch Kalbs-Milch.

Bries ist **weiß** und **zart**. Es hat eine **feste Struktur**.

Man muss das Bries vor dem Zubereiten **kalt wässern**. Dann **entfernt** man die dünnen **Häutchen** und die feinen **Adern**.

## Herz

Das Herz **besteht** fast nur **aus Muskel-Fleisch**. Das Fleisch ist **fettarm**.

Man verwendet hauptsächlich **Kalbs-Herz** ①. Es wird wegen seines Geschmacks bevorzugt. Ein Kalbs-Herz wiegt **ca. 600 g**.

Man kann auch das **Herz vom Jung-Rind** ② und das **Herz vom Schwein** ③ verarbeiten.

Man **entfernt** vor dem Zubereiten das **Fett** und die **zähe Haut**. Dann muss man das Herz **kalt wässern**.

## Leber

**Kalbs-Leber** ist am beliebtesten. Sie hat eine **feine, lockere Struktur**. Kalbs-Leber hat einen **milden Geschmack**.

**Schweine-Leber** besteht aus **mehreren Lappen**. Die **Schnitt-Fläche** ist **leicht porös** und **körnig**.

*Kalbsleber*

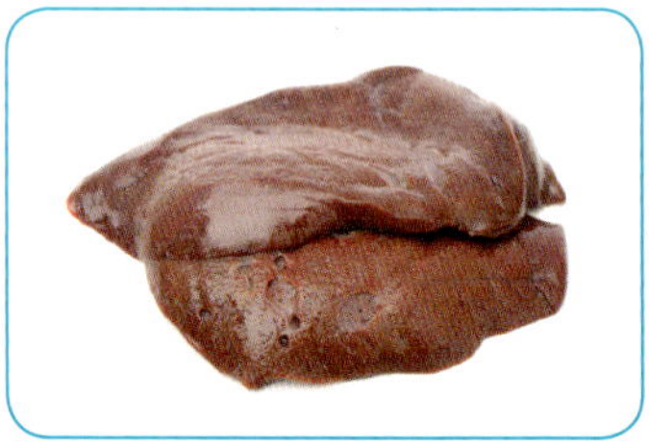

*Schweineleber*

**Rinder-Leber** verwendet man für **Leber-Knödel** und **Leber-Spätzle**.

Man **spült** Leber vor dem Zubereiten **kalt ab**. Dann **zieht** man die **feine Haut** der Leber vorsichtig **ab**. Man muss die **größeren Adern** und vor allem die **Gallen-Gänge** aus der Leber **entfernen**.

## Niere

Die Nieren bei Schlacht-Tieren haben unterschiedliche Formen. **Schweine-Nieren** und **Lamm-Nieren** haben die **typische Nierenform** und eine **glatte Oberfläche**. **Rinder-Nieren** und **Kalbs-Nieren** sind **nicht bohnenförmig**. Sie bestehen aus **walnussgroßen Kammern**.
Jedes Tier hat zwei Nieren. Die Nieren befinden sich rechts und links neben der Wirbelsäule.
In der Niere wird der Harn gebildet.

Man muss Nieren vor dem Zubereiten **gründlich kalt wässern**, damit der Harn-Geschmack verschwindet.

*Kalbs-Niere, ca. 250 g*

*Rinder-Niere, ca. 400 g bis 500 g*

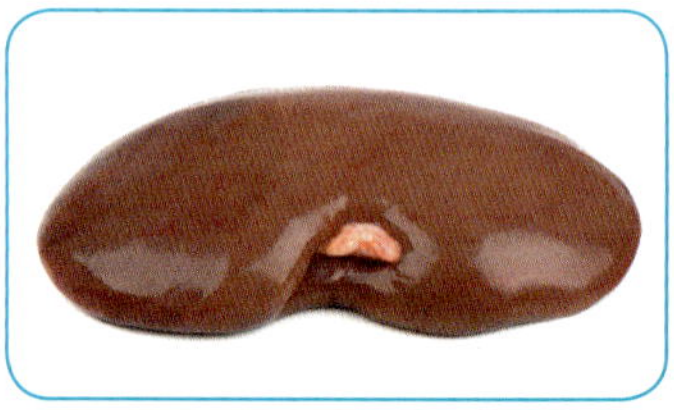

*Schweine-Niere, ca. 125 g*

## Zunge

Der Handel bietet Zunge von allen **Schlacht-Tieren** an. Die Zungen können **frisch**, **gepökelt** oder **geräuchert** sein.

Die Zunge besteht **fast nur aus Muskel-Fleisch**. Sie hat im Vergleich zu anderen Innereien **mehr Fett**. Die Zunge ist **zart** und hat einen **milden Geschmack**. Die Zunge von jungen Tieren ist zarter als die von älteren Tieren.

Der Preis hängt von dem Zuschnitt der Zunge ab:
**Je sorgfältiger** die Zunge **abgetrennt** ist, **desto besser** ist die **Qualität** und **desto höher** ist der **Preis**.

Man muss die Zunge vor dem Zubereiten **sorgfältig abschaben** und **waschen**. **Nach** dem **Kochen** muss man die Zunge **enthäuten**.

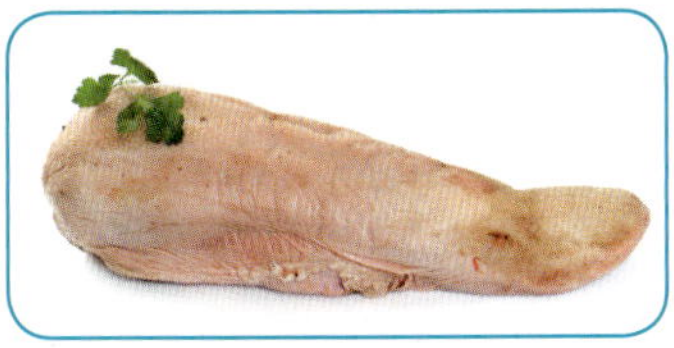

*Kalbs-Zunge*

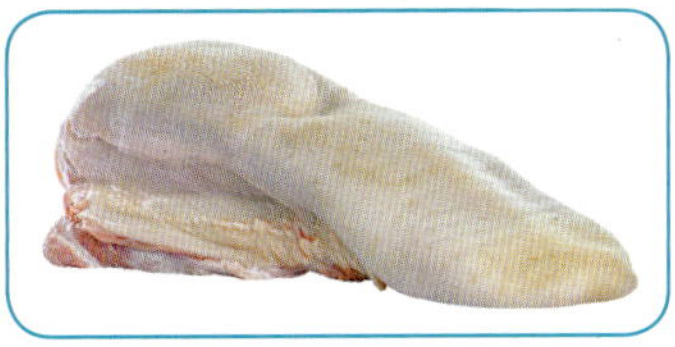

*Rinder-Zunge*

*Schweine-Zunge*

## 8.3 Innereien zubereiten

Innereien **verderben sehr schnell**. Darum sollte man sie nur **sehr frisch einkaufen** und möglichst noch **am selben Tag zubereiten**.

Man kann Innereien vielfältig zubereiten.

### Bries

Bries gilt als **Delikatesse**.

Man kann Bries **kochen**, **dünsten**, **schmoren**, in Scheiben oder im Ganzen **braten**, **grillen** oder **backen** (frittieren).

Die „Röschen" vom Bries eignen sich als Einlage für Pasteten oder Terrinen.

Kalbsbries ist auch Zutat in einigen Ragouts, z. B. Ragout fin.

### Herz

Man kann Herz **kochen**, **schmoren**, **braten** oder **grillen**.

Man **benötigt** für das **Kochen** oder für das **Schmoren** **1 – 2,5 Stunden**. Beim Braten und Grillen muss man darauf achten, das **Herz nicht durchzugaren**. Das Herz **wird** sonst **zäh**.

**Geflügel-Herzen** (s. Abb.) lassen sich gut zu **Ragout** verarbeiten.

## Leber

Man kann Leber **im Ofen braten**, **kurzbraten** und **grillen**.

Man sollte Leber so **kurz** wie möglich **garen** und erst **nach** dem **Garen salzen**. **Sonst** wird die Leber **trocken** und **zäh**.

Für **Kalbs-Leber Berliner Art** richtet man die **gebratene Leber** mit **gedünsteten Apfel-Ringen** und **Röst-Zwiebeln** an. Dazu reicht man häufig Kartoffel-Püree.

**Geflügel-Leber** eignet sich gut **für Aufläufe**, als **Ragout** oder **rosa gebraten** als **Vorspeise**.

*Kalbs-Leber Berliner Art*

## Niere

Man kann Niere **dünsten**, **schmoren**, **im Ofen braten**, **kurzbraten** und **sautieren**. Nieren **schneidet** man **vor** dem **Zubereiten** meistens in Streifen oder Würfel.

Man sollte Nieren so **kurz** wie möglich **garen** und erst **nach** dem **Garen salzen**. **Sonst** werden die Nieren **trocken** und **zäh**. Nieren sollte man **nicht in** der **Sauce garen**. Die Sauce bekommt sonst einen **strengen Geschmack**.

**Saure Nieren** ist ein **traditionelles Gericht**. Man kocht aus dem Bratensatz mit Fleisch-Brühe eine Sauce. Die Sauce würzt man mit Salz, Pfeffer, Essig oder Zitronen-Saft.

*Kalbs-Nieren in Weißwein*

## Zunge

Man kann Zunge **kochen**, **dünsten**, **schmoren** oder **backen** (frittieren). Lamm-Zunge und Kalbs-Zunge kann man auch in Scheiben schneiden und dann braten oder grillen.

Man **muss Zunge** immer vor dem Zubereiten in siedendem Salz-Wasser **garen**. **Nach** dem **Garen** muss man die Zunge **enthäuten**.

Man **richtet** Zunge **in Scheiben an**. **Dazu** reicht man eine **kräftige Sauce**, z. B. Meerrettich-Sauce, Madeira-Sauce oder Portwein-Sauce.

Man **kann** Zungen-Scheiben **auch** panieren und dann **frittieren**.

*Zunge mit Meerrettich-Sauce*

G

# 9 Fleischwaren und Wurstwaren

meat products and sausage products

produits à base de viande et saucisses

Bei **Fleischwaren** werden die **Fleisch-Fasern nicht zerkleinert**.

Bei **Wurstwaren** sind die **Fleisch-Fasern zerstört**. Die Fleisch-Fasern werden bei der Herstellung von Wurstwaren **zerkleinert**.

Fleischwaren und Wurstwaren können gepökelt oder geräuchert werden. Einige Produkte werden erhitzt.

Durch **Pökeln**, **Räuchern** und **Erhitzen** werden Fleischwaren und Wurstwaren **genussfähig**. Sie sind **länger haltbar** als Fleisch.

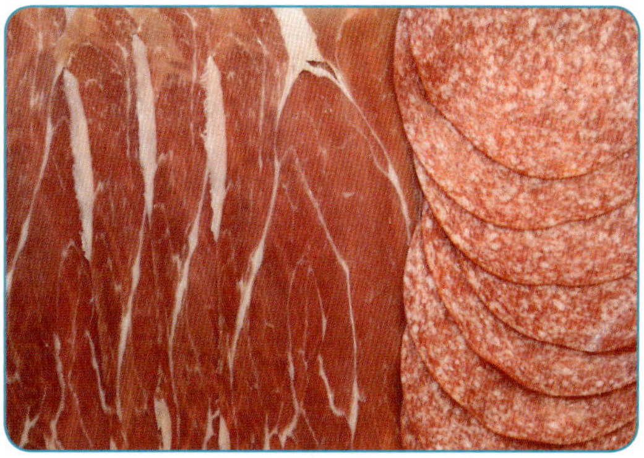

*Links: Fleischware, rechts: Wurstware*

## 9.1 Fleischwaren und Wurstwaren genussfähig machen

### Räuchern

Beim Räuchern **verglimmen Späne oder Hölzer**. Fleischwaren und Wurstwaren hängen in diesem Rauch.

- Der **Rauch entzieht** den Fleischwaren und den Wurstwaren **Wasser**.
- Im Rauch sind **chemische Verbindungen**. Diese **töten** einige **Mikroorganismen ab**.
- Das Räuchern **härtet** die **Oberfläche** der Fleischwaren und der Wurstwaren.
- Das Räuchern macht die Fleischwaren und Wurstwaren **aromatischer**.

### Pökeln

**Pökeln** ist eine besondere Art des Salzens. Man verwendet **Nitrit-Pökelsalz** statt Kochsalz.

- Das **Salz** im Nitrit-Pökelsalz senkt den **$a_w$-Wert** (vgl. S. 39). Die Fleischwaren, z. B. Kassler und Kochschinken, bleiben länger haltbar.
- Das **Nitrit** im Nitrit-Pökelsalz wird **zu Stickstoff-Oxid** (Stick-Oxid) **umgebaut**. Dies wirkt **konservierend**.

- Das **Stickstoff-Oxid** (NO) **verbindet sich** außerdem **mit** dem **roten Muskel-Farbstoff** (Myoglobin). Der **Muskel-Farbstoff** ist **dann gegen Wärme** und **Sauerstoff** (O) **unempfindlich**. Diesen Vorgang nennt man **Umrötung**. **Umgerötetes Fleisch bleibt** beim Erhitzen **rot**.

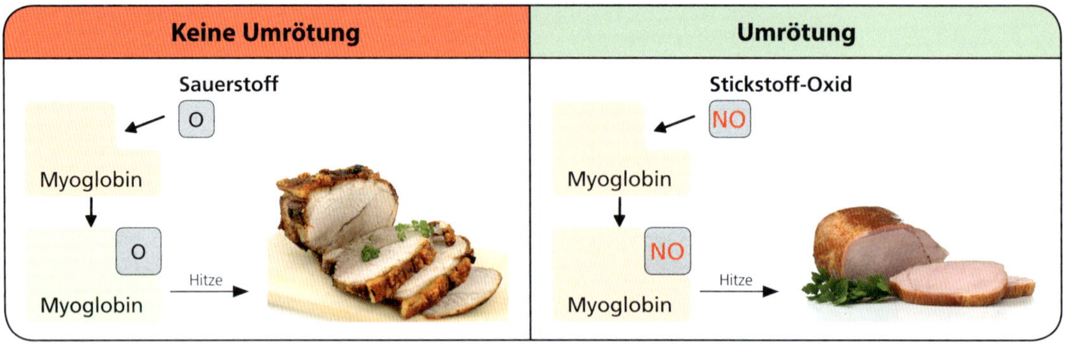


Man unterscheidet **Trocken-Pökeln** und **Nass-Pökeln**.

## Trocken-Pökeln

Man **reibt** das Fleisch **mit Nitrit-Pökelsalz ein**. Dann legt man das Fleisch übereinander. Das **Pökelsalz dringt in** das **Fleisch** ein. Gleichzeitig **tritt Fleisch-Saft aus**.

Das Fleisch liegt einige Wochen im Pökelsalz.

Das Fleisch wird nach dem Trocken-Pökeln geräuchert.

Durch das Trocken-Pökeln gibt es einen **hohen Gewichts-Verlust**. Das Fleisch ist aber **lange haltbar**. Das Trocken-Pökeln wendet man bei rohem Schinken an, z. B. Knochen-Schinken.

## Nass-Pökeln

Man **löst Nitrit-Pökelsalz in Wasser**. Es entsteht eine **Lake**. Die Lake verwendet man auf zwei Arten:

- Man **legt** das **Fleisch in** die **Lake**. Die Lake dringt von außen nach innen in das Fleisch. Man nennt diesen Vorgang **Lake-Pökeln**.
  Beim Lake-Pökeln ist der **Gewichts-Verlust nicht so hoch**. Das Fleisch ist **nicht so lange haltbar**.
- Man spritzt die Lake in das Fleisch. Man nennt diesen Vorgang **Spritz-Pökeln**.
  Beim Spritz-Pökeln kommt es zu einer **Gewichts-Zunahme**. Das Fleisch ist nur **kurz haltbar**.

> **Grundsätzlich gilt: Man soll gepökelte Fleischwaren nicht grillen. Durch die Hitze entstehen krebserregende Nitros-Amine.** !

G

## 9.2 Fleischwaren

meat products
produits à base de viande

Man teilt Fleischwaren in zwei Gruppen:
- **roher Schinken**
- **gekochter Schinken**

### Roher Schinken

ham
jambon cru

Rohe Schinken sind **Fleisch-Teile**, z. B. Schinken vom Schwein, Keule vom Rind. Die Fleisch-Teile werden **nicht erhitzt**. Man macht rohe Schinken **genussfähig durch**:
- Salzen
- Pökeln
- Räuchern
- Luft-Trocknung

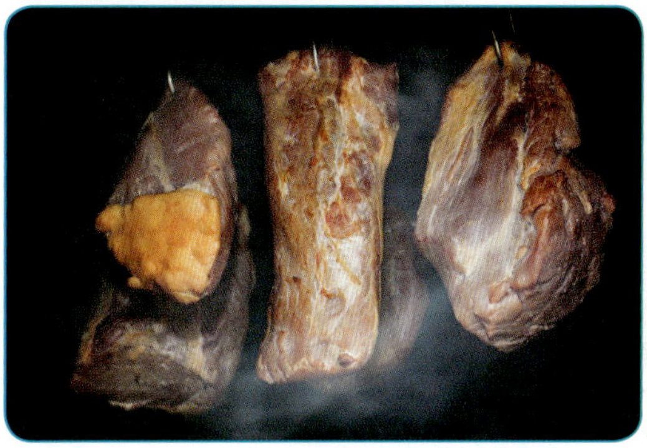
*Schinken in der Räucher-Kammer*

**Rohe Schinken reifen** nach der Bearbeitung. Die Reife-Zeit hängt von der Art des Schinkens ab.

Ein guter Schinken
- hat eine **gleichmäßig rote Farbe** und **weißes, festes Fett**,
- **riecht angenehm** nach Rauch oder nach Luft-Trocknung,
- **schmeckt mild**, **aromatisch**, aber **nicht zu salzig**,
- **ist zart** und lässt sich leicht durchbeißen.

**Geräucherte rohe Schinken** sind:

| Knochen-Schinken | Roll-Schinken | Schwarzwälder Schinken |
|---|---|---|
| • Schweine-Schinken (Keule) ohne Knochen | • Teile aus dem Schweine-Schinken (Keule)<br>• aufgerollt | • Schweine-Schinken (Keule)<br>• mit Tannen-Zweigen geräuchert |
| <br>© Gut Erpenbeck - Schinkenräucherei |  |  |

| Katen-Schinken | Lachs-Schinken | Südtiroler Speck |
|---|---|---|
| • Schweine-Schinken (Keule) mit Knochen | • Kotelett-Strang vom Schwein | • Schweine-Bauch<br>• Herkunft: Italien |
|  |  |  |

Bekannte **luftgetrocknete rohe Schinken** sind:

| Bündner Fleisch | Parma-Schinken | Serrano-Schinken |
|---|---|---|
| • Keule junger Rinder<br>• Herkunft: Schweiz | • Schweine-Schinken<br>• Herkunft: Italien | • Schweine-Schinken<br>• Herkunft: Spanien |
|  |  | 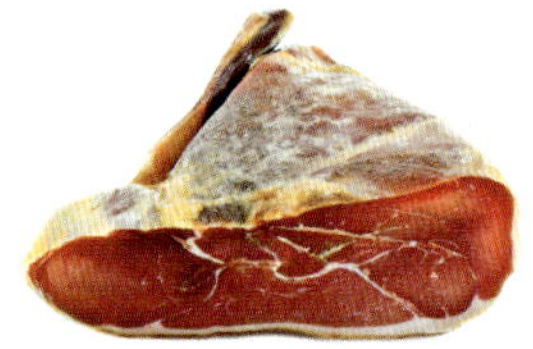 |

## Gekochter Schinken/Kochschinken

cooked ham
jambon blanc

Für gekochten Schinken wird **Pökel-Lake** in das Fleisch **gespritzt**. **Anschließend** wird das Fleisch **gebrüht**.

- **Gekochter Schinken**
  Gekochter Schinken ist **Hinter-Schinken**, d.h. Fleisch **aus** der **Keule**. Man unterscheidet: Natur-Form, Block-Form, Birnen-Form. Die Formen entstehen **durch** die verschiedenen **Koch-Formen oder** durch die verschiedenen **Press-Formen**.

- **Vorder-Schinken**
  Man stellt Vorder-Schinken aus der **Schweine-Schulter** her. Vorder-Schinken muss als „gekochter Vorder-Schinken" gekennzeichnet werden.
- **Prager Schinken**
  Prager Schinken ist eine **Spezialität** aus der böhmischen Küche. Der Schinken wird nach dem Pökeln geräuchert und dann gebrüht. Man kann Prager Schinken auch **warm zubereiten**.

Gekochter Schinken hat einen **hohen $a_w$-Wert**. Darum muss man gekochten Schinken, genau wie frische Wurstwaren, **unbedingt kühl lagern**.

## 9.3 Wurstwaren

sausage products
saucisses

Man **unterscheidet** Wurstwaren nach den Herstellungs-Verfahren: **Kochwurst**, **Brühwurst**, **Rohwurst**.

### Kochwurst

Zuerst **kocht** man das **Fleisch** und die **anderen Zutaten**. Danach stellt man die verschiedenen Wurst-Sorten her.

| Blut-Wurst/Rot-Wurst | Leber-Wurst | Sülz-Wurst |
|---|---|---|
| Blut-Wurst **enthält Blut**.<br>Das Blut gibt der Wurst die **Farbe** und den **Geschmack**. | Leber-Wurst **enthält** einen vorgeschriebenen Anteil an **Leber**.<br>Es gibt **sehr feine**, **feine** und **grobe** Leber-Wurst. | Sülz-Wurst **enthält grobe Fleisch-Stücke** und z.T. andere Zutaten. Man nennt Sülz-Wurst auch Sülze.<br>**Aspik** ist das **Binde-Mittel**. |
|  |  |  |

### Brühwurst

Große **Kutter zerkleinern Fleisch und Speck**. Dazu wird **Wasser** als Eis gegeben. Das Eis schmilzt durch die Wärme-Entwicklung beim Kuttern und kühlt die Masse. Außerdem wird **Salz** hinzugegeben. Das **Salz löst** die **Eiweiß-Stoffe** aus dem Fleisch. Die **Eiweiß-Stoffe binden** das **Wasser**. Es entsteht das **Brät**. Man nennt solche Massen in der Küche Farce.

Die **Masse** wird **in Hüllen gefüllt**, z.B. in Därme, und **bis ca. 75 °C gebrüht**. Die **Eiweiß-Stoffe gerinnen**. Die **Wurst** wird **schnittfest**.

Die **Wurst-Masse** wird **mit Nitrit-Pökelsalz rötlich**, z.B. Fleischwurst. **Mit Kochsalz** wird die **Wurst-Masse weiß**, z.B. bei Weißwurst.

Einige Wurst-Sorten werden zusätzlich geräuchert. Dadurch bekommen sie einen besonderen Geschmack.

### Beispiele für Brühwurst

| Fleischwurst | Bierschinken | Mortadella | Weißwurst |
|---|---|---|---|
|  |  |  |  |

## Rohwurst

**Fleisch** und **Speck** werden mit dem Fleischwolf oder mit dem Kutter **zerkleinert**. Dazu werden **Nitrit-Pökelsalz** und **Gewürze** gegeben. Diese Masse wird **in Hüllen**, z. B. in Därme, **gefüllt**.

**Während** der anschließenden **Lagerung reift** die **Masse**. Wasser wird abgegeben. Die **Wurst wird trocken und fest**. Die gelösten Eiweiß-Stoffe binden die Wurst-Masse.

Häufig wird Rohwurst geräuchert. So bekommt die Rohwurst einen besonderen Geschmack.

**Je nach Festigkeit unterscheidet man schnittfeste Sorten**, z. B. Salami, Cervelat-Wurst, und **streichfähige Sorten**, z. B. Braunschweiger, Mettwurst, Tee-Wurst.



**Schnittfeste Rohwurst** hat einen **niedrigen Wasser-Gehalt**. Darum nennt man diese Sorten auch Hartwurst oder Dauerwurst. Der Name Dauerwurst bezieht sich auf die **lange Lager-Fähigkeit**.

**Streichfähige Rohwurst** hat einen **höheren Wasser-Gehalt**. Darum ist streichfähige Rohwurst **nicht so lange haltbar**.

### Beispiele für Rohwurst

| Schnittfeste Rohwurst | | Streichfähige Rohwurst | |
|---|---|---|---|
| Salami | Cervelat-Wurst | Mettwurst | Tee-Wurst |
|  |  |  |  |

# 10 Fisch

fish
poisson

Fische **leben** in **Flüssen**, in **Seen** oder im **Meer**.

Fische sind wechselwarme Tiere, d. h., sie **passen** ihre **Körper-Temperatur der Wasser-Temperatur an**. Die meisten Fische **atmen durch Kiemen**.

Gäste wünschen Fisch-Gerichte, weil Fisch als **gesundes Lebensmittel** gilt.

Der Handel bietet viele verschiedene Fisch-Arten an. Man kann diese Fisch-Arten **auf vielfältige Art zubereiten** und dem Gast abwechslungsreiche Speisen anbieten.

## 10.1 Fisch-Körper

Der Körper von Fischen besteht aus Flossen, Kiemen, Augen, Schuppen und einem Maul.

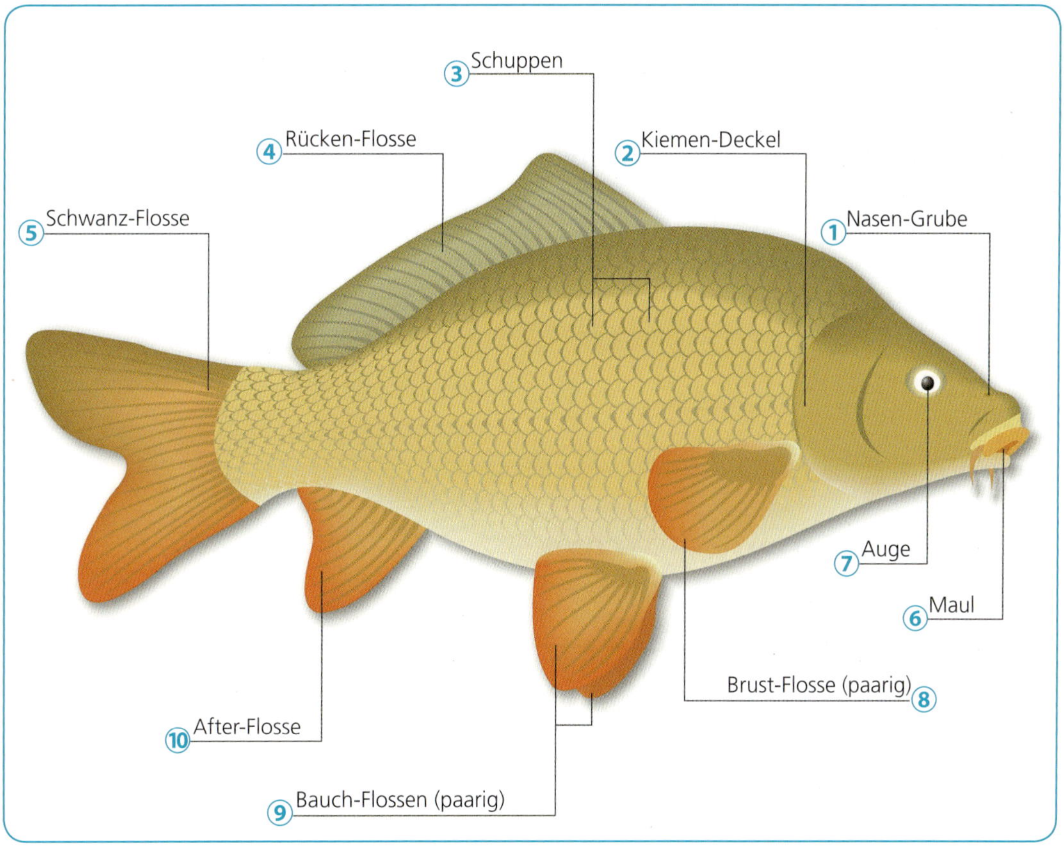


G

Das **Fisch-Fleisch ist** die **Muskulatur** der Fische.
Die **Gräten sind** das **Skelett**.

Fische werden vom Wasser getragen. Darum hat Fisch-Fleisch einen anderen Aufbau als das Fleisch von Land-Tieren:
- Fisch hat **wenig Bindegewebe**.
- Fisch hat **kurze Fleisch-Fasern**.

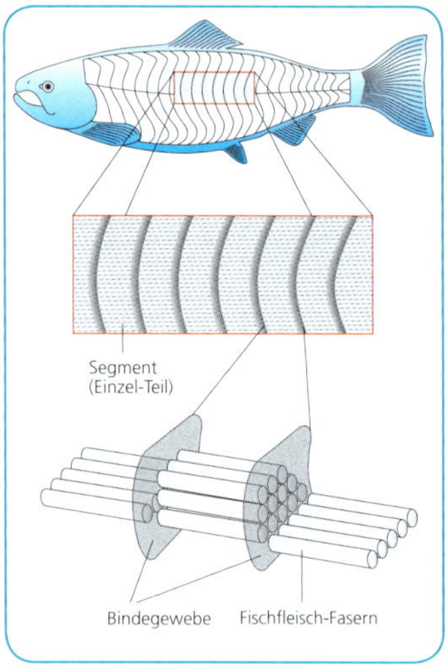


## 10.2 Bedeutung für die Ernährung

Fisch ist ein wichtiger Bestandteil für eine gesunde Ernährung:
- Fisch enthält **15 % bis 20 % Proteine** (Eiweiß-Stoffe). Die Proteine haben eine **hohe biologische Wertigkeit**. (vgl. S. 80).
- Fisch hat **wenig Bindegewebe**. Darum ist Fisch **leicht verdaulich**. Fisch eignet sich besonders gut für Schonkost.
- Die meisten Fische sind im Vergleich zu Schlacht-Fleisch **fettarm**. Das Fett von Salzwasser-Fischen enthält viele essenzielle Fettsäuren, u. a. Omega-3-Fettsäuren.
- Fisch enthält **reichlich Vitamine** und **Mineralstoffe**. **Salzwasser-Fische** haben einen **hohen Jod-Gehalt**. Der menschliche Körper braucht Jod für die Funktion der Schilddrüse.



Es gibt bei Fisch **hygienische Besonderheiten**. Diese Besonderheiten können sich nach dem Verzehr auf den menschlichen Körper auswirken.
- Die **Eiweiß-Stoffe** im Fisch-Fleisch **verderben schnell**. Dabei werden die Eiweiß-Stoffe durch Enzyme zersetzt. Die giftigen Abbau-Produkte können zu einer **Fisch-Vergiftung** führen.
- Fisch kann von **Bakterien** befallen sein.
- Fische enthalten evtl. **Nematoden (Fisch-Bandwürmer)**. Diese befinden sich meistens im Verdauungstrakt der Fische. Nematoden und ihre Larven werden durch Tiefgefrieren oder durch vollständiges Garen abgetötet. Sie sind dann ungefährlich.

## 10.3 Einteilung der Fische

Man kann Fische nach verschiedenen Kriterien einteilen.

### Einteilung der Fische nach der Körper-Form

#### Rundfische

Rundfische haben einen **runden bzw. keilförmigen Körper-Querschnitt** ①. Die **Augen** liegen **an den Seiten** ②.

Zu den Rundfischen gehören z. B. Forelle, Kabeljau, Karpfen, Lachs, Rotbarsch, Seelachs.

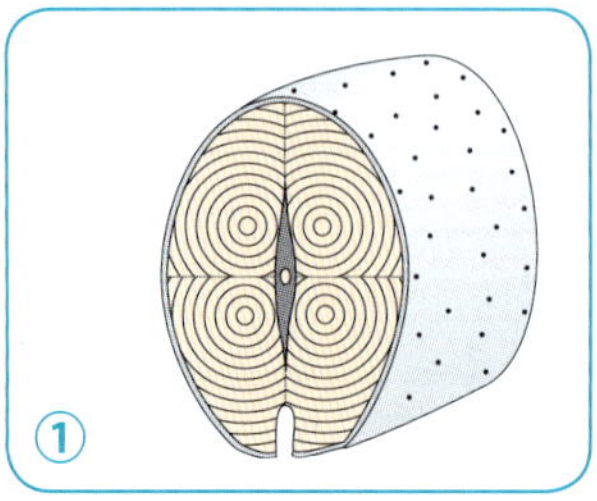

### Plattfische

Plattfische haben einen **ovalen Körper-Querschnitt** ①.
Die **Augen** liegen **oben** ②.

Zu den Plattfischen gehören z. B. Flunder, Heilbutt, Scholle, Seezunge.

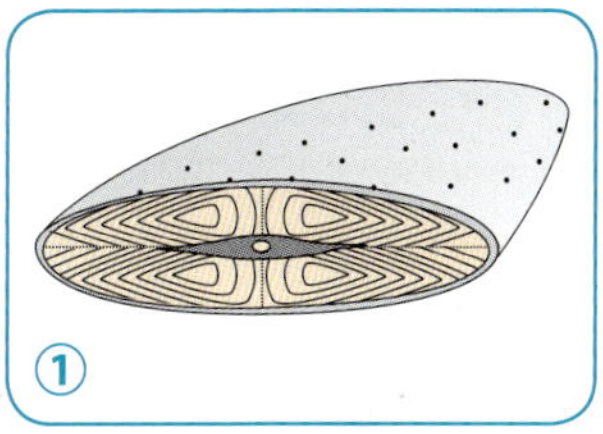


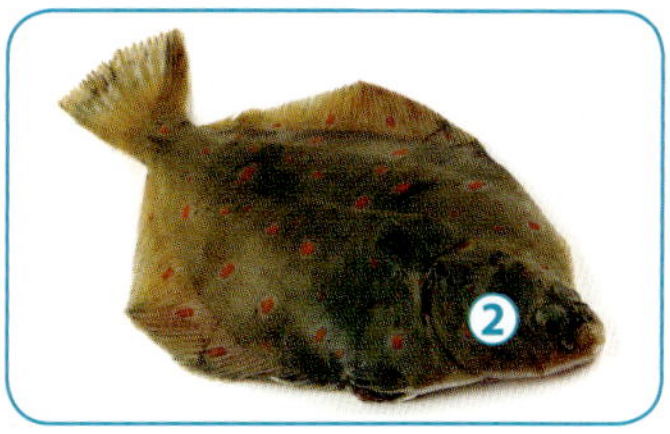


## Einteilung der Fische nach dem Fett-Gehalt

### Magerfische

Magerfische haben einen Fett-Gehalt von **weniger als 2 %.** Das Fett ① liegt vor allem **in** der **Bauch-Höhle** ②. Man **kann** das **Fett** bei der Vorbereitung **entfernen**.

Zu den Magerfischen gehören z. B. Flunder, Hecht, Schellfisch, Seezunge, Steinbutt, Zander.

### Mittelfette Fische

Mittelfette Fische haben einen Fett-Gehalt von **2 % bis 10 %.**

Mittelfette Fische sind z. B. Dorade, Rotbarsch, Sardelle.

### Fettfische

Fettfische haben einen Fett-Gehalt **über 10 %.**
Das Fett ist **in** der **Muskulatur eingelagert**.
Man **kann** das **Fett nicht entfernen**.

Zu den Fettfischen gehören z. B. Aal, Hering, Lachs, Makrele, schwarzer Heilbutt, Thunfisch.

## Einteilung der Fische nach der Qualität

Die Einteilung nach der Qualität ist **nicht genau festgelegt**. Festes, aromatisches Fisch-Fleisch und eine schöne Farbe stehen für eine höhere Qualität. Die **Qualität** der Fische **bestimmt** die **Verwendung und** den **Preis**.

### Feinfische/Edelfische

Feinfische nennt man auch Edelfische. Feinfische haben ein **festes**, **aromatisches Fleisch**.
Sie haben **wenige Gräten**. Feinfische sind z. B. Lachs, Seezunge, Seeteufel, Steinbutt, Zander.

### Konsum-Fische

Konsum-Fische haben **weniger festes Fleisch**. Zu den Konsum-Fischen zählen z. B. Hering, Kabeljau, Scholle.

# Einteilung der Fische nach der Herkunft

## Süßwasser-Fische

Süßwasser-Fische **leben in Binnen-Gewässern**. Binnen-Gewässer sind **Flüsse** und **Seen**.

| | | |
|---|---|---|
| **Aal**<br>eel<br>anguille | <br>*50–120 cm lang* | Der Aal ist **schlangenförmig.** Er lebt im Süßwasser und laicht im Salz-Wasser (Saragossa-Meer im Atlantik). Das Fleisch ist **fettreich**. **Grün-Aal** ist **unbehandelt**. **Räucher-Aal** ist **heiß geräuchert**. |
| **Fluss-Barsch**<br>perch<br>perch | <br>*25–50 cm lang* | Der Fluss-Barsch hat eine **grau-grüne Farbe**. Er hat eine auffällige Rücken-Flosse, rötliche Bauch-Flossen und dunkle Quer-Streifen.<br>Das **Fleisch** ist **fest** und hat **wenige Gräten**. |
| **Forelle**<br>trout<br>truite | ①<br><br>*40–50 cm lang* | Die Forelle **gehört** wie der Lachs **zu den Salmoniden**. Salmoniden haben eine **Fett-Flosse** zwischen der Rücken-Flosse und der Schwanz-Flosse.<br>Es gibt **verschiedene Arten**, z. B. Bach-Forelle, Regenbogen-Forelle ①, Lachs-Forelle.<br>Das Fleisch ist **fest** und **aromatisch**. |
| **Hecht**<br>pike<br>brochet | <br>*50–100 cm lang* | Der Hecht ist ein **Raubfisch**.<br>Das **Fleisch junger** Hechte ist **weiß**, **fest** und **sehr schmackhaft**.<br>Das **Fleisch älterer** Hechte ist **trocken**. Es wird zu **Farcen** verarbeitet. |
| **Lachs**<br>salmon<br>saumon | <br>*ca. 80 cm lang* | Der Lachs **lebt im Meer**. Er **wandert zum Laichen** vom Meer **in** die **Flüsse**. Darum gehört der Lachs zu den **Wanderfischen**.<br>Der Lachs wird wegen der großen Nachfrage in Aqua-Kulturen **gezüchtet**.<br>Das Fleisch ist **fettreich** und hat eine **rötliche Farbe**.<br>Der Handel bietet Lachs als **Frischware**, als **Graved Lachs** und **geräuchert** an. |

| | | |
|---|---|---|
| **Karpfen**<br>karp<br>carpe | <br>*40 cm lang* | Der Karpfen kommt in verschiedenen Arten vor, z. B. Spiegel-Karpfen ①, Schuppen-Karpfen.<br>Der Karpfen wird **in Teich-Wirtschaften gehalten**.<br>Das Fleisch ist **mittelfett** und **rötlich-grau**. |
| **Pangasius**<br>pangasius<br>pangasius | <br>*70–150 cm lang* | Der Pangasius wird vor allem **in Vietnam gezüchtet**.<br>Das Fleisch ist **mager**, **sehr hell** und **weich**. Das Fleisch hat einen **milden Geschmack** und nur **wenige Gräten**. |
| **Saibling**<br>saibling char<br>omble | <br>*ca. 80 cm lang* | Der Saibling ist **mit** der **Forelle verwandt**.<br>Das Fleisch ist **fest** und **aromatisch**. Es hat eine **rötliche Farbe** und **wenige Gräten**. |
| **Tilapia**<br>tilapia<br>tilapia | <br>*ca. 70 cm lang* | Der Tilapia gehört zu den barschartigen Fischen. Der Tilapia wird **in warmem Süßwasser gezüchtet**.<br>Das Fleisch ist **weich** und **schmeckt süßlich**. Man verwendet den Tilapia gerne für **asiatische Gerichte**. |
| **Wels**<br>catfish<br>silure | <br>*50–300 cm lang* | Man nennt den Wels auch **Waller**.<br>Das Fleisch ist **fest** und hat eine **helle Farbe**. Man muss die **schuppenlose Haut** vor dem Servieren **abziehen**.<br>Der Wels kann bis zu 150 kg schwer werden. Bei einem **Gewicht bis zu 3 kg** ist der Wels **am schmackhaftesten**. |
| **Zander**<br>pike-perch<br>sandre | <br>*ca. 70 cm lang* | Der Zander ist ein **Raubfisch**.<br>Das Fleisch hat **feine Fasern** und **sehr wenige, festsitzende Gräten**.<br>Die beste Angebots-Zeit ist vom Früh-Sommer bis zum Herbst. |

G

## Salzwasser-Fische

### Rundfische

| | | |
|---|---|---|
| **Dorade**<br>🇬🇧 porgy<br>🇫🇷 dorade | <br>*50–80 cm lang* | Die **Dorade Royale** (Goldbrasse) wird im **Mittelmeer** gefangen. Die **Dorade Rosé** stammt aus dem **Atlantik**.<br>Das Fleisch der Doraden ist **fettarm**, **weiß** und **fest**. Es hat **wenige Gräten**. |
| **Hering**<br>🇬🇧 herring<br>🇫🇷 hareng | <br>*25–40 cm lang* | Der Hering hat eine **blaugrüne Farbe**. Er **schimmert silbern**. Man nennt frischen Hering grünen Hering.<br>Das Fleisch ist **fett**, **saftig** und **sehr zart**.<br>Der Hering wird oft **zu Fisch-Erzeugnissen verarbeitet**, z. B. zu Rollmops, Bismarck-Hering, Brat-Hering. |
| **Kabeljau/ Dorsch**<br>🇬🇧 cod<br>🇫🇷 cabillaud | <br>*40–60 cm lang* | Der Kabeljau hat braune bis olivfarbene **Punkte auf grau weißer Haut**. An der Seite hat er eine **helle Linie**. Das Fleisch ist **fettarm** und **zart**. Das Fleisch **zerfällt leicht**.<br>Der **Winter-Kabeljau (Skrei)** hat **festes**, **aromatisches** Fleisch. |
| **Leng/Blauleng**<br>🇬🇧 ling<br>🇫🇷 lingue | <br>*130–200 cm lang* | Der Leng ist ein **langgestreckter Fisch**. Er hat eine **durchgehende Rücken-Flosse**.<br>Das Fleisch ist **hell** und **fest**. |
| **Makrele**<br>🇬🇧 mackerel<br>🇫🇷 maquereau | <br>*30–40 cm lang* | Die Makrele ist ein **schlanker Fisch**. Die Makrele hat **keine Schuppen**. Der Rücken **schimmert blaugrün**.<br>Das Fleisch ist **fest**, **fett** und **saftig**. Es **schmeckt kräftig**. |
| **Petersfisch**<br>🇬🇧 John Dory<br>🇫🇷 Saint Pierre | <br>*40–90 cm lang* | Der Petersfisch ist **platt**. Er **schwimmt** aber **aufrecht**. Der Petersfisch ist dunkelgrau . Er hat einen **schwarzen Punkt an der Seite**.<br>Das Fleisch ist **mager**, **fest** und **aromatisch**. |

| | | |
|---|---|---|
| **Rotbarsch**<br>ocean perch<br>sébaste | <br>*100 – 250 cm lang* | Der Rotbarsch hat eine **ziegelrote Farbe**. Darum nennt man ihn auch **Goldbarsch**.<br>Das Fleisch ist **mittelfett** und **fest**. Der Rotbarsch ist ein **beliebter Speise-Fisch**. Rotbarsch wird **meistens als Filet** angeboten. |
| **Sardelle**<br>anchovy<br>anchois | <br>*10 – 20 cm lang* | Sardellen sind **mittelfette** Fische. Sardellen werden häufig gesalzen. Man nennt sie Salz-Sardellen.<br>• **Anchovis** sind **filetierte Sardellen**.<br>Man verwendet **Sardellen-Paste** zum Abschmecken von Saucen, **Sardellen-Filets** in Öl für Garnituren, z. B. beim Wiener Schnitzel. |
| **Sardine**<br>sardine<br>sardine | <br>*10 – 25 cm lang* | Sardinen werden hauptsächlich im **Mittelmeer** gefangen. Das Fleisch ist **mittelfett**.<br>Sardinen werden meistens im Ganzen gebraten oder gegrillt. **Öl-Sardinen** sind ohne Kopf **in Pflanzen-Öl** eingelegt. |
| **Schellfisch**<br>haddock<br>aiglefin | <br>*80 – 100 cm lang* | Der Schellfisch hat eine **schwarze Seiten-Linie** und einen **schwarzen Punkt über** der **Brust-Flosse**.<br>Das **sehr helle Fleisch** ist **fettarm**.<br>Der Schellfisch wird häufig gekocht oder gedünstet. |
| **Seelachs**<br>coalfish<br>carbonnier | <br>*100 – 120 cm lang* | Der Seelachs hat einen **dunklen Rücken** und eine **weiße Seiten-Linie**. Man nennt den Seelachs auch **Köhler**.<br>Das **feste Fleisch** hat eine **grau-rötliche Farbe**.<br>Seelachs wird auch zu **Lachs-Ersatz** verarbeitet. |
| **Seeteufel**<br>angler<br>lotte | <br>*100 – 200 cm lang* | Der Seeteufel gehört zu den grätenlosen Arm-Flossern. Er wird **meistens ohne Kopf angeboten**. Der Seeteufel hat im Sommer die beste Qualität. Das **weiße Fleisch** ist **mager**, **fest** und **aromatisch**. |

| | | |
|---|---|---|
| **Sprotte**<br>🇬🇧 sprat<br>🇫🇷 sprat | <br>*12–20 cm lang* | Sprotten sind **mit** dem **Hering verwandt**. Das Fleisch ist **fettreich**.<br>**Kieler Sprotten** sind **heiß geräuchert**.<br>Man isst Sprotten mit Flossen, Gräten und teilweise auch mit Kopf. |
| **Thunfisch**<br>🇬🇧 tuna<br>🇫🇷 hon | <br>*100–250 cm lang* | Es gibt **verschiedene Thunfisch-Arten**.<br>Das Fleisch ist **fest**, **saftig** und **hellrot bis dunkelrot**. Der **Fett-Gehalt** liegt **zwischen 4 % und 24 %**.<br>Das **gebratene Thunfisch-Fleisch ähnelt** eher **Schlacht-Fleisch** als Fisch. |
| **Wolfs-Barsch**<br>🇬🇧 sea perch<br>🇫🇷 loup de mer | <br>*50–80 cm lang* | Man nennt den Wolfs-Barsch auch **Seewolf**. Der Wolfs-Barsch ist **lang gestreckt**. Er hat **oben** eine **graue Farbe**, **unten** ist er **hell**.<br>Das Fleisch ist **mager**, **grätenarm** und **aromatisch**. |



**Plattfische**

| | | |
|---|---|---|
| **Flunder** | <br>*25–60 cm lang* | Die Flunder hat eine **runde Form**. Sie **ähnelt** der **Scholle**. Die **Oberfläche** ist aber nicht glatt, sondern **rau**.<br>Das Fleisch ist **weich**. Das **rohe Fleisch** hat einen **intensiven Geruch**. |
| **Heilbutt** | <br>*40–120 cm lang* | Der Heilbutt ist der **größte Plattfisch**.<br>Die **Oberseite** ist **grau-braun**, die **Unterseite hell**.<br>Der **weiße Heilbutt** hat **wenig Fett**, der **schwarze Heilbutt** ist **fettreich**. |
| **Rotzunge** | <br>*25–40 cm lang* | Die Rotzunge hat eine **rötlich-braune** bis **gelb-braune Oberfläche**.<br>Die Rotzunge ist **mit** der **Limande verwandt**.<br>Die Rotzunge wird oft als **Portions-Fisch** gereicht, weil das Fleisch **leicht zerfällt**. |

| | | |
|---|---|---|
| **Scholle** |  *25 – 50 cm lang* | Die Scholle hat eine **graue**, **glatte Oberfläche** mit **orange-roten Tupfen**. Darum nennt man die Scholle auch **Goldbutt**.<br>Das Fleisch ist **weiß**, **zart** und **aromatisch**.<br>In den Monaten Mai bis Juli gefangene Schollen nennt man **Mai-Schollen**. Mai-Schollen **schmecken besonders gut**. |
| **Seezunge** |  *25 – 60 cm lang* | Die Seezunge ist ein **länglicher Plattfisch**. Sie hat eine **graubraune Oberseite** mit **dunklen Tupfen**.<br>Die Seezunge hat **fettarmes**, **zartes** und **saftiges** Fleisch. Das Fleisch ist **fest** und lässt sich **gut formen**, z. B. zu Seezungen-Röllchen. |
| **Steinbutt** |  *50 – 70 cm lang* | Der Steinbutt ist ein **fast runder** Plattfisch.<br>Die Oberseite ist **bräunlich-grau** und hat **helle Tupfen**. Der Fisch hat **steinartige Verknöcherungen** auf der Oberseite. Daher hat der Steinbutt seinen Namen.<br>Das Fleisch ist schneeweiß und sehr aromatisch. |



## 10.4 Fisch einkaufen

Fisch und Fisch-Erzeugnisse sind **sehr beliebt**. Jeder Bundesbürger **isst im Jahr durchschnittlich 16,5 kg Fisch**.

Der Handel bietet die verschiedenen Fisch-Arten in vielfältiger Form an:

| **Frisch-Fisch** | **Gefrorener Fisch** | **Fisch-Erzeugnisse,** z. B. |
|---|---|---|
| • im Ganzen<br>• als Fisch-Teile, z. B. Filet, Seite | • im Ganzen<br>• als Fisch-Teile, z. B. Kotelett | • Räucher-Fisch, z. B. Räucher-Aal<br>• Bismarck-Hering |
|  |  |  |

Fische müssen gekennzeichnet werden:
- **Handels-Bezeichnung**
- **Fang-Gebiet**
- **Produktions-Methode**
  - für Salzwasser-Fische: **gefangen in …**
  - für Fische aus Binnen-Fischerei: **aus Binnen-Fischerei …**
  - für Fische aus Aqua-Kulturen: **aus Aqua-Kultur …**

| | | |
|---|---|---|
| Processor/Exporter: Big Fish Processing Factory | | Origin: Maledives EU no: MDV 006 Catch Zone: 57 |
| GRN: 1120 | | Packing date: 30–06–20.. |
| Keep Refrigerated at < 4 °C | | |
| Product: Yellowfin Tuna *Thunnus albacares* | | Net Weight KG: 2,90 |
| Use By Date: 10–07–20.. | Batch No: ASAR–015 | Loin of fish N° 78 |

## Fischfang und Umwelt

Fisch gilt als gesundes Lebensmittel. Bei Verbrauchern ist Fisch sehr beliebt. Darum gibt es seit einigen Jahrzehnten **industrielle Fisch-Produktion**.
- Die Unternehmen der industriellen Fisch-Produktion verwenden **große Fangschiffe**, die **weite Entfernungen zurücklegen** können. Dabei **fangen** sie **große Mengen** Fisch.
- Die Unternehmen der industriellen Fisch-Produktion bauen **mehr und größere Aqua-Farming-Anlagen**.

Bei der industriellen Fisch-Produktion kommt es zu Problemen, die man zu lösen versucht.
- **Industrielle Fischerei**
  - **Fisch-Arten** sind bei der industriellen Fischerei **durch Überfischung bedroht**. Die Politik schreibt Fang-Quoten für Fisch-Arten vor, damit nicht zu viele Fische dieser Fisch-Arten gefangen werden. So können sich die Fische wieder ausreichend vermehren.
  - Bei manchen Fischfang-Methoden werden **Fische mitgefangen (Beifang)**, die **nicht genutzt** werden.

  Das Logo des Marine Stewardship Councils (**MSC-Logo**) informiert darüber, dass **Fische ökologisch verträglich gefangen** wurden.
- **Aqua-Farming**
  - Viele Fisch-Arten werden in Teichen oder in Indoor-Fischzucht-Anlagen an Land oder in Gehegen im Wasser erzeugt. Diese Anlagen brauchen für die Fisch-Produktion viel Wasser und Energie. Es gibt schon **Anlagen mit** einem **geschlossenen Kreislauf**. So wird die **Umwelt geschont**.

  - Bei der Massen-Produktion **werden** die **Fische** oft **krank**. Darum setzen die Betreiber der Anlagen **Antibiotika** und andere **Chemikalien** ein. Diese chemischen Mittel **gelangen in** das **Fisch-Fleisch**.
  - Das **Wasser** in den Anlagen ist **belastet** durch nicht vollständig verwertetes Futter, durch Ausscheidungen der Fische und durch tote Fische.

  Das Logo des Aquaculture Stewardship Councils (**ASC-Logo**) informiert darüber, dass die **Fische umweltverträglich gezüchtet** wurden.

- **Umwelt-Belastungen**
  - Fisch ist **durch Umwelt-Verschmutzung belastet**, z.B. durch Schad-Stoffe aus der Luft.
  - Plastik-Müll wird in Massen ins Meer gekippt. Dieser **Plastik-Müll** kann **über** die **Nahrungs-Kette in** die **Lebensmittel gelangen**.

## Frische-Merkmale

### Frische-Merkmale bei ganzen Fischen

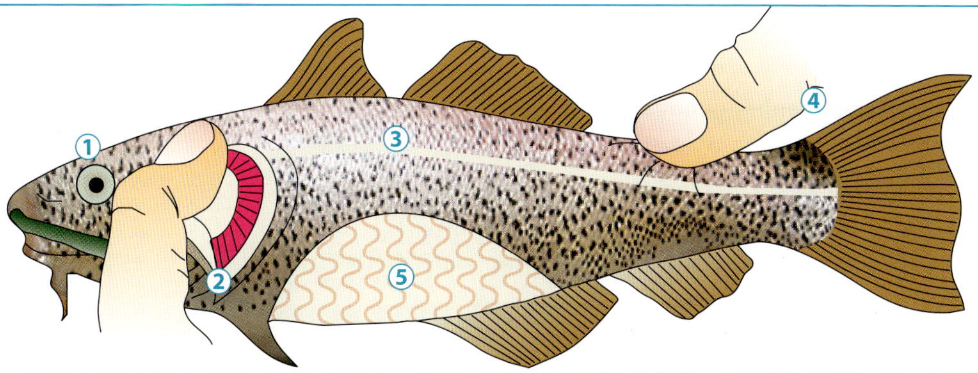


① Die **Augen** sind **prall**, **klar** und **glänzend**.

② Die **Kiemen** sind **leuchtend rot**. Sie **liegen fest an**. Die Kiemen sind **nicht gekräuselt**.

③ Die **Schleim-Haut** ist **nicht schmierig**. Sie ist **klar**, **glänzend** und **durchscheinend**.

④ Das **Fisch-Fleisch** ist **elastisch**. Man kann eine Delle in das Fisch-Fleisch drücken. Die Delle verschwindet wieder, wenn man loslässt.

⑤ Der **Fisch riecht frisch**. Bei Salzwasser-Fischen erinnert der Geruch an Meer. „Fisch-Geruch" entsteht bei längerer Lagerung.

### Frische-Merkmale bei Fisch-Filet

| Frisches Fisch-Filet | Älteres Fisch-Filet |
|---|---|
| • feucht<br>• riecht frisch<br>• durchscheinend<br>• schimmert weißlich | • an den Rändern gelblich bis bräunlich<br>• riecht nach Fisch<br>• nicht elastisch |
| 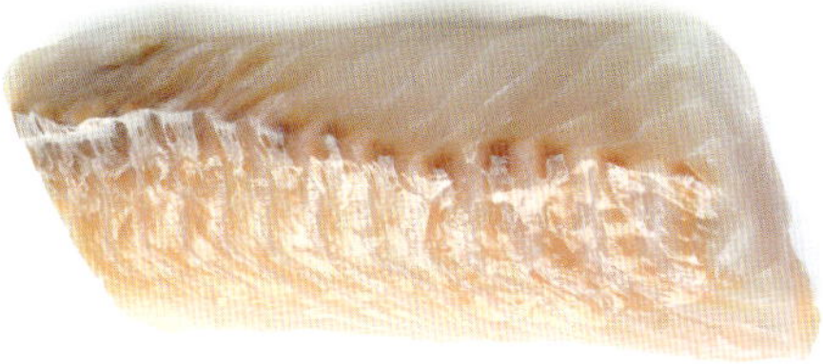 |  |

## Angebotsformen

In den „Leitsätzen für Fische, Krebs-Tiere und Weichtiere und Erzeugnisse daraus" sind die Bezeichnungen von Fisch-Teilen im Handel festgelegt.

### Fisch-Seite

Eine Fisch-Seite ist eine **Fisch-Hälfte**.

Die Fisch-Hälfte wird parallel zur Rücken-Gräte abgeschnitten. Die Fisch-Seite hat **Haut**, aber **keinen Kopf und keine Rücken-Gräte**.

### Filet

Ein Filet ist **zusammenhängendes Fisch-Fleisch ohne Rücken-Gräte**.

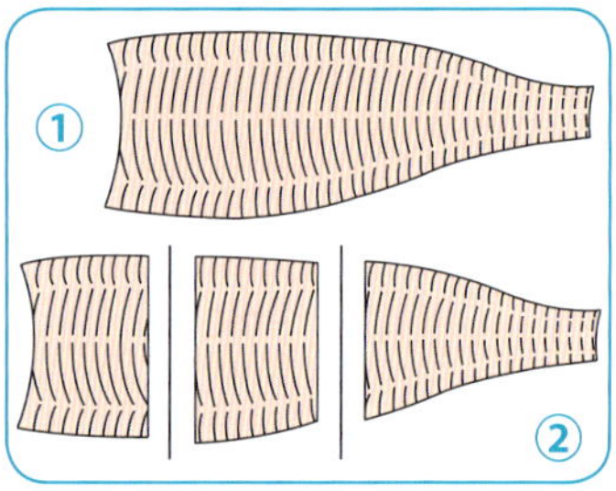


Das Filet kann mit oder ohne Haut sein.
- Das Filet ist **bei kleinen Fischen** eine **Körper-Hälfte** ①.
- Bei **großen Rundfischen** ② schneidet man aus einer Seite mehrere Filets zu Portions-Stücken.
- **Kleine Plattfische** haben **vier Filets**: zwei Filets auf der Oberseite und zwei Filets auf der Unterseite.

G

### Kotelett

Man nennt ein Fisch-Kotelett auch **Karbonade**.

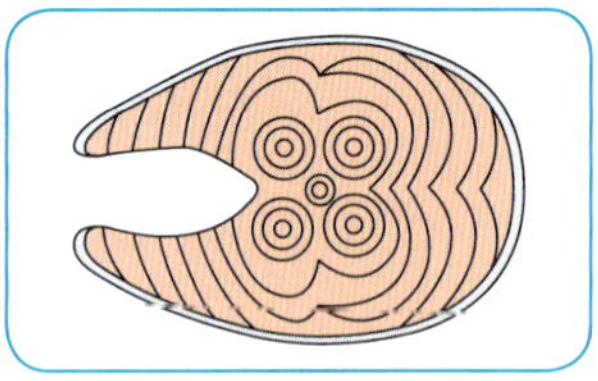

Ein Fisch-Kotelett ist eine **dickere Scheibe**.

Man schneidet diese Scheibe **quer zum Fisch-Körper**.

### Steak

Ein Steak ist eine **dickere Scheibe**.

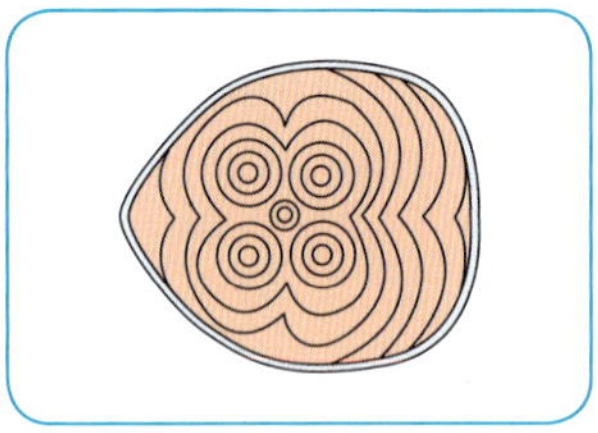

Man schneidet die Scheibe **quer zum Fisch-Körper aus** dem **Schwanz-Stück von Rundfischen**.

## Handelsformen

### Frisch-Fisch

Frisch-Fisch (frischer Fisch) wird auf dem Weg zum Verbraucher **nur gekühlt**. Frisch-Fisch ist **nicht konserviert** und **nicht eingefroren**.

Der Begriff „Frisch-Fisch" sagt nichts über die Frische des Fisches aus.

## Gefrorener Fisch

Fisch wird meistens **direkt nach dem Fang tiefgefroren**. Die Tiefkühl-Kette darf nicht unterbrochen werden. Die Verpackung muss unbeschädigt sein, damit kein Gefrier-Brand entsteht.

## Fisch-Erzeugnisse

Fisch-Erzeugnisse sind Lebensmittel **aus ganzen Fischen oder Fisch-Teilen**. Fisch-Erzeugnisse werden **durch geeignete Verfahren gegart**, **zum Verzehr zubereitet** oder **durch Trocknen haltbar** gemacht. Zu den Fisch-Erzeugnissen gehören u. a.:

**Geräucherter Fisch**
Fisch bekommt durch das Räuchern einen **typischen Rauch-Geschmack**. Das Räuchern **verlängert** die **Haltbarkeit** des Fisches. Man **lagert** geräucherten Fisch **kühl**.

| **Heiß geräucherter Fisch**<br>Man räuchert Fisch bei ca. 60 °C in heißem Buchenholz-Rauch. | | |
|---|---|---|
| **Bückling** |  | Ein Bückling ist ein **Hering mit Kopf**.<br>Bücklings-Filet wird aus Herings-Filet hergestellt. |
| **Räucher-Aal** |  | Räucher-Aal wird aus **frischem, unbehandeltem Aal** hergestellt.<br>Für Räucher-Aal wird der Aal **ausgenommen**. |
| **Schiller-Locken** |  | Man stellt Schiller-Locken aus den **Bauch-Lappen** des **Dorn-Hais** her.<br>Die Bauch-Lappen werden **in Streifen** geschnitten. |
| **Stremel-Lachs** |  | **Stremel** ist ein norddeutsches Wort. Es **bedeutet Streifen**.<br>Man stellt Stremel-Lachs **aus gesalzenem Lachs** her. |

| **Kalt geräucherter Fisch**<br>Der Fisch wird zuerst gebeizt. So ist er gar gereift. Danach räuchert man den Fisch bei bis zu 25 °C. | | |
|---|---|---|
| **Räucher-Lachs** |  | Räucher-Lachs ist der **bekannteste kalt geräucherte Fisch**.<br>Der Handel bietet Räucher-Lachs als **ganze Seite** oder **in Scheiben** geschnitten an. |

### Gesalzener Fisch

Salz **verändert** das Fisch-Fleisch:
- Salz **entzieht** dem Fisch-Fleisch **Wasser**. Der **$a_w$-Wert** wird **gesenkt**. Der Fisch ist **länger haltbar**.
- Die **Eiweiß-Stoffe** im Fisch-Fleisch **gerinnen**. Der Fisch **„gart“**.

Enzyme lassen den Fisch zusätzlich reifen. Der Fisch bekommt einen besonderen Geschmack.

| | | |
|---|---|---|
| **Anchovis** |  | Anchovis sind **filetierte Sardellen**.<br>Der **Salz-Gehalt** ist **sehr hoch**.<br>Der **Geschmack** ist **sehr intensiv**.<br>Man nennt Anchovis auch Anchois. |
| **Matjes** |  | Ein Matjes ist ein **Hering vor** der **Fruchtbarkeits-Phase.** Das Fleisch ist **fettreich**.<br>Der Matjes wird **im Früh-Sommer gefangen**. Nach dem Fang wird der Matjes **mild gesalzen**. Danach reift der Matjes 8 Wochen lang. |



### Gebeizter Fisch

Man legt die Fische **beim Beizen** in eine **Mischung aus Salz, Zucker, Gewürzen** und **Kräutern** ein. Der Fisch ist **länger haltbar**. Durch die Gewürze und Kräuter bekommt der Fisch einen **besonderen Geschmack**.

| | | |
|---|---|---|
| **Graved Lachs** |  | Graved Lachs ist **ausgenommener Lachs**.<br>Man verwendet für das Beizen von Lachs Salz und Zucker in einem Verhältnis von ca. 4:3.<br>Man **reicht** zu gebeiztem Lachs (Graved Lachs) **häufig** eine **Senf-Honig-Dill-Sauce**. |

### Fisch-Konserven

Man unterscheidet bei Fisch-Konserven:

| | | |
|---|---|---|
| **Voll-Konserven** |  | Voll-Konserven sind **sterilisiert**. Sie sind **ungeöffnet** auch **ohne Kühlung lange haltbar**. Man muss die Konserven **nach dem Öffnen** unbedingt **kühl lagern**. Der Handel bietet Voll-Konserven meistens in Dosen an.<br>Bekannt sind z. B. Öl-Sardinen, Hering in Sauce. |

| | | |
|---|---|---|
| **Präserven** | ① <br>②  | Präserven sind **Fische in Marinaden eingelegt**. Präserven sind nur **begrenzt gekühlt haltbar**.<br>Bekannt sind:<br>**Bismarck-Hering**: Herings-Hälfte ohne Gräten<br>**Rollmops** ①: aufgerollte Herings-Hälfte mit Gurke und evtl. mit Zwiebeln gefüllt<br>**Brat-Hering** ②: panierter und frittierter Hering |

**Das Mindesthaltbarkeits-Datum (MHD) muss bei Fisch-Konserven angegeben werden:**
**Bei Voll-Konserven reicht die Angabe des Jahres, z. B. „Haltbar bis 20..".**
**Bei Präserven muss das MHD auf den Tag genau angeben werden.**

**!**

### Getrockneter Fisch

Man trocknet Fisch traditionell in Skandinavien, in Spanien und in Portugal.

Beim Trocknen wird das **Wasser entzogen**.
Der **$a_w$-Wert** wird **gesenkt**. Der Fisch ist **lange haltbar**.

Vor dem Trocknen entfernt man die Köpfe und die Innereien der Fische.

- **Stock-Fisch** ①: Man bindet zwei Fische an den Schwanz-Flossen zusammen. Dann hängt man die Fische auf Holz-Gestelle.
- **Klipp-Fisch**: Man salzt die Fische vor dem Trocknen. So wird zusätzlich Wasser entzogen. Man breitet die Fische zum Trocknen aus.

Man sollte **getrockneten Fisch** vor dem Zubereiten **mehrmals wässern**.

## 10.5 Fisch lagern

Fisch **verdirbt schnell**. Darum muss man Fisch **sorgfältig lagern**.

- Man **lagert Frisch-Fisch zwischen gestoßenem Eis**. Die Lager-Temperatur liegt **zwischen 0 °C und max. +2 °C**. Das Eis liegt auf einem **Loch-Blech**. Das Loch-Blech liegt in einer **Auffang-Schale**. Man **wechselt** das Eis **jeden Tag**.

- Fisch gibt schnell seinen Eigen-Geruch ab und nimmt Fremd-Geruch schnell an. Darum sollte man **Fisch getrennt von anderen Lebensmitteln lagern**. Man sollte Fisch zum Lagern **abdecken**.
- Man **lagert gefrorenen Fisch bei –18 °C im Tiefkühl-Lager**.
  Bei der Lagerung von gefrorenem Fisch darf die **Verpackung nicht beschädigt** sein.
  Sonst entsteht Gefrier-Brand.
- Man kann Fisch **in Trocken-Eis lagern**. Trocken-Eis ist gefrorenes Kohlen-Dioxid ($CO_2$). Trocken-Eis hat eine Temperatur von **–78,6 °C**. Man muss **besonders vorsichtig** mit Trocken-Eis arbeiten, weil es **bei Haut-Kontakt** sofort zu **Kälte-Verbrennungen** (Absterben von Gewebe) kommt. **Schutz-Handschuhe und Augen-Schutz sind Pflicht!**

## 10.6 Fisch vorbereiten

Man **verarbeitet heute** aus Kostengründen und aus Zeitgründen **oft keine ganzen, frischen Fische**. Man **verwendet** häufig **vorbereitete Teil-Stücke oder Convenience-Produkte**.
**Beim Vorbereiten** von ganzen Fischen entstehen oft **Verluste von über 50 %.**

Einige vorbereitende Tätigkeiten führt man **vor dem Zubereiten** aus.

| | | |
|---|---|---|
| **Betäuben und Schlachten** | 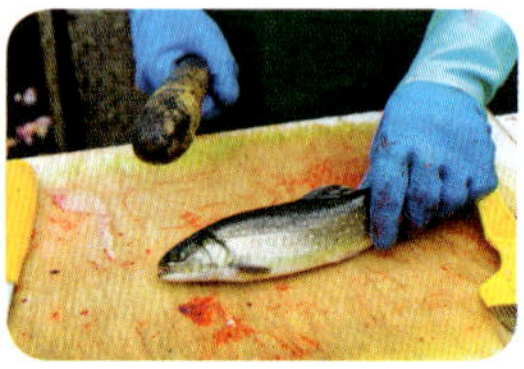 | Man **betäubt** lebende Fische **mit** einem **Schlag auf** den **Kopf**. Zum Töten sticht man mit einem Messer am unteren Rand der Kiemen ein.<br>Der **Fisch blutet aus.** |
| **Schuppen** |  | Man **entfernt** die Schuppen **vom Schwanz zum Kopf**.<br>Man **schuppt Fisch zum Blausieden** (vgl. S. 509) **nicht**. Die Schleim-Schicht muss unbeschädigt sein. |
| **Ausnehmen** | 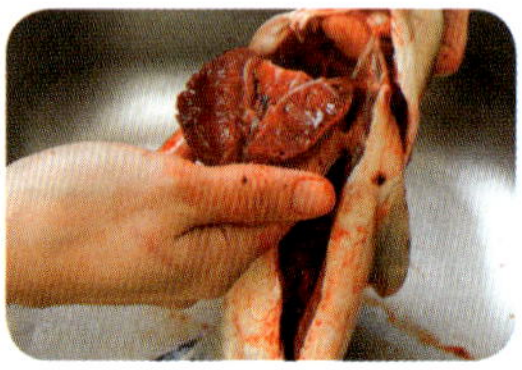 | Man **schneidet** den Bauch-Raum **vom After zum Kopf auf**. Man **nimmt** die **Innereien heraus** und schneidet den Innereien-Strang hinter dem Kopf mit der Schere ab.<br>**Gründlich auswaschen.** |
| **Ziselieren** |  | Man **schneidet** das dicke **Rücken-Fleisch ein**. Dies macht man bei Fisch, der gegrillt, gebraten oder gebacken wird. Der Fisch **gart gleichmäßig**. Die **Gewürze dringen besser ein**. |

| | | |
|---|---|---|
| **Abziehen** | 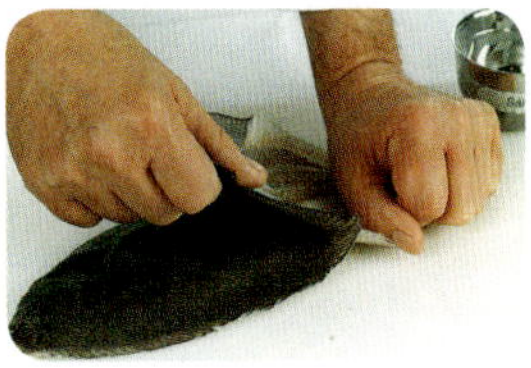 | Man zieht die Haut von der Oberseite ab.<br>• **Seezunge**: vom Schwanz zum Kopf<br>• **Rotzunge** oder **Scholle**: vom Kopf zum Schwanz<br>Man verwendet **Salz**, damit man die **Haut besser greifen** kann und **nicht abrutscht**. |
| **Filetieren** |  | Man **löst** das **Fisch-Fleisch** mit einem Filetier-Messer **von** der **Mittel-Gräte ab**. Das Filetier-Messer ist biegsam.<br>Zum Schluss **zieht** man die **kleinen Gräten** aus den Filets. |

**Formen**

Man kann **Filets mit festem Fleisch formen**.

- leicht plattiert und zusammengeklappt ①
- Filet-Spitze durch Einschnitt gesteckt ②
- als Krawatte gefaltet ③
- halb mit Farce bestrichen, mit Spinat belegt, zusammengeklappt ④
- um Spargel-Spitzen gelegt ⑤
- um gefettetes Förmchen gelegt, zum Füllen nach dem Dünsten ⑥
- mit Spinat belegt, zu Röllchen geformt ⑦
- mit Farce bestrichen, zu Röllchen geformt ⑧
- Filet mit mehreren Ziselier-Schnitten ⑨

**3-S-Regel**

Die 3-S-Regel ist eine Anleitung für das Vorbereiten von Fisch.

| | |
|---|---|
| **Säubern** | Man **wäscht** Fisch **kurz unter kaltem, fließendem Wasser**. Dann **tupft** man den Fisch mit Küchen-Papier **trocken**. |
| **Säuern** | Man **beträufelt** den Fisch **mit Zitronen-Saft** und **lässt** den Saft **ca. 10 Minuten einziehen**. Das **Fisch-Fleisch** wird **fester** und der **Eigen-Geschmack** wird **hervorgehoben**. |
| **Salzen** | Man **salzt** den Fisch erst **kurz vor** dem **Zubereiten**. So wird dem Fisch möglichst wenig Wasser entzogen. |

**Portionieren**

Man rechnet **pro Gast** folgende **garfertige Portions-Menge**:

- **Fisch-Filet**: 150 g
- **Rundfische** (im Ganzen mit Kopf): 230 g
- **Plattfische** (im Ganzen mit Kopf): 210 g
- **Fisch-Kotelett**: 220 – 240 g

## 10.7 Fisch zubereiten

Man muss Fisch **vorsichtig zubereiten**:

- Fisch hat **wenig Bindegewebe**. Das Fisch-Fleisch wird **weniger zusammengehalten**.
- Das Bindegewebe wird **ab 65 °C zu Gelatine umgewandelt**. Das Bindegewebe hält das Fisch-Fleisch nicht mehr zusammen. Der Fisch **fällt** nach dem Garen **leicht auseinander**.
- Fisch kann beim Garen **trocken werden**. Das passiert vor allem bei hohen Temperaturen. Man sollte darum beim Garen von Fisch auf **kurze Gar-Zeiten** achten. Man sollte **Fisch zum Braten umhüllen**.
- Fisch mit **zartem** und **feinem Eigen-Geschmack** eignet sich gut für **feuchte Garverfahren**. **Röst-Stoffe überdecken** den Eigen-Geschmack.

## Fisch garziehen und blausieden

Fisch wird bei einer Temperatur **zwischen 60 °C und 80 °C gegart**.

Zum **Garziehen** (Pochieren) **eignen sich besonders**:

- Heilbutt, Kabeljau, Rotbarsch, Schellfisch, Steinbutt
- Hecht, Lachs, Zander
- Klößchen aus Fisch-Farce

### Arbeitsweise

Man **verwendet** zum Garziehen **möglichst Fisch-Brühe**. Man kann Fisch auch **in** einem **einfachen Gar-Sud (Court-Bouillon) garziehen**.

- Man **wäscht Gemüse** wie Möhren, Lauch und Schalotten.
- Dann lässt man das **Gemüse in kaltem Wasser mit Salz und Gewürzen aufkochen** und **ca. 30 Minuten ziehen**. Pfeffer-Körner gibt man erst kurz vor Ende der Gar-Zeit dazu. Sie geben sonst Bitter-Stoffe ab.
- Den Gar-Sud kann man mit Weißwein geschmacklich verändern. Mit Milch und evtl. mit Säure im Gar-Sud bleibt das Fisch-Fleisch hell.

- Man **legt** den **Fisch bei** einer **Temperatur zwischen 80 °C und 90 °C** in den Gar-Sud. Dann **verringert** man die **Temperatur auf 60–80 °C**.
- Der Fisch zieht, bis er gar ist.

**Die Flüssigkeit darf nicht kochen. Sonst zerfällt der Fisch.** !

**Blausieden** ist eine **besondere Form** des Garziehens. Man gibt **Säure**, z. B. Weißwein-Essig oder Zitronen-Saft, **in** den **Gar-Sud**. Durch die Säure wird die **Schleim-Schicht der Haut** bei bestimmten Fischen **blau**.

Zum **Blausieden eignen sich besonders**:
- Aal
- Forelle, Lachs-Forelle
- Karpfen

Man darf Fische zum Blausieden **nicht schuppen** und die **Schleim-Schicht der Haut nicht abwaschen**. Die blaue Farbe bildet sich sonst nicht. Man kann die blaue **Farbe intensiver** machen: Vor dem Garziehen **beträufelt** man den Fisch **zusätzlich** mit Weißwein-Essig oder Zitronen-Saft.

G

### Sous-Vide-Garen

Fisch eignet sich gut zum Sous-Vide-Garen.
- Man **würzt** den **Fisch**, meistens Fisch-Filets, mit Salz und Pfeffer.
- Dann **vakuumiert** man den **Fisch** zusammen mit Oliven-Öl.
- Man **pochiert** den Fisch **im Wasserbad bei ca. 60 °C** für 45 Minuten.

Der Fisch **verliert** durch das Vakuumieren **keine Aroma-Stoffe**.

## Fisch dämpfen

Beim Dämpfen bleiben die **Nährstoffe** und der **Eigen-Geschmack** besser **erhalten**. Man benötigt beim Dämpfen **kein Fett**.

- Man **erhitzt wenig Flüssigkeit** auf 100° C in einem hohen Topf.
- Man stellt einen **Dämpf-Einsatz** in den Topf und bestreicht ihn mit Butter.
- Den **Fisch legt** man **auf** den **Dämpf-Einsatz**.
- Man kann auch Gemüse mit auf den Dämpf-Einsatz legen oder in die Flüssigkeit geben.
- Man **verschließt** den Topf **mit** einem **Deckel**.
- Den Fisch **dämpft** man, bis er **gar ist**.

## Fisch dünsten

Beim Dünsten hat man **geringe Verluste** an **Nährstoffen**. Darum ist Dünsten ein **schonendes Garverfahren**.

**Gedünstet** werden **meistens**:
- ganze, kleine Fische, z. B. Forelle
- Teil-Stücke von großen Fischen, z. B. Steinbutt, Lachs
- Filets ohne Haut und Gräten, besonders von Schellfisch oder Scholle
- gefüllte Fisch-Filets

### Arbeitsweise

- Man **streicht** den **Topf-Boden mit Butter aus** und **bestreut** ihn **mit feingeschnittenen Schalotten**.
- Auf die Schalotten-Würfel **legt** man den **gesalzenen Fisch**.
- Man **gießt wenig Fisch-Brühe dazu**.
- Man **legt** einen **Deckel auf** den Topf und **dünstet** den Fisch. Man muss auf die Flüssigkeits-Menge achten, damit der Fisch nicht anbrennt.
- Man **kann aus** dem **Dünst-Fond** eine **Sauce** zubereiten.

### Gedünsteten Fisch überbacken (gratinieren)

Beim Dünsten von Fisch entstehen **keine Röst-Stoffe**. Man kann gedünsteten Fisch gut überbacken. Dadurch bekommt er einen **besonderen Geschmack**.

Man **überzieht (nappiert)** den Fisch kurz vor Ende der Gar-Zeit **mit** einer **Sauce**. Dann **überbackt** (gratiniert) man den Fisch **bei starker Oberhitze im Salamander**.

Man kann Fisch **überbacken mit** z. B.:
- Fisch-Sauce; evtl. mit geschlagener Sahne
- Sauce Hollandaise
- Mornay-Sauce (Käse-Sauce) vermengt mit eingekochtem Dünst-Fond
- Mischung aus geriebenem Weißbrot, Butter-Flocken und Kräutern

## Fisch braten

Beim Braten **entstehen Röst-Stoffe**. Der Fisch **sieht ansprechend aus** und **schmeckt aromatisch**. Man sollte darauf achten, dass **nicht zu viele Röst-Stoffe** entstehen.
Zu viele Röst-Stoffe **überdecken** den **Eigen-Geschmack** des Fisches.

Fisch kann beim Braten **leicht trocken** werden. Darum **umhüllt** man **Fisch** mit Mehl oder mit Ausback-Masse.

Man muss beim Braten **auf** die **Größe der Pfanne** und auf die **Menge an Fisch achten**:

- Wenn die **Pfanne zu groß** ist, **überhitzt** die **freie Fläche**. Der Fisch **verbrennt am Rand** schnell.
- Wenn die **Pfanne zu klein** ist, **sinkt** die **Brat-Temperatur** auf unter 140 °C. Es bildet sich **keine Kruste** und **Wasser verdampft** aus dem Fisch.

Zum **Braten eignen sich** gut:

- Filets aller Fische
- kleine ganze Rundfische, z. B. Forelle, Hering, Makrele
- kleine ganze Plattfische, z. B. Flunder, Rotzunge, Scholle, Seezunge
- Scheiben von Heilbutt, Kabeljau, Lachs, Steinbutt
- Stücke von Aal und Karpfen

## Arbeitsweise

- Man **tupft** den **Fisch** mit Küchen-Papier **trocken**.
- Man **salzt** den **Fisch** und **wendet** ihn **in Mehl**.
  Pfeffer gibt man erst nach dem Braten über den Fisch, weil der Pfeffer sonst verbrennt.
- In der Pfanne **zerlässt** man **Butter-Schmalz** oder ein Gemisch aus Butter und Öl.
- Man **brät** den Fisch auf einer Seite **an**.
  Man bewegt den Pfannen-Stiel ruckartig nach links und nach rechts, damit der Fisch gleichmäßig bräunt.
- Man **verringert** die **Brat-Temperatur**.
- Man **wendet** den Fisch möglichst nur **einmal**.
  Wenn der **fertige Fisch mit** der **Haut-Seite nach oben angerichtet** wird, **brät** man die **Haut-Seite zuerst**. Dann liegt die Haut nach dem Wenden zum Anrichten oben.
- Man **brät** den Fisch, bis er **gar ist**.

## Spezielle Gerichte von gebratenem Fisch

### Scholle Finkenwerder Art

Man **brät Speck-Würfel und Zwiebel-Würfel** in einer Pfanne etwas an. Man nimmt die Speck-Würfel und die Zwiebel-Würfel aus der Pfanne.

Die Scholle brät man in dem Brat-Satz des Specks und der Zwiebeln.

Beim Anrichten **gibt** man die Mischung aus **Speck-Würfeln und Zwiebel-Würfeln** auf die Scholle.

### Müllerin-Art

Man **wendet** den Fisch **in Mehl** und **brät** ihn in der Pfanne.

Beim Anrichten **gibt** man **gehackte Petersilie**, **Zitronen-Saft** und **braune Butter über** den **Fisch**.

Dazu reicht man **Salzkartoffeln**.

### Gebratener Thunfisch

**Thunfisch trocknet** beim Braten sehr **schnell aus**.

Darum **brät** man Thunfisch zuerst **scharf an**.
Danach **gart** man den Thunfisch **in** einem **Heißluft-Dämpfer**. Eine **Kern-Temperatur** von **45 °C** ist optimal.

## Fisch frittieren

Frittieren eignet sich gut für Fisch, weil die **Hitze schnell** und **von allen Seiten** auf den Fisch **wirkt**. Besonders geeignet ist das Frittieren für kleine Portions-Stücke.

Beim Frittieren entstehen **Röst-Stoffe**. Die Röst-Stoffe **geben** dem Fisch einen **besonderen Geschmack**. Der Fisch bekommt beim Frittieren eine **gleichmäßige goldgelbe Farbe**.

**Zum Frittieren eignen** sich z. B.:
- Filets fester Fische mit weißem Fleisch, z. B. Kabeljau, Rotbarsch, Rotzunge, Scholle, Seelachs
- kleine ganze Rundfische und Plattfische, z. B. Flunder, Sardinen, Scholle, Seezunge, Sprotten

Man **muss** beim Frittieren **beachten**:
- die **Temperatur** und die **Qualität des Frittier-Fettes**
- die **Menge** an Fisch

### Arbeitsweise

- Man **umhüllt** den Fisch mit einer Panierung, mit Tempura-Teig oder mit Ausback-Masse.
- Den Fisch **legt** man **in** das **heiße Fett**. **Kleine Portions-Stücke** frittiert man bei **170 °C**, **größere Portions-Stücke** frittiert man bei **160 °C.** Der Fisch soll eine **goldgelbe Kruste** bekommen.
- Man **lässt** den frittierten Fisch **gut abtropfen** und **legt** ihn **auf** eine **saugfähige Unterlage**, z. B. Küchen-Krepp.
- Man **serviert** den frittierten Fisch **sofort**. Beim Warmhalten weicht die **Back-Kruste auf**.

## Spezielle Gerichte von frittiertem Fisch

### Seezunge Colbert

Man **legt** zuerst die **Mittel-Gräte** der Seezunge mit einem Filetier-Messer **frei**.

Danach **paniert** und **frittiert** man die Seezunge.

Nach dem Frittieren **entfernt** man die **Mittel-Gräte**. Man **füllt** die frittierte Seezunge **mit Colbert-Butter** (vgl. S. 617).

# Fisch backen

Man **backt im Ofen**:
- ganze Fische
- Fische mit einer Füllung
- Fische mit einem Belag aus verschiedenen Zutaten

Die **Back-Temperatur** ist **niedriger** als beim Braten in der Pfanne oder in der Fritteuse.

Der **Fisch gart** durch die niedrige Temperatur **gleichmäßiger**. So wird auch eine **Füllung leichter gar**.

*Forelle in Salz-Teig*

## Arbeitsweise

- Man **schützt** den Fisch **vor** dem **Austrocknen**:
  - **durch** eine **Umhüllung**, z. B. Salz-Teig, Strudel-Teig, Filo-Teig
  - **durch** einen **Belag**
  - ohne Umhüllung **in** einem **Folien-Schlauch**
- Man **backt** den Fisch **im Ofen**, bis er **gar ist**.

# Fisch grillen und heißräuchern

Fisch eignet sich gut zum Grillen:
- Der Fisch bekommt einen **besonderen Geschmack**. Er ist sogar ungesalzen schmackhaft.
- Man muss unbedingt darauf achten, dass **nicht zu viele Röst-Stoffe** entstehen. Die Röst-Stoffe **überdecken** den **Eigen-Geschmack** des Fisches.
- Der Fisch ist **in kurzer Zeit gar**. Dadurch bleibt er **saftig**.
- Der Fisch wird **fettarm** gegart.

G

Man **grillt** z. B.:
- kleine ganze Fische wie Barsch, Flunder, Forelle, Makrele, Rotzunge, Scholle, Seezunge
- Scheiben vom Heilbutt und vom Steinbutt
- Filets und Koteletts vom Lachs

## Arbeitsweise

- Man **ziseliert** ganze Fische **vor** dem **Grillen**, damit sie gleichmäßig garen. Der Fisch nimmt außerdem das Grill-Aroma besser auf.
- **Dicke Fische** mit einer längeren Gar-Zeit **salzt oder mariniert** man **vor dem Grillen**. **Flache Fische und kleine Portions-Stücke salzt** man am besten **nach dem Grillen** mit grobem Salz oder Salz-Flocken.
- Man **streicht** die **Grill-Stäbe mit Öl ein**. Der Fisch bleibt nicht so leicht an den Grill-Stäben hängen.
- Man **legt** den Fisch **auf** die **Grill-Stäbe**. Den Fisch kann man in **spezielle Grill-Halter** legen. Der Fisch **zerbricht** dann **nicht**. Füllungen fallen nicht heraus.

- **Flache Fische und kleine Portions-Stücke** mit einer kurzen Gar-Zeit **wendet** man nur **einmal**. **Dicke Fische** kann man **mehrmals wenden**. Man **legt** sie **nach** dem **ersten Wenden** wieder **im rechten Winkel** auf den Rost. So entsteht das gewünschte **Grill-Karo**.
- Nach dem Wenden sollte man den **Rost höher stellen**, damit die **Hitze verringert** wird. Der Fisch wird **innen gar,** er wird aber **nicht trocken**.

G

## Heißräuchern

Heißräuchern ist **Garen im Räucher-Ofen (Smoker).**

Man kann Fische wegen ihrer zarten Konsistenz **gut heißräuchern**.

Heißräuchern erfolgt **bei 70 °C** im Räucher-Ofen (Smoker).
- Die Fische werden **gleichmäßig gar.**
- Die Fische **bekommen** durch die glimmenden Holz-Späne, z. B. aus Buchen-Holz oder Eschen-Holz, ein **besonderes Räucher-Aroma**. Die verwendete **Holz-Art beeinflusst** den **Geschmack**.

**Für alle Fisch-Gerichte gilt:**

> **Man muss dem Gast den Fisch servieren, der auf der Speisekarte angegeben ist.**
> **Es ist Betrug, wenn man dem Gast einen anderen, nicht so wertvollen Fisch serviert.**
> **Betrug ist strafbar.**
> **!**

# 11 Kaviar

caviar
caviar

Kaviar sind die **Eier (Rogen) weiblicher Fische**.

**„Echter Kaviar"** oder russischer Kaviar ist der Rogen **vom Stör**:
- aus dem Schwarzen Meer
- aus dem Kaspischen Meer
- aus dem Asowschen Meer

*Störe können bis zu 8 Meter lang werden*

Man **schneidet** die **Eier-Stöcke** des Störs nach dem Fang **auf**. Dann **drückt** man den **Rogen** durch ein Sieb. Dabei werden Häutchen und Schalen abgetrennt.

Vom Fisch-Ei **bleibt** nur das **Innere übrig**. Dieser Teil ist vergleichbar mit dem Dotter beim Hühner-Ei. Man nennt diesen Teil das **Korn**. Die Körner werden gesalzen. Das Salz macht die Körner fest und dunkler.

Kaviar **unterscheidet sich in** der **Größe und** in der **Farbe**. Größe und Farbe des Kaviars sind **abhängig von** der **Stör-Art**.

Der **Name** der **Stör-Art gibt** dem Kaviar seinen **Namen**:

| Stör-Art | Beluga | Ossietra | Sevruga |
|---|---|---|---|
| |  |  |  |
| **Deckel-Farbe** | | | |
| **Größe** | • großes Korn<br>• 1 bis 2 mm | • kleineres Korn<br>• ca. 1 mm | • kleinkörnig<br>• unter 1 mm |
| **Beschaffenheit** | zarte Schale | zarte Schale | sehr zarte Schale |

Es gibt **besonders ausgewählten** Kaviar. Dieser Kaviar hat einen **zusätzlichen Namen**, z. B.:
- **Royal Black Kaviar**: tiefschwarzer Kaviar von jungen Ossietra-Stören
- **Imperial Kaviar**: hellerer Kaviar von älteren Ossietra-Stören

Der Zusatz **„Malossol"** ① bedeutet **wenig gesalzen**:
- Malo – wenig
- Sol – Salz

Die Salz-Zugabe beträgt **ca. 3 %**.

Kaviar wird **luftdicht verpackt** in Dosen geliefert. Original-Dosen haben ein Gewicht von 1,8 kg.

Man **lagert** Kaviar **gekühlt**. **Nach** dem **Öffnen** sollte man Kaviar bei **ca. – 2 °C lagern** und **innerhalb einer Woche verzehren**.

**Verdorbener** Kaviar **riecht** und **schmeckt säuerlich**.

Man **verwendet Kaviar** z. B.:
- auf Blini (Buchweizen-Pfannkuchen) mit Sauer-Rahm
- mit gebuttertem Toast
- mit aufgebackenen Kartoffeln oder kleinen Kartoffel-Puffern mit Crème fraîche
- eingerollt in Butter, als Garnierung zum Fisch
- für helle Saucen zum gebratenen Stör



## Kaviar-Ersatz

Man **gewinnt** Kaviar-Ersatz aus **Eiern anderer Fisch-Arten**.

| Kaviar-Ersatz | Deutscher Kaviar | Lachs-Kaviar | Forellen-Kaviar |
|---|---|---|---|
| |  |  |  |
| **Beschreibung** | • vom Seehasen<br>• kleinkörnig<br>• gefärbt | • vom Lachs<br>• großkörnig<br>• rot-orange | • von der Forelle<br>• mittelkörnig<br>• orange |

Man verwendet Kaviar-Ersatz vorwiegend zu **Dekorations-Zwecken**:
- auf Canapés
- auf gefüllten Eiern
- bei Fingerfood

# 12 Meeres-Früchte und Algen

seafood and algae
fruits de mer et algues

Meeres-Früchte sind die **wirbellosen essbaren Meeres-Tiere**. Nach dem Körperbau **unterscheidet** man **Krebs-Tiere** und **Weichtiere**.

Der Bestand vieler Meeres-Früchte-Arten ist gefährdet, weil immer mehr Menschen Meeres-Früchte essen möchten. Man steuert bei diesem Problem gegen:

- durch strenge Fang-Vorschriften
- durch Schon-Zeiten
- durch Aqua-Kultur

## 12.1 Bedeutung für die Ernährung

Meeres-Früchte enthalten viele Nährstoffe:

- Meeres-Früchte enthalten **viele Proteine** (Eiweiß-Stoffe). Die Proteine haben eine **hohe biologische Wertigkeit**. Der menschliche Körper kann die Proteine der Meeres-Früchte gut in körpereigene Proteine umwandeln.
- Meeres-Früchte sind **fettarm**.



### Lebensmittel-Allergie gegen Meeres-Früchte

Meeres-Früchte können **starke Allergien auslösen**. Schon **sehr geringe Mengen** können **gefährlich** sein.

Der Auslöser der Allergien ist das Muskel-Eiweiß „Tropomysin".

Es gibt sehr unterschiedliche allergische Reaktionen:

- Haut-Rötungen, Juckreiz
- Kreislauf-Probleme, Atem-Not
- Organ-Versagen

**Meeres-Früchte sind** laut Lebensmittel-Informations-Verordnung (LMIV) **allergieauslösende Rohstoffe**. Man **muss** Meeres-Früchte als Allergene **auf Speisekarten kennzeichnen**. Die Allergene muss man nur **extra angeben**, **wenn** sie **nicht im Namen** der Speise **enthalten** sind, z. B. nicht bei „Bandnudeln mit Meeres-Früchten".

*Icon Krebs-Tiere*

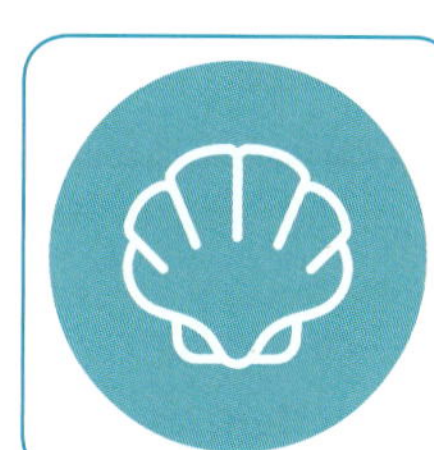

*Icon Weichtiere*

Köche müssen sich **regelmäßig über Veränderungen** in der Lebensmittel-Informations-Verordnung (LMIV) **informieren**.

## 12.2 Krebs-Tiere

crustaceans
crustacés

Man nennt Krebs-Tiere häufig auch **Krusten-Tiere**.

Krebs-Tiere **leben** sowohl **im Salz-Wasser** als auch **im Süßwasser**.

### Körperbau

Wirbellose Tiere haben **kein Skelett**. Sie haben eine Kruste oder eine **Schale aus festem Chitin**. Chitin ist wie Zellulose ein Vielfach-Zucker.

In der Kruste ist ein **Farb-Pigment eingelagert**. Daraus bildet sich **beim Kochen** die **rote Farbe**.

Der Kopf und die Brust sind bei Krebs-Tieren zusammengewachsen. Dieses **Kopf-Brust-Stück** ist **starr**. Der **Hinter-Leib** besteht **aus** mehreren **Gliedern**. Man bezeichnet den Hinter-Leib als **Schwanz**. Im Schwanz liegt der **Haupt-Anteil** des **weißen**, **zart-knackigen Fleisches**.

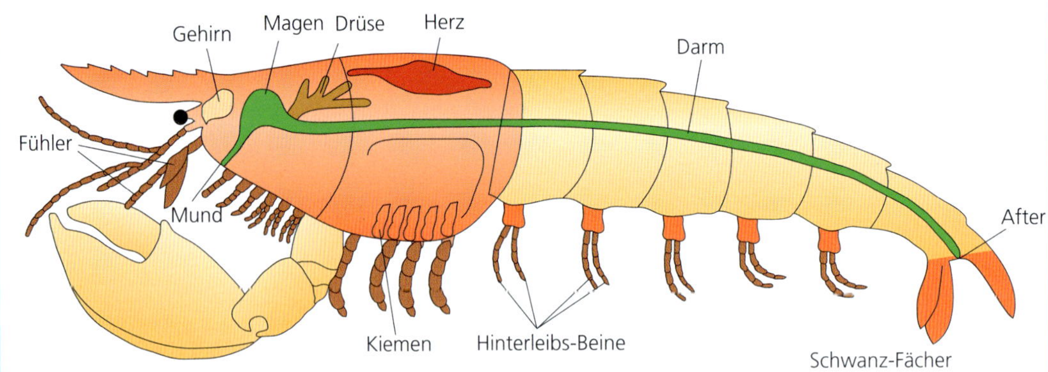


### Transport

Krebs-Tiere werden auch **lebend angeboten**.

Man **muss beim Transport** der lebenden Tiere **beachten**:

- Beim Hummer werden die **Scheren mit einem Gummiband verschlossen**. So können sich die Hummer **nicht verletzten**.
- Die Tiere werden **transportiert**:
  - in Körben mit nasser Holz-Wolle
  - in Styropor-Kisten mit nassem Papier
- Die Tiere dürfen **nicht auf Eis gelagert** werden. Bei direktem Kontakt mit Eis bekommen die Tiere **Kälte-Schädigungen**.

## Frische-Merkmale

- Frische Krebs-Tiere **riechen nach frischem, klarem Wasser**. Der Geruch ist nicht intensiv.
- Die Kruste hat eine **frische, leuchtende Farbe**.
- Wenn man ein **lebendes Tier berührt, zieht** es sofort **reflexartig** den **Schwanz ein**.

### Verderb von frischen Krebs-Tieren

Frische Krebs-Tiere haben noch ihren **Verdauungs-Trakt** ①.

Die **Enzyme** im Verdauungs-Trakt **arbeiten** nach dem Tod **weiter**. Dabei **entstehen gesundheitsschädliche Abbau-Produkte**. Darum muss man frische Krebs-Tiere schnell verarbeiten. Man kann den Darm bei einigen Tieren entfernen.

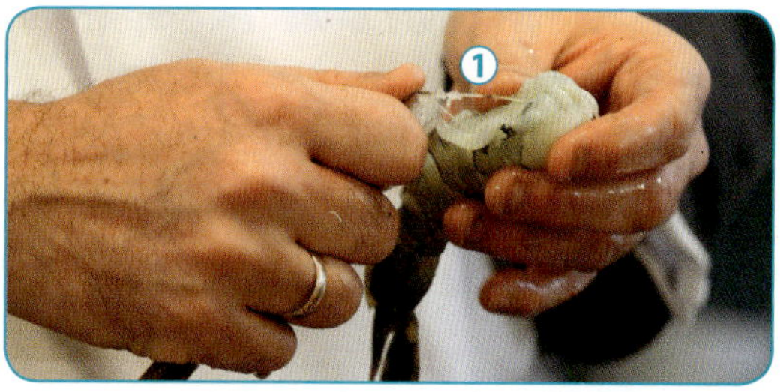

*Darm entfernen bei einer Garnele*

## Qualität der Krebs-Tiere

- Krebs-Tiere aus **Salz-Wasser** haben eine **bessere Qualität** als Krebs-Tiere aus Süßwasser.
- Krebs-Tiere aus **der Tiefsee schmecken intensiver** als Krebs-Tiere aus Flachwasser.
- Krebs-Tiere **aus kälteren Gewässern** haben einen **feineren Geschmack** als Krebs-Tiere aus wärmeren Gewässern.
  In **kälteren** Gewässern **wachsen** die Krebs-Tiere **langsamer** und das Fleisch schmeckt feiner.
- **Handgeschälte** (siehe Abb.) **Krebs-Tiere haben eine höhere Qualität** als maschinengeschälte Krebs-Tiere.

## Töten von Krebs-Tieren

Man **muss Krebs-Tiere betäuben**, z. B. durch einen Elektro-Schock. **Erst dann** darf man die Krebs-Tiere **in kochendes Wasser legen**. Durch das kochende Wasser werden die **Gehirn-Zellen sofort zerstört**. Dadurch wird das Krebs-Tier **getötet**.

Wenn man **rohes Fleisch** von Krebs-Tieren benötigt, z. B. zum Grillen, gibt es **zwei Möglichkeiten des Tötens**:

- Man **taucht** den **Kopf** des Krebs-Tieres für 10 bis 20 Sekunden in die **kochende Flüssigkeit**.
- Man **taucht** das **ganze Krebs-Tier** für 10 bis 20 Sekunden in die **kochende Flüssigkeit**. Danach **schreckt** man das Krebs-Tier **in Eis-Wasser ab**. Dadurch wird der **Gar-Prozess unterbrochen**.

G

## Hummer

lobster
homard

Der Hummer lebt **auf felsigem Untergrund in kaltem Meerwasser**.

Haupt-Lieferanten sind **Norwegen**, **Schottland**, **Kanada** und die **USA**.

Die Haupt-Fangzeit ist im Sommer.

Hummer haben bei einer **Größe von ca. 30 cm** und einem **Gewicht von 1 kg** die **beste Qualität**.

Der **Handel bietet an**:
- ganze Hummer
- halbe Hummer
- ausgelöstes Fleisch aus dem Schwanz und aus den Scheren

G

### Hummer verwenden

Man bereitet Hummer-Gerichte zu:
- aus fachgerecht getötetem und **roh zerlegtem** Hummer
- aus **gekochtem** und **zerlegtem** Hummer

### Rohen Hummer vorbereiten und zubereiten

- Man bricht die Hummer-Scheren mit den Arm-Gliedern vom Körper ab. ①
- Dann dreht man den Hummer-Schwanz vom Kopf-Brust-Stück ab. ②
- Man löst die Mittel-Platte der Schwanz-Flosse mit dem angewachsenen Darm vorsichtig aus dem Schwanz-Fleisch heraus. ③
- Den Hummer-Schwanz teilt man an den Gelenken quer in Stücke. ④
- Man halbiert das Kopf-Brust-Stück längs der Rille am Kopf. ⑤
- Den durchgeschnittenen Magen entfernt man aus den Hälften des Kopf-Brust-Stücks.
- Man löst die Keim-Drüsen und die Leber heraus und legt sie in ein Schälchen. ⑥ Beide Teile kann man zur Saucen-Bindung und zur Farb-Gebung verwenden.

Wenn man **Hummer grillen** möchte, **halbiert** man den ganzen **Hummer längs**.

Man kann rohen Hummer verschieden zubereiten:

- Man **grillt halbe Hummer** oder **Tranchen** (Scheiben). Das **Hummer-Fleisch** kann man auch **auf Spießen** grillen.
- Aus rohem Hummer-Fleisch kann man **Ragout** zubereiten.
- Man kann Hummer-Teile **braten**.

## Gekochten Hummer vorbereiten und zubereiten

Man **kocht** gewaschenen Hummer in einem **Gar-Sud** für 10–14 Minuten (bei einem Gewicht von 400 g bis 600 g).

Man dreht die Scheren ab. Die Beine trennt man mit einem Messer ab.

Man sticht in die Rille am Kopf und halbiert den Hummer längs.

Man nimmt aus den Hummer-Hälften den Magen und die Leber heraus.

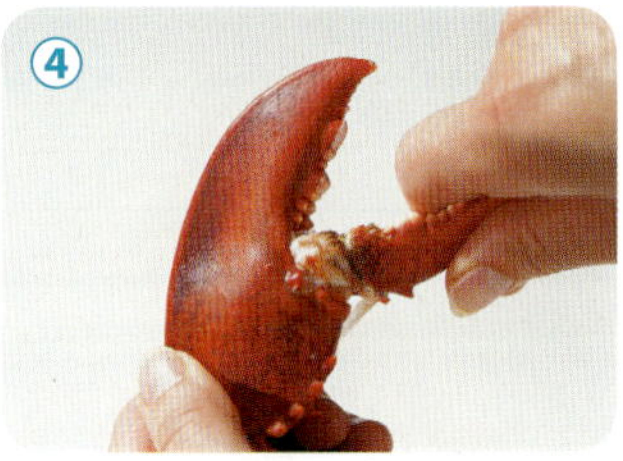


Man biegt den beweglichen Scheren-Teil weg. Man löst das Scheren-Fleisch heraus.

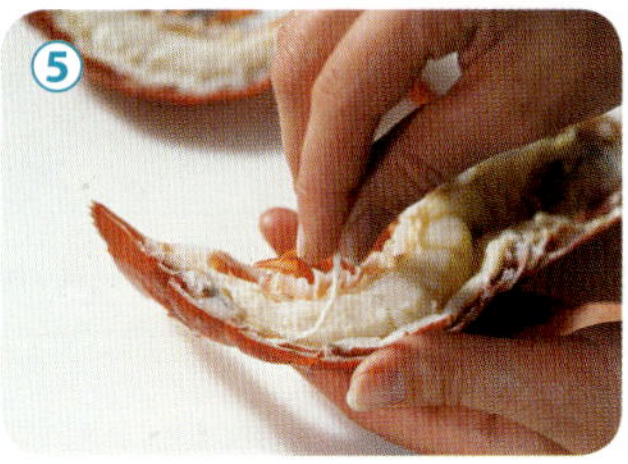


Man zieht den Darm in Richtung Schwanz heraus.

Man entnimmt das Hummer-Fleisch aus den beiden Schwanz-Hälften.

Man schlägt die hochkant gestellte Schere mit einem Messer an.

Man bricht die angeschlagenen Scheren auf und entnimmt das Fleisch.

oben: Scheren-Fleisch, Corail, Hummer-Schwanz
unten: Scheren-Fleisch, Leber, Bein-Fleisch

**Gar-Zeiten für Hummer**

| Gewicht | **Kochen**, dann | **Garziehen** | Gewicht | **Kochen**, dann | **Garziehen** |
|---|---|---|---|---|---|
| **400 g** | 4 Minuten | 6 Minuten | **600 g** | 6 Minuten | 8 Minuten |
| **1 kg** | 6 Minuten | 16 Minuten | **2 kg** | 8 Minuten | 24 Minuten |
| **3 kg** | 10 Minuten | 30 Minuten | **5 kg** | 15 Minuten | 40 Minuten |

Man kann gekochte, ganze oder zerlegte Hummer **kalt oder warm zubereiten**.

In der Gastronomie werden **Gerichte mit Hummer-Fleisch ergänzt**, z. B.:

- Club-Sandwich mit Hummer
- gegrilltes Gemüse mit Hummer-Fleisch
- Hummer-Risotto
- Tapas oder Cocktails mit Hummer-Fleisch
- Teller-Sülze mit Hummer-Fleisch

*Hummer-Risotto*

*Pot au feu von Edel-Fischen mit Hummer*



## Spezielle Hummer-Gerichte

### Hummer Thermidor

Man bereitet aus **Hummerfleisch-Würfeln und** einer **cremigen Fisch-Sauce** ein **Ragout** zu.

Das Hummerfleisch-Ragout **füllt** man **in** die **Hummer-Karkasse** (Schale).

Man **überbackt** das Ragout **mit Parmesan**. Beim Anrichten legt man eine Trüffel-Scheibe auf jede Hummer-Hälfte.

## Languste

spiny lobster

langouste

Die Languste lebt **auf Fels-Böden in kaltem Meerwasser**. Die Languste lebt in einer **Tiefe von 5 Meter bis 160 Meter**.

Gefangen wird die Languste vor Süd-England und vor der europäischen und der afrikanischen **Atlantik-Küste**.

Die Languste wird hauptsächlich von **April bis September** angeboten.

Langusten haben eine Größe von **ca. 35 cm bis 60 cm**. Langusten wiegen **zwischen 800 g bis 1500 g**.

Langusten haben im Gegensatz zu Hummer **keine Scheren**. Sie haben **lange Fühler**.

Langusten sind sehr **stressanfällige** Krebs-Tiere. Man kann sie **nicht gut lebend transportieren**. Darum bietet der Handel Langusten meistens als **Tiefkühl-Ware** an.

Das **meiste Fleisch** ist **im Schwanz-Stück**. Der Handel verkauft die **Schwanz-Stücke tiefgekühlt** unter dem Begriff **„Lobster Tails“** (Langusten-Schwänze).

### Langusten verwenden

Man **bereitet** Langusten **wie Hummer vor** und man **bereitet** sie **wie Hummer zu**. Langusten werden gerne in der kalten Küche verwendet.

**Beispiele** für die Verwendung von **Langusten** in der **kalten** und in der **warmen Küche**:
- Langusten-Salat
- Cocktails mit Langusten-Fleisch
- gegrillte Langusten-Medaillons
- Ragout mit Langusten-Fleisch
- überbackene Langusten-Hälften

## Flusskrebs

freshwater crayfish
ecrevisse

Der Flusskrebs lebt in **Ufer-Zonen von Bächen und Flüssen**.

Der Flusskrebs darf von **Juni bis Dezember** gefangen werden. Man bekommt Flusskrebs als **Zucht-Ware** das **ganze Jahr**.

Der Flusskrebs **wechselt im Sommer** seinen **Panzer**. So kann er wachsen. Man bezeichnet Flusskrebse ohne Panzer als **Butter-Krebse**.

Flusskrebse müssen **mindestens 10 cm lang** sein und **mindestens 35 g wiegen**.

Das **Fleisch** ist im **Schwanz** und in den **Scheren**.

Man nennt das Kopf-Brust-Stück die **Krebs-Nase**. Man kann die **Krebs-Nase** leeren, auswaschen und **füllen**. Mit gefüllten Krebs-Nasen kann man **Speisen garnieren**.

## Flusskrebse verwenden

Man **reinigt** Fluss-Krebse vor dem Verarbeiten **gründlich mit einer Bürste**.

Man lässt Fluss-Krebse in einem Gar-Sud **garziehen**. Fluss-Krebse mit einem Gewicht von 100 g bis 150 g garen 5–6 Minuten.

Nach dem Garen lässt man die Fluss-Krebse **im Gar-Sud auskühlen**.

Danach **bricht** man den Fluss-Krebs **aus**.
Man bekommt:
- Fleisch aus den Scheren
- Fleisch aus dem Krebs-Schwanz
- die Krebs-Nase aus dem Kopf-Brust-Stück
- den Krebs-Panzer: den Krebs-Panzer verwendet man zerkleinert für Krebs-Suppen, für Krebs-Saucen und für Krebs-Butter

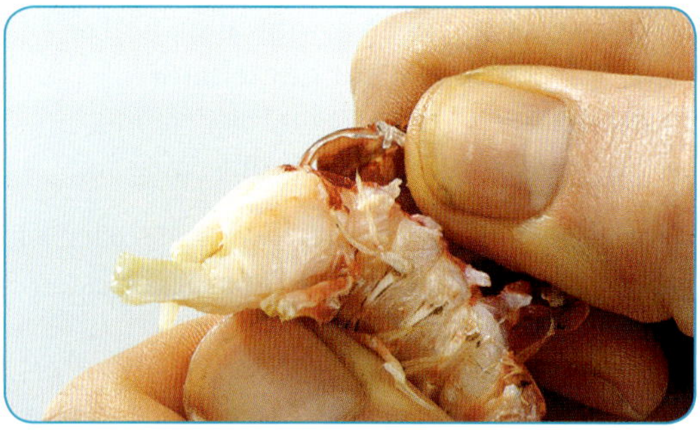
*Ausgebrochener Krebs-Schwanz*

**Achtung:** Der **Panzer** hat **spitze Stacheln**.

**Beispiele** für die Verwendung von **Fluss-Krebsen** in der **kalten** und in der **warmen Küche**:
- Salate und Cocktails mit Fleisch von Fluss-Krebsen
- Fisch-Samtsuppe (Bisque) von Fluss-Krebsen
- Fleisch von Fluss-Krebsen mit Mornay-Sauce oder mit Käse überbacken
- Fleisch von Fluss-Krebsen mit Wurzel-Gemüse
- Fleisch von Fluss-Krebsen mit Leipziger Allerlei

© Bischof, Harry/StockFood

G

## Surimi

Surimi ist **Krebsfleisch-Imitat** und **muss** so **gekennzeichnet** werden.

Surimi besteht aus Fleisch von **frischen Fischen**. Das Fleisch wird **vermischt mit**:
- Feuchthalte-Mitteln (Poly-Dextrose, Sorbit, Poly-Phosphate)
- Geschmacks-Stoffen (Salz, Zucker, Geschmacks-Verstärker)
- Bindemitteln (Hühner-Eiweiß, Stärke)

Danach wird die **Masse in Formen gepresst**.

Die **Oberfläche** wird **gefärbt** mit:
- Krustentier-Extrakt
- Lebensmittel-Farbe
- Paprika-Extrakt

Man **verwendet Surimi** z. B.:
- für Sushi
- für Salate
- zu Dips
- für Pasta-Gerichte

*Surimi-Sticks*

*Surimi-Garnelen*

## Königskrabbe

king crab
crabe géant

Die Königskrabbe lebt im **nördlichen Pazifischen Ozean (Pazifik)** und in der **Barent-See (nördlicher Atlantik).**

Die Königskrabbe wird hauptsächlich in den **Wintermonaten** angeboten.

Der **Rücken-Panzer** der Königskrabbe wird **bis zu 25 cm breit**. Die **Bein-Spannweite** kann **bis zu 180 cm** betragen. Die Königs-Krabbe kann **ca. 10 kg** wiegen.

Der **Fleisch-Anteil** beträgt **ca. 30 %**. Das Fleisch ist **sehr teuer**.

Der Handel bietet Königskrabben unter den Namen an:
- King-Crab
- Japan-Krabbe
- Kamtschatka-Krebs

Das Fleisch der Königs-Krabbe wird als King-Crab-Meat oder Crab-Meat in Konserven verkauft.

G

### Königskrabbe verwenden

Das meiste Fleisch ist in den **Beinen** und in den **Scheren**.

Man verwendet das Fleisch der Königs-Krabbe z. B. für Salate, für Cocktails, für Suppen, in Ragouts.

## Kaisergranat

norway lobster
langoustine

Man nennt den Kaisergranat auch **Scampo** (Mehrzahl: Scampi).

Der Kaisergranat lebt im **östlichen Atlantik**, z. B. vor Island, vor Schottland, und auch im **westlichen Mittelmeer**.

Man findet den Kaisergranat in **kühlen Gewässern** in der **Nähe** der **Küsten**.

Die **beste Qualität** hat Kaisergranat aus den Gewässern vor Island, Schottland und Irland.

Merkmale des Kaisergranats:
- Länge: **bis zu 15 cm**
- Gewicht: **40 – 50 g**

Das **Fleisch** ist hauptsächlich **im Schwanz** des Kaisergranats.

Der **Name Scampo** wird oft **verwendet**, **wenn** die **Riesen-Garnele gemeint** ist. Der Scampo und die Riesen-Garnele sind **zwei verschiedene Krebs-Tiere**.

Der **Scampo** ist **hochwertiger** als die Riesen-Garnele.

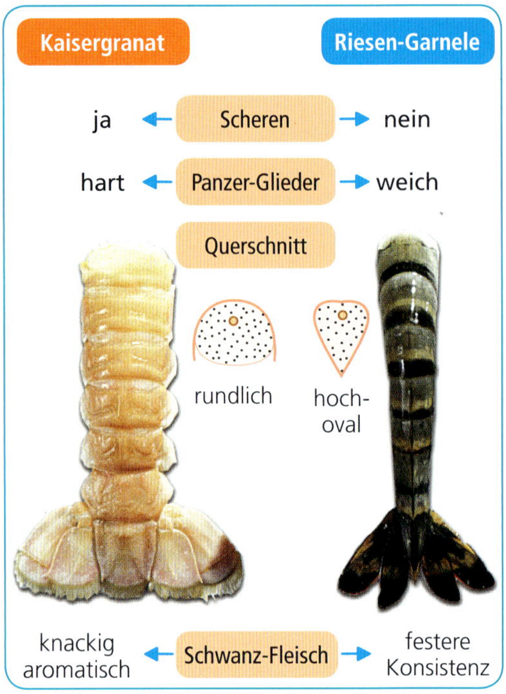


### Kaisergranat verwenden

**Beispiele** für die Verwendung von **Kaisergranat** in der **kalten** und in der **warmen Küche**:
- als Finger-Food mit Dip
- in Meeres-Früchte-Salat
- als Einlage in klarer Fisch-Suppe
- zu Pasta-Gerichten
- in Risotto
- für Grill-Spieße

G

## Garnelen

Garnelen **leben in Boden-Nähe**.

Garnelen gehören zu den **meist verarbeiteten Krebs-Tieren** in der Gastronomie.

Es gibt **viele verschiedene Garnelen-Arten**. Sie unterscheiden sich in der Größe und im Gewicht. Der **Fleisch-Anteil** liegt **zwischen 50 % und 70 %.**

Garnelen werden **zunehmend in Aqua-Kulturen erzeugt**.

**Bekannte Garnelen-Arten** sind:

**Riesen-Garnele**

king prawn
crevette

Man **unterscheidet** Riesen-Garnelen **nach** ihrer **Herkunft**:
- **Salzwasser-Garnelen** (Seawater-Prawns)
  - Vorkommen: Pazifischer Ozean, Indischer Ozean, Atlantik
- **Süßwasser-Garnelen** (Freshwater-Prawns)
  - Vorkommen: Fluss-Mündungen, z. B. in Südamerika, in Afrika

**Salzwasser-Garnelen** haben einen **intensiveren Geschmack**.

Riesen-Garnelen werden **bis zu 35 cm lang**.

| | |
|---|---|
| **Nordsee-Garnele**<br>🇬🇧 shrimp<br>🇫🇷 crevette grise | Man nennt die Nordsee-Garnele auch **Krabbe**. Sie kann **ca. 9 cm lang** werden.<br>Nordsee-Garnelen **leben im Wattenmeer. Nach** dem **Fang** werden sie **sofort gekocht**.<br>Der Handel bietet Nordsee-Garnelen **nur geschält** und **tiefgefroren** an.<br>  |
| **Tiefsee-Garnele**<br>🇬🇧 deep-sea prawn<br>🇫🇷 crevette rose | Tiefsee-Garnelen leben in allen **Ozeanen** in einer **Tiefe** von **200 Meter bis 700 Meter**. Tiefsee-Garnelen werden bis zu **16 cm lang.**<br>In **kälteren Gewässern wachsen** Tiefsee-Garnelen **langsamer**. Darum haben sie eine **bessere Qualität**. Diese Tiefsee-Garnelen haben **festeres Fleisch** und **schmecken intensiver**.<br>  © OTTO GOURMET, Foto: Ruhl Studios  |

Garnelen haben **verschiedene Bezeichnungen**:
- **Crevetten**: französische Bezeichnung
- **Gambas**: spanische Bezeichnung
- **Krabben**: Nordsee-Garnelen
- **Prawns**: englische Bezeichnung; wird oft für große Garnelen verwendet
- **Shrimps**: englische Bezeichnung; wird oft für kleinere Garnelen verwendet

## Garnelen verwenden

**Beispiele** für die Verwendung von **Garnelen** in der **kalten** und in der **warmen Küche**:
- **Vorspeisen**, z.B: in Salaten, in Cocktails, als Antipasti
- **Suppen**, z.B.: Möhren-Ingwer-Suppe mit Garnelen
- **Hauptgerichte**, z.B.: zu Pasta-Gerichten, für Grill-Spieße

G

## 12.3 Weichtiere

mollusces
mollusques

Weichtiere leben im **Meer**, in **Seen und Flüssen** und an **Land**.

Weichtiere bestehen im Wesentlichen aus vier Teilen: **Kopf**, **Fuß**, **Eingeweide-Sack** und **Mantel**.

Man unterscheidet in der Gastronomie vier Gruppen:

| **Muscheln**, z. B. | **Austern** | **Kopf-Füßler**, z. B. | **Schnecken**, z. B. |
|---|---|---|---|
| • Mies-Muschel<br>• Jakobs-Muschel | • Europäische Auster<br>• Portugiesische Auster | • Tintenfisch<br>• Kalmar<br>• Krake | • Abalone<br>• Weinberg-Schnecke |

### Allgemeines zu Muscheln

Es gibt **viele Muschel-Arten** in **verschiedenen Formen** und in **unterschiedlichen Größen**.

Alle Muschel-Arten haben den **gleichen Aufbau**:

- Die Muscheln haben außen **zwei kalkhaltige Schalen-Hälften**.
- Die beiden Schalen-Hälften sind durch ein **Scharnier** verbunden. Das Scharnier nennt man das **„Schloss"**.
- Muscheln haben **Kiemen**. Diese Kiemen nennt man **„Bärtchen"**. Die Muscheln **filtern** mit den Kiemen **tierische** und **pflanzliche Schwebe-Teilchen** (Plankton) **aus** dem **Wasser**. Das Plankton ist die **Nahrung** für die Muscheln.
- Außen haben Muscheln **Fäden**. Diese Fäden nennt man **„Biss"**. Mit diesen Fäden **halten sich Muscheln** an Pfählen im Meer **fest**.
- Muscheln haben **Muskeln**. Man isst nur diese Muskeln.

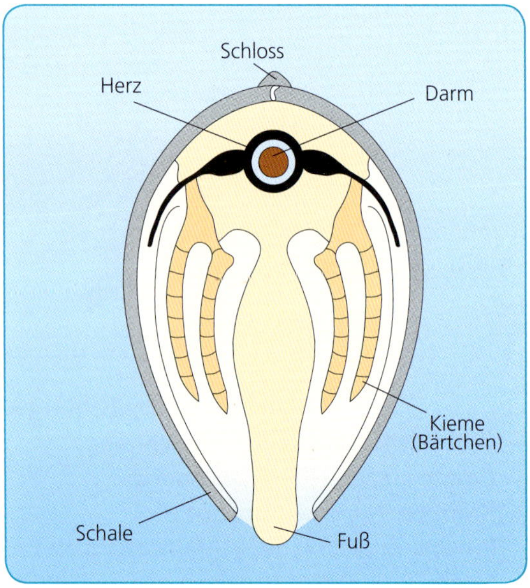


Muscheln **filtern** das **Meerwasser**. Darum **kann** der **Verzehr von Muscheln gefährlich** für die Gesundheit sein:

- In den **wärmeren Monaten** blühen Algen und geben **giftige Stoffe ab**. Muscheln **nehmen** diese **giftigen Stoffe auf**.
  Darum **bietet** der **Handel** Muscheln und Austern **vor allem** in den **kühleren Monaten** an. Das sind die **Monate mit „r"**: **September** bis **April**.
  Dieses Problem ist durch moderne Zucht- und Kühl-Möglichkeiten nicht mehr so groß.

- Muscheln **nehmen** in stark verschmutzten Meeres-Regionen **mit der Nahrung** die **Verschmutzungen auf. Behörden kontrollieren** genau, damit möglichst keine belasteten Muscheln in den Handel kommen.
- Man sollte **wildwüchsige Muscheln** aus gesundheitlichen Gründen **nicht verzehren**.

### Frische-Merkmale

Muscheln werden **in Säcken** oder **vakuumiert** angeliefert.

*Muscheln, vakuumiert*

Frische Muscheln **riechen frisch** und angenehm.

**Frische Muscheln** haben **geschlossene Schalen**. Manche Muscheln sind **geöffnet**. Diese muss man **überprüfen**:
- **Gesunde** Muscheln **schließen** sich, wenn man sie **berührt**.
- **Tote** Muscheln **bleiben offen**, wenn man sie **berührt**. Man **darf** tote Muscheln **nicht verwenden**

### Lagerung
- Man **lagert** frische Muscheln **nicht über +6 °C**.
- Man sollte frische Muscheln **nicht lange lagern**. Man muss das **Mindesthaltbarkeits-Datum beachten**.
- Man darf **frische Muscheln nicht einfrieren**. Die Muscheln **sterben ab**. Die **Eiweiß-Stoffe** im Muschel-Fleisch **zersetzen sich** im tiefgefrorenen Zustand. Das **Muschel-Fleisch** ist **nicht genießbar**.



## Miesmuschel

mussel
moule

Man nennt die Miesmuschel auch **Pfahl-Muschel**.

Miesmuscheln **leben im Meer**. Sie halten sich an Steinen und an Pfählen fest.

Die Schale ist **länglich** und hat eine **blaugraue bis schwarze Farbe. Innen** schimmert die Schale weiß bzw. **perlmuttfarben**.

Miesmuscheln müssen **mindestens 5 cm groß** sein.
Der **Fleisch-Anteil** beträgt **30%.**

Miesmuscheln werden **auch gezüchtet**. In der Muschel-Zucht brauchen Miesmuscheln ca. 2 Jahre, um die vorgeschriebene Größe zu erreichen. In der freien Natur dauert das ca. 4 Jahre.

Einwandfreie Ware ist **frei von Verunreinigungen**.

### Miesmuscheln verwenden

Man **wäscht** Miesmuscheln vor dem Verarbeiten **mehrmals** und **lässt** sie in einem Durchschlag **abtropfen**. Danach **dünstet** man die Miesmuscheln in einem **Fond** aus **Zwiebel-Würfeln, zerdrückten Pfeffer-Körnern** und etwas **Weißwein**.

Die **Schalen öffnen sich**. **Nicht geöffnete Miesmuscheln** muss man **aussortieren**.

Das Fleisch von frischen gekochten Muscheln ist **blassrot bis orange**.

Verdorbene Miesmuscheln haben eine unnatürliche rote oder schwarze Farbe: **Diese Miesmuscheln sind giftig**.

**Beispiele** für die Verwendung von **Miesmuscheln** in der **kalten** und in der **warmen Küche**:

- für Meeresfrüchte-Salat
- gedünstet in Weißwein mit Gemüse
- überbacken
- für Pasta-Gerichte
- in Ragouts

## Sankt-Jakobs-Muschel

scallop
coquille Saint-Jasques



Die Sankt-Jakobs-Muschel ist **nach** dem heiligen **Jakobus**, dem **Schutzpatron der Pilger**, **benannt**. Die Pilger des Mittelalters nutzten die Muschel als **Schöpf-Hilfe für Wasser**.
Der Sankt-Jakobs-Weg ist mit dieser Muschel gekennzeichnet.

Die Sankt-Jakobs-Muscheln leben im **Meer**. Die meisten Sankt-Jakobs-Muscheln werden **vor Frankreich**, **Irland** und **Schottland gefangen**.

Die Sankt-Jakobs-Muschel ist für den Handel durchschnittlich **10 cm bis 15 cm groß**.
Bei der Größe ist die Sankt-Jakobs-Muschel **4 – 5 Jahre alt**.

Die Sankt-Jakobs-Muschel besteht aus **zwei Schalen-Hälften**, aus dem **Muskel (Nuss** oder **Nüsschen)** und aus dem **Rogen-Sack (Corail)**.

Der **Handel bietet frische** Sankt-Jakobs-Muscheln von **November bis März** an. Man kann das Muschel-Fleisch das **ganze Jahr über** kaufen. Es wird **tiefgekühlt**, mit oder ohne Rogen-Sack, angeboten.

Frische Ware hat eine bessere Qualität als tiefgekühlte Ware. **Je größer** das **Muschel-Fleisch** ist, **desto besser** ist die **Qualität**.

Man **isst** die **Nuss** und den **Rogen-Sack**.
Die Sankt-Jakobs-Muschel **schmeckt nussartig**.
Ihr Geschmack ist anders als bei allen anderen Muschel-Arten.

### Frische Sankt-Jakobs-Muschel öffnen

|  |  |  |
|---|---|---|
| Man **hält** die Muschel **mit einem Tuch fest**. Die **flache Seite** zeigt nach **oben**.<br><br>Man **schiebt** ein **spitzes** kurzes **Messer zwischen** die **Schalen-Hälften** und **trennt** den **Schließ-Muskel durch**. | Man **hebt** die **obere** flache **Schalen-Hälfte ab**.<br><br>In der unteren gewölbten Schalen-Hälfte liegen das Muschel-Fleisch und der Rogen-Sack. | Man **löst** das **Muschel-Fleisch** mit dem Messer um den grauen Mantel-Rand herum **aus**.<br><br>Man **löst** den **Schließ-Muskel** vorsichtig **ab**. |

G

### Sankt-Jakobs-Muscheln verwenden

**Beispiele** für die Verwendung von **Sankt-Jakobs-Muscheln** in der **kalten** und in der **warmen Küche**:

- roh als Tatar
- roh in dünnen, marinierten Scheiben
- gedünstet, gedämpft
- gebraten, gegrillt
- überbacken

Man kann die **Schalen-Hälften als Anrichte-Geschirr** verwenden.

## Auster

🇬🇧 oyster
🇫🇷 huître

Austern werden heute überwiegend **auf Austern-Bänken gezüchtet**.

Die Austern-Zucht ist **zeitaufwendig** und **arbeitsintensiv**. Es dauert **3 bis 4 Jahre**, **bis** eine Auster **marktreif** ist. Bei der Zucht müssen viele verschiedene Arbeitsgänge gemacht werden.

Man **unterscheidet biologisch** zwei Austern-Arten:

| **Tiefe Auster**<br>Felsen-Auster, Portugiesische Auster | **Flache Auster**<br>Runde Auster, Europäische Auster |
|---|---|
|  |  |
| Die tiefe Auster **wächst schnell** und ist sehr **widerstandsfähig**. Darum wählen Austern-Züchter die tiefe Auster für die Zucht aus.<br>Die tiefe Auster wird **weltweit am häufigsten angeboten**. | Die runde Auster wird **bis zu 12 cm** im Durchmesser groß.<br>Die runde Auster ist **beliebt**:<br>• Sie ist **vollfleischig**, **fest** und **riecht frisch** nach Meerwasser.<br>• Sie schmeckt **leicht nussig**, **mild-salzig**. |



Man unterscheidet Austern nach ihrer Herkunft:

| Herkunft | Handels-Bezeichung | Herkunft | Handels-Bezeichung |
|---|---|---|---|
| • Belgien | • Ostender | • Großbritannien | • Colchester, Whitstable |
| • Dänemark | • Limfjord | • Holland | • Imperial |
| • Deutschland | • Sylter Royal, Ostseeperle | • Irland | • Galway |
| • Frankreich | • Belon, Marennes, Arcachon | • USA | • Blue point, Virginias |

Der **Preis** der Austern ist **abhängig** von ihrer **Art**, ihrer **Herkunft** und ihrer **Größe**.

## Austern transportieren

In den Austern **ist Meerwasser**. So können Austern **außerhalb des Meeres weiterleben**.

Die Austern werden **vor** dem **Versand** auf lange Transport-Wege und auf lange Lager-Zeiten **vorbereitet**. Dafür **lässt** man das **Wasser** nachts aus den Aufbewahrungs-Becken **ablaufen**. Die Austern **lernen**, ihre **Schale fest** zu **verschließen**, damit das **Meerwasser nicht herausfließt.**

## Austern lagern

Man **lagert** Austern in der **Original-Verpackung** (Bast-Korb) im **Kühlraum**. In der Verpackung **können** sich die Austern **nicht öffnen**. Das **Meerwasser** kann **nicht** aus der Schale **herausfließen**.

Man **legt auf angebrochene** Verpackungen eine **Platte**. **Darauf** stellt man einen **schweren Gegenstand**. So **können sich** die Austern **nicht öffnen**.

Gesunde Austern **leben** etwa **1 – 2 Wochen**, wenn man sie kühl **bei + 4 °C lagert**.

*Austern, verpackt*

## Austern öffnen

Man **reinigt** Austern **mit** einer groben **Bürste**. Danach **öffnet** man die **Auster**.

Es gibt zwei Möglichkeiten:

| Mit der Hand öffnen | Mit dem Austern-Öffner teilen |
|---|---|
|  |  |
| Man **hält** die Auster **mit** einem **Tuch** fest. Die **gewölbte Seite** liegt **unten**.<br>Man **setzt** die Spitze des **Austern-Messers an** das **Scharnier** an der spitz zulaufenden Seite.<br>Dann **schiebt** man das **Messer mit Druck** zwischen die Schalen-Hälften. So **durchtrennt** man den **Schließ-Muskel**. | Man **spannt** die Auster in den **Austern-Öffner**. Die **gewölbte Seite** liegt **unten**.<br>Man **schiebt** das **Messer an** das **Scharnier** der Auster.<br>Man **bewegt** das **Messer** mit der Kurbel ① **zwischen** die Schalen-Hälften. |

Man beseitigt Schalen-Splitter nach dem Öffnen mit einem Pinsel. Den Pinsel spült man zwischendurch mit Salz-Wasser ab ②.

## Austern verwenden

Man **isst** vorwiegend **lebende Austern**. Darum muss man Austern **besonders hygienisch** behandeln.

**Beispiele** für die Verwendung von **Austern** in der **Gastronomie**:

- als **kalte Vorspeise**:
  Man richtet frische, lebende Austern in der geöffneten Schale auf zerkleinertem Eis an. Die Austern garniert man mit Zitronen-Sechsteln. Man reicht dazu:
  - kleine Vollkornbrot-Scheiben mit Butter bestrichen, evtl. mit Chester-Käse belegt
  - kleine Brötchen mit Käse überbacken (Welsh Rarebit)
- als **warme Vorspeise**
- als **Garnitur**

## Weitere Muschel-Arten

Die Gastronomie bietet weitere Muschel-Arten an:

| | | |
|---|---|---|
| **Venus-Muschel** (Herz-Muschel) |  | Man verwendet Venus-Muscheln z. B.:<br>• als Zutat für Paella<br>• in Spaghetti vongole |
| **Grünschalen-Muschel** |  | Man nennt Grünschalen-Muscheln auch **Neuseeland-Muscheln.**<br>Sie **ähneln** der **Miesmuschel.** |
| **Schwert-Muschel** |  | Schwert-Muscheln sind **innen sehr sandig**. Man muss sie **in Salz-Wasser wässern**. So lässt sich der Sand entfernen. |

## Kalmar, Krake und Tintenfisch

squid, octopus and cuttlefish
encornet, poulpe et seiche

Kalmare, Kraken und Tintenfische sind **Kopf-Füßler**. Die **Arme (Kopf-Füße = Tentakeln) sitzen** bei Kopf-Füßlern **direkt am Kopf**.

Es gibt acht-armige Arten und zehn-armige Arten.

*Kalmar*

*Krake*

*Tintenfisch*

Kopf-Füßler **leben in allen Meeren.**

Die meisten Arten haben einen sogenannten Tinten-Beutel.
Mit der **„Tinte“ schützen sich** die Kopf-Füßler **bei** der **Flucht**.
Mit der „Tinte“ bilden sie eine **Tarn-Wolke**.
Man kann die **„Tinte“** in der Küche zum **Färben von Teigwaren** verwenden, z. B. für schwarze Nudeln.

Der Handel bietet Kopf-Füßler das ganze Jahr an.

Kopf-Füßler werden im Handel und auf Speisekarten **unterschiedlich bezeichnet**:
- **Kalmar**: Calamares, Calamari, Calmaretti
- **Krake**: Oktopus
- **Tintenfisch**: Sepia

## Kopf-Füßler verwenden

Man **verwendet** bei den Kopf-Füßlern die **Tentakeln** und den **Körper ohne Innereien**. Der **Kopf** wird **entfernt**.

Der Handel bietet **vorbereitete Teile gegart**, **geräuchert** oder **tiefgefroren** an, z. B. Calamares-Ringe, Kalmar-Tuben, Oktopus-Arme.

*Calamares-Ringe*

*Kalmar-Tuben*

**Beispiele** für die Zubereitung von **Kopf-Füßlern** in der **Küche**:

| | |
|---|---|
| **Gebacken** | Man **taucht** die Teile **in Ausback-Masse** (Bier-Teig, Wein-Teig).<br>Dann **frittiert** man sie (ausbacken). |
| **Gefüllt** | Man **füllt** die Tuben, z. B. mit Fisch-Farce oder mit Kräuterbrot-Füllung.<br>Dann **dämpft oder dünstet** man sie. |
| **Gegrillt** | Man **schneidet** die Teile **längs auf** und würzt sie.<br>Dann **grillt** man die Teile **flach** auf dem Grill oder im Salamander. |
| **Gekocht** | Man **kocht** die Teile und verarbeitet sie für:<br>• kalte Vorspeisen<br>• Suppen, Ragouts |

*Calamares-Ringe, frittiert*

*Tintenfisch-Tuben, gegrillt*

## Schnecken

Schnecken **leben** in **Salz-Wasser**, in **Süßwasser** und an **Land**.

Die Gastronomie verwendet:

| | | |
|---|---|---|
| **Abalone**<br>🇬🇧 abalone<br>🇫🇷 ormeau |  | Die Abalone ist eine **Meeres-Schnecke**. Sie lebt in **warmen Meeren** und dort im Bereich der Brandung. Die Abalone **saugt sich** am Untergrund **fest**.<br>Die Abalone **sieht aus** wie eine **Muschel**. |
| **Weinberg-Schnecke**<br>🇬🇧 snail<br>🇫🇷 escargot |  | Die Weinberg-Schnecke **lebt an Land**.<br>Weinberg-Schnecken werden **meistens in Schnecken-Gärten gezüchtet.**<br>In der Gastronomie verwendet man fast nur **Schnecken-Konserven** und **Tiefkühl-Ware**. |



### Schnecken verwenden

| | | |
|---|---|---|
| **Abalone** | Man **klopft** das Fleisch **vorsichtig oder kocht** es **länger**. So wird es **zarter**.<br>In der japanischen Küche verwendet man die Abalone auch als **Zutat für Sushi**. |  |
| **Weinberg-Schnecke** | **Beispiele** für die Zubereitung von Weinberg-Schnecken:<br>• Schnecken mit Kräuter-Butter<br>• Schnecken provenzalischer Art<br>• Schnecken-Suppe Badische Art<br>• Schnecken-Tarte |  |

## 12.4 Algen

🇬🇧 algae
🇫🇷 algues

In der Gastronomie und in der Lebensmittel-Industrie werden Algen **zunehmend verarbeitet**.

Algen **unterscheiden sich** in ihren **Farben**, ihren **Aromen** und ihren **Texturen** (Aufbau).

Algen sind **gesund**. Algen **enthalten wichtige Nährstoffe** für das Wachstum und für die Kräftigung des Körpers:

- Eiweiß-Stoffe
- Vitamin A, Vitamin C und Vitamine der B-Gruppe
- Mineralstoffe, vor allem Jod
- Ballast-Stoffe

Algen enthalten z. T. **sehr viel Jod**. Der Verzehr von Algen kann den **täglichen Jod-Bedarf** des Menschen **um** ein **Vielfaches überschreiten**. Das kann zu gesundheitlichen Problemen führen. Meeres-Algen mit **mehr als 20 Milligramm** Jod **pro Kilogramm** müssen in Deutschland **mit** einem **Warnhinweis gekennzeichnet** werden.

Man **verwendet am häufigsten**:

| | | |
|---|---|---|
| **Kombu** |  | Die Kombu-Alge ist eine dunkelbraune bis dunkelgrüne Alge. Sie wächst in **klaren, kalten Salzwasser-Gewässern**. Die Kombu-Alge hat besonders **gute Gelier-Eigenschaften**.<br>Man verwendet Kombu als Zutat für Sushi und als Aroma für Suppen. |
| **Nori-Blätter** |  | Nori-Blätter bestehen **aus verschiedenen Süßwasser-Algen**. Die Algen werden **getrocknet**, **geröstet** und zu **dünnen Blättern geformt**. Man verwendet Nori-Blätter z. B.:<br>• für Sushi<br>• zum Umhüllen von Reis-Bällchen<br>• zum Würzen von Reis und Salaten |
| **Wakame** |  | Die Wakame-Alge **wächst im Salz-Wasser**. Sie wird bis zu **einem Meter lang**.<br>Die Wakame-Alge wird **meistens getrocknet** angeboten.<br>Man kann die Wakame-Alge **roh oder gegart essen**, z. B. in Salat, als Gemüse. |

## Algen verwenden

**Beispiele** für die Verwendung **von Algen** in der Küche:

- gekocht, gebraten
- in Essig eingelegt
- als Gewürz oder als Gelier-Mittel
- zum Umhüllen

# 1 Das Menü

the menu
le menu

Ein Menü ist eine **Speisenfolge**.

Ein Menü besteht aus **mindestens drei Gängen**. Ein Gang ist eine Speisen-Gruppe, z. B. Vorspeise oder Suppe oder Hauptgericht.
Die **Reihenfolge** der Gänge ist **festgelegt**.

Ein Koch darf bei der Zusammenstellung eines Menüs kreativ sein. Er muss aber für die Planung eines Menüs beachten:
- Was **wünscht** der **Gastgeber**?
- Wie viele **Gänge** soll das **Menü** haben?
- Wie ist das **Menü zusammengestellt**?
- Werden die **Grundsätze gesunder Ernährung** beachtet?
- Sind die **Rahmen-Bedingungen** im Betrieb so, dass das Menü zubereitet und serviert werden kann?

*Gala-Menü*

Herbstliche Blattsalate
mit marinierten Forellen-Röllchen

Tomatierte Kraftbrühe
mit Basilikum-Klößchen

Gebratene Kalbsnieren-Scheiben
in leichter Senfsauce mit Wildreis

Feines vom Perlhuhn
mit glasierten Karotten, Bohnengemüse
gebackene Champignons
Schlosskartoffeln

Himbeer-Charlotte mit Biskuit-Mantel
auf Frucht-Saucen von Kiwi und Apfel

## 1.1 Wünsche der Gastgeber

Es gilt: **Der Gast ist König.** Darum muss man die **Wünsche** der Gastgeber **berücksichtigen**.

Der **Gastgeber bestimmt** das **Menü**:
- durch den **Anlass**, z. B. Hochzeit, Geburtstag, Jubiläum, Essen für einen Kegel-Club
- durch den **Gäste-Kreis**, z. B. junge Gäste, ältere Gäste, Gäste aus verschiedenen Kultur-Kreisen, Vegetarier oder Veganer
- durch **spezielle Wünsche**, z. B. Motto-Menü, Lieblings-Essen des Gastgebers

## 1.2 Anzahl der Gänge im Menü

**Klassische Menüs** hatten bis zu **13 Gänge**. Die Gäste aßen mehrere Stunden bei diesen Menüs.

**Moderne Menüs** haben **weniger Gänge**. Man unterscheidet nach der Anzahl der Gänge:
- Das **Grund-Menü** mit **3 Gängen** ist die einfachste Form. Beispiele:

| Kalte Vorspeise | Suppe | Zwischen-Gericht | Hauptgericht | Dessert |
|---|---|---|---|---|
| X | | | X | X |
| | X | | X | X |

- Das **erweiterte Menü** ist für einen besonderen Anlass. Es hat **4 Gänge oder 5 Gänge**.
  Beispiele:

| Kalte Vorspeise | Suppe | Zwischen-Gericht | Hauptgericht | Dessert |
|---|---|---|---|---|
| X | X | | X | X |
| X | | X | X | X |
| X | X | X | X | X |

- Das **Fest-Menü** hat **6 Gänge oder mehr als 6 Gänge**. Das Fest-Menü ist für besondere Feierlichkeiten. Bei diesen Feierlichkeiten ist das gemeinsame Essen das Wichtigste
  Beispiele:

| Kalte Vorspeise | Suppe | Zwischen-Gericht | Sorbet | Hauptgericht | Käse | Dessert |
|---|---|---|---|---|---|---|
| X | X | X | | X | X | X |
| X | X | | X | X | X | X |
| X | X | X | X | X | X | X |

## 1.3 Zusammenstellung des Menüs

Man **beginnt** die Zusammenstellung eines Menüs **mit** dem **Hauptgericht**. Das Hauptgericht ist **der wichtigste Gang** im Menü. Das Hauptgericht wird durch andere Gänge erweitert.

Man beachtet bei der Zusammenstellung des Menüs:

### Gäste-Kreis

Der Gäste-Kreis beeinflusst die Zusammenstellung eines Menüs.

| | |
|---|---|
| **Alter** | • Kinder bekommen kindgerechte Speisen ohne Alkohol.<br>• Ältere Gäste wünschen leicht verdauliche Speisen. |
| **Nationalität** | • Süd-Europäer bevorzugen frische Salate, Meeres-Früchte und Fisch.<br>• Afrikaner und Asiaten mögen sehr würzige Speisen. |
| **Religions-Zugehörigkeit** | • Es gibt Gäste, die aus religiösen Gründen bestimmte Lebensmittel nicht essen. |

| | |
|---|---|
| **Gesundheitliche Einschränkungen** | • Man beachtet bei Gästen mit einer Lebensmittel-Unverträglichkeit, mit einer Lebensmittel-Allergie oder mit einer Krankheit die Lebensmittel-Auswahl. |
| **Ernährungs-Formen** | • Vegetarier verzichten auf Fleisch.<br>• Veganer verzichten auf tierische Produkte. |

## Jahres-Zeit

Man wählt für ein Menü Lebensmittel aus, die **für die Jahres-Zeit typisch** sind, z. B.:

- **Frühling**: Erdbeeren, Lamm, Spargel
- **Sommer**: Beeren-Früchte, Blattsalate
- **Herbst**: Kürbis, Muscheln, Pilze, Wild
- **Winter**: Gans, Kohlgemüse, Nüsse

Diese Lebensmittel sind dann:

- **frisch** und **wohlschmeckend**
- **preisgünstig**
- **regional** erhältlich

Man richtet sich in der jeweiligen Jahres-Zeit nach den Bedürfnissen der Gäste:

- Gäste bevorzugen **im Sommer frische, leichte Speisen**.
- Gäste bevorzugen im **Winter kräftige und energiereiche Speisen**.

H

## Abwechslung

Es gibt sehr **viele verschiedene Lebensmittel** und **viele unterschiedliche Zubereitungs-Arten**. Darum kann die Küche in der Gastronomie mit den Menüs auf ganz unterschiedliche Bedürfnisse ihrer Gäste eingehen. Die Küche muss Menüs **abwechslungsreich zusammenstellen**.

### Farbe

| | |
|---|---|
| **Richtig** | Die **Farbe** darf sich in aufeinanderfolgenden Gängen **nicht wiederholen**. |
| **Falsch** | • Klare **Ochsenschwanz-Suppe** als Suppe – **Lammkeule** im Hauptgericht<br>• **Kalbs-Filet** im Hauptgericht – **Vanille-Creme** als Dessert |

### Rohstoff

| | |
|---|---|
| **Richtig** | Die **Rohstoffe** dürfen sich in den Gängen **nicht wiederholen**.<br>Nicht genannte Zutaten dürfen sich in einem Menü wiederholen, z. B. Butter für Kartoffel-Püree und für Sauce Hollandaise. |
| **Falsch** | • **Morchel-Rahmsuppe** als Suppe<br>**Pfifferlinge** im Hauptgericht<br>• Kraftbrühe mit **Pfannkuchen-Streifen** als Suppe<br>**Crêpes Suzette** als Dessert |

**Zubereitungs-Art**

| | |
|---|---|
| Richtig | Die **Zubereitungs-Arten** dürfen sich nicht **wiederholen.** |
| Falsch | • **Gebackene Zwiebel-Ringe** als Beilage im Hauptgericht<br>**Apfel-Beignets** als Dessert<br>• **Gegrillte Riesen-Garnelen** in der Vorspeise<br>**gegrillte Tournedos** im Hauptgericht |

Man muss diese Regeln **nicht beachten**, wenn man ein **Menü für** einen **bestimmten Anlass** zusammenstellt. Beispiele:

- Die **Gänge** in einem **Menü zum Valentins-Tag** dürfen **alle rot** sein.
- Die **Rohstoffe für** ein **Jagd-Essen** dürfen **ähnlich sein**, z. B. Wild, Wild-Geflügel.
- Die **Rohstoffe für** ein **Fisch-Essen** dürfen **ähnlich sein**, z. B. Süßwasser-Fische, Salzwasser-Fische.
- Ein **besonderer Rohstoff** darf sich in einem Menü **wiederholen**, z. B. Spargel in der Vorspeise, in der Suppe und im Hauptgericht bei einem Spargel-Menü im Frühling.

*Jagd-Essen*

## Steigerung

Ein Menü soll sich **im Geschmack** und **in der Qualität steigern**.

Man beachtet darum:

| Man reicht **milde** Speisen **vor kräftigen** Speisen. | |
|---|---|
| Gut ausgewählt | • Geflügel-Kraftbrühe vor Sauerbraten |
| Nicht gut ausgewählt | • Knoblauch-Suppe vor Seezungen-Röllchen |

| Man reicht **einfache** Speisen **vor besonderen** Speisen | |
|---|---|
| Gut ausgewählt | • Geflügel-Cocktail vor Rinder-Filet |
| Nicht gut ausgewählt | • Hummer-Medaillons vor Rinder-Gulasch |

| Man reicht **gekochte oder gedünstete** Speisen **vor gebratenen** Speisen. | |
|---|---|
| Gut ausgewählt | • Gedünstete Seezungen-Filets vor rosa gebratenem Roastbeef |
| Nicht gut ausgewählt | • Gegrillte Lachs-Schnitte vor Tafelspitz |

### Übung zur Beurteilung eines Menüs

Welche Fehler hat der Koch bei der Zusammenstellung der Menüs gemacht? (Lösung, S. 543)

① Blumenkohl-Rahmsuppe
❀❀❀
Seezungenfilets in Weißwein
❀❀❀
Kalbskotelett mit Champignons
Blumenkohl – Kartoffelpüree
❀❀❀
Mandelcreme

② Kraftbrühe mit Fadennudeln
❀❀❀
Gekochter Zander – Braune Butter
❀❀❀
Rehrücken Baden-Baden
Pfifferlinge – Spätzle
❀❀❀
Birne Helene

③ Hummercocktail mit Grapefruit
❀❀❀
Klare Ochsenschwanzsuppe
❀❀❀
Junge Ente mit Orangen-Filets
Grüne Bohnen – Rahmkartoffeln
❀❀❀
Zitronencreme

## 1.4 Grundsätze gesunder Ernährung

Ein Menü sollte **alle Nährstoffe** in ausreichender Menge und im richtigen Verhältnis **enthalten**.

Heutzutage legen immer mehr Menschen Wert auf **energiearmes** und **leicht verdauliches** Essen. Darum beachtet man:

- Die **Portions-Größen** der einzelnen Gänge sind **nicht zu groß**.
- Man reicht eine **kleinere Fleisch-Menge** im Hauptgericht. Die Menge der **Sättigungs-Beilage** ist **nicht zu groß**. Man wählt **nicht nur Gemüse,** sondern auch Salat.
- Die Vorspeise, die Suppe und das Dessert sollten **leichte Speisen** sein, z. B:
  - Salat statt Cocktail als Vorspeise
  - Klare Suppe statt Creme-Suppe
  - Obst-Salat statt Mousse au chocolat

## 1.5 Organisatorische Möglichkeiten

Man muss bei der Zusammenstellung eines Menüs die **Ausstattung der Küche beachten**.

- Ist **genug Lager-Platz** für die Ware vorhanden?
- Hat die Küche die **nötigen Geräte**?
- Gibt es die Geräte **in ausreichender Anzahl**?
- Gibt es die **richtigen Arbeits-Mittel**?
- Sind **genug Arbeits-Mittel** vorhanden?
- Gibt es **genug Platz** zum **Aufbewahren angerichteter Teller**?

Ebenso muss man das **Personal im Blick** haben.

- Steht **genügend Personal** zur Verfügung?
- Ist das Personal **fachlich in der Lage**, das Menü zuzubereiten und zu servieren?

*Teller-Wagen*

**Beispiel**:

Zu einem Jubiläum werden 50 Gäste erwartet. Der Gastgeber möchte das **rosa gebratene Roastbeef** im Hauptgericht am Tisch **tranchiert** haben.

Man stellt beim Planen fest:
- Die **Anzahl an Beistell-Tischen** im Restaurant **reicht nicht** aus.
- Es gibt **nicht genügend Tranchier-Besteck**.
- Das eingeteilte Personal ist nicht in der Lage, Roastbeef zu tranchieren.

Darum **muss** man das **Roastbeef in der Küche tranchieren**.

**Lösungen zur Beurteilung der Menüs von Seite 542**

| Menü 1 | Menü 2 | Menü 3 |
|---|---|---|
| • Das Menü ist **zu hell**.<br>• Im Menü kommt **zweimal Blumenkohl** vor. | • Im Menü kommen **zweimal Teigwaren** vor: in der Suppe, als Beilage<br>• Im Menü kommt **zweimal Birne** vor: als Garnitur, im Dessert | • Im Menü kommen **dreimal Zitrus-Früchte** vor.<br>• Die **Kartoffel-Beilage passt nicht** zum Hauptgericht. |

H

# 2 Vorspeisen

appetizers
hors-d'œuvres

Es gibt **kalte Vorspeisen** und **warme Vorspeisen**.

Man bietet Gästen Vorspeisen an:
- im Menü
- als Speisen-Gruppe auf der À-la-Carte-Karte
- als Bestandteil von Büfetts

Man kann Vorspeisen **sehr vielseitig** zubereiten, weil man fast alle Lebensmittel verwenden kann.

**Moderne Speisenfolge**
- **Vorspeise**
- Suppe
- Zwischen-Gericht
- Sorbet
- Hauptgericht
- Käse
- Dessert

## 2.1 Kalte Vorspeisen

cold appetizers
hors-d'œuvres froids

Man reicht **kalte Vorspeisen** in einem Menü immer **als ersten Gang**.

Für kalte Vorspeisen ist **typisch**:
- Kalte Vorspeisen sind **kleine Portionen**.
- Kalte Vorspeisen **regen** den **Appetit an**.
- Man **wählt** für kalte Vorspeisen **besondere Rohstoffe** aus.
- Man **wählt** für kalte Vorspeisen **leichte Rohstoffe** aus.
- Vorspeisen werden **ansprechend angerichtet** und **garniert**.

*Lachs-Terrine*

H

### Farce, Füll-Masse und Gelee

stuffing and jollie
farce et gelée

#### Farce

stuffing
farce

Eine Farce ist eine **cremige** und **luftige Masse**.

Man **bereitet** eine Farce aus **Fleisch oder** aus **Fisch** zu.

Man verwendet eine Farce für **kalte Vorspeisen** und für **warme Vorspeisen**.
Ein Farce kann man auch für Kombinationen aus Fleisch und Farce oder aus Fisch und Farce verwenden.

Man **stellt** eine Farce immer **auf die gleiche Arbeitsweise her**. Man **verwendet** nur **verschiedene Grund-Stoffe**, z. B. Kalb-Fleisch, Geflügel-Fleisch, Fisch.

- Man **würfelt** das kalte Fleisch oder den kalten Fisch. ①
- Dann **salzt und pfeffert** man das Fleisch oder den Fisch.

- Man **schneidet Weißbrot-Krume** (Weißbrot ohne Rinde) in **dünne Scheiben**.
- Diese Weißbrot-Scheiben **übergießt** man **mit flüssiger Sahne**.

- Man **stellt** das gewürzte **Fleisch** (den gewürzten Fisch) und die mit Sahne getränkten **Brot-Scheiben kalt**.

- Die Fleisch-Würfel (Fisch-Würfel) und die Brot-Scheiben **dreht** man **durch** den **Fleisch-Wolf**. Dafür verwendet man die feinste Scheibe. ②
- Danach **stellt** man die **Masse kalt**.

- Man **zerkleinert** die Masse **mit** einem **Kutter**.
- Die zerkleinerte Masse **streicht** man **durch** ein **Haar-Sieb**.

- Man **stellt** die Schüssel mit der zerkleinerten **Masse auf Eis**. Die Masse wird gekühlt.
- Dann **rührt** man die Masse **glatt**. ③

- Man **hebt geschlagene Sahne unter** die **Masse** ④. Die **Farce** ist **fertig**.

- Man formt aus der Farce ein Klößchen und **lässt** dieses **Klößchen** in heißem Wasser **garziehen**. So kann man die **Konsistenz** (Festigkeit) **testen**. Danach kann man die Farce weiter verarbeiten.

Man kann den **Geschmack** und das **Aussehen** einer Farce durch verschiedene Zutaten **verändern**, z. B. durch:

| | |
|---|---|
| • Pilze<br>• Trüffel | • Gemüse-Würfel<br>• Pistazien |
| • Schinken-Würfel<br>• Pökelzungen-Würfel | • Rohe Fisch-Stücke oder Muschel-Stücke |
| • Hart gekochtes Ei | • Kräuter<br>• Tomaten-Püree<br>• Spinat-Püree |

Man kann **zusätzlich Panaden unterheben**. Man gibt die Panade vor dem Unterheben der Sahne dazu:

| **Mehl-Panade**<br>Man **verkocht Mehl-Butter mit** einem **kräftigen Fond** zu einer dickflüssigen Masse. | **Reis-Panade**<br>Man **verkocht Milch-Reis mit** einem **kräftigen Fond** zu einer dickflüssigen Masse. |
|---|---|
|  |  |

- Panaden sind **Lockerungs-Mittel**.
- Panaden sind **Streckungs-Mittel**, d. h., die Farce bekommt mehr Masse.

## Andere Füll-Massen



Man kann auch **Füll-Massen ohne Fleisch oder Fisch** zubereiten. Für diese Füll-Massen verwendet man **Rohstoffe mit kräftigem Aroma**. Man kann **Rohstoffen** auch **durch Rösten** einen **besonderen Geschmack** geben.

### Pilz-Füllung (Duxelles)

🇬🇧 mushroom stuffing
🇫🇷 duxelles

Die **Pilz-Füllung eignet sich**:
- zum **Füllen** und **Überbacken** von **Gemüse**
- zum **Füllen** von **Geflügel-Teilen**, **Fisch-Filets**
- als **Umhüllung** für **Filets**, z. B. Rinder-Filet Wellington

*Rinder-Filet Wellington*

### Arbeitsweise

- Man **schwitzt** Schinken-Würfel und gehackte Pilze in Butter **an**.
- Dann **rührt** man Tomaten-Mark und zerriebenen Knoblauch **ein**.
- Man **löscht** die Pilz-Masse mit Weißwein **ab**.
- Danach **gibt** man **in** die **Pilz-Masse** Braten-Sauce, geriebene Weißbrot-Krume (Mie de pain) und Gewürze.
- Man **kocht** die **Pilz-Masse** so lange, bis man sie als Füllung verwenden kann.

## Semmel-Füllung oder Brot-Füllung

bread stuffing
farce de pain

Die Semmel-Füllung **eignet sich**:
- zum **Füllen** von **Geflügel**, z.B. Gans, Truthahn, Ente
- zum **Füllen** von **Kalbs-Brust**

### Arbeitsweise

- Man **schneidet** Semmel oder Weißbrot **klein**.
- Die Stücke **übergießt** man **mit Milch**.
- Dann **schwitzt** man Zwiebel-Würfel in Butter **an**.
- Man **schlägt Ei-Klar** zu Ei-Schnee.
- Dann **schlägt** man Butter und Ei-Gelb **schaumig**.
- Die Brot-Stücke oder Semmel-Stücke **drückt man aus**.
- Man **mischt** die ausgedrückten Brot-Stücke oder Semmel-Stücke, die Zwiebel-Würfel, den Butter-Eigelb-Schaum und gehackte Petersilie.
- Zum Schluss **würzt** man die Masse und **hebt Ei-Schnee unter**.

*Gefüllter Truthahn*

Man **kann** die Semmel-Füllung oder die Brot-Füllung **durch weitere Zutaten abwandeln**, z.B. durch Croûtons, Geflügel-Leber-Stückchen, Pilze, Preiselbeeren.

H

## Gelee/Aspik

jelly
gelée

Bei manchen Speisen nennt man Gelee auch Aspik. Man verwendet das Wort „Aspik" im Zusammenhang mit würzigem Gelee, z.B. bei Sülze.

Die Küche verwendet meistens **Gelatine als Gelier-Mittel**. Die Industrie stellt Gelatine aus Knochen und aus Häuten her. Es gibt:
- **Blatt-Gelatine**
- **gemahlene Gelatine** (Gelatine-Pulver, Aspik-Pulver)

Gelatine ist überwiegend **farblos** und **geschmacksneutral**.

**Aspik-Pulver** kann auch **gewürzt** sein.

**Pflanzliche Gelier-Mittel**, z.B. Agar-Agar, Alginate, Carrageen und Pektin, benutzt die Küche für **vegetarische** und für **vegane Speisen**.

Man **verwendet** für die Zubereitung von Gelee/Aspik **verschiedene Flüssigkeiten**:

- **dunkle Brühen**
- kräftige, entfettete und **klare Brühen**
- **Wein**, **Süd-Wein**, z. B. Madeira-Wein oder Port-Wein
- **Gemüse-Brühe** für ein vegetarisches Gelee/für ein veganes Gelee

Man geliert die **Flüssigkeiten** meistens **mit Gelatine**. Man kann auch pflanzliche Gelier-Mittel verwenden.

## Arbeitsweise

| Blatt-Gelatine | Gelatine-Pulver/Aspik-Pulver |
|---|---|
| • Als erstes **weicht** man die **Gelatine-Blätter** in kaltem Wasser **ein**. Die Gelatine quillt.<br>• Die **gequollenen Blätter drückt man aus**.<br>• Dann **gibt** man die **ausgedrückten Blätter** in **heiße Flüssigkeit**. | • Zuerst **gibt** man **Gelatine-Pulver in Wasser**. Das **Verhältnis** ist **1 : 5** (1 Teil Gelatine, 5 Teile Wasser).<br>• Dann **lässt** man das Gelatine-Pulver **quellen**.<br>• Man **rührt** die **gequollene Gelatine** in **heiße Flüssigkeit**. |

Gelee/Aspik kann je nach Flüssigkeit **verschiedene Farben** haben:

- **Helles Gelee/Aspik**
  Man braucht helles Gelee **zum Überglänzen von kalten Speisen**. Die Speisen behalten ihre natürliche Farbe und glänzen schön. Außerdem trocknen die Speisen an der Oberfläche nicht aus.
- **Dunkles Gelee/Aspik**
  Dunkles Gelee soll eine **goldbraune Farbe** haben. Man schneidet es in Würfel oder in andere Formen und gibt es zu kaltem Braten.

H

Man verwendet Gelee/Aspik zum:

| | | |
|---|---|---|
| **Ausgießen für Spiegel** |  | Man kann mit Gelee/Aspik einen **Gelee-Spiegel auf Platten** gießen. Das Gelee macht man aus Wasser und Zucker-Couleur.<br>Auf dem Gelee-Spiegel richtet man die Speisen an. |
| **Überglänzen** |  | Man lässt das aufgelöste **Gelee abkühlen**. Kurz vor dem Stocken **streicht** man das **Gelee** mit einem Pinsel **auf** die **Speisen**.<br>Die Speisen bekommen eine **glänzende Schicht**. |

**Auskleiden von Formen – Chemisieren**

Man **verwendet** zum Auskleiden von Formen **fein abgeschmeckte Gelees** auf Fond-Basis.

Man kann **große Formen**, z. B. für Lachs-Mousse (s. Abbildung rechts), oder **Portions-Förmchen** mit Gelee auskleiden.

Man **füllt gelierenden Fond** bis knapp unter den Rand **in** gekühlte **Portions-Förmchen**.

Man **stellt** die gefüllten Portions-Förmchen **in** ein Gefäß mit **Eis-Wasser**.

An den Wänden **bildet sich** eine **Gelee-Schicht**.

Man wartet, bis die **Gelee-Schicht 2–3 mm dick** ist.

Dann **gießt** man den **restlichen** gelierenden Fond **aus** dem Förmchen.

## Arten von kalten Vorspeisen

### Vorspeisen mit Brot

Vorspeisen mit Brot bestehen aus **Brot**, einem **Aufstrich** und einer **Auflage**/einem **Belag**.

- Die **Brot-Auswahl** ist **sehr groß**. Man verwendet z. B. Baguette, Graubrot, Pumpernickel, Toast-Brot, Weißbrot oder Vollkorn-Brot.
- Man wählt den **Aufstrich nach** dem **Geschmack der Auflage**/dem **Belag**. Der Aufstrich kann mild, pikant, würzig oder scharf sein. Für den Aufstrich eignen sich als Grund-Zutat Butter, Crème fraîche, Frischkäse, Quark oder gewürzte Mayonnaise.
- Als **Auflage** verwendet man z. B. Fleischwaren, Wurstwaren, geräucherten Fisch oder Käse.

#### Canapés

canapés (EN)
canapés (FR)

Canapés sind **Appetit-Schnittchen mit Brot**.

Sie sind:
- **klein** (mundgerecht)
- **verschieden belegt**
- **dekorativ** angerichtet

Man reicht Canapés als Vorspeisen, auf Büfetts oder bei Steh-Empfängen als Fingerfood.

## Arbeitsweise

- Man schneidet das Brot in **ca. 5 mm dicke Scheiben**.
- Die Scheiben **schneidet** man in **verschiedene Formen** oder man **sticht** sie **rund oder oval aus**.
  - **Weißbrot kann man rösten**. Dafür legt man die geformten Scheiben auf ein Blech und röstet sie ohne Fett unter dem Salamander. Zwischendurch wendet man die Scheiben. So entstehen keine dunklen Ränder. Geröstetes Weißbrot hat einen **besonderen Geschmack**. Es trocknet aber schneller aus.
- Man **bestreicht** die Scheiben **mit** dem **Aufstrich**.
- Anschließend **legt** man die **gewünschte Auflage auf** die **Scheiben**.
- Zum Schluss **garniert** man die Canapés **dekorativ**.

Man kann mit einem Pinsel abgekühltes Gelee (Aspik) auf die Garnitur und auf den Belag auftragen. So glänzen die Canapés ansprechend. Außerdem trocknen sie nicht so schnell an.

Man kann **Canapés variieren**, z. B.:

| | | | | |
|---|---|---|---|---|
| **Garnierung** | Weintraube | Gurken-Scheibe | Dill-Zweig | Kresse |
| **Auflage** | Enten-Brust | Roastbeef | Krabben-Schwanz | Roquefort-Crème |
| **Aufstrich** | Leber-Mus | Senf-Butter | Mayonnaise | Butter |
| **Brot** | Graubrot | Weißbrot | Röst-Brot | Pumpernickel |

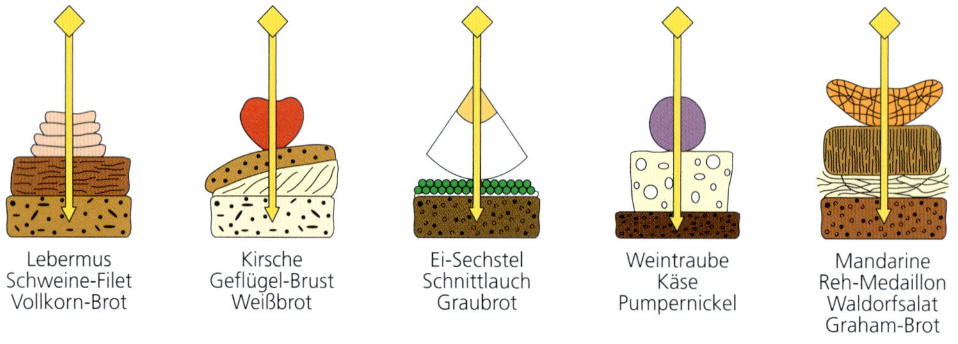

| | | |
|---|---|---|
| **Brot-Schnittchen**<br>toast/campés<br>toasts |  | Man **belegt** für Brot-Schnittchen (Schnittchen) eine **Scheibe Brot** mit **unterschiedlichen Auflagen/Belägen**. Man kann verschiedene Brot-Sorten auswählen.<br>Die **Garnierung** soll **dekorativ** sein. |
| **Crostini**<br>Italian crosty sandwiches<br>crostini |  | Crostini sind eine **italienische Spezialität**.<br>Man verwendet meistens **geröstete Baguette-Brot-Scheiben**. Diese Scheiben reibt man oft mit Knoblauch ein und beträufelt sie mit Oliven-Öl.<br>Als **Auflage** eignen sich z. B. Tomaten-Würfel, Parma-Schinken, Avocado-Crème. |
| **Sandwiches**<br>sandwiches<br>sandwiches | <br>*Club-Sandwich* | Man **bestreicht zwei Brot-Scheiben**. Als Brot eignen sich Toast-Brot oder kräftig schmeckende Brot-Sorten. Zwischen die Brot-Scheiben **legt** man den **gewünschten Belag**.<br>**Club-Sandwich**: 3 Lagen Weißbrot, gebratene Hühner-Brust, Mayonnaise, Blattsalat, krosser Speck |



## Gefüllte Eier

eggs filled with …
œufs farci

Gefüllte Eier sind **Eier-Hälften mit unterschiedlichen Füllungen**. Für gefüllte Eier eignen sich **Hühner-Eier oder Wachtel-Eier**.

Man verwendet gefüllte Eier für Büfetts, als Vorspeise oder als Fingerfood.

### Arbeitsweise

- Man **kocht Eier hart**. Das **Ei-Gelb** sollte **nicht blau** gefärbt sein.
  - Hühner-Eier: je nach Größe 8–12 Minuten
  - Wachtel-Eier: je nach Größe 4–6 Minuten
- Die **Schale** muss man **vorsichtig abheben (abpellen)**. Das abgepellte Ei darf keine Löcher haben. Dies sieht nicht schön aus.
- Man **halbiert** die **Eier**. Dann **nimmt** man das **Ei-Gelb vollständig heraus**.
- Man **streicht** das **Ei-Gelb** durch ein **feines Sieb**. So hat man keine Eigelb-Stückchen. Man kann das **Ei-Gelb mit weiteren Zutaten mischen**, z. B. Butter, Crème fraîche, Mayonnaise.
- Die **Ei-Hälften wäscht** man und **tupft** sie **trocken**. Danach **füllt** man die **Ei-Hälften** mit der gewünschten Füllung.

Man kann die Ei-Hälften **verschieden füllen**:

| **Eigelb-Crème** | **Senf-Crème** | **Meerrettich-Crème** | **Gänseleber-Crème** |
|---|---|---|---|
| • passiertes Ei-Gelb<br>• Crème fraîche<br>• Mayonnaise<br>• Salz, Zucker | • passiertes Ei-Gelb<br>• Senf-Pulver<br>• Butter<br>• Mayonnaise<br>• Crème fraîche<br>• Salz, Pfeffer, Zucker | • passiertes Ei-Gelb<br>• Mayonnaise<br>• Sahne<br>• geriebener Meerrettich<br>• Salz, Chili<br>• Zitronen-Saft | • passiertes Ei-Gelb<br>• Gänseleber-Pastete<br>• Butter<br>• Salz, Chili-Pulver |

## Vorspeisen-Cocktails

entrées cocktails
cocktail comme hors-d'œuvres

Man verwendet für Vorspeisen-Cocktails:
- einen **Haupt-Bestandteil**
- **weitere Bestandteile**
- ein **Dip oder** ein **Dressing**
- eine **Garnierung**

### Arbeitsweise

- Zuerst legt man **marinierte Salat-Streifen (Chiffonade)** in ein Cocktail-Glas.
- Danach **füllt** man die **Mischung** aus dem Haupt-Bestandteil und aus den weiteren Zutaten **in** das **Glas** mit den Salat-Streifen.
- Man **gibt** den **Dip oder** das **Dressing** auf die Mischung.
- Zuletzt **garniert** man den Vorspeisen-Cocktail.

*Garnelen-Cocktail*

**Vorspeisen-Cocktails** sind z. B.:

| | |
|---|---|
| **Garnelen-Cocktail** | • Man **mariniert** Garnelen **in Austern-Sauce** und **Limetten-Saft**.<br>• **Mango** und **Kürbis** schneidet man in **kleine Würfel** und **Eisberg-Salat** in **feine Streifen**.<br>• Danach **verrührt** man Mayonnaise, Curry, Salz und Pfeffer.<br>• Man füllt die **Salat-Streifen** (Chiffonade) **in** das **Cocktail-Glas**.<br>• Man **schichtet** darauf:<br>  ◦ Curry-Mayonnaise, **dann** Mango-Würfel und Kürbis-Würfel<br>  ◦ wieder Curry-Mayonnaise, **dann** abgetropfte Garnelen<br>  ◦ wieder Curry-Mayonnaise, Mango-Würfel und Kürbis-Würfel<br>• Zuletzt **garniert** man z. B. mit **Rucola**, mit **gebratenen Garnelen** und mit **Oliven**. |

| | |
|---|---|
| **Geflügel-Cocktail** | • Man **schneidet**:<br>• **gekochte Hühner-Brust** und **Grapefruit-Filets** in Würfel<br>• **Paprika** und **Blattsalat** in feine Streifen<br>• gegarte **Champignons** in Scheiben<br>• Man **verrührt Mayonnaise**, **geschlagene Sahne**, **Chili-Sauce** und **geschnittenen Estragon** und aromatisiert mit etwas Weinbrand.<br>• Die **Salat-Streifen** (Chiffonade) füllt man **in das Glas**.<br>• Hühnerbrust-Würfel, Grapefruit-Würfel, Paprika-Streifen und Champignon-Scheiben **macht** man **mit Zitronen-Saft**, **Salz**, **Pfeffer** und **Öl an**.<br>• **Alles** zusammen gibt man **auf** die **Salat-Streifen**.<br>• Man **überzieht** den Cocktail **mit** der **Sauce**.<br>• Als Garnierung verwendet man z. B. kleine Hühnerbrust-Scheiben und Tomaten-Fächer. |
| **Avocado-Cocktail** | • Man mischt **gewürfeltes Avocado-Fleisch** und **Chicorée-Streifen**.<br>• Man macht diese Mischung mit einer Marinade aus **Zitronen-Saft**, **Sherry**, **Salz**, **Pfeffer** und **Öl** an.<br>• Die Mischung füllt man in ein Cocktail-Glas.<br>• Man vermengt einen Teil der **Marinade mit Chili-Sauce**.<br>• Diese Sauce verteilt man über den Cocktail.<br>• Man **garniert** den Cocktail z. B. **mit Walnuss-Kernen**. |

## Kombinierte Salate

salad variation

variation de salades

Man bereitet kombinierte Salate aus **verschiedenen Zutaten** zu. Die Zutaten sind **geschmacklich aufeinander abgestimmt**.

Kombinierte Salate eignen sich:

- als **Vorspeise** im Menü
- als **eigenständige Mahlzeit**, z. B. mit Brot oder Toast und Butter
- als **Bestandteil kalter Büfetts**

*Herings-Salat*

### Arbeitsweise

Die **Zutaten** für kombinierte Salate müssen **gut gekühlt** sein.

- Man **gart einige Zutaten** vor der Zubereitung, z. B. Rindfleisch oder Geflügel-Fleisch.
- Alle Zutaten **schneidet** man in mundgerechte **Stücke oder** in **Streifen**.
- Man **bereitet** eine **Marinade oder** eine **Sauce zu**.
- Die Zutaten **mischt** man mit der gewünschten Marinade/Sauce und man **stellt** den Salat **kalt**.
- Der Salat sollte **beim Anrichten nicht kalt** sein. Der Geschmack ist kalt nicht so intensiv.

**Kombinierte Salate** sind z. B.:

| | |
|---|---|
| **Herings-Salat** | • Man **schneidet Herings-Filets, geschälte Äpfel, Senf-Gurken, Zwiebeln** und **Rote Bete** in mundgerechte Stücke.<br>• Für die Marinade **verrührt** man **Essig, Öl, Zucker** und **Pfeffer**.<br>• Man **mischt alle Zutaten mit** der **Marinade**. Die Rote Bete gibt man möglichst spät dazu. So wird der Herings-Salat nicht so rot. |
| **Teufels-Salat** | • Man **gart Rindfleisch** oder Rinder-Zunge.<br>• Das **Rindfleisch**, die **Paprika** und die **Essig-Gurken** schneidet man in **Streifen**. **Schalotten** schneidet man in **Ringe**.<br>• Für die Sauce **verrührt** man **Ketchup, Öl, geriebenen Meerrettich, Salz, Pfeffer, Tabasco, Zucker** und **Zitronen-Saft**.<br>• Man **mischt alle Zutaten mit** der **Sauce**. |
| **Thunfisch-Salat** | • Man **zerpflückt** den **Thunfisch** in mundgerechte Stücke.<br>• Man **schneidet**:<br>  • **gekochte grüne Bohnen** in Stücke von 2 cm Länge<br>  • **Paprika** in Streifen<br>  • **abgezogene Tomaten** in Sechstel<br>  • **Schalotten** in Ringe<br>• Für die Marinade **verrührt** man **Essig, Oliven-Öl, Tomaten-Saft, Senf, Salz, Pfeffer** und **gehackte Petersilie**.<br>• Man **mischt alle Zutaten mit** der **Marinade**. |

H

## Feinkost-Produkte

fine food products
produits délcat

Feinkost-Produkte sind **Speisen in der kalten Küche**.

Man verwendet als **Grund-Stoffe**:
- **Schlacht-Fleisch, Geflügel, Wild**
- **Fisch, Krebs-Tiere, Weichtiere**
- **Gemüse**

Man schneidet aus dem Grund-Stoff den **wertvolleren Teil**. Diesen Teil nutzt man **als Einlage** für die Feinkost-Produkte. Den **weniger wertvollen Teil** verarbeitet man zu einer **Farce**.

Als weitere Zutaten für die Einlage eignen sich z. B. Pökelzungen-Würfel, Pistazien und Trüffel.

Man **benennt** die Feinkost-Produkte **nach** dem **Grund-Stoff**, z. B. Schinken-Pastete, Lachs-Terrine, Poularden-Galantine, Gemüse-Sülze.

*Platte mit verschiedenen Terrinen*

Zu den Feinkost-Produkten gehören:

| | | |
|---|---|---|
| **Pastete**<br>pie<br>pâté |  | Eine Pastete ist eine fein gewürzte **Farce in einer Teig-Hülle**. Man kann in die Farce kleine Stückchen von anderen Zutaten geben.<br>Pasteten backt man im Ofen. |
| **Terrine**<br>terrine<br>terrine |  | Für eine Terrine wird eine **Form** mit grünem Speck, Gemüse oder hitzebeständiger Klarsicht-Folie **ausgelegt**. In die Form gibt man eine **Farce**. In der Farce können auch Stückchen anderer Zutaten sein. Man **stellt** eine **Terrine in** ein **Wasserbad** und gart die Terrine im Backofen oder im Kombi-Dämpfer. |
| **Galantine**<br>galantine<br>galantine |  | Man **beint** für eine Galantine einen Tier-Körper **aus**, z. B. eine Poularde. In den Tier-Körper **füllt** man eine **Farce**. In der Farce können auch Stückchen anderer Zutaten sein. Man **lässt** die Galantine in Brühe **garziehen**.<br>**Gefüllte Tierkörper-Teile** nennt man **Ballotinen**. |
| **Mousse**<br>mousse<br>mousse |  | Eine Mousse ist eine **sehr luftige** Speise.<br>Man **püriert** den **gegarten Grund-Stoff** mit einer **dicklichen Flüssigkeit**, z. B. mit einer weißen Grund-Sauce (Velouté). In die Masse **gibt** man ein **Gelier-Mittel** und zieht **geschlagene Sahne** unter. Man **füllt** die Masse **in** eine **Form** und **lässt** sie **fest werden**. |
| **Sülze**<br>jelly of …<br>… en aspic |  | Man kann viele verschiedene Rohstoffe für eine Sülze verwenden.<br>Die **vorbereiteten Rohstoffe** legt man **dekorativ in** eine **Form**. Dann **gießt** man **Gelee (Aspik)** in die Form und **lässt** das **Gelee fest werden**. |
| **Parfait**<br>parfait<br>parfait |  | Ein Parfait ist ein **besonders edles** und **luftiges** Feinkost-Produkt, z. B. Gänseleber-Parfait (s. Abb.).<br>Man **pochiert** ein Parfait in einem Wasserbad im Backofen. Bei der **Verwendung von Gelatine** lässt man die Masse **durch Kühlen fest werden**. |

## Sushi

🇬🇧 sushi
🇫🇷 sushi

Sushi ist ein **japanisches Gericht**.

Sushi besteht
aus **kaltem Reis**. Dazu gibt man z. B.:

- rohen oder geräucherten Fisch
- rohe Meeres-Früchte
- Nori-Blätter (getrocknete und geröstete Algen)
- Gemüse
- Tofu (Quark/Käse aus Soja-Bohnen)
- Ei

*Sushi-Variationen*

Man **richtet** Sushi **dekorativ** in **mundgerechten Stücken an**.

Man **unterscheidet** Sushi nach ihrer **Herstellung**:

| Maki-Sushi | Nigiri-Sushi | Temaki-Sushi | Uramaki-Sushi |
|---|---|---|---|
|  |  |  |  |
| • Außen-Hülle: Nori-Blatt | • handgeformtes Reis-Häufchen<br>• Auflage: Fisch oder Meeres-Früchte | • Außen-Hülle: Nori-Blatt<br>• als Tüte geformt (gerollt) | • Außen-Schicht: Sushi-Reis<br>• Füllung umhüllt von Nori-Blatt |

**Uramaki-Sushi zubereiten**

| | |
|---|---|
| • Man **legt Klarsicht-Folie auf** eine **Bambus-Matte**.<br>• Auf die Folie **legt** man ein **Nori-Blatt**.<br>• Man **verteilt** auf das Nori-Blatt **angefeuchteten Reis**. Die Reis-Schicht ist ca. 1 cm hoch.<br>• Auf den Reis **streut** man **Sesam**. |  |
| • Man **klappt** die **Bambus-Matte** mit der Folie **auf** die **Sesam-Schicht**.<br>• Dann **drückt** man die Bambus-Matte **leicht an**.<br>• Man **wendet** die **Bambus-Matte**.<br>• Danach **klappt** man die Bambus-Matte **wieder auf**. |  |

| | |
|---|---|
| Jetzt liegt das **Nori-Blatt oben**. Der **Reis** liegt **unten**.<br>• Man **streicht** einen **dünnen Streifen Wasabi-Paste** (1) in die Mitte des Nori-Blattes. |  |
| • Man **legt** die **weiteren Zutaten** (Salat, Avocado-Spalten, Gurken-Streifen, halbierte Garnelen und etwas Kaviar) **auf** das **Nori-Blatt**.<br>• Dann **rollt** man mit der Bambus-Matte die **Sushi-Zutaten auf**.<br>• Danach **entfernt** man die **Bambus-Matte** und die **Folie**. |  |
| • Zuletzt **schneidet** man die Viereck-Rolle **in gleichgroße Stücke**. Man benutzt zum Schneiden ein **sehr scharfes Messer**. So wird der Reis nicht gequetscht. Die Stücke behalten ihre Form. |  |

## 2.2 Vorspeisen-Varianten

hors-d'œuvre variants
variantes d'hors-d'œuvres

Man kann **Vorspeisen** in der Gastronomie und in der Gemeinschafts-Verpflegung **gezielt einsetzen**, z. B.:
- im À-la-Carte-Restaurant
- im Menü
- auf einem Büfett
- bei einem Steh-Empfang

*Fingerfood-Büfett*

*Bei einem Steh-Empfang*



### Amuse gueule

Man nennt das Amuse gueule auch Amuse bouche. Amuse gueules werden in Restaurants als **„Gruß aus der Küche"** vor Beginn des Essens gereicht. Sie sind **Aufmerksamkeiten des Hauses**.

- Das Amuse gueule ist eine **sehr kleine kalte oder warme Speise**. Diese Speise **gehört zum Gedeck**.
- Das Amuse gueule **überbrückt** die **Zeit** bis zum Beginn des Essens.
- Das Amuse gueule ist **appetitanregend**.
- Es **zeigt** den **Stil der Küche**.
- Die Küche kann mit Amuse gueules **neue Speisen-Ideen präsentieren**.

*Baby-Apfel mit Gänse-Leber*

*Rote Bete Püree mit Garnele*

### Fingerfood

Fingerfood sind **Speisen im Mini-Format**. Diese Speisen kann der Gast **mit** den **Fingern essen**, d.h., ohne Besteck essen.

Fingerfood wird den Gästen **nicht am Tisch serviert**. Das **Service-Personal bietet** den Gästen bei Steh-Empfängen Fingerfood **von Platten an**. Die Platten können **auch als Fingerfood-Büfett** aufgebaut werden.

**Beispiele für Fingerfood**

H

## 2.3 Warme Vorspeisen

warm appetizers
hors-d'œuvres chauds

Warme Vorspeisen sind **kleine**, **appetitanregende warme Speisen**.

Man bietet Gästen warme Vorspeisen an:
- **im Menü als Zwischen-Gericht**
- bei der Speisen-Gruppe „Vorspeisen" auf der À-la-Carte-Karte
- als Bestandteil von Büfetts

Warme Vorspeisen sind z.B.:
- **Kroketten**, z.B. Gemüse-Kroketten, Geflügel-Kroketten, Kroketten von Krusten-Tieren
- **feine Ragouts**
- **Blätterteig-Pastetchen**
- **Flan**

*Pastetchen mit Ragout fin*

*Zucchini-Flan*

Die warmen Vorspeisen werden **im Kapitel „Zwischen-Gerichte"** (vgl. S. 588) **beschrieben**.

# 3 Suppen

soups
potages

Eine Suppe ist eine **kleine**, **meist warme Speise**. Eine Suppe gilt **nicht** als **Vorspeise**.

Man **bietet** eine Suppe **als Kleinigkeit** oder **als Gang in einem Menü** an. Die Suppe unterscheidet sich von einem Eintopf dadurch, dass sie **weniger gehaltvoll** ist und nicht so stark sättigt. Bei einer **klaren Suppe** spricht man auch von einer **Brühe**.

In einem Menü wird die Suppe als erster oder als zweiter Gang gereicht.

**Moderne Speisenfolge**

- Vorspeise
- **Suppe**
- Zwischen-Gericht
- Sorbet
- Hauptgericht
- Käse
- Dessert

Man unterscheidet:

| | | |
|---|---|---|
| **Klare Suppen**<br>clear soups<br>potages clairs | **Brühen**<br>stocks<br>bouillons | • Fleisch-Brühe<br>• Hühner-Brühe<br>• Fisch-Brühe<br>• Wild-Brühe<br>• Gemüse-Brühe |
| | **Kraftbrühen**<br>clarified soups<br>consommés | • Kraftbrühe<br>• Hühner-Kraftbrühe<br>• Fisch-Kraftbrühe<br>• Wild-Kraftbrühe |
| | **Doppelte Kraftbrühen**<br>double consommé soups<br>consommés doubles | • Doppelte Kraftbrühe<br>• Doppelte Hühner-Kraftbrühe<br>• Doppelte Fisch-Kraftbrühe<br>• Doppelte Wild-Kraftbrühe |
| | **Essenzen**<br>essences<br>essences | • Fasanen-Essenz<br>• Wachtel-Essenz<br>• Pilz-Essenz |

**Fleisch-Brühe**

beef stock
bouillon

**Hühner-Brühe**

chicken broth
bouillon de poulet

| Gebundene Suppen<br>🇬🇧 thick soups<br>🇫🇷 potages liés | | | |
|---|---|---|---|
| | **Helle gebundene Suppen** | **Legierte Suppen** (Samt-Suppen), z. B.:<br>• Legierte Spargel-Suppe | **Rahm-Suppe** (Creme-Suppe), z. B.:<br>• Tomaten-Creme-Suppe |
| | **Dunkle gebundene Suppen** | Suppen **mit dunkler Brühe**, z. B.:<br>• Gebundene Ochsenschwanz-Suppe | |
| | **Püree-Suppen** | Suppen **mit püriertem Grund-Stoff**, z. B.:<br>• Kartoffel-Suppe, Kürbis-Suppe | |
| | **Gemüse-Suppen** | • Minestrone | |

*Legierte Spargel-Suppe*

*Tomaten-Creme-Suppe*

*Kürbis-Suppe*



Außerdem gibt es:

| | | |
|---|---|---|
| **Regional-Suppen** | Regional-Suppen stammen aus einer **bestimmten Region** (Gegend) **Deutschlands**. | z. B.:<br>• Sächsische Warmbier-Suppe<br>• Hamburger Aal-Suppe<br>• Leberknödel-Suppe |
| **National-Suppen** | National-Suppen sind eine **Spezialität eines Landes**. | z. B.:<br>• Bouillabaisse<br>• Mulligatawny<br>• Minestrone |
| **Kalte Gemüse-Suppen** | Man bereitet kalte Gemüse-suppen **aus püriertem Gemüse** zu. | z. B.:<br>• Gurken-Joghurt-Suppe<br>• Kalte Avocado-Suppe |
| **Kaltschalen** | Man bereitet Kaltschalen **aus pürierten Früchten** zu. Kaltschalen serviert man kalt. | z. B.:<br>• Mandelmilch-Kaltschale mit Erdbeeren<br>• Sauerkirsch-Kaltschale |

## 3.1 Klare Suppen

clear soups
potages clairs

Für klare Suppen **verwendet man** eine **Brühe**.

Man gibt **Suppen-Einlagen** in die Brühe. So ist die **Suppe** für den Gast **schmackhafter**.

Klare Suppen werden in **Menüs mit mehreren Gängen** eingesetzt. Sie **sättigen weniger** als gebundene Suppen.

## Grund-Brühen

stocks
fonds

### Würzende Zutaten für Brühen

Man verwendet die würzenden Zutaten nicht nur für Brühen sondern auch für Saucen.

**Gemüse-Bündel**

bouquet garni
bouquet garni

Ein Gemüse-Bündel besteht aus **Lauch**, **Möhren**, **Sellerie**. Man kann auch Weißkohl-Blätter, einen Blumenkohl-Strunk oder einen Brokkoli-Strunk einsetzen.

Das Gemüse-Bündel **verbessert** den **Geschmack** der Brühe. Man gibt es **ca. 40 Minuten** vor Ende der Gar-Zeit in die Brühe.

**Gespickte Zwiebel**

larded onion
onions piqués

Für eine gespickte Zwiebel **steckt** man ein **Lorbeer-Blatt** und **Nelken in** eine **Zwiebel**. Man kann die Zwiebel auch nur mit einem Lorbeer-Blatt oder nur mit Nelken spicken.

Gespickte Zwiebeln **verbessern** den **Geschmack** von hellen Brühen, weißen Saucen und z. B. von Kasseler und Eisbein.

**Gewürz-Beutel**

spice sachet
sachet d'épices

Man gibt **zerkleinerte Gewürze** in ein kleines **Leinen-Tuch**. Das Tuch **bindet** man **zusammen**.

Mit einem Gewürz-Beutel **würzt** man **Speisen**. Die dunklen Gewürze gelangen nicht in helle Gerichte. Dunkle Gewürze wirken in hellen Gerichten störend.

**Kräuter-Sträußchen**

bouquet of fresh herbs
bouquet aromatiques

Man **bindet** je nach Verwendung **verschiedene Kräuter** zu einem **kleinen Strauß** (Sträußchen) **zusammen**.

Das Kräuter-Sträußchen **gibt** man erst **ca. 20 Minuten vor Ende der Gar-Zeit** in die Speise. So bleiben die Duft-Stoffe und Aroma-Stoffe erhalten. Frische Kräuter zerdrückt man ein wenig. Die Kräuter geben dann ein intensiveres Aroma ab.

Das Kräuter-Sträußchen **verbessert** den **Geschmack**.

H

**Röst-Gemüse**

roast vegetable
mirepoix

Röst-Gemüse besteht aus **Zwiebeln**, **Möhren**, **Sellerie** und **evtl. Petersilien-Wurzeln**.

Man **putzt** und **schält** das Gemüse. Dann **schneidet** man es in **gleichmäßig große Würfel**. Kleinere Würfel zwischen größeren Würfeln verbrennen beim Anrösten. Dadurch entstehen Bitter-Stoffe.

**Kohlenhydrate (Zucker)** im Gemüse **karamellisieren beim Anrösten**. Es **entstehen Farb-Stoffe** und **Geschmacks-Stoffe**.

**Die Größe der Gemüse-Würfel richtet sich nach ihrer Anbrat-Zeit.**

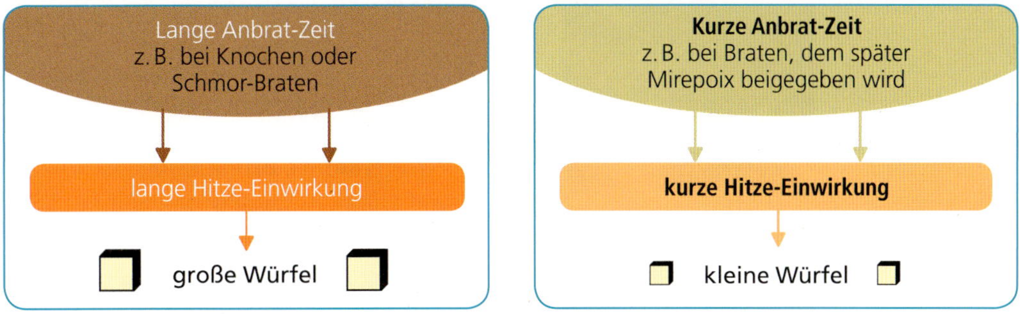


## Arbeits-Techniken zur Herstellung von Grund-Brühen

| | | |
|---|---|---|
| **Blanchieren** |  | Man **blanchiert Knochen** in heißem Wasser. Knochen-Reste vom Sägen und Blut-Reste werden gelöst. Eiweiß-Stoffe gerinnen. Nach dem Blanchieren **spült** man die **Knochen** mit kaltem Wasser **ab**. |
| **Anschwitzen** |  | Man **schwitzt** die Grund-Stoffe für eine Brühe **in Fett an**. Es entstehen **Röst-Stoffe**. Die Röst-Stoffe **verbessern** den **Geschmack** der Brühe.<br>**Angeschwitztes Gemüse** gibt einer Brühe zusätzlich einen **aromatischen Geschmack**. |
| **Rösten** |  | Beim Rösten von Knochen **entstehen dunkle Röst-Stoffe** und ein **intensives Röst-Aroma**.<br>Man röstet Knochen bei allen braunen Grund-Brühen an, z. B. bei Kalbs-Brühe, bei Wild-Brühe. |
| **Abschäumen** (Ecumieren) |  | **Eiweiß-Stoffe** im Fleisch und in den Knochen **gerinnen** beim Aufkochen. Die Eiweiß-Stoffe **schließen Trüb-Stoffe** aus der Brühe **ein**.<br>Es bildet sich **Schaum an** der **Oberfläche** der Brühe. Man **entfernt** den **Schaum mit** einer **Schaum-Kelle**.<br>Die **Brühe** ist durch das Abschäumen **klarer**. |

| | | |
|---|---|---|
| **Entfetten**<br>(Degraissieren) |  | Das **Fett** in den Rohstoffen wird **flüssig**.<br>Es bildet sich ein **„Fett-See“** auf der Brühe.<br>Man **entfernt** den „Fett-See“ **mit** einer **Schöpf-Kelle**. Man kann **kleinere „Fett-Augen**“ mit Küchen-Krepp **aufsaugen**.<br>**Zu viel Fett trübt** die **Brühe**. |
| **Passieren** |  | Man **passiert** eine Brühe durch ein **Spitz-Sieb** oder durch ein **Haar-Sieb**. Man kann zusätzlich ein **feuchtes Passier-Tuch** (Etamine) in das Sieb legen.<br>Man **gießt** die Flüssigkeit **langsam** in das Sieb/in das Tuch. Rückstände **bleiben im Sieb**. |

## Helle Brühen

light-coloured stocks
fonds blond

Man stellt helle Grund-Brühen (Fonds) so her:

*Knochen blanchieren*

*Blanchierte Knochen mit kaltem Wasser aufsetzen*

*Flüssigkeit zum Kochen bringen; Schaum abschöpfen*

*Geschnittenes Gemüse und Kräuter-Sträußchen zugeben*

*Langsam weiterkochen lassen und Fett abschöpfen*

*Durch das Kochen wird die Flüssigkeit weniger*

*Durch ein feuchtes Passier-Tuch passieren*

*Brühe als Vorrat zum Lagern in Eis-Wasser schnell abkühlen*

### Fleisch- und Knochenbrühe

meat stock
bouillon

| Für 10 Portionen | | |
|---|---|---|
| 15 | l | Wasser |
| 4 | kg | Rinder-Knochen |
| 2,5 | kg | Rindfleisch |
| 400 | g | Möhren |
| 400 | g | Lauch |
| 400 | g | Sellerie |
| 400 | g | Petersilien-Wurzel |
| 2 | | Zwiebel-Hälften, gebräunt |
| 3 | | Knoblauch-Zehen |
| 80 | g | Salz |

**Zubereitung**

| Arbeitsschritt | Begründung |
|---|---|
| • Rinder-Knochen blanchieren | Die **Eiweiß-Stoffe gerinnen** und **werden abgespült**. |
| • Rindfleisch waschen | |
| • Rindfleisch und Rinder-Knochen mit kaltem Wasser aufsetzen | Der **Geschmack** wird **rein**. |
| • Aufkochen<br>• Abschäumen | Das **Fleisch-Eiweiß gerinnt** und **umschließt Trüb-Stoffe**. Als **Schaum** wird es an der Oberfläche **abgeschöpft**.<br>Die **Brühe** ist **klarer**. |
| • Langsam weiterkochen<br>• Während des Kochens entfetten | Die **Brühe** wird **nicht trüb**. |
| • 1 Stunde vor Ende der Gar-Zeit des Fleisches: gebräunte Zwiebel-Hälften, Gemüse und Salz in die Brühe geben | Die Brühe bekommt **Farbe** und **Geschmack**. |
| • Fleisch, Zwiebel-Hälften und Gemüse herausnehmen | Das **Passieren** wird **vorbereitet**. |
| • Brühe passieren | Die **festen Bestandteile bleiben** im Tuch **zurück**. |

Es gibt **weitere helle Brühen**.

Die **Rezepte** dieser Brühen **unterscheiden sich nach** dem jeweiligen **Grund-Stoff.**

Man bereitet diese Brühen mit den gleichen Arbeits-Schritten zu, wie die oben beschriebene helle Brühe.

| **Knochen-Brühe** | **Kalbs-Brühe** | **Geflügel-Brühe** |
|---|---|---|
| 🇬🇧 bouillon/broth<br>🇫🇷 bouillon ordinaire | 🇬🇧 veal stock<br>🇫🇷 fond blanc (de veau) | 🇬🇧 chicken stock<br>🇫🇷 fond blac de volaille |
| Eignet sich:<br>• zum Aufgießen von Eintopf<br>• zum Herstellen von Risotto | Zum Zubereiten von:<br>• Kalbs-Frikassee<br>• Kalbs-Blankett<br>• Kalbsrahm-Suppe<br>• weißer Grund-Sauce | Zum Zubereiten von:<br>• Hühner-Frikassee<br>• weißer Geflügel-Grundsauce<br>• Curry-Hähnchen |
| **Fisch-Brühe** | **Gemüse-Brühe** | **Pilz-Brühe (Pilz-Fond)** |
| 🇬🇧 fish stock<br>🇫🇷 fond de poisson | 🇬🇧 vegetable stock<br>🇫🇷 fond de légumes | 🇬🇧 mushroom stock<br>🇫🇷 fond au champignons |
| Zum Zubereiten von:<br>• Fisch-Grundsauce<br>• Gerichten mit gedünstetem Fisch<br>• gebundenen Suppen | Zum Zubereiten von:<br>• klaren und gebundenen Gemüse-Suppen<br>• Gemüse-Saucen<br>• Gemüse-Curry | Zum Zubereiten von:<br>• Pilz-Essenz<br>Eignet sich zum:<br>• Verfeinern einer hellen Grund-Sauce |

## Dunkle Brühen

brown stocks
fonds brun

So stellt man braune Brühen und auch die braune Grund-Sauce (vgl. S. 598) her:

*Zutaten vorbereiten*

*Zerkleinerte Knochen anrösten*

*Röst-Gemüse (Mirepoix) dazugeben*

*Tomaten-Mark mitrösten*

*Knochen glasieren*

*Ansatz mit Wasser auffüllen*

*Zutaten auskochen lassen, passieren*

| Arbeitsschritt | Begründung |
|---|---|
| • Knochen zerkleinern | • Es entsteht eine **größere Oberfläche** an den Knochen. Beim Rösten bilden sich **mehr Röst-Stoffe**. |
| • Grund-Stoffe mit kaltem Wasser abspülen | • Kleine **Reste** werden **abgespült**. So können diese kleinen **Reste** beim Rösten **nicht verbrennen**. |
| • Grund-Stoffe rösten ② | • Es bilden sich **Röst-Stoffe**. Der **Geschmack** wird **intensiver**. |
| • Röst-Gemüse (Mirepoix) zugeben und mitrösten ③ | • Kohlenhydrate (Zucker) im Röst-Gemüse **karamellisieren**. |
| • Tomaten-Mark zugeben und mitrösten ④ | • Die **Säure** im Tomaten-Mark **rundet** den **Geschmack ab**.<br>• Die **Farbe** wird **intensiver**. |
| • Mit Weißwein oder Rotwein ablöschen | • Wein gibt einen **besonderen Geschmack**. Die **Farbe** wird durch Rotwein **noch dunkler**. |
| • Knochen glasieren ⑤ | • Der **Geschmack** und die **Farbe** werden **kräftiger**. |
| • Mit Wasser auffüllen ⑥ | • Die **Zutaten** werden **ausgekocht**. Es entsteht die Brühe. |
| • Fett abschöpfen | • Die Brühe wird **nicht trüb**.<br>• Der **Geschmack** der Brühe ist **reiner**. |
| • Gewürze und Kräuter erst jetzt zugeben | • Die Brühe wird **gewürzt**.<br>• Bei einer zu langen Koch-Zeit verflüchtigen sich die Geschmacks-Stoffe und Aroma-Stoffe. |
| • Brühe passieren ⑦ | • Die **festen Bestandteile** werden **entfernt**. |
| • Brühe schnell abkühlen | • Mikroorganismen vermehren sich nicht so schnell. |

Man kann eine dunkle Brühe auch so ansetzen:

Man röstet Knochen und Parüren **ohne Fett** im Backofen oder im Kombi-Dämpfer **bei 200 °C**. Die Knochen und Parüren **wendet** man **zwischendurch**. So rösten die Knochen und Parüren gleichmäßig. Man **gibt** das **Tomaten-Mark** und den **Wein dazu**.

Das Röst-Gemüse (Mirepoix) **röstet** man **getrennt** im Brat-Geschirr **an**.

Man gibt **beide Ansätze zusammen** in einen Topf. Dann **füllt** man mit Wasser **auf** und **kocht** die **Zutaten aus**. Gewürze und Kräuter gibt man auch bei dieser Vorgehens-Weise erst spät dazu.

H

Es gibt **weitere dunkle Brühen**.

Die **Rezepte** dieser Brühen **unterscheiden sich nur nach** dem jeweiligen **Grund-Stoff.**

Man bereitet diese Brühen mit den gleichen Arbeitsschritten zu, wie die oben beschriebene dunkle Brühe.

| **Braune Kalbs-Brühe**<br>brown veal stock<br>fond de veau brun | **Große braune Brühe**<br>Grandjus<br>Grandjus | **Wild-Brühe**<br>venison stock<br>fond de gibier |
|---|---|---|
| Zum Zubereiten von:<br>• Kalbs-Kraftbrühe<br>• gebundenen Suppen<br>• Braten-Jus<br>• dunkler Kraft-Sauce (Demiglace)<br>• Schmor-Gerichten vom Kalb | Eignet sich:<br>• für Schmor-Gerichte und für Braten aus Schweinefleisch<br>• für Saucen | Zum Zubereiten von:<br>• Wild-Kraftbrühe<br>• gebundenen Suppen<br>• Wild-Saucen<br>• Wild-Ragouts<br>• Schmor-Gerichten von Wild und Wild-Geflügel |

## Kraftbrühe

beef consommé
consommé

Man stellt Kraftbrühen **aus kräftigen fettfreien Brühen** her. Die Brühen werden **durch** ein **Gemisch aus Klär-Fleisch**, **Gemüse** und **Ei-Klar geklärt**.



### Arbeitsweise

| Arbeitsschritt | Begründung |
|---|---|
| • **Fleisch mit viel Bindegewebe**, z. B. Hesse (Wade), mit dem Fleisch-Wolf **schroten** | • Das **zerkleinerte Fleisch (Klär-Fleisch)** lässt sich mit den weiteren Zutaten vermischen. |
| • **Klär-Fleisch**, **Gemüse-Würfel**, **Crushed Ice** und **Ei-Klar** gründlich vermengen | • Das zerkleinerte Fleisch **laugt** in der Brühe **besser aus**. Die Eiweiß-Stoffe und die Geschmacks-Stoffe gehen in die Brühe über. |
| • **Kalte entfettete Brühe** (höchstens 40 °C warm) **dazugießen** und **alles verrühren** ① (s. nächste Seite) | • Fett **trübt** die **Brühe**<br>• In einer zu warmen Brühe **gerinnt** das **Eiweiß zu schnell**. Die Brühe **kann nicht geklärt werden**. |

| Arbeitsschritt | Begründung |
|---|---|
| • **Erhitzen**<br>  • **dabei** vorsichtig **umrühren** | • Die Eiweiß-Stoffe **gerinnen** und **schließen** die **Trüb-Stoffe** der Brühe **ein**.<br>• Die geronnenen Eiweiß-Stoffe **steigen** als **Schaum an** die **Oberfläche.** ②<br>• Das Rühren **verhindert** das **Anbrennen.** |
| • **Ziehen lassen**<br>  • evtl. mehrfach entfetten<br>  • evtl. Wasser dazugeben | • **Bewegung** beim Kochen **zerstört** den **Schaum**. Die **Brühe** wird **nicht geklärt**.<br>• Fett trübt die Brühe. |
| • **Kräuter**, z. B. Kerbel, Petersilie, und **Gewürze**, z. B. Muskat **in** das **Passier-Tuch geben**<br>• Kraftbrühe **passieren** | • Die heiße Kraftbrühe **löst** die **Aroma-Stoffe** aus den Kräutern und Gewürzen.<br>• Die **festen Bestandteile** bleiben **im Passier-Tuch.** |
| • **Kraftbrühe** noch einmal **aufkochen, entfetten** und **abschmecken.** | • Die Kraftbrühe soll **gehaltvoll** sein. **Fett** soll **nicht erkennbar** sein. |
| ①  | ②  |



## Beispiele für Kraftbrühen

| Knochen- und Fleisch-Brühe | Braune Kalbs-Brühe | Geflügel-Brühe |
|---|---|---|
| + | + | + |
| Klär-Fleisch vom Rind | Klär-Fleisch vom Kalb | Klär-Fleisch von Geflügel |
| + | + | + |
| Gemüse-Würfel und Ei-Klar | Gemüse-Würfel und Ei-Klar | Würfel von hellem Gemüse und Ei-Klar |
| ↓ | ↓ | ↓ |
| **Kraftbrühe** | **Kalbs-Kraftbrühe** | **Geflügel-Kraftbrühe** |

| Wild-Brühe | Ochsenschwanz-Brühe | Fisch-Brühe |
|---|---|---|
| + | + | + |
| Klär-Fleisch von Wild | Klär-Fleisch vom Rind | Klär-Fleisch von Fisch |
| + | + | + |
| Gemüse-Würfel und Ei-Klar | Gemüse-Würfel und Ei-Klar | Würfel von hellem Gemüse und Ei-Klar |
| ↓ | ↓ | ↓ |
| **Wild-Kraftbrühe** | **Ochsenschwanz-Kraftbrühe** | **Fisch-Kraftbrühe** |

## Doppelte Kraftbrühe

double consommé soup
consommé double

Man stellt eine doppelte Kraftbrühe aus einer **kräftigen fettfreien Brühe** her.

Die Brühe wird **durch** ein **Gemisch aus** einer **doppelten Menge Klär-Fleisch**, **Gemüse** und **Ei-Klar geklärt**.

Die größere Menge an Klär-Fleisch enthält genügend Eiweiß-Stoffe. Darum benötigt man **weniger Ei-Klar**. Die **Menge** an **Gemüse bleibt gleich**.

Die **Arbeitsschritte** für die Herstellung einer doppelten Kraftbrühe **sind die gleichen** wie bei der Herstellung einer Kraftbrühe.

Man kann den **Geschmack** einer doppelten Kraftbrühe **ergänzen**. Die **Aroma-Stoffe** sollen den **Geschmack** der doppelten Kraftbrühe aber **nicht überdecken**. Man kann ergänzen mit:
- Likör-Wein, z. B. Madeira-Wein, Port-Wein, Sherry
- Essenzen von Pilzen, von Gemüse, von Kräutern
- Essenzen von Rebhuhn, von Fasan

### Beispiele für doppelte Kraftbrühen

| Knochen- und Fleisch-Brühe | Braune Kalbs-Brühe | Geflügel-Brühe |
|---|---|---|
| + | + | + |
| **doppelte** Klär-Fleisch-Menge vom Rind | **doppelte** Klär-Fleisch-Menge vom Kalb | **doppelte** Klär-Fleisch-Menge von Geflügel |
| + | + | + |
| Gemüse-Würfel und Ei-Klar | Gemüse-Würfel und Ei-Klar | Würfel von hellem Gemüse und Ei-Klar |
| ↓ | ↓ | ↓ |
| **Doppelte Kraftbrühe** | **Doppelte Kalbs-Kraftbrühe** | **Doppelte Geflügel-Kraftbrühe** |

## Essenz

essences
essences

Man stellt eine Essenz **aus einer doppelten Kraftbrühe** her.

Man **kocht** die **doppelte Kraftbrühe**. Dabei **verdampft** das **Wasser**. Man nennt diesen Vorgang **„einkochen“** oder **„reduzieren“**.

Für eine Essenz wird die doppelte Kraftbrühe **um ein Drittel** (⅓) **reduziert**. Durch das Reduzieren wird der **Geschmack intensiver**.

## Suppen-Einlagen

Suppen-Einlagen sollen **klein** sein. Man gibt **nicht zu viel Einlage** in die Suppe. Die Einlage soll **geschmacklich** zur Suppe **passen**.

Man hält die Suppen-Einlagen bis zum Anrichten in etwas Brühe warm. Beim Anrichten verteilt man die Suppen-Einlagen mit einer kleinen Schaum-Kelle in vorgewärmte Suppen-Tassen oder Suppen-Teller.

Es gibt verschiedene Suppen-Einlagen.

H

### Klößchen/Nocken

dumplings
quenelles

Man kann Klößchen oder Nocken **als Einlage für klare Suppen** und für einige gebundene Suppen verwenden.
- **Klößchen** sind **klein** und **rund**.
- **Nocken** (Nockerln) sind **oval**.

Man **stellt** Klößchen oder Nocken **aus Farcen her**. Für die Farcen verwendet man Fleisch von Kalb, Geflügel, Wild, Fisch oder Krebs-Tieren.

Man kann Klößchen oder Nocken auch aus fertigem Brät vom Kalb und vom Rind zubereiten. Farcen von Geflügel oder von Fisch eignen sich ebenfalls für Klößchen oder Nocken.

Den **Geschmack** von Klößchen oder Nocken kann man **durch fein zerkleinerte Zutaten verändern**. Dafür eignen sich:
- Gemüse-Brunoise
- Ingwer
- Kräuter
- Nüsse/Mandeln
- Pilze
- Pistazien
- geriebener Käse
- Schinken-Würfelchen
- Trüffeln

Es ist wichtig, **vor** dem **Garen** der ganzen Farce eine **Gar-Probe zu machen**. Man kann an der Gar-Probe den **Geschmack** und die **Festigkeit testen** und die Farce **evtl.** noch **verändern**.

### Mark-Klößchen

marrow dumplings
quenelles à la moëlle

- Man **schneidet** frische **Weißbrot-Krume in** dünne **Scheiben**.
- Man **gibt Eier** und **Rinder-Mark zu** den **Scheiben** und **würzt** mit Salz, Pfeffer und wenig Muskat.
- Die **Zutaten vermengt** man und **wolft** die Masse **mit der feinen Scheibe** des Fleisch-Wolfs.
- Man fügt **gehackte Petersilie** dazu und **stellt** die **Masse kalt**.
- Die gekühlte Masse **formt** man mit Mehl **zu** einer **Walze** und **schneidet** die Walze in **Stücke**.
- Aus den Stücken **rollt** man mit den Händen **Klößchen**.
- Die Klößchen lässt man in **heißem Salz-Wasser garziehen**.

### Leber-Klößchen

liver dumplings
quenelles de foie

- Man **schwitzt Schalotten-Scheiben** und **Lauch-Streifen an**.
- **Weißbrot** schneidet man in **Scheiben** und **gibt Eier dazu**.
- Man **schneidet Schweine-Leber** oder Kalbs-Leber in kleine Stücke und **würzt** die Stücke mit Salz und Pfeffer.
- Alle **Zutaten vermengt** man und **wolft** die Masse **mit der feinen Scheibe** des Fleisch-Wolfs.
- Man **fügt gehackte Kräuter dazu** und **stellt** die **Masse kalt**.
- Die gekühlte Masse **formt** man mit Mehl **zu** einer **Walze** und **schneidet** die Walze in **Stücke**.
- Aus den Stücken **rollt** man mit den Händen **Klößchen**.
- Die Klößchen lässt man in **heißer Brühe garziehen**.

### Grieß-Nocken

semolina dumplings
noques de semoule

- Man **rührt Butter schaumig**.
- Dann **rührt** man **Eier**, **Grieß** und **Wasser** nach und nach **ein**.
- Die Masse **würzt** man mit **Salz** und wenig **Muskat**.
- Man **sticht** mit einem Löffel **Nocken ab**.
- Die Nocken gibt man in **siedendes Salz-Wasser**.
- Man lässt die Nocken **bei leichter Wasser-Bewegung ca. 10 Minuten köcheln**.
- Dann lässt man die Nocken noch **5 Minuten ziehen**.

## Gemüse

Man **schneidet Gemüse** als Einlage für eine Suppe **in** verschiedene **Formen**, z. B.:

- feine Streifen (Julienne)
- feine Würfel (Brunoise)
- Gemüse-Blättchen (Paysanne)
- Gemüse-Perlen
- Gemüse-Kugeln
- olivenförmig

*Gemüse-Streifen*

*Gemüse-Würfel*

## Eier-Stich

custard
royale

- Man **verquirlt Eier** und **Ei-Gelb**.
- In die Ei-Masse gibt man **Milch** und **würzt** mit Salz und wenig Muskat.
- Man **füllt** die **Ei-Milch-Masse** in **gebutterte Förmchen**.
- Die Förmchen **stellt** man **in** ein **Wasserbad** und **lässt** die **Masse** bei mäßiger Hitze 40 – 50 Minuten **stocken**.
- Nach dem Garen lässt man den **Eier-Stich kalt werden**.
- Dann **schneidet** man den Eier-Stich **in** die **gewünschte Form**.



Hinweise:

- Eier-Stich bekommt durch die **Zugabe von Ei-Gelb** einen **feineren Geschmack**.
- Man kann **warme Milch** verwenden. Dann **verkürzt** sich die **Gar-Zeit**.
- Bei **mäßiger Hitze stockt** der Eier-Stich **gleichmäßig dicht**. Bei **zu starker Hitze** wird der Eier-Stich **löchrig**.

Man kann Eier-Stich **durch feine Pürees geschmacklich verändern**, z. B. durch Erbsen-Püree, Brokkoli-Püree, Tomaten-Püree, Leber-Püree. In diesem Fall verringert man die Milch-Menge um die Püree-Menge.

## Pfannkuchen-Streifen

sliced pancakes
célestines

- Man **siebt Mehl** in eine Schüssel.
- Das Mehl **verrührt** man **mit Milch** zu einer glatten Masse.
- Man gibt **verquirlte Eier**, Schnittlauch-Röllchen und Salz dazu.
- Alle Zutaten **vermengt man**.
- Man **zerlässt** wenig **Butter** in einer Pfanne.
- Aus dem Teig **backt** man **dünne Pfannkuchen**.
- Man lässt die Pfannkuchen abkühlen. Nach dem Abkühlen rollt man die Pfannkuchen auf und **schneidet** sie in **feine Streifen**.

### Wind-Beutelchen

🇬🇧 profiteroles
🇫🇷 profiteroles

- Man **kocht Wasser**, **Butter** und **Salz auf**. Dann nimmt man den Topf von der Koch-Stelle.
- In die Flüssigkeit **gibt** man **gesiebtes Mehl**. Man **rührt** mit einem Holz-Löffel, **bis** ein **Kloß entsteht**.
- Man stellt den Topf wieder auf die Koch-Stelle und erhitzt den Topf.
- Der **Kloß „brennt ab"**. Es **bildet sich** ein **weißer Belag** am Topf-Boden.
- Man legt den Kloß in ein anderes Gefäß und **rührt nach und nach Eier unter**. Man **bekommt** eine **Brand-Masse**.
- In die Brand-Masse gibt man **geriebenen Parmesan**.
- Man **spritzt** die **Brand-Masse mit** dem Spritz-Beutel und der **glatten Tülle in Tupfen** auf Back-Papier. Die Tupfen sind 2 mm bis 3 mm groß.
- Die Tupfen **backt** man bei **mittlerer Hitze** im Ofen **hellbraun**.

### Röstbrot-Stücke/Croûtons

🇬🇧 croutons
🇫🇷 croûtons

- Man **schneidet** die **Rinde** von Kasten-Weißbrot oder von Toast-Brot **ab**.
- Dann **schneidet** man das Brot in **kleine Würfel**.
- Die Brot-Würfel **röstet** man **im Ofen goldbraun**.
- Man **schwenkt** die warmen Brot-Würfel **in Butter**.

Man kann die **Brot-Würfel** auch **in Öl in** einer **Pfanne rösten**. Während des Röstens **schwenkt** man die **Brot-Würfel** immer wieder. Zum Schluss gibt man **etwas Butter** dazu.

Für **geröstete Brot-Scheiben** verwendet man Stangen-Weißbrot oder Brötchen. Das Brot oder die Brötchen schneidet man in **sehr dünne Scheiben**. Die Scheiben **röstet** man **im Ofen**.

## 3.2 Gebundene Suppen

🇬🇧 thick soups
🇫🇷 potages liés

Gebundene Suppen **stellt** man **aus** einer **Brühe her**.
- Man stellt gebundene Suppen aus **verschiedenen** Brühen her.
- Gebundene Suppen sind **nicht klar**.
- Gebundene Suppen sind **sämig**.

Man verwendet als **Binde-Mittel**:
- **glutenhaltiges Mehl**, z. B. Weizen-Mehl, Grünkern-Mehl, Dinkel-Mehl
- **glutenfreies Mehl**, z. B. Mais-Mehl, Reis-Mehl
- **pflanzliche Pürees**, z. B. von Gemüse, von Kartoffeln, von Hülsen-Früchten
- **tierische Pürees**, z. B. von Schlacht-Fleisch, von Geflügel, von Wild, von Fischen oder von Krebs-Tieren

Man kann gebundene Suppen auch **ohne Binde-Mittel** zubereiten.

Dafür **kocht** man eine Brühe **sehr stark ein** (reduzieren). Man **gibt** zu dieser reduzierten Brühe (Reduktion) **Crème fraîche**, **Crème double** oder **Schlagsahne**. Man kann unter diese reduzierte Brühe auch Butter-Flocken unterziehen (montieren).

Diese gebundenen Suppen haben einen **hohen Energie-Gehalt** (viele Kilojoule).
Darum **serviert** man diese Suppen **in kleineren Portionen**.

## Übersicht über die Herstellung gebundener Suppen

| **Rahm-Suppen/Creme-Suppen**, z. B. Tomaten-Rahm-Suppe, Champignon-Creme-Suppe | | | |
|---|---|---|---|
| **Geschmackgebender Grund-Stoff**<br>Geflügel, Gemüse, Pilze, Schlacht-Fleisch | | | |
| **Ansetzen** | **Auffüllen** | **Fertigstellen** | **Vollenden** |
| • weiße Mehl-Schwitze mit weißem Wurzel-Gemüse | • Kalbs-Brühe oder Geflügel-Brühe<br>• Brühe des Grund-Stoffs | • pürieren<br>• passieren | • mit **Sahne** |

H

| **Legierte Suppen/Samt-Suppen**, z. B. legierte Spargel-Suppe, Geflügel-Samt-Suppe | | | |
|---|---|---|---|
| **Geschmackgebender Grund-Stoff**<br>Geflügel, Gemüse, Pilze, Schlacht-Fleisch | | | |
| **Ansetzen** | **Auffüllen** | **Fertigstellen** | **Vollenden** |
| • weiße Mehl-Schwitze mit weißem Wurzel-Gemüse | • Kalbs-Brühe oder Geflügel-Brühe und/oder<br>• Brühe des Grund-Stoffs | • passieren | • mit **Ei-Gelb** und **Sahne** (Legierung/Liaison) |

| **Püree-Suppen**, z. B. Kartoffel-Suppe, Kürbis-Suppe | | | |
|---|---|---|---|
| **Geschmackgebender Grund-Stoff**<br>Hülsen-Früchte, Gemüse, Kartoffeln | | | |
| **Ansetzen**<br>• Butter, Fett oder Speck<br>• Sellerie, Schalotten, Lauch, Möhren<br>• ggf. Mehl | **Auffüllen**<br>• Brühe von Schlacht-Fleisch<br>• Brühe von Geflügel | **Fertigstellen**<br>• pürieren<br>• passieren | **Vollenden**<br>• mit Butter<br>• mit Sahne |

| **Gebundene braune Suppen**, z. B. gebundene Ochsenschwanz-Suppe | | | |
|---|---|---|---|
| **Geschmackgebender Grund-Stoff**<br>Wild, Wild-Geflügel, Schlacht-Fleisch, geröstete Knochen und Parüren | | | |
| **Ansetzen**<br>• Butter, Fett oder Speck<br>• Röst-Gemüse<br>• Mehl | **Auffüllen**<br>• braune Brühe und/oder<br>• Brühe des Grund-Stoffs | **Fertigstellen**<br>• passieren | **Vollenden**<br>• mit Butter oder Sahne |



## Rahm-Suppen/Creme-Suppen

cream soups
potages crèmes

Man **vollendet** Rahm-Suppen/Creme-Suppen nach dem Binden **mit Sahne**.

| **Für 10 Liter Suppe** | | | | | |
|---|---|---|---|---|---|
| 400 | g | Fett (Butter) | 400 | g | Weizen-Mehl |
| 150 | g | Zwiebeln | 10 | l | Brühe |
| 100 | g | Sellerie | 1 | l | Sahne |
| 200 | g | Lauch | | | |

**Zubereitung**

| Arbeitsschritt | Begründung |
|---|---|
| • Butter zerlassen<br>• Zwiebel-Würfel, Sellerie-Würfel und Lauch-Würfel anschwitzen | • **Kohlenhydrate (Zucker) karamellisieren** durch das Anschwitzen. Es entstehen Aroma-Stoffe und Geschmacks-Stoffe. |
| • Weizen-Mehl einstreuen und mitschwitzen | • Es **entsteht** eine **Mehl-Schwitze (Roux).**<br>• Die Stärke im Mehl wird zu Dextrinen abgebaut. Der Geschmack wird verbessert. |
| • Abgekühlte Brühe nach und nach zugießen; dabei rühren<br>• Aufkochen lassen | • Durch die **abgekühlte Brühe** wird die **Klümpchen-Bildung verhindert**.<br>• Die **Bindung entsteht**. |
| • Langsam weiterkochen lassen; zwischendurch rühren<br>• Vorgesehenen Grund-Stoff dazugeben und mitkochen; ggf. pürieren | • Die Suppe **setzt nicht an**.<br>• Der **Geschmack** wird **intensiver**. |
| • Mindestens 20 Minuten kochen. | • Die Suppe **schmeckt nicht nach Mehl**. |
| • Durch ein Passier-Tuch (Etamine) oder durch ein Haar-Sieb passieren | • **Feste Bestandteile**, z. B. Klümpchen, werden **entfernt**. |
| • Mit Sahne vollenden. Nicht aufkochen! | • Der **Geschmack** der Suppe ist **feiner**. |

H

## Brokkoli-Creme-Suppe herstellen

- Man **wäscht** und **putzt** den Brokkoli.
- Die **Röschen trennt** man vom Strunk **ab**. Man **blanchiert** die Röschen und schreckt sie in Eis-Wasser ab. Den **Brokkoli-Fond** verwendet man als **Grund-Brühe**.
- Den **Strunk schneidet** man **klein**.
- Man **bereitet** eine **Mehl-Schwitze** zu. Die Mehl-Schwitze **füllt** man **mit** dem **Brokkoli-Fond auf**.
- In der Suppe **kocht** man **die kleinen Strunk-Teile weich** (1).
- Man **nimmt** die **Strunk-Teile** aus der Suppe und **püriert** sie. Wenn man Brokkoli-Röschen mit püriert, wird die Farbe intensiver.
- Das **Püree gibt** man **in die Suppe** und rührt es unter (2).
- Man **lässt** die Suppe **aufkochen** und **schmeckt** sie **ab**.
- Mit **Sahne vollendet** man die Suppe.
- Man kann warme Brokkoli-Röschen als Einlage in die Suppe geben.

# Legierte Suppen/Samt-Suppen

velouté soups
potages veloutés

Man bereitet legierte Suppen/Samt-Suppen **aus** den **gleichen Grund-Stoffen** zu **wie Rahm-Suppen/Creme-Suppen**. Die **Arbeitsschritte sind** bei legierten Suppen/Samt-Suppen **die gleichen** wie bei den Rahm-Suppen/Creme-Suppen.

Man **vollendet** legierte Suppen/Samt-Suppen **mit** einer **Mischung aus Ei-Gelb und Sahne**. Diese Mischung nennt man **Legierung (Liaison)**. Die Legierung bindet die Suppe zusätzlich ein wenig.

Durch die Legierung bekommt die Suppe eine **schönere Farbe**, eine **samtartige Bindung** und einen **milderen Geschmack**.

## Eine Suppe legieren

- Man **vermengt Ei-Gelb und Sahne**.
- **Für 1 Liter Suppe** benötigt man **1 Ei-Gelb** und **100 ml Sahne**.
- Die **Temperatur** der Suppe **verringert** man auf 50–60 °C.
- Man **rührt** einen **Teil** der warmen **Suppe in** die **Legierung**.
- Das Gemisch gibt man in die Suppe.
- Man **erhitzt** die **Suppe** und rührt sie dabei. Die Suppe bindet ab. Die Suppe darf **nicht aufkochen**, **weil** das **Ei-Gelb** sonst **gerinnt**.

H

## Schaum-Suppen

mousse soups
potages moussants

Man kann **legierte Suppen**/Samt-Suppen **und Rahm-Suppen**/Creme-Suppen **aufschäumen**. Die aufgeschäumte Suppe hat keine glatte Oberfläche. **An** der **Oberfläche** sieht man **kleine Luft-Bläschen**. Die Suppe sieht interessant aus. Man kann die Luft-Bläschen beim Essen im Mund spüren.

Es gibt verschiedene Möglichkeiten, eine Suppe aufzuschäumen:

- Man **rührt angeschlagene Sahne** sehr schnell unter die gebundene Suppe.
- Man **schäumt** eine gebundene Suppe **mit** der **Aufschäum-Scheibe** des Pürier-Stabs oder des Stand-Mixers **auf**.
- Man **schäumt** die Suppe **mit** dem **Sahne-Siphon** auf. Hierfür verwendet man als Binde-Mittel Johannisbrotkern-Mehl, Basic Textur (Paste aus Wasser und Zitrus-Fasern) oder Lezithin.

## Püree-Suppen

puree soups
potages purées

Man stellt Püree-Suppen aus **Grund-Stoffen mit viel Stärke** her. Als Grund-Stoff für Püree-Suppen eignen sich vor allem **Kartoffeln**, **Hülsen-Früchte** und **Gemüse**.

**Kartoffeln** und **Hülsen-Früchte** haben **genügend Stärke für** die **Bindung** der Suppe. Wenn man **Gemüse mit wenig Stärke** verwendet, **braucht** man ein **Binde-Mittel**. Man nutzt:

- mehlig-kochende Kartoffeln, gekocht und durch die Kartoffel-Presse gedrückt
- Weizen-Mehl oder Reis-Mehl
- Milch-Reis
- Weißbrot-Krume

Püree-Suppen **schmecken mit Kräutern**, z. B. Bohnen-Kraut, Liebstöckel, Thymian, **intensiver**. Butter, Sahne oder Sauerrahm-Produkte **verfeinern** den **Geschmack** der Püree-Suppen.

### Kartoffel-Suppe zubereiten

| **Für 10 Portionen** (2,5 Liter Suppe) | | |
|---|---|---|
| 200 | g | Zwiebeln und Lauch |
| 75 | g | Fett |
| 750 | g | mehlig-kochende Kartoffeln |
| 2,2 | l | Fleisch-Brühe oder Gemüse-Brühe |
| 25 | g | Butter |
| | | Muskat, gehackte Petersilie |
| 220 | g | geröstete Weißbrot-Würfel |

**Zubereitung**

| **Arbeitsschritt** | **Begründung** |
|---|---|
| • Zwiebel-Scheiben und Lauch-Scheiben in Fett farblos anschwitzen | • Die Zwiebel-Scheiben und die Lauch-Scheiben sollen **nicht zu dunkel** sein. |
| • Kartoffel-Scheiben dazugeben<br>• Mit heller Fleisch-Brühe auffüllen | |

| Zubereitung | |
|---|---|
| **Arbeitsschritt** | **Begründung** |
| • Kartoffel-Scheiben weichkochen | • Die Kartoffeln können **gut püriert** werden. |
| • Suppe pürieren und passieren | • Die **Suppe wird gebunden**. Sie wird **sämig**. Klümpchen werden entfernt. |
| • Suppe erhitzen<br>• Mit Butter und wenig Muskat abschmecken | • Die Kartoffel-Suppe wird **verzehrfertig**.<br>• Die Suppe bekommt den gewünschten Geschmack. |
| • Mit gehackter Petersilie und mit gerösteten Weißbrot-Würfeln garnieren | • Die Kartoffel-Suppe **sieht ansprechend aus**. |

## Gebundene braune Suppen

brown soups
potages bruns liés

Man bereitet gebundene braune Suppen **aus Parüren und Knochen** von Schlacht-Fleisch, von Wild **oder aus Karkassen** von Wild-Geflügel zu. Älteres Wild-Geflügel kann man zum Ansetzen von braunen Wildgeflügel-Suppen besonders gut verwenden. Die Suppe bekommt ein besonders kräftiges Aroma.

Man **röstet** den **Grund-Stoff und** das **Röst-Gemüse an**. Durch das Rösten des Grund-Stoffs bilden sich intensive Geschmacks-Stoffe. Es entsteht die braune Farbe.

Für die **Bindung** verwendet man **goldbraune Mehl-Schwitze**. Man kann das Mehl mit den anderen Zutaten mitrösten. Man kann die Mehl-Schwitze auch getrennt zubereiten.

Zum **Ablöschen** des Suppen-Ansatzes kann man **Weißwein oder Rotwein** verwenden. Wein gibt dem Ansatz einen besonderen Geschmack. Rotwein macht die Farbe kräftig.

Man **füllt** den Suppen-Ansatz **mit** der **Brühe des Grund-Stoffs** oder mit Fleisch-Brühe **auf**.

*Fasanen-Creme-Suppe*

Nach dem Kochen **passiert** man **die Suppe**. So werden die festen Bestandteile entfernt.

Zum **Würzen** eignen sich z. B. Knoblauch, Piment und Wacholder.

Gebundene braune Suppen **schmecken mit Kräutern**, z. B. Basilikum, Bohnen-Kraut, Rosmarin, Thymian, **intensiver**.

Butter, Sahne oder Likör-Wein (Sherry, Port-Wein, Madeira) **verfeinern** den **Geschmack** der gebundenen braunen Suppen.

## Gemüse-Suppen

vegetable soups
potages aux légumes

Man bereitet Gemüse-Suppen **aus verschiedenen Gemüse-Arten** zu. Bei der Zusammenstellung achtet man darauf, Gemüse-Arten mit intensivem Geschmack in geringerer Menge zu verwenden.

Man **schneidet** das **Gemüse** für Gemüse-Suppen in Blättchen, Stäbchen, Streifen oder Würfel. Das **Gemüse schwitzt man** mit Fett und/oder mit Speck **an**.

Das Gemüse **kocht man mit Fleisch-Brühe** oder mit Gemüse-Brühe. Man kann das Gemüse auch zusammen mit Fleisch kochen.

Häufig **gibt** man **Kartoffeln**, **Teigwaren** oder **Reis dazu**.

Gemüse-Suppen **werden nicht passiert**.

*Italienische Gemüse-Suppe (Minestrone)*

Man **kann** Gemüse-Suppen mit Mehl, mit Brot oder mit mehlig-kochenden Kartoffeln **binden**.

**Kräuter**, z. B. Bohnen-Kraut, Kerbel, Petersilie, **runden** den **Geschmack ab**.

H

## 3.3 Sonder-Gruppen

special groups
groupes spéciaux

### Regional-Suppen

regional soups
potages reginaux

Regional-Suppen stammen **aus bestimmten Regionen (Gegenden) in Deutschland**, z. B. aus Bayern, aus Rheinland-Pfalz, aus Hamburg.

Die Regional-Suppen werden **nach alten überlieferten Rezepten** zubereitet.

In den Rezepten der Regional-Suppen finden sich die **typischen Rohstoffe dieser Regionen**.

In den Regionen werden die Suppen häufig **verschieden zubereitet**, auch wenn die Orte nur wenige Kilometer voneinander entfernt sind.

*Bayrische Leberknödel-Suppe*

## Beispiele für Regional-Suppen

| Region | Wappen | Suppe |
|---|---|---|
| **Mecklenburg-Vorpommern** |  | Bohnen-Suppe |
| **Hamburg** |  | Hamburger Aal-Suppe |
| **Berlin** |  | Löffelerbsen-Suppe |
| **Sachsen-Anhalt** |  | Altmärkische Hochzeits-Suppe |
| **Sachsen** |  | Warmbier-Suppe |
| **Thüringen** |  | Sauerkraut-Suppe |
| **Rheinland-Pfalz** |  | Pfälzer Zwiebel-Suppe |
| **Baden-Württemberg** |  | Riebele-Suppe |
| **Bayern** |  | Leberknödel-Suppe |

Die Regional-Suppen werden im Kapitel „Regionale und internationale Küche" (vgl. S. 643) näher beschrieben.

## National-Suppen

national soups
potages nationaux

National-Suppen stammen **aus bestimmten Ländern (Nationen)**, z. B. aus England, aus Frankreich, aus Italien. Eine National-Suppe wird **mit besonderen Rohstoffen dieses Landes** zubereitet.

## Beispiele für National-Suppen

| Land | Wappen | Suppe |
|---|---|---|
| **England** |  | Clear Oxtail (Klare Ochsenschwanz-Suppe) |
| **Frankreich** |  | Soupe à l'oignon (Zwiebel-Suppe) |
| **Indien** |  | Mulligatawny (Curry-Hühnersuppe) |
| **Italien** |  | Minestrone (Gemüse-Suppe) |
| **Österreich** |  | Tiroler Knödel-Suppe |
| **Schweiz** |  | Bündner Gersten-Suppe |
| **Spanien** |  | Gazpacho (Kalte Gemüse-Suppe) |
| **Russland** |  | Borschtsch (Rote-Bete-Suppe) |
| **Ungarn** |  | Gulyásleves (Gulasch-Suppe ) |
| **USA** |  | Clam chowder (Venusmuschel-Suppe) |

*Gulyásleves*

*Borschtsch*

Die National-Suppen werden im Kapitel „Regionale und internationale Küche" (vgl. S. 651) näher beschrieben.

## Kalte Gemüse-Suppen

cold vegetable soups
potages froid aux légumes

Man serviert als kalte Gemüse-Suppen z. B. Gurken-Joghurt-Suppe, kalte Avocado-Suppe, Gazpacho (andalusische Gemüse-Suppe).

| Gurken-Joghurt-Suppe | Kalte Avocado-Suppe |
|---|---|
| • Nicht geschälte **Gurke ausschaben**<br>• **Gurken-Stücke**, angeschwitzte **Zwiebeln** und **Knoblauch** in einen Stand-Mixer geben<br>• Wenig **kalte Geflügel-Brühe** oder Gemüse-Brühe **dazugießen**<br>• Alle Zutaten **fein pürieren**<br>• Mit **Joghurt** und **weiterer kalter Brühe** bis zur gewünschten Menge **auffüllen**<br>• **Mit Salz**, **Pfeffer** oder Chili und **Zucker** abschmecken<br>• Mit **saurer Sahne** und **Zitronen-Saft** vollenden | • **Avocado-Fruchtfleisch** mit Zitronen-Saft **marinieren** und in einen Stand-Mixer füllen<br>• **Crème fraîche**, **Schmand**, **Geflügel-Brühe** und **gehackte Chili-Schote** dazugeben<br>• Alle Zutaten **fein pürieren**<br>• **Mit** wenig leichtem **Weißwein**, **Salz** und **Pfeffer abschmecken**<br>• Einlagen können sein:<br>  • Krebs-Fleisch, Riesen-Garnele<br>  • kross gebratener Bauch-Speck<br>  • Tomatenfleisch-Würfel<br>  • Kapuziner-Kresse |
|  |  |

## Kaltschalen

sweet cold soups
soupes froides douces

Man **reicht** Kaltschalen vor allem in der **heißen Jahreszeit**. Kaltschalen **schmecken erfrischend**. Man bereitet Kaltschalen mit **Milch und Zucker** oder mit **Früchten und Zucker** zu.

Eine Kaltschale serviert man statt einer klaren oder statt einer gebundenen Suppe.

## Milch-Kaltschalen

🇬🇧 sweet milk soups
🇫🇷 soupes froides au lait

| | |
|---|---|
| **Grund-Stoff** | Milch und Zucker |
| **Bindung** | Eier oder Ei-Klar |
| **Aroma** | • Schale von Zitrus-Früchten<br>• Vanille, Zimt<br>• Mandel, Pistazie oder Nuss |
| **Einlage** | • Rohes, reifes Obst – zerkleinert<br>• geröstete Nüsse |

### Arbeitsweise

- Man **kocht Milch mit Zucker auf**.
- **Eier** oder Ei-Klar **verrührt** man kräftig in einer Schüssel.
- Die **nicht mehr heiße Milch gießt** man nach und nach **unter kräftigem Rühren in** die **Ei-Masse**. Die Milch darf nicht zu heiß sein, sonst gerinnt die Ei-Masse.
- Man **rührt** die **Ei-Milch-Masse** mit einem Spatel, **bis** die **Flüssigkeit bindet**.
- Die Milch-Kaltschale **gießt** man **durch** ein **Haar-Sieb** und **rührt** sie **kalt**.

**Hinweise:**

- Man püriert Mandeln oder Pistazien mit der Milch, wenn man sie als Geschmacks-Träger nimmt.
- Man bindet nur mit Ei-Klar, wenn man Mandeln oder Pistazien verwendet. Durch Ei-Gelb verändert sich der Geschmack negativ.
- Man reibt Nüsse vor der Zubereitung zu Nuss-Mehl. Man kann die Nüsse vorher rösten. Dann schmeckt die Milch-Kaltschale noch intensiver nach Nüssen.

## Frucht-Kaltschalen

🇬🇧 sweet fruit soups
🇫🇷 soupes froides au fruits

| | |
|---|---|
| **Grund-Stoff** | Früchte und Zucker |
| **Bindung** | Frucht-Grund-Stoff, Sago, Kartoffel-Stärke |
| **Aroma** | • Schale von Zitrus-Früchten, Vanille, Zimt<br>• Wein |
| **Einlage** | • Rohes, reifes Obst – zerkleinert<br>• Rosinen, Makronen |

H

Man stellt Frucht-Kaltschalen häufig aus **einer Frucht-Art** her. Man kann für Frucht-Kaltschalen **auch verschiedene Früchte mischen**.

Vor der Zubereitung **wäscht** und **schneidet** man die **Früchte**. Man **verarbeitet** die **Früchte** nach dem Schneiden **zügig weiter**.

Einige Früchte, z.B. Äpfel, Birnen, Aprikosen und Pfirsiche, werden an der **Schnitt-Fläche braun**. Darum sollte man diese Früchte **mit Zitronen-Saft beträufeln**.

### Arbeitsweise für Frucht-Kaltschalen mit Kartoffel-Stärke

- Man **kocht Früchte mit Wasser weich**.
- Dann **passiert** man die Früchte.
- Die **passierten Früchte kocht** man mit **Wasser**, **Zucker** und evtl. Aroma-Stoffen auf.
- Man **rührt Stärke in kaltes Wasser** ein.
- Mit der angerührten Stärke **bindet** man die **Flüssigkeit**.

### Arbeitsweise für Frucht-Kaltschalen mit Sago

- Man **kocht Früchte mit Wasser weich**.
- Dann **passiert** man die **Früchte**.
- Man **kocht Sago** (Stärke-Granulat) 15 Minuten **in Wasser**.
- Die **passierten Früchte** gibt man **zu dem Sago**.
- Man **schmeckt** die Frucht-Kaltschale **mit Zucker ab**.

*Sago*

*Frucht-Saft mit Sago gebunden*

**Hinweise:**

- Bindungen mit Kartoffel-Stärke oder mit Sago sind nicht trüb.
- Man gibt Aroma-Stoffe in die Flüssigkeit, bevor man sie mit Stärke bindet. Wenn man Sago verwendet, kocht man die Aroma-Stoffe zusammen mit dem Sago.
- Für Schalen von Zitrus-Früchten als Aroma verwendet man unbehandelte Früchte.

H

# 4 Zwischen-Gerichte

entrées
entrées

| Moderne Speisenfolge |
|---|
| Vorspeise |
| Suppe |
| **Zwischen-Gericht** |
| Sorbet |
| Hauptgericht |
| Käse |
| Dessert |

Zwischen-Gerichte sind **kleinere**, **warme Gerichte**.

Zwischen-Gerichte können verschieden eingesetzt werden:
- Das Zwischen-Gericht ist **in einem Menü** der **Übergang** von der **Suppe zu** den **nachfolgenden Gängen**.
- Man setzt Zwischen-Gerichte **als warme Vorspeisen** ein.
- Zwischen-Gerichte sind **selbstständige Gerichte** für den kleinen Hunger.

Für Zwischen-Gerichte gilt:
- Zwischen-Gerichte sollen **appetitanregend** sein.
- Die **Qualität** ist **wichtiger als** der **Sättigungs-Wert.**

Man wählt die Zutaten für Zwischen-Gerichte aus einem breiten Angebot von Rohstoffen aus, z. B.:

| | | | |
|---|---|---|---|
| • Geflügel | • Schlacht-Fleisch | • Wild | • Innereien |
| • Fische | • Krebs-Tiere | • Weichtiere | • Eier |
| • Gemüse | • Pilze | • Kartoffeln | • Teigwaren |

H

## 4.1 Feine Ragouts

small ragouts
ragoûts fin

Feine Ragouts bestehen aus **kleinwürfelig geschnittenen Zutaten**, die **mit** einer **Sauce gebunden** werden.

Als Zutaten eignen sich:
- Kalb-Fleisch, Wild, Geflügel
- Innereien
- Fisch, Krebs-Tiere
- Gemüse, Pilze

*Ragout fin in Blätter-Teig-Pastetchen*

Man **serviert** feine Ragouts im **Reis-Rand**, in **Näpfchen**, in **Muschel-Schalen** oder in **Formen aus Blätter-Teig**.

Beispiele für feine Ragouts:
- Ragout von Riesen-Garnelen in Riesling-Rahmsauce, im Reis-Rand angerichtet
- Meeres-Früchte-Ragout in Basilikum-Rahmsauce, in Blätter-Teig-Pastetchen angerichtet
- Geflügel-Leber-Ragout in Madeira-Sauce, im Reis-Rand angerichtet

## 4.2 Pastetchen

puffed pastries
bouchées

Pastetchen bestehen **aus Blätter-Teig** (vgl. S. 638).

Man **füllt** Pastetchen **mit feinen Ragouts**.

Je nach Rezept überbackt man Pastetchen im Ofen.

## 4.3 Teigwaren

pasta
pâtes

Man verwendet für Zwischen-Gerichte z. B. Cannelloni, Lasagne, Maultaschen, Ravioli, Spaghetti oder Tortellini.

*Ravioli mit Butter und Salbei*

*Tortellini mit Kirsch-Tomaten*

*Cannelloni*

H

## 4.4 Gebackene Zwischen-Gerichte

Es gibt viele verschiedene Zubereitungen.

### Pizza

Eine Pizza ist ein **flaches rundes Stück Hefe-Teig**. Man **belegt** den Hefe-Teig vor dem Backen **mit verschiedenen Zutaten**. Die Pizza wird im Ofen **gebacken**.

Die bekannteste Pizza ist die „Pizza Margherita". Diese Pizza ist mit Tomaten, Mozzarella und Basilikum belegt.

### Crêpes (dünne Pfannkuchen)

Man **backt** dünne **Pfannkuchen**. Auf die Pfannkuchen **gibt** man eine **würzige Füllung**. Danach **klappt** man sie **zusammen**.

Man kann die gefüllten Pfannkuchen auch überbacken (gratinieren).

### Buchweizen-Pfannkuchen (Blini)

Blini sind **kleine, dicke Pfannkuchen.** Sie sind eine russische Spezialität.

Man bereitet Blini aus einem Teig aus **Buchweizen-Mehl**, **Hefe**, **Wasser** und **Salz** zu.

Man **serviert** Blini **gefüllt** oder **mit** einem **Aufstrich**.

### Quiche

*Quiche Lorraine*

Eine Quiche besteht meistens aus **Mürbe-Teig und** aus einer **herzhaften Füllung**.

Man gibt den **Mürbe-Teig in** eine **runde Form**. Auf den Teig gibt man die **Füllung**. Die Füllung **übergießt** man **mit** einer **Ei-Milch-Masse**. Man **backt** eine Quiche **im Ofen**.

Die bekannteste Quiche ist die „Quiche Lorraine" (Lothringer Speck-Torte). Die Füllung besteht aus geräuchertem Speck, Reib-Käse, Zwiebeln, Eiern und Milch.

### Törtchen (Tartelettes)

Man verwendet für Törtchen **Blätter-Teig**, **Pasteten-Teig** oder **Mürbe-Teig**.

Den **Teig** legt man **in kleine, runde, flache Förmchen**. Auf den Teig **gibt** man **Füllungen** mit z.B. Schinken, Gemüse, Pilzen, Fisch und/oder Käse. Die Törtchen **backt** man **im Ofen**.

H

## 4.5 Frittierte Zwischen-Gerichte

Es gibt viele verschiedene Zubereitungen.

### Kroketten

🇬🇧 croquettes
🇫🇷 croquettes

Kroketten sind **kleine** panierte und frittierte **Speisen**.

Man bereitet sie aus verschiedenen Grund-Massen zu.

Man **gart** die gewünschten **Zutaten** und **schneidet** sie in **kleine Würfel**. Als Zutaten eignen sich z.B. Gemüse, Kartoffeln, Pilze, Fische, Krebs-Tiere, Geflügel oder Schlacht-Fleisch.

Die kleinen **Würfel bindet man** mit einer dicken dunklen Grund-Sauce (vgl. S. 598) oder mit einer dicken weißen Grund-Sauce (vgl. S. 602). Nach dem Binden lässt man die **Masse auskühlen**. Wenn die Masse kalt ist, **formt** man sie z.B. zu Kugeln, Rollen oder Dreiecken. Danach **paniert** und **frittiert** man sie.

### Krapfen

fritters
beignets

Krapfen sind **kleine frittierte Speisen**.

Man **taucht** die gewünschten Rohstoffe, z. B. Gemüse-Stücke, Fisch-Stücke oder Garnelen, **in Ausback-Masse** (Ausback-Masse) oder wickelt sie in Filo-Teig. Dann **frittiert** man sie.

*Gebackenes Gemüse (frittiert)*

*Gebackene Garnelen (frittiert)*

## 4.6 Soufflés

small soufflés
soufflés/timbales

Ein Soufflé ist **eine Art Auflauf**.

Man bereitet ein **Soufflé aus** einer **Farce** zu. Für die Farce verwendet man z. B. Fisch, Geflügel, Krebs-Tiere oder Wild.

Die **Farce vermengt** man **mit Ei-Gelb**, **Schlagsahne** und **Ei-Schnee**. Diese Masse füllt man in kleine, mit Butter ausgestrichene Förmchen. Soufflés **gart** man **im Wasserbad im Ofen**.

H

## 4.7 Nocken

dumplings
noques

Nocken sind **oval geformte Klößchen**.

Man **stellt** Nocken **aus verschiedenen Massen her**, z. B. aus Kartoffel-Masse oder aus Grieß-Masse.

Man serviert Nocken z. B. mit Tomaten-Sauce, Käse-Sauce oder Pesto.

## 4.8 Eier-Speisen

Eier-Speisen bereitet man **hauptsächlich aus Eiern** zu.

Die Eier-Speisen (vgl. S. 391) **ergänzt man** für Zwischen-Gerichte z. B. mit Gemüse, Pilzen oder feinen Ragouts (vgl. S. 589).

# 5 Hauptgerichte und Sauceen

main dishes
plat principal

Moderne Speisenfolge
- Vorspeise
- Suppe
- Zwischen-Gericht
- Sorbet
- **Hauptgericht**
- Käse
- Dessert

Das Hauptgericht ist das **wichtigste Gericht**. Man nennt das Hauptgericht auch **Hauptspeise** oder **Hauptgang**.

Das Hauptgericht ist:
- ein **einzelnes Gericht**
- der **wichtigste Gang in** einem **Menü**

Das Hauptgericht wird meistens **warm serviert**.

Ein Hauptgericht **besteht** häufig **aus**:
- einer **eiweißhaltigen Speise** wie Fleisch, Geflügel, Fisch oder Wild
- einer **Sauce oder** einer **Butter-Mischung**
- Gemüse **oder** Salat
- einer **Sättigungs-Beilage**, z. B. Kartoffeln, Reis oder Teigwaren

Man muss beim Zusammenstellen eines Hauptgerichts darauf achten, dass die **einzelnen Bestandteile** (Komponenten) **zusammenpassen**.

## Beispiele für Hauptgerichte

*Rinder-Roulade, Rotkohl, Kartoffel-Knödel*

*Rinder-Steak, schwarze Linsen, Gemüse*

*Kalbs-Filet, Ratatouille, Kartoffel-Püree*

*Hühner-Frikassee, frischer Spargel, Reis*

*Pochierter Lachs, Kräuter-Sauce, Spinat, Reis*

*Band-Nudeln mit Gemüse.*

Die **Zubereitung einzelner Bestandteile** wie Fleisch, Geflügel, Fisch, Gemüse, Sättigungs-Beilagen eines Hauptgerichts **sind bereits** in verschiedenen Kapiteln des Buches **beschrieben**.

## 5.1 Garnituren

Mit einer Garnitur sind **festgelegte Beigaben** und z.T. **Zubereitungs-Verfahren** für ein **Hauptgericht** gemeint.

Eine Garnitur gehört zu bestimmten Haupt-Bestandteilen, z.B. verwendet man die Garnitur „Baden-Baden" nur für Wild-Gerichte.

Die Garnitur eines Gerichts steht auf der Speisekarte hinter dem Haupt-Bestandteil.

| Garnitur | Haupt-Bestandteil | festgelegte Beigaben |
|---|---|---|
| **… nach Bäckerin-Art** | Lamm, Schwein | Rohe Kartoffel-Scheiben, Zwiebeln und Jus zusammen mit Fleisch im Ofen garen |
| **Baden-Baden** ① | Wild | Wildrahm-Sauce, Birnen-Hälften mit Preiselbeeren (Johannisbeer-Gelee) gefüllt |
| **… nach Berliner Art** ② | Kalbs-Leber | Apfel-Ringe, Röst-Zwiebeln, Kartoffel-Püree |
| **Doria** | Fisch | Oval geformte, in Butter gedünstete frische Gurke, Zitrone, Petersilie |
| **… nach Florentiner Art** | Fisch, Geflügel, Eier, Fleisch | Blatt-Spinat, Mornay-Sauce |
| **… nach Gärtnerinart** | Fleisch | Mit frischem Gemüse umlegt |
| **… nach Mailänder Art** ③ | Kalb | Mit Mailänder Panierung; Tomaten-Sauce, Spaghetti oder Makkaroni mit Streifen von Pökel-Zunge, Schinken und Champignons |
| **… nach Müllerin-Art** ④ | Fisch | Butter, Petersilie, Zitronen-Scheiben |
| **Orly** | Fisch, Gemüse | In Bier-Teig gebacken, Tomaten-Sauce |
| **… nach Tiroler Art** | Kurzbrat-Fleisch | In Bier-Teig gebackene Zwiebel-Ringe, in Butter sautierte Tomaten-Würfelchen |

## 5.2 Saucen

sauces
sauces

**Saucen** sind ein **wichtiger Teil** vor allem **des Hauptgerichts**.

Saucen **runden** das **Hauptgericht** geschmacklich und optisch **ab**.

- Saucen sollen **appetitlich aussehen**.
- Saucen sollen eine **besondere geschmackliche Ergänzung** sein.
- Saucen sollen eine **angenehme Konsistenz** haben.

## Saucen binden

Man **bindet** eine **Flüssigkeit**, **um** eine **Sauce** oder eine gebundene Suppe **zu bekommen**. Man kann Saucen und Suppen **auf verschiedene Weise binden**.

### Mehl-Schwitze (Roux)

Die **Mehl-Schwitze** ist das **häufigste Binde-Mittel** für Saucen.

Man **zerlässt Fett** in einem Topf. In das zerlassene Fett **rührt** man **Mehl ein**. Die Hitze baut die Stärke im Mehl zu Dextrin ab. Das Mehl verliert seinen Mehl-Geschmack.

Man verwendet für 1 Liter Flüssigkeit folgende Mengen an Mehl und an Fett:

| Mehl | Fett | Binde-Kraft | Mehl | Fett | Binde-Kraft |
|---|---|---|---|---|---|
| 60 g | 40 g | sehr stark | 50 g | 50 g | stark |
| 40 g | 40 g | mäßig stark | 35 g | 35 g | mäßig (für Suppen) |
| 30 g | 30 g | leicht | | | |

Ein Mehl-Schwitze soll eine **einheitliche Farbe** haben. Die **Farbe hängt davon ab**, **wofür** man die Mehl-Schwitze **verwendet**, z. B. helle Mehl-Schwitze für eine helle Sauce.

Man muss das **Mehl je nach gewünschter Farbe** mit der notwendigen Hitze **im Fett schwitzen**.

**Je dunkler** die Mehl-Schwitze werden soll, **desto höher muss** die **Hitze sein**.

Darum muss man **Fette mit** einem **unterschiedlich hohen Rauch-Punkt** verwenden. Sonst entstehen **Zersetzungs-Produkte**.

Diese **Zersetzungs-Produkte** riechen und schmecken schlecht. Außerdem sind sie **gesundheitsschädlich**.

| **Name** | **Helle Mehl-Schwitze** roux blanc | **Blonde Mehl-Schwitze** roux blond | **Braune Mehl-Schwitze** roux brun |
|---|---|---|---|
| **Temperatur** | bis 120 °C | bis 150 °C | bis 180 °C |
| **Fett-Art** | • Butter<br>• Margarine | • Butter-Schmalz<br>• Kokos-Fett<br>• neutrales Öl | • Butter-Schmalz<br>• Kokos-Fett<br>• neutrales Öl |
| **Verwendung** | • helle Saucen, z. B. Velouté oder Béchamel-Sauce | • z. B. braune Geflügel-Sauce | • z. B. Wild-Sauce |

Man muss bei der Zubereitung und bei der Verwendung einer Mehl-Schwitze beachten:

- Es dürfen sich **keine Klümpchen** bilden:
  - Man gießt eine **heiße Mehl-Schwitze mit kalter Flüssigkeit** auf.
  - Man rührt **in** eine **heiße Flüssigkeit kalte Mehl-Schwitze** ein.
- Die Sauce/Suppe darf im Topf **nicht ansetzen**. Darum **rührt** man die Sauce/Suppe **ständig um**.
- Die Sauce/Suppe soll **keinen Mehl-Geschmack** haben. Darum lässt man die Sauce/Suppe **15–20 Minuten auskochen**.

## Mehl-Butter (Beurre manié)

Man **knetet Mehl und kalte Butter** in einem **Verhältnis von 1 : 1** (z. B. 200 g Mehl mit 200 g Butter). Die Mehl-Butter **rührt** man **in** kleinen Portionen (löffelweise) unter die **kochende Flüssigkeit**.

Das **Fett umhüllt** die **Mehl-Teilchen**. Die **Mehl-Teilchen** sind **voneinander getrennt**. Sie können sich nicht miteinander verbinden. Darum entstehen **keine Klümpchen**.

## Stärke

Man verwendet entweder **Weizen-Stärke**, **Kartoffel-Stärke**, **Mais-Stärke** oder **Reis-Stärke**.

Die **Stärke verrührt** man **mit kalter Flüssigkeit**, z. B. mit Wasser oder fettfreier Brühe. Man **gibt** die **eingerührte Stärke in** die **kochende Flüssigkeit**.

> **Wenn man Stärke direkt in heiße zu bindende Flüssigkeit gibt, klumpt die Stärke.** !

Stärke hat einen **neutralen Geschmack**. Der **Geschmack der Flüssigkeit** wird **nicht verändert**.

## Butter

Man **rührt eiskalte kleine Butter-Stückchen in heiße Flüssigkeit** (montieren). Die Flüssigkeit darf nicht kochen.

> **Man darf die Flüssigkeit mit der eingerührten Butter nicht noch einmal aufkochen. Sonst wird die Bindung zerstört.** !

Die Sauce bekommt einen **feinen Butter-Geschmack**. Der **Energie-Gehalt** der Sauce ist **sehr hoch**.



## Sahne-Erzeugnisse

Man kann zum Binden von Saucen und Suppen auch Sahne-Erzeugnisse verwenden.

### Creme double

Creme double wird **aus ungesäuerter Sahne** hergestellt. Creme double hat einen **Fett-Gehalt** von **mindestens 40 %.**

Man **rührt** Creme double **in** den **heißen Fond**. Man kann den Fond vorher einkochen (reduzieren).

Die Sauce/Suppe bekommt eine **sehr cremige Konsistenz**. Der **Energie-Gehalt** ist **hoch**.

### Crème fraîche/Schmand

Crème fraîche und Schmand werden **aus gesäuerter Sahne** hergestellt. **Crème fraîche** hat einen Fett-Gehalt von **mindestens 30 %, Schmand** hat einen Fett-Gehalt von **mindestens 20 %.**

Man **rührt** Crème fraîche/Schmand **in** einen **heißen kräftigen Fond**. Die leichte Säure der beiden Produkte **verfeinert** den **Geschmack**.

Beide Produkte können als **Zusatz-Stoffe** Verdickungs-Mittel oder Stabilisatoren enthalten. Man muss diese Mittel **auf** der **Speisekarte kennzeichnen**.

### Industrieller Saucen-Binder

Der Handel bietet **fertige Saucen-Binder** (Convenience-Produkte) an.

Man **rührt** den **Saucen-Binder in kochende** Flüssigkeit ein. Die Flüssigkeit muss **bis zum Auflösen der Körnchen weiterkochen**.

Man kann fertige Saucen-Binder **direkt in** die **kochende Flüssigkeit geben**. Es bilden sich **keine Klümpchen**.

## Übersicht über die Grund-Saucen

synopsis oft he different kinds of basic sauces
tableau synoptipquw des sauces de base

Die **Grund-Saucen** sind die **Grundlage vieler Saucen**. Durch weitere Zutaten und veränderte Arbeitsschritte erhält man Ableitungen (Variationen) dieser Grund-Saucen.

Für eine gute Grund-Sauce beachtet man:
- Man verarbeitet **einwandfreie Rohstoffe**.
- Man **hält** die notwendigen **Arbeitsschritte ein**.
- Man verwendet **gut zubereitete Brühen**.

**Grund-Saucen**

| warm | | | | | kalt |
|---|---|---|---|---|---|
| Braune Grund-Sauce *Demiglace* | Wild-Sauce *Sauce gibier* | Weiße Grund-Sauce *Velouté* | Béchamel-Sauce *Sauce Béchamel* | Holländische Sauce *Sauce hollandaise* | Mayonnaise *Sauce mayonnaise* |
| **Ausgangs-Material** | | | | | |
| Brühe braun | Brühe braun | Brühe hell | Milch | Fette: Butter | Fette: Öl |
| **Bindung** | | | | | |
| Mehl-Schwitze braun | Mehl-Schwitze braun | Mehl-Schwitze hell | Mehl-Schwitze hell | Emulsions-Bildung durch Ei-Gelb | |

*Dunkle Grund-Sauce (Demiglace)*

*Weiße Grund-Sauce (Velouté)*

*Holländische Sauce (Sauce hollandaise)*

*Mayonnaise*

## Braune Grund-Sauce (braune Kraft-Sauce)

demiglace
sauce demiglace

Man **braucht** für die Zubereitung einer dunklen Grund-Sauce (Demiglace) **folgende Zutaten**:

- Fett
- Kalbs-Knochen und Kalbs-Parüren
- magere Speck-Reste
- Röst-Gemüse
- Tomaten-Mark
- Wein
- Mehl-Schwitze
- Braune Brühe
- Paprika, edelsüß
- Gewürz-Beutel: Knoblauch, Lorbeer, Petersilien-Wurzel, Pfeffer-Körner, Thymian

| Arbeitsschritt | Begründung |
|---|---|
| • Fett erhitzen<br>• Zerkleinerte Knochen anrösten ②<br>• Parüren und Speck-Reste dazugeben und mitrösten | • Durch das Rösten **bilden sich Farb-Stoffe** und **Aroma-Stoffe**.<br>• Zerkleinerte Knochen haben eine **größere Oberfläche**. Es bilden sich **mehr Röst-Stoffe**. |
| • Röst-Gemüse (Mirepoix) dazugeben und gleichmäßig mitrösten ③ | • Kohlenhydrate im Röst-Gemüse **karamellisieren**.<br>• Bei ungleichem Rösten entstehen Bitter-Stoffe. |
| • Tomaten-Mark zugeben und mitrösten ④ | • Die Säure im Tomaten-Mark wird weniger.<br>• Die **Farbe** wird **intensiver**. |
| • Paprika-Pulver einstäuben<br>• Mit Wein und wenig brauner Brühe ablöschen und glasieren ⑤ | • Das Paprika-Pulver **entfaltet** seine **Würz-Kraft**.<br>• Wein gibt einen **besonderen Geschmack**.<br>• Durch das Glasieren entstehen **weitere Farb-Stoffe und Geschmacks-Stoffe**. |
| • Braune Mehl-Schwitze dazugeben<br>• Mit kalter brauner Brühe auffüllen ⑥ | • Die Sauce bekommt eine **Bindung**.<br>• **Durch** die **kalte Brühe** bilden sich **keine Klümpchen**. |
| • 2–4 Stunden kochen lassen<br>• Zwischendurch abschäumen und das Fett abschöpfen | • Die **Zutaten** werden **ausgekocht**.<br>• Die Brühe wird **nicht trüb**. |
| • Gewürze und Kräuter erst jetzt zugeben | • Die Sauce wird **gewürzt**.<br>• Bei einer zu langen Koch-Zeit verflüchtigen sich die Geschmacks-Stoffe und die Aroma-Stoffe. |
| • Sauce passieren ⑦ | • Die **festen Bestandteile** werden **entfernt**. |

*Zutaten vorbereiten*

*Zerkleinerte Knochen anrösten*

*Röst-Gemüse (Mirepoix) dazugeben*

*Tomaten-Mark mitrösten;*
*mit wenig Fond und Wein ablöschen*

*Ansatz mehrfach einkochen (reduzieren);*
*braune Mehl-Schwitze zugeben*

*Ansatz mit braunem, kaltem Fond auffüllen*

*Zutaten auskochen lassen; passieren*

## Ableitungen (Variationen) der dunklen Grund-Sauce (Demiglace)

| | | |
|---|---|---|
| **Bordelaiser Sauce**<br>🇬🇧 red wine sauce with marrow<br>🇫🇷 sauce bordelaise | • **Schalotten-Würfel**, **Pfeffer-Körner**, **Thymian**, **Lorbeer-Blatt** und **Bordeaux-Wein** auf ein Drittel **reduzieren**.<br>• Dunkle Grund-Sauce **dazugeben**, kochen lassen und passieren<br>• Mit **Zitronen-Saft** und **Butter-Stückchen** fertigstellen | **Blanchierte Mark-Würfel** und **gehackte Petersilie** dazugeben |
| **Geeignet zu**:<br>Fleisch, gegrillt oder gebraten; Gemüse | | |

| | | |
|---|---|---|
| **Robert-Sauce**<br>🇬🇧 brown mustard sauce<br>🇫🇷 sauce robert | • **Zwiebel-Würfelchen** in Butter anschwitzen und mit **Weißwein** ablöschen<br>• Flüssigkeit **reduzieren**<br>• Dunkle Grund-Sauce **einrühren**, kochen lassen | **Senf** einrühren, Butter-Stückchen unterziehen, mit Pfeffer und Zucker abschmecken |
| **Geeignet zu**:<br>Schweine-Koteletts und Schweine-Filets, gegrillt | | |

| | | |
|---|---|---|
| **Pikante Sauce**<br>🇬🇧 piquant sauce<br>🇫🇷 sauce piquante | • **Schalotten-Würfel**, **Essig**, **Weißwein** und leicht zerdrückte **Pfeffer-Körner** **reduzieren**<br>• Dunkle Grund-Sauce **dazugeben**, kochen lassen und passieren | **Gehackte Gewürz-Gurken** dazugeben |
| **Geeignet zu**:<br>Schweine-Fleisch, gebraten; Kalbs-Zunge, gekocht | | |

H

## Dunkle Grund-Sauce lagern

Man kann die dunkle Grund-Sauce in größeren Mengen **auf Vorrat zubereiten**.

Die fertige Grund-Sauce lagert man auf zwei Arten:

- Die fertige Grund-Sauce **füllt** man **in** eine **Gastro-Norm-Schale** ①. Die Gastro-Norm-Schale **deckt** man **mit Klarsicht-Folie ab** und **stellt** sie **ins Kühlhaus**.
- Man kann die fertige Grund-Sauce auch **einfrieren**. So ist sie **länger haltbar**. Dafür **vakuumiert** man die Grund-Sauce **in Portionen** ②.
  Die Sauce verändert beim Tiefgefrieren ihre Konsistenz. Darum muss man sie nach dem Auftauen nacharbeiten.

①

②

## Wild-Sauce

🇬🇧 game sauce
🇫🇷 sauce gibier

Man **braucht** für die Zubereitung einer Wild-Sauce **folgende Zutaten**:

- Fett
- Wild-Knochen und Wild-Parüren
- Speck-Reste
- Röst-Gemüse
- Senf
- Rotwein
- Mehl
- Braune Wild-Brühe
- Trocken-Pilze
- Wacholder-Beeren
- Pfeffer-Körner
- Gewürz-Beutel: Basilikum, Lorbeer, Nelken, Rosmarin

Man **stellt** die **Wild-Sauce wie** die **dunkle Grund-Sauce her**.

### Ableitungen (Variationen) der Wild-Sauce

| | | |
|---|---|---|
| **Wild-Pfeffersauce**<br>🇬🇧 game sauce with fresh pepper<br>🇫🇷 sauce poivrade | • **Schalotten-Würfel** und **Speck-Würfel** anbraten<br>• Zerdrückte **Pfeffer-Körner**, **Thymian** und **Lorbeer** dazugeben<br>• Mit **Weißwein** ablöschen, **reduzieren**<br>• Wild-Sauce **zugeben**, kochen lassen und passieren | Mit **frisch gemahlenem Pfeffer** würzen |
| **Geeignet zu**:<br>Wild-Gerichte à la minute, Wild-Braten | | |

| | | |
|---|---|---|
| **Wacholder-Sauce**<br>🇬🇧 juniper sauce<br>🇫🇷 sauce au genièvre | • **Wacholder-Beeren** zerdrücken<br>• **Speck-Würfel** und **Zwiebel-Würfel** anschwitzen<br>• Mit **Rotwein** ablöschen<br>• Mit Wild-Sauce **auffüllen**, kochen lassen und **reduzieren** | Mit **Gin** abschmecken |
| **Geeignet zu**:<br>Wild-Braten, À-la-Minute-Gerichte von Wild | | |

| | | |
|---|---|---|
| **Wild-Rahm-Sauce**<br>🇬🇧 game cream sauce<br>🇫🇷 sauce gibier à la crème | • **Zwiebel-Würfel** anschwitzen, mit **Weißwein** ablöschen und **reduzieren**.<br>• Wild-Sauce **dazugeben**, kochen lassen und passieren | Mit **Sahne**, **Crème fraîche** und **Johannisbeer-Gelee** verfeinern |
| **Geeignet zu**:<br>Reh-Rücken, Wildschwein-Rücken, Wild-Braten, À-la-Minute-Gerichte von Wild | | |

H

## Braten-Sauce/Jus

gravy
jus de rôti

Ein **Braten-Satz** entsteht beim Braten von Fleisch oder Geflügel. Man kann diesen Braten-Satz **für** die **Zubereitung** einer **Braten-Sauce (Jus)** nutzen.

### Arbeitsweise

- Man **nimmt** das **Brat-Gut aus** dem **Brat-Geschirr** und **gießt** das **Fett ab**.
- Den Braten-Satz **löscht** man **mit kräftigem braunem Fond ab**. Der Fond gleicht dem Grund-Stoff des Braten-Satzes, z. B. Geflügel-Fond für Geflügel.
- Man **kocht** die **Flüssigkeit stark ein** (lässt sie stark reduzieren). **So entsteht** die **Jus**.

In der Jus sind die **Geschmacks-Stoffe des Braten-Satzes** enthalten. Die Jus hat den **Geschmack des gebratenen Fleisches**.

Man **kann** die Jus mit angerührter Stärke **leicht binden**. Danach passiert man die Jus.

Eine Jus
- muss **kräftig** sein,
- muss **nach** dem **jeweiligen Fleisch schmecken**,
- darf nur **leicht gebunden** sein.



## Weiße Grund-Sauce

velouté sauces
veloutés

Eine weiße Sauce muss **geschmacklich zu** dem jeweiligen **Gericht passen**. Darum **verwendet** man eine **entsprechende helle kräftige Grund-Brühe**.

Die Grund-Brühe kann vom **Kalb**, von **Geflügel**, von **Fisch** oder von **Gemüse** sein.

Man reicht weiße Saucen zu gekochtem, gedünstetem oder gedämpftem Schlacht-Fleisch. Weiße Saucen passen auch zu Geflügel, zu Fisch, zu Haus-Kaninchen und zu Eiern.

### Weiße Grund-Sauce (Velouté) zubereiten

Man **stellt** eine weiße Grund-Sauce immer **mit** den **gleichen Arbeitsschritten her**. Nur die **verwendete Grund-Brühe ist unterschiedlich**.

| Arbeitsschritt | Begründung |
|---|---|
| • Butter zerlassen<br>• Mehl einstäuben und anschwitzen | • Der **Mehl-Geschmack geht** durch das Anschwitzen **verloren.** |
| • Kalte, helle Brühe dazugießen und aufkochen lassen; dabei ständig rühren<br>• Abschäumen und weiterkochen lassen | • Es bilden sich **keine Klümpchen.**<br>• Die Sauce **setzt nicht so schnell an.**<br>• Man **entfernt Schwebe-Teilchen.**<br>• Die Sauce **bekommt** ihre **Konsistenz.** |
| • Sauce passieren | • Man **entfernt feste Bestandteile.** |

Die **Grund-Sauce** bekommt ihren **Namen nach der verwendeten Brühe.**

Man kann diese Grund-Saucen **verfeinern.** Dabei entstehen die folgenden Saucen:

| Grund-Sauce | Arbeitsweise | Verfeinerte Sauce |
|---|---|---|
| **Kalbs-Grund-Sauce**<br>Velouté de veau | • Kalbs-Grund-Sauce zusammen mit Champignon-Fond kochen<br>• Mit Sahne und Ei-Gelb legieren<br>• Mit Zitronen-Saft, Salz und Pfeffer abschmecken<br>• Butter-Flocken unterziehen | **Deutsche Sauce**<br>allemande sauce<br>sauce allemande |
| **Geflügel-Grund-Sauce**<br>Velouté de volaille | • Geflügel-Grund-Sauce zusammen mit Champignon-Fond kochen<br>• Mit Sahne verfeinern; mit Salz und Pfeffer abschmecken<br>• Butter-Flocken unterziehen | **Geflügel-Rahm-Sauce**<br>suprême sauce<br>sauce suprême |
| **Fisch-Grund-Sauce**<br>Velouté de poisson | • Fisch-Grund-Sauce zusammen mit Weißwein kochen<br>• Mit Sahne verfeinern; mit Salz und Pfeffer abschmecken<br>• Butter-Flocken unterziehen | **Weißwein-Sauce**<br>white wine cream sauce<br>sauce au vin blanc |
| **Gemüse-Grund-Sauce**<br>Velouté de légumes | • Gemüse-Grund-Sauce zusammen mit Champignon-Fond kochen<br>• Mit Sahne verfeinern; mit Salz und Pfeffer abschmecken<br>• Butter-Flocken unterziehen | **Gemüse-Rahm-Sauce**<br>vegetable cream sauce<br>sauce à la crème végétale |

H

## Ableitung (Variation) der Deutschen Sauce

| | | |
|---|---|---|
| **Kapern-Sauce**<br>🇬🇧 caper sauce<br>🇫🇷 sauce aux câpres | • Deutsche Sauce mit Kapern und Kapern-Fond ergänzen |  |
| **Geeignet zu:**<br>Fleisch von Rind, Kalb und Lamm, gekocht; hellem Geflügel; Fisch, pochiert | | |

## Ableitung (Variation) der Geflügel-Rahm-Sauce

| | | |
|---|---|---|
| **Geflügel-Crème-Sauce**<br>🇬🇧 poultry sauce with fine herbs<br>🇫🇷 sauce Chivry | • Schalotten-Würfel, Kräuter und Weißwein reduzieren<br>• Zusammen mit Geflügel-Rahm-Sauce kochen<br>• Mit frischen Kräutern vollenden |  |
| **Geeignet zu:**<br>hellem Geflügel, gekocht oder gedünstet | | |

## Ableitung (Variation) der Weißwein-Sauce

| | | |
|---|---|---|
| **Dill-Sauce**<br>🇬🇧 dill sauce<br>🇫🇷 sauce au fenouille | • Feingehackten Dill kurz vor dem Anrichten in die warme Weißwein-Sauce geben |  |
| **Geeignet zu:**<br>Fisch, pochiert oder gedünstet; Krabben | | |

## Ableitung (Variation) der Gemüse-Rahm-Sauce

| | | |
|---|---|---|
| **Bärlauch-Sauce**<br>🇬🇧 white garlic sauce<br>🇫🇷 sauce á l'ail des ours | • Schalotten-Würfel in Butter anschwitzen<br>• Zusammen mit Gemüse-Rahm-Sauce kochen<br>• Gehackte Bärlauch-Blätter dazugeben, kurz pürieren<br>• Mit Crème fraîche abschmecken |  |
| **Geeignet zu:**<br>Rindfleisch, gekocht; Lamm-Braten | | |

H

## Béchamel-Sauce

béchamel sauce
sauce Béchamel

Die Béchamel-Sauce ist die **Milch-Grund-Sauce**.

Man verwendet die Béchamel-Sauce z. B. für Aufläufe. Zum Überbacken ergänzt man die Béchamel-Sauce mit geriebenem Käse.

Man kann die Béchamel-Sauce als Grundlage für viele Ableitungen (Variationen) nutzen.

| Arbeitsschritt | Begründung |
|---|---|
| • Butter zerlassen<br>• Zwiebel-Würfel anschwitzen | • Durch das Anschwitzen der Zwiebel-Würfel **entstehen Geschmacks-Stoffe**. |
| • Mehl einstäuben und hell anschwitzen | • Der **Mehl-Geschmack geht** durch das Anschwitzen **verloren**. |
| • Milch oder eine Mischung aus Milch/Kalbs-Fond nach und nach dazugießen<br>• Sauce aufkochen lassen, dabei rühren<br>• Würz-Stoffe dazugeben<br>• 20 Minuten kochen lassen | • Es bilden sich **keine Klümpchen**.<br>• Die Sauce **setzt nicht so schnell an**.<br>• Die Sauce **bekommt** ihre **Konsistenz**. |
| • Sauce passieren | • Man **entfernt feste Bestandteile**. |
| • Flüssige Butter auf die Sauce geben | • Es **bildet sich** auf der Oberfläche **keine Haut**. |

H

*Mehl-Schwitze*

*Milch dazugießen*

*Konsistenz prüfen*

## Ableitungen (Variationen) der Béchamel-Sauce

**Käse-Sauce**

🇬🇧 mornay sauce
🇫🇷 sauce Mornay

- Béchamel-Sauce mit Ei-Gelb und Sahne **legieren**
- Butter-Stückchen unterziehen
- **Geriebenen Hartkäse**, z. B. Parmesan, Emmentaler, Greyerzer, **in** die **Sauce mischen**

**Geeignet zu/zum**:
Überbacken von z. B. Eier-Gerichten, Fisch-Gerichten; Gemüse und Nudeln, Gerichte mit hellem Geflügel oder Gerichte mit weißem Schlacht-Fleisch

**Rahm-Sauce**

🇬🇧 cream sauce
🇫🇷 sauce à la crème

- In die heiße Béchamel-Sauce **viel Sahne** geben
- Butter-Stückchen unterziehen

**Geeignet zu**:
Fisch, gedünstet; Teigwaren, Gemüse, Rahm-Kartoffeln, Aufläufe

**Meerrettich-Sauce**

🇬🇧 horseradish sauce
🇫🇷 sauce raifort

- Béchamel-Sauce zusammen **mit Rinder-Brühe** kochen
- **Geriebenen Meerrettich** dazugeben
- Mit **Essig**, **Salz** und **Zucker** abschmecken
- Butter-Stückchen unterziehen

**Geeignet zu**:
Rind-Fleisch, gekocht, z. B. Tafel-Spitz; Fisch, gekocht oder gedünstet



## Weiße Schaum-Saucen

🇬🇧 white mousse sauces
🇫🇷 sauces moussantes blanc

Man kann Schaum-Saucen **aus weißen Grund-Saucen und** aus **ihren Ableitungen** (Variationen) herstellen.

Es gibt **zwei Möglichkeiten**, eine weiße Sauce **aufzuschäumen**:

- Man gibt die Sauce **in** einen **Siphon**. Mit dem Siphon gibt man die aufgeschäumte Sauce auf das Gericht.
- Man schäumt die Sauce **mit** einem **Pürier-Stab** auf. Durch das Pürieren entstehen viele kleine Luft-Bläschen.

## Holländische Sauce/Béarner Sauce

hollandaise sauce/béarnaise sauce
sauce hollandaise/sauce béarnaise

Die Holländische Sauce und die Béarner Sauce sind **aufgeschlagene Butter-Saucen**.

Die **Bindung** entsteht **durch** eine **Emulsion** (vgl. S. 78) **von Butter und Ei-Gelb**.

Die **Grund-Bestandteile** sind für beide Saucen **gleich**.
Die beiden Saucen unterscheiden sich nur durch die würzenden Zutaten.

Man **braucht** für beide Saucen eine **Reduktion**.

Eine Reduktion stellt man so her:

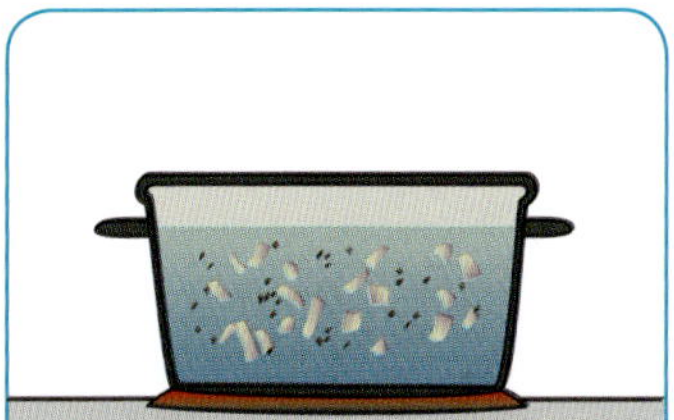

Würzende Bestandteile laugen in der Flüssigkeit aus.

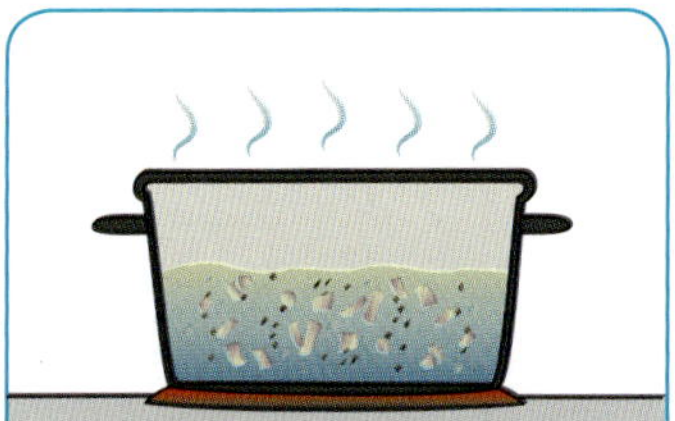

Das Wasser verdampft bei mäßiger Hitze. Die Flüssigkeit wird reduziert. Nach dem Reduzieren wird passiert.

Passierte Reduktion. Der Geschmack konzentriert sich in wenig Flüssigkeit.

Man **benötigt** für die Herstellung der Holländischen Sauce und der Béarner Sauce **folgende Zutaten**:

<table>
<tr><th>Holländische Sauce</th><th>Béarner Sauce</th></tr>
<tr><td>Für die Reduktion:<br>• Weißwein-Essig/Weißwein<br>• Wasser<br>• Zerdrückte Pfeffer-Körner<br>• Schalotten-Würfel</td><td>Für die Reduktion:<br>• Weißwein<br>• Wasser<br>• Zerdrückte Pfeffer-Körner<br>• Schalotten-Würfel<br>• Estragon-Zweig und Kerbel-Zweig</td></tr>
<tr><td colspan="2">• Ei-Gelb<br>• Wasser<br>• Zerlassene Butter</td></tr>
<tr><td>Geschmackliche Ergänzungen:<br>• Salz<br>• Cayenne-Pfeffer<br>• Zitronen-Saft</td><td>Geschmackliche Ergänzungen:<br>• Salz<br>• Cayenne-Pfeffer<br>• Estragon-Blätter und Kerbel-Blätter</td></tr>
</table>

H

Man stellt die Holländische Sauce und die Béarner Sauce so her:

| Arbeitsschritt | Begründung |
|---|---|
| • Zutaten für die Reduktion der Holländischen Sauce oder der Béarner Sauce zum Kochen bringen<br>• Auf ein Drittel reduzieren | • Die **Geschmacks-Stoffe** werden **ausgelaugt**.<br>• Der **Geschmack** wird **konzentriert**. |
| • Kaltes Wasser und Ei-Gelb zusammen mit der Reduktion verrühren<br>• Im warmen Wasserbad aufschlagen | • Das **Wasser kühlt** die heiße Reduktion. Das **Ei-Gelb stockt nicht**.<br>• Durch das Aufschlagen entstehen Luft-Bläschen.<br>• Die **Wärme fördert** die **Bindung**. |
| • Wenig zerlassene Butter nach und nach unterrühren | • Die **Emulsion bildet sich** und die **Ei-Gelb-Masse gerinnt nicht**. |
| • Zerlassene Butter zügig einrühren.<br>• Wasser bei Bedarf dazugeben. | • Die Grund-Bindung besteht weiter und die **Masse gerinnt nicht** mehr **so leicht**.<br>• Die Ei-Gelb-Masse kann **mehr Butter aufnehmen**. |
| • Mit den geschmacklichen Ergänzungen der jeweiligen Sauce abschmecken. | • Die **Geschmacks-Stoffe** der Reduktion werden **ergänzt**. |

*Zutaten bereitstellen*

*Reduktion herstellen*

*Reduktion passieren*

*Butter zerlassen, Eier trennen*

*Ei-Gelb mit Reduktion im Wasserbad aufschlagen*

*Flüssige Butter langsam unterrühren*

## Holländische Sauce/Béarner Sauce verwenden

| Holländische Sauce | Béarner Sauce |
|---|---|
| • Fisch<br>• Helles Geflügel<br>• Krusten-Tiere<br>• Eier<br>• Gemüse (typisch zu Spargel) | • Fleisch, gegrillt oder gebraten<br>• Fisch, gegrillt oder gebraten<br>• Geflügel, gegrillt oder gebraten |

Man kann die Holländische Sauce auch **mit** einer **weißen Grund-Sauce (Velouté) mischen**. Dann erhält man eine **Butter-Sauce**.

In der Butter-Sauce ist **weniger Ei-Gelb** und **weniger Fett** als in der Holländischen Sauce. Die Sauce hat trotzdem einen **leichten Butter-Geschmack**.

Man bereitet eine Butter-Sauce zu,
- um die Material-Kosten zu senken,
- damit der Fett-Gehalt der Sauce niedriger ist,
- weil die Butter-Sauce wegen der Stärke in der weißen Grund-Sauce nicht so schnell gerinnt.

## Hygiene-Risiko bei der Holländischen Sauce/Béarner Sauce

Die Holländische Sauce und die Béarner Sauce haben einen **hohen Ei-Anteil**.
- Man muss für beide Saucen unbedingt **sehr frische Eier** der **Güte-Klasse A** verwenden. Man kann **auch pasteurisiertes Ei-Gelb** nutzen.
- Man **arbeitet** bei der Zubereitung **besonders hygienisch**.

## Fehler bei der Holländischen Sauce/Béarner Sauce

Bei der Zubereitung der Holländischen Sauce und der Béarner Sauce kann man **schnell Fehler machen**. Die Fehler **wirken** sich **negativ** aus.

| Fehler | Wirkung |
|---|---|
| • Man **schlägt** die Ei-Gelb-Masse **zu wenig auf**. | • Die Sauce hat eine **schlechte Bindung**.<br>• Die Sauce hat **zu wenig Volumen**. |
| • Die **Temperatur** des Wasserbads ist **zu hoch**. | • Das **Ei-Gelb stockt**. |
| • Man **rührt** die zerlassene **Butter zu schnell unter** die Ei-Gelb-Masse. | • Die Sauce **gerinnt**. |
| • Die **Butter** ist **zu heiß**. | • Die Sauce **gerinnt**. |
| • Die **Warmhalte-Temperatur** ist **zu hoch**. | • Die Sauce **gerinnt**. |

H

## Geronnene Holländische Sauce/Béarner Sauce „retten“

Man kann eine **geronnene Sauce nicht verwenden**.

Es gibt aber verschiedene Möglichkeiten, eine geronnene Holländische Sauce oder eine geronnene Béarner Sauce zu „retten“.

**Kaltes Wasser dazugeben**
- Man gießt wenig kaltes Wasser an den Rand der Schüssel.
- Dann rührt man mit einem Schneebesen vorsichtig an der Oberfläche einen kleinen Kreis.
- Wenn die Sauce bindet, rührt man in einem größeren Kreis.

**Ei-Gelb dazugeben**

1. Methode:
- Man schlägt Ei-Gelb mit Wasser auf und rührt diese Masse tröpfchenweise unter die Sauce.

2. Methode
- Man gibt ein Ei-Gelb oder mehrere Ei-Gelbe dazu und rührt die Sauce vom Rand aus.

**Fertige Sauce einrühren**

1. Methode:
- Man rührt eine geronnene Sauce nach und nach in eine fertige, gut emulgierte Sauce.

2. Methode:
- Man rührt wenig weiße Sauce, z. B. Béchamel-Sauce, nach und nach in die geronnene Sauce (s. Abb.).

**Mit Pürier-Stab glattrühren**
- Man rührt eine gerade gerinnende Sauce mit dem Pürier-Stab glatt.

H

## Ableitung (Variation) der Holländischen Sauce

| Schaum-Sauce | | |
|---|---|---|
| **Schaum-Sauce**<br>sauce mousseline | • Die Holländische Sauce mit **Zitronen-Saft** pikant abschmecken.<br>• **Geschlagene Sahne** unterziehen. |  |

**Geeignet zu**:
Fisch, gedünstet oder gedämpft; Gemüse, gekocht

## Ableitung (Variation) der Béarner Sauce

| | | |
|---|---|---|
| **Choron-Sauce**<br>🇬🇧 choron sauce<br>🇫🇷 sauce Choron | • Tomaten-Püree anschwitzen<br>• Tomaten-Püree mit Béarner Sauce vermischen |  |
| **Geeignet zu:**<br>Fleisch oder Fisch, gebraten oder gegrillt; typisch zu Tournedos | | |

## Mayonnaise

🇬🇧 mayonnaise
🇫🇷 sauce mayonnaise

Die Mayonnaise ist eine **Emulsion aus Pflanzen-Öl**, **Ei-Gelb**, **Wasser** und **Essig** oder **Zitronen-Saft**.

Eine **Emulsion** ist eine **dauerhafte Vermischung von Öl und** einer **wässrigen Flüssigkeit**. Man **braucht** einen **Emulgator**, damit sich das Öl und die wässrige Flüssigkeit vermischen können (vgl. S. 78). **Bei Mayonnaise** ist **Ei-Gelb** der **Emulgator**.

Man stellt die Mayonnaise so her:

| Arbeitsschritt | Begründung |
|---|---|
| • Ei-Gelb und Pflanzen-Öl frühzeitig bereitstellen | • Die **Zutaten** dürfen **nicht zu kalt** sein. Die **Emulsion bildet sich** sonst **nicht**. |
| • Ei-Gelb (18–20 °C) in eine ausreichend große Schüssel geben (Abb. 1, s. nächste Seite)<br>• Ei-Gelb und Salz cremig rühren | • Man **braucht** für das Rühren der Zutaten ausreichend **Platz**. |
| • Pflanzen-Öl tröpfchenweise in die cremige Ei-Gelb-Masse rühren (Abb. 2, s. nächste Seite) | • Eine erste **Bindung entsteht**. |
| • Essig oder Zitronen-Saft dazugeben | • Der **Geschmack** der Mayonnaise wird **verfeinert**. |
| • Restliches Pflanzen-Öl zusammen mit Wasser schnell und kräftig in die Masse rühren (Abb. 3, s. nächste Seite) | • Die **Emulsion entsteht**.<br>• Kräftiges Rühren **verkürzt** die **Zubereitungs-Zeit**.<br>• Die fertige Mayonnaise hat eine **feste Konsistenz**. |

## Hygiene-Risiko bei der Mayonnaise

Man verwendet **Ei-Gelb von frischen Eiern** für die Herstellung von Mayonnaise.

**Frische Eier können mit Salmonellen belastet sein. Darum muss man bei der Herstellung von Mayonnaise mit Ei-Gelb von frischen Eiern besonders hygienisch arbeiten.** !

Man kann Mayonnaise auch mit pasteurisiertem Ei-Gelb herstellen.

## Fehler bei der Herstellung beheben

Die **Emulsion bildet sich nicht**, **wenn man** bei der Herstellung **Fehler macht**. Es **gibt** mehrere **Möglichkeiten**, die **Emulsion doch** zu **bekommen**:

| Fehler | Emulsion bekommen |
|---|---|
| Das **Ei-Gelb** oder das **Pflanzen-Öl** ist **zu kalt**. | • Man **erwärmt** die **nicht emulgierte Masse**.<br>• Dann **verrührt** man ein **frisches Ei-Gelb mit** etwas **Salz**. Dieses Ei-Gelb **rührt** man **tröpfchenweise** in die Masse.<br>• Man kann evtl. noch lauwarmes Pflanzen-Öl einrühren. |
| Das **Pflanzen-Öl** wird **zu schnell eingerührt**. | • Man **verrührt** ein **frisches Ei-Gelb mit** etwas **Salz**. Das **Ei-Gelb rührt** man **langsam ein**. |
| In der Masse ist **zu viel Pflanzen-Öl**. | • Man **verrührt** ein **frisches Ei-Gelb mit** etwas **Salz**. Das **Ei-Gelb rührt** man **langsam ein**. Weiteres Pflanzen-Öl ist nicht notwendig. |
| | • Man kann nicht emulgierte Mayonnaise **mit** einem **Pürier-Stab glattrühren**. Am Anfang rührt man an einer kleinen Stelle. Dann vergrößert man den Kreis. |

## Mayonnaise aufbewahren

- Man kann eine **mit frischem Ei-Gelb** zubereitete Mayonnaise aufbewahren:
  - **ohne Kühlung 2 Stunden**
  - mit Kühlung bei **+7 °C** bis zu **24 Stunden**

  Diese Zeiten gelten nicht für Mayonnaise mit pasteurisiertem Ei-Gelb.
- Man bewahrt Mayonnaise in **geschlossenen Behältnissen** auf. So ist die Mayonnaise **vor** anderen **Gerüchen geschützt**.

## Ableitungen (Variationen) der Mayonnaise

| | | |
|---|---|---|
| **Remouladen-Sauce**<br>rémoulade sauce<br>sauce rémoulade | • Gehackte **Gewürz-Gurken**, **Kapern**, **Sardellen**, **Petersilie**, **Kerbel**, **Estragon**, frisch gemahlenen **Pfeffer** und **Senf** unter die Mayonnaise geben.<br>• Evtl. blanchierte Zwiebel-Würfel zugeben (Sauce zügig verbrauchen) |  |
| **Geeignet zu**:<br>Gemüse, gebacken; Fisch, gebacken; kaltem Braten; kalten Eiern | | |

| | | |
|---|---|---|
| **Tataren-Sauce**<br>tatar sauce<br>sauce tartare | • **Hart gekochte**, **gehackte Eier** und **Schnittlauch-Röllchen** unter die Mayonnaise geben |  |
| **Geeignet zu**:<br>Fisch, gebacken; kaltem Braten; kalten Eiern | | |

# Eigenständige Saucen

independent sauces
sauces autonomes



Es gibt warme und kalte Saucen, die man wegen ihrer Zutaten nicht den Grund-Saucen zuordnen kann.

## Frankfurter Grüne Sauce

Frankfurt green sauce
sauce vert de Francfort

Die Frankfurter Grüne Sauce ist eine **kalte Sauce**. Man verwendet für die Frankfurter Grüne Sauce traditionell **7–9 verschiedene Kräuter**.

Frankfurter Grüne Sauce wird je nach Region unterschiedlich zubereitet.

### Arbeitsweise (Beispiel)

- **Ei-Gelbe** von hart gekochten Eiern **passieren**
- passierte Ei-Gelbe **mit Senf verrühren** und mit Salz und Pfeffer würzen
- **Pflanzen-Öl**, **Joghurt** und **saure Sahne unterrühren**
- **fein gehackte Kräuter** (Borretsch, Dill, Kerbel, Kresse, Petersilie, Sauerampfer, Schnittlauch) **dazugeben**

Die **Frankfurter Grüne Sauce** passt zu:

| | | |
|---|---|---|
| • hart gekochten Eiern | • Salzkartoffeln | • gekochtem Rindfleisch |
| • Schnitzel | • Sülze | • gebackenem Fisch |

## Tomaten-Sauce

tomato sauce
sauce tomate

Tomaten-Sauce **schmeckt fruchtig-säuerlich** und **sieht** wegen ihrer Farbe **appetitlich aus**. Tomaten-Sauce kann **warm oder kalt** sein.

### Arbeitsweise für die Zubereitung einer kalten Tomaten-Sauce

- **Fleisch-Tomaten waschen**, **halbieren** und **entkernen**
- **Tomaten-Fleisch** durch ein Haar-Sieb **passieren**
- **Oliven-Öl** in die passierten Tomaten rühren
- **gehackte Schalotten**, **gehackte Petersilie** und **kleingeschnittenes Basilikum** dazugeben
- mit **Zitronen-Saft**, **Zucker**, **Salz** und **Pfeffer** abschmecken

Die **kalte Tomaten-Sauce** passt zu:

| | | |
|---|---|---|
| • Anti-Pasti | • Geflügel-Terrinen, Fisch-Terrinen | • Tapas |

H

### Arbeitsweise für die Zubereitung einer warmen Tomaten-Sauce

- **Tomaten waschen**, **halbieren** und **entkernen**
- Zwiebeln und Möhren **in Würfel schneiden**
- **Zwiebel-Würfel** und **Möhren-Würfel** in Butter **anschwitzen**
- **Mehl einstäuben** und **mitschwitzen**
- **Tomaten**, **Tomaten-Mark** und gepressten **Knoblauch** dazugeben
- alle **Zutaten** eine **kurze Zeit schmoren** lassen
- **Kalbs-Brühe dazugießen** und **aufkochen**
- mit **Zucker**, **Pfeffer** und **wenig Salz** würzen; **Kräuter-Sträußchen** dazugeben
- **30–60 Minuten köcheln** lassen, die Sauce mehrmals mit dem Spachtel vom Topf-Boden lösen
- **Sauce** durch ein Haar-Sieb **passieren**

Die **warme Tomaten-Sauce** passt zu:

| | | |
|---|---|---|
| • Gemüse | • Eier-Speisen | • Teigwaren, Reis-Gerichten |
| • Schlacht-Fleisch-Gerichten | • Geflügel-Gerichten | • Fisch-Gerichten |

## Cumberland-Sauce

Cumberland sauce
sauce Cumberland

Die Cumberland-Sauce ist eine **kalte Sauce**.

### Arbeitsweise

- **dünne Streifen** von unbehandelter **Orange** und **Zitrone mit** einem **Zesten-Messer abschneiden**
- **Schalen-Streifen** in Wasser **kurz aufkochen** und **in** wenig **Rotwein weichkochen**
- **Johannisbeer-Gelee** und **Preiselbeeren** passieren
- **Senf-Pulver** mit **Rotwein** glattrühren und unter die Frucht-Masse rühren
- Frucht-Masse mit **Orangen-Saft**, **Zitronen-Saft**, **geriebenem Meerrettich** und wenig **Cayenne-Pfeffer** abschmecken
- abgekühlte **Schalen-Streifen** dazugeben

Die **Cumberland-Sauce** passt zu:

| | | |
|---|---|---|
| • Kaltem Wild-Braten | • Wild-Pasteten, Wild-Terrinen | • Kaltem Wild-Geflügel |

## Anrichten von Saucen

arranging sauces
dresser des sauces

Man **kann** Sauce **verschieden anrichten**:

| **Angießen** | **Extra gereicht (à part)** | **Saucen-Spiegel** | **Überziehen (nappieren)** |
|---|---|---|---|
|  |  |  |  |
| Man bedeckt das Gar-Gut höchstens zur Hälfte mit Sauce. | Man reicht die Sauce in einer Saucière. | Man legt das Gar-Gut auf die Sauce. | Man überzieht das Gar-Gut mit der Sauce. |

Man **beachtet beim Anrichten** von Saucen:

| **Regel** | **Begründung** |
|---|---|
| Man **richtet** die Sauce **so an, wie** es **auf** der **Speisekarte** steht. | Der **Gast erwartet** die **Sauce** so angerichtet, **wie** er es **auf** der **Speisekarte** gelesen hat. |
| Eine Sauce **berührt panierte Speisen** möglichst **nicht**. | Die **Panierung saugt sich** mit Sauce **voll**. Die Panierung wird **weich** und **matschig**. |
| Man verwendet **für** einen **Saucen-Spiegel nicht zu viel Sauce**. | Die **Speise** auf dem Saucen-Spiegel **kann** beim Servieren **verrutschen**. |

## 5.3 Butter-Mischungen

butter mixtures
beurres composés

Butter **verfeinert** den **Geschmack** einer Speise. Man verwendet je nach Gericht eine kalte Butter-Mischung oder heiße Butter.

Für eine Butter-Mischung vermischt man Butter mit weiteren Zutaten.

### Kalte Butter-Mischungen



Man unterscheidet bei kalten Butter-Mischungen:
- **Cremige Butter-Mischungen** verwendet man sofort nach der Herstellung als Brot-Aufstrich, zum Füllen oder als Beigabe zu warmen Gerichten.
- **Feste Butter-Mischungen** stellt man auf Vorrat her und verwendet sie später. Man formt sie zu Walzen oder zu Rosetten und lässt sie im Kühlhaus fest werden.

#### Kalte Butter-Mischungen herstellen

- Man **holt** die **Butter frühzeitig aus** dem **Kühlhaus** und legt sie ausgepackt in eine Schüssel. Die Butter wird **weich**.
- Die weiche Butter **rührt** man **cremig**.
- Man **gibt** die **gewünschten Zutaten dazu** und **vermischt** alles **gründlich**.
- Man **formt** die Butter-Mischung zu :

| | | | |
|---|---|---|---|
|  | **Rosetten**<br>Man **spritzt** die Butter **mit** dem Spritz-Beutel und **der großen Stern-Tülle** auf Back-Papier. Im Kühlhaus kühlen. |  | **Scheiben**<br>Man **rollt** die Butter **zu Walzen** und **kühlt** sie im Kühlhaus. Die feste Butter **schneidet** man in **Scheiben**. |

## Beispiele für kalte Butter-Mischungen

| | | |
|---|---|---|
| **Kräuter-Butter**<br>🇬🇧 herb butter<br>🇫🇷 beurre aux fines herbes | • Gehackte **Kräuter** (Estragon, Kerbel, Petersilie, Schnittlauch), gehackte **Schalotten** unter die Butter rühren<br>• Mit **Zitronen-Saft**, **Salz** und **Pfeffer** abschmecken |  |
| **Geeignet zu**:<br>Fleisch und Fisch, gebraten, gegrillt, gebacken; Krebs-Tiere, gegrillt; Schnittchen mit Ei, Tomaten, Braten, Käse; Suppen, Saucen | | |

| | | |
|---|---|---|
| **Colbert-Butter**<br>🇬🇧 Colbert butter<br>🇫🇷 beurre Colbert | • Gehackte **Petersilie**, gehackten **Estragon** unter die Butter rühren<br>• **Fleisch-Extrakt** dazugeben<br>• Mit **Zitronen-Saft**, **Salz** und **Pfeffer** abschmecken |  |
| **Geeignet zu**:<br>Fleisch, gebraten, gegrillt, gebacken; Fisch, gebraten, gegrillt, gebacken (Seezunge Colbert, s. Abbildung); Krebs-Tiere, gegrillt; Schnittchen mit Ei, Tomaten, Braten | | |

# Heiße Butter

Heiße Butter **bekommt** ihren **besonderen Geschmack** durch
- das **Erhitzen** und
- die **ausgewählten Zutaten**.

H

## Geklärte Butter herstellen

| Arbeitsschritt | Begründung |
|---|---|
| • Butter in einem hohen Topf (Stiel-Kasserolle oder Schwenk-Kasserolle) erhitzen | • Die **Butter schmilzt**.<br>• Das **Wasser verdampft** und **bildet mit** dem **Milch-Eiweiß** in der Butter **Schaum**. Der Schaum steigt auf. |
| • Mit einem Schneebesen rühren | • Der **Wasserdampf kann entweichen**. Die Butter **schäumt nicht über**. |
| • Aufgeschäumte Butter durch ein feines Sieb gießen | • Die krümeligen **Eiweiß-Teilchen** werden **entfernt**.<br>• Es entsteht **zerlassene**, **geklärte Butter**. |

## Beispiele für heiße Butter

| Bezeichnung | Zubereitung | Verwendung |
|---|---|---|
| **Zerlassene Butter**<br>melted butter<br>beurre fondu | • Butter in einer Kasserolle zerlassen | • Fisch, gekocht<br>• Krebs-Tiere<br>• Gemüse, z. B. Blumenkohl, Spargel |
| **Nuss-Butter (Braune Butter)**<br>noisette butter<br>beurre noisette | • Butter in einer Kasserolle zerlassen<br>• Zerlassene Butter weiter erhitzen, bis sie eine nussbraune Farbe hat | • Fisch, gekocht<br>• Krebs-Tiere<br>• Gemüse, z. B. Blumenkohl, Spargel<br>• Butter-Brösel |
| **Müllerin-Butter**<br>meunière butter<br>beurre meneuière | • Braune Butter herstellen<br>• Zitronen-Saft dazugeben<br>• Gehackte Petersilie in der Butter schwenken | • Fisch, gebraten<br>• Gemüse, angebraten oder gedünstet, z. B. Chicorée, Fenchel, Sellerie |
| **Rotwein-Butter**<br>red wine butter<br>beurre au vin rouge | • Schalotten-Würfel in Butter anschwitzen<br>• Rotwein oder Portwein dazugießen<br>• Zur Hälfte reduzieren<br>• Eiskalte Butter nach und nach einschwenken<br>• Mit Salz und Cayenne-Pfeffer abschmecken | • Fisch, gedünstet oder gedämpft<br>• Geflügel, poëliert<br>• Reh-Filets |
| **Senf-Butter**<br>mustard butter<br>buerre de moutarde | • Braune Butter herstellen<br>• Senf dazugeben, dabei rühren | • Fisch, gekocht |
| **Zwiebel-Butter**<br>onion butter<br>beurre à l'oignon | • Zerlassene Butter herstellen<br>• Zwiebel-Würfelchen dazugeben<br>• Zwiebel-Würfelchen hell bräunen, dabei rühren | • Fisch, gekocht<br>• Leber-Knödel<br>• Salzkartoffeln<br>• Klöße, Spätzle, Gnocchi<br>• Kartoffel-Püree<br>• Maultaschen |

H

# 6 Desserts

🇬🇧 desserts
🇫🇷 desserts

Man nennt das Dessert auch **Nachtisch** oder **Nachspeise**.
Das Dessert wird als **letzter Gang im Menü** gereicht.

Zu den Desserts gehören z. B.:

- Creme-Speisen
- Aufläufe/Soufflés
- Pfannkuchen
- Pudding
- Flammeri
- Frucht-Speisen
- Gelee
- Eis-Speisen
- Gebäck

**Moderne Speisenfolge**

Vorspeise
Suppe
Zwischen-Gericht
Sorbet
Hauptgericht
Käse
**Dessert**

## 6.1 Creme-Speisen

🇬🇧 cream dishes
🇫🇷 crèmes

Eine Creme-Speise ist ein **cremiges** Dessert.

Man **unterscheidet** Creme-Speisen **nach** der Art der **Zubereitung und** nach der Art der **Bindung**:

| Creme | Arbeitsweise | Bindung | Geschmacks-Träger |
|---|---|---|---|
| **Einfache Cremes** | • Kalt gerührt | • Durch Gelatine | • Frucht-Püree<br>• Nüsse<br>• Kuvertüre<br>• Alkohol |
| **Cremes mit Gelatine-Bindung** und Ei-Bindung | • Kalt und warm gerührt | • Durch Gelatine<br>• Durch Ei | • Frucht-Püree<br>• Nüsse<br>• Kuvertüre<br>• Alkohol |
| **Cremes mit Ei-Bindung** | • Im Wasserbad pochiert | • Durch Ei | • Karamell<br>• z. B. Limetten-Saft |
| **Cremes mit Stärke-Bindung** | • Gekocht | • Durch Stärke | • Vanille-Mark<br>• Vanille-Zucker |

## Einfache Cremes

Einfache Cremes haben einen **hohen Sahne-Anteil**.

Man **verwendet** für einfache Cremes **häufig Milch-Produkte** wie Joghurt, Quark oder Buttermilch.

Man **bindet** einfache Cremes **mit Gelatine**.

Wenn man **als Geschmacks-Träger Frucht-Mark** oder Frucht-Konzentrat in die Creme gibt, muss man **evtl. mehr Gelatine** verwenden.

Man **stellt** eine **einfache Creme**, z. B. Sahne-Creme, **so her**:

| **Arbeitsschritt** | **Begründung** |
|---|---|
| • Gelatine in kaltem Wasser einweichen | • Die **Gelatine quillt** auf. |
| • Eingeweichte Gelatine ausdrücken und im Wasserbad auflösen<br>  • Das Wasserbad sollte eine Temperatur von ca. 50 °C haben. | • Man **kann** die aufgelöste **Gelatine verarbeiten**.<br>• Bei einer **zu hohen Temperatur verliert** die Gelatine ihre **Binde-Fähigkeit**. |
| • Gekühlte Sahne steifschlagen. Je höher der Fett-Gehalt der Sahne ist, desto fester wird die Sahne. | • Die **geschlagene Sahne** ist der **Haupt-Bestandteil** der einfachen Creme. |
| • Zucker dazugeben | • Der **Zucker süßt** die Sahne. |
| • Aufgelöste Gelatine mit etwas Sahne vermischen<br><br>• Sahne-Gelatine-Mischung in die aufgeschlagene Sahne rühren | • Wenn man flüssige Gelatine direkt in die gesamte kalte aufgeschlagene Sahne gibt, bilden sich **gummiartige Stückchen**.<br>• Die Gelatine wird in der Sahne verteilt. Die **Creme bekommt** ihre **Bindung**. |



### Panna cotta

🇬🇧 panna cotta
🇫🇷 panna cotta

**Panna cotta** kommt aus dem Italienischen. Panna cotta heißt **„gekochte Sahne"**.

Man kann eine Panna cotta je nach Gelatine-Anteil **in Förmchen** servieren **oder stürzen**.

Bei der Zubereitung muss man darauf achten, dass **keine Luftbläschen** entstehen.

### Arbeitsweise

- Man **weicht** die **Gelatine** in **kaltem** Wasser **ein**.
- **Sahne**, **Zucker**, **Vanille-Mark** und ein wenig **Salz kocht** man auf.
- Man **drückt** die **Gelatine aus** und **gibt sie in** die **heiße Sahne**. Die **Sahne** muss mindestens eine **Temperatur von 45 °C** haben.
- Die Grund-Creme **gießt man in Förmchen**.
- Man lässt die Creme **5 Stunden auskühlen**. Die Panna cotta wird fest.

## Cremes mit Gelatine-Bindung

Diese Cremes bekommen **durch Ei-Gelb** eine **erste Bindung**. Die **Gelatine gibt** der Creme eine **zusätzliche Bindung**.

Man kann Cremes mit Gelatine-Bindung **mit Milch oder** mit **Frucht-Saft herstellen**.

Die **Menge** an **Gelatine** ist **abhängig von** der **Jahreszeit und** von der **Anrichte-Weise**:

- Man braucht **im Sommer mehr Gelatine** als im Winter. Bei sommerlichen Temperaturen verliert die Gelatine ihre Bindungs-Fähigkeit.
- Man braucht **mehr Gelatine**, wenn man die **Creme stürzen** möchte. Wenn man die Creme in Förmchen serviert, muss die Bindung nicht so stark sein. Darum braucht man weniger Gelatine.

### Bayerische Creme

Bavarian cream
crème bavaroise

Die Bayerische Creme ist eine Creme aus **Sahne und Milch**. Dadurch ist der Fett-Gehalt nicht so hoch.

Man **stellt** eine **Bayerische Creme so her**:

| Arbeitsschritt | Begründung |
|---|---|
| • Gelatine in kaltem Wasser einweichen<br>• Sahne steifschlagen<br>• Heißes und kaltes Wasserbad vorbereiten<br>• Vanille-Schote halbieren und Vanille-Mark entnehmen | • Die Gelatine **quillt auf**.<br>• Die Sahne **ist vorbereitet**.<br>• Beide Wasser-Bäder **sind vorbereitet**.<br>• Die Vanille-Schote und das Vanille-Mark **zusammen** geben **mehr Geschmack**. |
| • Ei-Gelb und Zucker schaumig rühren | • Der Zucker **löst sich auf**. |

| Arbeitsschritt | Begründung |
|---|---|
| • Milch mit Vanille-Schote und Vanille-Mark aufkochen | • Die Milch bekommt einen **besonderen Geschmack** |
| • Aufgekochte Milch langsam in das Ei-Gelb rühren, dabei kräftig rühren ① | • Die Masse **gerinnt nicht**. |
| • Masse im heißen Wasserbad gleichmäßig rühren und „zur Rose“ abziehen (bei 80 °C) ② | • Die Masse bekommt eine **erste Bindung** |
| • Eingeweichte Gelatine ausdrücken und in die heiße Masse geben | • Die Gelatine **löst sich auf**. |
| • Masse durch ein Haar-Sieb passieren ③<br>• Masse im kalten Wasserbad abkühlen, dabei gleichmäßig rühren | • Die **festen Bestandteile** werden **entfernt**. |
| • Wenn die Masse anfängt zu stocken (bei ca. 20 °C), die geschlagene Sahne unterheben ④ | • Die **Masse** ist **noch nicht fest**. Darum kann die **Sahne gleichmäßig** in der Masse **verteilt** werden. |
|   |   |



Man kann die Grund-Creme **durch verschiedene Geschmacks-Träger abwandeln**. Die zugegebenen Geschmacks-Träger **können** den **Flüssigkeits-Anteil erhöhen**. **Bei** einem **höheren Flüssigkeits-Anteil** braucht man **mehr Gelatine**, besonders für gestürzte Cremes.

Man **mischt erst** die **Geschmacks-Träger** unter die Creme, **bevor** man die **Sahne unterhebt**.

Geschmacks-Träger können z. B. sein:

| | | | |
|---|---|---|---|
| • Kuvertüre | • Kaffee-Pulver | • Frucht-Mark | • Frische Früchte |

Die Bayerische Creme kann man **in Schälchen servieren** (Schüssel-Creme). Man kann sie auch **als gestürzte Creme anrichten**.

Eine besondere Form der gestürzten Creme ist die **Charlotte**. Man benutzt **für** die **Umrandung** der Charlotte **Löffel-Biskuit** oder Scheiben von aufgerollter Biskuit-Masse. Oben garniert man sie aus.

## Frucht-Sahne-Creme

Die Frucht-Sahne-Creme ist eine Mischung aus **Sahne und Frucht-Saft**.

### Arbeitsweise

- Man **weicht Gelatine** in kaltem Wasser **ein** und **schlägt Sahne steif**.
- **Frucht-Saft**, **Ei-Gelb** und **Zucker** gibt man in eine Schüssel.
- Man **rührt** die **Mischung** mit einem Silikon-Spatel **im heißen Wasserbad**. Es entsteht eine **erste Bindung**.
- In der warmen Masse **löst** man die eingeweichte **Gelatine auf**. Dann **passiert** man die Masse.
- Man **lässt** die Masse im kalten Wasserbad **abkühlen**, **dabei rührt man**.
- Wenn die Masse **anfängt zu stocken** (bei ca. 20 °C), **hebt** man die **geschlagene Sahne unter**. Man **portioniert** die Masse.

## Mousse

mousse
mousse

Mousse kommt aus dem Französischen. **Mousse** heißt **„Schaum"**.

Eine Mousse ist ein **cremig-schaumiges Dessert**. Die **bekannteste Mousse** ist die **Mousse au chocolat**. Man kann Mousse **auch aus Früchten** zubereiten.

Man **unterscheidet** Mousse **nach** der **Grund-Masse**, nach der **Kuvertüre** und nach den **Aroma-Zusätzen**.

| | Grund-Masse | Binde-Mittel | Arbeitsweise | Aroma-Zusätze | Lockerung |
|---|---|---|---|---|---|
| **Dunkle Schokoladen-Mousse** | Voll-Ei, Zucker | – | warm-kalt aufschlagen | z. B. Rum, Weinbrand | Sahne |
| **Helle Schokoladen-Mousse** | Voll-Ei, Zucker | Gelatine | warm-kalt aufschlagen | z. B. weißer Rum, Crème de cacao | Sahne |
| **Weiße Schokoladen-Mousse** | Voll-Ei, Zucker | Gelatine | warm-kalt aufschlagen | z. B. weißer Rum, Armagnac | Sahne |
| **Frucht-Mousse** | Ei-Klar, Zucker | Gelatine | warm-kalt aufschlagen | frucht-typische Spirituosen | Sahne |

Man **stellt** alle **Arten von Mousse au chocolat auf** die **gleiche Weise her**. Der **Gelatine-Anteil** ist **abhängig von** der **verwendeten Kuvertüre**.

- **Dunkle Kuvertüre** hat einen **hohen Anteil** an **Kakao-Butter**. Darum muss man für die dunkle Mousse au chocolat **keine Gelatine** verwenden.
- **Hellbraune Kuvertüre** (Vollmilch-Kuvertüre) enthält **weniger Kakao-Butter**. Darum muss man für die helle Mousse au chocolat **Gelatine** verwenden.
- **Weiße Kuvertüre** enthält **wenig Kakao-Butter**. Darum muss man für die weiße Mousse au chocolat **am meisten Gelatine** verwenden.

Man **stellt** eine **helle Mousse au chocolat so her**:

| Arbeitsschritt | Begründung |
|---|---|
| • Gelatine in kaltem Wasser einweichen<br>• Sahne steifschlagen<br>• Heißes und kaltes Wasserbad vorbereiten | • Die Gelatine **quillt**.<br>• Die Sahne **ist vorbereitet**.<br>• Beide Wasser-Bäder **sind vorbereitet**. |
| • Vollmilch-Kuvertüre zerkleinern und im Wasserbad schmelzen lassen | • Man **braucht** für die Zubereitung der Mousse au chocolat **flüssige Kuvertüre**. |
| • Ei-Gelb und Voll-Ei mit Läuter-Zucker im heißen Wasserbad warm aufschlagen ① | • Die Masse bekommt eine **erste Bindung**. |
| • Eingeweichte Gelatine ausdrücken und in die Masse geben | • Die Gelatine **löst sich auf**. |
| • Flüssige Kuvertüre in die Masse geben und schnell verrühren ② | • Die Kuvertüre wird **gleichmäßig** in der Masse **verteilt**. |
| • Je nach Wunsch mit Alkohol abschmecken | • Der Alkohol **aromatisiert** die Masse **auf spezielle Art**. |
| • Geschlagene Sahne unterheben ③ | • Die Masse bekommt **mehr Volumen**.<br>• Die Masse **wird cremig**. |
| • Die Mousse au chocolat abfüllen und mindestens 2 Stunden kühlen ④ | • Die Mousse au chocolat **wird fest**. |

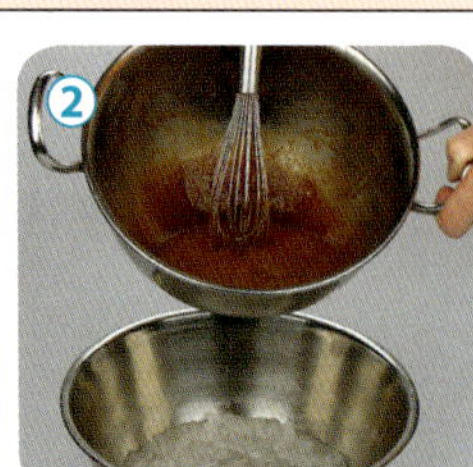

### Frucht-Mousse

Man **stellt** Frucht-Mousse **wie Mousse au chocolat her**.

Für Frucht-Mousse **verwendet** man **Frucht-Mark** statt Kuvertüre.

**Frucht-Mark** stellt man so her:
Man **kocht tiefgefrorene Früchte langsam ein**. Anschließend **passiert** man die **Früchte durch** ein **Haar-Sieb**. Dadurch entfernt man Schalen-Teilchen und Kerne.

### Mousse anrichten

Man kann Mousse au chocolat und Frucht-Mousse **in Förmchen servieren**. Mousse kann man wegen ihrer cremigen Beschaffenheit (Konsistenz) sehr gut **zu Nocken formen** („abstechen“).

### Espuma

🇬🇧 espuma
🇫🇷 espuma

*Joghurt-Espuma*

Espuma kommt aus dem Spanischen. **Espuma** bedeutet **„Schaum“**.

So stellt man Espuma her:
- Man **bindet** eine **Flüssigkeit** oder ein Püree **mit Gelatine** und lässt diese **Masse abkühlen**.
- Die abgekühlte Masse **schlägt man auf** und **füllt** sie **in** einen **Sahne-Siphon**.
- Man **schüttelt** den **Sahne-Siphon** nach dem Einfüllen der Masse **kräftig**.
- Die Masse **spritzt man** je nach Wunsch **in Förmchen oder auf** einen **Teller**.



## Cremes mit Ei-Bindung

**Eier** haben eine **sehr hohe Binde-Fähigkeit**. Eier können das **Vielfache ihres Eigen-Gewichts binden**. Darum kann man Cremes auch **nur mit Ei binden** und **braucht** dann **keine Gelatine**.

Cremes mit Ei-Bindung enthalten **keine Sahne**. Sie sind **nicht cremig**.

Man nennt diese Cremes **pochierte Cremes**.

Man **stellt** eine **pochierte Creme so her**:

| Arbeitsschritt | Begründung |
|---|---|
| • Milch mit Vanille-Mark und Zucker erhitzen<br>• Förmchen mit Butter ausstreichen | • Die Milch wird **aromatisiert** und **gesüßt**.<br>• Die Creme **löst sich besser** aus den Förmchen. |
| • Eier aufschlagen und heiße Milch nach und nach in die Eier-Masse rühren | • Die Eier-Masse **gerinnt nicht**. |
| • Eier-Milch-Flüssigkeit durch ein Haar-Sieb passieren | • Die **festen Bestandteile** werden **entfernt**. |
| • Eier-Milch-Flüssigkeit in die Förmchen gießen<br>• Die Flüssigkeit 20–30 Minuten im Wasserbad im Backofen bei 80 °C garen (indirekt pochieren) | • Die **Masse stockt** und **wird fest**.<br>• Bei der **niedrigen Temperatur** entstehen in der Creme **keine Luft-Löcher**. |
| • Creme gut auskühlen lassen | • Man **kann** die **Creme stürzen**. |
| • Creme zum Anrichten auf einen Teller stürzen und garnieren | • Die Creme sieht **ansprechend** aus. |



Man kann die Grund-Creme **abwandeln** zu:

| | | |
|---|---|---|
| **Karamell-Creme**<br>🇬🇧 caramel cream<br>🇫🇷 crème au caramel | • Man lässt **Zucker zu** goldgelbem **Karamell schmelzen**.<br>• Das Karamell **löscht man mit** etwas **Wasser ab**.<br>• Man **gießt** das **Karamell** in die Förmchen.<br>• Die Eier-Milch-Flüssigkeit **füllt** man **auf** das **Karamell** und lässt sie **im Wasserbad stocken**. |  |
| **Wiener Creme**<br>🇬🇧 viennese cream<br>🇫🇷 crème viennoise | • Man **schlägt Eier auf**.<br>• Man lässt **Zucker** zu goldgelbem Karamell **schmelzen**.<br>• Das Karamell **löscht** man **mit Milch ab** und **löst** das **Karamell in** der **Milch auf** (loskochen).<br>• Man **rührt** die **Karamell-Milch in** die aufgeschlagenen **Eier**.<br>• Die Eier-Milch-Flüssigkeit **füllt** man **in** gebutterte **Förmchen**.<br>• Man lässt die Eier-Milch-Flüssigkeit **im Wasserbad stocken**. | |

### Crème brûlée

🇬🇧 crème brûlée
🇫🇷 crème brûlée

Die **Crème brûlée** wird mit einer **Mischung aus Milch und Sahne** zubereitet. Der **Sahne-Anteil** beträgt **mindestens 50 %.**

Man **streut auf** die **erkaltete Creme braunen Zucker**. Den **Zucker flämmt man** mit einem Flambier-Brenner **ab**. Es entsteht eine goldgelbe **Karamell-Kruste**.

Die Crème brûlée sollte man **sofort servieren**. **Sonst weicht** die **Karamell-Kruste auf** und verliert ihre Struktur.

Man kann die Grund-Creme ergänzen durch
- eine Zimt-Stange,
- geriebene Schale von Zitrus-Früchten.

## Cremes mit Stärke-Bindung

### Konditorei-Creme

🇬🇧 pastry cream
🇫🇷 crème pâtissière

Man **bindet** aufgekochte und **mit Vanille aromatisierte Milch mit Stärke** für eine Konditorei-Creme. Die Creme **erhält durch** die Zugabe von **Ei-Gelb** eine **weitere Bindung**. Die **Creme** wird außerdem **geschmeidiger**.

Die Konditorei-Creme verwendet man als Füll-Creme für Torten, für kleine Gebäck-Stücke aus Brand-Masse oder für Plunder-Teig.

Man kann die Konditorei-Creme durch die **Zugabe von aufgeschlagener Butter** zu einer **Butter-Creme** abwandeln. Die Butter-Creme verwendet man z. B. für Frankfurter Kranz.

*Plunder-Gebäck mit Konditorei-Creme*

## 6.2 Puddinge und Flammeris

🇬🇧 puddings and flummery
🇫🇷 pouddings et flamri

Puddinge und Flammeris werden **durch stärkehaltige Rohstoffe**, z. B. Stärke, Rundkorn-Reis oder Grieß, **gebunden**.

## Merkmale von Pudding und Flammeri

| Pudding | Flammeri |
|---|---|
| Für die Grund-Masse **bindet** man die **aufgekochte Milch mit** einem **stärkehaltigen Rohstoff**, z. B. Grieß, Mehl, Speise-Stärke oder Rundkorn-Reis. | Für die Grund-Masse **bindet** man die **aufgekochte Flüssigkeit**, z. B. Milch, Wasser oder Wein, **mit** einem **stärkehaltigen Rohstoff**, z. B. Speise-Stärke, Rundkorn-Reis oder Grieß. |
| Man **gibt meistens Ei-Gelb** für eine zusätzliche Bindung **dazu**.<br>Das Ei-Gelb verfeinert die Grund-Masse. | Man **kann Ei-Gelb** für eine zusätzliche Bindung **dazugeben**.<br>Das Ei-Gelb verfeinert die Grund-Masse. |
| **Ei-Schnee lockert** die Grund-Masse. | **Ei-Schnee lockert** die Grund-Masse.<br>Man **kann** auch **geschlagene Sahne unter** die **erkaltete Grund-Masse heben**. |
| Puddinge können **süß oder pikant** sein. | Flammeris sind **süß**. |
| Ein Pudding wird meistens **warm serviert**. | Ein Flammeri wird **kalt serviert**. |
| **Beispiele**<br>• Auflauf-Pudding<br>• Grieß-Pudding<br>• Kabinett-Pudding<br>• Reis-Pudding<br>• Plumpudding | **Beispiele**<br>• Grieß-Flammeri<br>• Reis-Flammeri<br>• Reis Trauttmansdorff |

*Reis-Pudding*

*Plumpudding*

*Vanille-Flammeri*

*Schoko-Flammeri*



## 6.3 Frucht-Speisen

🇬🇧 fruit food
🇫🇷 mets de fruits

Man bereitet Frucht-Speisen zu:
- aus **rohen** Früchten
- aus **gegarten** Früchten

## Frucht-Speisen aus rohen Früchten oder mit rohen Früchten

Man kann rohe Früchte für verschiedene Desserts verwenden. Die Früchte müssen **reif** sein, einen **guten Geschmack** haben und **einwandfrei** sein.

### Frucht-Salat (Obst-Salat)

Man **wählt** für Frucht-Salat **Früchte** aus, die **zueinander passen**. Die Früchte werden entsprechend vorbereitet, z. B.:

| Orangen | Ananas | Weintrauben |
|---|---|---|
| • Man **schneidet** die **Schale ab**, so dass die weiße Haut entfernt ist.<br>• Aus der Orange **schneidet** man die **Filets heraus**.<br>• Man **presst** die restliche **Orange aus**. Den Saft verwendet man für den Frucht-Salat. | • Man **entfernt** den **Stiel** und die **Blatt-Rosette**.<br>• Die **Schale schneidet** man **ab** und **entfernt** die **braunen „Augen“**.<br>• Man **schneidet** die Ananas in **Scheiben** und **trennt** den **holzigen Strunk heraus**.<br>• Die Ringe **schneidet** man in **Stücke**. | • Man **halbiert** die **Weintrauben**.<br>• Die Kerne **entfernt** man **vorsichtig** aus der Weintrauben-Hälfte. |
|  |  |  |

- Man beginnt die Zubereitung mit den Orangen. Orangen und Orangen-Saft enthalten Säure. Die Säure **verhindert** das **Braunwerden** anderer Früchte, z. B. Äpfel und Birnen.
- Man **gibt empfindliche Früchte**, z. B. Bananen, erst **später** in den Frucht-Salat. Diese **Früchte werden** sonst beim Vermengen **matschig**.
- Man **lässt** den **Frucht-Salat** vor dem Anrichten **durchziehen**. So bekommt der Frucht-Salat einen abgerundeten Geschmack.

### Quark-Speise oder Joghurt-Speise mit frischen Früchten

Rohe Früchte kann man für Quark-Speisen oder für Joghurt-Speisen verwenden.

Man **wäscht** die **Früchte** und **bereitet sie weiter vor**.
Die Früchte kann man

- **unter** die Quark-Speise oder unter die Joghurt-Speise **heben**,
- **auf** die Quark-Speise oder auf die Joghurt-Speise **legen**.

Man kann **rohe Kiwi**, rohe **Ananas**, rohe **Mango** und rohe **Papaya nicht** für Quark-Speisen oder für Joghurt-Speisen **verwenden**.

Diese Früchte **enthalten** ein **Enzym**, das den **Milch-Eiweiß-Stoff** Caseinogen in den Milch-Produkten **spaltet**. Die **durch** das **Spalten entstehenden Stoffe lassen** die Quark-Speisen oder die Joghurt-Speisen nach einer Weile **bitter schmecken**.

**Man muss diese Früchte erst erhitzen, bevor man sie in der Quark-Speise oder in der Joghurt-Speise verwendet. Durch die Hitze werden die Enzyme in den Früchten zerstört.**

## Frucht-Speisen aus gegarten Früchten

Für Frucht-Speisen aus gegarten Früchten kann man **Früchte verwenden**, die **nicht** mehr **ansprechend aussehen**. Das **Frucht-Fleisch** muss aber **gut** sein.

### Beispiele

*Rotwein-Birne*

*Apfel-Kompott*

*Rote Grütze*

H

## 6.4 Soufflés

dessert soufflés
soufflés

Ein Soufflé ist eine Art **Auflauf**. Ein Soufflé ist **sehr luftig**.

Man stellt ein Soufflé **immer aus Brand-Masse** her. Zur Brand-Masse kann man einen gewünschten **Geschmacks-Träger dazugeben**, z. B.
- Schokolade
- geröstete und gemahlene Haselnüsse,
- abgeriebene Zitronen-Schale und Zitronen-Saft.

Man hebt unter diese Masse festen Ei-Schnee. Der **Ei-Schnee macht** das **Soufflé luftig**.

Soufflés **gart** man in Förmchen **im Backofen**.

*Schokoladen-Soufflé*

### Arbeitsweise

**Grund-Rezept für 10 Personen** (10 Cocotten mit je 120 ml)

| | | | |
|---|---|---|---|
| 350 ml Milch | 75 g Butter | 75 g Mehl | 100 g Zucker |
| 6 Ei-Gelb | 6 Ei-Klar | 1 Prise Salz | Vanille-Mark |

- Man **kocht Milch** mit **Butter** und **Vanille-Mark auf**.
- Das **Mehl gibt man** auf einmal **in** die **heiße Milch** und **verrührt** diese Zutaten **schnell**.
- Man **erhitzt** die **Masse** so lange, **bis sich** ein **weißer Belag** am Topf-Boden **bildet**.
- Die **Masse** gibt man **in** eine **kalte Schüssel**.
- Man **arbeitet nach und nach** das **Ei-Gelb unter** die Masse.
- Die **Förmchen streicht** man **mit Butter aus**. Dann **streut** man sie **mit Zucker aus**.
- Man **schlägt** das **Ei-Klar** mit dem Zucker **zu** festem **Ei-Schnee**.
- Den **Ei-Schnee** hebt man **unter** die **Masse**.
- Man **füllt** die **Förmchen** zu drei Viertel mit der Masse.
- Die Masse **backt** man **ca. 25 Minuten** im Backofen.

*Zitronen-Soufflé*

**Im Backofen darf sich die Luft während der Gar-Zeit nicht bewegen. Darum darf man keine Umluft einschalten und den Backofen nicht öffnen.** !

H

## 6.5 Pfannkuchen

pancake
crêpe

Pfannkuchen (vgl. S. 398) können **verschiedene Namen** haben. Man nennt Pfannkuchen z. B. **Crêpe**, **Eier-Pfannkuchen**, **Eier-Kuchen**, **Pancake** oder **Plinsen**.

Verschiedene Zutaten verändern den Pfannkuchen:

- Der Pfannkuchen wird **durch** die Zugabe von **Ei-Schnee locker** und **luftig**.
- Der Pfannkuchen kann **durch** eine Mischung von Milch und **Wasser dünner ausgebacken** werden. Dadurch wird der **Pfannkuchen krosser**.
- Der Pfannkuchen wird **durch** die Zugabe von **Sahne feiner** und **geschmeidiger**.

Es gibt **sehr viele Möglichkeiten**, Pfannkuchen **abzuwandeln**, z. B.

- durch das **Füllen**, z. B. mit Früchten oder Marzipan
- durch das **Überziehen** mit Kuvertüre
- durch das **Bestreuen** mit Puderzucker

## Besondere Abwandlungen

### Kaiser-Schmarrn

Kaiser-Schmarrn ist eine **österreichische Spezialität**.

Für Kaiser-Schmarrn wird ein dicker **luftiger Pfannkuchen mit Gabeln** in mundgerechte Stücke **zerrupft**.

Kaiser-Schmarrn wird mit Kompott oder Konfitüre serviert.

### Palat-Schinken

Palat-Schinken ist eine **österreichische Spezialität**.

Palat-Schinken sind **gefüllte** Pfannkuchen.

Die **Grund-Masse** für Palat-Schinken **enthält mehr Fett als** die Grund-Masse für Pfannkuchen.

### Crêpes Suzette

Crêpes Suzette sind eine **französische Spezialität**. Crêpes Suzette sind **flambierte** kleine **Pfannkuchen**. Sie sind **sehr dünn**.

Die Crêpes werden in einem **Sirup** aus Zucker, Butter, Orangen-Saft und wenig Grand Marnier erwärmt und **in Viertel gefaltet**. Die Crêpes werden **mit Weinbrand flambiert**.

## 6.6 Gelee

jellies
les gelées

Man **bindet** für Gelee eine **Flüssigkeit**, z. B. klaren Frucht-Saft, Weißwein oder verdünnten Rotwein **mit Gelatine**, mit **Agar-Agar** oder mit **ungewürztem Aspik**.

Man **verwendet je nach Anrichte-Weise** und **Umgebungs-Temperatur** unterschiedlich viel **Gelatine**:

| Anrichte-Weise | Menge der Gelatine | Menge der Gelatine bei warmen Temperaturen |
|---|---|---|
| **Gelee in Gläsern** | 8 Blatt auf 1 Liter Flüssigkeit | 10–12 Blatt auf 1 Liter Flüssigkeit |
| **Gelee zum Stürzen** | 10 Blatt auf 1 Liter Flüssigkeit | 12–14 Blatt auf 1 Liter Flüssigkeit |

## Früchte in Gelee

Man verwendet **reife**, **weiche Früchte**, z. B. Himbeeren, Erdbeeren, Aprikosen, Orangen-Filets, blanchierte Kiwi. **Feste Früchte** wie Äpfel, Birnen und Ananas muss man **vorher dünsten**.

Die **Früchte** bereitet man vor und **schneidet** sie **in mundgerechte Stücke**.

| | | |
|---|---|---|
| Man **gießt** eine Schicht **flüssiges Gelee in** eine saubere **Glas-Schale**. Das **Gelee** lässt man **erkalten**. | Man **verteilt Früchte** auf der Gelee-Schicht. Auf die Früchte **gießt** man ein wenig flüssiges **Gelee**. So **bleiben** die **Früchte an** ihrem **Platz**. | **Auf** das **erkaltete Gelee füllt** man wieder **flüssiges Gelee**. So kann man **mehrere Schichten** bilden. |
|  |  | 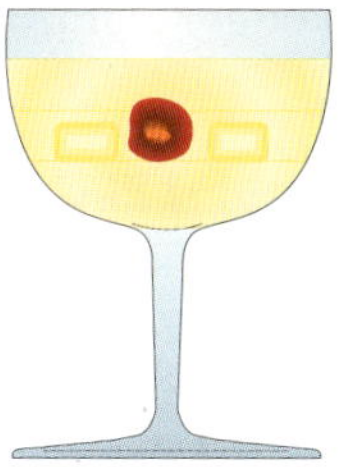 |

# 6.7 Speise-Eis/Eis-Speisen

ice cream/ice cream dishes

glace et entremets glacés

Eis-Speisen sind ein **beliebtes Dessert**.

Der **Gast erwartet** von Eis-Speisen:
- einen **zart-cremigen Schmelz**
- einen **feinen**, **abgerundeten Geschmack**

In den Leitsätzen für Speise-Eis (2016) ist die **Zusammen-Setzung von Speise-Eis geregelt**. Betriebe müssen sich bei den Bezeichnungen auf der Speisekarte oder auf der Eis-Karte an diese Vorgaben halten.

| Bezeichnung | Vorgaben |
|---|---|
| **Parfait/Halb-Gefrorenes** | • Sahne und Ei sind getrennt aufgeschlagen |
| **Creme-Eis, Krem-Eis** | • Milch-Anteil mindestens 50 %<br>• Mindestens 270 g Voll-Ei oder 90 g Ei-Gelb auf 1 Liter Milch |
| **Rahm-Eis, Sahne-Eis** | • Mindestens 18 % Milch-Fett aus der verwendeten Sahne |
| **Frucht-Eis** | • Mindestens 20 % Frucht<br>• Ohne Zusatz von Fett |
| **Sorbet** | • Ohne Milch oder ohne Milch-Bestandteil<br>• **Frucht-Sorbet**: mindestens 25 % Frucht-Anteil |

## Creme-Eis

ice cream
glace

Man stellt Creme-Eis aus einer Masse aus **Milch und Ei** her. Die Masse wird **in** einer **Eis-Maschine gerührt und** dabei **gefroren**.

Man kann Creme-Eis **durch** die **Zugabe** von **Geschmacks-Trägern**, z. B. Vanille, Kuvertüre, Marzipan oder Karamell, **geschmacklich verändern**.

H

### Arbeitsweise

- Man **verrührt Ei-Gelb mit Zucker**. Man lässt **Milch** mit einer Prise Salz **aufkochen**.
- Die **heiße Milch** gibt man vorsichtig **in** die **Ei-Masse**. Dabei rührt man.
- Man **rührt** die Milch-Ei-Masse im heißen Wasserbad gleichmäßig und **zieht** die Masse **„zur Rose" ab**.
- Die Grund-Masse **passiert** man **durch** ein **Haar-Sieb** und **kühlt** sie **schnell ab**.
- Man lässt die kalte Grund-Masse in der **Eis-Maschine gefrieren**.

## Frucht-Eis

Man stellt Frucht-Eis her aus:

- **Frucht-Saft**, z. B. aus Orangen, aus Zitronen, **oder** aus **Frucht-Mark**, z. B. aus Erdbeeren, aus Aprikosen
- **Läuter-Zucker**
- **Zitronen-Saft**

Der **Zucker-Anteil der Früchte beeinflusst** die **Festigkeit der Eis-Masse**. Darum muss man bei der Herstellung den unterschiedlichen Zucker-Gehalt der Früchte berücksichtigen.

- Das **Eis** wird **nicht glatt**, wenn der **Zucker-Anteil zu niedrig** ist.
- Das **Eis** ist **zu weich**, wenn der **Zucker-Anteil zu hoch** ist.

### Arbeitsweise – Erdbeer-Eis

- Man **mischt** fein passiertes **Erdbeer-Mark**, **Läuter-Zucker**, **Zitronen-Saft** und **Wasser**.
- Diese **Grund-Masse** gibt man **in** die **Eis-Maschine** und lässt sie **halb gefrieren**.
- Man **schlägt** Ei-Klar mit Zucker zu **Ei-Schnee**.
- Den **Ei-Schnee** rührt man **unter** die **halbgefrorene Eis-Masse**.
- Man **gefriert** die Masse **vollständig** in der Eis-Maschine.

## Eis-Speisen aus Frucht-Saft/Frucht-Mark

### Sorbet

🇬🇧 sherbet
🇫🇷 sorbet

Sorbet ist ein **sehr weich gefrorenes Eis aus Frucht-Saft oder** aus **Frucht-Mark**. Der Anteil an Frucht-Saft oder an Frucht-Mark ist höher als bei Frucht-Eis. Darum ist **in** der **Grund-Masse mehr Säure**. Das Eis wird **nicht so fest**.

Sorbet **schmeckt sehr erfrischend**. Man serviert Sorbets:
- in Menüs mit vielen Gängen zwischen dem Zwischen-Gericht und dem Hauptgericht
- als Eis-Dessert

#### Arbeitsweise – Rhabarber-Sorbet

- Man **putzt** den **Rhabarber** und **kocht ihn kurz** mit Vanille-Schote, Weißwein und Zucker **auf**.
- Die **Masse kühlt** man **schnell ab** und entfernt die Vanille-Schote.
- Man **gefriert** die Masse **vollständig** in der Eis-Maschine.

Man richtet Sorbets in der Regel in Gläsern an. Auf das Sorbet füllt man kurz vor dem Anrichten Sekt oder Champagner.

### Spoom

Spoom ist ein **Sorbet mit Ei-Schnee**. Den **Ei-Schnee** gibt man **erst kurz vor** dem **Anrichten unter** das **Sorbet**.

Spoom ist **pastellfarben** und hat eine **geschmeidige Konsistenz**.

### Granité

🇬🇧 granité
🇫🇷 granité

Granité besteht **aus Frucht-Saft oder** aus **Frucht-Mark** und etwas **Läuter-Zucker**.

Man **streicht** die Masse **dünn auf** ein **Edelstahl-Blech** und **gefriert** die Masse **im Tiefkühl-Haus**.

Die **gefrorene Frucht-Eis-Schicht hebt** man **mit** einem **Spachtel vom Blech**.

Man **richtet** Granité **in hohen Gläsern** oder in **Glas-Schalen** an.

Granité kann man mit **Sekt oder Champagner übergießen**.

## Parfait

parfait
parfait glacé

Parfait besteht aus **mindestens 60 % Sahne**. Parfait nennt man auch Halb-Gefrorenes.

Parfait wird durch den **hohen Fett-Anteil** in der Sahne auch **ohne Rühren cremig**. Darum braucht man für die Herstellung von Parfait **keine Eis-Maschine**.

Man kann Parfait so zubereiten:

| **Möglichkeit 1** | **Möglichkeit 2** |
| --- | --- |
| • Man **schlägt Ei-Gelb mit Läuter-Zucker** im warmen Wasserbad **auf**. Danach schlägt man die Masse wieder kalt. | • Man **schlägt Eier**, **Ei-Gelb** und **Zucker** im warmen Wasserbad **auf**. Danach schlägt man die Masse wieder kalt. |
| • Unter die Masse **gibt** man den **gewünschten Geschmacks-Träger**.<br>• Man **hebt** die **geschlagene Sahne unter**.<br>• Die Masse **füllt** man **in Formen** und **gefriert** die Masse **im Tiefkühl-Haus**. | |

## Portionieren von Speise-Eis

Man verwendet zum Portionieren von Speise-Eis einen **Eis-Kugel-Portionierer** ① oder einen **Dipper** ②. Diese Geräte bewahrt man in einer **Portionierer-Spüle** ③ auf. Durch eine Portionierer-Spüle **läuft ununterbrochen kaltes Wasser**. Wenn die Portionierer **in stehendem Wasser aufbewahrt** werden, muss man das **Wasser mehrmals täglich wechseln**. Man **gibt** in das Wasser etwas **Zitronen-Säure** oder Wein-Säure. Die Säure **senkt** den **pH-Wert**. Mikroorganismen **vermehren sich nicht so schnell**.

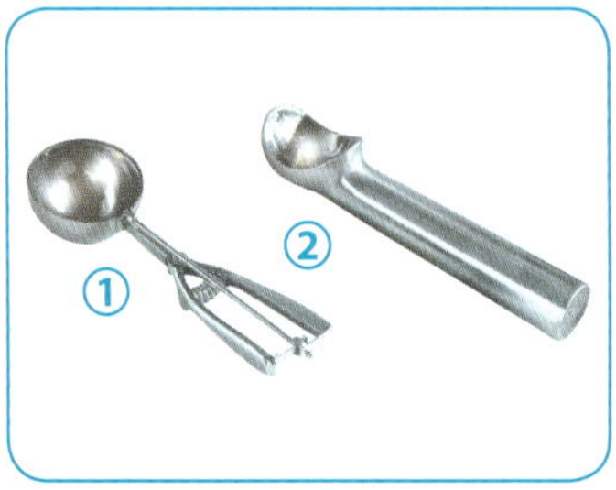


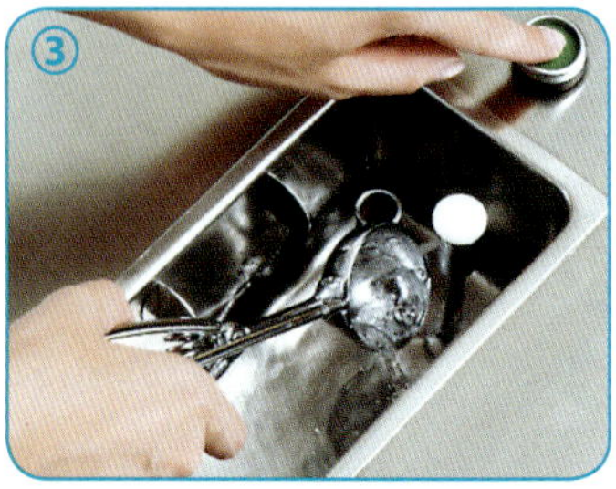

## 6.8 Feine Back-Waren

🇬🇧 fine baked goods
🇫🇷 produits de boulangerie fine

Man **nennt** feine Back-Waren umgangssprachlich **Gebäck**. Feine Back-Waren stellt man aus **Teigen oder** aus **Massen** her.

### Teige und Massen

🇬🇧 doughs and mixtures
🇫🇷 pâtes et appareils

Man **unterscheidet** Teige und Massen **nach bestimmten Merkmalen**:

| | **Teige** | **Massen** |
|---|---|---|
| **Wichtigste Zutaten** | Mehl | Eier, Zucker, teilweise Fett, Flüssigkeit |
| **Verarbeitungs-Technik** | Kneten | Rühren, Schlagen |
| **Lockerung** | Kohlen-Säure durch Gärung, Wasserdampf | Eingeschlagene Luft, Wasserdampf |
| **Bindung und Teig-Gerüst** | Mehl-Eiweiß (Kleber-Eiweiß) | Ei-Klar |
| **Beispiele** | • Hefe-Teig<br>• Mürbe-Teig<br>• Blätter-Teig<br>• Strudel-Teig | • Biskuit-Masse<br>• Brand-Masse<br>• Ausback-Masse<br>• Schaum-Masse (Baiser)<br>• Hippen-Masse |

Man braucht für die Herstellung einiger Teige und Massen ein **Lockerungs-Mittel**, z. B.:

| **Hefe** | **Ei-Schnee** | **Back-Pulver** |
|---|---|---|
|  | 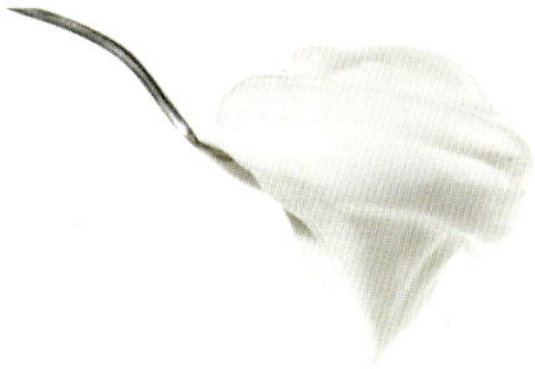 |  |

Das Lockerungs-Mittel **beeinflusst** die **Beschaffenheit und** den **Geschmack** des Gebäcks.

## Teige verwenden

| Teig | Beschreibung und Verwendung | |
|---|---|---|
| **Hefe-Teig**<br>🇬🇧 yeast dough<br>🇫🇷 pâte levée | Ein Hefe-Teig ist ein Teig **mit** einem **hohen Mehl-Anteil**.<br>Hefe-Teig wird **durch Hefe gelockert**.<br>• Hefe-Zopf • Schnecken<br>• Plunder-Gebäck • Savarin |  |
| **Mürbe-Teig**<br>🇬🇧 short pastry<br>🇫🇷 pâte brisée | Ein Mürbe-Teig ist **sandig** und **krümelt leicht**.<br>Mürbe-Teig kann **mit Zucker und ohne Zucker** zubereitet werden.<br>• Tee-Gebäck • Spritz-Gebäck<br>• Torteletts • Quiche |  |
| **Blätter-Teig**<br>🇬🇧 puff pastry dough<br>🇫🇷 pâte feuilletée | In Blätter-Teig wechseln sich **Teig-Schichten und Fett-Schichten** ab. Darum ist Blätter-Teig **locker** und **splittrig**.<br>• Pasteten • Croissants<br>• Fleurons • Käse-Stangen |  |
| **Strudel-Teig**<br>🇬🇧 strudel pastry<br>🇫🇷 pâte strudel | Strudel-Teig wird **dünn ausgerollt** und mit unterschiedlichen Zutaten **belegt**. Dann **rollt** man den Teig **wie** eine **Roulade auf**.<br>• Apfel-Strudel • Quark-Strudel |  |



## Massen verwenden

| Teig | Beschreibung und Verwendung | |
|---|---|---|
| **Biskuit-Masse**<br>🇬🇧 biscuit sponge<br>🇫🇷 pâte à biscuit | Biskuit-Masse enthält **viele Eier**.<br>Die Masse ist **luftig** und **leicht**.<br>Man kann Biskuit-Massen kalt rühren oder warm aufschlagen.<br>• Biskuit-Roulade<br>• Torten-Boden<br>• Tiramisu |  |

| Teig | Beschreibung und Verwendung | |
|---|---|---|
| **Brand-Masse**<br>choux pastry<br>pâte choux | Für Brand-Masse **erhitzt** man **Mehl, Fett** und **Flüssigkeit** (**abbrennen**).<br>Gebäck aus Brand-Masse hat **große Poren**.<br>• Wind-Beutel • Eclairs |  |
| **Ausback-Masse**<br>frying batter<br>pâte frire | Ausback-Masse (Ausback-Teig) ist **dickflüssig**.<br>Man **umhüllt Lebensmittel** mit Ausback-Masse und **backt** sie **aus** (frittiert sie).<br>• Krapfen (Beignets)<br>• Gebackenes (frittiertes) Eis |  |
| **Schaum-Masse**<br>meringue mixture<br>appareil à meringue | Man nennt Schaum-Masse auch **Baiser-Masse**.<br>Man **schlägt Ei-Klar** mit **viel Zucker zu Ei-Schnee**.<br>• Meringen • Macarons |  |
| **Hippen-Masse**<br>tuile mixture<br>pâte à tuiles | Hippen-Masse besteht hauptsächlich aus **Marzipan-Rohmasse**.<br>Das Gebäck ist **zart** und **feinsplittrig**.<br>• Hippen-Gebäck |  |

## Glasuren

icings
glaces et fondants

Man **überzieht Gebäck** mit einer Glasur.
- Das Gebäck sieht **ansprechend** aus.
- Der **Geschmack** des Gebäcks ist **abgerundet**.

| **Zuckerhaltige Glasur**, z. B.: | | **Kakaohaltige Glasur**, z. B.: | |
|---|---|---|---|
| • Wasser-Glasur<br>• Ei-Weiß-Spritz-Glasur<br>• Fondant |  | • Kuvertüre<br>• Schokoladen-Spritz-Glasur |  |

# 6.9 Süße Saucen

🇬🇧 pastry sauces
🇫🇷 sauce de la pâtisserie

Süße Saucen ergänzen Desserts.

- Das Dessert **sieht** mit einer süßen Sauce **ansprechender** aus.
- Die süße Sauce **rundet** den **Geschmack** des Desserts **ab**.

## Frucht-Saucen

🇬🇧 fruit sauces
🇫🇷 sauces de fruits

### Frucht-Saucen aus rohen Früchten

- **Reife** und **weiche frische Früchte** eignen sich für die Zubereitung von Frucht-Saucen. Man kann **auch aufgetaute Früchte** verwenden.
- Man **passiert** die **Früchte**. Früchte **ohne Kerne** kann man vorher **pürieren**.

*Panna cotta mit Himbeer-Sauce*

**Saucen aus pürierten Beerenfrüchten und aus pürierten Kiwis schmecken bitter.** !

H

- Man gibt **Puder-Zucker** dazu. Puder-Zucker **verbindet** das **Frucht-Mark und** den **Frucht-Saft**.

### Frucht-Saucen, gekocht

- Man **kocht Früchte mit** einer **Flüssigkeit** auf, z. B. Frucht-Saft. Die Flüssigkeit kann man **mit Spirituosen**, z. B. Frucht-Likör, **aromatisieren**.
- Die Flüssigkeit **bindet** man **mit** eingerührter **Stärke**.

## Creme-Saucen

🇬🇧 cream sauces
🇫🇷 sauces à la crème

Man **bindet** Creme-Saucen meistens **mit Ei-Gelb oder** mit **Stärke**. Creme-Saucen kann man auch mit einer Mischung aus Ei-Gelb und Stärke binden.

Die **Vanille-Sauce** (🇬🇧 custard sauce; 🇫🇷 sauce à la vanille) ist die **Grundlage** für viele Creme-Saucen.

Man kann **Vanille-Sauce** auf zwei Arten **zubereiten**:

| **Vanille-Sauce mit Stärke-Bindung** | **Vanille-Sauce mit Ei-Bindung** |
|---|---|
| • Man **aromatisiert Milch** mit Vanille-Mark.<br>• **Zucker**, **Stärke** und **Ei-Gelb verrührt** man **mit** wenig **kalter Milch**.<br>• Man **kocht** die **Vanille-Milch auf**.<br>• Die **Stärke-Eigelb-Mischung** gießt man **in** die **aufgekochte Milch**. Dabei **rührt** man **kräftig**.<br>• Man lässt **alles kurz aufkochen**.<br>• Danach **passiert** man die **Sauce** und lässt sie abkühlen. | • Man **aromatisiert Milch** mit Vanille-Mark und **gibt Zucker dazu**.<br>• **Eier und Ei-Gelb** verrührt man.<br>• Man **kocht** die **Vanille-Milch auf**.<br>• Die **aufgekochte Milch** rührt man **langsam in** die **Ei-Masse**.<br>• Man **zieht** die **Ei-Milch-Mischung** im heißen Wasserbad **zur Rose ab**.<br>• Danach **passiert** man die **Sauce** und lässt sie abkühlen. |

Man kann die **Vanille-Sauce abwandeln**, z. B. durch:

| • **Kuvertüre** | • **Karamell-Sirup** | • **Espresso** |
|---|---|---|
| → Schokoladen-Sauce | → Karamell-Creme-Sauce | → Kaffee-Creme-Sauce |

## Weitere Creme-Saucen

| | | |
|---|---|---|
| **Warme Schokoladen-Sauce**<br>🇬🇧 hot chocalate sauce<br>🇫🇷 sauce au choclat chaud | • **Kuvertüre** schmelzen<br>• **Sahne** mit **Vanille-Mark** aufkochen<br>• Sahne unter die geschmolzene Kuvertüre rühren<br>• Nach Geschmack **süßen** |  |
| **Weinschaum-Sauce**<br>🇬🇧 chaudeau sauce<br>🇫🇷 sauce au chadeau | • **Weißwein**, **Ei-Gelb**, **Zitronen-Saft** und **Zucker** im kochenden Wasserbad aufschlagen<br>• Sauce **warm servieren** |  |

## Süße Saucen anrichten

Man kann Desserts mit süßen Saucen **geschmacklich abrunden** und **dekorativ anrichten**.

Desserts richtet man mit süßen Saucen an:
- **im Glas**
- **auf** dem **Teller**

## Im Glas anrichten

Man **schichtet die Sauce** mit den anderen Bestandteilen des Desserts. Dabei achtet man auf eine **ansprechende Farb-Gestaltung**.

**Je nach Bindung** der Sauce und nach den Bestandteilen des Desserts kann man die **Sauce unterschiedlich einsetzen**.

## Auf dem Teller anrichten

Man **verwendet** beim Anrichten auf einem Teller **nicht zu viel Sauce**.

- Der **Haupt-Bestandteil** des Desserts **kann verrutschen**.
- Der **Geschmack** der verschiedenen Bestandteile **vermischt sich** sonst.
- Bestandteile aus Teigen oder Massen **weichen auf**.

Man kann ein Dessert auf dem Teller **mit mehreren Saucen zusammen** gestalten.

- Man **verwendet** zum Gestalten von Mustern **kleine Flaschen mit Aus-Gießer oder** eine feste **Spritz-Tüte**.
- Man sollte **Rahmen aus Kuvertüre ziehen**, wenn man dünnflüssige Saucen nutzt.

## Mit Saucen verschieden dekorieren

H

Das **Dekorieren** von Dessert-Tellern mit Saucen **verlangt** eine **ruhige Hand** und **viel Übung**. So lassen sich viele unterschiedliche Dekorationen gestalten.

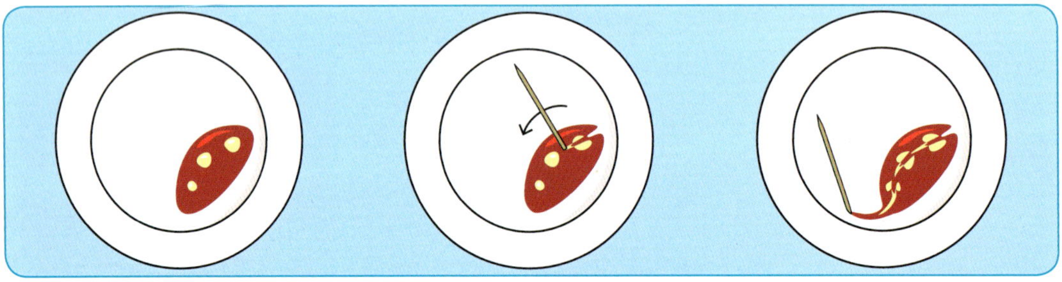

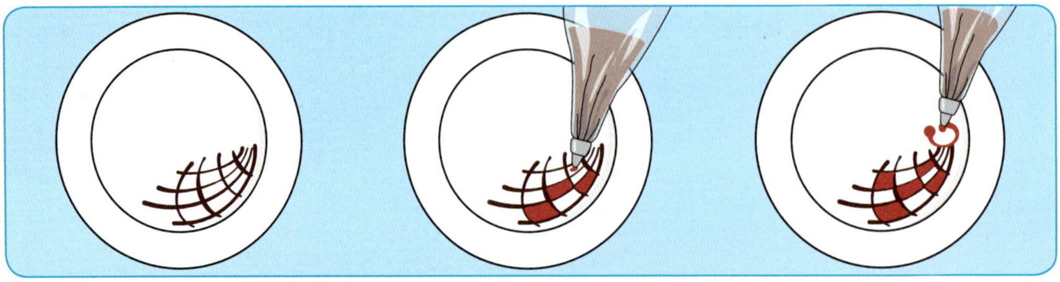

# 1 Regionale Gerichte

regional dishes
plats régionaux

Regionale Gerichte stammen **aus bestimmten Regionen (Gegenden) in Deutschland**, z. B. aus Baden-Württemberg, aus Sachsen, aus Mecklenburg-Vorpommern.

Regionale Gerichte werden **nach alten überlieferten Rezepten** zubereitet. Die **Namen** dieser Gerichte stammen häufig **aus** den **Dialekten der Regionen**.

In den Rezepten der Regional-Gerichte finden sich die **typischen Rohstoffe dieser Regionen**.

In den Regionen werden diese Gerichte häufig **verschieden zubereitet**, auch wenn die Orte nur wenige Kilometer voneinander entfernt sind.

**Traditionelle deutsche Produkte**

**Fleisch und Fleisch-Erzeugnisse**
- Schweinefleisch
- Rindfleisch
- Huhn
- Mett, Gehacktes, Tatar

**Fisch**
- Süßwasser-Fische, z. B. Forelle, Renken, Felchen
- Scholle
- Kabeljau/Dorsch

**Gemüse und Obst**
- Kohlgemüse
- Wurzelgemüse
- Kartoffeln
- Äpfel, Birnen, Pflaumen, Erdbeeren

**Back-Waren und Süßwaren**
- Graubrot, Schwarzbrot
- Laugen-Gebäck
- Kalorienreiche Torten, z. B. Frankfurter Kranz

## 1.1 Bundesländer und ihre Spezialitäten

### Baden-Württemberg

*Maultaschen*

**Schwäbischer Wurst-Salat**

ist ein **Salat von Brühwurst-Streifen**, z. B. Lyoner, mit Radieschen, Gewürz-Gurken, Petersilie, Essig/Öl, Salz, Pfeffer.

**Maultaschen**

sind **gefüllte Teig-Taschen**. Die Füllungen sind oft aus Hackfleisch oder Spinat.

**Riebele-Suppe**

ist ein **Eintopf aus Rindfleisch** und **Gemüse**. Die Einlagen sind Kartoffeln, Spätzle-Knöpfle (Riebele) und Röst-Zwiebeln.

### Bayern

*Brot-Zeit*

**Leberknödel-Suppe**

ist eine **Fleisch-Brühe mit** einem **Leber-Knödel** (mit Rinder-Leber) als Suppen-Einlage.

**Brot-Zeit**

ist ein kaltes **Hauptgericht** mit dunklem Brot, Käse, Obazda (Käse-Zubereitung), Schinken und/oder Speck und Rettich (Radi).

**Böfflamot** (aus dem französischem „Bœuf à la mode")

ist in Rotwein **mariniertes** und **geschmortes Rindfleisch**.



### Berlin

*Kalbsleber Berliner Art*

**Löffelerbsen-Suppe**

ist eine Suppe aus **gelben Erbsen mit Speck** und Wurzel-Gemüse.

**Buletten**

sind **Frikadellen**. Sie bestehen aus gemischtem Hackfleisch.

**Kalbsleber Berliner Art**

sind mehlierte und gebratene Kalbsleber-Scheiben. Als **Beilagen** reicht man **gebräunte Apfel-Scheiben**, **Kartoffel-Püree** und **Röst-Zwiebeln**.

## Brandenburg

*Plinse mit Apfel-Kompott*

### Knieper-Kohl (Sur'n Hansen)

ist ein **Hauptgericht** aus gesäuertem Grünkohl und gesäuertem Weißkohl mit Kassler und Kartoffeln.

### Märkischer Topf

ist ein **Minuten-Gericht aus Rinderfilet-Spitzen**, blanchierten Teltower Rübchen, Schalotten, Steinpilzen und Sauer-Rahm.

### Buttermilch-Plinsen

sind **kleine Pfannkuchen**. Der Teig wird mit Buttermilch zubereitet.

## Bremen

*Bremer Labskaus*

### Labskaus

ist ein **Hauptgericht** aus gepökelter, gekochter Rinderbrust und Herings-Filet. Diese Zutaten werden grob gewolft und mit durchgedrückten Kartoffeln, geraspelter Roter Bete und gedünsteten Zwiebeln vermischt.

### Braunkohl und Pinkel

ist ein **Hauptgericht** aus Grünkohl mit Grütz-Wurst (Pinkel).

### Scheer-Kohl

ist ein **Kohlgemüse** mit einem leicht nussigen Geschmack.

## Hamburg

*Hamburger Aal-Suppe*

### Hamburger Aal-Suppe

ist ein reichhaltiger **Eintopf** aus Aal, Gemüse, Back-Pflaumen, Birnen, Kräutern und Schwemm-Klößchen.

### Hamburger National

ist ein **Eintopf** mit Schweine-Nacken, Kartoffeln und Steckrüben.

### Finkenwerder Scholle

ist **gebratene Scholle** mit Stippe (angeschwitzter **Bauch-Speck** und angeschwitzte **Zwiebel-Würfel**).

## Hessen

*Tafelspitz mit Frankfurter Grüner Sauce*

### Handkäs mit Musik

ist **reifer**, **eingelegter Sauermilch-Käse**. Die Marinade besteht aus Zwiebel-Würfeln, Essig, Öl, Kümmel, Salz und Pfeffer. Der Käse (Handkäs) wird **mit** der **Marinade** (Musik) zusammen **serviert**.

### Gekochtes Rindfleisch mit Frankfurter Grüner Sauce

ist ein **Hauptgericht**. Man kann dazu Bouillon-Kartoffeln reichen.

### Nordhessischer Speck-Kuchen

besteht aus **Sauer-Teig**. Der Teig wird mit Porree, Semmel-Bröseln und Speck **belegt**. Die Sauce besteht aus Schmand und Eiern.

## Mecklenburg-Vorpommern

*Tucker-Aal*

### Bohnen-Suppe

ist eine mit pürierten weißen Bohnen **gebundene Suppe** aus Gänse-Brühe oder Geflügel-Brühe. In der Suppe sind weiße Bohnen und Würfel von Gänse-Mägen und Gänse-Herzen.

### Tucker-Aal

ist ein **Hauptgericht** aus frischem Aal, Kartoffeln, Zwiebeln, Lauch, Karotten und Petersilien-Wurzel.

### Klieben-Suppe

ist eine **süße Milch-Suppe** mit Mehl-Klößchen.



## Niedersachsen

*Grünkohl mit Brägen-Wurst*

### Grünkohl mit Brägen-Wurst

ist ein **Hauptgericht**.

Brägen-Wurst ist eine rohe oder leicht geräucherte, streichfähige Mett-Wurst. Die Brägen-Wurst wird eine Zeit lang zusammen mit dem Grünkohl gegart.

### Lammfleisch mit Bohnen

ist ein **Eintopf** aus Lammfleisch.

Grüne breite Bohnen werden in Rauten geschnitten. Lammfleisch und Bohnen werden zusammen mit Kartoffeln gegart.

## Nordrhein-Westfalen

*Rheinischer Sauerbraten*

### Pfeffer-Potthast

ist ein **Eintopf** aus Quer-Rippe vom Rind, Zwiebeln und Gemüse. Der Eintopf wird durch geriebene Brot-Krume leicht gebunden. Das Gericht wird mit frisch gemahlenem Pfeffer gewürzt.

### Pott-Hucke

ist aus rohen und gekochten **Kartoffeln**, Zwiebeln, Speck und Eiern. Die **Masse** wird in einer gefetteten Form im Ofen **gebacken**.

### Rheinischer Sauerbraten

ist ein **säuerlich** marinierter **Rinder-Schmorbraten**. Die Sauce wird mit Rosinen verfeinert.

## Rheinland-Pfalz

*Woi-Hinkelche*

### Zwiwwel-Supp

ist eine **Zwiebel-Suppe**. Die Suppe wird mit Sahne und Weißwein zubereitet.

### Pfälzer Sau-Magen

ist ein **gefüllter Sau-Magen**. Die Füllung besteht aus **Fleisch-Brät**, **Kartoffeln** und **Zwiebeln**. Der Sau-Magen wird bei höchstens 90 °C pochiert. Beilagen sind häufig Kartoffeln und Sauerkraut.

### Woi-Hinkelche

ist **in Riesling-Wein gedünstetes Hähnchen**.

## Saarland

*Dibbelabbes*

### Dibbelabbes

ist ein Gericht aus geraspelten **Kartoffeln**, **Dörr-Fleisch-Würfeln**, Lauch und Zwiebeln. Die **Masse** wird in einer Form **gebacken**.

### Gefilde Knepp

ist ein **Kloß** aus rohen und gekochten Kartoffeln. Der Kloß wird **gefüllt**, z. B. mit Blut-Wurst.

### Saurer Schweine-Kamm

ist **säuerlich geschmorter** Schweine-Kamm mit saurer Sahne.

## Sachsen

*Quark-Keulchen*

### Warmbier-Suppe

ist eine **gebundene Suppe** aus **Milch** und **dunklem Bier**.
In die Suppe gibt man kandierte Ingwer-Würfelchen.

### Leipziger Allerlei

ist ein **Gemüse-Gericht** aus Morcheln, Spargel, Erbsen, Blumenkohl-Röschen, Karotten und Flusskrebs-Schwänzen in Béchamel-Sauce.

### Quark-Keulchen

sind in Schmalz gebackene **Plätzchen** aus **Kartoffel-Masse**, **Quark** und **Korinthen**.

## Sachsen-Anhalt

*Bötel mit Lehm und Stroh*

### Altmärkische Hochzeits-Suppe

ist Geflügel-Brühe mit **Mark-Klößchen**, **Eier-Stich** und **Spargel**.

### Bötel mit Lehm und Stroh

ist **Eisbein** mit **Erbsen-Püree** und **Sauerkraut**.

### Magdeburger Börde-Topf

ist ein **geschichtetes Schmor-Gericht**.

Die Zutaten sind Lammfleisch-Würfel, Schweinefleisch-Würfel, Kartoffel-Scheiben, Zwiebeln und Weißkohl-Streifen.

## Schleswig-Holstein

*Kieler Pfannkuchen mit Fleck-Hering*

### Holsteiner Sauer-Fleisch

ist eine **Sülze** aus sauer eingekochtem Schweine-Bauch oder Schweine-Nacken.

### Kieler Pfannkuchen mit Fleck-Hering

ist ein Pfannkuchen mit Stücken von **geräuchertem Herings-Filet.**

### Schellfisch in Senf-Butter

ist ein **Hauptgericht**.

**Pochierte Schellfisch-Stücke** werden **mit Senf-Butter übergossen** und mit gerösteten Zwiebel-Ringen angerichtet.

**Thüringen**

*Sauerkraut-Suppe*

**Sauerkraut-Suppe**

ist eine **gebundene Suppe**. Die Suppe wird mit **Crème fraîche** verfeinert. Man kann die Suppe servieren z. B. mit Schinken-Streifen, Frühlingszwiebeln, Croûtons, gerösteten Speck-Würfeln.

**Thüringer Rost-Brätel**

sind **in Bier eingelegte**, gebratene **Schweinehals-Steaks**. Man serviert die Steaks mit Senf und Graubrot.

**Schmöllner Mutzen-Braten**

sind **marinierte**, **auf** einen **Spieß gesteckte** Stücke vom Schweine-Kamm. Sie werden über **Buchen-Holz gegart**.

## 1.2 Geschützte Bezeichnungen

quality mark
label de qualité

In der EU (Europäische Union) gibt es seit 1992 Güte-Zeichen. Diese sollen traditionelle und regionale Lebensmittel-Erzeugnisse schützen und fördern.

Die Güte-Zeichen sind:

- **Geschützte Ursprungs-Bezeichnung**
- **Geschützte geografische Angabe**
- **Garantiert traditionelle Spezialität**

### Geschützte Ursprungs-Bezeichnung

| Logo | Beschreibung | Beispiele |
|---|---|---|
| GESCHÜTZTE URSPRUNGSBEZEICHNUNG | • Das Produkt wird in einer bestimmten Region **erzeugt**, **verarbeitet** und **hergestellt**.<br>• Das Produkt wird **nach** einem **anerkannten** und **festgelegten Verfahren hergestellt**.<br><br>Beispiel:<br>Der **Altenburger Ziegenkäse** wird nach **traditionellem Rezept** aus mindestens 15 % Ziegen-Milch und Kuhmilch hergestellt.<br>Die Ziegen-Milch kommt **nur aus regionalen Betrieben**. | • Lüneburger Heidschnucke<br>• Diepholzer Moorschnucke<br>• Stromberger Pflaume<br>• Fränkischer Grünkern<br>• Altenburger Ziegenkäse<br>• Allgäuer Bergkäse<br>• Allgäuer Emmentaler |

## Geschützte geografische Angabe

| Logo | Beschreibung | Beispiele |
|---|---|---|
| | • Das Produkt muss in der Region **erzeugt oder verarbeitet oder hergestellt** werden.<br>• Das **handwerkliche Können** und das **traditionelle Wissen** werden mit diesem Logo **ausgezeichnet**. | • Holsteiner Tilsiter<br>• Lübecker Marzipan<br>• Ammerländer Schinken<br>• Lausitzer Leinöl<br>• Dresdner Stollen<br>• Thüringer Rostbratwurst<br>• Nürnberger Lebkuchen |
| | Beispiel:<br>Für **Ammerländer Schinken kann** das Schweine-Fleisch z. B. **auch aus Süd-Deutschland** stammen. | |

## Garantiert traditionelle Spezialität

| Logo | Beschreibung |
|---|---|
| | • Das Produkt wird nach einem **traditionellen Rezept** hergestellt. Es kann **auch mit** einem **traditionellen Verfahren hergestellt oder verarbeitet** werden.<br>• Die **Herstellung muss nicht in** einer **bestimmten Region** erfolgen.<br>• Die **Zutaten müssen nicht aus** einer **bestimmten Region** kommen. |
| | Beispiel:<br>Für **Serrano-Schinken** kann das **Schweine-Fleisch z. B. aus Italien** stammen. Dieses italienische Fleisch kann **in Deutschland nach spanischem Rezept** zu Serrano-Schinken **verarbeitet** werden. |

# 2 Internationale Küche

international cuisine
cuisine internationale

Die internationale Küche bietet **Speisen und Getränke** aus **der ganzen Welt.**

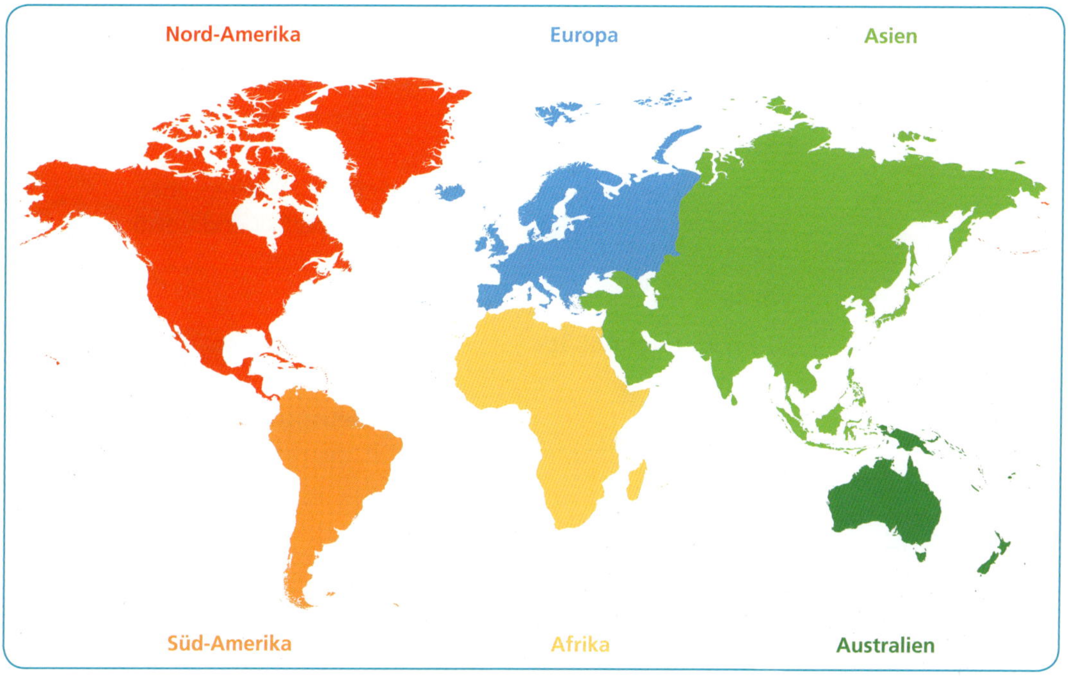


Jedes **Land** und seine **Küche** werden **beeinflusst durch**:

*Klima*

*Pflanzen-Welt*

*Tier-Welt*

*Religion*

*Tradition*

*Einwanderung*

## 2.1 Europäische Küche

Die europäischen Länder **unterscheiden sich** sehr **in** ihrem **Klima**, z. B. in England und Spanien, **und** in ihren **Traditionen**. Klima und Tradition **beeinflussen** die **Küche** der verschiedenen Länder.

### Dänemark

*Smørrebrød*

**Smørrebrød**

sind dünne, verschieden **belegte Brot-Scheiben**.

**Leverpostej**

ist eine **Leber-Pastete** aus Kalbs-Leber und Schweine-Leber. Weitere Zutaten sind Speck, Béchamel-Sauce, Eier und Gewürze.

**Wienerbrød**

ist ein **Plunder-Gebäck** mit verschiedenen Füllungen.

### Schweden

*Köttbullar*

**Gravad lax**

ist **gebeizter Lachs**.

**Köttbullar**

sind **Hackfleisch-Bällchen** aus Rindfleisch oder Wildfleisch.

**Kroppkakor**

sind **Kartoffel-Klöße** mit Speck-Zwiebel-Füllung.

### Großbritannien

*Fish and chips*

**Clear oxtail soup**

ist eine **klare Ochsenschwanz-Suppe**.

**Fish and chips**

ist in Back-Teig **frittiertes Fisch-Filet** mit dicken, **frittierten Kartoffel-Stäben**.

**Welsh rarebits**

sind **überbackene Weißbrot-Scheiben**.
Man verwendet zum Überbacken eine Mischung aus Chester-Käse und Bier.

## Russland

*Piroggen*

### Borschtsch

ist eine **Suppe** mit Weißkohl, Roter Bete und Rindfleisch. Zur Borschtsch reicht man saure Sahne.

### Piroggen

sind mit Quark, Hackfleisch oder Sauerkraut **gefüllte Teig-Taschen**. Man verwendet als Teig ungesüßten Mürbe-Teig, Hefe-Teig oder Blätter-Teig.

### Soljanka

ist eine **säuerlich-pikante Suppe** mit Fleisch, Fisch oder Pilzen.

## Frankreich

*Bouillabaisse*

### Soupe à l'oignon

ist eine **Zwiebel-Suppe mit Käse-Croûton**.

### Bouillabaisse

ist ein **Fisch-Eintopf** aus Süd-Frankreich mit Krebs-Tieren und Weichtieren, Zwiebeln, Lauch, Tomaten und Safran.

### Coq au vin

ist in Weißwein oder in Rotwein **geschmortes Hähnchen.**

### Ratatouille

ist ein **Gemüse-Topf** aus Süd-Frankreich mit Paprika, Zwiebeln, Zucchini, Aubergine und Tomaten.

## Österreich

*Wiener Backhendl*

### Tiroler Knödel-Suppe

ist eine Fleisch-Brühe mit Knödel aus **Semmeln und Geselchtem** (gepökeltes und kaltgeräuchertes Fleisch).

### Wiener Backhendl

sind mit **Wiener Panierung** umhüllte, **frittierte Hähnchen-Teile**.

### Kaiser-Schmarrn

ist luftiger, **zerrupfter Pfannkuchen** (vgl. S. 632).

## Schweiz

*Raclette*

### Bündner Gersten-Suppe

ist eine **Suppe aus Rindfleisch mit Gersten-Graupen**, Wurzel-Gemüse, dünnen Kartoffel-Scheiben, dünnen Speck-Streifen oder dünnen Streifen von Bündner Fleisch.

### Fondue

ist ein Gericht, bei dem **Lebensmittel-Stückchen in** eine warme **Flüssigkeit**, z. B. Käse, Brühe oder Fett, **getunkt** werden.

### Raclette

ist ein Käse, der **geschmolzen vom Käse-Laib abgeschabt** wird.

## Ungarn

*Gulyásleves*

### Gulyásleves

ist eine **Gulasch-Suppe** aus Rindfleisch, Zwiebeln, Paprika, Tomaten und Kartoffel-Stücken, gewürzt mit Kümmel und Paprika.

### Pörkölt

ist der ungarische Name für **Gulasch**.

### Esterhazy rotélyos

sind dünne, **gebratene Rinderrücken-Scheiben mit** feinen **Wurzelgemüse-Streifen**.



## Italien

*Vitello Tonnato*

### Antipasti

sind **Vorspeisen**, z. B. gegrilltes Gemüse in Öl, Käse, Schinken oder Fisch, Muscheln und Krusten-Tiere.

### Vitello Tonnato

ist dünn geschnittenes, **gekochtes Kalbfleisch** mit **Thunfisch-Mayonnaise** nappiert und mit **Kapern** garniert.

### Minestrone

ist eine **Gemüse-Suppe** mit Bohnen, Tomaten-Würfeln und je nach Region Reis oder Nudeln.

Man **reicht** zur Minestrone **Parmesan**.

## Spanien

*Paella*

### Gazpacho

ist eine **kalte Gemüse-Suppe** mit Tomaten, Gurken und Paprika. Die Suppe stammt aus Andalusien.

### Paella

ist ein **Pfannen-Gericht** mit Safran-Reis, Krusten-Tieren, Muscheln, Geflügel-Fleisch und Kaninchen-Fleisch.

### Tortilla

ist ein **Kartoffel-Omelett mit Zwiebeln**.

## Griechenland

*Gyros*

### Tsatsiki (Zaziki)

ist ein Dip aus **Joghurt** mit **Gurke**, **Knoblauch** und **Oliven-Öl**.

### Moussaka

ist ein **Auflauf** mit Aubergine, Hackfleisch, Kartoffeln und Béchamel-Sauce. Der Auflauf wird mit Käse gratiniert.

### Bifteki

ist **gebratenes Rinder-Hackfleisch**. Bifteki ähnelt einer Frikadelle.

### Gyros

ist **am Dreh-Spieß gegrilltes Schweinefleisch**. Das gegrillte Fleisch wird in dünnen Stückchen abgeschnitten.

## Türkei

*Lahmacun*

### Kisir

ist ein **Salat aus Bulgur** mit Gemüse, Blatt-Petersilie und Oliven.

### Köfte

sind **gebratene**, mit Kreuz-Kümmel gewürzte **Hack-Steaks**.

### Lahmacun

ist **dünnes Fladen-Brot** mit **Hackfleisch**, **Zwiebeln** und **Tomate**. Man nennt Lahmacun häufig **türkische Pizza**.

## 2.2 Asiatische Küche

Zur asiatischen Küche gehören **Gerichte der** asiatischen **Staaten**. In der asiatischen Küche werden die **Lebensmittel schonend gegart**. Reis, Fisch und Meeres-Früchte sind Bestandteile vieler Speisen. Die Speisen sind **würzig und aromatisch**, teilweise auch **sehr scharf**.

### Indien

*Currys*

#### Mulligatawny

ist eine **Geflügel-Curry-Rahm-Suppe**.

#### Currys

sind Gerichte mit einer **sämigen Sauce mit vielen verschiedenen Gewürzen**, z. B. Kurkuma, Kreuz-Kümmel, Chili, Koriander, Ingwer, Zimt oder Nelken.

Die Gerichte werden mit Fleisch, Fisch und/oder Gemüse zubereitet.

### China

*Dim Sum*

#### Frühlings-Rollen

sind **sehr dünne**, **gefüllte** und **aufgerollte Teig-Platten**. Frühlings-Rollen werden gedämpft oder frittiert.

#### Dim Sum

sind kleine, **gefüllte Teig-Taschen**. Sie werden in Bambus-Körben gedämpft.

#### Peking-Ente

ist eine **speziell zubereitete Ente**.

Peking-Ente ist **auch eine** eigene **Rasse**.

### Japan

*Tempura*

#### Miso-Suppe

ist eine Suppe aus **Dashi** (Fisch-Sud) und **Miso** (Sojabohnen-Paste).

#### Sushi

ist aus **kaltem Reis** mit verschiedenen Zutaten (vgl. S. 556).

#### Tempura

sind **mit Tempura-Teig umhüllte**, **frittierte** Speisen.

## 2.3 Amerikanische Küche

Die amerikanische Küche meint die Küche **Nord-Amerikas**, **Mittel-Amerikas** und **Süd-Amerikas**. Die Speisen des amerikanischen Kontinents unterscheiden sich regional sehr stark.

### USA

*Tex-Mex*

#### Tex-Mex

ist eine Kombination der texanischen Küche und der Küche Nord-Mexikos. Es werden viele Variationen an **Tortillas** (Mais-Fladen), **Enchiladas**, **Burritos** (Weizenmehl-Fladen) und **Tacos** angeboten.

#### Barbecue

ist eine **Gar-Methode**, bei der das Fleisch in **speziellen Smokern** längere Zeit in der heißen Luft eines Holz-Feuers gegart wird.

### Mexiko

*Enchiladas*

#### Chili con carne

ist aus Schweine-Hackfleisch, Rindfleisch, **Bohnen**, **Chilis**, Tomaten.

#### Enchiladas

sind leicht scharfe, gefüllte **Mais-Fladen**, oft mit Käse überbacken. Enchiladas werden mit einer Sauce übergossen.

#### Guacamole

ist ein **Avocado-Dip**.

### Argentinien

*Asado*

#### Asado/Parillada

sind **Grill-Speisen**.

Das Fleisch und auch Innereien werden **über** einem **Holzkohle-Grill zubereitet**. Häufig wird dazu Chimichurri (eine Art Pesto) gereicht. Asado ist auch eine Grill-Mahlzeit.

#### Locro

ist ein **herzhafter Eintopf** aus Mais, Rindfleisch oder Trocken-Fleisch oder Chorizo (Rohwurst mit Paprika und Knoblauch) und Gemüse.

**Brasilien**

*Feijoada*

**Feijoada**

ist ein **Bohnen-Eintopf** mit Fleisch.

**Vatapá**

ist ein **Püree** aus Fisch, Nüssen, getrockneten Krabben, Weißbrot, Kokos-Milch, Öl und Gewürzen.

**Farofa**

ist **geröstetes Maniok-Mehl**. Maniok-Mehl wird aus der Wurzel des Maniok-Strauches hergestellt.

Farofa reicht man als Beilage.

In der amerikanischen Küche **vermischen sich verschiedene Einflüsse**:
- traditionelle Rezepte und Zubereitungs-Arten der **Ur-Einwohner** und der **Einwanderer**.

## 2.4 Afrikanische Küche

Man kann die afrikanische Küche **in große Gebiete einteilen**.

| Gebiet | Bevorzugte Rohstoffe, Speisen | |
|---|---|---|
| **Nord-Afrika**<br>• Länder **nördlich** der **Sahara**: Algerien, Libyen, Marokko, Tunesien<br>• **Arabische Einflüsse** auf die nordafrikanische Küche | • Fleisch von Schaf, Lamm, Kamel<br>• Fisch, Meeres-Früchte<br>• Kicher-Erbsen, Linsen, Oliven, Okra-Schoten<br>• Koriander, Kreuz-Kümmel, Minze, Muskat, Safran, Zimt<br>• **Couscous**<br>• **Tajine** (Ton-Topf für Schmor-Gerichte) | <br>*Tajine* |
| **Zentral-Afrika**<br>• Länder **südlich** der **Sahara**, z. B. Kenia, Tansania, Angola, Kamerun, Ghana, Nigeria, Senegal | • Getreide, Wurzeln (z. B. Yams-Wurzel-Brei)<br>• Fisch, afrikanisches Wild<br>• Palm-Öl<br>• Koch-Bananen, Zitrus-Früchte, Mango | <br>*Koch-Bananen* |
| **Süd-Afrika**<br>• **Asiatische** und **europäische Einflüsse** auf die südafrikanische Küche | • Fleisch vom Lamm und vom afrikanischen Wild<br>• **Biltong** (luftgetrocknetes Rindfleisch oder Wildfleisch)<br>• **Vetkoek** (gefüllter, frittierter „Fett-Kuchen“)<br>• **Chakalaka** (Gewürz-Mischung) | <br>*Vetkoek* |

# Sachwortverzeichnis

## H



## I



## J

## T



## U

## V



## W



## Y



## Z

# Bildquellenverzeichnis

**Adobe Stock.com, Dublin, Irland** 13/1 © Ievgen Melamud; 13/2 © janvier; 13/3 © schulzfoto; 13/4 © Alexander; 14/1 © Otto Durst; 14/2 © VRD; 14/4 © anyaberkut; 15/1 © Kzenon; 15/2 © anyaberkut; 15/3 © Biletskiy Evgeniy; 15/4 © Fxquadro; 15/5 © Kzenon; 15/6 © poplasen; 15/7 © Kalim; 16/1 © Andrey Popov; 17/1 © Syda Productions; 17/2 © biker3; 17/3 © Kzenon; 17/4 © smallredgirl; 17/5 © sdecoret; 18/3 © Beboy; 19/1 © bf87; 20/1 © Gorodenkoff; 21/1 © olly; 21/2 © Kzenon; 21/3 © Grafvision; 21/4 © hdesert; 21/5 © Kzenon; 21/6 © Esther Hildebrandt; 21/7 © Kzenon; 22/2 © contrastwerkstatt; 22/3 © Studio Romantic; 22/4 © Gorodenkoff; 22/5 © juniart; 22/6 © Lucky Dragon; 23/1 © pressmaster; 23/3 © Gorodenkoff; 23/4 © Stefan Gräf; 23/6 © MNStudio; 23/7 © auremar; 24/1 © jotily; 24/2 © Kzenon; 24/3 © WavebreakMediaMicro; 26/1 © Lenslife; 26/2 © asignarts; 26/3 © scusi; 26/4 © lovemask; 26/5 © skarin; 26/6 © lovemask; 26/7 © nadjagellermann; 26/8 © raven; 26/9 © Natalya Levish; 26/10 © Max Broszat; 28/1 © Lucky Dragon; 28/2 © PhotoeffectbyMarcha; 28/3 © Olga; 29/1 © StefanieB.; 29/2 © Rony Zmiri; 29/3 © alfa2; 30/1 © jabkitticha; 30/2 © Nejron Photo; 31/2 © Kzenon; 31/3 © Lucky Dragon; 31/4 © Markus Mainka; 32/1 © torwaiphoto; 32/2 © goodluz; 32/3 © Aaron Amat; 32/4 © WavebreakmediaMicro; 32/5 © stephm2506; 32/6 © robert6666; 32/7 © auremar; 32/8 © luismolinero; 32/9 © Klaus Eppele; 33/1 © auremar; 33/2 © Andy Shell; 33/6 © bank215; 33/7 © Kzenon; 33/8 © AlenKadr; 33/9 © Africa Studio; 34/1 © tab62; 34/2 © dima_sidelnikov; 34/3 © jedi-master; 34/4 © Canakris; 34/5 © Lucky Dragon; 34/6 © dusk; 34/7 © blueringmedia; 36/2 © Photographee.eu; 39/1 © rdnzl; 39/2 © Schlierner; 39/3 © Daniel Vincek; 40/1 © M.studio; 40/2 © mates; 40/3 © ExQuisine; 40/4 © egostock; 40/6 © mhp; 41/1 © ktsdesign; 42/1 © Huna; 42/3 © zlikovec; 43/2 © Picture by JOGI; 44/3 © racamani; 44/4 © Quade; 44/5 © Chris; 44/6 © Unkas Photo; 44/7 © ikindi; 45/4 © nicolasprimola; 45/5 © Ruckszio; 46/1 © nengloveyou; 46/2 © unpict; 46/3 © Henrik Larsson; 47/1 © Ruckszio; 47/2 © bignai; 48/1 © psdesign1; 48/6 © womue; 48/7 © Yaroslav Pavlov; 49/1 © T. Michel; 50/2 © Trueffelpix; 52/1 © Robert Kneschke; 53/1 © alphaspirit; 54/1 © michaelheim; 54/2 © karepa; 55/1 © thostr; 55/3 © Coprid; 55/4 © H. Brauer; 55/5 © photobalance; 55/6 © Gerisima; 55/8 © Bacho Foto; 57/1 © Andrey Popov; 59/11 © fotohansel; 60/2 © Matthias Ott; 61/3 © erllre; 62/1 © Zerbor; 62/3 © Klaus Eppele; 63/1 © Successo images; 64/1 © Dan Race; 67/1 © Thaut Images; 67/2 © airArt; 70/1 © antiksu; 71/1 © stockphoto-graf; 73/1 © Kurhan; 74/4 © JPC-PROD; 76/2 © JoLin; 77/1 © Silvia Bogdanski; 77/2 © dima_pics; 78/1 © Chris; 80/2 © Minerva Studio; 80/3 © ExQuisine; 81/2 © Richard Oechsner; 81/4 © ExQuisine; 81/5 © 13smile; 82/4 © ChiccoDodiFC; 83/1 © FFCucina Liz Collet; 83/2 © iprachenko; 83/3 © Alexander Raths; 84/1 © happy_lark; 84/2 © Klaus Eppele; 85/1 © psdesign1; 86/1 © psdesign1; 86/2 © crevis; 87/1 © lom123; 87/2 © Kara; 87/3 © rdnzl; 87/4 © psdesign1; 88/1 © medistock; 88/2 © lom123; 88/3 © Jürgen Fälchle; 89/1 © womue; 89/2 © Carmen Steiner; 90/1 © PhotoSG; 91/2 © VIPDesign; 91/3 © michelaubryphoto; 92/1 © contrastwerkstatt; 92/4 © Henrie; 93/2 © nobeastsofierce; 95/1 © leszekglasner; 95/2 © baranq; 96/2 © Photographee.eu; 96/3 © Africa Studio; 96/4 © vladimirfloyd; 97/1 © Daniel Vincek; 97/2 © nehopelon; 97/3 © Edpictures; 97/4 © Andre Bonn; 98/1 © BillionPhotos.com; 98/2 © akf; 98/3 © Marla; 98/4 © akf; 98/5 © marcinm111; 98/6 © stokkete; 98/7 © leszekglasner; 98/8 © Photographee.eu; 99/1 © metamorworks; 99/3 © exclusive-design; 100/1 © Salome; 100/2 © Martin Rettenberger; 100/3 © fotograf-leipzig; 101/1 © Barbara Pheby; 101/2 © Kurhan; 101/3 © Sport Moments; 103/1 © phasin; 103/3 © PhotoSG; 108/8 © juniart; 109/1 © brodtcast; 111/2 © zsollere; 113/2 © avirid; 114/1 © euthymia; 114/3 © artworksphoto; 114/4 © Alex; 115/1 © womue; 118/1 © Barbara Pheby; 120/1 © Lucky Dragon; 122/1 © Leonardo Franko; 123/2 © sebaldsebastian; 123/3 © fotohansel; 128/1 © Miredi; 128/2 © maho; 136/1 © bigacis; 138/1 © bloomline; 139/1 © Zerbor; 140/1 © stokkete; 142/2 © shootingankauf; 144/2 © Heiko Küverling; 145/3 © snyGGG; 146/1 © milkare; 147/2 © Africa Studio; 151/1 © gitusik; 151/2 © Valerii Zan; 151/3 © Andrey Starostin; 151/4 © Quade; 151/5 © Matthias Stolt; 151/6 © Christin; 152/1 © piyaset; 153/3+4 © Lucky Dragon; 154/1 © Alex White; 155/2 © Manueltrinidad; 156/3 © Marek Gottschalk; 156/4 © Stefan Müller; 157/1 © megakunstfoto; 157/2 © anaumenko; 157/3 © ExQuisine; 159/1 © Jennewein Photo; 161/1 © kab-vision; 162/2 © voltan; 163/2 © O.B.; 164/1 © alho007; 167/1 © eflstudioart; 167/2 © Kitty; 167/3 © der hugo2; 167/4 © st-fotograf; 168/1 © istetiana; 168/2 © Quade; 168/5 © Liudmila Travina; 169/1 © ExQuisine; 169/2 © Maksim Shebeko; 169/4 © FFCucina Liz Collet; 169/5 © kab-vision; 170/1 © Barbara Pheby; 170/2 © fahrwasser; 170/3 © sarsmis; 170/4 © O.B.; 170/5 © iaroshenko; 172/1 © Barbara Pheby; 172/2 © Sandra Knopp; 172/3 © Noel; 174/1 © Mara Zemgaliete; 174/2 © gitusik; 174/3 © Tim UR; 174/4 © Cornerman; 174/5 © pictworks; 174/6 © abcmedia; 174/9 © Bill; 175/1 © Andre Bonn; 175/2 © Pixelspieler; 175/4 © M. Schuppich; 175/5 © ojimoreno; 175/6 © ExQuisine; 176/1 © Lafoudre; 176/2 © CandyBox Images; 178/3 © Mirko; 178/4 © Monkey Business; 179/1 © VadimGuzhva; 179/2 © contrastwerkstatt; 180/1 © nyul; 180/2 © Robert Kneschke; 181/1 © Andrey Popov; 181/2 © TASPP; 181/3 © rangizzz; 181/4 © TASPP; 181/6 © ahornfoto; 181/7 © OBprod; 182/1 © Janet Layher; 182/2 © anyaberkut; 182/4 © Igor Link; 183/9 © photocrew; 184/1 © Claude Corda; 185/3 © Lenslife; 185/4 © rangizzz; 186/1 © thejokercze; 186/2 © Christoph Hähnel; 187/1 © AlenKadr; 187/2 © Mushy; 190/1 © Esther Hildebrandt; 190/3 © Marla; 191/6 © Cpro; 192/4 © LoopAll; 193/7 © Dasha Petrenko; 193/8 © WavebreakmediaMicro; 194/1 © rufar; 196/1 © Markus Mainka; 196/2 © Aliaksei Smalenski; 196/3 © Moving Moment; 196/4 © Christine; 196/5 © Ryzhkov; 196/6 © photocrew; 196/7 © euthymia; 196/8 © Mariusz Blach; 198/2 © frankoppermann; 198/3 © maranso; 198/4 © Saichol; 198/6 © Iraidka; 199/1 © contrastwerkstatt; 199/2 © photocall; 202/6 © alena0509; 206/1 © vschlichting; 206/3 © Andrejs Nikiforovs; 206/4 © dohee; 208/1 © juniart; 208/2 © MNStudio; 208/3 © angelo.gi; 208/4 © ikonoklast_hh; 209/1 © Peter Atkins; 210/4 © Vankad; 210/5 © Vankad; 211/2 © Esther Hildebrandt; 211/3 © Video_StockOrg; 211/4 © ruslan_iefremov; 212/1 © Yuri Arcurs; 213/1 © ikonoklast_hh; 213/2 © Christian Schwier; 213/3 © juefraphoto; 214/3 © pio3; 216/2 © Christian Schwier; 218/1 © Co-Design; 218/2 © Liaurinko; 218/3 © Richard Oechsner; 218/4 © Andrea Wilhelm; 219/1 © Quade; 219/2 © gitusik; 219/3 © marina kuchenbecker; 220/1 © textag; 220/2 © Andrey Starostin; 220/3 © Esther Hildebrandt; 221/1 © Carmen Steiner; 223/2 © juniart; 223/3 © a-weblogiq; 225/3 © Popova Olga; 226/2 © Scanrail; 226/3 © SBH; 226/4 © anaumenko; 227/1 © Tim UR; 227/3 © RAM; 227/4 © ExQuisine; 228/1 © Maksim Shebeko; 228/2 © karlavi; 228/3 © Hildebrandt; 229/1 © Cpro; 229/2 © mypuy; 230/3+4 © Dwi; 230/5 © funny face; 231/1 © Oleksandr; 232/1+2 © igorphoto50; 232/3 © ram69; 232/4 © fahrwasser; 233/1 © JackStock; 233/2 © alexshyripa; 233/5 © pattanawadee; 234/3 © Moving Moment; 236/1 © tunedin; 236/2 © kolesnikovserg; 236/3 © emuck; 236/4 © rdnzl; 236/5 © L.Klauser; 237/3 © Melektravelklick; 238/1 © Norman Chan; 238/2 © ExQuisine; 238/3 © emuck; 238/4 © photocrew; 239/1 © Deyan Georgiev; 239/2–4 © stockphoto-graf; 239/5 © Simone; 240/1 © norikko; 240/2 © Elenathewise; 241/1 © Lucky Dragon; 241/2 © bnenin; 241/3 © ldprod; 242/2 © K.-U. Häßler; 244/3 © Pixelot; 245/5 © i-picture; 246/3 © He2; 246/4 © SasaStock; 246/7 © yurakp; 246/8 © yelantsevv; 246/9 © contrastwerkstatt; 248/1 © Andrew Stefanovskiy; 250/2 © Pixelot; 250/3 © Syda Productions; 253/1 © creaseo; 253/2a © Ulrikusch; 253/2b © Kateryna; 254/1 © Amelie; 254/2 © juliedeshaies; 255/1 © marcin jucha; 255/2 © juniart; 255/3 © Christian Jung; 256/1 © dusk; 256/2 © Christian Jung; 256/3 © Picturefoods.com; 256/4 © preto_perola; 256/5 © kolesnikovserg; 256/6 © Thomas Francois 257/1 © ExQuisine; 257/2 © Petra Schüller; 257/3 © silencefoto; 257/4 © mates; 257/5 © Fiedels; 257/6 © volff; 258/1 © digitalpress; 258/2 © margo555; 258/3 © Scisetti Alfio; 258/4 © Thomas Francois; 258/5 © Le Do; 258/6 © xearb; 259/1 © rdnzl; 259/3 © Andrea Wilelm; 261/1 © Maruba; 261/2 © Joachim; 262/2 © Barbara Pheby; 263/1 © emuck; 263/2 © robert6666; 263/3+4 © emuck; 263/5 © oxie99; 263/6 © Schlierner; 264/1 © emuck; 264/3 © photocrew; 264/4 © Christian Jung; 264/5 © Elena Schweitzer; 264/6 © sommai; 265/1 © CUKMEN; 265/2 © anatchant; 265/3 © Felix; 265/4 © amy_lv; 265/5 © seramoje; 265/6 © Elena Schweitzer; 265/7 © womue; 266/1 © Valentina R.; 266/2 © robynmac; 266/3 © Viktor; 266/4 © rcfotostock; 266/5 © joanna wnuk; 266/6 © Dionisvera; 267/1 © oxie99; 268/1 © LianeM; 268/2 © Sebastian Muthwill; 269/1 © ChaotiC_PhotographY; 269/3 © Shchipkova Elena; 270/1 © bastan; 270/2 © Grafvision; 270/3 © kogge; 271/1 © aboikis; 271/2 © ServiceP; 272/2 © chones; 272/3 © spline_x; 272/4 © O.M.; 272/5 © chones; 272/6 © stephiii; 273/2 © dima_pics; 273/3 © MartinW; 273/4 © Printmps; 273/5 © Patricia; 275/1 © Picture Partners; 276/5 © Joachim; 276/6 © barbamauro; 277/1 © mareandmare; 277/2 © Inga Nielsen; 277/3 © Picture Partners; 277/4 © stockphoto-graf; 277/5 © marilyn barbone; 278/1 © Inga Nielsen; 278/2 © Igor Dutina; 278/3 © Jiri Hera; 278/4 © Rob Stark; 279/1 © Sven Bachstroem; 281/1 © Yantra; 282/1 © msl33; 282/3 © Caito; 282/4 © Lucky Dragon; 282/5 © mates; 283/1 © ExQuisine; 283/2 © oxie99;

283/3 © alexandro900; 283/5 © Dmytro Synelnychenko; 283/6 © Viktar Malyshchyts ; 283/7 © Markus Mainka; 283/8 © rdnzl; 284/1 © karepa; 284/3 © Morgenstjerne; 284/4 © gitusik; 284/5 © L.Klauser; 285/1 © stockphoto/graf; 285/2 © Anne Katrin Figge; 285/3 © Joachim; 285/5 © anatchant; 285/6 © peangdao; 286/1 © Lab_Photo; 286/2 © savanno; 286/3 © gitusik; 286/4 © Ideenkoch; 287/1 © emuck; 287/2 © rdnzl; 287/3 © ExQuisine; 287/4 © pittore37; 287/5 © g216; 287/6 © Photozi; 287/7 © InPixKommunikation ; 287/8 © P. Rees; 287/9 © sommai ; 287/10 © Only Fabrizio ; 287/11 © mpa-foto; 287/12 © Ruckszio; 288/4 © kalaffe; 288/5 © oxie99; 289/2 © siriratsavett88; 289/3 © rdnzl; 289/4+6 © Markus Mainka; 289/7 © eyetronic; 290/1 © Eskymaks; 290/2 © aedkafl; 290/3 © emuck; 290/4 © Björn Wylezich; 290/5 © wealthy lady; 290/6 © boonchuay1970; 291/1 © emuck; 291/2 © oxie99; 291/4 © khumthong; 291/5 © womue; 291/6 © emuck; 292/1 © photocrew; 292/2 © M. Schuppich; 292/3 © xamtiw; 292/4 © rdnzl; 292/5 © womue; 292/6 © emuck; 292/7 © ilietus; 292/8 © OFC Pictures; 293/1 © annguyen; 293/2 © Barbara Pheby; 293/3 © mates; 293/4 © Dionisvera; 293/5 © nipaporn; 293/6 © nipaporn; 293/7 © bergamont; 293/8 © emuck; 295/1 © rdnzl; 295/2 © Jolanta Mayaerberg; 295/3 © karepa; 296/1 © Lucky Dragon; 296/2 © manulito; 299/1 © superfood; 300/1 © Pixelspieler; 301/1 © yuliiaholovchenko; 301/2 © tenkende; 302/1 © lilechka75; 302/2 © superfood; 302/3 © lucky elephant; 303/2 © Dar1930; 303/3 © Barbara Pheby; 304/1 © ExQuisine; 304/2 © Annette Seidler; 304/3 © noirchocolate; 305/1 © voltan; 305/2 © HandmadePictures; 305/3 © kwasny221; 306/1 © Silvia Bogdanski; 306/2 © dream79; 306/3 © Sinuswelle; 308/2 © karepa; 309/1 © karepa; 309/2 © exclusive-design; 309/3 © manulito; 310/1 © ExQuisine; 310/2 © Ildi; 310/3 © kab-vision; 311/2 © ld1976; 311/3 © ALF photo; 311/4 © yuliiaholovchenko; 311/5 © Ustinova; 313/1 © UJac; 313/2 © fine-art-collection; 316/1 © Knopp-Pictures; 316/2 © alho007; 317/1 © alho007; 317/2 © Silvia Bogdanski; 318/2 HandmadePictures; 318/3 karepa; 318/4 © RioPatuca Images; 319/2 © RioPatuca Images; 320/2 © fotoart-wallraf; 320/3 © farbkombinat; 320/4 © Ruediger Rau; 321/1 © Vladimir Gerasimov; 321/2 © oxie99; 321/3 © M. Schuppich; 321/4 © sommai; 321/5 © womue; 322/1 © Lucky Dragon; 322/2 © taddle; 322/3 © aotearoa; 322/4 © ExQuisine; 322/5 © vitals; 323/1 © nikitos77; 323/2 © andersphoto; 323/3 © Giuseppe Porzani; 323/4 © artem_goncharov; 324/1 © pitakareekul; 324/2 © Silvia Bogdanski; 324/3 © kab-vision; 324/4 © Silvia Bogdanski; 324/5 © jeepbabes; 324/6 © Martin Rettenberger; 324/7 © deeaf; 324/8 © Barbara Pheby; 324/9 © Svenja98; 324/10 © HLPhoto; 324/11 © Jenifoto; 325/1 © HLPhoto; 326/1 © A_Lein; 328/1 © M.studio; 328/2 © Top Photo Group; 329/1 © Alekss; 329/3 © Markus Mainka; 329/5 © mRGB; 329/6 © margo555; 329/7 © Belokoni Dmitri; 330/3 © yurakp; 330/4 © oxie99; 331/1 © Gresei; 331/3 © boonchuay1970; 331/5 © Barbara Pheby; 331/6 © womue; 332/1 © YB; 332/3 © Christian Jung; 332/4 © Serhiy Shullye; 332/5 © kovaleva_ka; 333/1 © Cachaco; 333/2 © yurakp; 333/5 © Soyka; 333/6 © soyka; 334/1 © kovaleva_ka; 334/3 © Alekss; 334/4 © Björn Wylezich; 334/5 © Swapan; 334/6 © alexlukin; 334/7 © wealhy lady; 334/8 © bestphotostudio; 335/1 © volff; 335/2 © Anna Kucherova; 335/3 © valery121283; 335/5 © Viktar Malyshchyts; 335/6 © Anna Kucherova; 335/7 © womue; 335/8 © Markus Mainka; 336/1 © emuck; 337/1 © yamix; 337/2 © baibaz; 337/3 © Christian Jung; 337/4 © Veniamin Kraskov; 337/5 © oxie99 ; 339/1 © maho; 339/2 © mahey; 340/1 © Mania777; 340/2 © napa74; 340/3 © Magdalena Zurawska; 340/4 © Barbara Pheby; 340/5 © photocrew; 341/1 © Corinna Gissemann; 342/1 © ExQuisine; 343/1 © Rebel; 343/2 © Coprid; 343/3 © fabiomax; 344/3 © ChrWeiss; 344/4 © Mara Zemgaliete; 344/5 © photocreate; 344/6 © Tim UR; 345/1 © ramund88; 345/2 © amy_lv; 345/3 © Charly Blende; 345/4+5 © Coprid; 345/6 © womue; 346/3 © Moving Moment; 347/1 © Moving Moment; 347/2 © kovaleva_ka; 347/3 © emuck; 347/4 © womue; 347/5 © Kondor83; 347/6 © Moving Moment; 347/7 © Coprid; 348/1 © koosen; 348/2 © Tomasz; 348/3 © Brad Pict; 349/1 © womue; 349/2 © Markus Mainka; 349/3 © PeJo; 349/4 © Birgit Reitz-Hofmann; 349/5–7 © womue; 349/8 © Klaus Eppele; 349/9 © blende11.photo; 349/10 © grauvision; 349/11 © emuck; 349/12 © hikari; 349/13 © Christian Haas; 349/14 © seen0001; 349/15 © Petra Schüller; 349/16 © Diana Taliun; 349/17 © OFC Pictures; 350/1 © Harald Biebel; 350/2 © manulito; 350/3 © robynmac; 350/4 © Rokfeler; 350/5 © bilderexpertin65; 350/6 © Brad Pict; 350/7 © simonidadj; 351/1 © nata_vkusidey; 351/2 © TwilightArtPictures; 351/3 © Jörg Lantelme; 351/4 © HLPhoto; 351/5 © cook_inspire; 351/6 © sablinstanislav; 351/7 © fahrwasser; 353/1 © Dudarev Mikhail; 353/2 © cevahir87; 353/3–5 © Moving Moment; 354/1 © Moving Moment; 355/2 © eyewave; 355/3 © kab-vision; 356/1 © Maksud; 356/2 © Silvia Bogdanski; 356/3 © Liudmila Travina; 356/4 © Comugnero Silvana; 356/5 © exclusive-design; 356/6 © bit24; 356/7 © StockFood / Bender, Uwe; 356/8 © Martin Rettenberger; 356/9 © olympus E5; 357/8 © Marek Gottschalk; 358/1 © Quade; 358/2 © chandlervid85; 358/3 © Felix; 359/1 © Picture Partners; 359/2 © Kateryna; 359/3 © ExQuisine; 359/4 © rdnzl; 360/1 © mahirart; 360/2 © cook-and-style; 360/3+4 © ksena32; 360/5+6 © mahirart; 360/7 © Maxim; 360/8 © euthymia; 360/9 © emuck; 361/2 © mika; 361/3 © Davy Bailey; 362/1 © Richard Oechsner; 362/2 © ksena32; 362/3 © Alexandra; 362/4 © ExQuisine; 364/1 © Michael Rogner; 364/2 © exclusive-design; 364/3 © timages; 364/4 © Marzia Giacobbe; 365/1 © Kazakova Maryia; 365/2 © Giuseppe Porzani; 365/3 © Barbara Pheby; 365/4 © robert6666; 365/5 © aquariagirl1970; 366/1 © womue; 367/2 © Barbara Pheby; 368/2 © Moving Moment; 368/3 © Yü Lan; 368/4 © Yü Lan; 368/5 © fineart-collection; 369/2 © ExQuisine; 369/4 © exclusive-design; 369/5 © magele-picture; 369/7 © Maksim Shebeko; 369/8 © iuliia_n; 369/9 © pixarno; 369/10 © photocrew; 369/12 © Daorson; 369/14 © Prostock-studio; 369/15 © ExQuisine; 369/18 © oxie99; 369/19 © ExQuisine; 369/23 © VRD; 369/24 © kathrinm; 370/2 © Evgeny; 370/9 © TimSiegert-batcam; 371/3 © iuneWind; 371/4 © kathrinm; 371/5 © ExQuisine; 371/6 © Maksim Shebeko; 371/7 © Prostock-studio; 373/3 © exclusive-design; 373/4 © magele-picture; 373/5 © iuliia_n; 374/4 © VRD; 374/5 © Evgeny; 375/2 © Daorson; 376/2 © photocrew; 376/3 © ExQuisine; 376/4 © pixarno; 377/4 © ExQuisine; 377/5 © exclusive-design; 377/6 © oxie99; 378/1 © azurita; 378/2 © HLPhoto; 378/3 © FomaA; 378/4 © karepa; 379/1+2 © ExQuisine; 379/3 © Richard Oechsner; 380/1 © Viktor; 381/1 © Tomislav; 381/2 © Printemps; 382/1 © kab-vision; 382/3 © Barbara Pheby; 383/1 © Andrea Wilhelm; 383/2 © Quade; 383/3 © skatzenberger; 383/4 © Subbotina Anna; 383/5 © xy; 384/1 © Viktor; 384/2 © ExQuisine; 384/3 © JJAVA; 387/2 © Jürgen Fälchle; 387/3 © A; 387/4 © TTstudio; 390/4 © iprachenko; 391/1 © robynmac; 392/2 © Maxim Khytra; 393/2 © Mara Zemgaliete; 394/1 © der hugo2; 394/2 © Floydine; 395/1 © kab-vision; 397/1 © irina2511; 398/1 © photocrew; 399/1 © BillionPhotos.com; 399/2 © fahrwasser; 399/3 © Peredniankina; 401/1 © baibaz; 401/2 © tanyasid; 401/3 © R.Babakin; 403/3 © exclusive-design; 404/1 © Heike Rau; 404/2 © wsf-f; 405/1 © yamix; 406/1 © yildiraycan; 406/2 © Tatiana; 406/3 © guy; 406/4 © Brad Pict; 406/5 © motorolka; 406/6 © MuzzyCo; 408/1 © Uwe; 409/1 © Olaf Speier; 409/2 © R.Babakin; 409/3 © stockbp; 410/1 © Richard Villalon; 410/2 © Volodymyr Shevchuk; 410/3 © cynoclub; 410/4 © Brad Pict; 410/5 © Xavier; 410/6 © rdnzl; 410/7 © rdnzl; 410/8 © Brad Pict; 410/9 © Tatiana; 410/1 © Brad Pict; 410/11 © philip kinsey; 410/12 © Moving Moment; 411/1 © Brad Pict; 411/2 © mkphotography; 411/3 © cynoclub; 411/4 © Ideenkoch; 411/5 © lantapix; 411/6 © eelnosiva; 411/7 © tanyasid; 411/8 © tanyasid; 411/9 © Richard Oechsner; 411/10 © Fotokombuese; 412/1 © uckyo; 412/2 © Lsantilll; 412/3 © bbivirys; 413/1 © Smileus; 413/2 © Bernard 63; 413/3 © Alexander Raths; 413/4 © die Seinerin; 413/6 © HLPhoto; 414/2 © towermedia; 415/2 © white78; 416/4 © Kateryna_Kon; 418/1 © Smileus; 419/1 © Bernard 63; 419/2 © EcoView; 419/3 © pgm; 419/4 © Elke Hötzel; 419/5 © Hayati Kayhan; 421/3 © neillangan; 421/7 © Barbara Pheby; 422/1 © Alexander Raths; 423/1 © die Seinerin; 424/1 © vladimirnikolic; 424/2 © travelview; 425/1 © Jörg Lantelme; 425/2 © Esther Hildebrandt; 426/3 © unpict; 426/4 © kristina rütten; 427/1 © ExQuisine; 427/2 © Patryssia; 427/3 © Thomas Francois; 427/4 © Wolfgang; 428/2 © kab-vision; 428/3 © Nishihama; 429/1 © M.Franke; 430/1 © kab-vision; 431/1+2 © ExQuisine; 431/3 © Igor Stepovik; 433/1 © Krzysztof Jaroma; 433/2 © Frank F. Haub; 433/3 © superfood; 434/1 © wsf-f; 435/1 © ExQuisine; 435/2 © blende40; 437/1 © ExQuisine; 437/4 © Mania777; 437/6 © fine-art-collection; 438/1 © MIKE RICHTER; 438/2 © Joe Gough; 439/2 © Art of Success; 439/4 © ExQuisine; 440/1 © FOOD-micro; 440/2 © rainersart; 441/2 © PhotoSG; 441/3 © Thomas Francois; 443/1 © M.Franke; 443/2 © Jörg Lantelme; 443/4 © Christian Schwier; 444/1 © Daorson; 445/1 © ExQuisine; 445/2 © Kvektor; 446/1 © exclusive-design; 446/2 © photocrew; 446/3 © Joshua Resnick; 447/1 © Andrea Wilhelm; 448/1 © Barbara Pheby; 448/2 © L.Bouvier; 448/3 © sumnersgraphicsinc; 448/4 © Sport Moments; 448/5 © Yvonne Bogdanski; 448/6 © fine-art-collection; 449/1 © M. Schuppich; 449/2 © Yvonne Bogdanski; 449/3 © Andrea Wilhelm; 449/4 © Cornerman; 449/5 © Christin; 449/6 © Jag_cz; 450/1 © Mara Zemgaliete; 450/2 © Michael Röhrich; 450/3 © ExQuisine; 451/1 © st-fotograf; 451/2 © der hugo2; 451/3 © exclusive-design; 451/4 © lilechka75; 452/1 © stockphoto mania; 452/2 © veleknez; 452/3 © Anatolii; 452/4 © Smileus; 452/5–8 © ExQuisine; 452/9 © Jacek Chabraszewski; 453/1 © stockphoto mania; 453/2 © ExQuisine; 454/1 © Coprid; 454/2 © Olga Lyubkin; 454/3 © clsdesign; 454/4 © reichdernatur; 455/1 © bidaya; 455/2 © ExQuisine; 455/3 © veroja; 455/4 © ExQuisine; 456/1 © ExQuisine; 456/2 © aussieanouk;

456/3 © ExQuisine; 456/4 © Martina Berg; 456/5 © ExQuisine; 456/6 © Carola G.; 457/1 © Viktor; 459/2 © rcfotostock; 461/4 © tktyfy; 463/1 © VICUSCHKA; 464/1 © Quade; 465/1 © HLPhoto; 465/2 © photopixel; 465/3 © Barbara Pheby; 466/1 © pavel siamionov; 466/3 © ExQuisine; 467/1 © sebgsh; 467/2 © vmonet; 467/3 © Christina Kohnen; 467/4 © Pavlo Burdyak; 467/5 © fotofreakdgy; 467/6 © bettys4240; 467/7 © Soru Epotok; 467/8 © Brian Lasenby; 467/9 © Henner; 468/1 © mg photo; 468/2 © Dalmatin.o; 468/3 © Cornerman; 468/4 © sebgsh; 469/1 © ExQuisine; 469/2 © vmonet; 469/3 © Marek Gottschalk; 469/4 © Christina Kohnen; 469/6 © ExQuisine; 469/7 © fotofreakdgy; 470/1 © ExQuisine; 470/2 © Cornerman; 470/3 © Soru Epotok; 470/5 © ALF photo; 470/6 © bettys4240; 471/1+2 © Countrypixel; 473/1 © HLPhoto; 473/2 © ExQuisine; 474/1 © ExQuisine; 475/1 © kwasny221; 475/2 © melvoys; 475/3 © marco7r7; 475/4 © emotionpicture; 475/6 © adamfichna; 476/1 © cynoclub; 476/2 © melvoys; 476/4 © marco7r7; 476/5 © guy; 476/6 © emotionpicture; 477/1 © evgenyi; 482/2 © Lucky Dragon; 482/3 © Silvia Bogdanski; 482/4 © rdnzl; 482/5 © zurbagan; 483/3 © GSDesign; 483/4 © ExQuisine; 483/5 © Ryzhkov; 484/1 © M. Franke; 484/2 © Ramon; 484/3 © CCat82; 485/1 © bofotolux; 485/2 © Voyagerix; 485/3 © Marek Gottschalk; 486/1 © PeJo; 486/2 © Marek Gottschalk; 487/3 © HLPhoto; 487/4 © Carmen 56; 488/2 © HLPhoto; 488/6 © Gaetan Soupa; 488/7 © rdnzl; 489/1 © photocrew; 489/2 © Christian Jung; 489/3 © Richard Oechsner; 490/1 © photocrew; 490/2 © womue; 490/4 © photocrew; 490/5 © Robby Schenk; 490/6 © Richard Oechsner; 490/7 © ExQuisine; 490/8 © Barbara Pheby; 491/1 © Natasha Breen; 491/2 © mostwest; 493/2 © FOOD-micro; 494/2 © fotomaster; 495/1 © Alexander Raths; 495/2 © TheFarAwayKingdom; 495/3 © Werner Fellner; 495/4 © Ammit; 495/5 © voren1; 496/1 © ILYA AKINSHIN; 496/2 © sosiukin; 496/3 © euthymia; 496/4 © Picture Partners; 496/5 © Mik Man; 496/6 © ExQuisine; 497/1 © ExQuisine; 497/2 © walter_bilotta; 497/3 © Scisetti Alfio; 497/4 © Picturefoods.com; 498/1 © Christoph Werner; 498/3 © horimono_f; 498/4 © Picturefoods.com; 498/6 © rdnzl; 499/1 © ExQuisine; 99/2 © Edward Westmacott; 499/4 © Alexandr Blinov; 499/5 © rufar; 499/6 © wojtek; 500/2 © Phimak; 501/1 © Richard Carey; 501/3 © Barbara Pheby; 502/1 © HLPhoto; 502/4 © kolesnikovserg; 502/6 © pedrolieb; 503/1 © bidaya; 503/2 © ExQuisine; 503/3 © rdnzl; 503/4 © Barbara Pheby; 503/5 © Christian Jung; 504/1 © Tim UR; 504/2 © Richard Oechsner; 504/3 © womue; 504/4 © Africa Studio; 505/1 © J.K.F. Brinkhorst; 505/2 © womue; 505/3 © Marco2811; 506/1 © Gina Sanders; 506/2+3 © bravissimos; 506/4 © Szakaly; 508/1 © M.studio; 508/2 © FOOD-micro; 510/1 © ExQuisine; 510/2 © Lucky Dragon; 511/1 © weyo; 511/2 © ExQuisine; 512/1 © kab-vision; 512/2 © Artur; 512/3 © ExQuisine; 513/2 © Jörg Lantelme; 513/3 © kab-vision; 514/1 © shaiith; 514/2 © Shestakoff; 515/1 © Tetiana; 516/1 © Markus Bormann; 517/1 © Maceo; 517/2 © Nevada31; 517/3 © Nevada31; 519/1 © Oliver Knop; 519/2 © Caro S.; 519/3 © RAM; 520/1 © Giuseppe Porzani; 522/1 © evgenyb; 522/2 © karelnoppe; 522/3 © fotoart-wallraf; 523/1 © Tsuboya; 523/2 © sakura; 523/3 © ANikS; 524/2 © Bischof, Harry/StockFood; 524/3 © ALF photo; 524/4 © Mister G.C.; 526/2 © Sarote; 526/3 © gitusik; 527/1 © oxie99; 527/2 © IrisArt; 527/4 © Photo Feats; 528/2 © greentellect; 529/1 © philip kinsey; 529/2 © Heliosphile; 529/3 © Studio Laure; 530/1+2 © Dalmatin.o; 530/3 © Alessio Orrù; 530/4 © antonio2206; 530/5 © papinou; 531/4 © evgenyb; 531/5 © uckyo; 531/6 © hcast; 532/1 © naraz; 532/2 © FOOD-pictures; 533/1 © Lucky Dragon; 534/1 © izikmd; 534/2 © yod77; 534/3 © dashu83; 534/4 © Ruckszio; 534/5 © akf; 534/6 © vandycandy; 534/7 © meepoohyaphoto; 535/1 © Comugnero Silvana; 535/3 © Julián Rovagnati; 535/4 © juliannedev; 535/5 © kab-vision; 536/1 © Picture Partners; 536/2 © volkerladwig; 536/3 © kei u; 536/4 © mikhail_kayl; 536/5 © photocrew; 537/1 © efesan; 537/2 © Chikako Kamitori; 537/3 © rdnzl; 537/4 © Karramba Production; 537/5 © fudio; 540/1+2 © karepa; 540/3 © ld1976; 540/4 © Floydine; 542/1 © Casseb; 544/1 © Martin Turzak; 545/5 © Barbara Pheby; 547/1 © Alexander Raths; 547/2 © 13smile; 549/5 © sarsmis; 550/3 © Gresei; 550/4 © Quade; 550/5 © Mara Zemgaliete; 550/6 © Quade; 551/1 © Marén Wischnewski; 551/2 © Viktor; 551/3 © volff; 552/1 © Marzia Giacobbe; 553/1 © fox17; 554/1 © Lucky Dragon; 555/2 © Barbara Pheby; 556/1 © Rido; 556/2 © starush; 556/3 © Gresei; 556/4 © M.studio; 556/5 © starush; 557/4 © Christian Schwier; 557/5 © papermoonstudio; 557/7 © pixarno; 558/1 © kab-vision; 558/2 © cook-and-style; 558/5+6 © kab-vision; 558/7 © Tanja; 559/1+2 © fkruger; 560/1 © Lucky Dragon; 560/2+3 © Mara Zemgaliete; 561/1 © photocrew; 566/1 © ungvar; 572/1 © Simone Andress; 573/1 © Tanja; 573/2 © oxie99; 573/3 © ExQuisine; 574/1+2 © ExQuisine; 574/3 © Richard Oechsner; 575/1 © StockphotoVideo; 575/2 © mates; 575/3 © Mara Zemgaliete; 577/1 © azurita; 579/1 © Viktor; 579/2 © holiday5554; 579/3 © jagrawut; 580/1 © Fischer Food Design; 581/1 © Maxim Khytra; 582/1 © uckyo; 582/2 © Marén Wischnewski; 584/11 © kab-vision; 584/12 © Ildi; 585/2 © William Berry; 585/3 © Heike Rau; 587/1 © koosen; 587/2 © obz fotografia; 588/1 © Tanja; 589/1 © Richard Villalon; 589/2 © Jérôme Rommé; 589/3 © Comugnero Silvana; 589/4 © Martin Rettenberger; 589/5 © Ryzhkov; 589/6 © karandaev; 590/1 © Jérôme Rommé; 590/2 © qwartm; 590/3 © ALF photo; 590/4 © gontabunta; 591/1 © Art by Pixel; 591/2 © Svenja98; 592/1 © ExQuisine; 592/2 © weyo; 592/3 © Maksim Toome; 592/4 © kab-vision; 592/5 © ExQuisine; 592/6 © HLPhoto; 593/2 © M.Franke; 593/3 © Daorson; 593/4 © kab-vision; 594/1 © chetianu; 594/2 © Viktor; 595/1 © Viktor; 595/2 © photoeverywhere; 597/3 © denio109; 597/5 © eddaphoto.pl; 602/2 © eflstudioart; 604/1 © ivan kmit; 604/2 © FomaA; 604/3 © Quade; 606/3 © ExQuisine; 606/4 © diamant24; 609/1 © ExQuisine; 611/2 © Viktor; 613/3 © Tanja; 614/1 © Nelea Reazanteva; 614/2 © M.studio; 615/1 © Christian Jung; 617/1 © emuck; 619/1 © Sibylle; 620/1 © Barbara Pheby; 624/1 © contrastwerkstatt; 625/1 © Viktorija; 625/2 © mizina; 625/4 © Corinna Gissemann; 625/5 © www.freund-foto.de; 627/1 © Brian Daly; 627/2 © foodinaire; 627/3 © digital-fineart; 628/1 © Ildi; 628/3 © Hetizia; 628/4 © al62; 628/5 © chandlervid85; 628/6 © annapustynnikova; 628/7 © A_Lein; 629/1 © mahey; 629/2 © creativefamily; 629/3 © ViktorijaXuejun li; 629/4 © ViktorijaMarkus Mainka; 630/2 © Viktorijaphotocrew; 630/3 © ViktorijaCorinna Gissemann; 630/4 © Viktorijafahrwasser; 631/1 © ViktorijaS.E. shooting; 631/2 © ViktorijaPrintemps; 632/1 © ViktorijaElectrography; 632/2 © ViktorijaSterneleben; 632/3 © Viktorijauckyo; 632/4 © Peredniankina; 633/4 © HLPhoto; 634/1 © guy; 635/1 © unpict; 635/2 © Natasha Breen; 636/1+2 © Sergey Chayko; 636/3 © textag; 637/1 © Ryzhkov; 637/2 © womue; 637/3 © ExQuisine; 637/4 © New Africa; 638/1 © annabell2012; 638/2 © Viktor; 638/3 © Andrea; 638/5 © Maksim Shebeko; 639/1 © Swetlana Wall; 639/2 © babsi_w; 639/3 © Natis; 639/4 © Rob Stark; 639/5 © rdnzl; 639/6 © Andrea Wilhelm; 640/1 © Angela Rohde; 640/2 © uckyo; 640/3 © Marek Gottschalk; 641/1 © FomaA; 641/2 © JackStock; 642/1 © olyina; 642/2 © Maksim Shebeko; 642/3 © tirik; 643/1 © bilderzwerg; 644/2 © ExQuisine; 644/4 © Andreas Haertle; 645/2 © Heike Rau; 645/4 © PhotoSG; 646/2 © ExQuisine; 646/6 © Stephanie Eckgold; 647/2 © ExQuisine; 651/1 © pyty; 651/2 © by-studio; 651/3 © travelbook; 651/4 © clearviewstock; 651/5 © chartgraphic; 651/6 © Kristin; 651/7 © oneinchpunch; 652/2 © kristina rütten; 652/4 © Tanja; 653/2 © Birgit Kutzera; 653/4 © FomaA; 653/6 © ExQuisine; 654/4 © Tanja; 654/6 © Brigitte Bonaposta; 655/4 © Bernd Jürgens; 656/4 © sek1111; 656/6 © JJAVA; 657/6 © Juanje Pérez; 658/2 © pshaletich; 658/3 © fazeful; 658/4 © goldnetz; 658/5 © FomaA

**aid infodienst, Bonn** 152/2; 250/1
**Agrarfrost GmbH & Co. KG, Wildeshausen/Aldrup** 367/5
**Agrarmarkt Austria Marketing GmbH, Wien** 421/2+4–6
**Alpro GmbH, Düsseldorf** 407/1+2
**Anton Fries Maschinenbau GmbH, Meitingen** 76/1
**Appel Feinkost GmbH & Co. KG, Cuxhaven** 278/5
**Aquaculture Stewardship Council, Utrecht, Niederlande** 500/3
**Arbeitsblätter Koch/Köchin II, Fachbuchverlag Pfanneberg** 81/1
**ATLAS Grand Hotel, Garmisch-Partenkirchen** 23/5
**B. Braun Melsungen AG, Melsungen** 49/2; 50/1
**Bartscher GmbH, Salzkotten** 198/1
**Bautz'ner Senf & Feinkost GmbH, Bautzen** 275/3
**Bayer AG, Monheim am Rhein** 45/1–3
**Bayerische Glaswerke GmbH, Nachtmann/Spiegelau, Neustadt a. d. Waldnaab** 191/4+5+7; 192/1–3+5+6; 193/1–4
**Bernd Bürkle, RB-Grafikdesignstudio, Fellbach** 126/1; 134/1+2
**Bitburger Braugruppe GmbH, Bitburg** 191/1
**Blanco Professional, Oberderdingen** 117/4
**Brandes, Frank, Bad Doberan** 622/1–4
**Buir, Benno, Leverkusen** 143/1; 155/1; 296/3; 297/1+2; 313/3
**Bundesanstalt für Landwirtschaft und Ernährung, Bonn** 144/5
**Bundesamt für Verbraucherschutz und Lebensmittelsicherheit (BVL), Berlin** 144/1
**Bundeszentrum für Ernährung (BZfE) in der Bundesanstalt für Landwirtschaft und Ernährung (BLE), Bonn, Illu: Arnout van Son** 36/1
**Carl Kühne KG (GmbH & Co.), Hamburg** 275/2+5–7; 276/2+4
**Carma Drübendorf, CH** 623/1
**Contacto Bander GmbH, Erkrath** 115/2–5; 116/2–4+6–9; 117/1–3; 189/3–7; 390/4
**Continenta GmbH, Freiburg** 198/5
**Continental Foods Germany GmbH, Lübeck** 367/10

**Culinary Institute of America, Hydepark N.Y., USA** 279/3; 352/1–4; 357/1–7; 360/10; 361/1; 363/1–3; 400/1–4; 505/4+5; 564/2–10; 570/1+2; 578/1+2; 605/2–4; 606/1

**Degen, Bernd, Viechtach** 201/2–4

**Der Romantik-Hof Hotel Garni, Greetsiel/Nordsee, Fotograf: Thomas Haberland** 216/1

**Deutsche Zöliakie-Gesellschaft e.V. (DZG), Stuttgart** 104/2

**Dick, Friedrich, www.dick-messer.de** 110/2

**Die kalte Küche, Fachbuchverlag Pfanneberg** 314/1; 315/1+2; 391/2; 411/11+12; 414/1; 417/1–4; 442/1–4; 521/1–9; 524/1 546/1; 548/2; 549/1–4; 551/4; 555/1+4+5+6; 556/6+7; 557/1–3+6; 548/1; 562/3; 563/1+3; 565/1

**dpa Picture-Alliance GmbH, Frakfurt/Main** 403/2 © picture alliance/imageBROKER

**Dr. August Oetker Nahrungsmittel KG, Bielefeld** 173/1; 174/7; 267/2; 596/1+3+4; 597/1

**Europäische Union** 649/3; 650/1+2

**European Union, 2018** 144/6

**F&B Tec GmbH, Neukirchen** 124/1

**Fachkunde Bäcker in Lernfeldern, Fachbuchverlag Pfanneberg** 336/2–4

**Fischer, Hans-Peter, Fotostudio Fischer, Elzach** 150/3+4

**Flensburger Brauerei Emil Petersen GmbH & Co. KG, Flensburg** 191/2

**Friedrich Feldmann GmbH & Co. KG, Karlsruhe** 276/3

**FrieslandCampina Germany GmbH, Heilbronn** 408/2

**Fuchs GmbH & Co. KG, Dissen a.T.W.** 259/5; 267/3; 270/5

**Gastro Uzal GmbH & Co. KG, Kassel** 185/1+2

**Gebrüder Otto Gourmet GmbH, Heinsberg** 527/3

**Grüner, Hermann, Garmisch-Partenkirchen** 40/5; 53/2; 82/2; 142/1+3; 155/3; 156/1; 168/4; 246/1+2; 246/5+6; 282/2; 283/4; 288/1–3; 289/1; 291/3; 329/2+4; 330/1+2; 331/2+4; 331/7+8; 332/2; 333/3+4; 334/2; 335/4; 366/2+3; 367/1; 426/1; 526/1

**Gut Erpenbeck – Schinkenräucherei, Lengerich** 487/2

**Hans Henglein & Sohn GmbH, Abenberg/Wassermungenau** 359/6; 385/1–3+5+6

**Hotelwäschefabrik Zollner, Vilsbiburg** 184/4; 186/3+4; 201/5+6

**HENGSTENBERG GMBH & CO. KG, Esslingen** 276/1

**Herrmann Kräuter, Neuss** 259/2

**Hofinger Tier-Präparationen, Steyrermühl, A** 501/4

**HOMANN Feinkost GmbH, Dissen aTW** 368/1

**iglo GmbH, Hamburg** 175/3; 259/4

**Informationszentrum Eiskrem, Bonn** 636/4+5

**iStockphoto.com** 73/2 © GMVozd; 82/1 © iko636; 533/2 © sbossert; 585/1 © LightFieldStudios; 586/1 © Wiktory; 586/2 © ALLEKO; 621/1 © GrenouilleFilms

**J. Bünting Beteiligungs AG, Nortmoor** 234/1, 235/2

**JACOBS DOUWE EGBERTS DE GmbH, Bremen** 274/1

**JURA Gastro Vertriebs-GmbH, Grainau** 231/3

**Karl Otto Werz Naturkornmühle GmbH & Co.KG, Heidenheim-Mergelstetten/© Guido Serino** 346/1

**Kartoffelmanufaktur Pahmeyer GmbH & Co. KG, Werther** 367/3+4+9

**Koch, Stefan – Gewürze Kiste** 264/2

**Maggi GmbH, Frankfurt/Main** 174/8

**Manitowoc Foodservice, USA** 129/1

**Marine Stewardship Council, Berlin** 145/1; 500/1

**Maschinenfabrik Dorhan GmbH, Dorhan** 119/1+2

**Matthaes Verlag GmbH, Stuttgart** 19/3

**MEIKO Maschinenbau GmbH & Co. KG, Offenburg** 197/1

**METRO Deutschland GmbH, Düsseldorf** 245/1

**Metz, Reinhold, Bad Wörishofen** 109/3; 109/4; 110/3; 110/6; 111/1; 209/2+3; 210/1+2; 211/1; 212/2; 219/7; 233/3+4; 237/2; 279/4; 280/1–4; 289/5; 297/3+4; 298/1–5; 303/1; 318/1; 380/2; 382/2; 384/4; 392/1+2; 396/1–3; 397/2; 421/9–12; 428/1; 432/1; 441/5–8; 462/1+2; 464/2; 472/1–3; 479/3; 480/1+2; 507/1–3; 520/2+3; 546/2; 550/1; 555/3; 561/2+3; 562/2; 574/4; 595/3; 596/2; 602/1; 608/1; 613/1+2; 615/2–5; 616/1+2; 621/2; 626/1; 644/6; 648/2; 649/2

**Mineralquellen Wüllner GmbH & Co. KG, Bielefeld** 227/2

**OBM OMIRA BodenseeMilch GmbH, Ravensburg** 103/2

**ÖKO-TEST Verlag GmbH, Frankfurt am Main** 144/4

**Orderbird AG, Berlin** 23/2

**Palux AG, Bad Mergentheim** 125/1+2

**Pfeifer & Langen GmbH & Co. KG, Köln, © Diamant Zucker** 272/1; 273/1

**Plate Mate, 7391 AM Twello, NL** 542/2

**Prince Castle, Carol Stream, Illinois, USA** 111/3–5; 112/1+2; 131/1+2

**RAS Kommunikation Ralf Johanning, Barsbek** 242/1

**Rational, Landsberg/Lech** 121/1; 171/1

**Rempe, Christina, Berlin** 143/2

**REWE Markt GmbH, Köln** 104/1

**Rita Richter** 147/1+3; 148/1; 149/1–6

**Rösle Metallwaren, Marktoberdorf** 106/6; 107/2; 109/5; 110/1+4+5; 163/3

**Rousseau, Brigitte, Paris, F** 107/1

**Rudolf Richter GmbH, Helmsheim** 130/1

**Schlimm, Sabine, Redaktionsbüro Punktkommatext, Hamburg** 308/1

**Schönwald Porzellanfabrik, Schönwald** 22/1; 194/2; 197/2

**Schutzverband der Schwarzwälder Schinkenhersteller e.V., Villingen-Schwenningen** 486/3

**Schweizerische Käseunion, Bern, CH** 654/2

**Schweppes Deutschland GmbH, Kreuztal** 222/1; 226/1

**Schwolow, Benjamin, TeaClub, Hamburg, https://tea-club.de** 234/2

**Sediarreda srl, Manzano (UDINE)** 201/1

**Sel la vie, Krefeld** 270/4

**Shutterstock.com** 181/5 © wavebreakmedia; 284/2 © Asia Glab; 345/7 © Anton Starikov; 359/5 © Mike_O; 438/3 © Marina Shanti; 439/1 © Eviart; 439/3 © bonchan; 439/5 © PeJo; 441/1 © istetiana; 441/4 © Voronin76; 443/3 © margouillat photo; 444/3 © redzen2; 463/2 © timolina; 466/2 © from my point of view; 479/4 © Mariya Volik; 481/1 © shakim888; 482/6 © vandycan; 483/1 © cynoclub; 483/2 © Ailisa; 487/1 © PHOTOCREO Michal Bednarek; 488/1 © timquo; 489/4 © David Tadevosian; 490/3 © Only Fabrizio; 492/3 © grey_and; 494/1 © Piotr Wawrzyniuk; 494/3 © IrinaK; 494/4 © FedBul; 494/5 © Alexander Raths; 495/6 © Evlakhov Valeriy; 497/5 © picturepartners; 497/6 © Andrei Nekrassov; 498/2 © Tono Balaguer; 498/5 © picturepartners; 499/3 © Andy Lidstone; 515/2 © FreeProd33; 516/5 © photo-oasis; 516/6 © Yulia Davidovich; 525–1 © papa1266; 525–2 © Only Fabrizio; 527/5 © from my point of view; 535/2 © picturepartners; 546/3 © hlphoto; 558/3 © bonchan; 558/4 © EsHanPhot; 558/8 © Lesya Dolyuk; 591/3 © margouillat photo; 591/4 © Igor Dutina; 591/5 © Peredniankina; 597/2 © Andy Gin; 597/4 © hlphoto; 604/4 © Visionsi; 605/1 © Anatolii Riepin; 610/5 © hlphoto; 611/1 © PratchayapornK; 620/2 © mpessaris; 622/5 © Lesya Dolyuk; 625/6 © joannawnuk; 628/2 © Anneka; 630/1 © Yancho Zapryanov; 638/4 © Viktor1; 652/6 © Anna Mente; 655/2 © stockcreations; 655/6 © Devrim PINAR; 656/2 © stocksolutions; 657/2 © Goskova Tatiana; 657/4 © Joe Gough

**Silit Werke, Riedlingen** 129/3

**Siemens Haushaltsgeräte, München** 132/1; 163/1

**Société des Produits Nestlé S.A., Vevey, Schweiz** 231/2

**Speyer & Grund GmbH & Co. KG, Mainz** 275/4

**Springlane GmbH, Düsseldorf** 363/4

**Stiftung Warentest, Berlin** 144/3

**StockFood GmbH, München** 471/3; 515/3–5 © Maximilian Stock Ltd./StockFood; 516/2–4 © Maximilian Stock Ltd./StockFood; 593/1 © Brauner, M./StockFood

**Südwestdeutsche Salzwerke AG, Heilbronn** 269/2

**Teubner Foodfoto, Berlin** 44/1; 44/2; 81/3; 156/2; 279/2; 311/1; 390/5; 393/1; 437/3+5; 472/4+5; 475/5; 476/3; 480/3+4; 481/2; 482/1; 531/1–3; 545/1–4; 548/3; 563/4; 564/1; 607/1; 612/1–3; 625/3; 645/6; 648/4

**TransFair e.V. (Fairtrade Deutschland), Köln** 145/2

**Unilever Foodsolution, Heilbronn** 563/2; 567/1–7; 599/1–7; 608/2–6; 610/1–4

**Viessmann Werke GmbH & Co. KG, Allendorf (Eder)** 153/1+2

**Warsteiner Brauerei, Warstein** 203/1–3

**Wela-Trognitz Fritz Busch GmbH & Co. KG, Ludwigsstadt** 367/6–8; 385/4

**Winterhalter Deutschland GmbH, Meckenbeuren** 190/2

**Wirtschaftliche Vereinigung Zucker e.V. (WVZ)/Verein der Zuckerindustrie e.V. (VdZ), Berlin** 271/3

**WMF Group GmbH, Geislingen/Steige** 116/5; 197/3; 509/2

**Wolffgang, Thomas, Dessau** 42/2; 369/1+3+6+11+13+16+17+20–22; 370/1+3–8; 371/1+2+8; 372/1–5; 373/1+2+6; 374/1–3; 375/1+3; 376/1; 377/1–3; 388/2; 460/2–4; 461/1–3; 479/1+2; 518/2; 600/1+2; 624/2–5

**ZWILLING J.A. Henckels Deutschland GmbH** 105/1+2; 106/1–5; 107/3–6; 108/1–7+9; 109/2+6+7; 112/3